本书出版得到广西民族教育发展经费

(中国少数民族语言文学建设经费)资助

广西语言研究

GUANGXI YUYAN YANJIU

主 编／韦树关 黄平文　　副主编／康忠德 韦远诚

第 8 辑

中国出版集团公司
世界图书出版公司
广州·上海·西安·北京

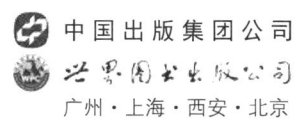

图书在版编目(CIP)数据

广西语言研究.第八辑/韦树关，黄平文主编.—广州：世界图书出版广东有限公司，2017.10
ISBN 978-7-5192-3682-3

Ⅰ.①广… Ⅱ.①韦…②黄… Ⅲ.①语言学—文集 Ⅳ.①H0-53

中国版本图书馆CIP数据核字(2017)第218017号

书　　名	广西语言研究（第八辑）
	GUANGXI YUYAN YANJIU（DIBAJI）
主　　编	韦树关　黄平文
副 主 编	康忠德　韦远诚
责任编辑	魏志华
装帧设计	书窗设计
责任印制	刘上锦
出版发行	世界图书出版广东有限公司
地　　址	广州市海珠区新港西路大江冲25号
邮　　编	510300
电　　话	(020) 84451969　84453623　84184026　84459579
网　　址	http://www.gdst.com.cn/
邮　　箱	wpc_gdst@163.com
经　　销	新华书店
印　　刷	广州市德佳彩色印刷有限公司
开　　本	889mm×1194mm　1/16
印　　张	22.5
插　　页	2
字　　数	620千字
版　　次	2017年10月第1版　2017年10月第1次印刷
国际书号	ISBN 978-7-5192-3682-3
定　　价	68.00元

版权所有　侵权必究

（如有印装错误，请与出版社联系）

咨询、投稿：020-34201910　weilai21@126.com

目录 CONTENTS

▶ 现代汉语研究

试论现行各辞书的《新旧字形对照表》宜统一 ································ 林仲湘 2

对外汉语专业设置"语言文字规范化"课程的理论与实践 ···················· 张小克 8

对外汉语阅读课教学思考 ·· 陈孝玲 15

关于提高广西中小学教师普通话水平的几点建议 ································ 刘春梅 18

从现代汉语的女旁字看中国的女性文化 ·· 王 铮 21

"极小量+也/都+VP"否定格式探微 ··· 巴 丹 25

汽车广告语言的修辞分析 ··· 屈邦振 34

色彩词的文化意义——以《红楼梦》服饰色彩词为例 ··························· 樊 飞 39

类词缀中的"微"式词微探 ·· 郭玉婷 苗 欣 44

量词"面"的产生及其演变 ··· 黄 宣 49

论当代汉语量词的生动性——从"一枚吃货"谈起 ······························ 杨心怡 52

汉字的理据性与对外汉语教学 ·· 姬长玉 李 露 58

《现代汉语词典》与《牛津简明英语词典》中颜色词的释义比较研究 ······· 周敬旻 77

▶ 汉语方言研究

广西汉语方言的"短时体" ··· 伍和忠 84

柳州话中"去"的一些特殊用法 ··· 易 丹 90

桂北平话父亲称谓词研究 ·· 莫水艳 96

论"粤语北上"和"北语南下" ·· 邵兰珠 100

钦州市粤语声母系统与中古音对应关系讨论 ······································· 吴 维 107

岳阳县方言与汉语普通话的动态助词对比研究 ···································· 付 妮 111

山东安丘方言与普通话的程度副词对比研究 ······································· 曹凤丽 115

· I ·

试释"囝"	韦树关 119
广西象州县城区语言使用情况调查	韦海滢 岑新明 125
临桂会仙平话量词初探	毛燕芳 129
浅论钦州采茶戏语言的地方特点——以《隔河看亲》《错中缘》为例	韩清霞 133
广西汉语方言中的上古音遗存	颜海云 137
城镇化进程中影响平话社区语言选择的因素分析——以广西南宁万秀村为例	蒙凤金 141

▶ 少数民族语文研究

靖西壮语的差比句	吕嵩崧 146
对壮侗语形容词独立设类的看法	晏姝 覃兰惠 覃凤余 157
田阳壮语中的汉语借词	黄彩庆 172
六甲话和壮语之间词语现象拾零	韦彩珍 178
创制"方块壮字常用字表"的设想	林亦 184
谈谈壮文陷入困境的原因及对策	覃德民 188
古壮字的规范化	李善晓 196
壮语否定副词[ŋ] [m] [ŋ]缘于语流音变	陈丹 黄寿恒 200
壮语定语语序的思考——兼议数量短语定语语序	李桂兰 205
壮语量词考察	曹盼盼 209
浅析《布洛陀经诗》里的介词	刘立峰 覃凤琴 217
广西壮剧南北路唱词押韵特点之异同	黄寿恒 223
下南乡毛南族稳定使用毛南语的成因探析	李胜兰 230

▶ 汉语史研究

南朝文学文献字词的外相与本真——以《谢宣城集校注》为例	肖瑜 236
现行二十部古代汉语教材编写体例类析	汪业全 240
中古译经动宾之间"于"的性质	田春来 250
试谈《诗经·周南·汝坟》与古越语的关系	陈志学 254
关于"目""眼"的历时考察	王金艳 261
"转注"许意考	陈雪林 267
试解"郑声淫"中的"淫"	刘文章 272

《孟子》"所"字用法 …………………………………………………………… 岳茜茜 275
《老子》反义词研究 …………………………………………………………… 李代燕 280

▶ 中国与东南亚语言比较研究

泰语与上思壮语声母演变比较探析 …………………………………………… 游辉彩 290
壮泰语的状语类型以及标志词的比较研究 ………………………… 赵民威　石鹏程 298
壮语标准音与越南语语音比较研究 …………………………………………… 吴玉富 305
现代汉语与越南语形容词ABB式的对比研究 ……………………………… 武决战 313
越、汉语中"水"观念的语言世界图景对比分析 …………………………… 阮德海 318
从语言与文化角度浅谈"龙"在汉越成语中的表征意义 …………………… 阮氏庄 323
中越边境多族群语言接触与交融的调查研究 ………………………………… 谭群瑛 329
越南语复合词之浅析 …………………………………………………………… 岑新明 335

▶ 其他研究

试论审美意象语符化的主要途径 ……………………………………………… 吕智胜 340
"非物质文化遗产"称谓献疑 ………………………………………………… 李义琳 350

现代汉语研究

试论现行各辞书的《新旧字形对照表》宜统一

林仲湘[①]

一、新旧字形的由来

新旧字形是客观存在的，与简繁字、异体字同属于现代汉字字形规范的内容。50多年前在讨论和研制《汉字简化方案》、《第一批异体字整理表》的同时，就开始探讨新旧字形问题。1964年5月，文化部和文字改革委员会联合公布《印刷通用汉字字形表》（以下简称"字形表"）。

"字形表"问世以来，起到了积极的作用：在大陆统一了印刷铜模，改变了印刷物上字形杂乱的面貌；通过教材、工具书的传播进入课堂，促进了语文教学。后来《信息交换用汉字码字符集·基本集》、《现代汉语常用字表》、《现代汉语通用字表》以及《通用规范汉字表》都采用了新字形，有力地推动了汉字规范化。

"字形表"共收录了6196个通用汉字，按笔画顺序列出了它们印刷宋体的标准字形。包括整字结构的方式、部件的构成、笔画的数目和形状，并在排列中体现各字的笔顺。

该表除了吸收整理异体字和简化汉字的成果之外，还针对当时印刷物上同一字种而有细微差别的字形进行规范，确定其标准字形。习惯上把符合这一规范标准的字形称为"新字形"，又叫"人民体"；把不符合这一规范标准的、只有细微差别的字形称为"旧字形"。如"吴—吳"、"吕—呂"、"黄—黃"各组中，前一字为新字形，后一字为旧字形。

不过，新旧字形这个称谓只是一种习惯说法，严格推究起来，这个说法并不科学，有必要作一番"正名"。

首先，有的新字形比旧字形出现的还早，而有的旧字形出现的时间反倒比新字形要晚。我们现在说的新字形与旧字形的关系，有的类似于唐代颜元孙《干禄字书》中正字与俗字（或通字）的关系。如新字形"删"在《干禄字书》中是正字，旧字形"刪"是与之相对应的俗字。俗字的出现一般要比正字晚得多，这样看来，旧字形"刪"作为"俗字"是后出的，而新字形"删"作为"正字"倒是历史更悠久的了。新字形"吴"在汉代就已出现；"吕""直"等新字形，唐人的《五经文字》、《九经字样》中已经收录；"俞""录"等新字形在宋本的《钜宋广韵》已见踪影。在过去的印刷物中"新字形"和"旧字形"往往杂错并出。

其次，容易产生误解。有人认为，新旧字形既然有新旧之分，那么新字形就是新近才出现的，甚至误认为是"字形表"重新创制的汉字。我们认为可以这样来理解，新字形的"新"并非重新另造一种字形，而是从杂然纷呈的字形中，重新确认其中一个为规范字形。但是，新旧字形的提法毕竟会产生误解。

为此，建议把新字形改称为"标准字形"，把旧字形改称为"微别字形"。这仅仅是我们的一得之见、一家之言。为了方便研讨问题，本文仍沿用新旧字形这一说法。

二、新旧字形的定义

新旧字形定义尚未明确，有待确定。为了弄清新旧字形的内涵和外延，给这一概念下一个明确的定

[①]林仲湘，男，广西大学文学院教授。

义，宜从归纳其特点入手。

（一）新旧字形在字形上有细微差别

这种字形的差别是十分细微的，仅仅出现在某一部件的个别笔画上面，是局部的。这种差异也不可能太大，只能是细微的。其细微差别可以归纳为四种情况：

(1) 笔形微有变异。如："青—靑"下部第三笔新字形为横，旧字形为竖。"丰—丯"新字形头三笔为横，旧字形均为撇。

(2) 笔画相交与否。如："另—另"，新字形下部折笔和撇相交，旧字形相接。"告—告"，新字形第三笔和第四笔相接，旧字形相交。

(3) 笔数略有增减。如："吕—呂"，新字形6画；旧字形中间多了一撇，7画。"黄—黃"，新字形11画；旧字形上部多了一横，12画。

(4) 结构稍有出入，这是由于某一笔画的变异而影响。如："麀—麀"，新字形为半包围结构；旧字形左撇缩短，是上下结构。"颐—頤"，新字形为左右结构；旧字形右折延长，是半包围结构。

第4种情况，实际上也是笔形的问题。只不过因为某一笔形长短不同而影响到整字的结构方式。这种情况只占少数。

（二）新旧字形具有可类推性

有新旧字形差别的字，往往作为部件、偏旁类推出来的一批字，也有新旧字形的差别。如，兑：脱、悦、税、蜕；兌：脫、悅、稅、蛻；俞：偷、喻、媮、榆、兪：偷、喻、媮、榆。

有的可类推的字多一些，有的则少一些。还有一种情况，只限于某几个字，不能普遍类推，如："殳—殳"只限于"没、殁"两字有旧字形"沒歿"，而"股、殺、投、骰、段、殷、般、毁、殿、毅"等字则没有新旧字形的差别。尽管具体情况不一，类推范围有大小，但在可以类推这一点上是一致的。

（三）新旧字形的涉及面很宽

由于差别细微，又具有可类推性，认真考察起来，新旧字形涉及的范围相当宽。据我们的统计，在《现代汉语通用字表》中，涉及新旧字形的字有2965个，占7000字的42.4%。

（四）新旧字形具有易认知性

新字形与旧字形的差异实在太细微，不仔细分辨的话，就看不出来。加上涉及的面又广，见得多了，也就不太在意。除了初学者，一般不造成阅读障碍。

据说，中、日、韩三国以及中国台湾地区三国四方学者在研讨CJK字库的字形时，对绝大部分的新旧字形采取认同的办法，大家都承认是同一字种，不另列字头。

这四个特点中，最基本的特点是细微差别和可类推性。正因为新旧字形差别细微又可以类推，所以就易于认同，涉及面也广。

新旧字形还有一些特点，譬如，一般是一对一的关系，但一对二、一对三的也占一定的分量。另外，有的字没有新旧字形的差别，有的字只有一组新旧字形的差别，有的字则含有两三组的新旧字形差别。这些特点属于非本质的，不具备区别作用，因为在简繁字、异体字中也会存在。这里就不作进一步讨论。

我们认为，根据上述新旧字形的四个特点，特别是前两个基本特点，可以给新旧字形下这样一个定义：新旧字形是同一字种中有细微差别、能适当类推的印刷字形，其中新字形是规范字形。

三、各辞书对新旧字形的处理

"字形表"对新旧字形只作隐性处理。在"字形表"中没有新旧字形的说法。后来为了便于称呼，也为了区别于异体字、繁简字，就提出这一概念来。

而且"字形表"只列出标准字形，即新字形，没有列出与之相对应的旧字形。跟《第一批异体字整理表》和《简化字总表》的处理方式不一样，属于隐性处理。

作为辞书，对新旧字形不能只作隐性处理，必须向读者作明确的交代。由于新旧字形的区别很细微、涉及面太大，不可能像简繁字、异体字那样逐一附在标准字头后面，只好另附一份《新旧字形对照表》(或《新旧字形举例》)。

各种辞书所附的《新旧字形对照表》，都是从"字形表"中概括出来的。因为缺乏统一的概括标准，又各自为政，随意性较大，列出的《新旧字形对照表》并不一致，少的41组、48组，多的94组、104组，请看下列举要：

41组：《词林》，工人出版社1986年版

48组：《新华字典》，商务印书馆2005年第10版
　　　《现代汉语词典》，商务印书馆2005年第5版
　　　《现代汉语规范字典》，语文出版社1994年版

50组：《新华字典》，商务印书馆1965年版
　　　《学习字典》，山东人民出版社1974年版
　　　《简明汉语字典》，上海教育出版社1981年版

52组：《语言文字规范手册》，语文出版社1998年第3版
　　　《现代汉语规范词典》，外语教学与研究出版社、语文出版社2004年版
　　　《国际标准汉字词典》，外语教学与研究出版社2005年版
　　　《现代汉语辞海》，新华出版社2002年版
　　　《中华字典》，中华书局2000年第2版

57组：《新华写字字典》，商务印书馆2001年第10版

58组：《汉字写法规范字典》，上海辞书出版社1992年版
　　　《汉字正字手册》，上海教育出版社1985年版

60组：《辞海》，上海辞书出版社1979、1999年版
　　　《古代汉语大词典》，上海辞书出版社2009年版

66组：《应用汉语词典》，商务印书馆2000年版

69组：《现代汉语小字典》，商务印书馆1999年版
　　　《新华词典》，商务印书馆2001年修订版

72组：《汉语大字典》，湖北辞书出版社、四川辞书出版社1986年版
　　　《汉语大字典》，湖北辞书出版社2003年普及本版
　　　《新华多功能字典》，商务印书馆2005年版

75组：《现代汉语通用字典》，外语教学与研究出版社1987年版

76组：《汉语大词典》，汉语大词典出版社1986年版
　　　《新华词典》，商务印书馆1980年版
　　　《汉字信息字典》，科学出版社1988年版

87组：《新华字典》，商务印书馆1990年重排本版
　　　《四角号码新词典》，商务印书馆1981年第9次重排本版
88组：《新华字典》，商务印书馆1998年版
90组：《标准汉语字典》，汉语大词典出版社2000年版
　　　《标准字典》，汉语大词典出版社2003年音序版
94组：《古今汉语词典》，商务印书馆2000年版
104组：《新部首大字典》，上海翻译出版公司1988年版

有的是同一部辞书先后版的组数却不同，如：《新华字典》1986年版50组、1998年版88组、2005年第10版48组。《新华词典》1980年版76组、2001年修订版69组。同为李行健先生主编的《现代汉语规范字典》48组、《现代汉语规范字典》52组。

有的组数相同，内容却有出入，如：《现代汉语词典》1978年版跟1996年以后各版都是48组，而前者的"爲"组后者改为"俞"组。《辞海》1979年版跟1999年版都是60组，而前者的"垂"组后者改为"華"组。

更多的是各辞书组数不同，究其原因，主要是每组概括的范围不同，即区别点大小不同。突出的如："业""並""普""虚"是分或是合，"丷""半""兑"该分还是合，"直"和"真"能否合并，等等。

随着语文现代化不断发展，海峡两岸以及跟海外文化交流日渐加强，新旧字形的对比说明显得十分迫切。台湾的标准字形跟大陆有所不同，除了简繁、正异差别之外，台湾是新旧字形并用。语文现代化的一个重要内容就是信息化，中文信息处理要求电脑汉字字库标准化。而目前电脑汉字字库的制作和街头标牌、广告的用字，受港台的影响，不仅出现繁体字、异体字回潮，而且旧字形泛滥。

在目前旧字形泛滥成灾的情况下，仅仅列出标准的新字形是不够的，需要跟旧字形作对比，讲清其间的细微差别。这样才便于人们认识和使用新字形，识别和拒用旧字形。因此，制定一份统一的《新旧字形对照表》是非常必要。

国家语委曾经把制定《新旧字形对照表》列入科研课题，作为"十五"期间的重大项目《规范汉字表》的子项目。我们不揣冒昧，领取该项目，并且在2003年完成（有合同、聘书以及成果）。不过，后来《规范汉字表》改变计划，不附《新旧字形对照表》。

既然《规范汉字表》不附《新旧字形对照表》，而辞书又有必要附一份《新旧字形对照表》，可否请有关专家和出版社共同来编制一份统一的《新旧字形对照表》，供各辞书使用。我们愿抛砖引玉，把自己的研究成果提交讨论。下面附录我们编制的《〈新旧字形对照表〉的小结》的摘要提供参考。至于所编制的《新旧字形对照表》，因造字较多，暂不附录。欢迎索取电子扫描本。

附录：编制《新旧字形对照表》的小结

一、编制的过程

我们编制《新旧字形对照表》的工作可以分为三个阶段：

第一阶段是前期准备阶段，承担编制任务之前做了一些有关的科研工作。（略）

第二阶段是编制的初期阶段，主要是重新收集资料，查阅有关文献，拟出草稿。

2003年初国家语委把《规范汉字表》的子项目《新旧字形对照表》的编制任务交给我们。在会议中、电话里多次商议过，后来因为SARS的缘故，直到9月初才正式下文。而我们则先行开展工作。

经过充分酝酿，2003年4月初拟出《新旧字形对照表》的编制方案和《新旧字形示例（草案）》，寄给《规范汉字表》课题组。紧接着组织人力，投入紧张的工作。即使是在SARS肆虐的日子里和暑假的酷热中，我们仍然坚持工作。

这次的资料收集工作，抛开传统的手抄卡片的方式，全部使用电脑，建立各种数据库，计有：

新旧字形级别数据库，给21003个汉字（据许嘉璐《汉字标准字典》取GB-13000的20902个汉字，再加上101个汉字）分别标上新旧字形的级别标志。"0"表示没有新旧字形的差别，"1"表示有新旧字形的差别，"?"表示可能有新旧字形的差别，"+"表示可能没有新旧字形的差别。

新旧字形区别点数据库，根据准备阶段所收集到的新旧字形，分析其中的区别点，再依据新材料不断扩充。从近200组增加到500多组，宁肯多收，再加以筛选。这些区别点大多需要造字，先后造了700多个。

各种检字法数据库，为了方便查阅各种类型的辞书，给各个字（级别是"0"的除外，下同）注出部首及部首外笔画数（含214、201、200等不同部首）、笔画总数及头三笔的笔形、汉语拼音或注音字母、新旧四角号码。此外还分别给各个汉字标出在各种辞书中的册、页、栏（或行）码。

各种辞书新旧字形数据库，分别为15种辞书立数据库，在各库中给各个汉字注出是新字形还是旧字形，若是旧字形，注出与新字形的区别点，必要时还需加上备注。

新旧字形数据总库，把15种辞书数据库合并成一个大库，更便于查找。总库是在以上各库的基础上建立起来的，建成后发挥很大的作用。在统计和确定新旧字形以及选择字例等方面，主要依靠总库。

在建立上述数据库的同时，还查阅了大量的相关文献资料，认真学习领会，结合我们的实际，拟出编制《新旧字形对照表》的几项原则，并根据数据库中的大量材料，综合归纳，在10月初编出《新旧字形对照表》的草稿。

第三阶段是修订提高阶段。拿出草稿后，10月12、17日分别在南宁、桂林两地召开征求意见座谈会，听取区内专家的意见。作了修改后写出二稿（含三种方案），10月底发函寄给国内知名专家学者，征询意见，同时继续屏校数据库。在12月份专门进行修订《新旧字形对照表》，最后定稿，提交给《规范汉字表》课题组。

二、编制中解决了哪些问题

（一）处理好与《规范汉字表》的关系

《新旧字形对照表》是《规范汉字表》的子项目，子项目必须服从主项目。这一点我们思想上是明确的，行动上也是严格遵守的。不仅在重大问题上，而且在许多具体工作中，都坚持请示汇报。有问题或难处，及时反映；有不同看法也坦率提出，共同商议解决。比如，对"新旧字形"这一名称，我们有不同的看法，曾在论文中阐述过，这次则服从《规范汉字表》课题组的提法。又如，哪些新旧字形宜归入繁简字或正异字，同一个新字形有几个旧字形，选哪一个，我们都提出自己的看法，并请北京定夺。

这是我们的工作得以顺利进行的保证。在感谢国家语委、《规范汉字表》课题组的同时，还要感谢广西语委和我们所在的广西大学文化与传播学院的大力支持。

（二）明确我们的任务

我们的任务并不是重新审查新字形，而是寻找旧字形的依据，并归纳它与新字形的差别，主要是印刷宋体的新旧字形差别，最后列出《新旧字形对照表》。

为此，我们把主要力量放在查找、识别旧字形上面，为了把工作做细，我们不断给自己加码。从前期准备工作查找过的3种辞书和台湾国字标准字体，扩展到10种、12种，最后达到15种；并着重解决印刷宋体的新旧字形问题，以《康熙字典》等6部辞书为重点。至于《广韵》、《集韵》、《龙龛手鉴》等以楷体为字头的辞书，字形处理较混乱，则不予考虑。

在识别新旧字形的差别上，也是不断加码。过去对不同的对象或材料有不同的提法，如普及的正字手册，只列98组，海峡两岸的列125组，古籍整理的列193组。这次扩大搜索范围，先后有542组，宽打窄用，最后选定131组。

因此，工作量相当大，仅仅是查辞书就在30万次以上；要求也很细，新旧字形的差别是细微的，稍不小心，就会搞错搞漏。全靠组内同仁齐心协力，不受SARS等的干扰，按时按量完成任务。

(三)不断解决学术难题和技术难关

随着探讨的逐步深入、材料的积累增加，使我们对新旧字形的认识也不断提高，在理论部分形成下列看法：

1. 如何解释新旧字形问题，是个带关键性的理论问题，各家有不同的解释。我们认为新旧字形可以用形位理论加以解释。形位这个概念是从音位学"嫁接"过来的，又根据汉字的特点，作相应的变通处理。新旧字形是形位及其变体的一种，即其中的自由变体，但并不是自由变体的全部。至于条件变体不属于新旧字形问题，不必加以整理。用形位理论来解释新旧字形，有其优势，也有局限性。我们准备另撰专文讨论(按：后来写有《论新旧字形得规范问题》，见《语言文字论稿》，广西师范大学出版社，2007年，50页)，这里不赘述。

2. 新旧字形与简繁字、正异字的关系和区别，既是一个理论问题，也是一个迫切需要解决的实际问题。这三者之间关系复杂，有时纠缠不清。从理论上来说，三者都可以用形位理论来解释，其间的主要区别在于：新旧字形是笔形或笔数的细微差别，或者是因为笔画的变形、断连而引起的部件差异，总之，主要是笔画层面上的问题；而简繁字、正异字则纯粹是部件的精简或替换。这样一来，就从理论上把新旧字形与简繁字、正异字区别开来，而且使得新旧字形的内涵和外延都更加明确了。

3. 《新旧字形对照表》的粗细分寸，作为国家的规范标准，是面向全国，使用范围广，可操作性要强，不宜太专业化。如果搞得烦琐了，会失去其应有的效果。有的学术问题可以另行论述，作进一步的探讨。因此，我们采取"粗细适中"的处理方式。

4. 台湾的"国字标准字体"只是地方性的，而且在新旧字形问题上搞得太烦琐，实际上台湾的许多出版物并未全部遵循它，特别是新旧字形部分。所以，我们不必全部照搬。至于受港台的影响旧字形回潮，是暂时的现象。只要我们的规范标准明确了，规范意识加强了，其影响自然会减弱，以至消除。

在电脑技术方面，我们也动了许多脑筋。譬如数据库的形式、造字技术以及打印质量，都进行过反复的论证，不断改进。

三、研究中哪些问题有待解决

(一)与《规范汉字表》进一步协调

前文提到我们与《规范汉字表》的关系一直都是处理得相当好的。不过，《规范汉字表》尚未公布，也未在内部交流，我们还不能准确地知道所拟的《新旧字形对照表》究竟有哪些新旧字形被《规范汉字表》列入简繁字或正异字，或者还会有哪些出入。因此，待《规范汉字表》的繁体字和异体字确定后，《新旧字形对照表》还要作相应的修改。

(二)《新旧字形对照表》在征求意见中改进

《新旧字形对照表》作为《规范汉字表》的子项目，将与《规范汉字表》一起在正式公布之前，要在全国范围内征求意见。可以预见，将来会有各种不同的意见和建议，我们要认真听取，努力改进。有的要作出解释，拿出有说服力的理由和数据。这将要付出不少时间和精力，还要经得起各种各样的批评意见。对此我们是有思想准备的。

按：可惜后来情况有变，《规范汉字表》不附《新旧字形对照表》，我们失去征求意见加以改进的机会。

广西大学新旧字形课题组
2003年12月29日

对外汉语专业设置"语言文字规范化"课程的理论与实践

张小克[①]

广西民族大学对外汉语专业1999年开始招生。2006年，该专业被评为广西壮族自治区优质专业。2010年，经教育部、财政部批准，该专业又成为全国第六批高等学校特色专业建设点中唯一一个获得国家资助的对外汉语专业。16年来，该专业共招生1122人，迄今已有12届共933名学生毕业。目前该专业设有越南、泰国、印尼3个方向，共有在校生189人。在10多年的办学过程中，我们多次修订该专业的教学计划，对课程设置不断探索，大胆改革，逐渐形成了自己的特色，其中之一就是从2003级开始，在该专业开设了"语言文字规范化"这门课程，经过10年的教学实践，取得了良好的教学效果和社会效益，得到了学生的高度认同。

一、开设"语言文字规范化"课程的起因

我校对外汉语专业从首届学生开始，就实行了"3.5＋0.5"的培养模式，即学生在国内学习3年半，到越南、泰国等国学习半年。此模式实行之后，从国外回来的学生相继向我们反映，他们遇到了不少汉语、汉字使用方面的问题，不知道怎么解决。我们的教师出国考察时也发现，国外尤其是华侨华人较多的国家，在汉语、汉字的使用方面比较混乱：一方面，华语（普通话）与各种汉语方言两者并行；另一方面，简化字、繁体字、异体字、方言字、错别字五方杂处。再加上海外华语与大陆普通话之间的种种差异，使得汉语国际推广中的语言文字规范问题日趋突出，而我们派出的汉语教师遇到这样的问题往往束手无策，甚至随波逐流。其原因之一在于，目前国内无论是对外汉语专业本科生、研究生的课程设置，还是国家公派汉语教师，汉语教师志愿者的选拔、培训，都缺少语言文字规范化的内容。为此，我们认为应该在对外汉语专业的教学计划中增加这部分内容，以应对海外的复杂局面，以利于汉语国际推广的长远发展，于是决定开设"语言文字规范化"这门课程，作为限选课，安排在第四学期，每周2节，共34课时，由笔者主讲，从2003级开始授课。

二、开设"语言文字规范化"课程的意义

我们认为，在对外汉语专业开设"语言文字规范化"课程具有十分重要的意义，具体表现在以下几个方面：

（一）让学生明确汉语国际推广的内涵

20世纪90年代以来，中国经济的快速发展带来了国际地位的日益提高，学习汉语成为世界上越来越

[①]张小克，男，广西民族大学文学院教授。

多国家的迫切需要，汉语也正在逐渐成为仅次于英语的全球性语言。在这样一种大背景下，汉语国际推广应运而生，乘势而上，在不到10年的时间里，逾千所(个)孔子学院、孔子课堂遍及五大洲，数以万计的公派汉语教师、志愿者教师一批批迈出国门，履行使命。(许琳，2013)但有一个问题似乎并未引起我们的重视，即我们向世界推广的究竟是什么？虽然在这个问题上学术界的认识并不一致，但多数人认为应该是汉语和中国文化。"中国文化"姑且不论，只说"汉语"。赵金铭先生指出："国际汉语教育的本质是汉语教学。"(赵金铭，2012)陆俭明先生也强调："汉语国际教学的核心任务与内容是汉语言文字教学。"(陆俭明，2013)两位先生所言极是，但所说"汉语"的含义都比较宽泛，还需要进一步界定。其实，对于这个问题，《中华人民共和国国家通用语言文字法》第二十条已经作了明确的规定："对外汉语教学应当教授普通话和规范汉字。"不言而喻，就"汉语"而言，对外汉语教学教授的内容和汉语国际推广的内容应该是一致的。因此，我们通过开设这门课程可以让学生明确自己将来的职责，那就是在世界范围内推广普通话，推行规范汉字，让学生掌握普通话和规范汉字的标准。

迄今为止，由于种种原因，汉语普通话无论是口语还是书面语都存在着内部不一致的地方，前者如异读词，后者如异形词。汉字在字形、字义、字序等方面也都存在分歧。目前就整体而言，国内普通话和规范汉字的标准问题并没有完全解决，可以说正处于抓紧制定和逐步完善的阶段。为了应对汉语国际推广的需要，教育部语言文字应用管理司编制的《国家中长期语言文字事业改革和发展规划纲要（2012—2020）》已经把"研究制定……国际汉语教育中的语言文字规范标准"，"主导中国语言文字国际标准的制定"列为了重要工作。在这些标准没有正式公布之前，目前国内已经公布实施的一系列有关普通话和汉字的标准，应该成为我们汉语国际推广的依据。可以预计的是，面向汉语国际教育制定的中国语言文字标准与国内现有的普通话和汉字的标准将会一致或基本一致，因为正如许嘉璐先生（1997）所说："推广普通话和对外汉语教学，是同一项工作，同样要遵循普通话的语用规律、中国政府的有关规定和技术标准。"所以，这些标准应该成为对外汉语专业学生必须掌握的内容。只有这样，当他们今后出国任教，面对海外各种复杂情况时，才能做到心中有数，从容不迫。

（二）让学生认识自身承担的历史使命和责任

我国的汉语国际推广工作如果从1987年"国家汉办"成立算起，至今已30年，进展迅速，成绩骄人，办学规模持续扩大，学习人数不断增加。据权威统计，至2013年，"434所孔子学院和640个孔子课堂已经在全球117个国家落地生根，注册学员达到70万人，全球汉语学习者超过5000万人。《孔子学院发展规划（2010—2020）》确定了到2015年全球孔子学院达到500所、孔子课堂达到1000个、学员达到150万人的发展目标。"（许琳，2013）面对如此大规模的汉语国际推广，我们如果没有或者不按照统一标准去推行普通话和规范汉字，将难以达到理想的效果，到头来我们会发现，世界各地的汉语学习者使用的汉语是不统一的，无论是口头交流还是书面交流都存在一定的障碍，这种状况与我国在汉语国际推广方面投入的巨大人力和财力相比，将形成明显的落差，甚至可以说是劳而无功。为了避免这种情况出现，首先我们要抓紧制定标准。中国是汉语、汉字的原生地，拥有全世界最庞大最集中的使用汉语、汉字的群体，是汉语国际推广的大本营，汉语国际推广的标准应该也只能由中国来制定，换句话说，这个问题上的话语权，应该牢牢地掌握在我们自己的手上，决不能拱手让给他人。其次，我们要通过孔子学院、孔子课堂和广大的汉语公派教师、汉语教师志愿者向全世界推行我们制定的标准，在这个问题上，我们决不能搞一"球"两制，必须内外一致。因此，我们对外汉语专业学生的身上承担着光荣的历史使命和崇高的历史责任，通过开设"语言文字规范化"这门课程，可以让他们认识到这一点。

（三）让学生懂得在国外推行语言文字规范化标准的策略

汉语国际推广中的语言文字规范问题是一个十分复杂、敏感的问题，它涉及国家关系、语言政策、族群和谐以及个人的政治立场和感情等因素，必须慎重对待。在此过程中，我们一方面应当制定明确、一致的标准，并且将这些标准落实到教学大纲和教材中，所有出国汉语教师也应当按照这个标准进行教学。但另一方面，我们对标准的推行要有一定的伸缩度，允许海外汉语学习者对标准的掌握有一定的灵活性。"应该承认，境外的汉语教学，无论是语音、词汇、语法教学，要不折不扣地完全按普通话标准来要求，事实上也难以实现。"（陆俭明，2005）因此，对待学生不规范的用法，我们要多采取引导的方式，尽量避免因为过度纠正而与学生及其家长甚至外国同事发生冲突。也就是说，我们是要提倡并且鼓励世界各国的汉语学习者按照我们制定的标准去学习和使用普通话和汉字，不是也不能强求每个人使用的普通话和汉字都必须完全符合我们的标准。但我们相信，经过较长时间持之不懈地努力，世界各国汉语学习者使用的普通话和汉字会逐渐地向我们的标准靠拢，并且最终实现相对的统一，从而从"汉语标准"走向"标准汉语"。这一点也是我们在课程中一再对学生强调的。

三、"语言文字规范化"课程的内容

"语言文字规范化"课程的主要内容包括语言文字规范化的历史、依据和语音、词汇、语法、文字等方面的规范，重点是向学生介绍、讲解国家已经颁布实施的有关普通话和汉字、汉语拼音的标准。课程由笔者自编讲义进行授课，以语文出版社出版的《语言文字规范手册》作为教学用书。课程中学生学习的主要标准如下：

（一）普通话方面的标准

1.《普通话异读词审音表》

《普通话异读词审音表》1985年12月27日由国家语委、国家教委、广播电视部联合公布。表中以3种方式审定了普通话里有异读的词和语素共848个，"自公布之日起，文教、出版、广播等部门及全国其他部门、行业所涉及的普通话异读词的读音、标音均以本表为准。"但20多年来该标准的执行情况并不理想，目前社会上仍有一些人把"说（shuō）服"读成"说（shuì）服"、"角（jué）色"读成"角（jiǎo）色"、"熟（shú）悉"读成"熟（shóu）悉"、"发酵（jiào）"读成"发酵（xiào）"、"亚（yà）洲"读成"亚（yǎ）洲"、"办公室（shì）"读成"办公室（shǐ）"等，都是不符合这个标准的。海外有些华人也免不了这样读，遇到这种情况，我们的派出教师如果自己没有掌握规范的读音，将不知如何应对。

2.《普通话水平测试用必读轻声词语表》

对于外国人来说，要掌握普通话的轻声词难度很大。首先，轻声属于语流音变现象，它不仅引起了音高、音长、音强的变化，而且引起了一系列的音质变化。比如轻声音节中的清辅音浊化，复元音变单元音，单元音向央中元音靠拢，韵母脱落，等等。其次，普通话里的轻声词数量太多。张洵如、陈刚编的《北京话轻声词汇》收词4351条，其中大部分都进入了普通话。以《现代汉语词典》（1996年版）为例，收轻声词达3275条（陈小燕，2004），占前者的75%。再次，几千条轻声词中无规律的轻声词占60%（史定国，1996），学习者必须逐条记忆。这部分轻声词正是外国人学习的难点。但实际上，其中大多数轻声词读不读轻声对意义没有什么影响，只是在北京话里习惯读轻声而已。所以，为了帮助外国人尽快掌握普通话，我们就有必要对无规律轻声词进行规范，确定一些最低限度的轻声词，作为外国人必须掌握的内容，其余的可不作要求。根据内外一致的原则，汉语国际推广中轻声词的规范应该采用国家语委组织研制的《普通话常用轻声词词表》，该表共收普通话常用轻声词330个。（"普通话轻声词儿化词规范"课题组，2012）但鉴于该表尚未正式公布，目前可以参考使用由国家语委普通话培训测试中心制定的《普通话水平测试用必读轻声词语表》(《普通话水平测试实施纲要》，2004)，该表共收轻声词546条。

3.《普通话水平测试用儿化词语表》

对于外国人来说，学习儿化词难度更大。其一，儿化的音变规则比轻声更复杂，在韵母儿化的过程中，伴随着脱落、增音、央化、鼻化、弱化等一系列现象，致使音质发生了极大的变化。其二，儿化词的数量比轻声词更多。贾采珠编《北京话儿化词典》(语文出版社，1990)收儿化词近7000条。《现代汉语词典》第5版(商务印书馆，2005)也收儿化词近900条。("普通话轻声词儿化词规范"课题组，2012)其三，儿化的规律性不强。《普通话的轻声和儿化》一书的作者鲁允中先生(1995)指出："在普通话里哪些词儿化，哪些词不儿化的问题，前人曾做过许多研究，也发表过一些见解，但是，始终没有找出几条管用的规律来。"

关于儿化的作用，学术界一般认为是区别词义、词性。其实这种作用是极为有限的，因为具有这种作用的儿化词数量太少。"就《现代汉语词典》所收的……儿化词来看，绝大多数条目的儿化和不儿化没有区别意义的作用。"(侯精一，1988)而"不必要的儿化韵确实给外国人学汉语造成很大困难。"(周小兵，2006)所以，从加快汉语国际推广的角度考虑，我们必须对普通话中的儿化词进行规范，将其中的必读儿化词确定下来，以便外国人学习，其余的可不作要求。同样按照内外一致的原则，在汉语国际推广中，我们应该采用国家语委组织研制的《普通话常用儿化词词表》，该表共收普通话常用儿化词100个。("普通话轻声词儿化词规范"课题组，2012)但由于该表尚未正式公布，目前我们可以暂时参考使用由国家语委普通话培训测试中心制定的《普通话水平测试用儿化词语表》(《普通话水平测试实施纲要》，2004)，该表共收儿化词189条。

4.《第一批异形词整理表》

所谓"异形词"指普通话书面语中并存并用的同音、同义而书写形式不同的词语。例如：笔画——笔划。类似这样的词语在汉语中数量不少，《现代汉语词典》(1994年版)收有886组，《现代汉语异形词规范词典》(上海辞书出版社，2011)收有1448组。

异形词是汉语书面语的累赘，是造成汉语书面语混乱的主要因素之一，因而它成为了汉语词汇规范化的重要对象，2001年12月19日由教育部、国家语委向社会公布了《第一批异形词整理表》，从2002年3月31日起在全国试行。

《第一批异形词整理表》共收异形词338组，每组选择破折号前的一个作为推荐使用词形。例如：辈分——辈份　录像——录象、录相。

海外华人使用的汉语书面语同样深受异形词的困扰，异形词的存在无疑也加重了外国人学习汉语的负担，因此对外汉语专业的学生自己必须对异形词有所了解，并且掌握国家已经颁布的上述标准，今后出国任教才能从容应对国外的复杂情况。

(二)汉字、汉语拼音方面的标准

1.《通用规范汉字表》

《通用规范汉字表》2013年6月5日由国务院公布，是目前汉字方面最重要的标准。该表共收字8105个，分为三级。一级字表收字3500个，二级字表收字3000个，三级字表收字1605个。"《通用规范汉字表》收入的规范汉字主要适用于中国大陆。但是，《通用规范汉字表》既然由中华人民共和国发布，而中国是汉字的祖国，大陆又是使用汉语汉字人口最多的主权国家，其他非汉语国家与中国交流，要把汉语作为第二语言来学习，也就需要遵循中国大陆的汉字规范。"(王宁，2013)显而易见，《通用规范汉字表》是我们进行汉语国际推广必须遵守的标准，其中的一级字是使用频度最高的常用字，更是我们汉语国际推广中汉字教学的重要依据，作为国家外派教师当然应该知晓并且掌握。按照《国务院关于公布〈通用规范汉字表〉的通知》，《通用规范汉字表》公布后，原有相关字表停止使用，如《第一批异体字整理表》、《简化字总表》、《现代汉语常用字表》、《现代汉语通用字表》等。这就为我们汉语国际推广中的汉字教学提供了极大方便，我们再没有必要为了一个字而遍查几个表了，而是一律以《通用规范汉字表》为准。

2.《现代汉语通用字笔顺规范》

《现代汉语通用字笔顺规范》1997年4月7日由国家语委、新闻出版署联合发布，该规范采用跟随式、笔画式、序号式三种形式对《现代汉语通用字表》中7000个汉字的笔顺作出了明确的规定，是我们进行汉字书写教学的国家标准，作为对外汉语专业的学生理应掌握。

3.《汉语拼音正词法基本规则》

《汉语拼音正词法基本规则》1988年由国家教委和国家语委联合发布，1996年提升为国家标准，由国家技术监督局发布（GB/T16159—1996），2012年经过修订，由国家质量监督检验检疫总局、国家标准化管理委员会重新发布（GB/T16159—2012），于2012年10月1日起实施。该规则适用于文化教育、编辑出版、中文信息处理及其他方面的汉语拼音拼写，是我们使用《汉语拼音方案》拼写现代汉语的重要规则。其内容包括分词连写规则、人名地名拼写规则、大写规则、标调规则、移行规则、标点符号使用规则以及变通规则等。

《汉语拼音正词法基本规则》首次发布以后，即在我国对外汉语教学领域率先得到运用，教材的课文都按照该规则进行拼写。此举受到了外国学生的热烈欢迎，大大缓解了他们由于汉字难学而带来的巨大压力，加快了他们学习汉语的进程。因而作为对外汉语专业的学生对《汉语拼音正词法基本规则》一定要高度重视，认真学习，切实掌握，正如世界汉语教学学会副会长、德国美因兹大学教授柯彼德（2003）所说："汉语拼音正词法在汉语作为外语教学中起着十分重要的作用，双方有着极为密切的关系。因此，同时掌握汉语拼音及汉语拼音正词法应该是中国对外汉语教师所具备的必不可少的基本条件。"

四、开设"语言文字规范化"课程的效果

自2003级至2012级，我校对外汉语专业共有10届799名学生学习了"语言文字规范化"课程。从学校教务处"学生课程评价系统"反馈的信息看，90%以上学生对该课程的评价均为"优秀"，这充分说明了该课程的教学效果。

学过"语言文字规范化"课程的对外汉语专业的学生，毕业后相当一部分人成为了汉语志愿者教师，在国外从事汉语国际推广工作。他们说由于在校时学了这门课程，工作中遇到相关问题时充满自信，并且能够从容应对，不少同学成为了所在学校这方面问题的"权威"，经常会有国外同事就此向他们请教。有一个去泰国的同学还说，她所在的学校以前因为受台湾的影响，本来是教繁体字和注音字母的，后来经过她的努力，校方同意她改教简化字和汉语拼音，结果深受学生欢迎。

学过"语言文字规范化"课程的对外汉语专业的在校学生也说，学了这门课程后，语言文字规范化的意识大大增强了，对语言文字方面存在的问题也十分敏感了，不仅自己在使用语言文字方面格外小心，而且还能帮助周围同学纠正这方面的错误。有一年暑假，有个同学运用自己所学的知识，对南宁市内路牌、交通指示牌和公交车站牌上的汉语拼音进行了调查，写成《基础设施地名拼写不规范，有损"美丽南宁"新形象》一文，发表在2013年8月23日的广西新闻网上。

2012年3月在广西民族大学举办的国家汉办赴泰国汉语教师志愿者培训中，由于笔者的提议，开设

了《汉语言文字规范化》课程，由笔者担任主讲，同样受到了学员的普遍欢迎，取得了良好的教学效果。

五、一点建议

从我校对外汉语专业开设"语言文字规范化"课程的实践看，这种尝试无疑是成功的。从汉语国际推广的长远发展来看，开设这样的课程也是很有必要的。但目前全国高校的对外汉语或汉语国际教育专业鲜有开设此类课程的。

为了了解这方面的情况，笔者在撰写本文时，专门针对该年报考本校汉语国际教育硕士专业的考生作了一次调查。这些考生分别来自河南师范大学、哈尔滨师范大学等全国近30所高校，绝大多数同学都就读于对外汉语专业。从他们提供的个人成绩表可以看出，除了广西民族大学以外，且不说专业必修课，就是限选课、任选课，也没有一所高校开设了语言文字规范化方面的课程，倒是诸如《购房常识选讲》、《药用植物资源利用》、《文化产业研究》、《投资项目评估》、《环境与可持续发展概论》之类的课程列入了对外汉语专业的教学计划。据赵守辉、胡月宝（2013）对中国人民大学、武汉大学、北京语言大学、华中师范大学等6所高校的调查，同样也发现没有开设语言文字规范化方面的课程。当然，本科阶段的"现代汉语"课中还是有少量的语言文字规范化内容的，但限于课时，或任课老师不重视，往往蜻蜓点水，一带而过。所以，目前国内对外汉语或汉语国际教育专业学生普遍缺乏语言文字规范化的意识，对国家颁布、实施的有关法律、法规、标准也缺乏了解，更谈不上掌握。这方面知识的缺陷，在他们参加汉语志愿教师的选拔时，就充分暴露出来了。比如，在要求使用汉语拼音拼写汉语的句子时，分词连写、大写、人名地名拼写、标调、标点符号使用等规则都不知道，书写汉字时笔顺也不对，等等。

目前国家汉办举办的公派汉语教师、汉语教师志愿者的培训，也普遍缺少语言文字规范化的内容。为此，我们也特地调查了近年来国家汉办分别在厦门大学（2009年12月）、吉林大学（2011年2月）、海南师范大学（2011年2月、8月，2014年1月）、华东师范大学（2013年4月）举办的公派汉语教师、汉语教师志愿者出国前培训的情况。我们发现，在国家汉办制定的多达600课时的《汉语教师志愿者培训大纲》中，只字未提语言文字规范化的内容，更没有设置这方面的课程。

笔者认为，这种状况是不能满足汉语国际推广需要和长远发展的，建议有对外汉语（汉语国际教育）专业的兄弟院校考虑开设这方面的课程或讲座。

【参考文献】

[1] 陈小燕.论轻声词界定的必要性、一致性原则[J].语言文字应用，2004（1）.

[2] 国家语言文字工作委员会普通话培训测试中心.普通话水平测试实施纲要[M].北京：商务印书馆，2004.

[3] 黄伯荣，廖序东.现代汉语[M].北京：高等教育出版社，2002.

[4] 侯精一.关于儿化词使用情况的考察[A].第二届国际汉语教学讨论会论文选[C].北京：北京语言学院出版社，1988.

[5] 教育部语言文字应用管理司编.国家中长期语言文字事业改革和发展规划纲要（2012—2020）[M].北京：语文出版社，2013.

[6] 柯彼德.汉语拼音在国际汉语教学中的地位和运用[J].世界汉语教学，2003（3）.

[7] 鲁允中.普通话的轻声和儿化[M].北京：商务印书馆，1995.

[8] 陆俭明.关于建立"大华语"概念的建议[J].汉语教学学刊，2005（1）.

[9] 陆俭明.汉语国际传播中的几个问题[J].华文教学与研究，2013（3）.

[10] "普通话轻声词儿化词规范"课题组.《普通话常用轻声词词表》《普通话常用儿化词词表》研制报告，普通话审音工作通讯，2012（1）.

[11] 史定国.普通话中必读的轻声词[J].语文建设，1992（6）.

[12] 王宁.《通用规范汉字表》解读[M].北京：商务印书馆，2013.

[13] 许嘉璐.汉语规范化与对外汉语教学[J].语言文字应用，1997（1）.

[14] 许琳.充分发挥《汉语拼音方案》在国际汉语教育中的作用[J].语言文字应用，2013（4）.

[15] 语文出版社编.语言文字规范手册（第4版）[M].北京：语文出版社，2006.

[16] 赵金铭.国际汉语教育的本质是汉语教学（在"汉语应用语言学学科建设与发展高峰论坛"上的报告），2012.

[17] 赵守辉，胡月宝.国际汉语教育硕士专业课程建设的"大语言观"模式[A].汉语国际教育人才培养理论研究[C].北京：北京语言大学出版社、中央广播电视大学音像出版社，2013.

[18] 周小兵.对外汉语与语言规划[A].语言规划的理论与实践[M].北京：语文出版社，2006.

对外汉语阅读课教学思考

陈孝玲[①]

阅读是"听、说、读、写"四大技能之一，是学生通过书面文字材料获得信息的智力活动过程。阅读课的教学目的就是帮助学生掌握阅读技巧，提高阅读能力。只有具备了阅读能力，才有可能通过阅读了解更多的语言和文化知识。

阅读课的教学重点一般是阅读理解技巧的培养和学生词汇量的扩大。技巧的培养比如培养学生的猜词能力，可以适当地给学生讲一讲文字学知识，让他们了解一些形声字的知识，熟悉常见的义类。比如我们在教"病"这个词的时候，可以告诉他们凡带"疒"的词，其意义一定与疾病有关系，比如"疾、疼、痛、痰、疯、疗、痒、癌"，以此类推；还有带"氵"的字，其意义一定与液体有关系，比如"洗、澡、沐、浴、汤、泪、汗、汁、液、泡、浇"等；带"冫"的字意义一般与寒冷有关系，比如"冰、冷、冻、凄、凉、凝"等；带"日"字旁的一般都与太阳有关系，带"目"字旁的一般与眼睛有关系，这样既可以让学生辨别一些容易混淆的字词，如"晴"和"睛"，还可以减少写错别字的可能性，懂得了"日"和"目"两个偏旁的意义，他们就不会再把"暖"字中的"日"写成"目"等。

阅读技巧涉及的内容比较多，2008年12月由北京大学出版社出版，周小兵、张世涛主编的《中级汉语阅读教程（ⅠⅡ）》（北大版新一代对外汉语教材，基础教程系列）编得不错，这套书共60课，分别介绍了通读、跳读、查读等阅读方式，猜词、句子理解、段落理解等阅读技能，教师可以根据学生汉语水平等实际情况有选择地给学生介绍讲解。

本文结合笔者的阅读教学实践，主要就词汇量扩大的问题谈以下几点认识：

一、重视生词听写环节

听写是对学生是否掌握前一课所学词语的有效检验方式之一。学生如果能做到听到读音就能正确书写，所学词语才算是真正成为学生自己的了。心理学家对阅读过程提出了三种假设：第一种是"形—音—义"的假设，音是形和义的中介，词汇通过语音中介到达心理词典；第二种是"形—义"假设，读者从字面直接领悟到词义；第三种是双通道假设，认为以上两种途径在阅读中均被采用。季秀清通过实验表明，民族学生初学汉语者一般按照"形—音—义"的加工过程进行语义提取，而经过一年学习后，"部分阅读能力强、汉语水平相对偏高的学生，已显现出由字形直达字义的苗头"。以我们自己学习外语的经验来看也是如此，尤其是学习非字母文字的语言，比如泰语，初学时对字音的依赖程度很高，必须读出来才能想出该词的意义，只有在学习一段时间之后，才慢慢由对字音的依赖逐渐转向依靠字形，从字形直接理解词义。所以，阅读者认的字越多，懂的词越多，读得就越快。学生熟练掌握汉字字形是在为阅读过程中从字面直接领悟词义打基础。

有学者认为，应该"把认记汉字、掌握词语作为初级阅读课的重点。汉字课和阅读课的关系是非常

[①]陈孝玲，女，广西民族大学国际教育学院副研究员，博士。

紧密的"。基于这种认识,有些阅读课教材,把汉字书写作为非常重要的一个环节放在课文后的练习中,专家编写教材的意图很明显,他们显然是认为汉字书写和阅读的关系很密切。我们强调听写和重视汉字书写的出发点是一致的,听写不仅是阅读课上检验复习的有效方式之一,口语课、综合课都可以运用。各科教师都重视,才能让学生重视起来,并养成为听写积极准备认真写好汉字的学习习惯。

二、重视朗读,培养语感

阅读活动的方式按照是否出声分为朗读和默读。我们通常所指的阅读技能其实是默读的技能,衡量的标准则是阅读效率的高低。朗读则是有情感的朗诵,也被认为是语言学习入门阶段的必要活动。其实,不仅是入门阶段,朗读在中高级阶段也应受到重视。一方面,通过朗读时的停顿、重音、语调等的处理,可以检测学生对阅读材料理解是否准确。在教学实践中,我们都能发现,较优秀的学生在朗读中对句内语义上的停顿,处理得比一般学生要好。

此外,朗读在大脑获得输入信息的同时进行了开口发声练习,这有利于提高学生听觉的敏锐度,增强语感。语言学习不是完全靠理性的分析,而是靠语言的直接感受,语言的感悟能力就是语感。怎样获得语感?熟读,多读!比如我们在教学生"不"的变调时,会先告诉他们变调的规律,但读过多次,熟练掌握之后,拿到语言材料他们马上就能准确地读出,此时规律已化为无形,这就是靠语感。这时候如果要他讲变调的规律,他可能还得想一下才能说得出。重复性的朗读本身,也可以促进词汇的掌握,进一步巩固和增加词汇量,加强对文章的深入理解,掌握有关的表达方法。对那些文句比较优美的片段或篇幅较短的整篇阅读材料,可以让学生熟读之后背诵,以背促读,目的还是让学生多读。"书读百遍,其义自见"的规律不仅适用于中国学生,同样也适合留学生。

三、重视课外阅读

培养阅读理解能力,必须课内课外相结合。很多留学生在课堂上跟老师说汉语,课后跟同学说母语,除非是老师布置的作业,否则他们一般不会自主进行课外阅读。如果仅靠阅读课上接触的少量阅读材料,学生的阅读量是远远不够的。没有阅读量的积累,阅读能力的提高只会沦为空谈,所以只有增加课外阅读,并保持每周一定的阅读量,才能更快地扩大词汇量,在实践中提高阅读速度。

在课外阅读中,老师在读物选择等方面的引导作用非常重要,还要有布置、有指导、有检查。要求他们不能一边阅读一边查阅词典,必须规定第一遍整体阅读的时间,在时间上有约束,这样学生才可能将课堂上学习的阅读技巧运用到阅读中。课外阅读材料的选择可以是多渠道的,比如HSK仿题和真题中的阅读题,阅读篇章后设置的练习正好可以检验阅读效果,还可以引导学生进行更广泛的阅读,比如推荐一些优秀的期刊杂志如《读者》、《青年文摘》给学生。无论是哪一种形式的阅读材料,都要求学生在阅读后养成用笔记本积累生词的习惯,尤其是成语。成语凝练且内涵丰富,含义不容易猜到,很容易成为阅读中的障碍。教师可以通过课堂抽查提问或围绕某一篇阅读材料中的主题进行讨论的方式进行检查,这可以提高学生读课外书的积极性。

课外阅读除了在实践中锻炼阅读能力外,更大的好处还在于了解中国社会和中国文化。相宜君在研究中发现,对外汉语阅读教学中学习者存在的困难主要包括三个方面:外国学生对汉语阅读的焦虑感;知识储备不足的问题;阅读速度过慢的问题。"知识储备不足"就是阅读者对阅读过程中涉及的中国现状及文化的了解不够。在问卷调查中她发现,"在接受调查的50名留学生中,有6名学生认为汉语阅读学习中最难的是不了解中国的文化"。从这个数据可以看出,阅读者背景知识储备不足虽然不是阅读理解最主要的障碍，但至少是其中之一。受课时和课堂教学阅读材料内容的限制，在阅读课堂中能接触到的社会现象及中国文化毕竟有限，而课外阅读正可以弥补课堂教学的不足。课外阅读材料题材丰富，内容广泛，涉及到中国的政治、经济、风俗、文化、体育、医疗、旅游、环保等方方面面，是他们学习中国文化很好的途径。实践证明，阅读具趣味性、知识性的材料更能吸引学生的阅读兴趣。

随着学生阅读量的不断增加，不仅开阔了学生的视野，获取各种信息和知识，认识中国，了解中国文化，而且积累了词语，提高了阅读速度，可谓一举两得。

此外，除了阅读课外书籍增加阅读量，听中文歌曲，看有中文字幕的电影、电视剧，听新闻，跟中国朋友网上聊天，留意身边的广告标语等也可以起到词语积累的作用，所谓身边处处是学问。

四、积累文化知识

语言和文化的关系是非常密切的。课外阅读可以帮助学生更多地了解中国文化，反过来，如果多一些对中国文化的了解，又可以以点带面，迅速掌握一批词语并深刻理解这些词语，从而降低词语理解的困难，加快阅读速度。在阅读课教学中，常会遇到类似情况。比如，有一次阅读课上，汉语言文化专业三年级的越南留学生因为对"出席"一词不理解，无法顺利完成组词成句题"嘉宾、有100多人、酒会的、出席"。对"出席"的不理解，根源在于学生不了解中国"席"文化，所以含有"席"的一系列词语如"酒席"、"宴席"、"缺席"、"入席"、"离席"、"座无虚席"等词，他们理解起来都有难度，有些词如"主席"，即使知道是什么意思，也是只知其然不知其所以然。了解了"席"文化，可以连带着解决一系列含"席"词语的意思，可谓以一当十，事半功倍。

教师在课堂教学中，偶尔引入一些中国文化知识，也可以增强课堂趣味性，活跃课堂气氛，带动学生的学习兴趣。

五、结语

随着中国综合国力的增强，汉语在国际生活中的重要性日益突出，成为许多国家同中国发展合作关系，开展经济、贸易和文化交流的重要工具。在这种背景下，来中国学汉语的外国人越来越多，而阅读能力直接关系到他们运用汉语进行交际的能力，所以作为一名对外汉语教学教师，我们要设法有效提高学生的阅读能力。

【参考文献】

[1] 季秀清. 外国留学生汉语阅读中字形与字音的作用初探[A]. 语言与文化论集[C]. 北京：外语教学与研究出版社，2000.

[2] 何亚平. 对外汉语阅读课的思考[J]. 安徽文学，2008（6）.

[3] 相宜君. 对外汉语阅读教学实践现状及策略探究[D]. 西安外国语大学硕士学位论文，2012.

关于提高广西中小学教师普通话水平的几点建议*

刘春梅[①]

一、引言

在广西的一些方言地区和民族地区，主要通行方言和民族语，只有在学校教学中才会全程使用普通话，教师的普通话通常会被当作范本来学习和模仿。因此，教师普通话水平的高低不仅直接影响到学生普通话水平的高低，而且也影响到整个社区普通话水平的高低。最近的一些语言调查，反映了广西中小学教师普通话水平与20年前相比虽有了长足的进步，但仍存在不少问题。

以广西玉林市[②]为例，据2013年的"全区中小学教师普通话教学现状调查研究"的调查，二乙水平的占56.49%；一乙和二甲水平的仅占18.74%，不到五分之一；三甲水平的占19.95%；三乙的占3.61%。这表明玉林市中小学教师整体普通话水平不高。不仅如此，教师的普通话水平与考证时相比均有不同程度的下降。在实地抽查的样本中发现，一乙水平的全部降为二甲，二甲水平的有38%降为二乙，二乙和三甲水平的基本保持稳定，有少许下降。

为什么有些教师的普通话到了一定水平后怎么都提不上去？为什么有些教师即使短时间内提高了也很快下来？

二、原因分析

造成广西中小学教师整体普通话水平不高及不同程度下降的原因是多方面的，既有主观的也有客观的，表现在以下几个方面：

（一）母语的负迁移

以玉林市为例，玉林市通行的粤、客家两种方言都与普通话有较大的差异，尤其是语音方面。差异表现在声韵调各方面。声母方面，玉林市通行的勾漏片粤方言只有一套舌面前塞擦音擦音[tɕ]、[tɕʰ]、[ɕ]，普通话中声母[ts]、[tsʰ]、[s]和[tʂ]、[tʂʰ]、[ʂ]领的字大部分在玉林粤方言中都归入[tɕ]、[tɕʰ]、[ɕ]。操这种方言的教师很容易将声母[ts]、[tsʰ]、[s]和[tʂ]、[tʂʰ]、[ʂ]都发成[tɕ]、[tɕʰ]、[ɕ]音。如"渣遮锄周"的声母均发成[tɕ]，"车初吹长"的声母均发成[tɕʰ]，"沙梳上手"的声母都发成[ɕ]。

韵母方面，玉林粤方言没有舌尖元音[ɿ]和[ʅ]，普通话的[ɿ]和[ʅ]领的字都归入[i]，所以，普通话中的[tsɿ]、[tsʰɿ]、[sɿ]和[tʂʅ]、[tʂʰʅ]、[ʂʅ]容易被读成[tɕi]、[tɕʰi]、[ɕi]或[tsi]、[tsʰi]、[si]。如"资词似纸池

---

*本文是国家语委项目"广西中小学教师使用普通话教学现状调研"（YB125-106）的阶段性成果。
①刘春梅，女，广西民族大学文学院教师，博士。
②玉林市位于广西东南部，辖1市5县，总面积12838平方千米。总人口671.23万人，其中汉族人口占99.23%，各少数民族人口占0.77%。玉林全市共有中小学校1890所，其中中学（含初、高中）292所，小学1598所。中小学共有专任教师50283人，其中中学教师21969人、小学教师28314人。

市"的韵母都读成了[i]。

语调方面，勾漏片粤方言的双音节词多是前轻后重格式，且前字习惯变调，这与普通话很不一样（侯兴泉 2011）。表现在操这种方言的人不仅读不好普通话的轻声词，而且整个语调格式都会出现问题。普测的情况印证了这种说法，占分比重最大的朗读和说话是扣分最严重的环节，直接影响最后的得分。以上这些显然都是受到母语的影响而产生的偏误。

(二)思想上不够重视

有些老师经过一段时间的强化训练后，普通话水平能力达到了一定的高度，但拿到普通话等级证书后，没来得及进一步巩固，就放松了对自己的要求，想怎么说就怎么说，这样也很容易导致普通话水平在短时间内迅速下滑。

(三)从众心理

由于广西民族地区和方言地区是近些年才慢慢推广和普及普通话，民众的普通话水平都不高。中小学教师生活、工作在这些地区，要融入群体，要融入当地社会，不可避免地会有从众心理。这种从众心理让一般教师不敢脱离大众，不敢过多地注意吐字归音，而趋向于使用跟大众水平差不多的普通话。

(四)畏难情绪

有些年纪较大的教师，因为在青年求学时期没有机会接受到普通话的专业训练，所以对普通话有一种天然的畏惧，觉得自己再怎么练都是不行的，容易气馁，容易放弃，这样也容易导致水平老是上不去。

(五)专业的培训机会不多

据调查，教师基本是只在考证前接受过有限的普通话培训，之后再无相关的学习。日后，教师们即使感觉到自己的普通话水平下降了也没有机会接受专业的训练。其次，通常的普通话培训由当地的普通话测试员来主持，但现实中相当部分的测试员并不是语言学专业出身，甚至没有汉语言文学专业的背景。这样的测试员本身对普通话的专业知识储备不足，对学员的错误往往是知其然而不知其所以然，不能从理论上帮助学员分析出现的问题，也不能针对具体的问题找到有效的解决方法。

(六)练习中的"高原现象"

"高原现象"是教育心理学中的一个概念，指在学习或技能形成的过程中出现的暂时停顿或下降的现象。在成长曲线上表现为保持一定水平而不上升，或者有所下降，但在突破"高原现象"后，又可以看到曲线继续上升。有些教师在练习到达一定的水平后遇到了高原现象，但不能正确地认识，遂产生挫败心理，不能坚持练习，这样也会让暂时的停滞不前变成永久的停滞不前。

三、建议

要想有效地提高方言区教师的普通话水平并防止提高后迅速下滑，有时光靠教师自身的力量是不易做到的，还需要教育管理部门和语言学界多方面的通力合作。

(一)对教师的建议

首先，教师自身应从思想上重视起来，认识到教师的普通话水平对学生的普通话起到直接引领的作用，时刻提醒自己往更高更好的方向发展，不能想怎么说就怎么说。其次，要克服从众心理，要认识到教师的普通话对整个社区的普通话都有示范作用，不能流于一般民众的水平。再次，也要克服畏难情绪，要认识到自己问题的所在，只要找对方法，坚持练习，哪怕年龄再大，提高普通话水平也是可行的。

（二）对教育管理部门的建议

首先，培训要常态化。要定期举办普通话培训班，不仅要让教师在考证前得到培训，也要在考证后一定时间内得到培训，以加强和巩固已有的水平。其次，指导要专业化。指导人员必须是专业的。要提高普通话测试员的语言学专业知识，提高测试员分析研究语言现象的能力，因此也要加强对测试员的培训。再次，活动要经常化。要提高和保持教师较高的普通话水平，除了要有专业的指导、经常的培训之外，还要有相关的活动来支撑。如可以在教师队伍中经常开展诵读、演讲等可以提升普通话水平的活动。

（三）对语言学家和语言教育家的建议

1. 加强对语言本体的对比研究

民族语与普通话从根本上说是两种不同的语言，两者之间的差别表现在语音、词汇、语法和文字的各方面。汉语方言与普通话的关系比较特殊，书面语上用同一套符号系统，口语上却千差万别，所以词汇和语法上差别不大，但语音上差别很大。语言学家必须在相关理论的指导下，对民族语与普通话、方言与普通话都进行深入的对比研究，找出语言之间的异同，以便于找到民语人、方言人学习普通话的难点所在，进而找到合适的方法帮助他们进行有效的训练。

2. 加强对地方普通话的研究

地方普通话是指带有明显的地方特色的普通话。地方普通话形成的原因很多，有共性的因素也有个体的原因。中小学教师已经过了学习语言的最佳年龄，听辨能力和模仿能力都不是很好，往往对自己所说的地方普通话缺乏必要的自觉意识，不知道问题在哪里，无法找到解决问题的方法。语言学家要对教师的地方普通话加以分析，研究地方普通话的共性和个性特点，分析形成的原因，对症下药，帮他们找到切实有效的训练方法。只有这样，才能从根本上解决问题。不然，错误的东西重复千遍也是错误，水平如何能提高？

3. 从语言教育学、语言心理学的角度加强对民语人和方言人普通话学习规律和学习特点的研究

方言人或民语人对国家通用语言——普通话的学习不等同于完全的外语学习，不能完全照搬外语教学的理论和方法。且不同母语的人学习普通话会有不同的学习心理特点，呈现出不同的学习曲线。语言教育家要研究这些不同的学习特点，研究不同的学习曲线上升或者下降的规律。以从理论上指导实际上的培训和练习，帮助教师正视练习中出现的反复现象，帮助教师顺利地走过学习的高原区，走向下一个进步的高峰。

综上所述，要提高教师的普通话水平，并防止提高后迅速下降，不仅需要教师自身的努力，正确的认识，也需要教育管理部门和语言学界的通力合作方可办到。

【参考文献】

[1] 广西壮族自治区地方志编纂委员会.广西通志·汉语方言志[M].南宁：广西人民出版社，1998.
[2] 侯兴泉.勾漏片粤语的两字连读变调[J].方言，2011（2）.

从现代汉语的女旁字看中国的女性文化

王　铮[①]

一、引言

汉字是历史起源最早的自源文字之一，其表意体系决定了汉字不仅只是汉语的书写符号，也是中华文化的承载体。本文即从女旁汉字来探讨中国的女性文化。女旁汉字研究的历史很早，论文也很多，以前的研究对象主要是《说文解字》中的女部字，探讨的也是古代社会的女性文化。本文是在前圣今贤研究基础上对女旁字做进一步研究的尝试，其特别之处在于：一、本文的研究对象是现代汉语中的女旁字。二、本文在总结简述已有相关研究成果的基础上探讨了一些前人较少涉及的问题，如：女旁字作姓氏和专有人名、女旁字与时偕行的代表——"嫖"字与"她"字以及规范性尚有争议的"妳"字与"嫫"字。

今人对女旁汉字的研究较多，主要可以归纳为四类：第一类是研究单个的女旁汉字，如：庄初升《释"姐"》，徐山《释"妃"》，王振顶、李歆《"婚"字的源流》，沈怀兴《"妻"字辨》等，研究者仅考察单个女旁汉字的来源及其演变。第二类是从女旁汉字看汉语男尊女卑的思想观，如：周士璋《从汉字看古代对女性的歧视》、王玉鼎《汉语与重男轻女思想观念》等。还有些文章在此基础上探讨中国女性地位的历史变迁，如：谭学纯《"女"旁字和中国女性文化地位的沉落》、徐结玲《从〈说文解字·女部〉看古代女性社会地位的变迁》等。第三类是从汉语的女旁字看古代社会文化。这些文章是根据权威工具书里女旁字的义类分析探讨其体现的文化内涵，如：陈枫《部首"女"的文化义蕴》、秦建文《"女"字意象的文化义蕴》、张玉梅《〈说文解字〉女部的文化内涵》、翟淑英《"女"族字及"女"族词语的文化阐释》、雪梅《"女"部字语义场文化意蕴浅探》。其中专门探讨古代妇女观的有：刘艳《从〈说文解字·女部〉看许慎的妇女观》、张金莲《从〈说文·女部〉看儒家的妇女观》等。第四类文章从其他角度对女族字词进行了研究，如：王琪的《〈说文解字·女部〉排列规律及其概念逻辑观》、仓林忠《中国最早的文字主要是由远古时代的妇女创造的》等。

二、女旁汉字的分析

本文的研究对象是现代汉语的女旁字，选字范围和标准依据的是外语教学与研究出版社出版，中国社会科学院语言研究所词典编辑室编写的《现代汉语词典》（汉英双语版，2002年增补本），共查出女旁汉字168个。笔者根据这些女旁汉字常用义的感情色彩分为：褒义字46个，中性字97个，贬义字25个。本文对女旁汉字语义感情色彩的定性分类以现代汉语为准，多义项时以最常用的义项为准。具体分析如下：

[①] 王铮，女，湖北随州人，广西大学国际教育学院讲师。

表1 褒义女旁汉字的分析

褒义字 46个	容貌美（11个）	占23.9%	妍、娈、姣、姹、娟、娥、婵、媛、媚、嫒、嫣
	体态美（16个）	占34.8%	妸、姗、娆、娇、娜、娉、姿、婀、婥、婷、妩、嬛、姁、姽、婳、娴
	德才美（4个）	占8.7%	婧、媖、嬹、婉
	其他（15个）	占32.6%	妥、娶、威、姱、姝、姤、娱、娖、娓、嫡、嫽、嬖、嬿、好、妙

从表1可以看到，女旁汉字的褒义字多为欣赏女性的容貌和体态等外在的形式美，这类字占据了大多数（59.7%），赞扬女性德才美的仅占8.7%，说明古代中国社会还真是"女子无才便是德"。古代汉语中的"好女"即今天所谓的"美女"，而非现代意义上品性好的女子。这种现象反映了古代女子被物化和被观看的地位。

表2 中性女旁汉字的分析

中性字 97个	婚姻婚俗（8个）	占8.2%	妁、娅、姻、娶、婚、媒、媾、嫁
	人物称谓（35个）	占36.1%	妇、妈、妪、妣、妗、姊、姐、姒、妹、姑、妻、姐、妯、妾、姆、娃、姥、姨、娌、娣、娘、媄、婆、婶、媪、嫂、婿、媳、媵、嫠、嬷、嬬、嫜、婴、妮（注：这里选取的是汉字，叠音单纯词、合成词等不在范围内，故"奶"不选。）
	生殖养育（5个）	占5.2%	奶、妊、娠、娩、孀
	专有名词（19个）	占19.6%	妃、妫、妤、妺、妲、姚、姮、姬、娲、婕、嫠、婆、嫫、嫄、嫔、嫱、嫦、嫘、嫪
	其他（30个）	占30.9%	女、如、妆、她、妘、姓、委、始、姞、要、耍、姚、姿、姜、娄、姁、婗、娜、嵒、媢、嬲、嫩、婴、奰、嫠、嬉、嬗、嬴、嫛、嫱

从表2可以看出，中国文化非常重视女性在家庭家族中的重要性，许多与婚姻、亲属称谓有关的字都用女旁（占44.3%）。生殖养育也几乎是女人的"专利"，这类字占5.2%。专有名词占19.6%，其中女旁字作为姓氏和专有人名会在下文作详细的分析。

表2中有一个值得注意的现象，即有两个专指男性亲属的称谓竟然也使用了女旁字，一是"嫜"，指丈夫的父亲；二是"婿"，指女儿的丈夫。这种现象说明女性在家族关系中起着重要的纽带作用。

表3 贬义的女旁汉字的分析

贬义字 25个	无性别之分或与男女都有关的（19个）	占76%	奴、奸、妖、妍、妨、妒、娄、婼、嫉、嫌、嫚、嬲、嫖、孬、婞、娼、嫴、妄
	专指男性的（1个）	占4%	嬖
	专指女性的（5个）	占20%	妓、婊、娼、婢、嫱

从表3可以看出，有76%的贬义女旁字其语义指向并不分男女或与男女双方都有关。显而易见，古代中国社会对女性德行的评判是多么的苛刻和偏激。甚至有一个专指男性的贬义字也用了女字旁，即"嬖"，指鸡奸。

三、女旁汉字体现的女性文化

（一）女旁汉字作为姓氏和专有人名

表4 女旁汉字作为姓氏

女旁字作为姓氏	"姓"字本身即是女旁	
	8个女旁字的姓氏	妘、姒、姞、姚、姜、娄、姬、嬴

"姓，人所生也。""从女从生。"姓氏的起源是母系氏族社会的事。那时的姓即族号，是人们按母系血缘分成的氏族的称号。传说中的三皇五帝及其后裔的姓都是女旁字。

"姜"是炎帝之姓。"神农居姜水，以为姓。"（《说文解字》）

"姬"是黄帝之姓。"黄帝君姬水，以为姓。"（《说文解字》）

"姞"是黄帝姬轩辕的后裔。"黄帝之子二十五宗，其得姓者十四人，为十二姓，姬、酉、祁、己、滕、葴、任、荀、僖、姞、儇、衣是也。惟青阳与夷鼓同己姓。"（《国语》）这十二姓里的"姞"姓即由黄帝所赐。

"嬴"少昊氏之姓。"少昊帝名挚，字青阳，嬴姓也。"（《帝王世纪》）

"姚"是虞舜之姓。"虞舜居姚虚，因以为姓。"（《说文解字》）

"姒"是夏禹之姓。相传夏禹之母吞薏苡而生禹，因姓姒氏。

"娄"源于姒姓，出自大禹后代的封地，属于以封邑名称为氏。

"妘"是颛顼帝之孙祝融氏之姓。

这些女旁字的姓氏从母系氏族社会流传至今，有些姓氏如"姜""姚""娄"等还是当代中国人的常用姓氏。这些女旁字的姓氏是母系氏族社会文化的遗留。

表5　女旁汉字作为专有人名

女旁字作为专有人名	专有姓名（女性）9个	妹喜、妲己、姮娥、女娲、女媭、嫫母、姜嫄、嫦娥、嫘祖
	专有姓名（男性）1个	嫪毐

（注：这里选取的是专有人名，人名常用字不在范围内，故"娥"不选。）

"妹喜"，有施氏之女，夏桀之宠妃。传说夏因妹喜而亡。"妹喜好闻裂缯之声而笑，桀为发缯裂之，以顺适其意。"（《帝王世纪》）

"妲己"，有苏氏之女，商纣王帝辛王后。传说商因妲己而亡。妲己因《封神演义》的流传而为人熟知。

"女娲"，神话中的始母神，伏羲之妹。"娲，古之神圣女，化万物者也。"（《说文解字》）

"女媭"，屈原之姐。"女媭之婵媛兮，申申其詈予。"（屈原《离骚》）

"姜嫄"，帝喾之妻，后稷之母。《诗经·大雅·生民》："厥初生民，时维姜嫄。生民如何，克禋克祀，以弗无子。履帝武敏歆，攸介攸止，载震载夙，载生载育，时维后稷。"

"嫘祖"，黄帝之元妃。《史记·五帝本纪》载："黄帝居轩辕之丘，而娶于西陵之女，是为嫘祖。"嫘祖还发明了养蚕，史称嫘祖始蚕。

"嫫母"，黄帝之次妃，中国文学史上第一个受褒扬的丑女。"嫫母执乎黄帝。黄帝曰：'厉汝德而弗忘，与汝正而弗衰，虽恶何伤！'"（《吕氏春秋·遇合篇》）

"姮娥""嫦娥"，上古神话人物。帝喾之女、后羿之妻。本称姮娥，因西汉避文帝刘恒之讳改称嫦娥。

众所周知，在中国的姓名文化中，女性取名多用表现阴柔之美的字，其中褒义的女旁字如"娜""娥""娟""妮"等都是女名常用字。但表5中的专有人名因其在中国文化中的知名度较高，且中国的姓名文化讲究"为尊者讳，为亲者讳，为贤者讳"，所以这些字就几乎没有再用作其他人名了。

表5中有意思的一个现象是"嫪毐"作为一个男人的名字竟用了一个女旁字。"嫪"字还有念惜之义。"念将决焉去，感物增恋嫪。"（韩愈《荐士》）

（二）女旁汉字因社会的发展而产生的变化——以"嫖"和"她"为例

先说"嫖"字。这个字大家都认识，是跟卖淫嫖娼违法犯罪事件有关的常用字，毫无疑问在现代汉语里是个地地道道的贬义词。但是细心的观众会发现历史正剧《汉武大帝》中汉武帝刘彻的姐姐——馆陶公主的名字就是刘嫖。这就让人匪夷所思了，别说是贵为一国公主，即使是平民百姓也不会用这样一个贬义十足的字来作为大名。只有一种可能，即"嫖"字在古代，至少在当时应该还没有现代汉语中"卖淫嫖娼"之类的贬义，应该是个褒义字。为此笔者作了一番查证："嫖"在古代汉语中是轻便之义，但此义读piāo，而非piáo。《汉书》中"嫖"字出现5处，其中有4处指的都是刘嫖，另外一处是"后与昭信等饮，诸姬皆侍，去为望卿作歌曰：'背尊章，嫖以忽，谋屈奇，起自绝。行周流，自生患，谅非望，今谁怨！'"《旧唐书》中有一例"绿林炽炎历，黄虞格有苗。沙尘惊塞外，帷幄命嫖姚"。

再说"她"字。第三人称代词在几千年的古代汉语中是没有男女之分的，似乎以前的人们也觉得没有区分的必要。19、20世纪的中国经历了巨大的社会变迁，国门打开，方方面面都受到了外来文化的冲击。汉语也受到了西方语言，尤其是英语的影响。汉语中没有与"She"对译的字，最初常译成"他女"或"那女的"，后来又借用吴方言中的"伊"。1917年，刘半农提出创造"她"字的建议，随后还发表了论文《"她"字问题》和诗歌《教我如何不想她》来推广"她"字的使用。其中诗歌《教我如何不想她》被语言学家赵元任谱曲成歌。鲁迅高度评价说"她"字的创造是打了一次"大仗"。

（三）关于"妳"字和"嫨"字

首先说"妳"字。这个字我们的感觉是在学校里没有学过，但在电视或KTV的字幕里常见，常臆断为女性的第二人称。我们都知道大约在20世纪上半叶受印欧语系中"性"这一语法范畴的影响，汉语从第三人称"他"中分化出专指女性的"她"，那么"妳"字是否也是从第二人称的"你"字中分化出来的呢？笔者作了一番查证。"妳"字在《现代汉语词典》中没有收录。在《新华字典》和《辞海》中"妳"字是"奶"字和"你"字的异体字，分别读作nǎi和nǐ。在《康熙字典》中"妳"的释义是"俗儞字,又唐人呼"。笔者查阅古籍也发现了少量的"妳"字的例句：

内出宣旨："妳婆杨氏可赐号昭仪，妳婆王氏可封郡夫人，第二妳婆王氏先帝已封郡夫人，准杨氏例改封。（《旧唐书》）。

每岁，驾幸上都，以八月二十四日祭祀，谓之洒马妳子。（《元史》）

由此可见，"妳"字并不是近代才产生的新字，至少在唐代就有了，但始终用例很少，至今也没能进入规范的现代汉语。现在生活中偶尔还用到"妳"字大概是因为"妳"用来专指女性时能感受到一种女性的婉约美；另外，"他"与"她"的分化及其高使用率这一语言现象在语言的类推作用下让人们感到从"你"中分化出"妳"也是自然而合理的。

再说"嫨"字。该字在《现代汉语词典》中也没有收录。《新华字典》中的解释是hān，老妪貌。"嫨"字从女从难省，难省亦声。"难省"意为"哀鸣声"。"女"和"难省"联合起来表示"总是哀鸣的女人"，即老妪。老太太因年岁大，身体机能衰退，生活多有不便，诸如走路不稳，吃饭无牙，眼睛老花，便溺失禁等，因而时常发出哀鸣。另外，"嫨"还可以读nǎn，即现代流行语"女汉子"的简称，多用于第一人称。这绝对是旧字新用，究其创新心理，大概是因为把"漢"（"汉"的繁体字）换成了女旁似乎就能从该女性的外貌上看出其汉子的内心来。所以"嫨"字也多用于书面展现，口语中还是说"女汉子"更容易让人听懂。

【参考文献】

[1] 吴世雄.由汉语的女部字研究看中国文化语言学存在的问题[J].古汉语研究，1997（1）.

[2] 吴世雄.关于语言和文化的思考[J].语文学刊，1997（3）.

[3] 许慎.说文解字[Z].北京：中华书局，1963.

[4] 杨春.性别语言研究[M].北京：光明日报出版社，2010.

"极小量+也/都+VP"否定格式探微

巴 丹[①]

一、引言

在现代汉语中，存在着大量的"一量（名）"否定格式，如"一趟城也没进、一遍生字也没念、一句话都不说"。朱德熙（1982）指出：从结构上说，"一量"是修饰后边的名词的。郭锐（1998）从配价的角度，研究了"一量名"的论元角色和谓词的配价结构关系。李宇明（1998）根据强调程度的强弱，对六类强调格式进行了排序，其中"一量（名）"否定格式位居第二，仅次于"连"字句。倪建文（2001）指出该格式通过"对最小的量'一'的否定来表达质的否定，它具有全称否定的性质"。胡清国（2004，2006）分别从语法化的角度、格式对量词的选择限制的角度进行了研究。侯冬梅（2009）探讨了"一+动量词+NP+也/都+没（有）+VP"的生成机制。

纵观以往的研究，各家关注"一量（名）"否定格式的共性较多，但探讨"也"式和"都"式的差异则鲜有论及。李宇明（1998）就曾说到："至于'都'和'也'，就笔者所掌握的语料来说，还看不出二者在这类现象中有什么大的差别。"本文拟在前人研究的基础上，从"也"类和"都"类在格式中的差异入手，找出隐藏在该结构下的语义、语用、语法等方面的个性特征。

二、关于命名

"一量（名）"否定格式的研究由来已久，各家对该结构的命名不尽相同。李宇明（1998）称之为"一量+否定"格式，倪建文（2001）称作"一……也不（没）"句式，胡清国（2004）称之为"一量（名）"否定格式。以上研究都是依据某一形式标记做出命名。基于语料库的考察，我们认为"一量（名）"否定格式确实具有普遍性，但它只是"极小量否定式"中的一种。我们统计了北大语料库"小说类"随机语料，共找到合格例句539条[②]，其中以"一点"表极小量的用例高达283例，占到出现比率的52.5%。北大语料库中的老舍作品，带有语素"一"的"极小量否定式"，共找到合格例句573条，其中以"一点"表极小量的用例有298例，占到出现比率的52%。两种统计方式显示，"一点"类是该结构的高频用例。我们发现，在这些大量例句中，"点"已很难再说是个量词，"一点"已经由表不定量的量词演化成表极小量的虚词，主要表程度，而非表数量。试比较：

(1) 枉耗心血的彻夜苦思常常使他入睡后仍不能平静……每次醒来都像躺在手术台上感到全身麻痹嘴里苦涩干得<u>一点唾沫都没有</u>，心情像少女诗人一样忧郁。（王朔《我是你爸爸》）

(2) 香烟味、油烟味、汽油味、化妆品香味、书本纸张味一概闻不得，闻了就恶心得直流酸水，<u>一点食欲都没有</u>。（池莉《太阳出世》）

[①] 巴丹，女，右江民族医学院讲师。
[②] 我们检索了含有"也"、"都"语料共21875条例，其中不合格例句217条，"极小量否定式"的出现比率为539÷（21875-217）×100%=2.5%。

（3）最后，望着那张纸，心里就松快多了，尽管事态一点变化也没有。（刘心武《曹叔》）

（4）瘸老张娶来的媳妇是个哑巴，但聪明、活泼，一点也不丑。（刘兆林《雪国热闹镇》）

以上例句中"一点"的虚化程度依次加深，"一点唾沫都没有"是主谓结构，"一点也不丑"则是状中结构，"一点"已经完全虚化为一个语气副词。"一量（名）"是从形式上划分出来的，但在内部是不统一的。此外，通过后面的论证，我们可以清晰地看到，还有很多类型是"一量（名）"所无法概括的。因而我们把这类结构统称为"极小量否定式"。

三、"极小量短语"的构成

（一）"极小量短语"的量词类型

"极小量否定式"以"都、也"作为分界点，前半部为极小量短语[①]，后半部为否定性谓语成分。最小量短语的量词可以分为以下类型：

1. 有定量词

主要有名量词、动量词、时量词。名量词又可以包括个体量词、集合量词、度量衡量词。

（5）你们结成夫妻！这样，我一个宝贝也不会丢掉。（张承志《黑骏马》）

（6）我女儿没有去过上海，她一生十七年里，一次都没有去过上海。（余华《此文献给少女杨柳》）

（7）"嘻嘻可不是么。"他嘴里应付着，眼光一刻也没离了那女人，直到暗绿的身影隐入人流中。（廉声《月色狰狞》）

（8）可是，你这样做，他连一束紫罗兰也赢不到，亲爱的。（阿加莎·克里斯蒂《清洁女工之死》）

（9）我也不想再呆下去了，一分钟都不想！（王朔《橡皮人》）

"个"是名量词，"次"为动量词，"刻"为时量词，"束"为集合量词，"分钟"是度量衡量词。李宇明（1998）就曾指出："甲类（'一量'后可有名词性成分的格式）的量词丰富多采，几乎没有什么限制。"

2. 无定量词

可以包括"一点、一丁点、一点点"等。例如：

（10）这是屋里唯一的床，但一点睡过的痕迹都没有。（王小波《2015》）

（11）叫我奇怪的是，他竟然一点也不恨我，好像他一点点也没有受到我的伤害！（冯骥才《一百个人的十年》）

（12）我对你很生气，气坏了，可以实话告诉你，我想整你——我今天可是把心里话都跟你说了，一丁点都不隐瞒，你瞧你对我够坦率的了吧？（王朔《我是你爸爸》）

以上的数量短语都不是确指量，主要是表示"少量"的语义特征，数量范围较为模糊。

（二）"极小量短语"的数词特征

极小量短语的数词主要由"一、半"充当，其中以"一"最为常见。

（13）一个男人说："进去就进去，大伙得一起进去，半步都不能分开。"（余华《祖先》）

极小量短语可以只由"＋小量"语义特征的词如"丝毫、丁点、丁点儿、一点、一点点"等词汇充当。例如：

（14）贝蒂只是一任躲闪，丝毫也不还击。（王凤麟《野狼出没的山谷》）

[①] 董秀芳（2002）称为否定极性成分（negative polarity item，NPI）。

(15)"丁点办法都没有。"刘利全愈发愈诚恳,"你们现在能做的也就是撤销承认……"(王朔《懵然无知》)

(16)对方对他们究竟是五名什么样的工人,对他和他们之间的关系,丁点儿都不感兴趣。(梁晓声《钳工王》)

(三)"极小量短语"的中心成分

极小量短语通常有以下四种形式[①]:一量、一量N、一量VP、一量A。即动词、名词和形容词均可充当核心成分。

(17)养殖场一对海狸鼠也未回收,没有履行合同,因此养殖场与养殖户所签合同应为无效。(1994年报刊精选)

(18)我当时想,你那样地思念我,那样地爱我,仅仅一个接吻也还能吝惜而不给你么。(国家语委现代汉语语料库)

(19)莲姑娘若是有什么失闪不幸,世界就必同归于尽,一点含忽也没有,同归于尽!(老舍《火葬》)

"海狸鼠"为名词,"接吻"为动词,在这里已经指称化了;"含忽"是形容词。三大词类均可充当"极小量短语"的中心成分。中心成分有时可以省略,以下几种情况可以省略中心语:

a.已在前导句中出现,在后继句中已成为话语旧信息,此时可以省略,如例(20);

b.句子内部而言,中心语成为主语或话题时,可以省略,如例(21);

c.量词具有专属性,或者是具有模状性搭配时,可以省略,如例(22)。

(20)小通信员跑前跑后摆了一桌子饭菜,可我们一口都吃不下去,好心的小战士不知出了什么事,他跑去把自己抓的旱獭拉进来给我开心。(李斌奎《天山深处的"大兵"》)

(21)有这本领的人,在我们村里是一个都找不出来。(余华《活着》)

(22)"不是照您说的?不是自己劳动挣的,一分(一分钱)也不要?"(林斤澜《吃吃》)

最小量短语为"一量A"时,一般只能由"一点"修饰,形容词多能进入"有X"结构。例如:

(23)这时小林一点兴致都没有了,一点不承老婆的情,厌恶地说:"……"(刘震云《一地鸡毛》)

(24)但朋友们说结婚之后的刘先生,一点意思也没有了,太普通了,以至有点让人灰心了。(阿成《刘先生》)

(25)打电话的人还抱怨我道:瞎写了些什么——你也是个老同志了,怎么一点分寸都不懂呢。(王小波《白银时代》)

以上一量短语的形容词"兴致、意思、分寸"都可以进入"有"字结构,如"有兴致、有意思、有分寸"。

(四)"极小量短语"的组配关系

宗守云(2008)以计量方式为标准把物量词划分为三个小类:个体量词、集合量词、度量量词。从修饰名词的属性来看,个体量词和度量量词主要修饰的是事物的个体量、种类与属性,以个体性为基础;而集合量词可修饰离散量名词,以群体性为基础。从表面上看,能否进入最小量否定格式取决于量词是个体量词还是集合量词。例如:

(26)男主人公小林是个不走运的画家。一幅画也卖不出去,最后连买油画颜料的钱都没有,更不用说请模特儿了。(朱文《我爱美元》)

(27)*树上一群鸟都没有。

胡清国(2006)指出"能否进入该格式(一量名否定格式)不在于它是个体量词还是集合量词。关键在

[①]以"一"为数词。

于能进入该格式的量词必须处于量的等级序列的最低级次位置上"。那么，当集合量词出现在最小量否定结构时，我们可以通过什么标准来确认它是否是等级序列的最低级次呢？试比较：

（28）一本书都/也没看　　一本书都/也没卖
（29）*一箱书都/也没看　　一箱书都/也没卖
（30）一件货都/也没卖　　一件货都/也没发
（31）*一批货都/也没卖　　一批货都没有发

以上的例句，同是"一箱书、一批货"，但由于VP的不同，有的可以成立，有的不能成立。可见，"等级序列的最低级次"对于"一量名"否定结构具有很强的解析力，但再进一步思考，我们发现，还必须考虑到语境的调节、客观的事理依据、主观的侧重等因素。只有"一量名"为"极小量"时，才能使"一量名"否定格式结构产生全量否定的构式义，这个"极小量"是相对最小量，是事物量与事件量（主题）或动作量的对比的结果。如：

（32）姜雪桃的回答总是这么一句，而且一个（*行）字也不变："你说破大天，我也得和他们见上一面。我担保不坏你的事！"（冯骥才《石头说话》）
（33）近几年他收了一些字纸，却一个（行）字都不认得。（汪曾祺《故人往事》）
（34）可是关于这些，他连一行（个）字都没有写；还有那个凛冽而晴朗的圣诞节，平原那边显出了群山，那天加德纳飞过防线去轰炸那列运送奥地利军官去休假的火车，当军官们四散奔跑的时候，他用机枪扫射他们。（欧内斯特·米勒尔·海明威《乞力马扎罗的雪》）
（35）从圣诞节到秋天，她一直想着这件事，但是一行（？个）字也没有写出来，最后她灰心地对自己说："你是没有能力写这本书了……让别人去写这样一本富有教益、严肃认真和没有一句假话的书吧！"（拉格洛芙《尼尔斯骑鹅旅行记》）

以上的例句为什么有些可以是个体量词，有些可以用集合量词，有些两者皆可呢？具体而言，例（32）对于"回答总是这么一句"而言，"*一行字都不变"不仅可能是最大量，还可能会是超量，用在这里便没有任何话语意义。例（35）中，对于"写这本书"而言，"一行字"确实是"写书"的基本单位。可是为什么客观的最小量"一个字"用在这里不太自然呢？这是因为"写出来"表示行为结果，对于"写书"而言，行为结果的最小量应该是能表达一个完整意义的"一行字"而非"一个字"。如果改成"她一直想着这件事（写书），但是一个字也没有写"就更自然。因为"写"是一个动作，该动作的最小量就是"一个字"。例（33）和例（34）则可以根据说话人的主观侧重来选择用哪种量词，属于两可状态。

以上的论证说明，极小量否定式能不能说，并不取决于量词的类型，只要极小量短语所表示的"事物量"与谓词性成分所表示的"事件量"是相对最小值，那么这个构式就可以成立。

相对而言，个体量词比集合量更通用，典型量词比非典型量词更适用。我们以宗守云、张谊生（2008）所列的20个典型的集合量词为考察对象，对北大语料库"一量（名）+也/都+VP"否定格式进行了统计。

表6　集合量词在"一量（名）+也/都+VP"否定格式中的用频统计表[①]

	行	双	对	束	把	套	副	捆	堆	叠	簇	组	排	包	串	丛	群	打	沓	摞	合计
也	8	7	1	1	1	4	2	2	0	0	0	0	0	0	0	0	0	0	0	0	26
都	4	5	1	1	1	0	0	0	1	0	0	0	0	0	0	0	0	0	0	0	13

以上统计明显，集合量词出现在极小量否定式的比例可谓微乎其微，相比较而言，"也"式比"都"式的选择范围更广，"也"式可和40%的集合量词搭配，而"都"式只能和30%的集合量词搭配。"也"式比"都"式的出现频率更高，是"都"式的2倍。"都"是典型的统括性副词，当"一量名"为集合量词时

[①] 我们以"一量"和"都/也"中间字符≤4为语料范围，（未剔除不合格语料）共找到"也"类语料733条，"都"类语料688条。

易产生歧义，可以表全量，也可以表最小量。语料也显示出言语者自觉或不自觉地在回避语言歧义，大量采用"连"等焦点标记来提示。以"双"为例，"也"式7例只有1例出现了焦点标记"连"，"都"式5例全都出现了焦点标记"连"。在我们能找到的15例使用集合量词的"都"式中，有9例使用了焦点标记"连"，占使用比例的60%；27例"也"式只有7例使用了焦点标记"连"，占使用比例的26%。

汉语中，一个名词可以和多个不同的量词搭配，表示相同的数量。这些量词进入"极小量否定"格式会受到一定的限制。只有那些适用面广、使用频率高、形象色彩或感情色彩较少的典型量词才会进入该格式。以下例句随着量词的通用性减弱，格式的可接受度依次降低。试比较：

（36）一本书都/也没借。/一支笔都/也没卖。/一起事故都/也没发生。
（37）？一册书都/也没借。/？一管笔都/也没卖。/？一场事故都/也没发生。
（38）*一卷书都/也没借。/*一杆笔都/也没卖。/*一宗事故都/也没发生。

例（36）量词与名词都是高频组配关系，例（37）则较为少用，而例（38）的量词带有文言、方言或书面的语体色彩，这样的"最小量"否定式难以让人接受。

四、"极小量短语"的指称特征

（一）"全量否定"与"全质否定"

倪建文（2001）认为"极小量否定式"是通过对"一"的否定来表达质的否定。戴耀晶（2002）指出：质的否定是否认事物的存在或者否认事件的发生，即否定性质上的规定性，语义含义是"无"。量的否定是否认事物或事件在数量上的规定性，语义含义是"少于"。

我们同意两位学者的观点，但还应该考虑否定层次的问题。我们把否定强度概括为：部分量的否定＜全量否定＜全质否定。"都"类比"也"类更进了一步，"都"式传达的是主观判断，是直接的"质的否定"。它否定的不是数量，而是否定命题。而"也"式处于量变与质变的临界点，它可以通过对"极小量"的否定达到"全量否定"，也可以通过语用推理达到"全质否定"。这也是为什么"也"类的用例较之"都"类更多的主要原因。试比较：

（39）"我懂，就是一根骨头也不能带出门。"黑厨子的脸红一阵白一阵的，他似乎想把两只手从箩筐里拿出来，但两只手不听话，十根手指抓紧了那根肉骨头把它往垃圾深处埋，最后黑厨子用白菜盖住了肉骨头。（苏童《两个厨子》）

（40）但是在大堆雪中宣落千尺的努涅斯没死。他摔得晕眩，却连一根骨头都没折断，人滚到一个较不陡峭的山坡上，埋在白皑皑的雪堆里。（《读者》（合订本））

（41）子磕的痛，还是身上被打的痛，他被扔进一间没有灯亮的屋子去……地上是光光的，连一根草也没有，他就那么昏昏的睡去。（老舍《四世同堂》）

（42）那东西可怪，落到哪里，就寸草不剩。后来，大人小孩子都在地上掬蝗虫，用麻袋装，走两步就能踏一鞋底……人不吃蝗虫咋办？什么都没有了，连一棵草都没有了。"（杨争光《蛾变》）

例（39）是指真正的"肉骨头"不能带出门，而例（40）则是以"骨头没有折断"泛指身体没有受伤，目的不在于直言事实的客观性，而是要借此来说明"努涅斯"不仅"没有生命"，摔的结果也不严重，表达出乎意料的惊叹。例（41）"他"是被扔进"屋子"的，地上没有"草"是客观事实。例（42）中，"蝗虫"怎么吃也不可以把所有的"草"都吃光，这是对主观感慨"什么都没有了"的进一步说明。

（二）"聚合最小量"与"对比最小量"

郭锐（1998）系统考察了"一量名"的论元角色和谓词的配价结构关系。他指出，二价谓语进入该句式,"一量名"只能是宾论元或非论元,不能是主论元。这一结论对"也"类具有解释力,对"都"类就不太适用。当"极小量短语"为行为的施事时,一般用"都"式不用"也"式。试比较:

(43)"一个著名作家都(？也)不来,真不给面子。"(王朔《顽主》)

(44)你在心里头否定他吗？你在对他进行道德批判吧？你,你们,<u>一个都(？也)不配</u>!告诉你,他是高尚的,是真正的男子汉。(刘心武《多棱的帆船》)

(45)2003年春天,"非典"来了,有的外商撤走了,但民营企业<u>一家都(？也)没有走</u>,它不肯走,它不愿意走,它的根就在,960万平方公里的土地上,这不是民族经济是什么呀？(厉以宁、柳传志、张维迎《中国企业发展之路》)

以上例句可以看到,最小量短语都是动词的"施事",例(43)如果变为"一个作家也不来,真不给面子"可以成立。但加了"著名"后,话题的范围已确定,构式所能提取的是一个已知聚合中的最小量,因而用"都"更合适。例(44)"一个都不配"前也已交待了话题范围"你们",可以预见,说话人在心里是很清楚所要否定的范围的,因而会用"都"。例(45)"民营企业"是"走"的施事,是已知信息,作者在这里要强调的是在"民营企业"这个已知聚合中,无一例外都没有走。

五、语用选择倾向

"也"是典型的频率副词,"都"是典型的统括性副词,两词分属于不同的副词小类,却被相同的构式所容纳,并成为构式中固定不变的成分。那么,究竟是副词起主要作用,还是构式义起主要作用？不同的副词对构式会形成怎样的影响呢？我们对北大语料库中,鲁迅、老舍、王朔等三位不同风格、不同时代作家的文献做了穷尽性的统计。结果如下:

表7 "最小量否定式"现当代语料统计表

		鲁迅[①]	老舍[②]	王朔[③]
语料条例	"也"式	8	541	91
	"都"式	1	32	72
语料比例	"也"式	88.9%	94.4%	55.8%
	"都"式	11.1%	5.6%	44.2%

以上数据显示出以下趋势:(1)从"语料条例"来看,近现代"极小量否定式"呈现加速增长态势,尤其是"都"类"极最小量否定式"开始大量出现。须说明的是,由于本章对北大语料库进行了穷尽性统计,王朔作品"也"类用例较之老舍有所减少,这与统计的作品数量多寡有关。(2)从"语料比例"来看,当代"也"式与"都"式使用比率趋于综合。可见,对两个变式的研究应该关注的不是强制性的问题,而是适用性的问题,尤其是从语用的角度对两个变式进行研究会更有价值。

(一)"虚指"与"实指"

莱昂斯的《语义学》将客观世界分为三级实体:一级实体(first-order entities)指一定时间、空间的

[①] 收搜代码:(一)$3(也) author:鲁迅,即鲁迅作品中,"一"和"也"之间间隔字数 3的例句。"也"类原始语料49条;"都"类31条,共计80条。其中"最小量否定式"共计9例。

[②] 收搜代码:(一)$3(都) author:老舍,即老舍作品中,"一"和"也"之间间隔字数 3的例句。"也"类原始语料960条;"都"类612条,共计1572条。其中"最小量否定式"共计573例。

[③] 收搜代码:(一)$3(也) author:王朔,即王朔作品中,"一"和"也"之间间隔字数 3的例句。"也"类原始语料319条;"都"类356条,共计675条。其中"最小量否定式"共计163例。

有形实体,如人、动物、事物等;二级实体(second-order entities)指事件、过程、性状等;三级实体(third-order entities)指命题、说话行为等抽象实体。客观世界有层次之分,那么具体到人类的语言,词语的指称也是有层次高低之分的。本章所讨论的两个变式就存在着指称层次的差别。试比较:

(46)(他一只手拉过妞妞,一只爬住伊汝,那一双眼睛紧紧眯着,这回连一条缝都(?也)不留了。(李国文《月食》)

(47)也许她喜欢修饰,直到她爱人咽气那天,她那头发一丝都(?也)不乱。(李国文《月食》)

(48)那个拥有无数名字,其实一个名字都(?也)没有的前辈,像个仆人似的把双手放在腿上,只是在喝茶时将一只手提起来一下。(余华《在细雨中呼喊》)

以上的例子都不具有客观真实性,"眼睛"怎么闭也不可能真正的没有"缝","头发"更不可能每一丝都是整齐的。例(48)前面已交待"有无数名字",就不可能"没有名字"。说"前辈没有一个名字",是说话人主观认识的表达。以上的例子均不是"实指",而是"虚指"。虚指的目的不是为了陈述或描写现实,而是起到泛化功能,从而表达程度高、反常规和表递进等作用。"也"式一般不用于这样的主观表达,更多是用于客观表述。

(二)语体分布倾向

我们考察了老舍作品中"也"类与"都"类的使用场合,通常人物内心独白、现场对话等倾向于用"都"式,而作者的叙述语言倾向于用"也"类。

(49)"你这孩子!一点规矩都不懂啦!等你舅舅来,还是求他带你学手艺去,我知道李鸿章干吗?"(老舍《小铃儿》)

(50)"麻烦!"李空山的脑子里仍然没出现新的字样。"不麻烦!"亦陀忽然郑重起来。"一点都不麻烦!你通知冠家,不论大赤包怎么霸道,她也不敢惹你!"(老舍《四世同堂》)

(51)坐在车上,他心中开了锅。他要去对外婆,孙七,李四爷,和一切的人讲说他怎样闯进英国府。紧跟着,他就警告自己:"一声都不要出,把嘴闭严象个蛤蜊!"(老舍《四世同堂》)

(52)老二跪下了,给哥哥磕了个响头。"老大!给咱们的祖宗留点脸吧,哪怕是一钉点儿呢!别再拿洋人吓唬人,那无耻!无耻!"老二的脸上一点血色也没有了,双手不住地发颤,想走出去,可又迈不开步。(老舍《正红旗下》)

(53)庙门,已经年久失修,开着一扇,她走了进去。……山门里一个人也没有。三面的佛殿都和庙门一样的寒伧,可是到处都很干净。(老舍《四世同堂》)

前两例是人物对白,表达说话人的规劝的态度,后面会出现语气词"啦",或以感叹号结尾。例(51)用于句首,独立成句,表说话人的承诺语气,是主人公的内心独白。后两句是叙述体语言。当然,这只是一种使用上的倾向,因而也可以看到少量反例的存在。试比较:

(54)他喝着茶,我问了句:"这个人没什么坏心眼?"

"没有,坏心眼多少需要一些聪明……"

"可是他有位好内兄?"我问了一句。

"一点不错……我看将来的总统是给他预备着的。你爱信不信!"

"他连一点脾气都没有?"

"没有,纯粹顺着自然……"(老舍《听来的故事》)

(55)"好吧,"四奶奶嘟囔着,使劲把她那胖身子拔出椅子。"看样子您不打算再添了——一分钱也不添了?"(老舍《鼓书艺人》)

(56) 他只是由没出息的人，变成没出息的父亲……他的儿子连一块新布都穿不上！他不敢再看那个寒伧的小东西。(老舍《四世同堂》)

以上的例句，"也"式出现在对话体中，而"都"式则出现在陈述体中。但在表情态上，"都"式显得比"也"式强烈。例(54)我们可以看出，说话人对"这个人"根本就不了解，是有疑而问，疑问程度最深。例(55)的问话是一种求证。句首用"看样子"来发话，由此可以推断出这是说话人的推测，属半信半疑。例(56)虽然用在陈述语体中，但从感叹号还是可以看出作者语气上的程度。由此可见，"都"类的表达更多带有说话人的语气态度，其主观化程度比"也"类更高。

(三)动词类型的制约

从动词的及物性来看，"也"类可以是及物动词或不及物动词，而"都"类一般不能选用不及物动词。

(57) 另外三人二女一男，全是上海人，仿佛是一家，彼此叽叽咕咕用上海话说着叶桑一句也(*都)懂不了的内容。(方方《暗示》)

(58) 果然，那样是轻俏而且有意思，第三本《三字经》的字一个也(？都)没弄残。(老舍《牛天赐传》)

(59) 奇怪，这孩子却一声也(？都)不言喘，躺在他妈怀里一动不动。(张贤亮《肖尔布拉克》)

(60) 她一句也(都)没有多问，她完全明白他的意思。(张承志《北方的河》)

"懂不了、弄残、言喘"都是不及物动词，用"都"似乎都不太合语法。"问"是及物动词，换成"都"式就很自然。

(四)话题角色的影响

"极小量否定式"前面常常有一个话题成分，这个话题成分可以是主论元或宾论元。但在转折句中，话题论元为受事论元时，通常用"都"式。

(61) 当申涛讲到他陪着秀秀神情黯然的爹娘回到已经空空荡荡的家里的时候，冈山一句话也(都)没有说，站起身推开门……(礼平《小战的黄昏》)

(62) 他便希望囚犯都被日本兵打死，而日本兵连一个都(*也)不损失。(老舍《火葬》)

(63) 这天晚上，他早早就铺上床要入睡，可是居民组长砰砰地敲门，叫他上民兵小分队听广播去，全市居民一个都(？也)不能拉。(邓友梅《话说陶然亭》)

以上例句中的"冈山"是说话的施事，而后两例"日本兵"、"全市居民"则都是VP的受事对象。换成"也"式可接受度不高。

六、结语

"极小量否定式"是现代汉语典型的强调句型，"也"、"都"虽分属于不同的副词小类，却都能被"极小量"否定式所容纳，表示相同的语法意义，可见，构式义对各组成成分具有统涉作用。但构式中固定不变的成分对构式不只是被动的同化，由于不同虚词的语法化程度不同、原语义的积淀、主观化程度的差异等因素都会对构式产生影响。这种影响主要表现为语用上的优劣，而非语法上的对错。共时层面的考察告诉我们，随着大量用频的增加，"也"式与"都"式已趋于中和，这是构式义与构式内主要成分相互竞争的结果，同时，也是各组成成分不断主观化、语法化的产物。

【参考文献】

[1] 戴耀晶.否定关系与反义关系[A].汉语语法研究的新拓展（一）——21世纪首届现代汉语语法国际研讨会论文集[C].杭州：浙江教育出版社，2002.

[2] 董秀芳."都"的指向目标及相关问题[J].中国语文，2002（6）.

[3] 郭锐."一个人（也/都）没来"类句式的配价分析[A].现代汉语配价语法研究[C].北京：北京大学出版社，1998.

[4] 韩志刚.事物周遍义时"什么/谁十都/也……"与"一量十否定"的差异[A].似同实异[C]，北京：中国社会科学出版社，2002.

[5] 胡清国."一量（名）＋否定"格式的语法化[J].江西财经大学学报，2004（1）.

[6] 胡清国."一量（名）"否定格式对量词的选择与限制[J].汉语学报，2006（3）.

[7] 蒋静忠."都"指向单数"一量名"的制约规则及相关解释[J].语言研究，2008（7）.

[8] 李宇明."一量＋否定"格式及有关强调的问题[J].华中师范大学学报，1998（9）.

[9] 倪建文."一……也不（没）"句式的分析[J].上海财经大学学报，2001（4）.

[10] 张谊生.现代汉语副词研究[M].上海：学林出版社，2000.

[11] 张谊生.现代汉语副词探索[M].上海：学林出版社，2004.

[12] 宗守云，张谊生.对集合量词典型性问题的考察[J].上海师范大学学报，2008（2）.

[13] 朱德熙.语法讲义[M].北京：商务印书馆，1982.

[14] Lyons, J.Semantics(Vols.1, 2)[M].Cambridge：Cambridge University Press, 1977.

汽车广告语言的修辞分析

屈邦振[①]

一、汽车广告语言与修辞

随着我国经济社会的持续发展，人民生活水平得到了很大的提升，汽车已经成为人们生活中不可或缺的交通工具。汽车的宣传和推广多是通过广告形式，汽车广告是消费者与汽车制造企业之间实现沟通的重要媒介。汽车广告语言融合词汇、语法、修辞等多方面的内容，是一个综合的语言表达体系，能起到良好的宣传作用。

修辞是依据题旨情景，运用各种表现手段、方法，提高语言表达效果的一种创造性活动。从字面上理解，修辞就是美化语言，其根本目的则是高效地表达。修辞学就是一门研究如何使信息传达更为高效、信息损耗更少、效果更好的学问。修辞学的研究对象就是一切具有表达效果的言语交际行为。广告语言是汽车广告制作和传达过程中十分重要的因素，因此对汽车广告语言进行修辞学角度的研究是十分合理的。

二、汽车广告语言的语音修辞

语言是一种符号系统，包含形式、意义两个方面。声音是语言的形式，意义是语言的内容，声音和意义缺少了任何一方都不可能构成语言单位。人们遣词造句，不仅要考虑它的意义、内容，而且要考虑到它的声音、形式，讲求语音修辞。汽车广告语言大都比较注意语音修辞，追求语言在声音上的美感，力求韵律和谐、声情并茂。

（一）音节整齐匀称

汉语是富有音乐性的语言。在汉语里，一个音节在文字上通常用一个汉字来对应，因此可以借助汉语的这一特点形成一些语音上的整齐结构，这种形式不单是汉字字数相同，同时也是语音上的。整齐的格式使得汽车广告语言节奏分明，这样的语音会显得平稳匀称，读来朗朗上口。比如：

（1）有容，乃悦。（宝马新5系加长版）
（2）现代人，现代车。（瑞风）
（3）科技先驱，启动未来。（普锐斯）
（4）唯至臻完美，为梦想升华。（全新高尔夫）
（5）在坚持中思变，于执着中求新。（BMW5系Li）
（6）有爱有家北斗星，天长地久伴我行。（北斗星）
（7）畅享舒适科技体验，彰显从容生活态度。（一汽奔腾）

[①]屈邦振，男，山东临沂人，广西民族大学文学院硕士研究生。

这些汽车广告语言的音节形式，通过前后对称一致的音节数量和对称的形式，使得节奏感顿挫有力，读来给人平衡整齐的美感。

在笔者搜集到的350条语料中，像上述对称音节形式的汽车广告语言共109条，占语料的31.1%。可以看出，整齐和谐的音节形式和对称一致的结构在汽车广告语言中的使用较为常见。具体分析如下：

表1　汽车广告语言音节类型统计表

音节类型	数目	占总数比例	例句
2+2结构	9	2.5%	我行，我路。（力狮）
3+3结构	12	3.4%	中国梦，世界车。（广汽传祺）
4+4结构	52	14.9%	运动王者，一触即发。（BMW3）
5+5结构	16	4.6%	不只是生活，不仅是工作。（捷达）
6+6结构	13	3.7%	越享五星荣耀，见证安全实力。（奔腾）
7+7结构	3	0.9%	车到山前必有路，有路必有丰田车。（丰田）
8+8结构	4	1.1%	融合灵动时尚元素，展露浓厚商务气息。（金杯）

（二）韵脚和谐整齐

押韵指诗词歌赋中，在相关语句的末尾选用韵母相同或相近的语音，以便使得语音前后呼应。押韵能使语言更有音乐性和节奏感，押韵的使用使得汽车广告语言整体上和谐统一，增强了语言的感染力。押韵通过词句末尾语音的前后呼应，造成语音上有规律的反复，使汽车广告语言具有一种回环美。比如：

（8）型所致，心所驰。（欧蓝德）

（9）领导时代，驾驭未来。（奔驰）

（10）有一种路，让平凡止步。（奥迪SQ5）

（11）驾驶者之车，快并快乐着。（宝来汽车）

从现代汉语语音的角度来看，上述几个例句句末都押韵，例（8）中的"致"与"驰"，例（9）中的"代"与"来"，例（10）中的"路"与"步"，例（11）中的"车"与"着"，韵脚都相同，这样的语音形式能够增加语言的节奏感和音乐美，读来和谐自然，流畅顺口。

（三）声调平仄相间

汉语有声调，声调可以调节语音的高低，给语言带来抑扬顿挫的美感。平仄安排得当的汽车广告语言，平仄交替使用带来声调高低抑扬的变化，会给汽车广告语言带来错落跌宕的节奏感，很有音乐美。比如：

（12）激情驾驭，竞速人生。（莲花竞速）
　　　（仄平仄仄　仄仄平平）

（13）突破科技，启迪未来。（一汽奥迪）
　　　（仄仄平仄　仄仄仄平）

（14）优越气质，自然天成。（通用雪佛兰）
　　　（平仄仄仄　仄平平平）

（15）悦人身形，澎湃动力。（马自达6）
　　　（仄平平平　平仄仄仄）

上述例句基本都做到了平仄交替，前后句之间平声字和仄声字相对，读起来曲折委婉，很有美感。

汽车广告语言在平仄上不像韵文那样要求严格，但注意平仄安排的汽车广告语言，会显得铿锵悦耳，具有抑扬美。

三、汽车广告语言的词语修辞

词语是语言的构成材料，生动的语句跟语言的词语是分不开的。古人把词语锤炼叫做"炼字"，锤炼的目的在于通过运用最合适的词语，使语句更完美地传情达意。汽车广告语言这一高度凝练的语言形式，更需要在词语的选择上精心挑选，在搭配上精心组合，追求词语的艺术化。

（一）引用古语熟语

古语是指古代流传下来的格言警句，熟语是人们常用的定型化了的固定短语。汽车广告语言中借用或引用人们熟知的古语、熟语、惯用语等，使得广告语言文字精炼，意蕴深厚，便于广泛地传播。比如：

（16）宽以待人。（马自达8）

（17）敢为天下先。（凯迪拉克）

（18）千里江铃一日还。（江铃）

（19）有朋远方来，喜乘三菱牌。（三菱）

这几则广告或直接引用成语，或化用古代名言格言，或借用古诗句，通过这些人们耳熟能详的古语吸引消费者，十分新颖。

（二）词语超常搭配

汽车广告语言还经常采用词语的超常搭配，这种超常搭配主要是对事物和人相通相似心理基础的应用。词语超常搭配是在汉语语法规则之内的创造性发挥，通过故意打破惯常语法搭配，突破日常语言给人的熟悉、平庸的感觉，以达到"陌生化"的效果，给受众带来新鲜之感，从而得到更好的表达效果。比如：

（20）投入的生活。（Lavida）

（21）驾驭生活新景观。（奥德赛）

（22）一辆车，定义一种生活。（别克凯越）

（23）原来，高尔夫可以很生活，生活可以很高尔夫。（高尔夫）

例（20）中"投入"原本常用作状语修饰动词性词语，这里却用来修饰名词，临时成为形容词；例（21）的"驾驭景观"，例（22）"定义"常用作名词，这里用为动词，后接宾语"生活"，"定义一种生活"是非常规的动宾结构；例（23）中的"很"是程度副词，常用于修饰形容词，但这里却用作"很生活"，形成了程度副词和名词组合使用的超常搭配。

（三）妙用数字词语

汽车是大宗商品，人们在购买之前往往会慎重考虑，综合比对价格、参数等方面的因素。数字的使用使得汽车广告语言客观准确，更加明白易懂，让消费者在最短时间内就能了解汽车的具体参数和闪光的地方。比如：

（24）5.8秒，胜负已分。（奔驰E级轿车）

（25）比245匹马力更强大的动力，是你的雄心。（北京现代）

（26）百公里油耗仅7升，时速从0到100还不用9秒，150匹马力，可加速到220公里/小时。（奥迪A4）

通过使用数字，汽车广告语言更加具有可信度。数字的组合使用，将汽车的品质、参数、领先的技术表现出来，给汽车广告语言带来客观性和和严谨性，更加具有说服力。

四、汽车广告语言的句式修辞

句子的格式简称句式，它是多种多样的，说话、写文章用什么样的句式，也是修辞的重要内容。汽车广告语言也充分利用了汉语句式灵活的特点，合理利用句式上的规则对语言进行加工，创作出充满汉语语言美的汽车广告语言。

(一)短句简洁有力，长句详细全面

句子长短是相对的定义，不是机械地规定多少字算短句，多少字算长句。"短句是指句子的形体短，词语的数量少，结构比较简单的句子。"短句的使用能收到明白易懂、表意简短的修辞效果。汽车广告语言中短句的使用较为普遍，短句能使广告语言表意清楚，应用很广。比如：

（27）生为强者。（大众速腾）

（28）理性的选择。（捷达汽车）

（29）一步到位的好车。（普莱特汽车）

（30）新雅阁，新力量，新登场。（雅阁）

上述每一则汽车广告语言都使用短句形式，每一句的字数都很少，但读来简短有力，理解起来清楚明白，能使汽车广告语言直接明了。

长句是指形体较长，词语数量多，结构复杂的句子。长句词语多，结构比短句复杂，所以能负载较多的信息。长句在汽车广告语言里并不常见，仅找到几则语料，但在介绍汽车的详细参数上，运用长句可以使句子的脉络清楚地显示出来。比如：

（31）福特翼虎，福特SUV家族的最新成员，造型轮廓鲜明，典型美国SUV设计风格，继承福特SUV家族血统，整体设计融合粗犷与精致，独具硬朗美感魅力。城市郊野，轻松切换生活，充分体现美国风格的粗犷特性。（福特翼虎）

像上面这样长的汽车广告语言很少见，只有在专门的汽车杂志中才有此类型的广告。它们或以造车理念、汽车参数为着力点，或强调汽车的环保动力及驾乘体验，详尽全面地介绍汽车的情况。

(二)整句流畅连贯，散句参差灵动

整句是指结构相同或相近，形式整齐的句子。整句形式整齐，气势贯通，在视觉上和听觉上可以达到齐整一致的效果，可构成语音和语法上的整齐美。汽车广告语言多使用整句，其中最具有典型意义的是对偶和排比。比如：

（32）超越期望，超越自我。（中华）

（33）不只是生活，不仅是工作。（捷达）

（34）悦目外观，刚柔兼备；悦己空间，超长车身；悦人动力，先进节油；悦心安全，主动保护。（现代伊兰特）

汽车广告语言运用整句可以增强气势，更加具有感染力，在形式上分项对举，从空间、外观、动力等角度入手，表现汽车的卓越性能。

散句是指结构不一致、形式参差的句子。与整句相反，散句的特点在于长短、结构参差不齐，在视觉上还是听觉上都具有错综的效果，避免句式单调、呆板，取得生动活泼的效果。比如：

(35)心致,行随,动静合一。(别克君威)

(36)应变自如,释放随心,善于随机应变,又乐于释放广阔胸怀。都市,旷野,自由驰骋,满足多样生活需求。(一汽丰田RAV4)

上述例句使用散句句式,每则广告语中,每个分句的字数几乎都不相同,节奏起伏跳跃,灵动又活泼。各种句式交错使用,层次起伏变化,达到和谐统一的表达效果,有效避免了行文沉闷呆滞。

(三)肯定句直率明确,否定句语义鲜明

肯定句是指对事物做出肯定判断的句子。肯定句的语气比较直率、明确,从而传达出确切无疑的信息,是汽车广告语言中常见的句式,而否定句使用很少。比如:

(37)想想还是小的好。(大众甲壳虫)

(38)蜕变,是成熟,更是新生。(晨风WIND)

(39)实践是检验真爱的唯一标准。(别克君威)

(40)这是人类智慧最骄傲的创举。(福特T型汽车)

上述几则汽车广告语言采用肯定句式,这种肯定句形式的例句在笔者搜集的语料中很常见。肯定句的使用,可以使汽车广告语言的表达更为充分、更确定无疑,信息的表达和传递更加酣畅。

否定句是指对事物做出否定判断的句子。否定句的语气比较直接、鲜明,汽车广告语言大多使用肯定句,但也有使用否定句的,通常是先否定不好的方面,再肯定好的方面,这样语气就比一般的肯定句更强。如:

(41)不是遵循标准,而是制定标准。(名爵)

(42)一辆永远不会给你带来麻烦的汽车。(富兰克林汽车)

上述几则例句采用否定句的形式,以否定表肯定,表意更加强烈。

综上分析可以看到,汽车广告语言在语音修辞上,押韵、平仄和音节整齐应用较多;在词语修辞上,引用古语熟语、数字词较为常见,词语的超常搭配比较少见;在句式的运用上,短句、整句、肯定句等表意简明、结构齐整的句式较为常见,而长句、散句、否定句则使用较少,但这些句式的创造性应用也能达到出其不意、新鲜生动的效果。

汽车广告语言是一个综合的语言表达体系,其文字运用和文本构成都表现出鲜明的特色和独特的魅力。修辞在汽车广告语言中能够增强广告的趣味性与感染力,展现汽车的性能和品质。通过对汽车广告语言的研究,可以拓宽语言学研究的领域,加深对汽车广告语言中修辞的一般使用规律的认识,为语言学的发展注入新动力。

【参考文献】

[1] 陈汝东.当代汉语修辞学[M].北京:北京大学出版社,2004.

[2] 陈望道.修辞学发凡[M].上海:复旦大学出版社,2008.

[3] 黄伯荣,廖序东主编.现代汉语[M].北京:高等教育出版社,2006.

[4] 李晓群.当代旅游宣传语的修辞分析[D].浙江大学硕士学位论文,2012.

[5] 朱镇.汽车广告语言研究[D].安徽大学硕士学位论文,2010.

色彩词的文化意义

——以《红楼梦》服饰色彩词为例

樊 飞[①]

一、引言

《红楼梦》是中国四大名著之一，无论是从艺术手法上还是文字斟酌上说，曹雪芹都可以称得上是大师。作者在写人物服饰时对色彩词的使用，造诣更让人叹为观止。他将各种色彩词作为不同人物服饰的主要修饰词，赋予了它们某种特殊的文化意义。通过对各式各样色彩词的使用，从而达到了一种烘托小说气氛、表露人物情感、刻画人物形象的完美效果。

二、《红楼梦》中的服饰色彩词

现代汉语中的词汇是一个集合概念，它是由各个不同的小类聚合而成的。而色彩词就是这个集合中的一个小类。那么什么才是色彩词呢？从现代汉语的角度来看，那些记录描写不同颜色的名词或形容词都可以归结为色彩词。而叶军在《现代汉语色彩词研究》一书中对色彩词却给出了新的解释，他认为"色彩词就是指那些反映自然界中客观存在的真实色彩以及人们主观意识中后天形成的抽象色彩印象的词"。（叶军 2001：34）从词汇长期的演变发展来看，他给出的这个定义，有助于我们今后对色彩词作进一步的分析与研究。下面就以中国名著《红楼梦》中的服饰色彩词为例，对色彩词进行深入的理解和学习。以下是本人对《红楼梦》中主要人物的服饰色彩词进行的一个简要统计。见表1。

表1

人物角色	性格分析	服饰色彩
贾 母	正统，一家之主	红色，大红
贾宝玉	率性，多情，奔放	红色
王熙凤	冷艳，娇媚，淡雅	大红，石青色，赤红色
林黛玉	易伤感，敏感	蓝色，绿色，白色
元 春	贤孝才德	蓝色
薛宝钗	高贵，冷美人，大气	白色，黄色，朱红
李 纨	寡妇	白色
袭 人	谦虚谨慎	桃红色，水红
晴 雯	风流灵巧	浅红

从上表我们可以看出作者在《红楼梦》中为我们塑造了一个"色彩的大观园"。人物的身份地位不同，

[①] 樊飞，女，河北张家口人，广西民族大学文学院硕士研究生。

所穿着的服饰的颜色就不一样，比如贾母、贾宝玉、王熙凤这样的主子多喜欢穿色彩鲜亮的服饰，像红色、大红、朱红等，而像袭人、晴雯这样的丫鬟，她们虽然也穿红但色彩就会淡一些，像桃红、水红、浅红等是她们的标志色。由这个细节我们可以看出在当时的社会背景下，人物所穿服饰颜色的不同所反映出的等级地位的高低。而服饰色彩同样也会反映出一个人的性格特征，如林黛玉，在书中她多穿一些蓝、绿、白色的衣服，这正吻合她那种易伤感、敏感的性格；而李纨是个寡妇，多数情况下是穿白色的衣服，这也吻合她当时的心境与性格特征。她虽是一个恪守妇道的寡妇，做事低调内敛，但她也不乏心机，否则她在贾府那样的大家庭是没有安身之地的，这就凸显出了白色所反衬的那种阴险狡诈。当然，作者对人物的服饰描写使用到的色彩词语，不仅仅局限于上表中所列举的这些，对于每一种色彩词在书中还会有更细致的分类，可以说是层出不穷。这些色彩依据现代汉语中的构词规则构成了各种色彩词，各种色彩词相互衬托，错综复杂，总会带给人不同的新鲜感，让众多读者流连忘返。由此我们可以想象色彩词的队伍是多么的庞大，词类和词数又是多么的丰富。

本文以《红楼梦》中的服饰色彩词为例，结合相关的汉民族文化背景，来体会它所表现出来的独特象征意义，进而具体分析服饰色彩词与人物性格、身份地位等之间的内在联系。

三、《红楼梦》中服饰色彩词展现的人物性格及文化意义

《红楼梦》中人物众多，她们的服饰颜色也是色彩斑斓、绚丽缤纷。下面就以书中几种主要色彩红、白、绿、黄为例，分别对典型人物的性格、社会地位进行简要分析。

（一）奔放富贵——红色

华夏民族对红色的推崇始于远古时代对火的崇拜。确实火带给了人类无限希望，所以人们将喜庆、欢乐、吉祥的寓意赋予红色。红色词在《红楼梦》中对服饰的修饰是作者使用频率最高的词，可谓是"处处皆见红"，全书对服饰的描写用到的和红色有关的词语共有119次。细读小说，我们可以看到不同种类的红色词如：茜红、大红、银红、碧玉红、石榴红、绛红、玫瑰红等。以下是对这些词语在书中描写服饰使用频率的统计。见表2。（单位：次）

表2

红	大红	银红	茜红	石榴红	绛红	玫瑰红	碧玉红
53	42	8	10	2	1	2	1

（注：此表仅列出例子举出的颜色词出现的次数。）

通过上表我们可以看出，作者曹雪芹对红色词的使用那是信手拈来，毫不费力。贾宝玉在《红楼梦》中是着重描写的人物之一，他的服饰特点整体体现为红色，所以和红色有关的词语很多，正因如此，宝玉也获得了"怡红公子"的雅号。如：

穿一件二色金百蝶穿花大红箭袖……（第三回）

身上穿着银红撒花半旧大袄……厚底大红鞋。（第三回）

那丫头便将着大红猩毡斗笠一抖，才往宝玉头上一合，……将那一颗核桃大的绛绒簪缨扶起，颤巍巍露于笠外。（第八回）

只见他里头穿着一件半新的靠色三镶领袖秋香色盘金五彩绣龙窄褃小袖掩衿银鼠短袄，里面短短的一件水红装缎狐肷褶子……（第四十九回）

贾宝玉的服饰色彩以红色为主，分别用色彩词"大红、红、银红、绛、水红"对衣服进行修饰，笼统地概括都是红色，但是作者从构词的角度对红进行不同程度的修饰限定，使宝玉的服饰色彩有一种简

单却不俗气的感觉，而红色也正是他主子地位的象征，这就是汉语词汇变换的妙处，同时也表明宝玉似乎命中注定就与红色有着某种特殊的感情。

人与人之间需要交流，而手段和方式是多种多样的，不同的交流方式往往会产生不同的效果。在这些方式与手段中语言是最重要的，一部著作往往是为了表达作者的某种观点或抒发作者的某种情感才被创作的，所以说它其实也是在和人们进行交流，从某种意义上说，这种交流正是靠文字来进行的。《红楼梦》中作者通过一系列色彩词的反复变换使用，将人物个性活灵活现地释放了出来。宝玉对红色情有独钟，那么像"大红、血红、银红、绛"等这样一系列的色彩词作为他平时所穿服饰的主色调，在小说中作者这样写，一方面是因为红色有很强的视觉冲击感，虽然都是红色，但是在色彩对比上，给人一种奔放、激动的感觉，这恰与宝玉热情奔放的天性相暗合；另一方面，在中国传统文化的大背景下，红色词语的大量使用，表现了宝玉那种对女性尊重的心理特征；最后一点，或许也是大家最容易接受的一点，作者用大量的红色词语作为他服饰的修饰词语，也映射出宝玉对封建礼教的反抗。①

（二）阴险狡诈——白色

在中国传统文化中，自古以来白色更多的是与死亡、悲伤、不吉祥等不好的意思联系在一起。因此和"白"字有关的词语也多表示一些不好的意思，如死人办丧事叫"白事"；为死人戴孝穿的衣服叫"白衣"等。在《红楼梦》中作者描写人物服饰颜色时使用到的色彩词语中，与白色有关的词语共出现了27次，而对于白色词的使用，或许是受中国特有的民族文化的影响，这些词多是和死亡、凶险、悲伤、不祥的意义结合在一起，且常常单独使用；而和"白"结合构成的词，在《红楼梦》中仅有"月白、素白、雪白"三个。以下是对这些词语在书中描写服饰使用频率的统计。见表3。（单位：次）

表3

白	月白	雪白	素白
15	6	5	1

（注：此表仅列出例子举出的颜色词出现的次数。）

这三个词都属于合成词中的复合式，"月白、雪白"是由表物语素加色彩语素构成，而"素白"是由色彩语素加色彩语素构成，这样简单的两个词用来修饰人物的服饰，往往会有不一样的意义在里面。如：

只见她头上皆是素白银器，身上月白缎子袄，青缎子掐银线的褂子，白绫素裙。（第六十八回）

此处是作者对王熙凤服饰的描写，在大家的印象中，凤姐是那种喜欢大红大绿色彩的人，而为什么在此处要选此例来进行描述呢？"月白、白"这样的词语，都是极青极素的色彩词，把它们放在一起使用，恰能产生一种清洁素丽的美感。而作者在此时为凤姐设计一套以"月白、白"两词做修饰的素衣，一则她这样出于对国对家的孝；二则白色词语常常能使人联想到清静、严肃。此处凤姐穿白戴素，这正好从反面向尤二姐暗示出她此时那种阴险狡诈的心理，那种高高在上的主子地位；对下人的盛气凌人，通过这样素青的服饰色彩白色词语的使用，将其性格中的冷艳泼辣反衬得更淋漓尽致，将人性中的那种冷淡、肃杀进行了完美的展现。

但随着社会的不断发展，西方文化的侵蚀，白色逐渐也有了纯洁无瑕的意思，反而更多的是用来赞美人的高贵品格。如：称大夫为"白衣天使"；结婚时穿白色的婚纱，象征爱情的纯洁等。

（三）淡雅冷漠——绿色

青色这种色彩笼统地说就是我们今天所说的绿色，是草木生长的颜色。青色也是中国人所青睐的色

---

①周汝昌：《红楼艺术》，北京：人民文学出版社，1995：86

彩之一，因为青色容易让人想到春回大地，春意盎然，勃勃生机，给人带来一种生的希望。在《红楼梦》中，有关青色的词也是频频出现在我们眼前，有关服饰的描写包含青色的词语共出现了54次。"青"它既表示绿色，又表示蓝色，还可以表示黑色，这么说来青色的词还不仅仅只有出现的这54次，这里我们主要取的是"绿色"之义。《红楼梦》中有关绿色的语词也是丰富多彩、蔚为壮观的，细分起来主要有葱绿、柳绿、石青、翡翠绿、松花绿、秋香等。以下是对这些词语在书中描写服饰使用频率的统计。见表4。（单位：次）

表4

绿	石青色	葱绿	柳绿	松花绿
24	9	7	4	2

（注：此表仅列出例子举出的颜色词出现的次数。）

下面就举文中几个典型例子来说明下。如：

黛玉脱了蓑衣，里面只穿半旧红绫短袄，系着绿汗巾子，膝下露出油绿绸撒花裤子，底下是掐金满绣的绵纱袜子，趿着蝴蝶落花鞋。（第四十五回）

掐金挖云红香羊皮小靴，罩了一件大红羽纱面白狐狸里的鹤氅，束一条青金闪绿双环四合如意绦，头上罩了雪帽。（第四十九回）

小说中作者对林黛玉服饰的描写，使用了一系列和"绿"有关的词语，如"绿、油绿、青金闪绿"等，将她那种孤傲冷漠的性格很好地展现出来了，同时也体现了她那种寄人篱下的凄清之感，身份地位并不那么高贵。

而对于林黛玉服饰的描写，作者给我们一个更为直观的感受是，一些修饰服饰的色彩词在使用上有时大红，有时又青白素衣。

这样的词语，在汉语写作中被称为是鲜明的对比，红和绿的对照，青和白的对照，让我们感受到热烈时如火似霞，冷淡时如冰如月。这些词语看似矛盾，但一连串色彩词语的对比使用之后，其实正是作者独出心裁的妙处。通过服饰修饰色彩词的使用，我们可以看到黛玉有着如火的激情，似霞的热烈，特别是她对宝玉的暗恋，就如那朝霞一般红似火。这种对色彩词褒贬意义的使用，在小说中对人物性格的描写形成鲜明的对比，反衬作用突出，值得我们在今后的创作中学习并使用。

（四）温柔随和——黄色

黄色是土地的象征色，而土地又是我们每一个人赖以生存的基础，作为中国人，我们有着和土地一样颜色的皮肤，我们是龙的传人，似乎从我们来到这个世上开始，我们就与黄色有着某种亲密的情愫，有着某种神秘的感情。因此黄色这种色彩总是带给人一种高雅亲和的感觉。《红楼梦》服饰色彩词中使用到的和黄色有关的词语共出现了23次，其中作者又将这些黄色词语细分为葱黄、金黄、鹅黄、柳黄、松花色，以及近似为桔黄的蜜合色七小类。以下是对这些词语在书中描写服饰使用频率的统计。见表5。（单位：次）

表5

黄	鹅黄	松花色	葱黄	金黄	柳黄	蜜合色
10	6	3	1	1	1	1

（注：此表仅列出例子举出的颜色词出现的次数。）

此处以薛宝钗服饰为例，进行简要阐述。如：

蜜合色棉袄，玫瑰紫二色金银鼠比肩褂，葱黄绫棉裙，一色半新不旧，看来不觉奢华。（第八回）

穿着月白绣花小毛皮袄，加上银鼠坎肩，头上挽着随常云髻，髻上一支齿金扁簪，别无花朵，腰下系着杨妃色绣花棉裙。（第八十九回）

短短的两句话，就多次使用到和"黄"这种色彩有关的词语，分别是蜜合色、金、葱黄、杨妃色。这些黄色词语的使用，实际就是宝钗性格的体现。因为黄色给人的感觉就是特别的柔和，所以穿黄色系的衣服会有一种温和的感觉，而这种温和的感觉恰与宝钗温柔、随和的性格相契合，作者在服饰上采用这样的搭配和修饰，可谓是恰到好处。同时通过宝钗的服饰色彩，我们也可以看出宝钗身上散发出的那种不事张扬的富贵之气，作者用不同的黄色词对她的服饰稍加修饰，虽简单却衬出了宝钗身上独有的风神气度。而黄色并不像红色那样鲜艳，也不像青色那样肃静，这也恰体现出宝钗身份地位的高低，她仅仅是一个处在封建大家庭中，有着男尊女卑之分的贾家大小姐们的典型代表。

四、结语

在这个世界上色彩是丰富的，而色彩词语的出现，却赋予了各种色彩独特的文化内涵。通过本文对色彩词语的介绍使我们对色彩词语有了更深入的了解，知道红色不仅仅代表红色这种色彩，更重要的是体现一种欢乐、吉祥的场面氛围，体现的是一种热情奔放的豪迈性格。在《红楼梦》中，曹雪芹对词语的斟酌，简单而不俗气，尤其是对色彩词语的分类与使用，我们可以领略到他独特的文字天赋。《红楼梦》中的色彩词，每一个词都有着独特的文化意义，作者对每个词的使用又都有匠心独具的妙处，在表达主题、塑造人物形象等方面，都取得了很好的效果。纵观全书，曹雪芹确实为我们构造了一个"红楼色彩大观园"。他这种对色彩词语如此娴熟的使用手法值得我们后人借鉴。

【参考文献】

[1] 陈东生，甘应进等.清代满族风俗与《红楼梦》服饰[J].太原大学学报，2006（3）.
[2] 陈东生，甘应进等.解读《红楼梦》服饰的社会制约因素[J].武汉科技学院学报，2006（10）.
[3] 黄伯荣，廖序东.现代汉语（增订四版）[M].北京：高等教育出版社，2007.
[4] 吴友富.国俗语义研究[M].上海：上海外语教育出版社，1998.
[5] 王丽玲，付瑞国.简析色彩词的国俗语义[J].延边教育学院学报，2011（5）.
[6] 王倩倩.汉语颜色词构词分析[J].语文学刊，2010（2）.
[7] 叶军.现代汉语色彩词研究[M].呼和浩特：内蒙古人民出版社，2001：34.
[8] 周汝昌.红楼艺术[M].北京：人民文学出版社，1995：86.

类词缀中的"微"式词微探

郭玉婷[①]　苗　欣[②]

一、引言

词汇是语言的建筑材料,是词和语的结合体,也是个立体交叉的系统网络,而且是一个开放型的、不断在变化生成的系统网络。在我国对外开放不断深入,我国的政治、经济、文化、科技飞速发展的过程中,各种新词新语不断涌现,致使词汇的扩展加快,词汇在不断地丰富、更新和发展。这种发展主要表现在新词语,尤其是派生词的大量出现。现代汉语合成词主要包括复合式、附加式和重叠式,其中由词根语素同词缀构成的词称为派生词。词根是词语结构体的基本构成部分,意义比较实在,如"书包"中的"书"和"包","暖气"中的"暖"和"气";而词缀则是词语结构体的附加成分,没有具体的意义,主要起构词作用,如"阿姨""椅子"中的"阿"和"子"。

汉语同其他语言不同,作为孤立语有其自身的特点,它缺乏严格的形态变化,汉语词缀在判定上有较多的困难,所以我们普遍以语义的虚化程度作为其判定的主要标准。词缀是从词根演变过来的,典型词缀的意义已经明显虚化。但类词缀意义还没有完全虚化,或多或少和词根有一些联系,在语音形式上又与词根相同,如"琼瑶热""体坛""关系户""小环境""旗手"中的"热""坛""户""小""手"等。早在20世纪70年代末,吕叔湘先生在《汉语语法分析问题》中第一次提出类词缀这一概念,他认为类词缀是差不多可以算是词缀,但还差一点的语素。此后,类词缀的相关研究逐步进入人们的视野中。富丽、王洪君、马庆株等大批学者均围绕类词缀的含义、应用及形成原因进行了相关的讨论。

那究竟什么是类词缀呢?综合学者们的观点,一般说来,它的意义没有真正的词缀那般虚化,但也不如词根那么实在,是一种介乎于词缀与词根之间的语素,既不能笼统地归为词,也无法全部划分为词缀,具有极强的构词能力,意义没有完全的虚化,但有可同相连接的部分构成表示新事物的语言功能,我们可以称之为"类词缀"。

二、类词缀"微"

(一)"微"字意义探源

《说文解字》中,"微"字的意思是"隐行也。《春秋传》曰:'白公其徒微之。'"段玉裁注:"隐行也。训眇。微从彳,训隐行。段借通用微而?不行。邶风。微我无酒。又假微为非。无非切。十五部。春秋传曰。白公其徒微之。左传哀十六年文。杜曰。微,匿也与释诂匿微也互训。皆言隐,不言行。之段借字也。此傅传说段借。"《辞源》中,"微"共有9个义项,第1个义项就是"细、小、少"。"书大禹谟:'道心惟微。'荀子非相:'叶公子高微小短瘠,行若将不胜其衣然。'礼祭义:'虽有奇邪而不治者则危矣。'注:'微,犹少也。'"其余义项分别为"衰败、卑贱、幽深精妙、隐蔽、伺察、暗暗地、非、脚胫溃烂"。《现

[①]郭玉婷,女,广西大学文学院硕士研究生。
[②]苗欣,女,广西大学文学院硕士研究生。

代汉语词典》(第五版)中"微"有5个义项：①细小，轻微，如细微、威风；②(某些计量单位的)百万分之一，如微米、微安；③衰落，如衰微；④精深奥妙，如微妙、微言大义；⑤副词，稍微，略微，如微感不适。

现代汉语中所存在的类词缀大部分的意义已不再是其本义，更多的是引申义，如"艳照门""网吧""文凭热"都已不再是其本义中的"装置在出入口的能开关的障碍物""拟声词""温度高"，而是其引申义"事件""休闲活动场所""热潮"。而当"微"以类词缀的形式出现时，在"微创、微整形、微博、微画廊、微电台、微信、微时代"等新词中，很明显"微"只能取本义"细小、轻微"。

(二)"微"式类词缀的判定

近两年"微"式词在我们的生活中广泛地出现，如"微电影、微信、微小说、微博"等，如何判断"微"就是类词缀呢？类词缀的判定有4个要求：位置固定、意义泛化度、构词能力强、功能类化。我们以下列各词为例：

微电脑(微型电子计算机)、微生物、微电台(浏览微博时可以同时收听自己喜欢的电台)、微博、微客(微博的使用者)、微网(微电网)、微传媒(以媒体的创新、内容的创新、传播沟通方式的创新去征服目标受众)、微直播(以微博为平台展示事实信息)、微信、微阅读(是一种借短消息、网文和短文体生存的阅读方式)、微小说(即140字以内的超短篇小说)、微电影、微整形、微晶、微博、微画廊、微创、微企(微型企业)、微时代(文化传播发展阶段)、微论坛、微表情、微旅行(短小的旅行体验的分享)、微创新(从小处着眼的创新，对草根创业的借鉴)、微竞争

首先，位置固定是类词缀的重要特征。在以上词汇中，可以明显看出"微"的位置是固定的，位于词头，可以说"微"是一个类前缀。其次，"微"仍然带有明显的词汇义"小"或"小型"，虚化程度很低，也就是说没有完全虚化。从"微软"(Microsoft)到"微博"(Microblog)，"micro-"作为前缀，人们把它译为"微"，即微型的、小型的。因此，随着科技和社会的发展，"微客""微传媒""微信""微整形""微论坛""微电台"等词也就应运而生了。第三，能产性是作为类词缀的一个重要标志，"微"极强的构词能力也说明了它具有成为类词缀的基础。第四，所谓类词缀的功能类化就是它是否能标明词性。在以上例子中，无论是"微+名词"，如"微电脑、微电台、微信、微时代"，还是"微+动词"，如"微创、微整形、微观察、微创新、微竞争"，最终形成的新词词性都是名词。也就是说类词缀"微"可以将新词词性类化为名词。综合以上4点，我们可以将"微"确定为类词缀。

三、类词缀"微"的特点

王洪君、富丽在《试论现代汉语的类词缀》中将类词缀的特点归纳出5项："所黏附层级；意义泛化程度；组合能力；新生类推潜能；结构的规则性。"王洪君认为，类词缀的所黏附层级为单字、词和类词；其意义泛化程度为次高，低于泛化程度高的词缀和虚词；就组合能力而言具有很强的组合能力；且其新词类推能力是从强向无限发展的，介于词缀与虚词之间；类词缀同时具有结构的规则性。

"微"作为类词缀，其语义泛化程度低于其作为实词时的语义泛化程度。作为实词，在《辞源》中，"微"有9个义项，即"细小、衰败、卑贱、幽深精妙、隐蔽、伺察、暗暗地、非、脚胫溃烂"。但作为类词缀，它基本上完整地保留了词汇义，即《现代汉语词典》(第五版)中"微"的第1个义项"细小"，《辞源》中的第1个义项"细、小、少"。在众多"微"式词中，如"微小说"，就是指140字以内的超短篇小说，有着严格的字数上限。再如"微整形"就是利用高科技的医疗技术，不需开刀，短时间就能变美变年轻，取代过去的整形外科手术，主要特点是没有伤口。"微博、微创、微电影、微剧本、微安、微晶"等，其

中"微"都采用这一义项。

"微"式新词中其音节特点大多是"单音节词+单音节词",如"微米、微盘、微晶、微创、微企、微网"等;还有"单音节词+双音节词",如"微整形、微电影、微小说、微时代、微直播、微社区"等。这类新词中暂时还未出现"单音节词+三音节词或多音节词"的情况,但是在将来的语言发展中,这种结构的词很可能会出现并流行。

"微"具有很强的类推能力,它能根据现实需要随时创造新词语。"微社区、微直播、微群"等词的产生就源于"微信"一词的类推。而"微博"衍生出"微客、微民、微管"等新词。还有"微阅读、微画廊、微杂志、微剧本"等新词的出现,都是新的思想的表达。"微+名词""微+动词"这些结构都是"微"式新词的典型结构。只要能够与"细、小、少"的事物产生关联,那"微"作为类词缀的新词就可以无限的类推衍生下去。

四、类词缀与词缀的区别

汉语的词缀有这样的特点:一是完完全全属于词缀的不多,但与其相似的类词缀却相当丰富;二是有的词缀或类词缀,尤其是后缀附着的对象可以是词以上的单位,如:"界——语言学界、生物界",这反映了附着短语的单词化;三是从类词缀所构成的词来看,绝大多数是体词性的,名词尤为多,而动词、形容词这些谓词相对而言要少一些。

(一)从单位层级来看二者搭配成分的区别

典型词缀以"子""老"为例,与单音节语素相结合构成双音节合成词,如"老师""老虎""狮子""凳子"。而类词缀多与多音节语素相结合,并且构成的大都是基本词和短语,如与类前缀"炒"构成的"炒地皮""炒家""炒期货""炒鱿鱼",与类后缀"汉"所构成的"男子汉""庄稼汉""硬汉""懒汉"。这一点类词缀与词缀有着鲜明的区别。

(二)语义透明程度的不同

所谓语义透明程度,是指当类词缀或词缀组合成词时,能否直接看出新词的词义。容易看出则说明其语义透明程度高,反之则低。典型的词缀因意义完全虚化,所以即使黏着于词根,也只具有形式上的关系,所以称其语义透明程度低。典型词根"子"在"狮子""桌子""票子"这类词中,词缀"子"与"狮""桌""票"这些词根结合时,新词的词义仍然是词根的意义,而"子"只是与这些词根有着形式或位置上的关系,因此,"子"的语义透明程度低。类词缀因其语义虚化程度低,即使黏附于词根,仍然有意义,也可直接看出新词的词义。以类词缀"非"为例,其词根义表示否定,而类词缀义亦保留了这一意义,在"非法""非常规""非卖品"中,"非"均为否定义,新词词义即为否定义加词根义。不同的词根与"非"组成新词时,因词根词性的不同,所构成的新词可以是区别词,也可以是名词。

(三)能产性的不同

词缀与类词缀在构词中均起着关键性的作用,但在构词能产性的高低上,二者还是存在差别。能产性的高低我们可以从两个方面进行判断:一是组合构词能力,二是类推潜能。所谓组合构词能力,是指词缀或类词缀与不同词根进行组合后数量的多少。而类推潜能就是看词缀或类词缀能否构成大量的新词。典型词缀的类推能力较弱,我们现在很少能看到"子""儿""头""阿"这些词缀构成新词,因此吕叔湘先生称之为"死词缀"。与此相反,类词缀的类推能力极强,仅是类词缀"高",就可以扩展出"高水平""高姿态""高层次""高强度""高浓度""高品位""高科技"等大量新词。即使有个别类词缀暂时能产生的新词数量较少，但随着某些领域的发展，类词缀的能产性只会提高不会减弱。

（四）所黏附的词根不同

典型词缀所黏附的词根大多为单音节词根，附加在双音节或多音节上的并不多见，且大部分词根为名词，如"凳子、棍子、老鼠、老虎、石头、木头、阿姨"。与之相反，类词缀更多的是与双音节词搭配，另外也可以与三音节词或四音节词搭配，且相搭配的词根词性可以是名词、形容词、区别词、动词等，如"炒新闻、半封建、非常规、大出血"。

五、类词缀流行的原因

（一）经济机制

语言是人类思维的物质外壳。语言的社会功能中最基本的是信息传递功能，也就是内容的表达。同时建立或保持某种社会关联也是语言的人际互动功能。如果能用更简明的手段来表达相同的信息，人们在语言的使用中会尽量避免繁复的表达。类词缀的出现在一定程度上为人们的交际起了简化的作用，利用类词缀结合词根构成新词也是构成缩略的手段之一。类词缀既具有实词的意义，又具有虚词的高附着性，在人们造句用词时，尤其是对新鲜事物的表达中，具有很重要的作用。

"微小说、微电影、微剧本、微阅读、微网、微创、微整形"等由类词缀"微"构成的新词的大量出现，在不影响交际的前提下使人们能够简单快速地传达有效信息，是一种既经济又简练的交际方式。比如，很多个人网页都有"微生活"这一版块，在这里人们可以记录生活、表达态度、晒晒心情，内容虽多，但"微生活"一词就能涵盖所有，这样的表达不仅简练，而且生动有趣。

（二）类推机制

类推是人的一项基本认知能力，通过类推创造新词也是一种比较简洁的方式。类推作用铲平了语法中的坎坷，推广了新规则的适用范围，发挥了调整整顿的作用，给语言带来更大的条理性。布龙菲尔德认为：规则的类推可以使说话人说出他没有听过的言语形式，类推机制是世界上许多语言所共有的。就如"微博"与"微信"出现后，我们类推产生出"微客、微店、微拍、微盘"等大量的新词汇，这就是类推机制所产生的作用。

类推机制的存在可以用"模因"来解释。模因是通过模仿而得到传播的文化进化的基本单位。模因作为文化传播单位，靠复制、传播而生存，语言就是它的载体。同时语言本身也是模因。如"月光族""背包客""出国热"中的"族""客""热"也都是在复制"水族""宾客""火热"等词。

（三）科技的发展

在现有"微"式新词中，很多都是以"微信"和"微博"两大软件为依托产生的。以"微信"为基础，出现了"微店、微直播、微社区、微办公、微城市"等新词；以"微博"为基础，出现了"微客、微电台、微传媒"等新词。无论是"微信"还是"微博"，都是网络信息分享与传播和聊天的工具，而它们的出现也都得益于当今科技的飞速发展。只有科技不断发展，我们才能通过科技发现新事物。只有新鲜事物大量出现，新词才得以大量产生。因此，科技的发展为我们语言词汇的发展与扩充起到了不可低估的作用。

同时，"第五媒体"——网络给信息的飞速传播提供了巨大的平台，网络在当今社会的高频率使用，使得新词得以快速的扩充、发展与传播。"微信"与"微博"两大软件也都是基于网络才能使用，人们才能由此更快地获取新的信息。

(四)公众的趋同心理

"微-"式词的广泛使用，人们的从众心理是很重要的原因。当新鲜事物产生时，与它相关的新词也即刻产生。新词语的构成材料与当下的社会热点紧密相连，具有鲜明的时代特征。以"微整形"一词为例，在当今开放的社会，追求美是人们向往的事情，因此在医学美容科技的不断发展下，许多爱美的人们更希望通过医疗手术使自己变得更美，这就促使"微整形"一词发展传播开来。每个人都希望不被社会淘汰，所以在社会与科技的不断发展中，人们会紧跟社会步伐，学习新词语，使用新发明。新词语的约定俗成，也在人们对时尚语言的从众趋同的过程中完成。这就是公众趋同心理在新词语中的作用。

六、小结

现代汉语中的类词缀，常黏附于词头，语义泛化程度较低，在词汇的使用过程中给词语赋予了更形象的语义，并表示出新词的词性。类词缀是汉语发展的阶段性产物，这是社会发展所决定的。社会的不断发展会产生大量的新词新语，而类词缀是新词语产生的重要途径之一。但就类词缀的生成与流行原因来看，大部分类词缀在今后的发展中可能不会成为词缀，而是回归词根。

【参考文献】

[1] 柏莹.试析"艳照门"之"门"的类词缀化[J].扬州教育学院学报，2008(6).
[2] 李捷，何自然，霍永寿.语用学十二讲[M].上海：华东师范大学出版社，2011.
[3] 吕叔湘.汉语语法分析问题[M].北京：商务印书馆，1979.
[4] 马庆株.汉语语义语法范畴问题[M].北京：北京语言大学出版社，1998.
[5] 王洪君，富丽.试论现代汉语的类词缀[J].语言科学，2005(5).
[6] 王庆.词汇学论纲[M].北京：中国经济出版社，2013.
[7] 吴莎，康健.新词语中的类词缀化的倾向[J].新余学院学报，2013(4).
[8] 杨小平.当代汉语新词新语研究[M].北京：中国社会科学出版社，2012.
[9] 叶蜚声，徐通锵.语言学纲要[M].北京：北京大学出版社，2012.
[10] 周雅婷.类词缀"微"探析[J].现代语文，2013(4).

量词"面"的产生及其演变

黄　宣[1]

汉语量词的类别和数目的设立，远非随意，而是深刻反映了汉民族的范畴化特征。丰富的量词是汉藏语系的突出特点。汉语自甲骨文开始，就有了"朋""丙""升"等计量单位词。到近代汉语，汉语中的量词已经发展成为一个非常成熟的词汇系统，在汉语词汇中扮演着重要角色。关于量词"面"的研究，学者们也有些比较详细的论述：刘世儒先生曾经对量词"面"的产生及其演变作过论述，认为"面"本义为"脸面"，由此引申，凡作用在平面的大都可以用它来作量词。量词从本质上来说，是人们从不同角度、按不同方式对客观事物进行观察分类的结果。

"面"本义为"脸面"，进而由本义引申为"物体的表面"，魏晋南北朝时期开始出现量词的用法，用于称量"扁平状"事物。王力的《古汉语常用字字典》（第四版）中，"面"有4个义项，第一个义项即是"脸面"（《战国策·赵策四》："老妇必唾其面。"）另外3个义项都是从第1个义项引申演变而来。王凤阳《古辞辨》中"面"的释义与王力字典中的义项基本一致。由此可见，量词"面"在最初的词义解释中是不存在的。"面"是如何从名词演化为量词的，这就需要进一步探讨。本文就量词"面"的产生及演变进行考察。

一、先秦两汉时期

《说文解字》中"面，颜前也"，"面"用作名词，本义表示"脸"。在先秦时期，"面"大多用于本义，表示"脸"。如：

（1）昔者卫灵公有臣曰公孙吕，身长七尺，面长三尺，焉广三寸，鼻目耳具，而名动天下。（《荀子》）
（2）言而后事行者，杖而起；身自执事而后行者，面垢而已。（《礼记》）
（3）庖牺氏、女娲氏、神农氏、夏后氏，蛇身人面，牛首虎鼻：此有非人之状，而有大圣之德。（《列子》）

然后，由"脸"义引申出了"物体的表面"之义，如：

（4）陈郡谢举兰陵萧子云并为制文刻于两面。（《高僧传》）
（5）变乃开视君异棺中，但见一帛，一面画作人形，一面丹书符。（《神仙传》）
（6）孝武帝大明七年六月，江夏蒲圻获铜路鼓，四面独足。（《宋书》）

从上述用例中可以看出，例中的物品如"碑""帛"和"鼓"等物体都具有一个共同的特征：物体的表面从形状上来看都趋向于"扁平状"。就如刘世儒先生所说："凡作用在平面的大都就可以用它来做量词。"量词"面"便是由其"表面"的形状特征"平面"义演变而来。"面"便开始用以称量具有"扁平状"特征的事物。

二、魏晋南北朝时期

魏晋南北朝时期是量词"面"出现的最早时期，"面"开始由实词转化为虚词。其所称量的物体仍然是仅限具有"扁平状"特征的物体，用法较少，如：

---
[1] 黄宣，男，湖南永州人，广西民族大学文学院硕士研究生。

（7）云郲县有故城一面，未详里数，号为长城。（《水经注》）

（8）承天又能弹筝，上又赐银装筝一面。（《宋书》）

（9）今故赉尔大砚一面，纸笔一副之，可以临写写字，对真授言。（《全梁文》）

从上例中我们知道，"故城"应当为"城墙"，"银装筝"应当是"古筝类乐器"，从这三种物体的形状来看都具有"扁平"的特点，因此，文中可以用量词"面"来称量。由此可知，在魏晋南北朝时期，"面"由其引申义"物体的表面"演变为真正的量词，用以称量"扁平"状物品。其演变的过程大致为：由本义"脸面"引申出名词"物体的表面"，再由名词"物体的表面"虚化为量词，用以称量"扁平状"事物。

三、隋唐五代时期

这一时期，"面"作量词依然可用于称量具有"扁平状"的事物，但随着时代的发展，新事物的不断产生以及外来事物的传入，量词"面"的适用范围开始扩大，如：

（10）张彦泽入京城，晋主奉表归命于虏主，遣皇子延煦等奉国玺并金印三面送于虏主，其国宝即天福初所造者也。（《唐文拾遗》）

（11）季辅知选，凡所铨综，时称允惬，十八年独知选事，太宗赐金背镜一面，以表其清鉴焉。（《通典》）

（12）于平原旷野登高远视处，大将居其上，南向，左右各置鼓十二面，角十二具，左右各树五色旗。（《通典》）

（13）奉献家中一面瑟（琴），送君安置多人处。（《敦煌变文集》）

（14）请金盘一面，宝珠一棵，令壮士惊行，直至佛前便礼。（《敦煌变文集》）

（15）寒影坠高檐，钩垂一面帘。（《孙光宪·菩萨蛮》）

从以上用例中我们可以发现，隋唐时期，量词"面"的适用范围更为广泛，称量事物的种类比魏晋南北朝明显增多，如例中的"印""镜""鼓""瑟""盘""帘"，此外"面"还可以用来称量"铙""扇""鞍"等。以上例子中"面"所称量的事物，有些事物表面是"扁平"的，如"鼓""镜""印"和"扇"，然有些事物似乎多少带有一些弧度，如"盘""鞍"等，但从整体形状来看，都具有较强的扁平特征，因此都可以用"面"来称量。然而例（15）相对于前面的用例却出现了新的特点，前面"面"称量的都是有一定硬度和厚度的事物，这里"面"开始用于软质较薄的事物，由此体现出了量词"面"称量事物的一个新发展。

四、宋元明时期

宋元明时期，量词"面"的用法与隋唐五代相差无几，仍然用于称量具有"扁平状"的事物，而在适用范围上，宋元明明显呈扩大趋势，几乎每个朝代都比前代有所增加，当然在具体的称量事物上会有一些变动。宋元明时期，除了前代已出现的对"印""墙""鼓""镜"等事物的称量外，"锣""玺""盘""牌""屏""枷"等事物也都可以用"面"称量，如：

（16）唐文宗太和元年五月癸酉左神策军奏当军请铸南山采造印一面。（《册府元龟》）

（17）一年之间，持杖入库，前后盗铜锣十二面。（《苏轼集》）

（18）至立德坊南古岸，得玉玺一面上进。（《册府元龟》）

（19）孝顺名标入千秋万古忠良传，与媳妇儿立一面九烈三贞贤孝牌。《元杂剧三十种·小张屠焚儿救母》

（20）也不索一条粗铁索，也不索两面死囚枷。（元《布袋和尚忍字记》）

此外，宋代还继承了唐代称量软质布帛事物的用法，称量"旗"的用法。"旗""帘"虽属软质布帛类事物，用"面"称量同样是取其"扁平片状"的形状特征，这种用法从宋代出现后便极为常用，一直保留至今。如：

（21）去白帝城东，离二十里下寨，搬八堆石头，每一堆石上有八八六十四面旗。（《三国志评话》）
（22）孙子再拨变了二十四面杂彩旗，中间一面黑旗白月。（《全相平话五种·七国春秋平话》）
（23）见一彪人马到庄门，劈头里几面旗舒。一面旗白胡阑套住个迎霜兔，一面旗红曲连打着个毕月乌，一面旗鸡学舞，一面旗狗生双翅，一面旗蛇缠葫芦。（《元小令散曲》）

宋元时期是量词"面"用法发展最快的时期，而明代则是量词"面"称量事物最多的时期，如：

（24）前制旗帜内已载，今定每十人为一小队，即伍也，置立木腰牌各一面。（《纪效新书·戚继光》）
（25）路遇复圣世官五经博士者，旗帜前导，有斧戟之属，继以令旗二面，轿后家丁十数人，腰弓跨马以从。（《万历野获篇》）

随着时间的推移，一些扁平的玉器也可以用"面"称量，如：

（26）胸前挂一面对月明，舞清风，杂宝珠，攒翠玉的砌香环佩。（《西游记》）
（27）有一万顷碧澄澄掩映琉璃，列三千面青娜娜参差翡翠。（《水浒传》）

五、清代

清代"面"的称量对象开始减少，适用范围开始缩小，仅剩下一些量词"面"比较常用称量用法，如：

（28）右边有一看台，悬灯结彩，中间竖起一根旗杆，上扯一面黄旗，旗上写着"奉旨设立擂台"六个大字，随风飘荡。（《七剑十三侠》）
（29）走到那里，看见地上一面更锣，一盏灯笼，知道出了毛病，慌忙赶到里边。（《七剑十三侠》）
（30）彩云不及细看，却被那妇人不由分说就扶上台价，曲曲折折，走到一面大镜子面前，那妇人把镜子一推。（《孽海花》）

在后来的发展过程中，一些前代用量词"面"称量的事物不再使用"面"来称量，而改用了其他量词，如"印"，唐宋元明4个朝代都用"面"来称量，但到了清代，这种用法消失，称量"印"的量词变为"颗"，如：

（31）陈亮一想：这颗印必在这殿阶石下面的，吾先把阶石翻开，把印取在手中，然后再进去取石匣罢。（《续济公传》）
（32）将校三千三百余人，金银铜印一百颗，虎符牌面百二十五事，马二百九十余匹，称贺。（《明史》）

综上所述，从魏晋南北朝量词"面"产生到清代，"面"的用法变化不大，所称量的事物也比较有限，但其发展演变的总趋势是向着具有"扁平状"特征的事物发展。隋唐五代出现的"鞍"由于不具有这种典型形状，在宋代就被淘汰，"印"也是由于形状特征不突出，最终在清代更换了量词。而后来相继出现的由"面"称量的事物均具有典型的"扁平状"形状特征。在现代汉语中，量词"面"的适用范围进一步缩小，原有的"盆""盘""枷"等事物都不再使用量词"面"，仅剩下"墙""鼓""镜""旗"等特征较为明显的一些称量对象。

【参考文献】

[1] 刘世儒.魏晋南北朝量词研究[M].北京：中华书局，1965.
[2] 王凤阳.古辞辨[M].长春：吉林文史出版社，1993.
[3] 王力.汉语常用字字典（第四版）[M].北京：商务印书馆，2005.
[4] 伍翠婷，罗智丰.量词"把"的产生及其历时演变[J].桂林航天工业学院学报，2012（4）.
[5] 许慎.说文解字[M].北京：中华书局，2013.
[6] 叶桂郴.明代汉语量词研究[M].长沙：岳麓书社，2008.

论当代汉语量词的生动性

——从"一枚吃货"谈起

杨心怡[①]

当代汉语[②]在多种因素的推动下,已经并且仍在发生着巨大的变化。量词作为汉语的一个方面,也在不断地发展着。

现代汉语的量词非常丰富,不同的名词必须与不同的量词进行搭配,情况很复杂。在当代,汉语量词又出现了一些新的变化,主要来说有以下三点:

第一,量词的简化与繁化。当代汉语量词在使用中有两种趋势,一是趋于简化,"即可以更多地用某一个或几个通用量词来取代专用量词,以求一个量词可以与更多的名词搭配使用"。(何杰 2001)如"个",当代汉语中,"个"逐渐取代了其他很多量词。二是趋于繁化,当代汉语出现了大量新的量词,并且名词逐渐开始与更多的量词进行搭配使用。

第二,量词词义的变化。在这一阶段,很多量词的词义都发生了变化,或扩大,或缩小,或转移,这种变化表现在与名词的搭配上,则是有的量词逐渐开始与更多的名词进行搭配,有的缩小了与名词的搭配范围,有的量词最终失去了与某些名词搭配的功能,转而与其他名词进行搭配。

第三,量词的变异使用。在当代汉语中,经常会出现一些名词与量词搭配异常的现象,这些搭配大多偏离了名量搭配的组合规范,然而这些搭配通常都会收到意想不到的表达效果,比如"遐思中,从无人的河边走过,撷一朵浪漫的黄昏"(周勤《醒来之时》,载《散文》1996/5)中的"一朵浪漫的黄昏"。

在推动当代汉语量词发展的众多因素中,新媒体尤其是网络的兴起是一个不容忽视的重要因素。在当今社会,网络的发展直接推动着语言的发展,网络语言的发展直接影响着现实生活中语言的发展。网络流行语不仅流行在网络中,在现实生活中,我们也会使用,淘宝体就是一个很典型的例子,从淘宝走出来的"亲"一词,如今已不仅仅活跃在淘宝客服中,在生活中我们经常可以看见这个词,甚至在我们与别人交流的时候也会使用。

再如题所说的"一枚吃货"这样的量名搭配,也是通过网络的传播盛行在我们如今的口语中。可以看到,"一枚吃货"这样的搭配形式有些超出了我们平常的语法规范,"枚"一般用来修饰扁平状的事物,而不能用来修饰指人的名词,但在这里,"吃货"很明显是一个指人的名词,出现这样的搭配,主要原因还是在于量词的生动性,用指物的量词修饰指人的名词,就可以在一定程度上把人进行物化,从而使这种表达带上一种亲昵、俏皮的感情色彩。

由"一枚吃货"开始,下面,我们就来具体地探讨一下当代汉语量词的生动性。

现代汉语量词不仅非常丰富,而且具有明显的生动性,在当今的时代背景下,诸多因素推动着量词的发展,当代汉语量词的生动性表现地更为突出。

[①]杨心怡,女,广西民族大学文学院硕士研究生。
[②]在这里,我们将当代汉语界定为改革开放即1978年以后的汉语。

在当代汉语量词发展的过程中，人们总是会把生动性作为一个标准来进行量词的取舍，我们不仅可以从量词与名词的搭配上看出量词所具有的生动性，同样地，从量词本身所蕴含的词义中，我们也可以看出它的生动性。量词使用得当，可以使语言更加生动形象，富有感情色彩，还可以使句子的表达准确精悍，并且由于量词与名词搭配的逐渐固化，我们经常可以根据某个具体的量词推断出与它联系着的事物、行为或是动作。

下面我们就从量名结构和量词词义两个方面来看量词的生动性。

一、量名结构蕴含的生动性

从量词与名词的搭配关系中，我们可以看出量词的生动性，通过分析量词与名词的内在联系以及它们应用的基本特点，可以知道，它们之间的关系大致来说有三种：计量与被计量的物量关系，限制与被限制的关系和修饰与被修饰的关系。量词最基本的功能就是计量，量词用作计量单位，可以衡量事物或行为动作的形象特征，限制其形态，或被其限制，同时也可以起到修饰作用，因此，这三种关系其实是交错融合在一起共同表现了量名结构所蕴含的生动性。

（一）量名结构为量名词义的义素相容提供了超常联想空间

首先仍以"一枚吃货"为例，用"枚"来计量"吃货"这个名词。由于"枚"这个量词一般只作为"金牌，铜钱"等一类圆形扁平物体的计量单位，而不作为指人名词的计量单位，一般而言，喜欢吃的人可能会比较胖，在某种意义上会让人联想到这样的圆形物体，因此，在这里，"枚"与"吃货"在圆形这个意义上是相通的，用"枚"计量"吃货"，"吃货"这个指人的名词就被"枚"这个量词物化了；从修辞上来讲，将人物化，就会产生一种亲近、可爱的效果，从而使得语言的表达效果比用一般的量词"个"——"一个吃货"要生动得多。通过分析，可以看出，在这个例子中，量词"枚"在计量"吃货"的同时，也在修饰着"吃货"，并且名词"吃货"在被"枚"计量修饰的时候也在限制着人们选择量词"枚"而不是其他量词。

这是当代汉语中一个很突出的例子，是量名结构的一种超常搭配，这种搭配正在渐渐走进人们的日常生活，我们可以预见，在未来的发展中，这样的量名搭配很有可能会被约定俗成为正常的搭配。

类似于"一枚吃货"这样的量词与名词的超常搭配可以存在并活跃于人们的交际当中，必然有着它可以存在的基础，正是量名结构为量词与名词词义义素的相容提供了超常联想空间。

在现代汉语中，量词和名词的搭配通常都有一定的规范，一定的名词使用一定的量词，一定的量词与一定的名词进行搭配，量词与名词在一定意义上有着共通点，或是量词本身就是借用名词而来，这些共通点就是量名结构所蕴含生动性的来源。除去特殊的量名结构，在正常的量名结构中，也可以发现其生动性，我们用量词"根"与细长的东西如"竹子、筷子"等搭配，用"把"与带柄的东西如"刀、伞"等搭配，用"次"与能计量数目的动作如"打、去"等搭配，用鱼身上最具代表性的部位"尾"来计量鱼，这些量词在与名词搭配的过程中突出了名词的特征，使得语言表达具有形象性、生动性。

量名结构的生动性在当代汉语中表现得更为明显，除了上面所举的"一枚吃货"的例子，还出现了很多似乎超乎常规的用法，并且这些量名结构正在像"一枚吃货"一样渐渐走进人们的日常生活中，被越来越多的人接受，这些超常搭配使我们的表达越见亲昵，越见俏皮，也越来越生动。

这样的超常搭配包括已经进入人们日常交际中成为正常搭配的"疯玩一把""火了一把""一间店""一间公司"这样的量名结构，也包括"一粒胖子""一枚萌妹子""一粒进球"这样活跃在网络语言和青少年群体中，但尚未成为日常交际中经常使用的量名结构。

(二)量名结构为语言提供了类推变异的示范

1. 量名结构为网络语言提供了类推变异的示范

量名结构为网络语言提供了类推变异的示范，更多生动的量名结构正在并将不断地出现在网络语言之中，量名结构也因此变得更加生动。

当代汉语中量词的生动性体现得最明显的仍然是如"一枚吃货"这样活跃在网络语言和年轻一代的言语交际中的量名结构。从使用环境来看，这样的搭配主要活跃在网络等新媒体中，而很少出现在报纸、电视新闻等正式场合中，这种搭配俏皮可爱，随意性很高，是一种口语形式，而不是正式用语；从使用群体来说，这种搭配目前只活跃在年轻一代。年轻一代所接触的东西更加多元，由于年龄较小，更容易接受或是创造新鲜事物，更加偏向于创造或使用超出常规却在人们接受范围内的言语表达方式，这种量名结构在刚出现时也许只是偶然，但是一旦传播开来被大多数网络群体所接受就有一定的理由了，从一定程度上可以说是这种量名结构所蕴含的生动性推动了这一传播，正是由于这种量名结构具有相当强的生动性，可以很好地表达说话人的情感态度，这样的搭配才具有一定的生命力，才能渐渐地走入人们的日常交际中，才有可能渐渐地成为合乎语法规范的搭配。这种结构一经出现就被广泛传播开来，为量名搭配的更多变异提供了一种示范。像这样的例子还有很多，如"一群流氓软件""一只萌妹子"等，这些搭配目前虽然只流行于少数年轻人当中，但也可以从中看出量名结构的这种类推示范作用。

抛开网络等新媒体这样特定的语言环境，在日常生活或是文学作品中，我们见到的量名结构无论是合乎语法规范的还是超出语法规范的，也都蕴含着明显的生动性，当然，超出语法规范的量名结构所表现的生动性比一般的量名结构更加显著。

2. 量名结构为文学作品中的语言提供了类推变异的示范

在文学作品中经常可以看到一些超乎常规的量名结构，这类量名搭配通常都是临时的，借用一些修辞手法使得某些量词能与某些名词进行搭配，从而达到某种修辞效果，这类结构由于超常，显得新奇，因而具有强烈的生动性。看以下几个例子：

（1）每一个声音都很动听/娇嗔的是一瀑秀发（庄伟杰《睡莲醒来》）

（2）在我思想的夹缝里/所有的怀念/只是一豆灯苗微弱的气息/我伸出手小心地护住/以免被眼前的事物/一口吹灭（李晶《心中的颜色·怀念》）

（3）夏末秋初，阳光茂盛，轿夫们轻捷的运动使轿子颤颤悠悠，拴轿杆的生牛皮吱吱扭扭地响，轿帘轻轻掀动，把一缕缕的光明和比较清凉的风闪进轿里来。（莫言《红高粱家族》）

这三个例子中的"一瀑秀发""一豆灯苗""一缕光明"都是超常的量名搭配，一般而言，"瀑""豆""缕"是不能用来计量"秀发""灯苗""光明"的，但是，在这里，作者将秀发比喻成瀑布，因而"瀑"也就临时具有了可以修饰秀发的功能；灯苗的形态很像一颗豆子，用"豆"来修饰灯苗，就将灯苗比喻成了豆子；最后一个光明在文中表面上表示阳光，"缕"也就可以用来修饰光明了，这三个量词都临时具有了某种功能，不再用来计量，而是用来表现本体的形象，这样的超常搭配也因此具有了明显的生动性，其表达也更加形象。这类量词具有强烈的比喻性，在计量事物的同时又能使语言更形象、更生动。

这些结构是超乎语法规范的，几乎都是临时的，然而这种结构为我们对量词与名词进行超常搭配提供了一种示范，使我们可以照着这种结构进行类推变异。

由于社会的巨大变化，社会制度、政治制度的变化，改革开放的加大加深，我国对外开放的程度也在不断扩大、不断深入，社会环境更加开放，80后、90后乃至00后的成长，这几代人所接触的东西更加多元化，加之智能手机和网络等新媒体的兴起，当代汉语正处于一个发生巨大变化的时期，量词作为汉语一个非常有特色的组成部分，变化也非常明显，当代汉语的量词较之近代汉语或是古代汉语，有显隐，有词义变化，有新旧交替，有搭配变化……无论是哪种变化或发展，在人们对量词的使用进行约定俗成的时候，生动性都是一个内在因素，因此，发展到当代汉语，量词的生动性越发凸显出来了。

量名结构本身就蕴含着生动性，无论从哪个方面来看，量词与名词进行搭配，生动性都是一个必须要考虑的方面，量词用来计量事物或动作，同时也对名词进行修饰、限制，一定的名词必须与一定的量词进行搭配，因此，量名结构本身也就蕴含了生动性。

二、量词词义蕴含的生动性

量名结构蕴含着生动性，量词本身也有着生动性。为什么一定的量词需要与一定的名词相搭配，量词本身所蕴含的生动性也是一个重要方面，这就是量词词义蕴含的生动性。

量词词义包括多个方面，除了具有理性意义之外，还具有色彩意义。量词的生动性主要表现在其色彩意义上，色彩意义又包括形象色彩义、情感色彩义、地域色彩义等几个方面，下面我们就从这几个方面来看量词词义蕴含的生动性。

（一）形象色彩义

词在给予客观事物以称谓、表达人们对事物的概括认识的同时，往往还表达人们对该事物的主观评价和主体感受（郭先珍，2002）。这种主观评价和主体感受就是词的色彩意义，量词也具有色彩意义。量词鲜明的形象色彩义在其色彩意义中表现得最突出，几乎每一个量词都是形象生动的。"汉语量词的理据，在它具有描绘性和比喻性时，它就给人以具体的形象感，这种形象意味，也就是汉语量词的形象色彩。"（吕叔湘，1982）

量词的形象性首先表现在有很多量词是用来表现事物外部形态的，事物的各种形态都有特定的量词与其进行匹配，"一枚吃货"就是一个很好的例子。上文中已经分析过，"枚"是用来计量扁平圆形物体的，"吃货"在某一方面也具有这样的形态，因而用"枚"来计量"吃货"，这样的表达既形象又生动。

量词通过描绘事物的外部形态，或描绘其整体特征，如"一粒米"；或描绘其部分特征，如"一头牛"；或借用其他的手法，如"一线希望"等来形象生动地表现事物、计量事物、修饰事物。

量词的这种形象色彩增强了语言的表现力，使语言鲜明生动、形象具体，可以使语言中那些抽象晦涩的东西变得具体明朗，同时也能使语言变得活泼生动，从这一点来看，量词所具有的生动性对语言的使用来说作用非常大。

（二）情感色彩义

量词尤其是名量词具有明确的情感色彩义，或带褒义或带贬义或是中性，在与名词进行搭配时必须保持情感色彩的一致性。如果不一致，要么就会出现语法错误，要么就是用修辞手法使语言具有特殊的表达效果。如果在表示贬义的名词前用上带有褒义的量词，就会产生讽刺的效果，例如在"汉奸"这个贬义词前用上带有尊敬意味的量词"位"，就给人一种强烈的讽刺感；同样地，如果在表示褒义的名词前用上带有贬义的量词，就会产生一种亲密的感觉，例如在"好人"这个褒义词前用上带有贬义的量词"窝"——"我们这一窝子好人"，就会给人一种亲昵的感觉，这就是量词的情感色彩义。

我们使用不同的量词计量不同的名词，有的量词含有褒义色彩，有的量词含有贬义色彩，在与指人名词搭配时，这种情感色彩表现得最为明显，例如文章标题中的例子——"一枚吃货"，就是用指物量词修饰指人名词，使这个短语具有了亲昵的色彩。

在日常生活中我们会用到很多量词来指人，当我们想表达对一些人的尊敬的时候，我们会用上"位"——"一位教师"、"代"——"一代宗师"；当我们对一些人只是普通的情感时，我们会使用中性的量词"个"——"一个学生"；当我们想表达厌恶情感的时候，我们则会用表示贬义的量词"窝"——"一窝土匪"、"伙"——"一伙贼人"，这些量词生动鲜明地表达了说话人的情感态度。

在文学作品中，量词的这种情感色彩义，让我们的感受则更加强烈。一般而言，文学作品中的量名结构，量词与名词的情感色彩基本都是一致的，量词与名词的搭配都非常准确。当然，我们也经常碰到一些为了作品效果而用修辞手法使量名结构出现超常搭配的情况，在这样的情况下，量词与名词的情感色彩就会出现不一致甚至相反的情况，这在一些讽刺色彩浓厚的作品中出现得非常多，如：

(4) "他就是那位大字不识一个的教书先生。"（罗明《山村小屋》）。

量词的情感色彩义使我们的表达更加明确生动，能使说话人准确地表达其情感态度，正因为量词的这种情感色彩义，我们的表达不至死板僵硬，而是变得生动有趣，无论是在我们的日常生活中还是在文学作品中，这种生动性都表现得很明显。

在当代汉语的背景下，量词的情感色彩表现得更加明晰，如题所示，人们会用"枚"计量"吃货"，也会用"粒"来计量"胖子"，以此来表达我们对说话对象的亲近，这些都是随着当代汉语的不断发展，量词的生动性进一步发展的结果。

（三）地域色彩义

我们知道，普通话一直不断地从方言中吸取养分，方言中一些特色鲜明的词汇也经常会进入广大人民群众的日常交际中，从而进一步成为普通话的一部分，丰富普通话的表现形式。量词也不例外，方言中一些具有鲜明地方色彩的量词经常会进入我们的日常生活中，这就是量词的地域色彩义。

当代汉语在其发展过程中，吸收了不少方言中的量词，刁晏斌先生在的《当代汉语对方言量词的吸收和发展——以"间"和"把"为例》一文中，就讨论了当代汉语对方言量词的吸收问题，这些源于方言中的量词使用在普通话中，就带上了一层浓郁的地域色彩，使用这些地域色彩浓厚的量词，我们的语言也会变得更加生动。

当代汉语中，不管是普通话吸收的方言量词，还是仍然只使用在方言中的量词，都具有浓厚的地域色彩。近年来也有不少研究方言量词的文章，如张兴良《湖南宁乡方言个体量词研究》、万献初《湖北通城方言的量词"隻"》、梁晓玲《黑龙江方言的量词》等，这些文章描述了不同地域方言量词的不同特征，从这些文章来看，方言中的量词都是非常有特色的一类词。

以刁晏斌先生文章中的"把"为例，当代汉语量词中，"把"似乎已经是一个很常用的量词，但实际上它是一个来源于北京话中的方言量词，由王朔的小说《过把瘾就死》改编的电视剧《过把瘾》而流传开来，现在还有一个电视娱乐节目就叫做《周末过把瘾》。普通话吸收了这个方言量词，现在我们经常说"疯一把""玩一把"等之类的话，这就在不知不觉间带上了一层方言色彩，比之我们说"疯一次""玩一次"要生动得多，在刁晏斌先生的文章中有这样一个例子："想发泄一把吗？跳街舞吧。"（中国体育报2003.12.23）在这里，"发泄一把"比"发泄一次"就要生动。

当代汉语吸收了大量方言量词，这些量词就带上了一层地域色彩，这层地域色彩使得当代汉语的量词更具生动性。

我们可以看出，量词一般用来表示计量，与此同时，它又具有形象色彩义、情感色彩义、地域色彩义，这些色彩义显示了量词的生动性。但是在某些情况下，量词并不用来表示计量或表示计量的功能不明显，在这种情况下，量词色彩义的表现就会异常突出，量词的生动性就表现得要比表示计量时更加明晰。

三、小结

量词是汉语一个非常有特色的组成部分，自上古汉语出现以来就一直处于不断发展之中，由于人们在约定俗成之时，有意无意间将生动性作为一个必须考虑的因素，发展到当代，量词的生动性因此显现得越来越突出。从量名结构来看，无论是量名结构的正常搭配还是超常搭配，都表现出了显著的生动性。当然，由于超常搭配偏离了我们的语法规范，我们可以更直接地看出量名结构的生动性；从量词本身的词义看，不论是在我们的日常生活中，还是在文学作品中，亦或是在网络等新媒体的环境之中，当代汉语都表现出了明显的生动性，尤其是在网络等新媒体的推动下，一些形象生动的量名结构快速地在网络群体中传播开来，推动了量词的发展，量词因而变得更加生动。量词是汉语的一个特点，而生动性则是量词的一个突出特点，在计量事物的同时，使我们的语言变得生动起来。

【参考文献】

[1] 郭先珍.现代汉语量词手册[M].北京：中国和平出版社，1987.

[2] 郭先珍.现代汉语量词用法词典[M].北京：语文出版社，2002.

[3] 郭先珍，王玲玲.量词的模糊性[J].汉语学习，1994（3）.

[4] 何杰.现代汉语量词的形象色彩[J].逻辑与语言学习，1991（3）.

[5] 何杰.现代汉语量词研究[M].北京：民族出版社，2001.

[6] 吕叔湘.现代汉语八百词[M].北京：商务印书馆，1982.

[7] 石毓智.表物体形状的量词的认知基础[J].语言教学与研究，2001（1）.

[8] 王均裕.谈量词的超常搭配[J].语言文学，1983（1）.

[9] 张万起.量词"枚"的产生及其历史演变[J].中国语文，1998（3）.

[10] 张文忠.浅谈现代汉语量词的丰富性和生动性[J].新疆教育学院学报，1987（1）.

汉字的理据性与对外汉语教学

姬长玉[①] 李 露[②]

一、引言

(一)选题背景和意义

随着我国的和平崛起,综合国力不断增强,经济得到快速稳定的发展,全球范围内出现了"汉语热",应运而生的对外汉语教学作为一门新兴学科,发展得十分迅速。汉字是汉语教学的重要组成部分,虽然对外汉语教学水平在不断提高,但汉字教学并没有得到应有的重视和发展,相对落后:在教材编写上,对外汉字专门的教材数量较少;教学安排和课程设置上,对外汉字教学一直处于附属地位。独立教学目标的缺失,致使汉字教学有着极强的无序性和盲目性,因而导致教学效率低下。留学生学习汉字时的消极心理正是这些问题造成的,加之对汉字在汉语中的特殊性缺乏一定的认识和了解,他们往往更容易忽视汉字的学习。很多学生听、说、读、写能力不平衡,很多口语交际不成问题的外国人,在书面交际方面却是文盲或半文盲。在许多欧美学生的眼中,如天书一般的汉字,就像一幅幅神秘的图画。专门汉字教学的缺少,致使留学生这种神秘化倾向较难破除,进而产生畏难情绪和厌学心理,这将会影响其汉语能力的进一步提高。

在对外汉语教学中,如果能利用汉字理据性及其所蕴含的文化信息,以此来分析汉字字形结构,同时结合对外汉字教学的特殊性,掌握相应的教学方法,就能使留学生较好地了解汉字的构造原理,领悟汉字构字理据性,并能在潜移默化中感受汉字的表意特点、构形规律性和系统性,从而高效地理解和记忆汉字。本文从分析汉字的理据性入手,力求对汉字的理据性作较全面的阐述,进而过渡到对外汉字教学的特殊性,对汉字教学提出一些建议,希望能引起对外汉语教学者对汉字教学的重视,进而提高对外汉语教学的效率。

(二)对外汉语教学的现状与发展趋势

世界汉语教学学会成立于1987年8月,该学会促进了对外汉语教学研究的国际合作与交流,同时也推动了世界汉语教学研究的不断发展。我们可以看到既有重大的进展,也存在着明显的不足,但总体前景乐观。

汉语作为第二语言教学在我国已有两千多年的历史,但对外汉语教学真正成为一项专门的事业和学问则是从新中国成立以后开始的。这一过程大致可以分为两大阶段:

1950—1978是第一阶段,这期间开创和发展了对外汉语教学事业。清华大学于1950年正式成立的东欧交换生中国语文进修班标志着新中国对外汉语教学事业的正式开始。外国留学生来华专修汉语始于1951年。北京语言学院是第一所专门从事对外汉语教学的学校。1965年,全国发展了22所大学进行对外汉语教学工作。正是在这一时期,我国开创并发展了对外汉语教学。1966年的"文化大革命"使我国

[①]姬长玉,女,广西大学文学院硕士研究生。
[②]李露,女,广西大学文学院硕士研究生。

对外汉语教学遭受重创，高校停止招生，教育体系停顿。到1972年，经过周恩来总理等一批人的努力，相应高校才逐渐恢复了对外汉语教学活动。

1978年至今是第二阶段，期间我国对外汉语教学作为一门独立的学科得到了很大的建设与发展。党的十一届三中全会后，对外汉语教学事业迎来了春天，改革开放的政策保证了对外汉语教学事业的稳步发展。北京语言学院相继建立了汉语言专业硕士点和博士点。在今天，对外汉语教学不仅有大量的短期培训的非学历教育，还有了从本科、硕士到博士的完整学历教育，这是对外汉语教学学科成熟的一大标志。同时，大量的教学和研究人才又促进了对外汉语教学的发展。

今天，汉语正在逐步成为全球强势语言，不过英语作为第一强势语言的地位依旧稳固，但是"汉语热"也在持续升温。汉语在欧美日韩等国已成为高考外语考试任选科目之一。可以预见，随着经济全球化的不断发展，随着中国综合国力的不断提升，对外汉语教学作为中外文化交流的桥梁必将得到进一步的发展和提升。我国目前的对外汉语教学工作大致有两条途径，即"引进来"和"走出去"。所谓"引进来"，就是招收留学生来国内学习汉语；所谓"走出去"，就是直接到国外开展汉语教学，比如近几年蓬勃发展的孔子学院。

汉语与汉字的特殊关系决定了汉字教学的重要性。由此，我们不得不对其作出针对性阐述。汉字教学作为语言要素教学之一，是对外汉语教学中不可忽视的重要环节。同时，汉字的表音性、表意性和书写系统的层次性等特点也决定了汉字教学的重要性。

汉语的语素和汉字基本重合，汉语的字和词语在音、形、义之间存在诸多密切的联系，有时甚至可以"见字知义"。汉字不是绝对的抽象语音符号，其结构是平面组合的，而非线性排列。正因为这样，汉字历来是外国留学生学习汉语的一大难题，他们在学习汉语时，经常会出现认读、书写和记忆等方面的困难。汉字比拼音文字的认知过程要复杂得多，留学生从小使用的大多是拼音文字，他们在学习汉语时，经常出现认知和记忆等问题。分析可知，主要原因有以下几点：首先，汉字在语音上的表音度是比较弱的，而且汉字有四声，声调区别不同的意义，学生正确发音的障碍之一就是声调的变化。其次，汉字结构复杂、笔画多，让学生不知从何落笔，而形似字又比较多，一笔之差，意思则千差万别。再次，同音字很多而且容易混淆，导致记忆负担更重。最后，汉字蕴含着丰富的文化内涵，这就要求学习者不单要学习汉字，还必须掌握相关的汉文化知识。由于以上种种原因，汉语学习者们经常会感到汉字难认、难记、难写，使得汉字成为汉语学习中的一大难题。

因此，通过分析汉字结构，以偏旁为线索讲解分析形声字，归纳整理同音异义字、一形多义字等对汉字进行理性教学，将对对外汉语教学产生不可估量的巨大作用。

二、汉字的理据性描述及其演变

（一）汉字理据性的描述

汉字的理据即汉字字式结构的道理和根据，体现了汉字形、音、义三者相互联系的内在规律。汉字属于表意文字，汉字的部件常和字义有联系，部件和部件的组合与整字的音、义之间的联系构成了汉字的理据性。汉字是形音义统一体，通过字形与字音、字义相联系，而汉字字形与客观事物之间往往具有一定的关联，从汉字字形能够直接获得其所表达意义的相关信息。看到一个汉字，能从其部件联想到读音和意义，知道它代表的语素，这叫有理据字。

从某种意义上说，任何实用的文字都是有理据的。汉语是由汉字记录的，汉字的理据性就表现为"见形知音义"。比如"森"，是由三个木组成的，用它代表树多的意思；"按"有两个偏旁，一个表意另一个表音。这些字都体现了汉字的理据性。汉字理据性表现出来的方式依文字类型的不同而有所不同。用字母表示语言中的音素或音节的文字是表音文字，它以一定的拼合规则来表示相应词的读音。例如英语中的"book，look，cook，boot"等词，其发音就有一定的规律性，词形直接记写语言要素的声音。当然也有一些词不能准确表示读音，但从英语文字的整个体系来看，还是有一定系统规律的，因此我们承认它是有理据性的文字，至于多少词形表音，多少词形不表音，那就是理据度的问题了。

许慎在《说文解字》中论述了汉字的"六书"理论，即：指事、形声、会意、象形、假借和转注。通常情况下我们将假借和转注视为用字之法。因此，研究造字理据时，一般只谈前四种理论。象形和指事字是依类象形，会意字乃比类合谊，形声字是形声相益，这就是构成汉字字形的理据。

自汉字出现以来，随着时代的变迁，汉语的发展变化，汉字自身也在字音、字形、字义方面变化很大，字义也在原来的基础上发生了或缩小、或扩大、或转化、或消失的现象。因此，现代汉字与古代汉字已有较大差别，这就导致了现代汉字构字理据已经变得模糊。虽然汉字在发展过程中已有相当大的改变，但仍然在一定程度上保持了古代汉字的特征，中间并不是断开的，而是存在连续性。如：古代汉字中的象形字和指事字大部分是有音有义的独体字，现在成为现代汉字的字符。我们认为，现代汉字字形的理据就是汉字形体构成的道理或依据，既与古代汉字的构形理据相联系，也与客观事物及字音之间存在着规律性的联系。

（二）汉字理据的动态演变

汉字以秦代统一文字前后的古隶（秦隶）和整理规范过的小篆为过渡带，分为古文字和今文字两大阶段。篆书圆转的线条被隶变解散为点横竖撇捺，曲笔改直笔，圆转改方折，同时开始合并偏旁，汉字的方块形体也就基本定型。隶变使汉字的象形性消失，使汉字成为符号性的文字，这也成为汉字形体演变史上最重要的本质变化。隶变后，今天的楷书是汉字经过不断楷化和简化才形成的。虽然楷化、简化规范了汉字的笔画形态和结构关系，也使汉字笔画数目得到精简，但同时也不同程度地破坏了汉字的构形理据。

从隶变开始，汉字构形理据的变化可分三种情况：

理据重构：形体因书写而变异不能与意义统一时，在使用者表意意识的驱使下，会重新寻求构意去与它的新形切合，或附会它的意义去重新设计它的构形。例如"射"字的发展，一开始为合体象形字，其构件逐渐义化，直到变成现在的字形。有些早期的"本无其字，依声托事"的假借字，本来形意不统一，不具有构意，在演变的过程中，反而由于形体变异而有了构意。重构的理据依附于演变了的形体，形义仍然是统一的，但与原初的形与义已经不同，演变后的构形与构意属于另一个共时层面，存在于另一个构型系统中，而不是"错讹"。

理据部分丧失：在字的演变中，有些字部分构件发生了无理变异（也叫"构件的符号化"），构意看不清了，但还有一部分仍保留理据。比如：小篆变"目"为"臣"，楷书又把人形卧倒，盆中表示水的一点组合到卧人下面，结果上半部完全丧失理据，只有下部的"皿"还能联想到古代以盆水为镜子的构意。

理据完全丧失：还有一部分汉字，在字形随字体的演变中，由于构件的符号化或构件的黏合，在视觉上完全失去了构意。例如："要"甲骨文像一个人叉腰站立之形，小篆形体变异，理据重构为从"交"得声的形声字，隶楷从"西"从"女"，也是形分为二，实为独体，完全丧失理据。

（三）小结

分析汉字的理据性主要是为分析汉字的构形服务，从汉字理据的变化可以看出，我们在分析现代汉字时，必须依据它们自身的形体状况。理据重构的字不必认为是"错讹"，而应看作是发展，依照重构以后的构意来拆分字形；局部丧失理据的字中不能分析的部分，不可强行分析这些构件的功能；全部丧失理据的字，更要终止分析，不可依形拆分。我们在经过溯源探讨构意的时候，只要找到能反映造字意图的那个字形从而使形义统一就可以了，不一定非得找到最早的字形不可。

三、四种主要构字理据分析

(一)象形字理据分析

1. 象形造字法的定义

象形字，即图画文字，就是给图画注入读音使之成为文字。相应地，象形造字法就是按照事物的轮廓、特征，通过描绘、勾勒来表现事物（概念）的方法。按照许慎在《说文解字》中的说法："象形者，画成其物，随体诘诎，日月是也。"这句话隐含着两重含义：

其一，象形字源自事物的物象，即对外界真实事物的描摹，即"画成其物"。也就是说，象形字的描摹对象一定是生活中人人皆知的事物，它蕴含的意义源自事物形象的展现，看见字就能识记，识记的字也就能懂得其含义。象形字必须要"象"其"形"，展示它们独自具备的"形象"，使人观而知之。

其二，象形造字法再现事物图景是相当简括明晰的，象形字通过描绘事物形象来表示人体、事物之名。正因为如此，象形字的块体结构并不追求规整，而是像图画一般"随体诘诎"，笔画上该直要直，该斜就斜，该拐弯的也必须拐弯，以此追求物象与字体之间的最大形似。例如：

"☉"（日），甲骨文 ☐ 在天体形状的圆圈 ○ 内加一点指事符号 ▬，表示发光特性的天体。

"☽"（月），甲骨文 ☽ 在半圆形 ☽ 中加一短竖指事符号 ▮，表示半圆形天体发光的特性。月亮有圆缺变化，古人遂以残缺的圆形即半圆代表月亮。

"⛰"（山），甲骨文 ⛰ 像遥望中起伏连绵的群峰的线描，有三（众多）座峰头。

"🔥"（火），甲骨文字形 🔥、🔥 与"山"⛰ 相似，像地面上的三（多）股腾腾热焰。造字本义：物体燃烧时产生的光焰。

2. 象形文字的特性

象形字的构形，源自对外界真实事物的描摹。象形字脱胎于图画，但与图画有着本质的区别。一幅画可以对某一个别的事物作逼真的、惟妙惟肖的描绘，不亚于一张即时"照片"，而象形字则不然。文字是人类思维概念的"外化"和"固化"，是传达思想的"工具"，所以是人的一种纯粹性的"创造"。总而言之，象形字源自事物的"物象"，象形字是先民思维概念的"外化"产品。象形字是一种"以形表意"的文字，也是一种"依类象形"文字。

中国最早的文字是甲骨文，甲骨文是用玉制契刀刻在龟甲或骨板上的。刻写材料和刻写工具的性质、特点，或者说"限制"，使汉字成为一种依赖略显僵直的线条——曲线、直线和短线（点）等特定手法来描画事物形体的文字。因而汉字成为一种最为"简约"、最为"苛刻"的象形文字。这就是中国象形文字与古埃及、古代两河流域以及纳西人象形文字的天壤之别；也是汉字在历经外族入侵仍能一脉相承的原因——它易写、易识及极度简约的矛盾统一，契合了手眼通道的双重要求，从而成为一种历经风雨而颠扑不"死"的文字。

还有，"手写"的最大简易性与"眼观"的最强识别性是一种双重索求，作为象形造字法结果的象形字，同时受到了两种需求目的的制约：

一是由刻写工具和材料所决定的，在简易原则下与"物象"最大相像，这就产生了由线条来架构图符，由线的连接和交叉形成块状单体的书写方法。因而，从形式上看，一个汉字与一幅图画，形成了内在对应关系。

二是由目光识别所决定的差别性，即尽可能夸大相似形体之间的区别，以增强其眼观时的识别作用。

"人、大、女、夭、母、儿、子、己"等，都源自人类自身，寻找并表现出它们形体之间的差别性，使每一个字所代表的人群栩栩如生，卓然兀立而不混淆，实实在在也是一种艺术的创造。

三是强调细节的真实性。儿童绘画的一大特点，便是在整体图形简略直白与局部细节繁复细腻同处一体。这种侧重局部细节的特点也反映在象形文字的构形之中。甲骨文中有一批源自动物形象的文字，它们在大体形似的基础上更为重视事物的差别或区分性特征，如：张口虎、长鼻象、鹿角叉、短尾兔、短腿大肚豕、瘦身卷尾犬、长尾鸟、短尾隹、牛羊有耳角不同、老鼠龇牙长尾巴……每一类动物的构形，都真实地描摹出各自的细节特征。

从总体上讲，象形文字是一种平面二维构图。这种平面二维的艺术手法不仅一脉相承于中国的国画，也常常影响并积淀于中国人的思维方式之中。

3. 象形字的特殊类型

在用"象形"这种方法造字时，"象形"的过程往往存在一些差异，最后导致所造的象形字也存在一定的差异。前人很早就注意到了这个问题，并做过许多有益的探讨。如宋代郑樵将象形分为"正生""侧生""兼生"三类；清儒段玉裁分象形为独体象形和合体象形；王筠将象形划分为"正例""变例"两类；近人朱莱则认为象形有纯象形、合体象形、变体象形之别。

在一般情况下，人们在造象形字时描摹的是整个客观事物的基本轮廓，但有时人们描摹的却是客观事物的一部分，所造的字成为该文字反映的事物的部分形象。这就是象形字的特殊类型之一。例如：

"臣"，本义为战俘，其字像战俘竖目之形。甲骨文作 ϕ、ϕ。郭沫若先生在《甲骨文字研究》中说道，"臣的甲金文均象一竖目之形，因为人首俯则目竖。"杨树达《臣牵解》："盖臣本俘虏之称。"殷商时代，战俘往往沦为奴隶，所以"臣"又指奴隶，为战俘义的直接引申。郭沫若先生也曾指出："更具体地说时，臣是家内奴隶。"伪孔传："役人贱者，男曰臣，女曰妾。"

"牛"像牛头角形，而指牛。其字甲骨文作 ψ，金文作 ψ。《说文·牛部》："牛，大牲也。"即取牛头这一代表性物象表示牛这一人人皆知的现实事物。

"羊"，像羊头角形，而指羊。甲骨文作 ψ、ψ。《说文·羊部》："羊，孔子曰：牛羊之字，以形举也。"容庚《金文编》："羊，象羊首形。"

另一种特殊的象形字即合体象形字。为了避免混淆、便于认知，人们在"象其形"的过程中除了描摹指称对象外，同时还描摹了与该指称对象相关的事物。如：

"兵"，本义为兵器。《说文·收部》："兵，械也。"《诗·秦风·无衣》："王于兴师，修我甲兵，与子偕行。"《左传·隐公元年》："大叔完聚，缮甲兵，具卒乘，将袭郑。"成语"秣马厉兵""短兵相接"之"兵"亦指兵器。其字甲骨文作 ϕ，像兵器形，并像双手形。

"果"，金文作 ϕ，篆文作 ϕ，其本义是木本植物的果实。《说文·木部》："果，木实也。像形在木之上。""果"字像果实之形，恐义不显，加"木"字，故为合体象形字。

"骨"，骨头。《说文·骨部》："骨，肉之覆也。从冎，有肉。"饶炯部首订："冎即骨之象形字，因形不显义，而骨乃加肉以箸之也。"得之，"骨"为合体象形字。

所谓"变体象形字"，就是通过对已有象形字的变形之后而造的新字，从形体上看没有改变象形的特征。因此，象形字所象的对象不仅仅限于客观具体的物，还应该包括主观上认识的抽象的物，象形字表达的意义可以是一些抽象的概念和行为；象形的表现手法也不仅仅局限于对具体事物的细致描摹，而是多样化、多角度的。变体象形字就是对已有的象形字加以变化而造的新字。变体象形字的变化方式是多样的：可以改变象形字的方向，如："ϕ"（首）字倒过来是"ϕ"（县），"ϕ"（大）字倒过来是"ϕ"（屰）；可以简省象形字的结构，取原来象形字的一半而成的新字，如："ϕ"（片）为"ϕ"（木）的一半，"ϕ"户为"ϕ"（门）的一半；可以省去原来象形字一些笔画来构成新字，如："ϕ"（子）省去双臂为"ϕ"（了），省去右臂为"♀"(子),省去左臂为"♂"(孓)。

4. 象形造字法的三项原则

凡发展或运动着的事物,均有内在的规律或原则。作为自足开放系统的汉字也不例外。这就是说,作为汉字体系中最初、最为基础的象形字,在其创设的过程中,也必然遵循着某些基本原则。这些原则不仅贯穿于所有象形字之中,并且规范着它们的创造,从而成为象形造字法的根本法则。因此,这些基本原则,注定成为象形阶段所有文字(包括象形字,指事字和会意字)的普适性法则。

以形表义原则。所谓"以形表义"原则,乃是说,所有的象形字,无一例外,都是有形可"依",有形可"象"的。作为有源之水、有根之木的象形字,每一个具体的象形字都有其生活本源,有着真实而具体的"所指"对象,即现实生活中所对应的"物象"和"场景"。背离这一原则,象形字便不叫做"象形"了。从一定的意义讲,象形字乃是物象场景的图形符号化再现。

共性经验原则。优胜劣汰、适者生存,在象形字的演变、进化过程中同样适用,象形字遵循着"共性生活经验"这一原则。也就是说,只有见而可识,人人可知的大众化世俗化的古汉字字形,才能正确无误地传达头脑中的概念,成为社会交往和思想交际的工具。例如,源自于祈子繁衍"地支"系列的十二字"子、丑、寅、卯、辰、巳、午、未、申、酉、戌、亥"。在今日似乎难以理解,但在上古先民那里却是人人皆知的生活现实,是一种建立在共性生活经验基础之上,有"形"可依、有"物"可像的"共识"。

从"能指"实现的角度讲,个人的创造,必须得到社会大众的认可。正是在识读和刻写的普适性要求下,象形字成为一种以"共性生活经验"标示其"社会性"的"图构"和"图解"文字。幻想和想象中的事物,只有极少数人感知和理解的事物被排除出"所指"及"对象"之外,或者说,被象形造字法摒弃于"共识"之外。

总而言之,所有已识甲骨、金文中的象形字的"所指"无一例外,全都源自先民现实的、真实的生活,都有鲜明的物象场景作为其构形来源。人人皆知,人人可识,意味着经验和直觉的普适,意味着概念和符号传递的有效性,既是"共性生活经验"的排斥性选择,也是文化进化历程中"用进废退"的进化选择。

人本主义原则。在"以形表义"和"共性经验"原则的实现过程中,象形字同时呈现出它的第三原则,即"人本主义"原则。所谓人本主义原则,也就是许慎在《说文解字·序》中所说的"远取诸物,近取诸身"。显然,此处的"远"和"近"乃是以"人"为中心,以"人"为立足点的远和近。换句话说,在人的视野中的、掌控之中的世界和事物才是真实的,才能成为汉字造字的依据。脱离了现实的生活场景,以形表义和共性经验就失去了意义。这一概念经由历史和逻辑的追溯,可以复归到3300年前的殷商十大部族,复归到3000年前由西周姬(姒)姜互婚集团以及殷商庶民所融合的周王国时。说到底,象形字的物象场景,乃是经由上古先民"思维"过的物象,乃是一类规范于"人本主义"原则下的物象。正是在直觉的、经验的感知过程中,思维的"物化"和"固化"完成了与"类化"物象的统一。

(二)指事字理据分析

1. 指事造字法的定义

许慎在《说文解字》一书中指出:"指事者,视而可识,察而见意。"这就是说,指事字的基础构形来自对客观事物的象形描绘,故"视而可识"。同时,由于在象形图绘或象形字上缀加了指示符号,即"物象"中原本没有的虚拟符号(即字素),所要表达的词义大多为"事"(事物的功能、状态或整体事物的局部名称),所以要"察而见意"。例如:

"⊥,高也。此古文'上'。指事也。"

"T,底也。指事。"

"上"字甲骨文作⌒,金文作⊥;"下"字甲骨文作⌒,金文作T。各种古文字形体都具有许慎所说的"指事"的特征。

常见的、起源较早的指事字还有"一、二、三、四、五、六、七、八、十、廿"等。

2. 指事字的特性

指事字的显著特点是形象性与抽象性高度统一。前人对此已有充分的认识。宋郑樵《通志·六书略》："象形、指事一也，象形别出为指事。"清孔广居《说文疑疑》："指事、象形，其义一也。"章太炎《小学略说》："盖指事亦象形之类，惟象空阔之形，不若象形之表示个体耳。"

指事字的形象性表现在指事字能够以文字字形体直观地反映文字所记录的语词的意义（包括抽象的意义），许慎所说的"视而可识，察而见意"就是这个意思。举例来说，"一"指一个事物，这个字所记录的语词的意义是抽象的，文字形体"一"在一定程度上能够直观地反映、表达这个意义。再如"厶"字，为"私"的初文，其本义是自私、奸邪的，与"公"相反。《说文·厶部》："厶，奸邪也。"《韩非子·五蠹》："自环者谓之厶，背厶谓之公。"三国吴环济《帝王要略》："公者，无厶也。"韩非子所说的"自环"意即从出发点到归宿都是为自我，这是一个抽象的意义，"厶"字的形体直观地表达了这个意义。

指事字的抽象性主要表现在产生很早的那部分指事字所记录语词的意义是抽象的。如"一"不是特指某一个事物，而是泛指单个的事物；可以指一个人，也可以指一棵树或一个其他的事物。从词性角度考察，很容易发现指事字的抽象性特点。我们前面提到的"一、二、三"是数词，"厶"（自私）是形容词，都是抽象的。象形字所记录的语词绝大多数是名词，所指称的是具体事物。

许慎给"指事"下的定义是文字学史最早的也是初步的定义。十多个世纪以来，人们观察到了"指事"一书的特殊规定性。"指事"应包含着造字方法和文字形体结构类型两方面的含义。我们认为"指事"应表述为：用纯粹的指点符号或在象形文的基础上加注指点符号从而造出一个新的文字，这种造字方法即指事，用这种方法所造的字即指事字。

3. 指事字的造字法

以"朱"字为例。"朱"字由两个构件组成，其一是象形字"木"，其二是指点符号（金文"朱"字的指点符号是圆点，后来演变为短横）。"朱"本指红心的树，在词义引申运动中舍弃了"木"这个具体性义素，"大红色"成为它的基本义。显然，先有"木"字，后有"朱"字。"朱"这一类文字的产生也比"上、下"等指事字要晚。"上、下"以及"一、二、三"等是由纯粹的指点符号构成的指事字；"朱"是在象形字上加注指点符号构成的指事字。许慎在"指事"的定义中只提到"上、下"这一类字，显然是不周全的。于省吾先生将上述两类指事字分别称作"原始指事字"和"后起指事字"。

《甲骨文字释林·释古文字中附划因声指事字的一例》指出："上下二字以及一至九的纪数字，都属于抽象指事。指事属于六书之一，六书者，乃后人用归纳方法把所有文字划分为六个范畴。六书中的象形、会意和形声尚易辨认。而自来《说文》学家对于指事的说法，颇多分歧，在此不烦引述。象形和指事之别，物有形，故可象，事无形，故须有所指以见意。会意与指事之别，会意是由两个或两个以上的独立偏旁所组成。而指事字的构成，有的连一个独立偏旁也不具备，而由极简的点划所构成，这是原始的指事字；有的仅有一个独立的偏旁，而附以并非正式偏旁的极简单的点划以发挥其作用，这是后起的指事字。"

要特别指出的是，后起指事字有一个显著特点，它们所指称的多为具体性事物。在这一点上，与原始指事字存在很大的差异。

例如，甲骨文中的"刃"字写作"㓞"，由象形字"刀"和指点符号构成。其本义即刀口。《说文·刃部》："刃，刀坚也。象刀有刃之形。"王筠解读："刀坚者，刀坚利之处也。"

再如，"本"，金文作𣎴，篆文作𣎵，由象形字"木"与指点符号构成。本义为树木之根。《说文·木部》："本，木下曰本。从木，一在其下。"徐锴系传："'一'记其处也，与'末'同义，指事也。"高诱注："本，根也。"

"天"，有的甲骨文形体作"🧍"，有的金文形体作"天"，以指点符号表示人的头部。《说文·一部》："天，颠也。"按"天""颠"为同源词。其书面形式，"天"为指事字，"颠"为形声字，所记录的是同一个语源，反映了"天"的头顶义。

"甘"，甲骨文作"廿"，由象形字"口"与指点符号构成。"甘"的本义是美味，指点符号表示感觉美味的部位。《说文·甘部》："甘，美也。从口含一。一，道也。"

以上列举的指事字无一不需要认真察视，经由"脑筋急转弯"式的顿悟，方可知其构形的生活本源以及所想要表达的词义。

总而言之，象形字的特点重在"象"和"形"，象形字的所指对象与能指意义之间存在着"同一"。指事字则重在"指"和"事"，乃是通过在象形字或象形图绘之上，增添指向性或标示性虚拟符号，以标记的方式指向事物的功能（属性）或变化状态。所以，指事字有两类结构成分：一是来自外界事物的描绘形体；二是标示性的虚拟符号，即字素。

（三）会意字理据分析

1. 会意造字法的定义

用"指事"和"象形"的办法所造出来的字属于独体文字，古人称"文"；用"会意"的办法所造的字则属于合体文字，古人称"字"。"会意"是起源较晚的、利用已有文字造新字的一种方法。按照《说文解字·叙》中的说法，"会意者，比类合谊，以见指㧑，武、信是也。"

所谓"比"就是比并、并列；"类"则指造会意字以前已经存在的文字（多为独体字）。"类"是许慎学术思想中的一个重要概念。许慎把系统地整理、编排、解释文字叫做"理群类"，又说"方以类聚，物以群分"。显然他已把文字看成事类、物类的反映。这就是说：

第一，会意字必须"比类合谊"，即把两个以上的表意符号放在一起（比类），共同指向一个新的字义（合宜）。甲骨文的"武"字写作"🪓"，由"戈"和"止"组合而成。

第二，会意字的字义来自"以见指㧑"，即由表意符号各自显现的形象或词义（以见），以及它们之间的"相位"引发或牵扯出一个新的概念意义（指㧑）。如"戈、止"合成的"武"便表示凭借武力、四处征伐这一新的字义。

例如："弄"（𠬞），会合"玉""升（双手）"二字表示把玩、玩弄之义，其本义即玩弄（"玩弄"本来是一个中性词）。《尔雅·释言》："弄，玩也。"《说文·収部》："弄，玩也。"《汉书·赵尧传》："高祖持御史大夫印弄之。"

又如："采"（🌿、采），会合"爪（手）""木"（或"果"）二字表示搞取之义，其本义即采摘。《说文·木部》："采，将取也。从木，从瓜。"罗振玉《增订殷虚书契考释》："采，象取果于木之形，故从爪、果，或省果从木。"《诗·周南·关雎》："参差荇菜，左右采之。"《诗经》中"采芹""采薇""采艾""采绿""采藻""采蘩"等词之"采"皆采摘义。

"会意"一书的产生，是造字方法上的一大进步。"象形"所造之字往往是名词的书写符号，其意义内容一般都是具体性的。原始指事字可以表达抽象性词义，但这类文字为数不多。后起指事字与象形字十分接近。"会意"克服了以往二书的局限性。从上面所分析的例子中我们可以看到，参与"会意"的两个或更多个独体字本来只表示某种具体性意义，会合在一起却可以表示一个抽象性的意义。

综上所述，会合两个或更多个已有文字从而造成一个新字的造字方法叫会意，用这种方法所造的字即会意字。

2. 会意字的分类

（1）异体会意

异体会意字用不同的部件组成。如"武"，从戈从止；止是趾本字，戈下有脚，表示人拿着武器走，有征伐或是显示武力的意思。"休"，从人在木（指树）下，表示休息。"取"，是手拿一只耳朵，古代战争中对敌方的战死者割左耳，用以记功。"明"，从日从月。"涉"，从水从步，甲骨文像两脚过河。"益"，从水从皿，水从皿中流出，是溢的本字。

（2）同体会意

在一般情况下，"会意"过程会合的是两个或更多个不同的独体字，但有时候会合的是两个或更多个相同的独体字，这种情况叫同体会意。清人王筠有所谓"叠二成文""叠三成文""叠四成文"的说法。"林""品""燚"即代表性文字。

同体会意字的产生主要有以下几种情况。

第一，某些客观事物本身包含着相对、相关的两个方面或环节，当用同一个独体字就可以反映这两个方面或环节时，人们就采取"叠二成文"的做法，如：

"步"（ ），叠用"止"字表示行走之义。古人的观念认为左、右脚各迈出一次叫"一步"。《说文·步部》："步，行也。从止，少相背。"另解，"步"像前进时，左、右足一前一后形。

"奻"，叠用"女"字表示争吵之义。《说文·女部》："奻，讼也。从二女。"段玉裁注："讼者，争也。"朱骏声通训定声："奻，会意。《易·睽》曰：'二女同居，其志不同行'。《革》曰：'二女同居，其志不相得'。此其谊也。"

"从""從"的古字，叠用"人"字表示跟从之义。《说文·人部》："从，相听也。从二人。"徐灏注笺："从、從古今字，相听犹相从。"段玉裁注："从者，今之從字，從行而从废矣。"按，因"从"字笔画较少，现通用"从"字。

第二，有些客观事物，它们本来就具有相同的性质，但在数量、程度、范围等方面存在一定的差别，人们往往叠用原来就是指称该类事物的独体字来反映这种差别。如：火、炎、焱；木、林、森。

"火"，甲骨文作 、 ，像火形，本义即火。《说文·火部》："火，南方之行，炎而上。象形。""炎"，指火苗升腾，也指火焰。《说文·炎部》："炎，火光上也。从重火。""焱"，火花。《说文·火部》："焱，火华也。从三火。"显然，"火"是笼统地指火，"炎""焱"指火焰，范围不同；"火"与"炎""焱"指同一类事物，但程度上不同。火盛则称"炎"称"焱"。

"木"，甲骨文作 ，像树木之形。本义即树木。"林"，成片的树木。《说文·林部》："林，平土有丛木曰林。从二木。""森"，树木众多繁密貌。《说文·林部》："森，木多貌。""木、林、森"都指树木，但彼此的差异是很明显的。

第三，为了强化独体字所表达的意义，或突出地反映独体字所指称的事物的性质、特点等，人们也常常采取同体会意的做法。如：

"口"是人用来说话、进食的器官，作部首用时所表义类或为进饮食或为说话。叠用"口"字成"吅"，表示惊呼、喧哗之义。《说文·吅部》："吅，惊呼也。从二口。"《集韵·元韵》："吅，亦作喧，通作讙。"

"白"，这个字记录的语词的基本义是白色，白色是比较显眼的，为了强化这个意义，叠用此字而成"皛"字，表示明亮、显著之义。《说文·白部》："皛，显也。从三白。"

在同体会意问题上，还有一个需要注意的地方：有些文字在形式上与同体会意字没有什么不同，但实际上并不是同体会意字。如"门"字，许慎在分析它的结构时说"从二户，象形"，清代王筠《说文释例》却把它当成同体会意字，实际上"门"是个象形字。"门"字甲骨文作 ，指双扇的门。"门"字是双扇门的真实写照。会意字——无论是一般的会意字还是同体会意字，都有一个显著特点，那就是"以实表虚"，会合两个或更多个构件表达一个"意"。"门"字像门形，并无他义。同类例子如"玨"本作"珏"，指二玉相合，"所"指二斤（斧），都不是同体会意字。

3. 会意造字法的特性

由上文的分析，可重温会意造字法的定义如下：

（1）用象形字（包括象形图绘）、指事字、会意字整体作表意符号（字根），由两个以上表意符号，即字根结体组合成一个新字的造字方法，便叫做会意造字法。运用会意造字法所创设的汉字，便叫做会意字。

（2）会意字的字义，源自两个或数个表意符号（字根）由各自的形象或词义引发，从而会合出一个新的概念或字义。

需要注意的是：相对于象形字和指事字，会意字的本质特性在于"字根"能否析分（类似于因式分解），在于字根的独立表意。例如，甲骨文的"朗"与"寇"，都含有生活图像，但前者是象形字，后者是会意字。

会意字与指事字、象形字的共同之处，在于每一个结体文字都源自古代先民的现实生活，都有真实的客观的物象场景作为造字的生活依据。因而会意字同指事字、象形字一样，都是纯正而典型的"以形表意"文字。

会意造字法的最大特点，在于它能为那些特征差异性不明确，或特征过于复杂，从而难以用象形、指事方法表述的概念制造新字：①创造出大量动词；②创造出一批形体过于复杂而无法象形，或类属范围受到限定的名词；③在象形字和指事字的基础上创造出一批状态词。

总而言之，会意字是为了弥补象形字、指事字的不足，而出现的一种象形表意文字。相较于象形造字法和指事造字法，由两个以上的表意符号结合，即"比类合谊"的会意结体方法，使汉字构成和发展前进了一大步。

（四）形声字理据分析

1. 形声造字法的定义

用"形声"的办法造形声字，不外乎以下三种情况。

其一，将会意字中的一个构件改成声符，从而使会意字变成形声字。关于这个问题，裘锡圭先生作过详尽的论述，并作了许多个案分析。例如："冤—罝""圉—圄"。"冤"指捕兔网，从兔从网会意。后来构件"兔"换成"且"，原字变成了从网且声的"罝"。"圉"指监牢，其字从口从幸会意，后来构件"幸"换成"吾"，原字变成从口吾声的"圄"。

其二，在假借字基础上添形符构成形声字。有的文字学家称商周时代为文字假借时代，因为在当时的文献中，假借字普遍存在，数量之多，令人惊讶。刘又辛（1993：11-42）："根据甲骨文、金器铭文、战中秦汉帛书、简书等大量文字材料来看，秦汉以前的文字，形声字比较少，而且时代越早，形声字越少。反之，假借则越古越多。"

其三，在记录语词的过程中，直接构制形声格局的文字。

上述三种情况所反映的"形声"造字的原理是一样的。用哪一个文字作声符去取代会意字中的一个原有构件，是受会意字所记语词语音制约的。既然如此，我们就可以为"形声"作出界定：根据被记录语词的语音线索，利用现成文字记录这个语音，并添加一个表示意义范围的形符，这种造字方法叫形声，用这种方法所造的字叫形声字。

2. 形声字的几种特殊情况

按照传统的形义学观点，形声字的声符仅仅起标音作用，当声符以见诸形体的显性语义参与形声字所表语词本义构成时，这个形声字就视作特殊类型。在一般情况下，形声字是由一个完整的形符字和声符字组成的,但有时形符字或声符字有所省略,于是又产生出一些特殊的形声字。特殊形声字主要有亦声、省形、省声三种。

①亦声。亦声字是兼有会意字、形声字特点的一种文字。"亦声"的说法最早是由汉代许慎提出来的。他在《说文解字》中把某些文字的形体结构分析为"从某,从某,某亦声"。"从某,从某"是对会意字形体结构的表述;所谓"某亦声"即该会意字中的一个构件"也是声符"之义。后世文字学家称这类文字为"形声兼会意""形声包会意"。通常将这类文字归在形声字中。亦声字之例,如:"姓、城、栅"。

"姓",标志家族的字。《说文·女部》:"姓,人所生也。古之神圣母,感天而生子,故称天子。从女,从生,生亦声。""生"是"姓"字的声符,同时与"女"字会意。"姓"的异体作"性",体现了"人所生"的意思。从女作"姓",是远古女尊男卑社会的遗迹。早古的姓"姬、姜、嫘、姞、娥、姚、姒"等,字都从女,也是母权制社会的反映。

"城",都邑周围的墙垣。《说文·土部》:"城,以盛民也。从土,从成,成亦声。"按照许慎的说法,"城"是土筑的用来"盛"(容纳)人民的,所以是个会意字;同时"成"也是标音的声符。

"栅",栅栏。《说文·木部》:"栅,编竖木也。从木,从册,册亦声。"竖木相联如竹木简牍相联成册,"册"表示的是比喻义,故"栅"为会意字;同时"册"也是声符,所以"栅"是亦声字。

②省形。省形字即形符构件的笔画有所省略的形声字。

如:"曐",从晶,生声;异体作"星",形符有所省。《说文·晶部》:"曐,万物之精,上为列星。从晶,生声。星,曐或省。"

"弑",从杀,式声,作"弑",形符有所省。《说文·杀部》:"弑,臣杀君也。《易》曰:'臣弑其君。'从杀省,式声。"

"耆",六十岁的老人。其字从老,旨声。作"耆",形符有所省。《说文·老部》:"耆,老也。从老省,旨声。"按,形符字不省当作"耆",两构件中均有"匕",故仅用其一,清王筠《说文释例》有"两借"说。又"耄、寿、孝"均为从老的省形字。

③省声。省声字即声符构件的笔画有所省略的形声字。

如:"夜",指夜晚。其字从夕,亦声,篆文作"夜",声符有所省略。《说文·夕部》:"夜,舍也,天下休舍也。从夕,亦省声。"

"產",人或动物生产。其字从生,彦声。作"產",声符有所省略。《说文·生部》:"產,生也。从生,彦省声。"

"妜",决声字,作"妜",声符字省。《说文·女部》:"妜,鼻目间貌。读若烟火妜妜。从女,决省声。"

"梓",宰声字,作"梓",声符字省。

3. 小结

本章对象形字、指事字、会意字和形声字四种汉字类型作了比较详细的理据分析,通过分析我们可以清楚地发现每个汉字原则上讲都是有一定的构形理据的,都可以对其进行解释。虽然汉字几千年来发生了很大的改变,其表意程度降低,特别是汉字规范与简化之后,字形更加与古代汉字相去甚远。但其在对外汉语教学中依然有很大的价值。

四、对外汉语汉字教学的地位和特点

(一)汉字教学的地位和重要性

第二语言教学的目的是使学生掌握运用该语言进行交际的能力,这种能力包括口头交际能力(听说)和书面交际能力(读写)。文字和书面交际能力直接相关。作为汉语书写符号系统的汉字就是获得汉语书面交际能力必不可少的工具。因而，如果仅仅要学习汉语低层次的听说能力，或许可以回避汉字；但如果要获得系统全面的汉语交际能力，汉字显然是无法回避的。汉字这种文字符号具有不同于世界上绝大多数文字的特殊性。这种特殊性可以从以下几方面讨论。

1. 表意性和表音性

汉字由最古老的象形表意文字发展为今天的意音文字。在这一发展过程中，很早就通过"假借""形声"的途径，增加了表音的"声符"。其间不断地简化、繁化、分化、合并，历经数千年，形成了现代汉字表音、表意的复杂现状。

汉字并没有完全音化从而趋同于拼音文字，因为即使是表音的偏旁本身本质上也还是一个表义单位。同时，汉字又不是纯粹的表义体系。再加上数千年汉语语音体系和词义系统的变迁，其表音、表意的功能都有所弱化。据有关统计，现行常用汉字的表音和表意因素的有效性都在50%左右。这种复杂的情况不可避免地给汉字教学带来了困难。

与世界上绝大多数国家所使用的拼音文字相比，拼音文字的字母可以直接表音，"见字知音"的透明度高，只要掌握了很简单的拼音符号和拼写规则，就比较容易掌握；汉字虽然也有某些表音的成分存在，但是"见字知音"的透明度低，必须一个一个地学习，而且数量庞大，掌握起来难度较大。

2. 书写系统的层次性

从汉字形体和书写的角度来说，汉字是由笔画组成的方块文字，其结构是在平面上组合的。这与线性排列的拼音文字存在根本的差异。平面组合的汉字，从结构来说有上下（要、盘、费）、上中下（意、累、参）、左右（认、快、放）、左中右（谢、做、哪）、包围（国、园、回）、半包围（还、通、延）等多种形式，甚至一种结构的内部还包含其他的结构（最、能、圆），比拼音文字单一的线性结构复杂得多。这就造成了外国学生在视觉和书写上的双重困难。

3. 文字处理的特殊大脑机制

认知心理学研究发现：拼音文字的认知一般只涉及大脑的左半球，而汉字认知要涉及大脑的两个半球和比较复杂的加工传递程序。

人的大脑两半球对抽象信息和形象信息的处理有机能上的分工，二者通过胼胝体等神经束相互连接。研究表明，语言功能主要定位于人脑的左半球，不同的大脑区域与相应的语言功能相联系。由于汉字不是绝对的抽象语音符号，它既包含抽象的语义，又有形象的结构，所以汉字的加工表现出两脑均势的现象。汉字有形、音、义3个要素，这就造成信息的复杂性，因而要求大脑两半球协同工作，这是一个十分复杂的过程。汉字处理的特殊大脑机制也是造成外国人学习汉字比较困难的原因之一。

上述外国人学习汉字的难点，决定了我们在对外汉语教学中必须充分重视汉字教学，探讨汉字教学的有效途径，以促进对外汉语教学的全面发展。

其次，汉语和印欧语系的语言有很大不同。汉语单音节语素占主体，语素和"字"是基本重合的。"字"因此成为最基本的语义单位，汉语的字和词语在音、形、义诸方面都存在着密切的关系。因而一般情况下，学会一个汉字就为理解由这个汉字参与组成的复合词打下了基础。如汉语的"马车、汽车、火车、自行车"等词语，都有"车"这个语素；相对应的英语词汇分别是"carriage（cart）、automobile、train、bicycle（bike）"，没有相同的语素。

语素及其书面形式——汉字与汉语之间特殊的关系，决定了汉语作为第二语言的教学不同于印欧语系的语言，汉字在对外汉语教学体系中应占有重要的一席。对汉字教学的重视，也必定能够促进对外汉语教学体系作为一个整体均衡、健康地发展。

(二)对外汉字教学的特点

汉字教学在我国历史悠久。中国的传统语文教学向来都把识字教育放在首位，儿童进入学堂的第一件事就是识字。千百年来，有各种各样的识字课本流传下来，发展到现代的儿童汉字教学，已经形成一个完整的体系。但是传统汉字教学的经验不能全盘搬入对外汉语教学的课堂，因为教学所针对的对象是不同的，前者是母语汉语者，后者是母语非汉语者。此外，到中国国内学习汉语的外国人目前大多是成年人，不像母语那样，学汉字的绝大多数是儿童。因此，对外汉字教学一定要充分考虑学习者为非母语者这一特点；同时，要适当考虑学习者的年龄。

1."对外"的特点

由于学习者是没有任何汉语基础的外国人，汉语和汉字对他们来说都是完全陌生的，不像本族儿童是在已经掌握了汉语的基础上学习汉字。学习一个汉字的时候，本族儿童只是学习他所知道的某个词的书写形式，汉字的音、义对他来说基本没有问题，关键是字形。外国学生则完全不同，他们是在学习一个汉语词语（音、义）的同时，学习汉字的书写形式，汉字的音、形、义同样陌生，势必增加学习困难。针对这一特点，对外汉字教学务必要形、音、义同步，缺一不可。

对于本族儿童来说，汉语里存在大量同音不同义词语的情况，早已在其大脑中根深蒂固。所以同音字对他们来说并不难接受，他们需要的只是把特定的字形与自己语言知识体系中的词义相互对应。

可对于习惯了拼音文字的外国学习者来说，对汉语以形别义的特点要有一个接受的过程，大量的同音字在一开始就成为他们学习汉字的最大困难之一。零起点的学习者在开始学习汉字之后相当长的时间内，往往会出现知音知义不知形的现象。这种"语""文"脱节，表现在输出的汉字上，就是大量的同音替代偏误，如："新"写成"信"，"直"写成"只"，"非"写成"飞"，"借"写成"接"等，甚至"昨"写成"在"，"者"写成"节"（这是对语音掌握困难带来的音近混淆）。据笔者考察，在学习汉语之初，这是一个相当普遍的现象。因此，由于对外汉字教学"对外"的特点，就要求教学初期特别强调同音字的辨别，使学习者尽快熟悉汉字形、义相通的特点。

2.对成人的教学特点

目前在中国国内对外汉字教学的主要对象是成年人，这自然要求与针对儿童的汉字教学有所区别。成人具备了关于母语语言文字的知识，形成了既定的认知模式，具备较强的理解能力和逻辑能力。一方面，关于母语文字的经验会产生"负迁移"，成为学习汉字的障碍；但另一方面，他们具备较强的归纳推理能力，可以凭借已有的知识对自己正在学习的知识进行理性思考，各种经验和策略都会有助于汉字的学习。因而针对教学对象的特点，我们应该采取相应的教学方法。

针对成年学习者归纳推理能力的优势，我们应该重视理性教学。在强调刺激、强化训练的同时，充分利用汉字自身的规律和特点，进行系统的知识和理论的教学。例如：汉字结构的分析，以偏旁为线索的形声字讲解分析，同音异形字、一形多义字的归纳整理等。"授之以渔"，让学生感到汉字不是彼此独立的一盘散沙，而是有规律可循的。实践证明，适当的汉字知识和理论讲解可以增强学习者学习汉字的兴趣，提高学习效率。但是，对外汉字教学虽然要适当引入关于汉字的理论知识，却与针对中国语言文字专业大学生的汉字课完全不同。因为我们说的理论的讲解以学习汉字为最终目的，不要求理论的系统性和专业性。要把握一个度，千万不能把对外汉字教学课上成汉字理论课，那样只会把学生吓跑。

而且，由于目的的不同，对外汉字课堂不排除利用一些不为汉字学界所认可的俗文字的东西，只要有利于学习者的学习而又不是太离谱，可以适当运用以增加课堂的趣味性，提高记忆的有效性。例如，对文字形体的联想，把"笑"想象成一张笑脸，而"哭"是一张流泪的脸等。但是这一点一定要把握适当的度，在学习初期，学习者还没有形成关于汉字的知识系统的时候可以运用；如果滥用，则会事倍功半，影响学习者系统地把握汉字的规律。

3. 小结

由于汉字蕴含着很大的信息量且数量庞大，因此对留学生来说，识记和书写汉字的难度是可想而知的。鉴于汉字的独特性和教学对象的特殊性，我们认为，汉字教学在对外汉语教学中十分必要，也十分重要；对外汉字教学必须突出汉字表意的本质特征和汉字构形的规律性、理据性，在教学过程中应当积极给学生灌输汉字构形理据性原理，把握好学生心理，结合多种教学技巧帮助学生快速高效识记汉字。

五、对外汉语汉字教学的基本内容

汉字字形在意义表达和理解中所起的强烈的直观作用，是汉字区别于拼音文字的突出特点，也是汉字教学中应充分利用的优势。所以对外汉语教师要有理据意识，强调汉字的理据性，这也是使汉语走向世界的重要方略。安子介先生认为，从识记的角度上看，汉字有独特的优势："汉字的构字，并非杂乱无章，而是有一定规律的，""让外国学生知道汉字的理据性，可以增强外国学生学习汉语的信心。"

（一）汉字教学的目的

我们前面已经提到，对外汉字教学的最终目的就是培养学习者用汉字进行书面交际的能力，其中包括读和写两方面。

针对"对外"的特点，我们所说的汉字教学的目的在对"读"和"写"的要求上应当有所区分，不能"一刀切"。事实上本族人掌握的汉字也往往是能认读的多，能书写的少，对于外国人我们更不能有过高的要求。周小兵（1999）提出"分流"的方式，即对学习者掌握汉字的要求在认读和书写方面要有所区分，不能要求每个汉字都达到四会（听说读写）的程度。针对不同的汉字要有所区别：常用字、字形结构简单鲜明的字要达到能读能写的程度；但有些字则要求学习者能认读即可，如某些虽然常用但是笔画繁多、结构复杂的字——"矮""戴""橘""嘴"等。

另外，由于汉字的数目繁多，不可能逐一在课堂上教授，还要求学习者有一定的自学汉字的能力。他们应该能在一定的上下文中，根据表意的字形推测一些汉字的大致意思，并能够熟练地运用字典检索汉字。例如，学过了"氵"，遇到一个生字"溪"的时候，就能初步推测它的意思，并能够通过部首检字法在字典中找到它。

总之，我们的汉字教学教给学习者的应该是能力，即用汉字进行交际的能力和自学汉字的能力。

（二）汉字教学的内容

1. 一定数目的汉字

汉字的数量很大，但是常用的很有限，本族人日常使用的也不过3000多字，这个数目已经覆盖了常见书报的99.9%。

现行教学大纲所收汉字的数目也都在3000字以内。《高等学校外国留学生汉语教学大纲（长期进修）》（国家汉办，2002，以下简称《长期教学大纲》）共收汉字2605个，其中初等阶段1414个，中等阶段700个，高等阶段491个。《汉语水平词汇与汉字等级大纲（修订本）》（国家汉办，1996，以下简称《等级大纲》）共收字2905个，其中甲级字800个，乙级字804个，丙级字601个（包括附录11个），丁级字700个（包括附录30个）。

在大纲所要求的汉字中，并非所有的都要通过教学来教给学生，汉字教学要教的只是最基本的高频汉字。据有关数据统计，大概950个字就覆盖了一般书报的90%，这个数目大约对应于《长期教学大纲》的初等阶段汉字和《等级大纲》的甲级字。

2. 关于汉字的知识

首先是汉字构形知识，主要包括汉字的基本构成要素（笔画、部件、偏旁等）和结构方式（独体、合体以及合体字的结构方式）。可以适当地引入象形、指事、会意、形声等构形方式的概念。《国际汉语教师标准》中提出汉字教学的基本原则，第一点就是根据汉字造字原理进行教学，因此有关汉字构形的知识是汉字教学的重要内容，但在教学的具体操作中，又要灵活处理，不能拘泥于此，不能字字都追踪"造字之初"，而要以帮助理解记忆为原则。

其次是汉字表音表义的方式和程度，包括对形声字的分析，对声（形）旁能够表音（义）和已经失去表音（义）功能的常用汉字，进行以声（形）旁为系的系统整理等。

总之，汉字教学的内容应该像一张网，以大纲的初级（甲级）汉字为纬线，以汉字知识为经线。它具有横向的延展性，在教学内容以外可以借助经线的维系，通过伴随性学习或自学而不断扩充。

（三）汉字教学中的顺序关系

1. 先认读后书写，多认读少书写

《国际汉语教师标准》明确提出"注重先认后写"。这事实上是输入和输出的关系。语言学习总是输入先于输出。汉字教学也是如此，必须首先让汉字的形、音、义作为一个整体进入学习者的大脑。当学习者能够通过感知字形知音知义的时候，再学习书写。这也与教学的要求直接相关：第一步的要求是认读，然后才是书写。

中国小学生的汉字教学对要求会写和会认的汉字有明确的规定，对外汉字教学中的"认写分流、多认少写"目前在学术界也已基本达成共识。教写汉字是汉字教学无法逾越的重点，但是字字都要求会写无疑造成了繁重的记忆负担，加大了学习难度。合理解决这个矛盾的唯一出路，就是贯彻"认写分流"的原则，既让学习者掌握基本汉字书写能力，能写一部分基础汉字，又不局限于此，把拓宽学生识字量作为重点，适当减轻记忆负担，满足随着汉语水平的提高而不断拓宽范围的阅读需求。

2. 书写教学中先教基本笔画名称，再教书写规则

汉字书写规则是以笔画名称为基础的，如"先横后竖、先撇后捺"。因而称说基本的笔画名称是第一堂汉字课通常要教的内容之一，在此基础上再循序渐进地以例字来说明书写的基本规则。

3. 常用字在先，先独体后合体

这是遵循由易到难的一般原则。具体的实施在教学中可以表现为：从意义和笔画都简单的常用独体字（人、山、口、小、大）开始教学，接着教笔画比较复杂难写的独体字（水、气、马、身、我），然后教结构和笔画都比较简单的合体字（左右结构：体、好、休、明；上下结构：分、字、写、是），最后才出现结构复杂笔画较多的合体字（上中下结构：累；左中右结构：附；复合结构：够、照）。

提到这一点不可避免地要处理好汉字难易程度和语言难易程度的关系。《国际汉语教师标准》要求汉字教学要做到"常用字在先、反复重现"。对于常用但字形复杂的汉字，可以采用"先认后写"或者"只认不写"的原则来处理，可以要求学习者只认读不书写，能完成相应的阅读任务即可。对于字形简单而并不常用的字，则要考虑其是否属于常用的偏旁。如果汉字本身不常用，但作为偏旁十分常见，就要在合体字中作为偏旁提出来（如：皿、欠等），适当加以解释。若是形旁，就要让学习者理解其概念性的含义；若是声旁，则要让学习者知道它所表示的基本读音。

（四）汉字教学的技巧

1. 展示汉字的技巧

展示汉字就是把汉字展现给学生学习，要求简单清晰。常用的方法如下：

（1）板书展示。板书展示即教师把要学习的汉字书写在黑板上，达到介绍的目的。这是最常用也最方便的方式。它的好处是不仅可以展示汉字，还能同时展示汉字的书写过程。应该说在教任何一个汉字的写法的时候，都要用到它。在最初接触汉字的时候，板书过程尤为重要，因为这时候汉字的形、音、义、笔画名称、笔画顺序甚至运笔的方式等，对于学习者来说都是要学习的东西，因此此时的板书十分关键。

例如，要学习"个"，教师的板书要伴随着讲解：

个 gè，a measure word. How to write it？撇、捺、竖，一个人、一个学生……

初期的板书，汉字一定要清楚，字要大，速度要慢，让学生能看清楚每一笔。有时需要板书一系列字，根据不同的目的和需要，有多种方式可以采用：

①以笔画为系。讲解基本笔画时，势必要给出含有该笔画的例字，此时采用这种方式：

横：一、二、三

竖：十、工、上、下

竖勾：水、月、门

②以结构为系。讲解合体字的基本结构时，要用到这种方式：

左右结构：你、汉、的

上下结构：字、是、点

③以部件为系。归纳部件时，要采用这种方式：

十：什、南、支

讠：说、话、语、认、识

④同音字：

gōng：工、公、宫

yī：一、医、衣

⑤形似字或形似部件：

千—干　办—为　处—外　我—找　老—考

欠—欢、歌—攵　收、放、教、数

⑥有共同特征的字：

林、双、朋、多、哥

班、街、咖

总之，以板书展示汉字十分灵活，可以根据需要设计多种展示方式。上面只是提供了展示时板书的样式，具体操作时可以灵活地采用以旧带新、归纳、演绎等多种方法。而且这些展示汉字的方式不仅适合于教新的知识，也可以用于复习。

（2）图片展示汉字生动而直观，尤其适用于字义容易以图画描摹的汉字，一目了然，省去了很多讲解意义的过程。如：雨、雪、哭、笑、山、林等。

（3）卡片展示通常用同一张卡片的正反两面分别展示形、音、义，如：谢（正面：xiè，反面：To thank）；美（正面：měi，反面：beautiful）等利用卡片的好处是：灵活机动，利于多方式地反复操练，方便复习。主要适用于初期的认读教学，书写方法还需板书来补充。

2. 教授汉字的技巧

注重形、音、义相结合，是《国际汉语教师标准》提出的汉字教学基本原则之一。形、音、义是汉字的三要素，在教学的过程中要注意三者的结合，三个方面都是需要在教学中分别进行讲解的内容，对三者的讲解和教授各有不同的技巧，但在内容上又要时刻注意把形、音、义三者联系起来。

（1）教写字形的技巧。一是笔画。教学初期，在教给学生基本笔画的名称之后，教学写具体汉字时，不断地强调书写笔画的正确方式，可以帮助学生纠正"画字""倒拉笔顺"的错误。常用的有两种方式：在汉字上用箭头标示笔画的运笔方向；一笔一笔地展示汉字的书写过程。

二是结构。一般常用图示的方式来讲解结构。例如左右结构：你、他、她、江。

（2）讲解字义的技巧。字义讲解技巧的核心就是"以形释义"，目的是建立形义之间的联系。

①借助实物释义。有些实义的汉字，可以充分利用随手可得的具体事物来释义，如：手、足、头、桌、门、书、窗，学生一看就明白，无须再费口舌。

②图片释义。已见上文的图片展示汉字。

③是利用形旁释字。形旁多表示类别意义，相同形旁的汉字往往有着相同的意义类属。通过形旁释字，不仅容易讲清汉字的意义，而且有利于促进部件意识的形成。

④借助古文字形体释字。这种方法主要限于个别意义演变不大的象形字和会意字。如：山、木、日、月、人、大；休、林、看、明、好。这种方法可以在某种程度上提高学生的兴趣，但切忌滥用，否则容易造成同时记忆古今文字形体的不必要的负担。

⑤俗字源和联想释字。前面已经提到，俗文字的东西可以适当地用在教学中，有些还是十分有效的。如：

买、卖——没有"十"的要去买，有了才可以卖。

左、右——一般中国人吃饭用的那只手是右手，所以有个"口"。

安——女人在房子里，让人感到很安全、平安。

但这种方法一定要注意把握"度"的问题，千万不可滥用。

（2）教字音的技巧。汉字的形、义和字音都没有直接的联系，唯一可以利用的就是形声字的声旁。声旁应该受到充分的重视，可以引导学生利用声旁类推读音，然后再利用类推成功和不成功的方面说明声旁表音性及其局限。帮助学习者正确认识并合理利用形声字的声旁来学习汉字，也是建立形音联系的关键所在。例如，学习"景"：

教师：猜一猜这个字念什么？

学生：京（jīng）？

教师：对了一半，声调应该是第三声：jǐng，scenery，风景的景。

这样，通过声旁猜字音，学习了生字，还强化了对声旁的认识。

3. 练习汉字的技巧

（1）认读练习

这主要是通过强化刺激，使学生把汉字的形、音、义作为一个整体来掌握。可以采用以下方式：出示字形念字音，说字义；出示音义，选择正确字形；认读词句、解释意思。在这里，卡片是一种很好用的工具。

（2）字形练习

①笔画。可以采用下列方式：给出汉字让学生按顺序说笔画名称，给出汉字数笔画，增加一笔变新字，析写笔顺，等等。

②结构。画出汉字的结构图，按照结构图写汉字，按照结构给汉字归类等。

③部件。根据以部件为中心的原则，部件的练习十分重要。

- 分析汉字的部件：给出汉字，让学生说出有几个部件，都是什么。如：

    照：四个部件，日、刀、口、四点底。

- 给出部件写出含有它的汉字。

- 给汉字增加部件写成另外的汉字。
- 找出一组汉字中有相同部件的字，把它们分组。
- 给出部件和拼音写汉字。如：交 yǎo（ ） xiào（ ） jiāo（ ） jiào（ ）
- 给出语境和部件填汉字。如：（ ）(木)息　饭（ ）(官)　礼（ ）(勿)

（3）字音练习

给形似汉字、同声旁汉字、多音字注音。

（4）综合练习

一是填空练习。可以采用有选项或无选项填空；还可以采用在单词、单句中填空或在语段中填空。

二是改错练习。可以采用单字改错，也可采用有语境的改错；有别字改错也有错字改错。

三是听写练习。听写是检查教学情况常用的方法。它的好处是：运用范围广，易于灵活操作。

四是猜字练习。在语境中根据形旁的义类猜测词义，这属于较高难度的练习，和阅读练习有所重合。

总的来说，汉字教学的方法和技巧虽多，但也要教师根据不同的学习者、不同教学环境进行灵活的综合运用。因此，教师应该在了解学习者的需求和困难的基础上，有针对性地选用各种方法、技巧开展教学，这样的教学效果必定事倍功半。

4. 小结

本章尝试从目的、内容、顺序关系及技巧等多方面对汉字教学进行阐述。《国际汉语教师标准》中提出汉字教学的基本原则，第一点就是根据汉字造字原理进行教学，因此有关汉字构形的知识是汉字教学的重要内容，但在教学的具体操作中，又要灵活处理，不能拘泥于此，不能字字都追踪"造字之初"，而要以帮助理解记忆为原则。在对外汉语教学中，如果能利用汉字理据性及其所蕴含的文化信息来分析汉字字形结构，同时结合造字法，就能使留学生较好地理解汉字构造原理，领悟汉字构字的理据性，并能在潜移默化中感受汉字表意特点、构形规律性和系统性，从而高效地理解和记忆汉字。

六、结论

本文首先对汉字理据性演变作简要描述，进而对汉字理据性进行深入分析，根据对外汉字教学的重要地位和特殊性，提出了一些比较适合对外汉字教学的方法和技巧。

首先，对外汉字教学应从一开始就让学习者了解汉字的特点及其理据性所在，这样首先从心理上减轻学生的负担，增强学习汉语的信心，避免其产生畏难情绪。应该告诉学生，汉字的数量是有限的，而且其内部规律性很强，并不像传说中的难认、难记、难读、难写。所以教师在讲解汉字理据性时，应当自觉遵循汉字规律，科学讲解字义理。另外义符相近的字也可向学生说明它们各自的来源和不同意义，方便学生记忆。意符与客观事物之间的联系通常会以各种方式表现出来，它们之间的联系并不一定是相关的东西。在讲解汉字理据性的同时，对于汉字义符的表意程度和表意方式也应一并进行解释。

其次，在不同的教学阶段，针对不同年龄和层次的学生，教师应注意采取相应的教学方法。例如：在初级阶段学生大多学习独体字、偏旁部首，遇到形体与客观事物较接近的象形字，则可利用现代化多媒体向学生展示独体字的字形和其所代表的事物的形象，生动形象地帮助学生识记汉字形体，掌握汉字字义。在中高级阶段对于形声字的教学则宜采用归纳法，分析具有相同义符或音符的一组形声字，向学生解释这一组形声字在意义和读音上面相互之间的联系，从而既高效地理解和识记了汉字的形体及意义，又能有效避免义符或音符书写错误的产生；对于独体记号字和合体记号字这些无理据字，其字符与整字音义没有联系，只能通过识记掌握。教师也可结合其他的汉字教学方法如部件法等帮助学生掌握这些汉字。

最后，外国学生在学习汉字的过程中，倘若不了解汉字具有的内在联系和规律，而把汉字当成由数量繁多的符号毫无规律地构成的复杂组合体，学习汉字靠死记硬背，那么结果肯定是事倍功半的。如果汉语汉字教学者能充分地利用汉字的字形规律，分析汉字字形，以便外国学生能够掌握汉字构形规律及其与音义之间的联系，激发他们的学习兴趣和学习热情，那么汉字学习就会轻松很多，同时学习者也会感到汉字学习是一件有益智力并且相当有趣的事情。因此，在对外汉字教学中要充分重视和利用汉字的理据性，注重教学方法和技巧，以减轻学习者负担，提高教学效率。

【参考文献】

[1] 白雪.汉字形体理据性在对外汉语词语教学中的应用[J].考试周刊，2011（32）.
[2] 北京大学中文系现代汉语教研室.现代汉语[M].北京：商务印书馆，1997.
[3] 陈娟.《汉字等级大纲》2905字综合分析[D].湖北大学硕士学位论文，2008.
[4] 程朝晖.汉字的学与教[J].世界汉语教学，1997（3）.
[5] 冯丽萍.对外汉语教学用2905汉字的语音状况分析[J].北京师范大学学报（社会科学版），1998（6）.
[6] 国家汉语水平考试委员会办公室考试中心.汉语水平词汇与汉字等级大纲（修订本）[M].北京：经济科学出版社，2001.
[7] 国家对外汉语教学领导小组办公室.高等学校外国留学生汉语教学大纲（长期进修）[M].北京：北京语言文化大学出版社，2002.
[8] 国家汉语国际推广领导小组办公室.国际汉语教师标准[M].北京：外语教学与研究出版社，2007.
[9] 汉语大字典编委会.汉语大字典[Z].成都：四川辞书出版社，武汉：湖北辞书出版社，1986.
[10] 黄伯荣，廖序东.现代汉语（第2版）[M].北京：高等教育出版社，1997.
[11] 姜丽萍.基础阶段留学生识记汉字的过程[J].汉语学习，1998（2）.
[12] 焦琪.蒙古国学生在学习汉语过程中的偏误分析[D].黑龙江大学硕士学位论文，2012.
[13] 李大遂.从汉语的两个特点谈必须切实重视汉字教学[M].北京：北京大学出版社，1999.
[14] 刘庆俄.汉字形义通解[M].北京：首都师范大学出版社，2008.
[15] 柳燕梅.汉字速成课本[M].北京：北京语言文化大学出版社，2001.
[16] 柳燕梅，江新.欧美学生汉字学习方法的实验研究——回忆默写法与重复抄写法的比较[J].世界汉语教学，2003（1）.
[17] 吕必松.对外汉语教学概论（讲义）[M].国家教委对外汉语教师资格审查委员会办公室，1996.
[18] 吕必松.汉字与汉字教学研究论文选[M].北京：北京大学出版社，1999.
[19] 毛丽.基于形源关系的汉字部件及其教学问题研究[D].安徽大学硕士学位论文，2011.
[20] 石传良.理据识字法是对外汉语教学的重要方法[J].云南师范大学学报（对外汉语教学与研究版），2007（2）.
[21] 唐汉.汉字发现[M].西安：陕西师范大学出版社，2007.
[22] 王爱莲.影响中国科技发展的思想文化因素分析[J].山西广播电视大学学报，2012（4）.
[23] 王宁.汉字构形学讲座[M].上海：上海教育出版社，2002.
[24] 肖奚强.汉字教学及其教材编写问题[J].世界汉语教学，1994（4）.
[25] 殷寄明，汪如东.现代汉语文字学[M].上海：复旦大学出版社，2007.
[26] 赵金铭.对外汉语教学概论[M].北京：商务印书馆，2005.
[27] 朱英贵.汉字形义与器物文化[M].北京：人民出版社，2009.
[28] 周健.汉字教学理论与方法[M].北京：北京大学出版社，2007.

《现代汉语词典》与《牛津简明英语词典》中颜色词的释义比较研究

周敬旻[①]

一、引言

在人类语言里，存在着大量记录颜色的符号，即颜色词。颜色词是世界语言共有的词语，有较大的通用性，没有太强的民族性。因此本文选取颜色词作为中英语文词典的对比研究对象。之前关于颜色词的研究限于颜色词在某一本词典中的统计分析，或是颜色词在普通话方言古文中的对比研究。本文在前人研究的基础上，以《现代汉语词典》（以下简称《现汉》）和《牛津简明英语词典》（以下简称《牛津》）为例，对比颜色词在这两部词典中的释义，找出它们的不同之处，吸取英文词典的优势，得出更为优化的颜色词释义模式，为汉语词典的更新编纂工作提供借鉴。本文所收录的颜色词只是颜色词中的一部分，因此研究结论可能存在一定局限性。

二、中英词典中颜色词的分类释义情况对比分析

在汉语和英语中，颜色词的数量极为丰富。有研究调查显示，人类肉眼可以分辨和认知的颜色多达1400万种，对于数量如此巨大的颜色及颜色词，詹人凤先生曾经将颜色词大致分为了基本颜色词和非基本颜色词两大类，而非基本颜色词下又细化为实物颜色词、程度颜色词和派生颜色词。在本篇文章中，我们大致采用詹人凤先生对于颜色词的分类。我们尝试直接将颜色词分为三类：基本颜色词（basic color words）、实物颜色词（color words with colors of objects）以及色差颜色词（color words in shades）。基本颜色词包括：红或赤（red）、黄（yellow）、紫（purple）、黑（black）、蓝（blue）、白（white）、棕或褐（brown）、绿（green）等。实物颜色词就是指用客观实物的本色来表示色彩的词，这类词的数量较多，例如：银白（silver）、金黄（gold）、橙色（orange）、橄榄绿（olive green）、草绿色（lawn green）、亚麻色（linen）等。"色差颜色词一般是指相同的颜色在不同的光线下，不同的环境中，得出的不同的色彩效果。要表达这种效果，就得运用适当的词语表达出其深浅、明暗。"这一类的词语有：浅蓝（pale blue）、深蓝（dark blue）、鲜红（bright red）、浅粉（light pink）等。

不同类型的颜色词在中英词典中的释义也是有区别的。以红色为例：

（一）《现汉》中关于红色的颜色词分类释义情况

1. 基本颜色词

【红】（紅）①像鲜血的颜色：～枣｜～领巾。

2. 实物颜色词

【潮红】状态词。两颊泛起的红色：面色～。

[①]周敬旻，男，山东淄博人，广西民族大学硕士研究生。

【粉红】红和白合成的颜色。

【火红】状态词。像火一样红：~的太阳。

【橘红】像红色橘子皮那样的颜色。

【玫瑰红】像紫红色玫瑰花一样的颜色。也叫"玫瑰紫"。

【嫩红】像初开杏花那样的浅红色。

【肉红】像肌肉那样的浅红色。

【水红】比粉红略深而较鲜艳的颜色。

【桃红】像桃花的颜色；粉红。

【猩红】像猩猩血那样的红色；血红：~的玫瑰花｜木棉盛开，满树~。

【杏红】黄中带红，比杏黄稍红的颜色。

【血红】状态词。像鲜血那样的红色；鲜红：~的夕阳。

【银红】在粉红色颜料里加银朱调和而成的颜色。

【枣红】像红枣的颜色。

【朱红】比较鲜艳的红色。

【紫红】深红中略带紫的颜色。

【胭红】像胭脂那样的红色：~的野百合｜~的朝霞。

3. 色差颜色词

例如"深红""浅红"，《现汉》中并未进行收录释义。

【大红】很红的颜色。

【妃色】淡红色。

【绯红】状态词。鲜红：两颊~｜~的晚霞。

【品红】比大红略浅的红色。

【洋红】①粉红色的颜料。②较深的粉红色。

【殷红】带黑的红色：~的血迹｜~的鸡冠子。

【嫣红】鲜艳的红色：姹紫~。

【紫糖】黑而红的颜色（多形容脸色）：~脸。

(二)《牛津》中关于红的颜色词分类释义情况

1. 基本颜色词

Red（红）

①of a colour at the end of the spectrum next to orange and opposite violet, as of blood or rubies（位于光谱的末端，与橙色相邻，与紫色相对的颜色。像鲜血或红宝石一样的颜色。）

②red colour or pigment（红颜色或红色素）

2. 实物颜色词

wine red（酒红色）

a dark red colour like that of red wine（像红酒一样的深红色）

bronze（红古铜色）

a yellowish-brown colour（黄铜一样的颜色，古铜红）

cardinal（深红色）

a deep scarlet colour like that of a cardinal's cassock（一种加深了的猩红色，就像红衣主教长袍的颜色）

carmine（胭脂红）

a vivid crimson pigment made from cochineal（一种从胭脂虫身上提取的鲜艳的红色素）

garnet（石红色）

a precious stone consisting of a deep red vitreous silicate mineral（一种珍贵石头组成的深红色玻璃状的硅酸盐矿物质）

Hepatic（猪肝红）

relating to the liver（猪肝一样的颜色）

rose（玫瑰红色）

a warm pink or light crimson colour（一种暖粉或亮红的颜色）

salmon（肉红色）

a pale pink colour like that of the flesh of a salmon（一种浅粉红色，像是鲑鱼肉一样的颜色）

3. 色差颜色词

maroon（褐红色）

a dark brownish-red colour（颜色更深的红褐色）

scarlet（绯红色、猩红色）

a brilliant red colour（一种艳丽的红颜色）

mauve（紫红色）

a pale purple colour（颜色较淡的紫色）

auburn（红褐色）

a reddish-brown colour（红褐色）

bay（枣红色）

(used of animals especially a horse) of a moderate reddish-brown color（常用于形容马的毛色上，介于红色与褐色之间的颜色）

Sorrel（红棕色）

a light reddish-brown colour（介于红色与棕色之间的颜色）

crimson（深红色）

a rich deep red colour（加深的红颜色）

通过对比我们可以看出：一方面，《现汉》的收词是不全面的，其中漏掉了一部分色差颜色词，例如"深红""浅红""浅绿"等都没有提及，而《牛津》对色差颜色词的收集是十分全面的，几乎涵盖了生活所及的色差颜色词。另一方面，《牛津》词典对于颜色词的类型有着清晰的界定，不同类型的颜色词采取了不同的释义模式，同一类型的颜色词采取统一固定的释义模式。而《现汉》对颜色词的分类没有给予充分重视，并没有分别针对不同类型的颜色词采取不同的释义模式进行释义，而是统一采取了"像……一样的颜色"来进行释义。而且有些词语的释义也十分随性，例如"大红：很红的颜色"，这样的解释明显是不准确的。

三、《现汉》《牛津》收录颜色词的数量统计

在人类语言中，颜色词的数量是极其庞大的。各个国家和地区之间，受地理文化因素的影响，颜色

词的数量和种类也有很大差异。据不完全统计，《现汉》所收录的颜色词共计260余条，其中单字颜色词37条，基本颜色词有红、粉、黄、绿、青、蓝、紫、黑、白、褐、灰等11个；多字颜色词大约为223条，多为实物颜色词和色差颜色词。《牛津》词典中所收录的颜色词共计约360个，其中基本颜色词有11个，分别为：red、yellow、black、pink、brown、green、blue、white、grey、purple等；剩余词条为实物颜色词和色差颜色词。

四、汉英语文词典中颜色词释义元语言的比较

"元语言，一是指用来释义的自然语言中的两三千个常用词，叫'释义元语言'或'义元'。"①《牛津》与《现汉》在词条释义的元语言选择上是有很大差异的。下面我们在基本颜色词、实物颜色词和色差颜色词中各举两个例子进行探究，详见下列表格：

基本颜色词	绿	《牛津》	of the colour between blue and yellow in the spectrum; coloured like grass
		《现汉》	像草和树叶茂盛时的颜色，由蓝和黄混合而成
	蓝	《牛津》	of a colour intermediate between green and violet, as of the sky or sea on a sunny day
		《现汉》	像晴天天空的颜色
实物颜色词	草绿	《牛津》	green with grass or other lush vegetation
		《现汉》	绿而略黄的颜色
	玫瑰红	《牛津》	a warm pink or light crimson colour
		《现汉》	像紫红色玫瑰花一样的颜色
色差颜色词	殷红	《牛津》	a rich deep red colour
		《现汉》	带黑的红色
	嫩黄	《牛津》	a bright yellow colour
		《现汉》	像韭黄那样的浅黄色

由以上表格我们可以看出，《现汉》对于颜色词的释义元语言有"像……一样""草""树叶""茂盛""混合""晴天""天空""颜色""带""略"等，而《牛津》则有"spectrum（光谱）""coloured（……颜色的）""like（像）""intermediate（中间的）""between（在两者之间）""deep（深的）""bright（鲜亮的）"等。通过二者的对比我们不难发现，《牛津》对于颜色词的释义所选取的元语言具有很强的专业性和学术性，一般较晦涩难懂，例如"spectrum（光谱）"。但是《牛津》中构成元语言的基础词汇的范围是很有限的，基本局限于以上所列举的词汇，而且这些词汇也都可以在该词典中查找得到。《牛津》向百科性倾斜，选择的大多是学科义位或准学科义位。《现汉》的元语言却与《牛津》相反，元语言都是比较易懂常见的词汇，但是元语言的范围是十分广阔的，几乎涵盖了方方面面的客观事物。《现汉》向语文性倾斜，选择的一般是普通义位或是已被简化了的学科义位。②

五、汉英语文词典中颜色词释义模式的比较

"在释义内容上，词典释义只是列出被释词最重要的语义特征，能把它与其他词汇单位区别开来即可。如今词典的释义方法仍然沿用着亚里士多德的传统释义方法，用'属+种差'的模式来分析被释义词

---

①冯海霞、赵越：《植物词条在语文词典中的释义和义项排列》，载自《辞书研究》，2010年第2期。
②黄伯荣、廖序东：《现代汉语》，北京：高等教育出版社，2010年。

的概念。"[①]因此，在语文词典中对于一个词条的释义，一般都是词条的一系列语义特征经过压缩和线性排列组合而成。

(一) 基本颜色词释义模式比较

在《现汉》和《牛津》这两部词典中，对于基本颜色词的释义都使用了"一种像……的颜色"的实物描述的释义模式。借助现实中具有该种颜色的典型客观事物来描述该种颜色。这些事物首先必须具有该种颜色，且广泛地被人熟知，并具有稳定性，一般不会发生变化。例如提到蓝色，人们一般都会想到大海和天空，因此《牛津》这样解释"having the colour of the sky or the sea on a fine day（像大海和晴空一样的颜色）"，《现汉》的解释也是"像晴天天空的颜色"。可见无论是中文词典还是英文词典都采用了这种借助具体可见的事物来描绘抽象色彩的方法来解释基本颜色词。而对于基本颜色词，《牛津》与《现汉》明显的不同之处在于，《牛津》词典还从较为科学的角度先解释了某种颜色在光谱上的位置，与其他哪些颜色相邻，即牛津的基本颜色词释义模式为"of the colour at somewhere in the spectrum（between A and B），coloured like something（as of something）（一种在光谱上位于……位置的，像……一样的颜色）"。《牛津》并不限于仅仅让人们认知该颜色，而更多地是去详细地介绍和科学的定义。例如：

red：of a colour at the end of the spectrum next to orange and opposite violet, as of blood or rubies（红色：位于光谱的末端，与橙色相邻，与紫色相对的颜色。像鲜血或红宝石一样的颜色）——《牛津》

yellow：of the colour between green and orange in the spectrum, a primary subtractive colour complementary to blue; coloured like ripe lemons or egg yolks（黄色：在光谱上介于绿色和橙色之间，与蓝色构成相减合成基色，像收获的柠檬或鸡蛋黄一样的颜色）——《牛津》

红：像鲜血的颜色——《现汉》

黄：像丝瓜花或向日葵花的颜色——《现汉》

(二) 实物颜色词释义模式比较

对于实物颜色词，《牛津》中的基本释义模式为"one kind of colour like that of something（某一种……的颜色，就像某物的颜色）"。例如：

silver：a shiny grey-white colour or appearance like that of silver（银白：一种闪亮的灰白色，就像银矿一样的颜色）——《牛津》

ivory：the creamy-white colour of ivory（象牙白：一种奶白色，就像象牙一样的颜色）——《牛津》

而《现汉》中的实物颜色词与基本颜色词的释义模式基本一致，为"像……一样的颜色"，二者没有区分释义模式。例如：

【橙黄】像橙子那样黄里带红的颜色——《现汉》

【鹅黄】像小鹅绒毛那样的黄色；嫩黄——《现汉》

还有一部分实物颜色词的释义采取了色差颜色词"xx而略xx的颜色"的释义模式，没有固定统一的格式，缺乏系统性。举例如下：

【金黄】黄而微红略像金子的颜色——《现汉》

【米黄】白而微黄的颜色——《现汉》

(三) 色差颜色词释义模式比较

在现实中色差颜色词往往兼具几种颜色的特征，可以通过几种颜色依据不同的比例调和而成，却很

[①] 皮尔索尔：《简明牛津英语词典》(第10版)，北京：外语教学与研究出版社，2003年。

难找到一种为人熟知的、稳定的事物去借以表述。关于色差颜色词的释义，《牛津》通常释义为"一种由某两种颜色混合起来的颜色"或"一种某种程度（例如：鲜亮的、浅的或灰暗的等）的颜色"，形成了相对统一的模式规范。而《现汉》的释义、语义特征的选取和排列基本都是凭词典编纂人的主观想法所决定，没有形成统一固定的释义模式。举例如下：

Apricot：an orange-yellow colour（杏黄：一种介于橙色与黄色之间的颜色）——《牛津》

Aquamarine blue：a light bluish-green colour（蓝绿色：一种鲜亮的介于蓝色与绿色之间的颜色）——《牛津》

Buff：a yellowish-beige colour.（浅黄：一种介于黄色与米色之间的颜色）——《牛津》

【品红】比大红略浅的红色——《现汉》

【紫红】深红中略带紫的颜色——《现汉》

由此我们可以看出，《现汉》对于颜色词的释义模式还比较单一，不规范，释义的随意性较强。《牛津》由于经过多年的更新与改版，已摸索出了一套针对不同类型颜色词的多种释义模式，且在每种释义模式中，语义特征的选择和排列已十分科学严密，释义语言简洁准确，释义的内容详尽丰富。在区分基本颜色词、实物颜色词和色差颜色词的基础上，做了相对应的规范释义，《牛津》的释义模式已呈现出相对较为完善的系统性，体现了同场同模式的原则。所谓同场同模式原则是指：同一语义场中若干个词的释语模式应该相同，词典释义中应遵循同场同模式原则，处于相同义场中的词释义时应体现出相同的释义模式。这也是我们《现汉》所应继续改进完善的方向。

（四）汉语语文词典中颜色词释义优化

总之，《现汉》作为一部在中国使用最为广泛的中型语文词典，它面对的读者应是以汉语为本族语的人群。其中对于颜色词的释义应该更具有系统性和科学性。《现汉》关于颜色词的收词还有许多遗漏，需进一步搜集整理。关于颜色词的释义模式，应该向《牛津》学习，对汉语中所有的颜色词进行统一科学的分类，分为基本颜色词、实物颜色词和色差颜色词，再分别针对不同类型的颜色词确定统一的释义模式。元语言的选择范围应该进一步缩小，英文词典中的释义元语言一般维持在2000—3000词左右，且具有很强的稳定性，而《现汉》的颜色词释义元语言词语的数量则十分庞大，也应缩小到几千字之内。这些都是我们汉语语文词典应该进一步改进和完善的。现基于对两部词典的对比，初步得出较为优化的颜色词释义模式：①基本颜色词：光谱位置+像……一样的颜色；②实物颜色词：像……一样+程度词+某种颜色；③色差颜色词：程度词+颜色A+颜色B+混合后的颜色。

【参考文献】

[1] 曹滢，李海燕.浅谈颜色词的英汉差异及翻译[J].科技致富向导，2011（17）.

[2] 冯海霞，赵越.植物词条在语文词典中的释义和义项排列[J].辞书研究，2010（2）.

[3] 黄伯荣，廖序东.现代汉语[M].北京：高等教育出版社，2010.

[4] 皮尔索尔.简明牛津英语词典（第10版）[Z].北京：外语教学与研究出版社，2003.

[5] 谢海江.汉语基本颜色词对比研究[J].鲁东大学学报，2008（1）.

[6] 张志毅.《现代汉语词典》义的语文性[J].辞书研究，1981（3）.

[7] 张志毅，张庆云.词汇语义学[M].北京：商务印书馆，2001.

[8] 张志毅.辞书强国——辞书人任重道远的追求[J].辞书研究，2012（1）.

[9] 章宜华.语义学与辞典释义[M].上海：上海辞书出版社，2002.

[10] 中国社会科学院语言研究所词典编辑室编.现代汉语词典（第6版）[Z].北京：商务印书馆，2012.

汉语方言研究

广西汉语方言的"短时体"

伍和忠[1]

引言

一些学者在讨论汉语"尝试体"和"短时体"时,多从形式和意义两个方面论及这两种体范畴的密切关系。的确,这两种范畴无论是在表达形式还是语法意义上都有不少关联,这种关联有时到了"剪不断、理还乱"的地步,而且表"短时"的形式同时也都含有"动量少"或者"随意"的意思,更增加了"短时体"与其他相关语法意义之间关系的复杂性。

普通话表"短时"意义,一般认为用的是动词重叠形式("VV、V一V、V了V"等)或"V+一下"之类的述补短语,两种形式都属于句法层面。戴耀晶(1993)在讨论相关问题时认为,动态性、完整性、短时性是动词重叠的三项主要的语义内容,其中短时性是它区别于其他形式的本质特征。广西汉语方言的"短时体"多不用动词重叠形式表达,而用"V+一下"之类的句法结构。

本文所讨论的广西汉语方言主要涉及西南官话(荔浦县城区、桂林市区、柳州市区)、粤方言(桂平市城区、南宁市区、玉林市区)、客家方言(陆川滩面乡、贺州市沙田镇、贵港市桥圩镇)和平话(宾阳县黎塘镇平话、临桂县五通镇平话、融水县融水镇土拐话)。

一、西南官话的"短时体"

广西西南官话表示动作行为进行的时间短暂主要用"V+一下"形式,"一下"有多种变体,"V"与"一下"之间可以有其他成分。

(一)荔浦、桂林、柳州话的表达形式

1. 荔浦话的表达形式

大体上说,荔浦话表动作行为时间短暂的"短时"义的形式只有一个"V+一下子/一下/一子/下子","V"后的补语用"一下子"还是其他双音节的变体,有时受制于韵律,有时是说话人的习惯所使然。例如:

(1)我去一下子就回来。
(2)你就是问一子就得了 你就是(去)问一下就行。
(3)等下子他就来喇的。
(4)莫慌,我就按一下子的。
(5)你就在即垱站下子他就看见喇的 你就在这儿站一会儿他就能看见你了。
(6)这个东西要再煮下子。

虽然"V+一下子"本身就有"短时"义,但在日常交际中,为了突出时间短暂,常常加上其他成分以

---
[1] 伍和忠,男,广西师范学院文学院教授。

使这种意义更为显豁。例(1)—(5)都有"……就……"字样,例(6)有"再",说明已经煮了一段时间了,"再煮"的时间自然不会太长;或者不用"再",说"这个东西要煮下子",时间也是不长的。

"短时"是一个相对的时长,或长些或短些,由不同的语境决定。有时为了强调时间特别短,荔浦话可以在动词后加上"一下下""一会刚子"表示,例如:

(7)我就讲一下下的,你莫着急。

(8)他才来一会刚子的。

一般情况下,为强调起见,"一下下""一会刚子"要重读,加上"就""才"之类的时间副词,表达时间更短的意义就很明显了。例(1)如果重读"一下子",也能达到表示时间特别短的目的。

荔浦话"V"与"一下子"之间可插入宾语,"V+一下子"之后也可出现宾语,例如:

(9)我去讲他一下子/我讲下子他 我去劝劝他。

(10)我去他屋头一子先/我去一子他屋头先 我先去去他家。

"V"与"一下子"之间还可插入"着",构成"V·着+一下子+(宾)"形式。这个"着"相当于普通话的"了₁"。我们在讨论荔浦话的"完成体"时未涉及这种形式,原因是这种句法环境中的"着"标示的是"实现"而非"完成",这可以给"完成论""实现论"的争议提供相关的方言材料。荔浦话"V·着+一下子+(宾)"的实例如下("一下子"可以是相应的双音变体或"一下下""一会刚子"):

(11)那个灯闪着一子又未得什么喇 灯闪了一下又不见动静了。

(12)才跑着几步我就跑不去喇 才跑了几步我就跑不动了。

(13)我才喫着一会刚子饭他就回来了。

(14)我才看着一下子书就喊去做事情 我才看了一会儿书就被叫去干活了。

在人们的观念中,当数为"2"时,所表示的量也不多,因此荔浦话动词后的"一下子"可以说成"两下(子)","V+两下(子)"在特定语境中也可表"短时",例如:

(15)即点东西搞两下子就搞清楚喇 这点玩意儿弄两下就成了。

(16)跑两下就出汗喇。

"两下(子)"和"一下子"都可位于动词前,例如:

(17)两下子就扯完喇 一会儿就拔完了。

(18)即本书更薄,一下子就看完喇 这本书这么薄,一会儿就看完了。

位于动词前(动词之前往往还有"就")的"两下(子)"或"一下子"强调的是动量少,时量短的意义不是主要的。

2.桂林、柳州话的表达形式

桂林、柳州话也用"V+一下子"表达"短时"意义。"一下子"在口语中往往省去"一",或说"V+下子",或说"V+下"。由于受普通话的影响比较大,桂林话可用重叠方式表示"短时"。不过,我们觉得张双庆主编(1996)列出的"短时体"的第3个例句"星期天,在家看看电视,没出门"的"看看"并不表示"短时",更多的是表"随意",一整天不出门,光在家看电视,还是"短时"?我们再怎么理解"短时"这种相对时长,恐怕都不好作为表"短时"的例子。若真要表达"短时"意义,还需增加语境制约度,如"星期天,在家看看电视,打打牌,下下棋,没怎么出门",但似乎还是"随意"的意思。所以柳州话干脆不重叠,就说"在家看电视";荔浦话则相应说"看下子电视",一方面如我们前边所说,荔浦话的动词一般不重叠,"看"可以重叠,那是处于动词之后、具有一定"语法词"性质的"看",而且我们觉得,荔浦话的"看看"是"看+看",是"看一下"的意思,不是普通话的"看·看";另一方面,既然是"短时",在荔浦话中就应该说"V一下"。

(二)其他方言点的表达形式

讨论西南官话"短时体"的篇什所揭举的用例有的与我们所调查的3个方言点相同，有的有一定差异。张婷（2010）称，广西龙胜官话动词的短时少量不用动词重叠形式AA和ABAB，一般用"V（一）下/下子/敢"表示，动词后可接宾语。例如：

（19）你来看（一）下。（你来看看。）

（20）我去下子就来。（我去去就来。）

（21）你捡敢房间。（你收拾收拾房间。）

（22）这件事恁重要，你没和他商量敢？（这件事这么重要，你不和他商量商量？）

还可用"V两下/下子/敢""V两V"表示。如：

（23）那个衣服洗两下就晾得啦。（那衣服洗洗就可以晒了。）

张婷（2010）表示，武鸣官话可用重叠式表短时少量，动词后可接宾语。例如：

（24）你看看这件衣服，靓冇[mə⁴⁴]？（你看看这件衣服，好看吗？）

（25）你收拾收拾这个房间。

张一舟等（2001）称，成都话表短时常用"V（一）下子""V（一）下"形式。例如：

（26）小伙子斜起眼睛，看下打花鼓的姑娘。（《艾芜短篇小说选》）

（27）他靠着一根电线杆，稍微休息下子。（同上）

（28）我回去下就来。

（29）我想走珠海耍下子。

成都话表短时还用"两V、几V、V两V、V几V，两V两V、几V几V"等形式，例不赘举。

赵葵欣（2012）表示，短时体是表达短时的完整事件。短时并不是一个物理时间概念，而是一个心理时间观念，即这里的短时是说话人认为的主观上的短时（我们上面表述为相对时长）。武汉方言重叠手段不发达，短时体主要用"V一哈、V哈、V（一）哈子"来表达。例如：

（30）我问服务员，服务员想了一哈，说："不行。"

（31）我刚才尝了哈那个菜，□[pʰia⁵⁵]淡的太淡了，再放点盐啊。

（32）我到里头房间歪哈子去_{稍微睡一会儿}，你过一哈叫我起来。

（33）你也该美哈容了，眼角都有鱼尾纹了。

赵葵欣（2012）提到，武汉方言短时体格式还有一种变体形式"V（一）哈哈"，强调事件的短时性。例如：

（34）你就学哈哈别个丽丽咧，不要你回回考满分，八十多分也行吵。

（35）（孩子求妈妈让他看一会球赛）我就看一哈哈，一哈哈。

赵葵欣（2012）强调，武汉方言中"学哈哈"比"学哈"表示的"学"的动作程度浅、轻；"看一哈哈"比"看一哈"更强调"看"的时间短。

二、粤方言的"短时体"

广西粤方言"短时体"的表达形式可如普通话那样用动词重叠形式，也可以在动词后加动量成分"（一）下"，各方言点各有选择和侧重。

桂平、玉林话除用动词重叠形式表"短时"外，也用"V+下""VV两下/轮"之类的形式来表达"短时"义。梁忠东（2010）说到了这一事实，他举出了玉林话表短时在动词后加"下"[hɔn³⁵]的例子：

（36）睇下就回 看一下就回来。
（37）你去喊下佢 你去叫他一下。
（38）麻烦下 麻烦你一下。

南宁话一般不用动词重叠方式，而说成"V+（一）下"或"V+啊阵一阵/一会儿"，如"讨一下/啊阵""换下"。

南宁话的"V+（一）下"及其他表达形式在相关论著中也有讨论。林亦、覃凤余（2008）称，南宁白话用"V下[ha35]"、"V两V"、"V两下"等形式表短时。例如：

（39）你喺呐坐几分钟先，一阵间我哋重要再倾下。（你在这先坐几分钟，一会儿我们还要再谈谈）

（40）佢摸下荷包，冇有钱。（他摸了摸口袋，没有钱）

（41）蕹菜炒两炒就食得哦。（蕹菜随便炒炒就可以吃了）

（42）粉肠最紧要系脆口，㶶两下就马上食，冇是亲就老哦。（粉肠最讲究脆口，涮一涮就马上吃，不然就老了）

吴旭虹（2007）也举出了南宁白话用"V+吓/阵"的例子：

（43）你本书俾我翻吓。

（44）借你架单车给我踩阵喂。

吴旭虹（2007）表示，南宁白话"V一V"的说法很少出现，"V+吓"和"V+阵"表示短时都只是它们的词汇意义，不算是体标记。"VV"比"V+吓"和"V+阵"所表示的"短时"语法意义更短。例如：

（45）你本书俾我翻翻喂 你那本书给我翻一翻吧。

（46）介绍介绍你朋友喂 介绍一下你朋友吧。

（47）执拾执拾你房间咯 收拾一下你的房间吧。

（48）亚只钟拍拍又走得嗮 那个钟拍一拍又能走了。

我们觉得，南宁话"VV"所表示的时长并不一定比"V+吓/阵"更短，而是更"随意"，这要根据具体的语境来定。

三、客家方言的"短时体"

广西客家方言"短时体"的表达形式是在动词后加"一下/下子"，也用动词重叠形式，广东梅县话的"V+阿欻"形式，在我们用张双庆主编（1996）给出的例句调查时未发现。贺州沙田、贵港桥圩的调查合作人在面对"你坐着，我进去换一换衣服""星期天，在家里看看电视，没出门"这两个例句时感觉很别扭，因此都不用与普通话相应的形式说出，而换用他们习惯的表达方式。

（一）陆川滩面、贺州沙田、贵港桥圩话的表达形式

这三个客家方言点表"短时"可用"V+一下"或"VV"重叠式。"V+一下"应该是最常用的形式，陆川滩面话"一下"有时可以省去，如"你坐稳，厓我落去换（一下）衣裳"。陆川话和贵港桥圩话的"VV"形式应是仿普通话而来的。

在面对"你坐着，我进去换一换衣服""星期天，在家里看看电视，没出门"这两个例句时，贺州沙田话、贵港桥圩话都不循着普通话的说法来表达。这至少可以说明两点：一是这几个方言点都没有"V一V"的形式，因此都不说"换一换"；二是"星期天，在家里看看电视，没出门"一例并不是表"短时"的，再次证明了我们上面的看法。

(二)其他方言点的表达形式

广西区外的一些客家方言点表达"短时"意义的形式与我们所调查的区内的几个方言点大体相同，都可以在动词后加"一下"之类的动量成分。林立芳（1996）的研究称，短时貌表示动作行为的短暂，广东梅县客家话常用体助词"阿歇"附在动词后，构成"V阿歇"式表示稍微做一下的意思，"阿歇"相当于普通话的"一下"。例如：

(49) 莫吵佢，等佢敨阿歇。（别吵了，让他歇歇吧。）
(50) 我来求阿歇阿叔，看你有办法无？（我来求求叔叔，看看你有没有办法？）
(51) 厓来乡下看阿歇个。（我来乡下看一看的。）

林立芳（1996）提到，梅县话不用动词重叠表短时。除上面的形式外，还可用"阿"表动作行为时间短暂。"阿"插在动补之间，补语一般表趋向或结果，构成"V+阿+趋/结"格式，且一般还有后续的动作行为出现。例如：

(52) 阿宇妹看阿倒英语就头挪痛。（阿宇妹一看到英语就头痛。）
(53) 新娘行阿入屋就端茶端饭。（新娘子一走进家门就送茶送饭。）
(54) 新屋做阿正佢就搬入去。（新房子刚做好他就搬进去了。）
(55) 佢放阿撇饭碗又去外背搞。（他一放下饭碗就到外面玩去了。）

林文表示，体助词"阿"强调整个动补结构时间短暂，看"阿倒"等都是强调看倒等的行为已经实现而且实现的时间短暂，紧接着就发生另一动作或情况，以上例句中的"阿"去掉以后，动作行为的基本意义没有变，而时间短暂的意义也就消失了。

据项梦冰（1996、1997），福建连城客家方言用"动词+一下/一刻"表示短时貌，其中"一下"兼表尝试，"一刻"纯粹表短时。"一刻、一下"表示短时都只是它们的词汇意义，不是体标记。例如：

(56) 翻一下就搭回去。（翻一下就[把盖儿]盖回去。）
(57) 我出外底行动一下就转来。（我到外头走走就回来。）
(58) 尔坐一刻，我入去换一下衫裤。（你坐一下，我进去换一换衣服。）
(59) 一色歇一刻再做。（大家歇歇再干。）
(60) 入屋底坐一刻。（进屋里坐坐。）

四、平话的"短时体"

广西平话的"短时体"可如普通话那样用动词重叠形式表达（应该是明显受普通话的影响，或者说是受调查例句的诱导），也可以是在动词后加动量成分来表达。

宾语黎塘平话和融水土拐话都有动词重叠形式，黎塘话的"VV"后还可出现宾语，如"透透气"；土拐话可以有"V一V"形式，与普通话一样，说"换一换"。而临桂五通话多是在动词后加"儿"（同"尝试体"形式中的"儿"），但"V+儿"也不是随处可用，调查合作人表示，"我入落肚换领衣裳"不能说"我入落肚换儿领衣裳"，这可能是量词"领"的出现，在韵律上不允许再加一个音节，"换领衣裳"是2+2音步，加"儿"破坏了韵律和谐，普通话也不能说"换一换件衣服"；如果不用量词，"换儿衣裳"是可以说的。"星期天，在家里看看电视，没出门"一例融水土拐话同样没有相应的说法，五通话则说成"V+儿"。

结语

广西汉语方言表示动作行为进行时间短的"短时体"，其表达形式多与普通话相同，用得最多的是

"V+一下子"，"一下子"有多种变体或同义构造。我们上面所说的"土风"其实也只是该方言的同义表达，将"一下子"对译为本方言相应的成分，整个动补结构的格局并未改变，无论官话、非官话皆如是。

西南官话等四种汉语方言"VV""V一V"之类的形式显然受了共同语的影响，尤其是"VV"，拿我们的方言语感来说，总觉得这种表达书面味较浓，不够自然，在日常口语里总要换成"V（一）下/下子"之类的说法。汉藏语系侗台语族、苗瑶语族乃至藏缅语族的一些语言表达"短时"意义也大体不出动补结构的格局。

【参考文献】

[1] 戴耀晶.现代汉语短时体的语义分析[J].语文研究，1993（2）.
[2] 梁忠东.玉林话研究[M].成都：西南交通大学出版社，2010.
[3] 林亦，覃凤余.广西南宁白话研究[M].桂林：广西师范大学出版社，2008.
[4] 林立芳.梅县方言动词的体[A].张双庆主编.动词的体[C].香港中文大学中国文化研究所吴多泰中国语文研究中心，1996.
[5] 吴旭红.南宁白话体貌考察[D].华中科技大学硕士学位论文，2007.
[6] 项梦冰.连城（新泉）方言的体[A].张双庆主编.动词的体[C].香港中文大学中国文化研究所吴多泰中国语文研究中心，1996.
[7] 项梦冰.连城客家话语法研究[M].北京：语文出版社，1997.
[8] 张婷.龙胜官话与武鸣官话语法比较研究[D].广西大学硕士学位论文，2010.
[9] 张双庆主编.动词的体[C].香港中文大学中国文化研究所吴多泰中国语文研究中心，1996.
[10] 张一舟，等.成都方言语法研究[M].成都：巴蜀书社，2001.
[11] 赵葵欣.武汉方言语法研究[M].武汉：武汉大学出版社，2012.

柳州话中"去"的一些特殊用法*

易 丹[①]

柳州市位于广西壮族自治区的中北部，辖6县4区。柳州话在《中国语言地图集》中归为西南官话桂柳片。在柳州话中，"去"有一些不同于普通话的特殊用法。

一、助词"去"

（一）助词"去₁"的用法

柳州话中，助词"去₁"读作[kʰɔ24][②]。通常附着在动词或简单动补结构上面，表示性状改变的语法意义。可与语气副词"都"搭配使用，"去"用于句末。含有语气副词"都"的句子，句末可以有"了"也可以没有。带上"了"是表示一种确认的语气，即确认性状改变已经成为事实。助词"去"出现的句子中如果没有语气副词"都"，句末一般都要带上"了"来确认性状改变已经成为事实。

助词"去"表示的性状改变，往往带有非预期和消极的不如意的色彩。助词"去"的前面一般不能出现宾语，宾语须提到句首或放在副词"都"的前面。

1. 句中有副词"都"[③]

柳州话中与助词"去₁"同现的副词都是语气副词，都隐含有强调极性的语义内涵，用于加强说话人的主观性语气。都具有一定的衍推程度之深的意味在里面。与"都"共现的助词"去₁"不是真正意义上的助词，还处于动词向助词虚化的进程中，有部分动词义滞留在"去"中。

（1）都+动/形+去₁。动词多为单音节的不及物状态动词，而且是光杆动词，不带宾语和补语。句末可以带"了"也可以不带"了"，带上了后有表示确认的语气。这种句式结构没有对时的限制。

①那个老师讲话算搞默了，那天上课我笑得肚子都痛去。（那个老师讲话非常幽默，那天上课我肚子都笑痛了。）

②哈哈哈，笑得我肚子都痛去。（哈哈哈，我肚子都笑痛了。）

③脚都痛去了，他还拉着我逛。（脚都痛了，你还拉着我逛。）

④你摇得我头都眩去。（你摇得我头都昏了。是说别人抓着我的身体摇我。）

⑤莫摇了好咩[④]，你摇得我头都昏去了。（不要摇了好吗？你摇得我头都昏了。）

⑥这道题算得我心都烦去。（这道题算得我心都烦了。）

⑦她气得火都冒去。（她气得火都冒出来了。）

---

*本研究得到了2013年广西哲学社会科学规划青年项目"多语环境下广西官话体貌范畴研究"（项目编号：13CYY003）和2012年广西科技大学科学基金项目"广西境内西南官话体貌范畴研究"（项目编号：校科社1261108）资助。

①易丹，女，广西科技大学艺术与文化学院讲师。

②柳州话有5个声调，分别为：阴平44、阳平31、上声54、去声24、入声5。柳州话中没有明显的轻声。

③严格意义上说，与副词"都"共现的"去"还不是虚化彻底的助词，它正处于向助词方向虚化的进程中。由于与副词"都"共现的"去"与独立使用的助词"去"有密切关联，所以将这两种情况放在一起，方便讨论。

④柳州话中的"咩"是表疑问的语气词，可以用于是非问句和反复问句中。

⑧我没顶得了，再走肯定走得我脚都断去。(我顶不住了，再走我的脚肯定要走断了。)
⑨你看他算激动了，这点点东西讲恨久，讲得口水都飙去。(你看他好激动，这点东西讲了那么久，讲得口水都彪出来了。)
⑩这部电影好恐怖哩，吓得我都打抖去。(这部电影好恐怖的，吓得我都发抖了。)
⑪你哏子问，问得我都紧张去。(你这样问，问得我都紧张了。)

（2）都+动+补语（结果、程度）+去₁。补语常为带有程度义的结果补语"完"。表示从正常状态进入到状态动词所表现的程度非常深的一种状态。句末可以带"了"，表示确认的语气。

⑫这凯姜抠得我手都痛完去。(这里的姜抠得我的手非常痛了。)
⑬苹果放得都烂完去了。(苹果放得都烂完了。)
⑭你再拖，水都挨他喝完去。(你再拖，水就被他喝完了。)

（3）都+动+补语（趋向）+去₁。用于趋向补语之后的"去"，动词义已经非常弱，只表示性状改变的语法义，其虚化程度已经非常深了，越来越接近一个助词。

⑮臭多，苍蝇都飞来去。(太臭了，苍蝇都飞来了。)
⑯东西你没有放稳，搞得都跌下来去。(东西你没有放稳，搞得都摔下来了。)
⑰里面太热了，我都想跳出来去。(里面太热了，我都想跳出来了。)
⑱等得太久，搞得他们都进来去。(等得太久，搞得他们都进来了。)

2. 句中没有副词"都"

句中没有副词"都"的，句末一般都带"了"，用于表示状态的变化已经成为事实，常用于陈述句。句子所表述的是状态的一种变化（从A状态到B状态的实现），而并不在于表现某种结果。句末不带"了"的不多见。"去"脱离语气副词都单独使用时，已经逐步虚化为一个真正的助词。

（1）动+去₁。动词多为单音节的不及物状态动词，不带补语、宾语，句式比较简单。表示原来没有出现这种状态，现在出现了。

⑲水滚去了。(水开了。)
⑳手肿去了。(手肿了。)
㉑脚掰去了。(脚跛了。)
㉒木头烂去了。(木头烂了。)
㉓他醉去了。(他醉了。)

（2）名（受事）+挨+名（施事）+动结+去₁。动结式为简单形式。动结式后面一般不能带宾语，如果带宾语，宾语要与受事主语具有所属关系。句子表述的是受事前后状态的改变而并不单单是受事当前的结果。

㉔瓶子挨他跌烂去了。(瓶子被她摔烂了。比如：那个瓶子咧？挨他跌烂去了。瓶子原来是好的放在某处，现在摔烂了，不在了。)
㉕香蕉挨他吃完去了。(香蕉被他吃完了。比如：看到桌上的香蕉皮，你也想吃，问还有没有香蕉？别人会说"香蕉挨他吃完去了"，意思是原来的确有，现在已经没有了。)
㉖羽毛球拍挨他打断去了。(羽毛球拍被他打断了。比如问，"恁子没打了？"回答"羽毛球拍挨他打断去了"。羽毛球拍原来是好的，现在断了。)
㉗凳子挨他坐烂去了。(凳子被他坐烂了。)
㉘衣服挨洗缩水去了。(衣服被洗得缩水了。)
㉙凳子挨他坐烂去一条腿。(凳子被他坐断了一条腿。)

（3）名（施事）＋把＋名（受事）＋动结＋去₁。动结式为简单形式。

㉚我把他打昏去了。（我把他打昏了。他原来是正常的，现在昏了。）

㉛他把我挤走去了。（他把我挤走了。我原来是在这里的，现在已经不在这里了。）

㉜他把面包吃完去了（他把面包吃完了。面包原来还有的，现在一点都不剩了。）

㉝他把积木推跌去了。（他把积木推倒了。积木原来搭得很好的，现在都倒了。）

3. 助词"去₁"的语法意义

柳州话中助词"去"主要附着于单音节不及物状态动词或者简单的动补结构上面，表示性状改变的语法意义，不是句子成分。柳州话中的助词"去"不具有时态意义，如果要表示性状改变已经成为事实，需要借助副词"都"和动态助词"了"。柳州话中出现在助词"去"前的谓词性成分是有一定限制的，必须是单音节不及物状态动词或者是简单的动补结构，也有个别形容词（比如紧张）可以用在助词"去"的前面。这些谓词性成分从表意上看都倾向于表示消极不如意的状态。

4. 助词"去₁"的来历

脱离语气副词"都"，单独使用的"去"可以说是真正意义上的助词。它来源于动词"去"，是在与副词都搭配使用的特有语境中得以虚化的。由于都隐含有强调极性的语义内涵，具有一定的衍推程度之深的意味在里面，当"去"吸收并融合了语气副词"都"的意义之后，就脱离了副词"都"，单独表义，虚化为助词。

（二）表数助词"去₂"

柳州话中助词"去₂"读作[kʰə²⁴]，它用来表示达到某个数量，含有认为这个数量大的主观意义。助词"去₂"前面的谓词可以出现也可以不出现。

1.（动/形＋）数量＋去₂

"去₂"位于句末，指达到某一数量，说话人主观认为这个数量大。"去"不表时态意义。

①从这凯到那凯好远哩，几公里去。（从这里到那里好远的，几公里咧。）

②护士：（化验单）没打完，四张去。（没打完，四张咧。）

③（小朋友跳远，以"格"作为长度单位。）看，姐姐跳四格去。（看，姐姐跳四格咧。）

④你莫看他长得个小，他比我女①大半岁去。（你不要看他个子长得小，他比我女儿大半岁咧。）

⑤他煮一餐可以吃三天去。（他煮一餐饭可以吃三天咧。）

2. 数量＋去₂＋了

"去₂"位于句末助词"了"的前面，"去"指达到了某一数量，"了"表示确认的语气。

⑥这条狗肥，你莫看它小，三十斤去了。（这条狗肥，你不要看它小，都30斤了。）

⑦甲：你有四十多岁吧？乙：没是啵，我有五十岁去了。（我现在已经五十岁了。）

⑧甲：他还没有回来？乙：是啊，已经一个星期去了。（已经一个星期了。）

⑨甲：这次旅游用了几多钱？乙：好多哩，用了一万块去了还没够。（用了一万块钱了还不够。）

二、趋向动词"去₃"

柳州话中，趋向动词"去₃"也读作[kʰə²⁴]。在柳州话中，与趋向动词"去₃"搭配的宾语的位置及类型与普通话有所不同。

---

① 柳州话中用单音节"女"指女儿。

(一)表示位移

一般不能加"得""不"。在普通话中，趋向动词"去"作补语，后面如果要带处所宾语，处所宾语要放在述语和补语之间。然而，柳州话中，处所宾语可以直接跟在趋向补语"去"的后面。

①你从这个洞拱去那边。(你从这个洞钻到那边去)
②把桌子摆去那边点。(把桌子摆到那边一点)
③刚才看见一条狗趴在这凯，现在趴去那边了。(刚才看到一条狗趴在这里，现在趴到那边去了)
④a.我的东西咧，去哪了？
　b.挨他收去柜子里面了。(被他收到柜子里面了。)
⑤a.这杆笔要放哪？
　b.插去笔筒里头就得了。(插进笔筒里面就可以了。)

(二)表示消失、丧失

可以带"了"，多用于"把"字句和受事主语句中，带有"了"的一般用于已然。"去"后一般不带宾语，若要带宾语，一般为数量短语。数量宾语可以插入述语和补语"去"之间，也可以放在补语"去"之后。

1. 动 + 去₃

⑥我的烂牙齿挨扯去了。(我的烂牙齿被拔掉了。)
⑦他瓶子里面的水流去了。(他瓶子里面的水都流完了。)
⑧他荷包里面的糖跌去了。(他兜里的糖都掉了。)
⑨火灭去了。(火灭掉了。)
⑩你把衣服洗去先。(你先把衣服洗完。)
⑪我把灯关去了。(我把灯关了。)
⑫他妈把他裤子上的窟补去了。(他妈把他裤子上的洞补好了。)
⑬车子我帮你修去了。(车子我帮你修好了。)
⑭饭煮去了。(饭煮好了。)
⑮菜炒去了。(菜炒好了。)

上举例句中，例⑫是说他裤子上的洞已经不存在了，消失了，因为他妈妈已经帮他补好了洞。可以看出例⑫中的"去"具有消失的意义，同时也可以理解成表示完成，相当于"好"的意思。这说明"去"已经在虚化。例⑭和例⑮中的"去"表示完成，语义上相当于"好"，消失、丧失义已经不太明显了，是例⑫中的"去"进一步虚化的结果。由于"去"的词汇意义还是比较明显，所以"去"仍看作是一个趋向动词。

2. 动 + 去₃ + 数量

⑯这块布哏大，怎子好做衣服咯，要裁去一半才得。(这块布这么大怎么好做衣服呢，要裁掉一半才可以。)
⑰他把肉咬去一大半了。(他把肉咬了一大半。)
⑱这块玉崩去半边了。(这块玉破了一半。)
⑲蜡烛才烧去三分之一，还有一大半咧。
⑳他花去几万块钱了。

3. 动 + 数量 + 去₃

㉑他花了几万块去了。(他已经花了几万块钱。)

㉒他跑了三个来回去了才搬完这凯东西。（他跑了三个来回才搬完这里的东西。）
㉓年纪小小哩，手机都换了好几个去了。（虽然年纪小，但是手机都换了好几个。）
㉔（公交站台等车）我都等了三十分钟去了才得走。（我等了30分钟才走成。）
㉕（等着看演出）等了哏久去了恁子还没到时间。（我已经等了那么久了怎么还没有到时间。）

三、动词"去₄"

柳州话中，动词"去₄"也读作[kʰə²⁴]，它除了具有普通话中动词"去"的表义和用法之外，还有两种比较特殊的用法。

（一）表示"继续""连续"

常用句式为：动（表示动作）＋数量（补语）＋去。不带"了"。再可以省略，表义不变。与"去"联系的是动补短语。

①我还有力，再爬多几楼去都得。（我还有力气，再多爬几楼都还可以。）
②这个东西质量好，再用多几年去都谬问题。（这个东西质量好，再多用几年都没有问题。）
③我这杆笔还有墨，再用多几轮去都还写得出。（我这支笔还有墨水，再用几次都还能写出来。）
④大人没像娃仔，大人的衣服可以穿几年去，娃仔年年都要买。（大人不像小孩，大人的衣服可以穿几年，小孩的衣服年年都要买。）

（二）表示"持续"

常用句式为：动（表示状态）/形＋补语（程度）＋去。表示处于动词或形容词所表现的状态中，而且程度很深。可以带"了"。"去"前可以插入宾语"我""你"等。

⑤这轮考试考得没好，烦死去了。（这次考试考得不好，烦死了。）
⑥一口气爬上十楼，困死去了。（一口气爬上十楼，累死了。）
⑦衣服穿没够，冷死我去了。（衣服没有穿够，冷死我了。）

"去"表示继续、连续的意义，这里面暗含一个自然的时间终结点，是在达到这个结点后的进一步发展。比如例①是说已经爬到了预期的楼层了，是在完成了这个目标之后说的话。例②是说这个东西已经用了几年了，已经达到了预期的使用年限。是在达到这个使用年限后说的。例③是对方认为这支笔写完这一次应该就达到它的使用限度了，不能再写了。但是说话人认为还有墨，可以继续使用。例④是以小孩衣服的使用年限为参照时间，作为一个暗含的时间结点。但是事实上大人的衣服使用年限要比小孩的长，因为小孩在长个子，大人身材基本定型。

"去"表示状态的持续，随着这种持续，程度在逐渐加深。在整个过程中，存在这样的状态变化过程不A-→ A-→ A+，即没有出现状态A → 出现状态A →状态A程度的加深。A的时刻是结束不A的时刻，同时也是A+的起始时刻。

（三）小结

我们认为，柳州话中动词"去₄"表示继续、连续和持续的用法是普通话中"动+去"。动词或动词短语表示"去"的目的（吕叔湘2004）中的"去"用法虚化的结果。

例如，普通话的"开灯去""买菜去"。"开灯"和"买菜"是"去"的目的。如果灯已经开了，菜买回来了，那么"去"的目的就达成了，整个动作也就结束了。"去"前的动词或动词短语所表示的动作得以实现就是"去"的一个自然的时间结点。如果在谓词的后面再加上表示动量、时量和程度的补语，这就说明动作、状态在实现后还可以得以继续、持续。当"动+去"中间插入了补语成分之后，"去"与前面动词或动词短语的关系变得没有以前那么紧密了，这种语言环境也会为"去"的虚化创造条件。

【参考文献】

[1] 曹广顺.近代汉语助词[M].北京：语文出版社，1995.

[2] 李崇兴.《祖堂集》中的助词去[J].中国语文，1990(1).

[3] 梁银峰.汉语事态助词去的形成过程[A].语言研究集刊(第四辑)[C]，2007.

[4] 梁银峰.汉语动相补语来、去的形成过程[J].语言科学，2005(6).

[5] 徐丹.趋向动词来/去与语法化——兼谈去的词义转变及其机制[A]，语法化与语法研究（二）[C].北京：商务印书馆，2005.

[6] 林华勇，郭必之.廉江粤语来/去的语法化与功能趋近现象[J].中国语文，2010(6).

[7] 陈山青.湖南汨罗方言的将实现体助词去[J].中国语文，2012(2).

[8] 陈垂民.闽南话的去字句[J].暨南学报(哲学社会科学)，1993(3).

[9] 陈泽平.试论完成貌助词去[A].闽语新探索[C].上海：上海远东出版社，2003.

[10] 陈泽平.福州方言动词的体和貌[A].张双庆主编《动词的体》[C].香港：香港中文大学中国文化研究所吴多泰中国语文研究中心出版，1996.

[11] 吕叔湘.现代汉语八百词[M].北京：商务印书馆，2004.

[12] 李如龙.泉州方言的体[A].张双庆主编.动词的体[C].香港：香港中文大学中国文化研究所吴多泰中国语文研究中心出版，1996.

[13] 林亦，覃凤余.广西南宁白话研究[M].桂林：广西师范大学出版社，2008.

[14] 蒋绍愚，曹广顺.近代汉语研究史研究综述[M].北京：商务印书馆，2005.

[15] 邢福义.汉语语法学[M].长春：东北师范大学出版社，2000.

[16] 朱德熙.语法讲义[M].北京：商务印书馆，2000.

[17] 张谊生.副词都的语法化与主观化——兼论都的表达功用和内部分类[J].徐州师范大学学报(哲学社会科学)，2005(1).

桂北平话父亲称谓词研究

莫水艳[①]

亲属称谓是语言的基本词汇，汉语的亲属称谓词特别发达，根据具体交际环境的不同，不仅有文白差异，还有面称、背称（叙称）、讳称、蔑称、随子称、随配偶称等。李连进（1998）曾对桂南平话的父母子女称谓词的层叠共存现象及其来源进行了考察，但是尚未有人系统研究过桂北平话的亲属称谓词。本文选取了其中的一小部分，试图通过对桂北平话的父亲称谓词的简单考察，梳理一下该地区父亲称谓的层叠共存现象，并与桂南平话进行简单的比较。

一、桂北平话父亲称谓词分布

桂北平话中父亲称谓词的情况比较复杂，除少数新派受汉语普通话的影响接受了"爸爸"这一称呼之外，其余的大部分人仍保持着较为古老的称呼，通过考察我们发现，在桂北平话中较为齐全地共存着历时以来大部分的父亲称谓类型，具体如下：

1. "父"类：（延东）阿父 $a^{44}bu^{44}$
2. "爸"类：（延东）爸爸 $pəu^{53}pəu^{21}$；（塘堡）爸 pa^{33}；（葡萄）爸爸 $pa^{33}pa^{33}$
3. "爹"类：（义宁）爹 tia^{33}
4. "大"类：（观音阁）大 ta^{24}；（秀水）大 ta^{42}
5. "公"类：（文桥）□公 $a^{24}kũ^{55}/kɯ^{11}$；（秀水）公老 $kə^{53}la^{44}$
6. "爷"类：（延东）爷爷 $ia^{23}ia^{21}$、（高尚）爷 io^{13}、（两江）爷 $iə^{13}$；（塘堡）爷 i^{35}；（葡萄）爷 ia^{33}；（钟山）爷 ie^{35}、吾爷 $ŋ^{213}ie^{35}$、老爷 $lo^{33}ie^{35}$；（贺州）阿爷 $a^{435}ia^{213}$
7. 其他：
    (1)"阿+称谓"：（延东）阿父 $a^{44}bu^{44}$；（文桥）□公 $a^{24}kũ^{55}/kɯ^{11}$；（贺州）阿爷 $a^{435}ia^{213}$、阿叔 $a^{435}sy^{22}$
    (2)"吾+称谓"：（钟山）吾爷 $ŋ^{213}ie^{35}$、吾晚 $ŋ^{213}mæ^{33}$、吾叔 $ŋ^{213}ʃiu^{51}$、吾伯 $ŋ^{213}pa^{51}$
    (3)"老~~"：（延东）老头子 $ləu^{53}dau^{22}tsʅ^{21}$、老头咕 $ləu^{53}dau^{22}ku^{21}$；（钟山）老家伙 $lo^{33}ka^{31}fuø^{42}$；（高尚）老丈伙 $lou^{55}dʒaŋ^{22}ho^{55}$、老头哩 $lou^{55}dou^{13-22}$、老头鬼 $lou^{55}dou^{13}kui^{55-33}$
8. 讳称：（延东）爸爸 $pəu^{53}pəu^{21}$；（高尚）伯 pa^{51}；（塘堡）叔 su^{35} □ man^{53}；（贺州）阿叔 $a^{435}sy^{22}$；（葡萄）爷 io^{44}（本义叔父，借称）叔 $ʂau^{52}$；（钟山）吾晚 $ŋ^{213}mæ^{33}$、吾叔 $ŋ^{213}ʃiu^{51}$、吾伯 $ŋ^{213}pa^{51}$

将父亲称为"父"是父称谓字中所见最早的一个字，商代甲骨文中"父"的字形是"一只手举锥形杖棒"的形象。《说文解字》："父，矩也，家长，率教者。从又举杖，扶雨切。"《释名·释亲属》："父，甫也，始生己也。"由此可见，"父"字在很早就已经开始表示"父亲"的意思。接下来我们要考察的是，延东直话中的[$a^{44}bu^{44}$]是否就是"阿父"。"父"字在中古为遇摄合口三等虞韵上声字奉母字，延东直话音系中轻唇音非组清声母一律读为[p]，如"飞、分、放"；非组浊声母一律读为[b]，如"浮、饭、腐、阜"等，均

[①] 莫水艳，女，广西桂林人，广西大学硕士研究生。

遵循"古无轻唇"的说法,所以浊声奉母"父"字声母为[b]。其次,在《说文解字》中"父,扶雨切",虞韵在中古的拟音为[*iu](王力1980:498),分化至今有[y]、[u]两个韵母,根据延东直话的声韵配合规律,撮口呼[y]不能与唇音相拼,所以"父"字在延东直话中读为[bu⁴⁴]。因此可以肯定延东直话中的[a⁴⁴bu⁴⁴]的就是"阿父"。"父"类的父亲称谓词在桂北平话中比较少见,仅仅只有延东一个方言点。

《广雅》:爸,父也。王念孙《广雅疏证》:爸者,父声之转。《正字通》:夷语称老者为八人,或巴巴,后人加父作爸字。吴人称父曰爸。《称谓录》:罢罢,关东称父为罢罢。按:父、爸、八、巴、罢,均为帮组字,声音相近,实际上是同一个词(周远富2000)。黎锦熙(1933)认为"古无轻唇,'鱼''模'转'麻',故'父'为'爸'",也就是说现代汉语普通话的"爸[ba⁵¹]"就是"父"的本音。这个说法在汉语方言中也已经找到了一些证据,比如福建一些方言保留"父"的词中,"父"的声母都念[p](冯爱珍1993);雷州话中在含"父"的词中,"父"也读[pe]。桂北平话中属于这一类的有:(延东)爸爸[pəu⁵³pəu²¹];(塘堡)爸[pa³³];(葡萄)爸爸[pa³³pa³³]。其中塘堡、葡萄两个方言点的语音完全一致,与普通话的"爸爸"一词只有声调上的不同,因此比较好理解。延东直话中的"爸爸[pəu⁵³pəu²¹]"是一个比较特殊的例子,本来是对"叔叔"的称呼,借用来称呼"父亲",是一种讳称。此外延东直话中"伯伯"的称呼为"[pa⁵³pa²¹]",与塘堡、葡萄以及普通话中对父亲的称呼非常相近,因此我们可以推测在延东直话中,为了避讳,人们将本来用于称呼父亲的"[pa⁵³pa²¹]"转移到对伯伯的称呼上,然后将本来用来称呼叔叔的"[pəu⁵³pəu²¹]"用来称呼自己的父亲,最后,用"满满[mẽĩ⁵³mẽĩ⁵³]"来称呼叔叔。这是由于避讳造成称谓词转移的有趣现象。

在桂北平话中用"爹"这一类来称呼父亲的比较少见,仅有临桂义宁一处。已有学者论证过,古书中就明确记载着荆楚方言称父为爹,北方人和羌人也称父为爹,他们所用的字形虽同,表示的意义也一样,而各自的读音就不一定相同。今普通话"爹"音由陟邪切而来,徒可切则存在于方音中。"爹"发展至今有[tie]/[da]/[tia]三个音,[tie]/[tia]一般写作"爹",[da]一般写作"大"。尽管在各方言中语音不同,但是意义基本一致,既可以用来称呼父亲,也可以用来称呼祖父,但是在同一方言中一般不会同时出现,比如临桂义宁话用"[tia³³]"称呼父亲,用"公[koŋ³⁴]"来称呼祖父;富川秀水平话称父亲为"大[ta⁴²]",用"郎公[laŋ³¹kə⁵³]"称呼祖父。但是也有比较特殊的,比如灌阳观音阁平话中称呼父亲为"大[ta²⁴]",同时用更为古老的"爹爹[tie³³tie³³]"来称呼祖父。此外在其他几个方言点中用"爹"类称呼祖父的还有延东、文桥、塘堡,但是都是以重叠的形式,很少单独用来称呼。

早在先秦时代,"公"已用作亲属称谓,且义项并非单一,既可称祖父,又可称父亲。桂北平话中用"公"类称呼父亲的也比较少,仅有全州文桥"□公a²⁴kũ⁵⁵/kɯ¹¹"。"公"属于通摄合口一等东韵平声见母字,全州文桥见母一二等字今读[k]声母,通摄合口一等东韵今读一律为[ũ],因此可以肯定"a²⁴kũ⁵⁵"就是"阿公",[ɯ]与[ũ]发音部位相同,有可能是因为发音口型的不同导致声调的下降,"[kũ⁵⁵/kɯ¹¹]"可能是口语发音中的不同两个变体,但是所表达的意义相同,均为"阿公"。富川秀水"公老"kə⁵³lɑ⁴⁴(秀水通摄合口一等东韵见系韵母读[ə],效摄开口一等端系韵母读[ɑ])桂北平话多用"公"来表示祖父,比如高尚[kaŋ³⁵]、义宁[koŋ³⁴]、两江[kəŋ¹³]、葡萄[kaŋ⁴⁴]、秀水[laŋ³¹kə⁵³]、钟山[ŋ²¹³kã⁴²]、贺州[a⁴³⁵kəŋ⁴³⁵]。

"爷"类用来称父亲的时间不详。按照胡士云(1994)的研究,称父的"爷"唐宋以前就存在了,而"爷"这个词三国以后才被记录下来。"爷"在普通话中读[iɛ³⁵],阳平调。方言中也基本读阳平。方言中的读音可分为[ie]和[ia]两组,字形都作"爷"。桂北平话中最常用来称呼"父亲"的是"爷"类,有单用、重叠、加词缀等用法,具体如下:

(延东)[ia²³ia²¹];(高尚)[io¹³];(两江)[i³⁵];(塘堡)[iə¹³];(葡萄)[ia³³];(钟山)[ie³⁵];(贺州)[a⁴³⁵ia²¹³]

"爷"中古为假摄开口三等麻韵以母字,兴安高尚土话中假摄开口三等精组去声字、以母字一律读为[io],声母为零声母,符合中古音在该方言中的语音演变规律。两江平话中假摄开口三等精组、以母一律读为[i]，以母字大部分为零声母，因此也符合中古音在该方言中的语音演变规律。"爷"类用于称呼父亲多为单用，仅有少数方言点重叠，比如延东：爷爷[ia²³ia²¹]。

桂北平话父亲称谓词还可以由称谓前加词缀来表示，主要有三类，一类是比较常见的"阿"，如：（延东）阿父a⁴⁴bu⁴⁴；（文桥）□公a²⁴kũ⁵⁵/kɯ¹¹；（贺州）阿爷a⁴³⁵ia²¹³、阿叔a⁴³⁵sʅ²²。第二类是较为特殊的形式"吾+称谓"，只出现在钟山，比如：（钟山）吾爷ŋŋ²¹³ie³⁵、吾晚ŋŋ²¹³mæ̃³³、吾叔ŋŋ²¹³ʃiu⁵¹、吾伯ŋŋ²¹³pa⁵¹。"吾"主要作长辈、同辈直系亲属或同宗的长者称谓词的前缀语素。古汉语的"吾"表示第一人称，如"夫子欲之，吾二臣者皆不欲也"（《论语·季氏》），稍后出现了"吾公""吾兄""吾祖"等称谓词，其中的"吾"仍有"第一人称"的意思，如"吾兄"是"我的兄长"。而钟山的"吾"已虚化为前缀构词语素，不具有实在的义素（陈才佳2007）。第三类是用"老～～"来称呼父亲，通常是背称，带有一些不满、贬义的感情色彩，如：（延东）老头子ləu⁵³dau²²tsʅ²¹、老头咕ləu⁵³dau²²ku²¹；（钟山）老家伙lo³³ka³¹fuø⁴²；（高尚）老丈伙lou⁵⁵dʒaŋ²²ho⁵⁵、老头哩lou⁵⁵dou¹³⁻²²、老头鬼lou⁵⁵dou¹³kui⁵⁵⁻³³。

二、父亲称谓词的讳称

通常由于忌讳的原因，方言中不使用正常的称谓，有意识换用别的称谓，以得到一种心态上的平衡和适应需要。有的是担心用常称，就会导致某种隐秘的力量使子女夭折；有的是担心父母太年轻，称呼重了，子女不好养育；有的是父母自认命不好，担心会把晦气传给子女；有的是算命，因八字相克，担心父母与子女双方，一方克死另一方。所以不使用常称，改用讳称，反而要子女称呼其他的亲属或陌生人为"父母"。讳称实际上是被当作避邪的手段。这讳称大多数是配对的，但是也有不对称的现象，基本上只与父母的称谓有关，实际上是反映父母的忌讳心理。桂北平话中父亲称谓词比较特殊，具体如下表：

	延东	高尚	塘堡	葡萄	贺州	钟山
父亲	爸爸pəu⁵³pəu²¹	伯pa⁵¹	叔su³⁵ □man⁵³	爷io⁴⁴（本义叔父） 叔ʂau⁵²	阿叔a⁴³⁵sʅ²²	吾晚ŋŋ²¹³mæ̃³³ 吾叔ŋŋ²¹³ʃiu⁵¹ 吾伯ŋŋ²¹³pa⁵¹
伯父	伯伯pa⁵³pa²¹	伯pa⁵¹				伯爷pa⁵¹ie⁵³
叔父	爸爸pəu⁵³pəu²¹		□满nie⁴man⁵³	叔爷ʂau⁵²io⁴⁴	叔sʅ²² 叔爷sʅ²²ia²¹³	叔ʃiu⁵¹/ʃo⁴⁴ 叔爷ʃo⁴⁴ ie³⁵ 吾叔ŋŋ²¹³ʃo⁴⁴

桂北平话通常用"伯、叔、晚/满"称呼"父"。"晚/满"是后起对叔叔的通称，南方方言以"满"或"晚"指称亲属排行末者，较为普遍。"满""晚"是由于各地汉语方言语音演变进程不一所导致的，从音韵规律和语义上来说，"晚"是本字（伍巍、吴芳2008）。根据上表，桂北平话父亲称谓的讳称主要为两类：一是称"父"为"伯"，如高尚、钟山；二是称"父"为"叔/晚"，如塘堡、葡萄、贺州、钟山。

分布在较北的7个方言点父亲称谓词讳称系统是不平衡的，通常没有对应关系，比如：高尚称父亲为"伯"，没有与之相对的母亲讳称；两江、义宁称母亲为"姐"，也没有与之相应的父亲讳称。但是均匀分布在南部边缘的塘堡、葡萄、钟山、贺州4个方言点的父母称谓讳称的对应关系非常地整齐，如：塘堡叔su³⁵/□man⁵³——姆sən³³、葡萄叔ʂau⁵²——姆ʂie³³、钟山吾晚ŋŋ²¹³mæ̃³³/吾叔ŋŋ²¹³ʃiu⁵¹——叔娘ʃiu⁵¹/ʃo⁴⁴ niã²¹³、贺州阿叔a⁴³⁵sʅ²²——阿姆a⁴³⁵sin⁵⁵。

已有的研究显示桂北地区土话和湘南土话关系比较密切。文延片被湘语包围，词汇上有一些与湘南土话相近的地方，比如兴安高尚称母亲为"□ia⁵⁵/□□ ia⁵⁵ia⁵⁵"就是来自湘语，伯兼指伯父、伯母，文延片中均称叔父为"满满"（高尚 满满man⁵⁵man⁵⁵、延东 满满mẽi⁵³mẽi⁵³、文桥 □□mæ̃³³ mæ̃³³），与湘语一致。此外文延片保留的古汉语词汇与湘南土话保留的古汉语词汇相同，比如父亲称谓中的"父、公"（延东 阿父 a^{44}bu^{44}、文桥 □公 a^{24}kũ^{55}/kɯ^{11}、观音阁 大 ta^{24}）。中部的两葡片与钟贺片关系较近。钟贺片处于粤语勾漏片的北部边缘和桂北平话的南部边缘，受湘南土话、西南官话影响较大。在词汇方面保留古汉语词汇较多，且保留的古汉语词汇多与勾漏片粤语所保留的古汉语词汇相同。

根据李连进（1998）对桂南平话父母称谓词的考察，桂南平话中共存着三种父亲称谓词"亚爸、亚爹、亚爷"，少有称作"父"或"父亲"。"亚"是桂南平话亲属称谓系统里常见的构词前缀，有类似发语词的作用，具黏着性；横县、扶绥等地有将父亲称作"哥"的；马山、横县也有将父亲称作"亚兄"或"亚叔、亚伯"的。与桂南平话相比较，桂北平话的父亲称谓词有"父、爸、爹、大、公、爷"，"阿"是桂北平话亲属称谓系统里常见的构词前缀，有类似发语词的作用，具黏着性，比如"阿父、阿爸、阿爷"；桂北平话中通常用"老家伙、老头子、老头咕"等作父亲的背称，通常带有不满、贬低的意味；桂北平话中通常用"伯、叔、晚/满"等作为父亲的讳称，但是没有将父亲称作"哥、兄"的。因此桂北平话与桂南平话的父亲称谓词还是有较大的差异。

【参考文献】

[1] 陈才佳.桂岭本地话亲属称谓词特点[J].贺州学院学报，2007（1）.

[2] 胡士云.汉语亲属称谓研究[M].北京：商务印书馆，2007.

[3] 胡士云.说爷和爹[J].语言研究，1994（1）.

[4] 李连进.桂南平话父母子女称谓的层叠现象和来源[J].修辞学习，1998（2）.

[5] 李琦.汉语中父亲称谓语探讨[J].湖北社会科学，2012（5）.

[6] 李冬香.从特色词看平话、湘南土话和粤北土话的关系[J].广西民族学院学报，2004（4）.

[7] 罗黎丽.从词汇比较的角度看桂北高尚土话的归属[J].广西教育学院学报，2005（5）.

[8] 罗昕如.湘南土话词汇研究[D].湖南师范大学博士学位论文，2003.

[9] 王力.汉语史稿[M].北京：中华书局，1980.

[10] 王卫东.爹音考辨[J].张家口师专学报（社会科学版），1996（2）.

[11] 伍巍，吴芳.亲属排行满、晚源流浅溯[J].暨南学报（哲学社会科学版），2008（6）.

[12] 周远富.说父[J].古汉语研究，2000（3）.

论"粤语北上"和"北语南下"

邵兰珠[①]

一、引言

粤方言主要分布在港澳、广东和广西部分地区,以广州话为代表音。历史上,粤方言区僻处岭外,和汉族聚居的中原地区相距甚远。在秦代以前,两广地区的居民基本上是少数民族,这些民族在西周时期被称为蛮夷,春秋战国之后称为越(通"粤"),因为越族很多,所以统称百越。《汉书·地理志》臣瓒注云:自交趾至会稽七八千里,百越杂处,各有种姓。[②]后来,随着中原和其他地方的汉族迁入岭南,和当地的百越语融合发展成为粤方言。虽然语言不断发展,但由于地理上和中原隔离,粤方言保留了很多古汉语成分,而且由于具有百越语的底层和自身发展,粤语有很多固有词,即在粤方言中存在,但是现代汉语和其他方言不存在的词语[③]。

近现代以来,粤方言区,特别是港穗地区不再处于封闭状态,反而发展蒸蒸日上。改革开放后,市场经济不断发展,给社会生活带来翻天覆地的变化,广东作为开放发展前沿,特别是珠江三角洲一带,得益于毗邻港澳台特殊的地理位置,经济建设步伐加快,经济速度突飞猛进,引起了海内外的瞩目。

语言是社会的产物,不管是语言还是方言都具有社会性,它的产生和发展都受到社会的制约,它的社会地位也会因社会经济政治文化各种因素的影响而改变,粤方言也同样在这个背景下深深刻上了时代的烙印。粤方言以新兴的经济势力为基础,不断向周围施加影响,形成了粤方言的势力圈。在中华历史上,无论是在政治、经济和文化各个方面,北方都占有重要位置。新中国成立以来,国家确立了普通话为标准共同语的地位并且严格执行推广普通话的政策,这使得北方方言以北京话为中心,以政治势力为基础,不断向其他方言扩张,形成北方方言圈。[④]下面将以港穗地区的粤方言为代表谈及粤语北上和以普通话为代表谈及北语南下的各方面问题。

二、粤语北上的发生原因和途径

(一)港穗固有词

这里讨论的港穗固有词包括粤方言从中古汉语中保存下来的词语、少数民族同源词,特别是壮侗语的底层词汇,还有因社会的发展,港穗自己所创造的特有词汇,即港穗本地的土特产词汇。这些固有词都是在粤方言地区存在,但是在其他方言区并没有出现过的词语。

港穗固有词的来源和历史发展息息相关。由于历史上,广州话和古汉语分化时间比较早,在后期发展中也保留了不少古语词,甚至一些普通话已经丢失的词义义项也能在粤方言中找到。除了古语词外,

---

[①]邵兰珠,女,广西民族大学文学院硕士研究生。
[②]李新魁:《广东的方言》,广州:广东人民出版社,1994年,第32页。
[③]袁家骅:《汉语方言概要》,北京:文字改革出版社,1983年,第177–179页。
[④]詹伯慧:《普通话南下与粤方言北上》,载自《学术研究》,1993年第4期。

粤方言也留有不少不为人所察觉的民族语同源词,这与广州话形成的地理位置百越地区是不可切分的。

下面举一些港穗固有词的例子：

消夜,现今写作宵夜,即普通话的夜宵。在古代很多诗词都可见到古人谈及消夜,如宋代吴潜《永遇乐》中说到如今闲院,蜂残蛾褪,消夜果边自语。元吴自牧《梦梁录》：除夕内司局进呈精巧消夜果子盒。可见消夜应为古语词[1]。

畀,给予之义。《集韵》必至切,《尔雅.释诂》：畀,赐也。《左传·僖公二十八年》中说：分曹卫之田以畀宋人。《诗·鄘风·干旄》中也提到：彼姝者子,何以畀之。

执,现代汉语中,我们已经很少见到这个词,只是在某些成语或者一些比较抽象的词语中可以见到,如回执、执照等。但是在粤方言中执的用法还是很普遍的。在古代,执有抓、握、拾等义,《说文》：执,捕罪人也;《礼记·曾子问》中说：执束帛;《礼记·少仪》：执君之乘车等,可以看出古代常用到执之义。现在我们也可以在粤方言日常用语中见到"果本书跌落地下佐,你执返起来"。

食,古汉语中用食一项包括四项,分别是：第一,吃,即物件进入口中的动作；第二,吃的东西,粮食；第三,供养；第四,日食、月食,这个意义现今写作"蚀"。现代汉语很多义项已经丢失,也用"吃"代替"食","食"在现代汉语中只作为一个语素,但是粤方言保留了"食"的第二项古义,并且派生出吃液体,即喝的义项和吃气体的义项,比如"食饭"和"食烟"。

恰,欺压hap^{55},在现代汉语中找不到对应的词语,但是在壮语中能找到音义相通的词hap^{55},也表欺压、讹诈之义,考虑到百越语的底层词问题,我们可以把它归为粤方言中的民族底层词。同样的还有粤方言中的tim^{33}、触碰和壮语中的tam^{55}等[2]。

(二)香港传入广州的词

粤方言在港穗地区的地位很高,甚至日常交际中,普通民众心中认为粤方言比普通话还重要,特别是香港地区独特的历史地位,外来词非常丰富,品种也较复杂。香港粤方言有大量外来词的原因可分回归前后讨论。

首先,在香港回归之前,英语一直是香港的官方语言,不管是在政治上,还是教育、日常生活中都通行英语,英语作为强势语言在粤方言中留下了很深的印记,一大批英源外来词进入粤方言的词汇系统。

其次,香港回归之后,仍是著名的国际大都市,和世界各国都有经济贸易往来,而且很多国家的企业和银行总部,或者办事处都设在香港,因此,经济上的需要使英语在香港的强势语言地位没有改变,粤方言除了吸收英语中的旧词语,也在开放的文化氛围中吸收了很多新生英源外来词或者其他语言的词语。

广东毗邻香港,和香港来往非常密切,经济关系很紧密,而且开放程度高,接受新鲜事物能力强,所以香港很多特有词语和引进的外来词都会直接进入到广东本地粤方言,不需加以改造就使用,而大陆其他地方由于非属粤方言区,反而这类词没有接纳到自己方言或者普通话里。

由香港进入广州的词有：

波士,由英语boss翻译而来,和经理同义,二者同用。

波,由英语单词ball音译而来,传入广州。现在粤方言中都说波鞋、打波等,而不说球鞋、打球。

布林,由英语plum音译而来,意思是李子。在现代汉语中一直沿用李子的名称,所以没有采用布林,但是在广东很多人借用了这个说法并流传沿用下来。

嘉年华,由英语carnival直接翻译而来,意思是狂欢节。在港穗地区经常会使用嘉年华的说法,表示一些盛大的活动或者节日,具有传神生动的词汇意义。

---

[1] 饶秉才：《广州音字典》,广州：广东人民出版社,1983年。
[2] 詹伯慧：《广东粤方言概要》,广州：暨南大学出版社,2002年,第44页。

泊车，由英语park翻译而来，是停车的意思。在港穗地区，很少用停车，多用泊车，也是后来引进外来词的结果。

飞，即由fare转化而来，是票的意思。港穗很少说到买票、电影票之类，反而是买飞、电影飞，我们可以在日常用语中听到"我地几时买飞"之类话语。有趣的是广西壮语也把票称为fei，如戏票是feiheiq，买票是cawx fei。fei当是由英语传入港穗，传入粤地后再传入壮区。这个问题在接下来一点会具体讨论。

还有很多例子，如阻差办公，是香港本地词汇，阻止警察办理案件之义；咸粥，指色情淫秽的产品；泵，由英语pump音译而来，一种用于增加液体或气体的压力，使之输送流动的机械，如水泵、潜水泵等；苦力，和普通话的劳力近义，强调辛苦之义；啫喱，即英语的jelly；呔，英语单词tie音译，普通话一般说领带。

上述例子都是由香港借自外语，然后由香港传入广东。除了因为地理优势之外，也因为这类词的音译方式符合粤方言的发音特点，用粤方言说出来更具生动活泼和传神的效果，也能体现出时尚感。除了这些音译词外，值得特别关注的是近年来广东粤方言地区也受香港粤方言影响，青年一辈经常会有英语、中文混用现象。有调查表明，老一辈的广州人中，也常在日常用语中夹用英语单词，但远不及今天青年人使用的标准和广泛。[1]如：

呢登嘢直情系easy-job啦。（这件事情非常简单。）

Make低你个地址先。（先写下你的地址。）

今次嘅party觉得ha唔happy啊？（这次的晚会高不高兴？）

（三）港穗地区词语传入普通话地区

20世纪80年代后，很多外来词从香港传入内陆，或者先由香港传入广东，接着传入内陆的其他地区。这些词经过经济交流、新闻媒体和文学作品的传播，在大陆流传开来，进入到普通话和各大方言中去。除了外来词之外，一些港穗地区特有的词也因为经济语言的交流被普通话所吸收，这是典型的粤语北上。例子如下[3]：

普通话/粤方言	英语	普通话/粤方言	英语
芭蕾	ballet	芒果	mango
探戈	tango	基因	gene
酒吧	bar	巴士	bus
白兰地	brandy	幽默	humorous
威化饼	wafer	乌托邦	utopia
苏打	soda	席梦思	simons
曲奇饼	cookie	高尔夫球	golf

上述所说的港穗传入内陆其他地区的本身特有词也有不少，在一些熟语中也可以体现出来：

鬼打鬼：比喻内部的争斗。当一个家庭或者社团不受人尊敬，而且起内讧时，别人会说他们鬼打鬼，比如：姓李那一家人鬼打鬼。

三寸钉：形容一些长得矮小、猥琐的人。这个词一般表示轻视、鄙视的意思，比如：就他那三寸钉还能干什么大事！

---

[1] 詹伯慧：《广东粤方言概要》，广州：暨南大学出版社，2002年，第48页。

炒鱿鱼：卷铺盖走人，比喻被解雇；这个词表面意义是说鱿鱼炒了后会卷起来，比喻被解雇后卷铺盖走人，现在南北都用得很普遍。

叹世界：享清福，消受眼前的光景；叹是粤方言词汇，表享受之义，但是现在普通话也借用，如：他儿子那么有出息，他就等着叹世界就行了。

见周公：指睡觉。孔子曰：吾不复梦见周公，周公成了睡觉作息的代名词。现在很多人去睡觉，都会诙谐地说：我见周公去了，别打扰我！

七老八十：指垂暮之年。口头语中常会见到，比喻一个人年纪很大，甚至到了行将就木的年纪。有些老人家会自己对别人说：我都七老八十了，还有什么奢求呢！

风头火势：风风火火，势不可挡，也指兴旺之象。港穗地区经济发达，商业旺盛，表兴旺的词随处可见，这类词也很受北方地区青睐，风头火势就是其中之一。如：这种风头火势，您的店肯定财源滚滚啊。[①]

(四)普通话词汇传入港穗地区

新中国成立之后，国家确立了普通话的标准语地位，大力推广普通话，全国刮起了学习普通话的热潮。北语南下在中国是历史的必然，是共同语的使命。究竟哪种语言能够成为一个国家的标准语，是国家政策所决定的，国家政府在中国大陆地区不断采取相应行政措施，发布一系列指令性文件，强力推行普通话。[②]在这个环境之下，全国学习并且通行普通话是历史的趋势，北语南下也是中国社会语言生活的真实反映和发展趋势。

港穗地区的粤方言是日常生活中的通行语言，用粤方言交流与粤方言所带来的思维方式和文化根深蒂固，并不会轻易接受普通话，所以推广普通话也会受阻。在语音和语法方面，粤方言受普通话影响并不大，但是在词汇方面，很多词汇进入粤方言词汇系统，和本方言词语同用，或者慢慢取代了原本粤方言的说法，这即是现今我们不可忽略的典型的北语南下。下面几个例子可以看出来：

富二代(官二代)：富二代是指继承巨额家产的富家子女；官二代指父亲母亲是政府工作人员，特别指高级官员的儿女。富二代(官二代)有知识成功型，也有纨绔子弟败家型，平庸者占很大比例。历年来，国家政治中心几乎都设在北方，权利的北偏也会导致出现一些官官相护、官欺负民和权钱交易的现象，而且近年来贪官污吏很多，民众对某些官员、官员子女、有钱人子女有鄙夷仇视之感，人们经常用这两个词来讽刺只顾吃喝玩乐或者素质不够好之类的有钱子弟和很容易获得权力高官的后代的种种不良行为。但以前在粤方言中，一般用二世祖来指代这类人。在港穗地区，受普通话的影响，富二代(官二代)的使用却比二世祖更普遍了，同时红二代、星二代也屡见不鲜。

给力：本为北方的土话，是给劲，带劲的意思。给力一词最初的火热源于日本搞笑动画《西游记：旅程的终点》中文配音版中悟空的一句抱怨：这就是天竺吗，不给力啊老湿。而所谓不给力就是形容和预想目标相差甚远，而给力一般理解为有帮助、有作用、给面子。在2010年世界杯期间，给力开始成为网络热门词汇，该词语被收录于《现代汉语词典》(第6版)中。由于在普通话中使用频繁，港穗地区也开始使用这个词，和粤方言中的劲抽同时使用，可以说在粤方言区给力这个词的使用也相当频繁。

奇葩：本义是指奇特而美丽的花朵。常用来比喻珍贵奇特的盛貌或非常出众的事物。《美人赋》中提到奇葩逸丽，淑质艳光。明朱鼎《玉镜台记·庆赏》中有"只见万种奇葩呈艳丽，十分春色在枝头"的说法；而郭沫若《蔡文姬》第五幕也提及"春兰秋菊呵竟放奇葩，熏风永驻呵吹绿天涯"。不过，在近年，奇葩的义项增加了，常用来比喻某人(或某事物)十分特别，不落世俗，个性十足，世间罕见，也常用来骂人。在粤方言区，表奇葩的词汇是骑咧，二者基本等义。但现今不管是日常生活还是报纸书刊，在港穗地区，特别是青少年一代，都经常使用奇葩。

[①] 詹伯慧：《广东粤方言概要》，广州：暨南大学出版社，2002年，第44页。
[②] 杨必胜：《试论港词北进》，载自《语文建设》，1998年第4期。

三、"粤语北上"和"北语南下"的特征和影响

(一)词汇特征

粤语北上进入普通话词汇系统和北语南下进入粤方言词汇系统并不是杂乱无章、毫无特征可言的，通过分析，我们可得出以下几个词汇特征：

1. 地方特色浓烈，容易被接受

中国社会长期都处于政治经济和文化三位一体的格局，政治中心往往都是经济和文化中心，而经济发达地区，政治和文化也会比较昌盛。政治、经济和文化都是影响语言和方言发展的重要因素。

港穗地区经济发达，形成了自身独特的文化，在语言上也能充分体现出来。粤方言的词汇都带有浓厚的本土文化，包括自古留存下来的岭南文化色彩和商业时代色彩。近几十年，大量外来人口涌入广东务工，香港的电影、电视和唱片等艺术作品充斥着全国的市场，在经济文化高度发达的背景下，很多人都主动接受带有地方特色的粤方言。

中国是统一的国家，政治中心所推行的普通话是不可能忽略的。除了港穗地区的发展，中国很多地区也在崛起。虽然港穗地区的语言、文化和北方相距较远，但是带有北方特色的普通话也慢慢吸引了粤方言区的人们，被他们所接受和学习。浓厚的北方特色的词汇也在不断进入粤方言词汇系统，而且在近年速度增快，数量增加。本不通行普通话的香港地区，近年因为经济交流的需要也刮起了学习普通话的热潮，他们能说出一系列的普通话词汇并不出奇。

2. 适用性和能产性

不管是粤语北上还是北语南下的词汇都是口语性比较强的，和人们的日常生活密切相关。比如外来词"富婆、茶楼、买单"等，又如"给力、富二代"等，这些词语经常挂在人们口边，成为随处可听到的日常交流语。但是也不能否认一些专业名词，如"民主、警察、逻辑"等这些词少出现在口语中，但是我们都能明白词语意思，甚至很多人已经不知道是借用词了，这些词还是适用于我们的生活和专业科研上的。

除了适用性，粤语北上和北语南下的词汇大都具有能产性。有些词语并没有直接借用普通话或者粤方言词汇系统，而是经过适当的改造。如"巴士"，在港穗地区，"巴士"的说法很普遍，但是在普通话里却没有完全吸收，而是只取"巴"一个语素，创造出了"大巴、中巴、小巴"等词语。粤方言的"埋单"是指买完东西或者吃完东西付款，普通话中"埋"并没有给钱的意思，于是把"埋单"改为"买单"，使用频率变得很高。

3. 不可替代性

这里所说的不可替代性，不是指除了这些词语不会再有其他的说法，而是这些说法已经根深蒂固，很难再改变。语言系统具有稳定性，虽然词汇的变化最大，但是变化也是相对的，在一定的历史时期，词汇具有稳定性，不能随便改变。粤方言得毗邻港澳台的风气之先，而且海外华人多为粤商人，分布在美国、新加坡、新西兰、马来西亚等地，海外操粤方言的人数非常多，超900万。由于港穗地区和海外经济文化发达，内陆其他地区学习和效仿的人很多，学习粤语成了一种风气或者经商的必要。基于这些条件，粤语北上给北上带来很多新词汇，慢慢渗透在普通话系统中，成为固有词。

比如"的士"，早年的士产业在港穗地区非常发达，"的士"的引进给中国交通业带来很大变化。港穗地区直接用英语的taxi音译成的，产生了很多新词，比如"打的、的佬"等，用法普遍。普通话用出租汽车来称呼，但是语言的简明性原则和港穗文化的渗透，"的士"在北方的运用比"出租汽车"要普遍，"出

租汽车"无法代替"的士"的运用。在港穗地区，大排档随处可见，我们可以见到很多招牌写着"生猛海鲜"，这里的"生猛"是新鲜、活生生的意思，证明海鲜特别鲜美。粤菜作为中国四大菜系之一，远近闻名，在北方也很有市场。随着粤菜的传播，"生猛"这个词在北方使用的频率也很高，指代海鲜的传神效果是无法替代的，"生猛"也进入到北方词汇系统中，成为不可替代的一员。

4. 时代感强

语言是不断发展的，共同语不断在发展，方言也在发展。任何事物都要经过时代的选择，语言也不例外。人们在选择语言的时候，一定会考虑时代的因素，与时代脱节的词汇往往不会使用。粤语北上和北语南下的词汇都具有时代感，也可以说是时尚感。如"奇葩、高大上、绯闻、吧女、电影人"等词语，都是在如今社会发展之下的语言产物。这类词语的使用一般是青少年一代，体现了社会的新潮流，所以也更易被接受。

（二）"粤语北上"和"北语南下"的影响

粤语北上和北语南下给社会语言带来了很多影响，我们可以从正反面来讨论这个问题。

社会在发展，语言也会不断发展，不可能停滞在某一层面。普通话大胆吸收港穗词汇，使自己迅速跟上时代的步伐，提高自身的威望，巩固自身的共同语地位，这是非常必要的。粤方言也在国家的语言政策之下，顺应经济、政治和时代的要求，吸收普通话的词汇，完善自身的语言系统，让粤方言不至于和时代脱节。

虽然粤语北上和北语南下给粤方言和普通话都带来了新鲜血液，但是也存在一些问题。盲目地引进新词语会导致很多词有不同的说法，严重的会导致语言系统紊乱。[1]如"水平"和"水准"、"方便面"和"速食面"、"堵车"和"塞车"等，人们在选择词汇，或者儿童在学习语言时都会有负担。此外，从语言保护的角度来看，引进太多外来词会导致语言的纯粹性遭到破坏。我们在引进外来词时，必须有选择性地，不能囫囵吞枣，原本普通话中已经有的词语就不能随意改变原来说法，而且引进的时候应该适当加以改造。而对于粤方言而言，也应该慎重选择，适当改造。

语言和方言都是社会的产物，存在于人们的生活中，我们应该摆正共同语和方言的位置，使语言和方言共同发展。

语言具有民族性和区域性，语言所带来的政治问题不在少数，语言的统一是方便国家治理的重要因素之一。为了维护国家的统一性，国家制定了全国通用和推广普通话的政策，这是非常必要的，这也确立了普通话的主导地位。以强硬的政治政策作为背景，普通话成了国家最强势的语言，在大统一的中国，不管是经济商业还是政治教育，人们必须学习并使用普通话。南方方言和普通话差别较大，北语南下是必然之势。其中，粤方言差距最大。北语南下给粤方言词汇系统带来了大量的新鲜词语，这是语言发展的必然结果。

但是，即使普通话处于主导地位，方言处于附属地位，也不能完全消灭方言，或者利用普通话覆盖方言，这是违背语言发展的自然规律和民众的意愿的。粤方言虽然作为中国的八大方言之一，但是地位是很特殊的。语言的地位和经济、政治、文化紧密相关，前面已经分析过港澳穗地区地理位置得天独厚，经济发达，外贸昌盛，不管是新科技还是先进文化都常被先吸收进这一地区，而且海外华人多说粤方言，粤方言不断在国际上传播，全国掀起学习粤语是社会发展的结果，是粤语北上的必然趋势。而且在国际上，人们赋予粤语的是一种独立的语言地位，学习和使用粤语的人数很多，在国内我们不能忽略这个语言事实。

除了语言地位因素外，在语言研究上，粤方言也是宝贵的材料。相对其他方言而言，粤方言保存了

---

[1] 杨必胜：《试论港词北进》，载自《语文建设》，1998年第4期。

最多的中古语言成分，中古的语音、词汇和语法等很多成分，在普通话或者其他方言已经丢失了，但是粤方言保留得最完整。比如入声韵-p、-t、-k，除了粤方言，很多方言已经脱落消失或者变成了喉塞音；粤方言也保留了上古很多单音节词的用法或者义项，这在其他方言也是没有的。语言研究和其他研究一样，都必须博古通今，知道上古、中古语言的演变，对现代汉语的语言是有益无害的。推普和北语南下带来新血液的同时，我们必须认识到不能因为推广普通话而盲目消灭粤方言，破坏粤方言的纯粹性，否则这将是我们语言研究史的重要损失。

【参考文献】

[1] 李新魁.广东的方言[M].广州：广东人民出版社，1994.

[2] 饶秉才.广州音字典[M].广州：广东人民出版社，1983.

[3] 邵敬敏.香港方言词外来词比较研究[J].语言文字应用，2000（3）.

[4] 袁家骅.汉语方言概要[M].北京：文字改革出版社，1983.

[5] 杨必胜.试论港词北进[J].语文建设，1998（4）.

[6] 詹伯慧.广东粤方言概要[M].广州：暨南大学出版社，2002.

[7] 詹伯慧.普通话南下与粤方言北上[J].学术研究，1993（4）.

钦州市粤语声母系统与中古音对应关系讨论

吴 维[①]

广西粤语,在广西当地又叫做"白话"。广西粤语与广东粤语息息相关,因为在明朝和清朝时期,大批的广东人沿河进入广西桂林经商,粤语也就在这个时候随着广东商人传入广西。经过长期的演变,广西的白话吸收了当地的许多语言环境因素,如壮话、平话、客家话等等,形成了许多与原来广东粤语不同的语音特点。现在,广西的粤语使用率已经覆盖了广西1/3的地域,使用人口约达1200多万。根据各地区所使用白话的特点,广西白话被划分为四片:广府片、邕浔片、钦廉片、勾漏片。钦廉片白话使用的范围包括钦州、合浦、浦北、防城、北海等地。

钦廉片白话虽然在内部中大体一致,但是还是有存在差别的。根据它内部的差别,我们大体上可以分为五类:

(1)钦州白话,主要包括钦州市区及部分郊区的钦州话,以及防城港市一带的防城港话、合浦地区东部的南康附近的合浦话、北海市区和北海市周边附近的北海话。

(2)廉州话,主要包括合浦的大部分地区,以及现在钦州市东南部与合浦相邻的那丽等乡镇。

(3)灵山话,主要在北部灵山县地区以及钦州市北部、东北部的部分地区。

(4)小江话,主要位于浦北县境内的中部地区。

(5)六万山话,主要位于浦北县境内的东北部地区。

下面让我们具体地看看钦州市粤语的声母表。

一、钦州市粤语的声母系统

(一)钦州市粤语的声母表

钦州白话声母有22个,分别是p、p^h、m、f、v、t、t^h、n、ɬ、l、k、k^h、ŋ、h、tʃ、$tʃ^h$、ȵ、ʃ、kw、k^hw、j、ø。

我们再看看钦州白话声母的举例。

p 波步别白	p^h 怕盘爬普	m 尾慢门麦
f 飞花扶冯	v 伟温黄云	t 都东得督
t^h 地太定土	n 内务难能	ɬ 苏四心息
l 路吕力兰	k 家改工激	k^h 其强决杰
ŋ 我危仰岸	h 喜庆空客	tʃ 灾际中执
$tʃ^h$ 茶齐全昌	ȵ 耳鱼人日	ʃ 书收生食
kw 瓜跪贵桂	k^hw 夸规昆屈	j 宇如用易
ø 安哑奥压		

[①]吴维,男,壮族,广西南宁人,广西民族大学文学院硕士研究生。

(二)钦州市粤语声母与普通话声母系统在读音上的差异

p、pʰ、m、f、t、tʰ、n、l、k、kʰ都与普通话中的发音部位和发音方法基本相同,不过还是有一些声母存在着细微的差别。p、pʰ、m、f在发音的收尾阶段,舌头会有微微向后收缩的趋向;t、tʰ在发音时部位会更靠后一些,声音显得较为浓厚。n、l本来在钦州粤语中是具有区别意义的,但是近年来由于受桂柳话的影响,开始出现了极少的n、l不分现象。k、kʰ与普通话相比,它们在发音时,喉咙的张开度更大,阻碍更少,显得声音很硬。

tʃ、tʃʰ、ʃ与普通话中的tɕ、tɕʰ、ɕ在读音上有些相近,与tʂ、tʂʰ、ʂ也有相似之处。发音时,tʃ与tɕ相比,tʃ的舌头部位更靠近上腭,tɕ的舌面中央部位更靠近上腭。tʃ与tʂ相比,tʃ的舌尖部位只是靠近上颚,tʂ舌尖部位则是完全贴住上颚;tʃʰ与tɕʰ相比,tʃʰ舌面后段张开度稍大;tʃʰ与tʂʰ相比,tʂʰ的舌面后段张开度更大;ʃ与ɕ相比,ɕ的气流通过口腔时,口腔会很窄,ʃ则会相对宽些,ʃ和ʂ相比,ʃ在发音时,舌头会整体抬高,发ʂ时,则仅仅是舌尖部位抬高。

钦州粤语中的h与普通话中的h是不同的,普通话中,h的国际音标应该写为x,x是舌根音,钦州粤语中的h是喉音。

v、ɬ、ŋ、ȵ、j、ø在普通话声母表中基本没有发现存在对应关系,这有待进一步的研究。

二、钦州白话与中古音、普通话的对应关系

(一)古帮、滂、明、透、端母字的声母系统在钦州粤语中基本没有发生改变

帮母字在钦州粤语中读为p,在普通话中变为p、pʰ;滂母字在钦州粤语中读为pʰ,在普通话中变为p、pʰ;明母字在钦州粤语中读为m,在普通话中也读为m;透母字在钦州粤语中读为tʰ,在普通话中也读为tʰ;端母字在钦州粤语中读为t,在普通话中读为t。

(二)古定、泥、庄、生、见、溪、疑、影、喻母字的声母系统在钦州粤语中除了原有的读音以外,部分字的读音发生变化

定母字在钦州粤语中分别读为t、tʰ,与在普通话中的变化一样;泥母字在钦州粤语中分别读为n、l,与普通话中的变化情况一样;庄母字在钦州粤语中分别读为tʃ、tʃʰ,在普通话中变为ts、tsʰ、tʂ、tʂʰ;生母字在钦州粤语中分别读为ʃ、ø,在普通话中变为s、ʂ;见母字在钦州粤语中分别读为k、kw、f,在普通话中变为k、kʰ、tɕ;溪母字在钦州粤语中分别读为f、kʰ、h,在普通话中变为k、tɕ、tɕʰ、ɕ;疑母字在钦州粤语中分别读为v、j、ŋ、n,在普通话中部分字变为n以及零声母,部分字的声母则消失;影母字在钦州粤语中分别读为v、ø、ȵ、j、m,在普通话中变为n以及零声母;喻母字在钦州粤语中分别读为j、n、v,在普通话中变为tʂ、tʂʰ、ʂ、t。

(三)古并、知、徹、澄、精、从、心、邪、崇、章、昌、船、书、禅、日、群、晓、匣母字的声母系统在钦州粤语中完全改变

知母字在钦州粤语中分别读为tʃ、tʃʰ,在普通话中变为tʂ、tʂʰ、ʂ、tsʰ、t;

并母字在钦州粤语中分别读为p、pʰ,在普通话中变为p、pʰ、f;徹母字在钦州粤语中分别读为tʃ、tʃʰ,在普通话中变为tʂʰ;澄母字在钦州粤语中分别读为tʃ、tʃʰ,在普通话中变为tʂ、tʂʰ、ts;从母字在钦州粤语中分别读为tʃ、tʃʰ,在普通话中变为tɕ、tɕʰ、ɕ、ts、tsʰ;心母字在钦州粤语中分别读为ɬ、tʃʰ、ø,在普通话中变为ʂ、s、ɕ以及零声母;邪母字在钦州粤语中分别读为tʃ、tʃʰ、ʃ,在普通话中变为ts、tsʰ、s、tɕʰ;崇母字在钦州粤语中分别读为tʃ、tʃʰ、ʃ,在普通话中变为tʂ、tʂʰ、ʂ、tɕʰ、tsʰ;章母字在钦州粤

语中分别读为 tʃ，在普通话中变为 tʂ；昌母字在钦州粤语中分别读为 tʃʰ、ʃ，在普通话中变为 tʂ、tʂʰ、tsʰ；船母字在钦州粤语中分别读为 t、ʃ，在普通话中变为 tʂ、tʂʰ、t；书母字在钦州粤语中分别读为 ʃ，在普通话中变为 tʂ、tʂʰ；日母字在钦州粤语中分别读为 n、j，在普通话中变为 ʐ；群母字在钦州粤语中分别读为 k、kʰ、ŋ，在普通话中变为 tɕ、tɕʰ、k、kʰ；晓母字在钦州粤语中分别读为 j、h、n、kʰ、f，在普通话中变为 x、k、ɕ；匣母字在钦州粤语中分别读为 j、ʃ、kw、v、h，在普通话中变为 kʰ、ɕ、x；精母字在钦州粤语中分别读为 tʃ，在普通话中变为 tɕ、tɕʰ、ts、tsʰ；禅母字在钦州粤语中分别读为 tʃʰ、ʃ，在普通话中变为 p、pʰ、f。

(四) 钦州白话与中古音对比分析

古全浊音声母并、定、澄、从、邪、崇、船、禅、群、匣在现在读成塞音、塞擦音时，不管是平声还是仄声，大多数读成送气的清声母。

定母

例字	题	桃	头
韵部	蟹开四	效开一	流开一
读音	tʰɐi²¹	tʰɐu²¹	tʰɐu²¹

澄母

例字	厨	绸	锤
韵部	遇合三	流开三	止合三
读音	tʃʰi²¹	tʃʰɐu²¹	tʃʰui²¹

从母

例字	才	彩	齐
韵部	蟹开一	蟹开一	蟹开四
读音	tʃʰɔi²¹	tʃʰɔi³⁵	tʃʰɐi²¹

邪组

例字	邪	辞	隧
韵部	假开三	止开三	止合三
读音	tʃʰɛ²¹	tʃʰi²¹	tʃʰi²¹

古心母字大部分演变为边擦音 ɬ：

心母

例字	私	扫	性	辛
韵部	止开三	效开一	梗开三	臻开三
读音	ɬi⁵⁵	ɬɐu³⁵	ɬeŋ⁵⁵	ɬɐn⁵⁵

古知、庄、章母字合并为 tʃ、tʃʰ、ʃ：

知母

例字	追	猪	朝	书
韵部	止合三	遇合三	效开三	流开三
读音	tʃui⁵⁵	tʃi⁵⁵	tʃʰiu³³	ʃi⁵⁵

庄母

例字	查	滓	抓	捉
韵部	假开三	止开三	效开二	江开二
读音	tʃʰa⁵⁵	tʃi³⁵	tʃa⁵⁵	tʃɔk⁵⁵

章母

例字	遮	者	爪	真
韵部	假开三	假开三	效开三	臻开三
读音	tʃɛ⁵⁵	tʃɛ³⁵	tʃau³⁵	tʃɐn⁵⁵

三、结语

通过列出钦州粤语声母表，并与中古音进行比较，我们大致地描写了钦州粤语和普通话在读音上的差异。这两种语言与《方言调查字表》的中古音相比，都产生了很大的变化。不过，钦州粤语比普通话更加接近中古音，保留的古音读法也更多。

【参考文献】

[1] 陆波.广西钦州钦廉片方言音韵研究[D].广西大学硕士学位论文，2006.

[2] 梁猷刚.广西地区语言的分布[J].方言，1986（3）.

[3] 杨焕典，李谱英，刘村汉，梁振仕.广西的汉语方言（稿）[J].方言，1985（3）.

[4] 中国社会科学院语言研究所.方言调查字表[M].北京：商务印书馆，2012.

[5] 唐作藩.音韵学教程[M].北京：北京大学出版社，2013.

[6] 黄伯荣，廖序东.现代汉语[M].北京：高等教育出版社，2007.

[7] 洪珏.南宁白话的语音特点[J].广西师范大学学报，1989（1）.

[8] 袁家骅.汉语方言概要[M].北京：语文出版社，2001.

岳阳县方言与汉语普通话的动态助词对比研究

付 妮[①]

岳阳县位于湖南省东北部，东接湖北省通城县，东南连平江县，南抵汨罗市，西南以湖洲与沅江市、南县交界，西与华容县、君山区毗邻，北与临湘市、云溪区、岳阳楼区、君山区接壤。总面积约2930平方千米，总人口96万。全县基本说汉语，县内方言复杂，素有十里一方音之说。

动态助词又称"时态助词"，指附着在动词或形容词后边，表示动作行为或状态变化的某种体态（或称"情貌"）的助词。汉语普通话中的动态助词有"起、着、了、过"，分别表示起始态、持续态、完成态、经历态。岳阳县方言也有丰富的动态助词，它们表示动作或行为的状态，如"起、倒、哒、得、过、着"等，这些动态助词与普通话动态助词有相同的地方，同时也表现出自己的特点，下面分别进行对比研究。

一、表起始

普通话表起始的动态助词是"起"，放在动词后表示动作刚刚开始或即将开始。动词前面有表示时间、地点或方位的状语。如：

（1）从第一个数起。
（2）从去年五月份算起。
（3）大家高兴得唱起了歌。
如果直接用"动词+起"，后面需要加"来"。如：
（4）他说着说着就哭起来了。
（5）上起课来就忘了吃饭。
（6）他一忙起来就忘了时间。
这是因为：动词后面直接加"起"，不仅表示动作的开始，并且还表示动作进入某种状态的持续。同时动词后面加宾语需要放在"起"和"来"中间，构成"V+起+宾+来"的结构。

岳阳县方言表示起始态的也是"起"，如：
动词后面直接加"起"：
（7）从头前写起。（从前面写起。）
（8）从第一个数起。（从第一个开始数。）
（9）忙起来哒不住手脚。（忙个不停。）
动词后面加"起来"：
（10）哭起来哒。（哭起来了。）
（11）他一发起脾气来哒蛮吓人。（他发脾气时很吓人。）
我们可以看出：岳阳县方言和汉语普通话表示起始态的标记都是"起"，并且用法大致相同。

[①] 付妮，女，湖南岳阳人，广西民族大学文学院硕士研究生。

二、表持续

持续态指动作在持续或性状在延续。汉语普通话中用"着"来表示。"着"放在动词后构成"V+着"的格式，表示动作的进行和持续。表动作的进行的，如：吃着饭、听着歌、跑着步、下着雨。表示动态的持续的，如：坐着一个人、戴着一顶帽子、墙上挂着一幅画。表示动态进行的可以转化为"正在吃饭/听歌/跑步"，而表示动态持续的则不能转化为"正在/在"这一格式。同时"着"也可以放在形容词后面构成"A+着"的格式表示性状，如：红着脸、低着头。岳阳县方言表示持续态的词有"起、倒、紧倒"，这些动态助词和普通话存在对应的地方。

（一）起

"起"是岳阳县方言常用的动态助词之一。和普通话的"着"一样，"起"也可以在动词和形容词后面表示动作和状态的持续。如：

（12）眼睛视起路，莫踩到水里了。（眼睛看着路，别踩到水里面了。）

（13）他红起一张面，好怕丑。（他红着脸很害羞。）

（14）歪起嘎脑壳。（脑袋歪着。）

和普通话动词加"着"不一样的是，岳阳县方言的动词加"起"不能用时间副词"正在/在"来转换，也就是不能表示静态的持续。如：

（15）墙上挂起一幅画 ≠ 墙上挂着一幅画

（16）椅子上坐起一个人 ≠ 椅子上坐着一个人

（17）衣服上绣起一朵花 ≠ 衣服上绣着一朵花

（二）倒

岳阳县方言的动态助词"倒"和普通话的"着"一样，用在动词后面表示动作的进行或状态的持续，在形容词后表示事物性状的延续。"倒"和"着"除了读音不一样外，没有形式和用法上的差别。

在动词后：

（18）看倒你老弟，莫尽他玩水。＝看着你弟弟，别让他玩水。

（19）嗯在屋里等倒，莫乱跑。＝你在家等着，别乱跑。

（20）灯一直亮倒咯，他肯定在屋里。＝灯一直亮着，他一定在家里。

在形容词后：

（21）他一双眼睛红倒把我吓了一跳。＝他一双眼睛红着，把我吓了一跳。

（22）他还不来，我哩只好一直等倒。＝他还不来，我们只好一直等着。

（23）冒得饭恰，只能饿倒。＝没有饭吃，只能饿着。

岳阳县方言的"倒"在形容词后表示事物形状的延续，还可以表达"无可奈何、听之任之"的情感。

（三）紧倒

"紧倒"是岳阳县方言有特色的、表持续的动态助词，它用在动词前面时，后面一般加"得"构成"紧倒+V+得"格式，表示动作的延续。如：

（24）他紧倒说得，不晓得别人很烦了。（他说个不停，不知道别人已经很烦了。）

（25）嗯一出去就紧倒要得，都不回来恰饭。（你一出门就一直玩，都不回家吃饭。）

（26）一块衣服紧倒穿得，不换下来洗下。（一件衣服穿着都不换下来洗一下。）

"紧倒+V+得"这一格式表达出说话人对持续的动作行为的指责或者厌恶的语气。这是汉语普通话表示持续的动态助词所不具有的。

三、表完成

汉语普通话表示动作行为完成或实现的动态助词是"了"，如：看完了一本书、前进了三十公里、一口气爬到了山顶。岳阳县方言表完成的动态助词比汉语普通话丰富，有"哒、呀、得"等。

（一）哒

岳阳县方言动态助词"哒"和普通话"了"大体一样，在动词后表示动作或状态的完成。如：

（27）他今天总共买哒十本书。=他今天一共买了十本书。

（28）下哒三天雨，路上黑湿。=下了三天雨，路上很湿。

（29）他只读哒个初中。=他只上了初中。

岳阳县方言的"哒"和普通话的"了"一样：在谓词性成分后时是动态助词，在句末且前为体词性成分时是语气词。

（二）呀

"呀"是岳阳县方言用来表示完成态的动态助词之一，其意义与普通话的"了"大致相同。如：

（30）他一哈恰呀三碗饭。=他一下子吃了三碗饭。

（31）宜次期末考试他考呀个倒数第一名。=这次期末考试他考了个倒数第一名。

（32）把书看呀三四遍。=他把书看了三四遍。

"呀"也可以和"哒"连用，加强动作的完成性，强调动作完成之后达到的一种状态。这是普通话的"了"所没有的功能。如：

（33）他恰呀哒饭。（强调吃饭这一过程后达到一种状态）=他吃完了饭。

（34）他把家庭作业哈写呀哒。（强调写作业这一个过程后达到完成作业的状态）=他写完了所有的作业。

（三）得

岳阳县方言的"得"是比较特殊的表完成的动态助词，它相当于普通话的"到"。如：

（35）东西一得他手里，就冇滴拿出来嘎。=他一得到了东西，就不会拿出来。

（36）钱一得他身上就花完哒。=他一拿到了钱就花完了。

（37）等得嗯哩长大，我就老呀哒。=等你们长大了我就老了。

四、表经历

普通话的动态助词"过"表示曾经有某种经历，如：看过这本书、去北京玩过、吃过这种食物。岳阳县方言表经历的动态助词也有与普通话一样的"过"，如：

（38）我看过《三国演义》。

（39）他上半年到过老屋里。=他上半年到过老家。

岳阳县方言还用"倒过"来表示经历，如：

（40）宜块衣我在即家店子里看倒过。=我在那家店见过这件衣。

（41）他嘎故事我听倒过。=他的故事我听到过。

（42）我去年看倒过他。=我去年见过他。

"倒过"在表经历的同时，也强调动作的完成，这与"倒"是表完成的动态助词有关。

五、表接续

普通话以"起、着、了、过"分别表起始、持续、完成、经历四种动作的状态，岳阳县方言除了表上述四种状态的对应动态助词以外，还有一个动态助词"呃"表示特殊的接续态。"呃"用在动词或形容词后表示等下一个动作完成后再继续目前的动作。如：

（43）我哩先恰起呃，边恰边等。（表示开始吃这个动作完成后再接着前面的等的动作）=我们先吃，边吃边等他们。

（44）莫写呃，等老师说了再写。（表示停止写，等老师说了再完成写的动作）=先别写，等老师说了再写。

（45）先莫忙呃，吃盅茶再架势。（表示停止忙这个动作，先完成喝茶的动作）=先别忙，喝杯茶了再开始。

六、小结

通过对比岳阳县方言和汉语普通话动态助词的形式及用法，我们发现了其中的相同点与不同点：岳阳县方言与普通话一样有表示起始、持续、完成、经历的相应动态助词，除此之外，岳阳县方言还以"呃"表示动作等下一个动作完成后再继续的"接续态"。另外，在表示起始、持续、完成、经历时，岳阳县方言的动态助词比普通话更加丰富，形成一对多的格局。比如：同是持续态，普通话用动态助词"着"来标记，而岳阳县方言可以用"起、倒、紧倒"来表示。不仅如此，岳阳县方言的动态助词的表达效果与普通话也有一定的差别。比如：同是表达完成态，岳阳县方言的动态助词"呀""哒"加强了动作的完成。总而言之，岳阳县方言和汉语普通话的动态助词存在对应的地方，也有自己的特色，值得我们进行更加深入的对比研究。

【参考文献】

[1] 方平权.岳阳方言研究[M].长沙：湖南师范大学出版社，1999.

[2] 伍云姬.湖南方言的动态助词[M].长沙：湖南师范大学出版社，1996.

[3] 许余龙.对比语言学[M].上海：上海外语教育出版社，2010.

[4] 张登岐.现代汉语[M].北京：高等教育出版社，2005.

[5] 马兰花.岳阳方言中动态的表达[J].桂林航天工业高等专科学校学报，2005（4）.

[6] 张静.V起的句法、语义及语法化研究[D].河南大学硕士学位论文，2010.

山东安丘方言与普通话的程度副词对比研究

曹凤丽[①]

一、引言

安丘市位于山东半岛西部,潍坊南部,地处东经118°44′至119°27′、北纬36°05′至36°38′之间。东与昌邑、高密以潍河为界,西接临朐县,南隔渠河与诸城市、沂水县毗邻,北连昌乐、坊子等县区。市域面积1928平方千米,人口105万。安丘方言属于北方方言胶辽官话青州片,同属的还有昌邑、高密、诸城、沂水、青岛等地方言。(中国社会科学院等1988)

副词的分类众说纷纭,但一般来说包括程度副词、时间副词、范围副词、情态副词、语气副词、重复副词等,现代汉语中的程度副词有"很、极、非常、太、过分"等,程度副词的使用使人们在表情达意上更加的具体生动。在安丘方言中,程度副词颇具特色,本文把安丘方言的程度副词与普通话进行对比研究,希望能对家乡的语言研究做出一定贡献。

二、现代汉语中的程度副词及其分类

副词,这一术语译自英语的adverb,即附于动词、形容词及其他副词的词类。马建忠仿效西洋语法所写的《马氏文通》,立"状字"一类,"凡实字以貌动静之容者"曰"状字",相当于英语的adverb。《马氏文通》以后的语法著作里,改状字为副词,一直沿用到现在。(张静1983)副词在汉语中占有特殊的地位,古往今来,人们都非常重视副词的运用。

在目前副词的定义也有很多表述:陈承泽先生认为字之专以限制修饰象字或动字者为副字。(陈承泽1982)陈望道先生认为副词是标示陈述的气势、神志和体式量度的实词。(陈望道1978)丁声树先生认为副词是通常修饰动词、助动词、次动词、形容词的词。(丁声树1982)王力先生认为副词是永远不能做句子的主要骨干,既不能作主语又不能作谓词的词。(王力1978)朱德熙先生认为,副词是只能充任状语的虚词。(朱德熙2003)以上所列几位名家对副词的定义,是他们早期研究的成果。由于定义的出发点不同,有的侧重于副词的词汇意义,有的侧重于副词的语法功能,定义的方式和词句也便各异。吕叔湘先生在他的《中国文法要略》中则只讲副词的特点,干脆不予定义。近年来高校的汉语教材也有采取吕先生的策略的,比如胡裕树先生主编的《现代汉语》和张静先生主编的《新编现代汉语》就是。而黄伯荣、廖序东主编的《现代汉语》则综合前述的定义方法,兼顾词汇意义和句法功能两个方面,定义为:副词是限制修饰动词、形容词,表示程度、范围、时间等的词。学者们认为,这个定义是比较客观、全面的了。

这里涉及到了副词内部的分类问题,究竟将副词分为多少个小类?《国文法草创》分为3类:(1)限制副词;(2)修饰副词;(3)疑问副词。《新著国语文法》(黎锦熙著)将副词分为6类:(1)时间副词(过去时、现在时、未来时、不定时);(2)地位副词;(3)情态副词(客观的、主观的);(4)数量副词(关于次数、程度、范围);(5)否定副词;(6)疑问副词(问时间、问数量、问原因、问方法或情形、问反

[①]曹凤丽,女,广西民族大学文学院硕士研究生。

诂或反推)。《文法简论》分为2类:(1)限制副词;(2)修饰副词。《语法讲义》分为4类:(1)范围副词;(2)程度副词;(3)时间副词;(4)否定副词。《中国文法要略》分为7类:(1)方所副词;(2)时间副词;(3)动态动相副词;(4)程度副词;(5)判断副词;(6)否定副词;(7)一般副词。《中国现代语法》则分为8类:(1)程度副词(下分绝对的和相对的两种);(2)范围副词(下分指示主语的范围、指示谓语的范围、指示目的位的范围3种);(3)时间副词(下分着眼在事物是否完成、着眼在何时发生、着眼在时间长短、着眼在时间早晚、着眼在事情缓急、着眼在事情的重复和延续、着眼在事情的次序、着眼在事情常见或罕见);(4)方式副词;(5)否定副词;(6)可能或必要副词;(7)语气副词;(8)关系副词。胡裕树主编的《现代汉语》和黄伯荣、廖序东主编的《规代汉语》则分为6类:(1)表示程度的;(2)表示范围的;(3)表示时间、频率的;(4)表示肯定、否定的;(5)表示情态方式的;(6)表示语气的。副词小类的划分之所以有如此的差异,主要是副词在语义表达上的复杂性决定的。吕叔湘先生曾经说过:副词内部需要分类,可是不容易分得干净利索,因为副词本来就是一个大杂烩。(吕叔湘1979)

三、安丘方言中的程度副词及其分析

安丘方言中的程度副词有和现代汉语普通话相同之处,但也有很多地方有自己的方言特色。在安丘方言中有"相、刚、奇"等几个程度较高和使用频率较高的程度副词,同时还有"怪、沾、溜、冒、楞"等使用程度不高和频率不高的程度副词,也有很多和某些形容词固定搭配的程度副词和固定结构。

(一)普通程度副词

"相、刚、奇"这些程度副词都是安丘方言中用途广泛的程度副词。

1."相、刚、奇"这几个程度副词都是表示程度深的

(1)一般都只放在所修饰词的前面作状语,修饰形容词和某些心理活动的动词或带有字的"有+VP"结构和像字结构等谓词性结构。

a.修饰形容词:①《晚间新闻》这个节目办得相好。②姚明长得相高。

b.修饰心理活动的动词:①我相喜欢我外婆。②大家都相讨厌她。

c.修饰有+NP结构:①汪涵说话相有意思咪。②今天中午煎的鱼相有味咪。

d.修饰像字结构:①你和你妈妈长得相像。②现代婚姻相像一个围城。

e.修饰VP结构:这些程度副词修饰的VP结构又包括两类动词:一类是VP结构中的动词基本上是抽象的,程度副词"相、刚、奇"的修饰使这一抽象的概念增加了一定的程度。①大舅家的孩子相懂事啊。②钟汉良的个性相吸引人嚷。另一类动词则是比较特殊的能愿动词,形成"能愿动词+VP"的结构,表示对能愿动词的程度上的加强。①我肚子饿的时候相能吃。②他还相愿意干这个事。

f.修饰兼语结构:在现代汉语中,兼语短语的结构是"Ｖ１＋Ｎ＋Ｖ２"的形式。Ｖ１的特征可以分为两类:一类是不具有实在行为意义的动词,如"使、令、叫、招、让、讨、引"等;另一类是具有实在行为意义的动词,如"请、派、命令"等。能够受程度副词修饰的兼语式结构一般由不具有实在行为意义的动词组成的兼语结构。①他相招人喜欢咯。②他办事相让人放心。/他办事让人相放心。

(2)程度副词和整个修饰结构一起所作的句子成分。

a.作谓语:①《天龙八部》中的乔峰相有英雄气概。②我和他还相聊得来呢。

b.作定语:①林语堂是个相有思想的人。②碰上一个外国人而又不会讲外语还真是件相伤脑筋的事。

c.作补语:①《平凡的世界》这本书写得相好。②蒙老师的字写得相漂亮。

(3)安丘方言中程度副词作用很大,不仅能起修饰作用,而且能够表达各种不同的语气。同时与之搭配的安丘方言中的语气词也很多,如"睐、嚷咧、啦呢"等。和不同的语气词搭配所表达的语气也不同。"相、刚、奇"都表程度，并且程度都很高，但是，它们在意义上和实际使用中还是有一点小小的区别和联系。

区别：首先，意义上有差别。从程度上来说，这3个词都是表达程度高的意思，但在表达程度高的这些词语中，"奇"相对来说又要稍微低点。"奇"更多地从客观实际出发，说明或描述客观情况，而"相"和"刚"则更多地融入了说话者的主观情感。如：①刘勇这个人奇好。②刘勇这个人相好哎。第①句是从实际出发，客观地描述刘勇这个人很好，而第②句则是除了客观描述外，还带着说话者的赞扬与喜欢等多种主观情感在里面。其次，用法上有差异。"相、刚"这几个程度副词所表达的语气色彩和感情色彩都比"奇"更强烈一些。如：A今年的春晚相/刚好看。B今年的春晚奇好看。

联系："相刚"和"奇"可以修饰动词、形容词的否定形式，构成"相/刚+不/没有+A/VP"形式。①他相/刚/奇不愿意去写作业啊。②他相/刚/奇不会说话哎。③这甜瓜相/刚不甜哎。④这钥匙相/刚/奇不好使哎。但奇在③中却很少使用，及很少用奇不甜这个词，至于什么原因，则需要我们作进一步的研究。

（4）"相"和"刚"又是两个普通而又特殊的程度副词。所以它的使用也并非是毫无局限的，和否定词的搭配中它也要受一定的限制。如有些词前面加否定形式"不"以后形成的状中结构却不能受"相"和"刚"修饰。试比较一下两组例子：（潍坊市师范院校协编 1990：266）

A 相/刚不高兴　相/刚不甜　相/刚不好　相/刚不简单　相/刚不认真　相/刚不赞成　相/刚不节约
B 奇/刚不伤心　相/刚不酸　相/刚不坏　相/刚不复杂　相/刚不马虎　相/刚不反对　相/刚不浪费

在上述例子中，A组都是成立的，B组都是不能成立的。通过上述两组例子的对比，我们可以看出，原本可以单独被"相、刚"修饰的形容词（坏、大、重等）前加否定副词"不"后，也就是说，当"相"和"刚"后面接上一个消极意义的词的时候，则讲不通。而当"相/刚"后面是一个积极意义的词或者是褒义词时，则一般能讲得通。

（5）这和现代汉语中的程度副词有很大的相似之处。现代汉语中反义义场内的形容词总是成对的，但在使用频率上有着不平衡现象，往往表示积极意义的形容词使用的频率高，如"认真—马虎、赞成—反对、节约—浪费、好—坏"等，其中表积极意义的认真、赞成、节约、好使用的频率高于它们的反义词，可以进入"～不～"的模式，同时可以接受"很不～"的否定。如"很不认真、很不赞成、很不节约、很不好"等，而不说"很不马虎、很不反对、很不浪费、很不坏"，除非说话人设想或担心时才这样说，例如，如果说话人担心其小、其轻，见到实物发现和自己的设想担心不一致时，也会说"很不小、很不轻"，有感叹的意味。安丘方言中用"刚"代替"很"，也有这样的语用效果。需要指出的是，"相/刚"不简单并不等于很复杂的意思，而是很厉害。

（6）所以从以上例子可以看出来，在安丘方言中，程度副词"相"和"刚"的用法比"奇"更加广泛。在否定词使用过程中，可以直接在"相"和"刚"字结构后加不构成带有否定意义的词组。而"奇"的后面则几乎不能直接加上一个否定词来表达相应的否定意思。当然，这种否定不是全部否定，而只是部分否定。

2. 怪、沾、冒、楞这几个程度副词在使用频率和程度上都是比较低的

这些程度副词用法比较广泛，可以放在形容词前修饰形容词，如"怪/沾/冒/楞黑、怪/沾/冒/楞急、怪/沾/冒/楞累"等，同样，也可以放在表示心理活动的动词前修饰动词，如"怪/沾/冒/楞想你、怪/沾/冒/楞喜欢、怪/沾/冒/楞害怕、怪/沾/冒/楞担心"等等。另外，"怪/沾/冒/楞"还可以修饰某些动词，如"怪/沾/冒/楞吓人"。

在用法上"怪、沾、冒、楞"这几个程度副词一般可以和否定词连用，最明显的就是它们一般能像程度副词"相"和"刚"一样修饰动词、形容词的否定形式，构成"相/刚+不/没有+A/VP"形式。

①A：他相/刚不愿意去写作业。B：他怪/沾/楞不愿意去写作业哎。
②A：他相/刚不会说话哎。B：他怪/沾/楞不会说话哎。
③A：这甜瓜相/刚不甜哎。B：这甜瓜怪/沾/楞不甜哎。
④A：这钥匙相/刚不好使哎。B：这钥匙怪/沾/楞不好使哎。

但是通过比较可以看出A组比B组的使用频率要高，同时A、B两组在程度上也有很大差别，显然A组的程度要大一些，B组的程度要小一些，并且意义发生了一些改变。

"怪/沾/楞"也可以作为程度副词修饰形容词，比如上面说的"怪/沾/楞痛、怪/沾/楞累"。另外，"怪/沾/楞"还可以修饰心理活动的动词，如"怪/沾/楞喜欢、怪/沾/楞讨厌、怪/沾/楞害怕、怪/沾/楞后悔"等，可以不带宾语，也可以带宾语，如"怪/沾/楞喜欢他、怪/沾/楞担心这件事"。同时，"楞/沾"还可以修饰不及物动词，如"手楞哆嗦""眼睛沾肿"。

（二）专用程度副词

在安丘方言中，还有很多形容词的前面往往有专门的程度副词来修饰。这些程度副词和形容词之间有的是一一对应的关系，有的是多对一的关系。

1. 一一对应的修饰关系

（1）无修辞关系的修饰，如：溜酸；焦干；喷香；颤新；条白；统红；哼：哼黑。另外还有现：现紫；刮：刮苦。喷：喷香。炸：炸凉。稀：稀烂。这些程度副词都是表示"很"的意思，表示的都是高程度。受到这些程度副词修饰后的词语不能再受其他程度副词修饰，不然会造成重复。这些程度副词也只有用在这些固定的形容词前才表示程度，用在其他地方就会有其他意思。比如"颤"用在"新"前面表示的颤新是说很新很新的意思，但是用在"颤抖"等词语中就不是程度副词了。其他词语如"溜、统、焦"等等也是一样的。

（2）有修辞关系的修饰，如：锋快；笔直；飞快；冰冷。这些程度副词和形容词之间构成了一种比喻的关系，形成"像……一样"的意义。如"锋快"就是表示像锋一样的快，一般就是用来形容刀的：这把刀锋快的。其他词语也一样。

2. 一对多修饰关系的程度副词

除了以上说的一一对应的修饰关系外，还有的程度副词可以修饰几个形容词，也就是和几个形容词形成固定搭配。如"溜：溜光，溜圆；帮：帮紧（bēngjǐn），帮硬"。

四、结 语

总之，安丘方言中的程度副词相当丰富，既有大众化的，几乎可以修饰任何形容词的；又有固定搭配的，已经和形容词结合在一起形成固定词组。在表情达意上更具体生动，在2009年安丘春晚的一个节目《安丘方言》更是受到了广大人民的喜爱，拉近了人与人之间的距离。并且，安丘方言中的程度副词一直都处在变化发展中。一个很大趋势就是逐渐向现代汉语普通话靠拢。总之，安丘方言很有自己的特色，值得我们做进一步的研究。

【参考文献】

[1] 韩翕言.潍坊的方言土语[M].山东省内部资料性出版，2010：214.

[2] 潍坊市师范院校协编.潍坊方言与普通话[M].济南：山东大学出版社，1990：266.

[3] 黄伯荣，廖序东.现代汉语（增订四版）下册[M].北京：高等教育出版社，2007：17.

[4] 钱曾怡.山东方言研究[M].济南：齐鲁书社，2002.

[5] 吕叔湘.汉语语法分析问题[M].北京：商务印书馆，1979.

[6] 中国社会科学院语言研究所词典编辑室编.现代汉语词典（第五版）[Z].北京：商务印书馆，2009：446.

[7] 中国社会科学院，澳大利亚国立大学.中国语言地图集[M].香港：朗文出版社，1988.

试释"囝"

韦树关[①]

"囝"是汉语闽方言中普遍使用的一个方言词。[②]关于这个词，李如龙教授（2005b）在《关于东南方言的"底层词"研究》一文中说："……闽语里还有另一个用得很普遍的'囝'。《集韵》收了这个字，注音是'九件切'，和各地读音都很贴合：闽南话kiã³，闽东话kiaŋ³，闽北话kyaiŋ³，海南话kia³。义注'闽人呼儿为囝'也十分准确。大多数闽方言这个'囝'已经虚化，如说'椅囝、刀囝、猴囝'。"

由于闽方言是在百越故地上发展形成的汉语方言，故有的学者将"囝"归入古百越语（今壮侗语）"底层词"，也有的学者认为是南亚语的"底层词"。

南亚语底层说。早在1974年，罗杰瑞和梅祖麟在《古代江南的南亚民族》(*The Austroasiatics in South China: Some Lexical Evidence*)一文中，就提出闽方言的"囝"是南亚语con、koun（儿子；孩子）等的底层。他们列举了南亚语一些语言"儿子；孩子"的说法：越南语con，柬埔寨语koun，孟语口语kon，孟语书面语kon、kwen，Bru语kɔɔn，Chong语kʰeen，佤语kɔn，Khasi语kʰuùn，Khria语kɔnɔn（小），Santali语hɔn（儿子；孩子），Ho语hon（孩子）。

李如龙教授（2005a）也同意这种观点："根据考古学、民族学的研究成果，闽台地区相近的文化可以追溯到三四千年前，这一带新时期时代的文化可以肯定是南岛文化。和闽语的'囝'音义相近的说法可以在孟高棉语族里找到。"

古百越语底层说。李如龙教授（2005b）在《关于东南方言的"底层词"研究》一文中又认为"囝"为古百越语底层，但未见论证。他说："很难设想，这么重要的核心词在上古汉语中毫无踪迹，突然从闽地创造出来，并且用得这么广泛和频繁。最大的可能就是从古百越语中借用的。"

古百越语底层说因未见论证，我们无从讨论。南亚语底层说，表面上看似乎言之成理，但细一琢磨，尚有值得商榷之处。"囝"闽南话读kiã³，[③]闽东话读kiaŋ³，闽北话读kyaiŋ³，有鼻音韵尾ŋ或n，与con、koun等无论语音还是语义都是对得上的，但难以解释闽方言中有的地方"囝"并不带鼻音韵尾。如海口话和雷州话：

海口话——《海口方言词典》[④]第56页"囝"条：【囝】kia²¹³❶子女：伊有两个～，一男一女 ❷专指儿子：～在外做生意 ❸婴儿：～啼肚困饥饿猛快要给奶食 ❹青少年的通称：公爹～男孩子｜炸嬭～女孩子。

雷州话——《雷州方言词典》[⑤]第64页"囝"条：【囝】kia²¹子女：饲～养孩子。

当然，可以把kia解释为kian韵母鼻音化（kiã）进而完全丢失鼻音所致。但我们发现，海口话和雷州话的kia与作后缀的"仔"是同音的：

海口话——《海口方言词典》第55页"仔"条：【仔】kia²¹³❶名词后缀。A）加在名词性语素后，表示

[①]韦树关，男，1965年生，广西民族大学文学院教授。
[②]根据《汉语方言大词典》(中国复旦大学、日本京都外国语大学合作编纂，中华书局，1999年)第1977页"囝"条，吴方言、客家方言个别地方也有这个词。
[③]kiã³应是kian³韵母鼻音化所致。
[④]陈鸿迈：《海口方言词典》，南京：江苏教育出版社，1996年。
[⑤]张振兴、蔡叶青：《雷州方言词典》，南京：江苏教育出版社，1998年。

小的东西：灯~｜帽~｜凳~。B）加在形容词后使成名词：肥~胖子｜矮~矮个子。

雷州话——《雷州方言词典》第56页"仔"条：【仔】kia²¹❶做表示事物名词的词缀，表示小称或昵称：鸡~小鸡儿｜鸟~鸟儿｜凳~小凳子｜树~小树，树苗。

这是一个值得注意的现象。作"孩子"解的kia与作后缀表示"小"义的kia，是否有某种关联？许多语言（或方言）"孩子"和表示"小"义的词缀往往是一个词，如普通话的"子"，作实词解有"孩子"义（如"教子有方"），作词缀解有"小"义（如"雹子""扣子"）；壮语luk⁸作实词解有"孩子"义（如te¹ mi² sa:m¹ luk⁸他有三个孩子），作词缀解有"小"义（如luk⁸sa¹铁砂子、luk⁸sak⁷塞子）；越南语kɔn¹（越文con）作实词解有"孩子"义（如tsi⁶ kɔ⁵ məi⁵ kɔn¹？您有几个孩子？），作词缀解有"小"义（kɔn¹ja:u¹刀子、kɔn¹kwai¹陀螺、kɔn¹ŋɯ:i¹眼珠）。

我们认为，海口话、雷州话中，"囝""仔"读音完全相同，不是巧合，而是有内在联系的。作后缀表"小"义的"仔"应是由表"儿女"或"儿子"的"囝"引申出来的，所以可以认为两字实为一字，只是不同情况写法不同而已。这与普通话的"子"、壮语的luk⁸、越南语的kɔn¹的情况是一样的。因而把闽方言的"囝"看成是南亚语con、koun的底层在海口话、雷州话中是解释不通的。

进一步探究，我们认为海口话、雷州话的"囝""仔"有可能就是"子"字。从词义上看，"囝"表示"儿女"或"儿子"，"仔"作名词后缀，表示小称、昵称等语法意义，这与"子"的意义是相同的。从语音上看，"子"是阴上字，"囝""仔"也都是阴上字：

	囝	仔	赶	酒	浅
海口话	kia²¹³	kia²¹³	kua²¹³	tsiu²¹³	sin²¹³
雷州话	kia³¹	kia³¹	kua³¹	tsiu³¹	tshieŋ³¹

至于闽南话kiã³，闽东话kiaŋ³，闽北话kyaiŋ³，折合成普通话读tɕiɛn³，很容易让人联想到吴方言的"囡"。"囡"是吴方言中典型的方言字，有non（老上海话）、na:n（义乌话）、nã（江山话）、ʔnoŋ（丽水话）、nø（余姚话）等多种读音。潘悟云教授（1995）在《"囡"所反映的吴语历史层次》一文中认为，吴语"囡"是"女儿"的合音。"女儿"中的"儿"因为是词尾，在大部分吴语中都弱化作n或ŋ，以后与前头的"女"合成一个音节，形成新的词。他并且指出，"苏州一带'囡'与'男'同音，而且小称变作阴平。《新华字典》的'囡'注音作nan，阴平，大概是从苏州一带的读音类推而得。但是从更大范围的比较可知，它折合成普通话应该是nuǎn，上声。"①闽方言中的kiã³、kiaŋ³、kyiŋ³也应是"子儿"的合音：

kia+n→kian→kiã　　　　　　kia+ŋ→kiaŋ→kyaiŋ

我们说kiã³、kiaŋ³、kyaiŋ³一类的音节是由kia+n/ŋ合音而成，理由有三：其一，这些音节都读阴上调，表明它们与kia同属一个调类。因为词尾"儿"（n/ŋ）为弱化音节，黏附在kia之后，容易失去原有的调值，合成的新音节自然就保留了kia原有的调值，就如同普通话中的"儿化韵"，儿化之后的新音节调值与原音节的调值相同，如"xuar⁵⁵花儿"。其二，汉语方言中，确有将子女称为"子儿"的，如《汉语方言大词典》②第四卷第472页"子儿"条第二个义项：〈名〉子女。客话。福建永定下洋[tsɿ⁵³ zɿ¹¹]。其三，汉语方言中，"儿"读n或ŋ，不乏其例。如崇明话"n²⁴ tsɿ⁴²⁴儿子"，温州话"khø³¹³ ŋ³¹丐儿"（乞丐），苏州话"khuɛ⁵¹³·ŋ筷儿"（筷子）。

可见，闽方言中的"囝"有两类读音：不带韵尾的kia和带韵尾的kiaŋ³、kyiŋ³、kiã³（kiã³中的鼻化音ã是从an演变而来的，所以也可以归入此类）。不带韵尾的kia可能就是"子"，而带韵尾的kiaŋ³、kyiŋ³、kiã³可能就是"子"（kia）和"儿"（n或ŋ）的合音。

---

①潘悟云：《"囡"所反映的吴语的历史层次》，载自《语言研究》1995年第1期。
②中国复旦大学、日本京都外国语大学合作编纂：《汉语方言大词典》，北京：中华书局，1999年。

在汉语方言中，闽方言是保留上古音较多的方言。"子"字声母在闽方言中的特殊读音k，是否就是"子"字上古音声母的遗存？我们认为这是完全有可能的。

"子"为精母字，精母在《切韵》时代读塞擦音*ts，这是汉语音韵学界的共识。塞擦音在汉语乃至汉藏语系语言中是固有的还是后起的，这个问题近年来引起了学者们的关注。以往的研究都认为塞擦音在上古汉语就已经存在，但郑张尚芳先生（1999）认为汉语的塞擦音是后起的；[①]张均如先生（1983）认为壮侗语族本无塞擦音。[②]在藏缅语族研究界，也有学者提出藏缅语族的塞擦音是晚起的语音现象。孙宏开先生1983年在起草《藏缅语语音和词汇》一书的导论时，对藏缅语的塞擦音问题有这样一段话："从各语言同源泉词的对比情况看，参照藏文、缅甸文等历史文献，我们初步发现，中古时期藏缅语的塞擦音是比较少的，也许没有塞擦音，在长期历史演变过程中，塞擦音才逐步发展起来。"[③]这些研究表明，汉藏语系的塞擦音是后起的。

我们知道，壮侗语族语言的塞擦音声母ts有复辅音kl的来源。如：

	泰国语	壮语	拉珈语	岱—侬语
秧苗	kla:³	kja³	kjie³	tsa³
鼓	klɔ:ŋ²	kjo:ŋ¹	kjuŋ¹	tsɔ:ŋ¹
中间	kla:ŋ²	kja:ŋ¹	tsa:ŋ²	tsa:ŋ¹
金钱癣	kla:k⁹	kja:k⁷	—	tsa:k⁹
去年	kla:i²	kja:i¹前年	—	tsa:i¹

由复辅音kl演变为塞擦音ts，演变的过程为：*kl→kj（腭化）→ts（塞擦化）。上古汉语的"子"字，是否也有复辅音kl的来源呢？

汉语不少方言中有一个作"儿子"或后缀解的"崽"字（或作"仔"），如成都话tsai³，南宁平话tsai³，长沙话tsai³，南昌话tsai³，柳州话tsæ³，萍乡话tsœ³，广州话tsɐi³，娄底话tse³，东莞话tsɔi³，黎川话tsɛi³等。邢公畹先生在《汉台语比较手册》一书中认为，"崽"实际上是"子"的音转。他说："《方言·十》：'湘沅之会，凡言是子者谓之崽。'后注云：'崽，声如宰'。现长沙、南昌、广州、阳江等方言仍然称'儿子'为tsai³。'宰'字《广韵》归入《海》韵，'作亥切'，是上古的之部字。'宰'字现在广州说作tsɔi³。由'宰'字上推，其音变程式当为：'宰'tsɔi³＜ᶜtsǎi＜*ᶜtsəg，可知这是'子'字的音转：'子'广州tsi³＜ᶜtsï＜*ᶜtsjəg。"[④]

越南语tṣa:i¹（越文trai）可与汉语方言中的"崽"（仔）对应。tṣa:i¹有以下两个义项与"崽"（仔）有关：①男，男子 ②丁壮，成年男子。[⑤]据马伯乐（Maspéro 1912）研究，越南语的tṣ声母来自古代塞音加流音的复辅音。我们将越南语tṣ-声母词与南亚语其他语言进行比较，发现越南语的tṣ-的确与南亚语一些语言的复辅音声母相对应。如：[⑥]

tṣam¹百，芒语tlăm，孟语klɔm，额语、阿拉克语、布劳语klam，卢语klam¹。

tṣoŋ¹里面，芒语tloŋ，柬埔寨语knoŋ，库伊语、斯丁语kənoŋ，叟埃语、布鲁语、罗文语、阿拉克语、布劳语、坦普温语kənuŋ（罗文语意为"卧室"），克木语kluaŋ，卢语klɔŋ¹。

tṣəu¹水牛，芒语tlu，库伊语tri？，叟埃语triə？，布鲁语tərɛə？，额语t'rii？，克木语traak，卢语klu¹、tlu¹。

[①] 郑张尚芳：《汉语塞擦音声母的来源》，《汉语现状与历史研究》，北京：中国社会科学出版社，1999年。
[②] 张均如：《壮侗语族塞擦音的产生和发展》，载自《民族语文》1983年第1期。
[③] 藏缅语语音和词汇编写组：《藏缅语语音和词汇》，北京：中国社会科学出版社，1991年，第20页。
[④] 邢公畹：《汉台比较手册》，北京：商务印书馆，1999年，第115页。
[⑤] 雷航主编：《现代越汉词典》，北京：外语教学与研究出版社，1998年，第846页。
[⑥] 资料来源：Nguyễn Văn Lợi（阮文利），1991, Về quá trình hình thành sự đối lập âm vực thanh điệu trong các ngôn ngữ Việt Mường, *Ngôn Ngữ* 1；1993, Tiếng Rục, Hà Nội, Nhà Xuất Bản Khoa Học Xã Hội.

tṣəu² 槟榔，芒语 tlù，柬埔寨语 mluu，拉佤语 pʰluʔ，孟语 həplù，乔崩语 ʔapʰluu，辛语 ntuu，库伊语 bluu，叟埃语 məluə，额语 p'əluə，阿拉克语 p'aluu，罗文语 pəluə，布劳语 məluu，斯丁语 mluu，坦普温语 mlùu，卢语 plu²。

tṣəːi² 天，芒语 tləːi¹，卢语 tləːj²，阿连语 tləi。

tṣan¹ 蟒，卢语 talan¹，孟语 klɔn，巴拿语 klạn。

tṣɔi⁵ 捆绑，芒语 tləi³，卢语 kloj³。

tṣon⁵ 躲避，芒语 tlon³，卢语 klon³。

tṣoŋ⁵ 鼓，芒语 tlôŋ，卢语 kloŋ³。

tṣɔn² 圆，芒语 tlɔn¹，阿连语 tlɔn，卢语 klɔn²。

在上述例词中我们看到，越南语的 tṣ 声母与其他语言的 kl 声母有对应关系。我们回过头来看 tṣaːi1 这个词。越南语的 tṣaːi¹ 在与之同一个语支的芒语中读 tlaːl¹。从上举例词中，芒语的 tl 声母往往与其他语言的 kl 声母相对应。在 kl 声母中，k 受 l 发音部位的同化作用演变为 t，即 kl > tl。这种情况在壮侗语中也能见到：

	秧苗	近	远	鼓	吞	盐
泰国语	klaː³	klai³	klai²	klɔːŋ²	kluːn²	kluua²
石家语①	tla³	tlɤ³	tlai¹	tlɔːŋ1	tluːn¹	tlua¹

所以，可以推断，越南语 tṣaːi¹ 的声母 tṣ 的来源是 *kl。至此，我们可以确信，"子"的声母有复辅音来源。

壮侗语"孩子"的读音也可证明上古汉语"子"字应带有流音 l。② 例如，

"儿女"或"儿子"一词的说法列举如下：

壮傣语支：壮语龙州、傣语、岱—侬语、越南泰语 luk⁸，泰国语、老挝语 luːk¹⁰，壮语武鸣、布依语 luk⁸，临高语 lək⁸。

侗水语支：侗语、佯僙语 laːk¹⁰，仫佬语、水语、毛南语 laːk⁸，拉珈语、莫语、锦语 lak⁸。

黎语支：黎语保定 ɬɯːk⁷。

仡央语支：仡央语 laːk¹¹，普标语越南 ljak² 用于雄性动物，仡佬语 lei³¹。

壮侗语中，luk⁸、luːk¹⁰、lɯk⁸ 等可作名词后缀，其语法作用与汉语的名词后缀"子"相当，只是语序相反：

壮傣语支——泰国语：luːk¹⁰kra-sun¹pɯːn² 子弹，luːk¹⁰kra-dum² 扣子；老挝语：luːk¹⁰jaːˈ¹ 药丸，luːk¹⁰khaːŋ⁵ 陀螺，luːk¹⁰baːt⁹ 色子；岱—侬语：luk⁸put⁸ 瞳孔，luk⁸nu¹ 淋巴结，luk⁸lɯm² 肾脏；壮语：luk⁸paːk⁸ 电子，luk⁸ kɯu² 茄子，luk⁸ dai 柿子；布依语：luk⁸fi² 火星子，luk⁸zeːn⁶ 苦楝子，luk⁸zu¹ 扣子；临高语：lək⁸sai¹ 星星，lək⁸mo² 手指，lək⁸ xek⁷ 海南汉人，lək⁸lo¹ 新郎。

侗水语支——侗语：laːk¹⁰ mjek⁹ 姑娘，laːk¹⁰ mja² 手指，laːk¹⁰ ljaːn⁶ 辣椒；仫佬语：laːk⁸ ca² 茄子，laːk⁸ pak 萝卜，laːk⁸paːk⁸ 电子；毛南语：laːk⁸ paːk⁸ 电子，laːk⁸ kwa³ 南瓜，laːk⁸ pak 萝卜，laːk⁸ mai⁴ 果子；水语：laːk⁸ti³ 儿童，laːk⁸ʁuŋ⁵ 小伙子，laːk⁸toŋ¹ 手指；拉珈语：lak⁸ pup⁸ 柚子，lak⁸ ja² jak⁷ 聋子，lak⁸ pʰaːŋ³

---

① 石家语材料转引自倪大白：《侗台语概论》，北京：中央民族学院出版社，1990年。

② 资料来源：中央民族学院语言研究所第五研究室：《壮侗语族语言词汇集》，北京：中央民族学院出版社，1985年。李锦芳：《布央语研究》，北京：中央民族大学出版社，1999年。刘保元：《汉瑶词典》（拉珈语），成都：四川民族出版社，1999年。黄冰：《老挝语汉语词典》，国际关系学院昆明分部，1999年内部印刷。杨通银：《莫语研究》，北京：中央民族大学出版社，2000年。薄文泽：《佯僙语研究》，上海：上海远东出版社，1997年。薄文泽：《佯僙语研究》，上海：上海远东出版社，1997年。薄文泽：《佯僙语研究》，上海：上海远东出版社，1997年。Hoàng Văn Ma, Lục Văn Pảo: Từ Điển Tày-Nùng Việt, Hà Nội, Nhà Xuất Bản Khoa Học Xã Hội.

瞎子；莫语：lə²tau⁶豆子，lə²ku²茄子，lə²lit⁸栗子；锦语：lə²ka:m⁵柑子，lə²ta:u²桃子，lə²sa¹铁砂子。

仡央语支——布央语：la⁰pak⁵⁴冬瓜，la⁰ŋa³¹²芝麻，la⁰ma:ŋ³¹²鬼；仡佬语：lei³¹zau³³耳环，lei³¹a³³杯子，lei³¹laŋ¹³影子。

汉语"子"是个上声字，近半个世纪以来，一些学者如Haudricort（1954）[①]、梅祖麟（Tsu-lin Mei, 1970）[②]、蒲立本（Pulleyblank, 1978）[③]、郑张尚芳（1994）[④]、潘悟云（2000）[⑤]等认为，上古的上声字带有喉塞音韵尾-ʔ（至今吴方言的温州话、闽方言浦城话、建阳话、（海南）安定话上声字仍保留喉塞音韵尾）。如此说成立，壮侗语luk的-k韵尾就不难解释了。喉塞音韵尾-ʔ在口腔中发音部位十分靠后，不易稳定，于是朝两个方向发展：一是消失（汉语多数方言）；一是与舌根塞音韵尾-k合并（-ʔ、-k音值十分接近）。在汉语的亲属语言中，我们发现，确有带-k韵尾的词与汉语上声字对应。如：

壮侗语——植物的根儿：泰国语ra:k¹⁰，老挝语、越南泰语ha:k¹⁰，傣语ha:k⁸，壮语龙州la:k⁸，岱—侬语la:k¹⁰，壮语武鸣ɣa:k⁸，布依语za⁶ < za:k⁸。

这个词与汉语的"杜"字对应。《方言》"东齐谓根曰杜"。

藏缅语——（材料转引自潘悟云2000：160）

藏文	ŋag语	dmag军队	sgog韭	kjag抬	sŋag赞扬	ɦog下面	grog朋友	n̥ag女人
汉语	语	武	韭	举	许	后	友	女
缅文	kjak饭熟 < *klak（卢舍依语tlak不用盐煮）				u³ hnɔk⁴脑			
汉语	煮				脑			

由此看来，壮侗语的lu:k¹⁰、luk⁸、lɯk⁸等与汉语的"子"是一对上古层次的关系词。因为，如果是中古层次，壮侗语就没有理由把"子"的声母*ts读为l了。另外，壮侗语lu:k¹⁰、luk⁸、lɯk⁸等的韵尾-k也与上古汉语上声韵尾-ʔ对应得上。

此外，汉语方言中作后缀用的"子"也有l声母的读法。例如：

广西葡萄平话：sua²⁴la³³筛子，ka⁵⁴la³³谷子，to⁴⁵la³³担子，tsʰo³³la³³铲子，kuaŋ⁴⁵la³³棍子，pɤ³¹la³³電子，to³⁴⁴la³³桃子，sua³¹la³³柿子，iou³¹la³³柚子，kei²⁴la³³柑子，tʰo⁴⁵la³³兔子，moŋ³⁴⁴la³³蚊子，sɿ²⁴la³³狮子，tsu⁵⁴la³³桌子，tsa³¹la³³席子，pa³¹la³³刨子，kei⁴⁵la³³锯子，teŋ²⁴la³³钉子，sou²⁴la³³梳子，tʰo²⁴la³³摊子，sen²⁴la³³身子，fe⁴⁵la³³痱子，loŋ³⁴⁴la³³聋子，ki³¹la³³轿子，kʰa⁴⁵la³³扣子，ȵin³⁴⁴la³³银子，kuən³⁴⁴la³³裙子，mo⁵⁴la³³袜子，mo³¹la³³帽子，tua³¹la³³袋子。[⑥]

湖南宁远平话：so⁴³⁵·lə沙子，sa⁴³⁵·lə筛子，tɕʰie²¹³·lə茄子，i²¹·lə叶子，tsʰio²¹³·lə席子，tɕiou⁵³·lə镜子，tsəŋ⁵³·lə帐子，tsʰɔ²¹·lə酱子，sə⁵³·lə梭子，paŋ⁴³⁵·lə辫子，xa²¹³·lə瞎子，xa²¹³·lə鞋子，piəu⁴³⁵·lə包子，tsɔ³³·lə爪子。[⑦]

广西葡萄平话和湖南宁远平话名词后缀la³³、lə显然与"子"字对应得上。

从以上的讨论中我们可以断定，"子"字的上古音声母应包含kl这样的复辅音，而闽语kia, 声母正是上古音的遗存。潘悟云教授将"子"的上古音构拟为*sklŭʔ，可以在闽方言、广西葡萄平话、湖南宁远

[①] Haudricort, A. G.（奥德里古尔）: De l'origine des tons en Vietnamien, *Juornal Asiatique*, 1954: 242.（冯蒸中译文"越南语声调的起源"，载《民族语文研究情报资料集》第7集）

[②] Mei Tsu-lin: Tones and prosody in Middle Chinese and the origin of the rising tone. *HJAS* 30，1970: 86–110.

[③] Pulleyblank, E. G.（蒲力本）: The nature of the Middle Chinese tones and their development to Early Mandarin, *Journal of Chinese Linguistics* 6.2，1978: 173–203.

[④] 郑张尚芳：《汉语声调平仄之分与上声去声的起源》，载自《语言研究》（增刊）1994年。

[⑤] 潘悟云：《汉语历史音韵学》，上海：上海教育出版社，2000年。

[⑥] 韦树关：《葡萄平话名词后缀la³³及宁远平话名词后缀tə、lə本字考》，载自《广西民族学院学报》（哲学社会科学版）2005年第3期。

[⑦] 张晓勤：《宁远平话研究》词汇表，长沙：湖南教育出版社，1999年。

平话及南亚语、壮侗语中得到印证。当"子"与"儿"合音为kian³（＞kiã³）、kiaŋ³、kyaiŋ³之后，人们由于已经不知道它们的本字，于是造了一个方言俗字"囝"——正如吴语区的人由于不知道nan为"女""儿"的合音，又造了一个方言俗字"囡"一样。

【参考文献】

[1] Jerry Noman, Mei Tsu-lin. The Austroasiatics in South China: Some Lexical Evidence. Monumenta Serica Vol.XXXII，1976.

[2] 李如龙. 闽语的"囝"及其语法化[J]. 南开语言学刊，2005.

[3] 李如龙. 关于东南方言的"底层词"研究[J]. 民族语文，2005（5）.

[4] 韦树关. 葡萄平话名词后缀la33及宁远平话名词后缀tə、lə本字考[J]. 广西民族学院学报（哲学社会科学版），2005（3）.

[5] Maspéro, H.（马伯乐）. Etudes sur la phonétique historique de la langue annamite. Bulletin de l'Ecode Française d'Extreme Orient，1912（12）：1-26.

[6] 潘悟云. 汉语历史音韵学[M]. 上海：上海教育出版社，2000.

广西象州县城区语言使用情况调查

韦海滢[①] 岑新明[②]

象州县位于广西中部,原属柳州地区,现为来宾市所辖,是一个多民族聚居县,系岭南才子、两粤宗师郑献甫故乡,现辖区包括7镇4乡,方言以桂柳话为主,另外还有壮话、客家话等。象州县城坐落于象江东畔,县城人口约2万,近年来城镇化明显速度加快。笔者为土生土长象州人,曾利用2013年寒假期,亲自及委托亲属在县城区内发放调查问卷,最后回收到有效问卷213份,为本调查的分析提供了数据支持。

一、样本基本情况

本次调查共抽取到样本213份,其中男性91人,占42.72%;女性122人,占57.28%,年龄、职业、民族分布如下:

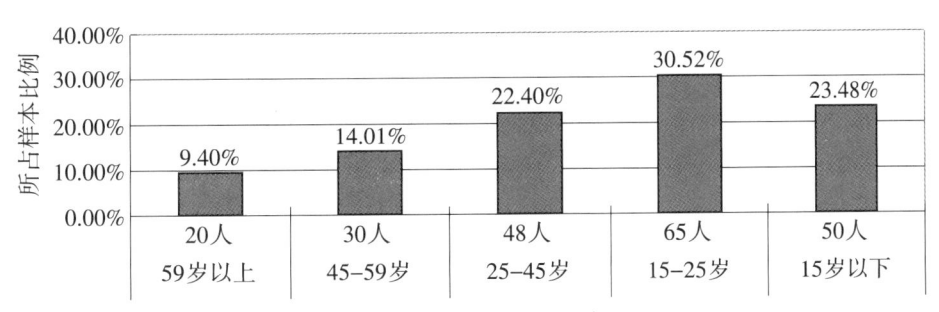

图1 样本年龄分布图

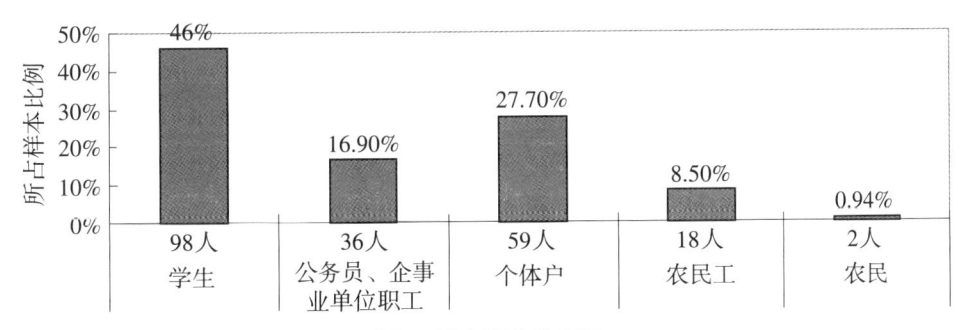

图2 样本职业分布图

---
①韦海滢,女,广西民族大学东南亚语言文化学院硕士研究生。
②岑新明,男,广西民族大学东南亚语言文化学院副教授。

图3 样本民族分布图

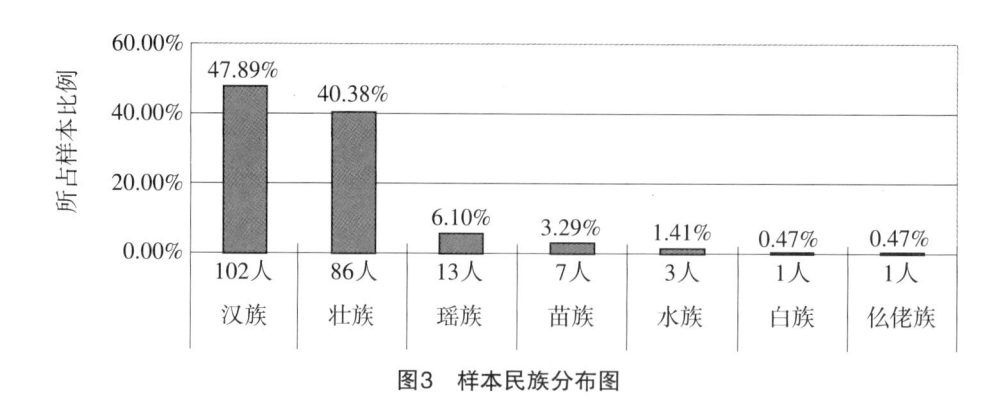

通过以上三个图可以看出，样本人群涵盖了青少年、中年、老年人群，其中又以青年人群所占比例最重，这与青年人群是社会交往中最为活跃的群体有关。从职业分布来看，学生、个体户、公务员及企事业单位职工是主体，这与城区的社会功能有关。从民族分布来看，汉族所占比例最大，其次是壮族，另外有少量除壮族外的少数民族，这说明象州县城是一个以汉族、壮族为主体，汉壮聚居，多民族杂居的区域。

二、样本的语言情况

调查发现，样本所使用的语言包括桂柳话、普通话、壮话、客家话和瑶话5种，其中桂柳话、普通话的使用不受族别限制。母语类型、语言能力、语言选择、语言转码的具体调查情况如下：

（一）母语类型

在统计被调查者的母语类型时得出的情况如下表：

表1 母语类型及民族分布统计表

母语类型	桂柳话	壮话	客家话	瑶话	普通话	其他
人数	172	11	17	7	1	5
所占样本比例	80.75%	5.17%	7.99%	3.29%	0.45%	2.35%
民族	汉、壮、瑶、苗、水、白、仫佬族	壮族	汉族	瑶族	汉族	汉族

从上表我们可以看出，在被调查者中，绝大多数人以桂柳话作为母语，且以桂柳话作为母语的被调查者所属民族涵盖了样本中的所有民族类别。由此可见，以桂柳话为母语并没有受到民族类别的影响；以壮话、瑶话为母语的被调查者母语类型与民族类别一致；以客家话为母语的被调查者为汉族人。在上表中无法展示出来，但在调查过程中笔者了解到，唯一一个以普通话为母语的被调查者系来自河南省的公务员，另外5个以其他语言为母语的被调查者系从江浙地区到象州来做生意的个体户。调查中还发现以壮话作为母语的多数为50岁以上年龄段的人；以客家话作为母语的既有久居县城的老年人，也有刚参加工作的新城区居民。

（二）语言能力

表2 被调查者对所用语言的掌握情况表

	流利应用	能听懂但不会说	能通懂一点但不会说	听不懂也不会说
桂柳话	207（97.18%）	5（2.35%）	1（0.50%）	0
壮话	16（7.5%）	11（5.16%）	9（4.23%）	177（83.10%）
客家话	21（9.86%）	8（3.76%）	0	182（85.45%）
瑶话	7（3.30%）	3（1.4%）	0	203（95.31%）
普通话	195（91.55%）	18（8.46%）	0	0

注：表中数字为人数，百分数为所占样本比例。

从上表可以看出，象州人对桂柳话、普通话的掌握能力都很强，能流利运用的比例均高达90%以上。其中桂柳话在被调查者使用的所有语言中最为强势，普通话为第二强势，这点跟象州地处西南官话片区和普通话的推广有关。由于地处西南官话片区，桂柳话一直是象州尤其是县城居民使用最频繁的语言。县城居民的构成以学生、公务员、企事业单位职工、个体户、农民工为主体，居民文化程度总体较高，另外国家普通话的推广及广播电视网络传媒对信息的迅速传播等这些因素均使县城居民很容易就掌握了普通话。在调查中发现，能听懂但不会说普通话的为年纪较大的老人、没上过学的个体户或农民。壮话、客家话、瑶话的掌握比例都较低。被调查者中的壮族人口在样本中所占的比例并不低，但是掌握壮话的比例没有跟壮族人口比例成正比，这说明该区域的壮族人汉化严重。瑶话的掌握比例低跟瑶族人口少有关。壮话、客家话的掌握人数均多于以这两种语言为母语的人数，这说明该区域人们对于民族交流与融合态度比较积极，也有可能不以此为母语但能掌握的人是母语者的配偶或子女等最经常接触的亲属。

表3 被调查者的多语掌握情况

	桂柳话	普通话	壮话	客家话	瑶话	人数	比重
单语	√					13	6.01%
			√			0	
				√		0	
					√	0	
双语		√				1	0.45%
	√	√				195	91.55%
	√		√			16	7.51%
	√			√		21	9.86%
	√				√	7	3.30%
三语	√	√	√			11	5.16%
	√	√		√		13	6.10%
	√	√			√	5	2.35%

注：语言栏下画√表示掌握，表中数字为人数，百分数为所占样本比例。

从上表可以看出，绝大多数人能同时掌握桂柳话和普通话，比例高达91.55%；被调查者中7.51%的人能同时掌握桂柳话、壮话；9.86%的人能同时掌握桂柳话、客家话；3.30%的人能同时掌握桂柳话、瑶话，在掌握两种方言情况下还能同时掌握普通话的也有一定比例。这说明象州县城居民的语言能力相当强。

（三）语言选择和语言转码

被调查者中有19.94%的人认为自己始终使用桂柳话，79.81%的人认为自己会根据不同的场合切换不同的语言。

工作场合的语言转码通常表现为：

（1）教师在授课过程中、课堂上与学生的交流、课后解答学生问题都会百分之百使用普通话。课后与学生随意交谈时，74.82%的教师与学生使用普通话对话，这部分教师认为使用普通话是因为习惯；25.18%的教师选择用桂柳话跟学生交谈，这部分教师认为桂柳话亲切，能够拉近师生关系，让彼此从教与学的压力中暂时放松；而80%以上的学生课后请教师为自己解答问题时使用桂柳话，他们认为这样比较自然。

（2）公务员、企事业单位职工在开会时百分之百使用普通话，而在平时的办公和工作交流中大部分使用桂柳话，即使是外地来的不会桂柳话的人，单位同事也不会特地坚持与之用普通话交流，久而久之外地人就会被训练出桂柳话的能力，即使不会说也能听得懂。从语言方面来看，桂柳话跟普通话比较接近，外地人也比较容易听得懂。

（3）个体户在营业过程中，大部分业主绝大多数时候都使用桂柳话，但当会壮话或客家话、瑶话的业主遇到使用壮话或客家话、瑶话的顾客时，会主动使用民族语言跟客户进行交易。业主们认为这样可以拉近业主与客户的心理距离，容易促成交易。

（4）服务行业如超市、通讯营业大厅、银行等从业者近年来有把普通话作为工作语言的趋势，在接待顾客时使用普通话，他们认为这样更规范和上档次。但当遇到坚持使用桂柳话的顾客时，他们也会切换成桂柳话，可能还是想迎合顾客心理以获益。

生活场合语言转码通常表现为：

（1）绝大多数人在日常交际中使用桂柳话，只有当会民族语言的人遇到同样会民族语言的人才会用民族语言进行交际。当交际场合同时存在会民族语言的人和不会民族语言的人，那么会民族语言的人相互之间喜欢用共同的民族语言交流，对不会民族语言的人使用桂柳话。

（2）会民族语言的家庭，中年人跟老人交流一般使用民族语言，跟晚辈交流一般用桂柳话，因为一般30岁以下的居民都很少继承父辈祖辈的民族语言。现在的年轻父母70%以上跟自己的孩子全天使用普通话交流。

三、象州县城区语言使用情况特征总结

1. 桂柳话是象州县城区的强势语言，在人们日常交际中被使用的频率最高、覆盖面最广

有80.75%的居民以桂柳话为母语，以壮话、客家话、瑶话等民族语言作为母语的居民绝大多数能够掌握桂柳话。

2. 少数民族在象州县城区汉化严重

壮族在该区域的人口比重占到40.38%，但是掌握壮话的壮族居民在人口比重中仅占7.5%，大多数壮族居民不会说壮话。城区内为数不多的苗族、水族、白族、仫佬族居民竟然以桂柳话为母语。

3. 民族语言传承面临危机

调查发现，会流利使用壮话、客家话、瑶话等本民族语言的居民大部分是中老年人，部分青年人能听懂但不会说，绝大多数青少年既听不懂也不会说本民族语言。民族语言将来可能濒临失传。

4. 城区居民普通话掌握程度高，但普通话对强势语言桂柳话的削弱能力正在逐渐膨胀

近年来年轻父母越来越多地教孩子从小就使用普通话，家乡话反而被忽略，将来强势语言可能会变得越来越弱，普通话可能会越来越强势。另外服务行业出现把普通话作为工作语言的趋势，这样桂柳话的语言环境就会被逐步缩小。

【参考文献】

[1] 游汝杰，邹嘉彦.社会语言学教程[M].上海：复旦大学出版社，2009.

[2] 陈其光.语言调查[M].北京：中央民族大学出版社，1998.

[3] 劲松，朱盈梅.北京城区本地青年人语言使用调查报告[J].北京社会科学，2014（4）.

[4] 牟海霞.日照方言调查报告[D].陕西师范大学硕士学位论文，2010.

临桂会仙平话量词初探

毛燕芳[①]

一

(一)在现代汉语里，古汉语量词基本都已经消失了，但是会仙平话却保留了一部分古汉语量词。如：

领[ləŋ³³]计量衣服。一～衣衫一件衣服｜他～遮面衣咁不合适(他这件外套这么不合适)。《喻世明言》里"着一领旧布衫，手把着金丝罐。"此外，古汉语"领"还可用来计量棉被、席子，如《魏书·列传卷》："五色锦被二领，黄绸被褥三十具。"

腰[ia⁶]计量裤子、裙子。一～裤有两边裤脚。(一条裤子有两只裤腿。)｜个～裙咁好看这条裙子这么好看。《醒世姻缘传》八十六回里写道："做了一领缸青道袍,一件蓝布夹袄,一件伹青坐马,一腰绰蓝布夹裤。"会仙平话里"腰"用作裤子、裙子的量词在古汉语里很常用。

口[xa³]计量针的数量，与穿针时用嘴缕平线头的动作有关。一～针｜帮老人家穿～针。古汉语里也有此类表达，如《五灯会元》："一口针，三尺线。"

块[fə⁴]块的本义是"土块"，指称一般方形而有体积的东西，此时的用法与普通话相同，如，一～砖头(一～砖)｜一～肉｜一～钱｜一～布｜一～石头(限于体积小的石头)。此外，念高平调[fə⁵⁵]时，还可以计量被子、毛毯、席子、蚊帐。～被(一张被子)｜一～帐(一张蚊帐)｜一～□tsai³¹(一张席子)。《平度的历史故事》里写到："牛身上披着一块被子，上面画着大红大绿、稀奇古怪的花样。"

边[pei⁶]计量成双成对物体中的一方。我～手上有个疤｜个～布块穿错了(这只鞋穿错了)｜掉了～箸(掉了一只筷子)｜～桶满了(这只桶满了)｜一～箩筐装不完的｜把～窗户关起｜个～门还不有关好(这只门还没有关好)。《三宝太监西洋记》第五十八回里也写道："两边头，两边胳膊，两边手，都悬在半天之上；下一段两边腰眼骨，两边脚孤拐，都跑在草地之下。"

(二)部分普通话量词在会仙平话里使用范围扩大，搭配对象也有所区别。如：

孵[fu⁵³]用来计量成群的人或动物。相当于窝、巢、群。一～鸟｜一～鸡仔｜一～人｜一～后生仔｜一～读书仔。

只[tsai³¹]计量动物(除蛇外)的量词。但只能计量体型较大的动物，相当于普通话"只、头、匹、条、峰"，如：一～牛｜一～猪｜一～马｜一～鸟｜一～骆驼。体型较小的动物如"蜜蜂、蚂蚁、蝴蝶、蜻蜓"等用量词"个"，如：一个蜜蜂｜一个蚂蚁子｜一个蝴蝶｜一个蜻蜓。

粒[lə³¹]①计量点状、圆状以及颗粒状物时，用法与普通话相同，相当于普通话"颗、粒、丸"。如：一～米｜一～药｜一～扣(扣子)｜一～炸弹｜一～星星。②计量鱼，相当于普通话"条"。如：

[①]毛燕芳，女，广西民族大学文学院硕士研究生。

一～草鱼｜一～泥鳅｜杀～鱼咁麻烦。长度较长的鱼类用量词"粒"或"条"兼可，如"一条泥鳅"同"一粒泥鳅"。会仙人将长度较长的黄鳝视为蛇的一种，叫做"泥蛇"，因此用量词"条"而不用"粒"。另外，鳄鱼、鲨鱼等体型庞大，用量词"条"而不用"粒"。

回[fei³³]表示动作次数量词，相当于普通话"回、次、趟、遍、顿、番、轮"等。如：三～还不有做好｜一～革命｜去了广东三～｜讲了百～还是讲不听。

捏[nan⁵³]普通话的动量词，在会仙平话用来计量用手指捏起的量，为名量词。如：一～米｜一～花生｜一～灰。

眨[tsuo³¹]普通话的动量词，会仙平话用来计量灯的数量，形容灯亮灯灭如人眨眼一般，是名量词。如：打烂了三～灯｜去要～亮点的灯来。

嗖[sou³¹]普通话的象声词，用刮风下雨快速通过形成的声音来计量刮风、下雨持续的短暂时间，是名量词，相当于普通话"阵"（风）的部分用法。如：下午下了一～雨｜起了～风。

支[tsʅ⁵⁵]计量墓穴，与当地土葬风俗有关，计量竖立突兀的坟墓。如：一～酒坟（一座坟墓）。

点[tən³¹]①表程度、数量的不定量词，相当于普通话"点、些"，适用范围比普通话更广泛，"一条意见、一种看法、一项要求"等抽象名词只与量词"点"搭配。如，放一～盐｜有一～冷｜加了～茶叶｜②普通话计量不可数名词的量词，会仙平话都用不定量词"点"，相当于普通话"股、缕、撮、丝"等，如：一～烟｜一～香味灰尘｜桌上有一～灰尘｜领衣服有～味｜面上有一～胡须｜他挨扯吧一～头毛（他被扯了一撮头发）。

滴[ti³³]①不定量词，强调整体中的一部分，"某些""有些"之义。相当于普通话"些"的部分用法。如：哪～人考起了｜有～学校没得一台电脑｜个～小人家没得一个听话的。（这些小孩没有一个听话的。）｜个～事去做得！（那些事做不得的。）②种类。个～叫什么啊？（这种叫什么啊？）｜个～野菜有毒的。（这种野菜有毒的。）｜个～事信不得。（那种事不能信）。

当不表示整体中的部分时，只能用不定量词"点"，如：

普通话	会仙平话	
桌上有点灰尘。	→ 桌上有点灰尘。	
桌上有些灰尘。	→ 桌上有点灰尘。	*桌上有滴灰尘。
帮他加了点糖。	→ 帮他加了点糖。	
帮他加了些糖。	→ 帮他加了点糖。	*帮他加了滴糖。
今年多种点粮食。	→ 今年多种点谷。	
今年多种些粮食。	→ 今年多种点谷。	*今年多种滴谷。
这件衣服有点大了。	→ 个领衣衫有点大了。	
这件衣服有些大了。	→ 个领衣衫有点大了。	*个领衣衫有点大了。

张[tiɛ³⁵]①说明平面展开的东西。如：一～桌｜一～纸｜一～相票一张相片｜一～板凳 ②计量交通工具，相当于普通话"辆、艘、架"。～船够大啦｜她开～小车回来的｜他家就是有～拖拉机｜一～大客车可以坐几十个人。

条[ti³³]①计量细长、条形物，相当于普通话"条、根"；会仙平话中没有量词"根"。如：一～头毛一根头发｜一～棍一根棍子｜一～板凳｜一～桌一张桌子｜②计量交通工具，与量词"张"的第二个用法相同。～三轮车开得好快速｜一～摩托车｜～船翻了。

王力先生在《汉语史稿》中也提到，在现代方言里，单位词基本上是保持一致的，但不免也有些出入，如，将船称"条"或称"张"。①会仙话中"条、张"可用于计量所有的交通工具。

---

① 王力：《汉语史稿》，北京：中华书局，2004年，第287页。

(三)会仙平话特有的量词,有些特殊量词不能用普通话书写,则用"□"表示。如:

子[tsɿ³³]计量线状,可以绑成一缕的东西,相当于普通话"缕"。如:一～头毛(一缕头发)｜一～面｜一～线。

铺[pʰu⁵]计量扑克、麻将、棋类、游戏的次数,回合,相当于普通话"盘、场"。如:打几～输几～｜我再玩～就归去。

碌[lau³¹]主要用于圆柱形而较粗的东西,相当于北方话的"轱辘"。如:一～柑蔗(一节甘蔗)｜他俩为了～柑蔗闹架｜一～棍｜他拿起一～棍就打过去。

□[pʰə³³]用于成瓣的果肉,相当于"瓣儿"。如:一～柑橘｜一～柚。

□[tsa³³]计量成串的蔬果。如:一～葡萄｜～黄皮果｜～毛秀才。

□[ka³¹]计量行为动作持续的一小段时间,相当于"一会儿、一阵子"。常与后缀"仔"连用。如:坐(一)～再归去｜看(一)～仔电视｜歇(一)～仔再写｜写(一)～仔就出去走去(写了一会儿就出去玩了)。

二

(一)会仙平话量词表量功能

(1)量词的重叠形式。无论是计量数量多少的物量词,还是计量动作持续时间长短的动量词,会仙平话都可以以AA形式重叠,表示"每一",如:条条还是新车｜腰腰裤还挨淋湿吔｜回回还叫不听(每次都叫不听)。

(2)量词重叠后"仔"可用于说明量少或动作持续时间短暂。如:一捏肉｜(一)捏仔肉｜(一)捏捏仔肉;坐一阵｜坐(一)～仔｜坐(一)～～仔。

(3)名量词后可接"噶[kə³³]",有嫌弃、不满意的意思。如:腰噶裤(这么条裤子)、个噶人(这么个人)。

(4)会仙平话里代表度量衡单位的名量词加"□[kʰa³¹]",有"约近"的意思。如:斤～糖(一斤左右的糖)｜米～布(一米左右的布)。

(二)会仙平话量词"个""些"兼用作指示代词

会仙平话量词"个"可兼用作指示代词是古汉语用法的遗留。如古汉语《寒山子诗》:"观者满路旁,个是谁家子。"《寒山拾得忍耐歌》:"但看北邙北,个是莲莱岛。"

会仙平话指示代词是二分的,即近指和远指。"个"表示近指"这"时,与作量词时"个"同音,念[kʰou⁵⁵];表示远指"那"时,变为高降调,念[kʰou⁵¹]。重叠形式"个个"加强表达效果,表示更远指。表更远指时都念高降调。

①这是我妹妹。→个是我老妹。

②这辆车会经过的。→个条车会走过的。

③老吃那猪肉没吃法。→净吃个(高降调)猪肉没吃法。

④这条裤子太大,那条才合适。→个腰裤太大,个(高降调)腰真合适。

⑤这是错的,那也是错的,那那才是对的。→个是错的,个(高降调)也是错的,个(高降调)个(高降调)真是对的。

会仙平话指示代词有单数、复数两种形式。"个"作为单数的指示代词,"滴(些)"则是复数的指示代词。"滴"表近指"这些"时声调不变,念[ti³³];表示远指"那些"时变为高降调,念[ti⁵³]。如:

⑥这些柑子才熟了,那些还没有熟。→(个)滴柑真熟了,(个)(高降调)滴(高降调)柑还不曾熟。
⑦这种蛋糕才好吃,那种不好吃的。→滴蛋糕真好吃,滴(高降调)不好吃的。
"滴(些)"在会仙平话有"种类"的意思,因此"滴"也表示"这种、那种"。

(三)会仙平话量词的指代作用

现代汉语的量词不能直接修饰名词。在特定语境下,会仙平话量词可以直接修饰名词,并且"量+名"结构中的名词可以进一步脱落,量词单独作代词,直接起指代作用。如:

⑧我这个房间真凉快。→我个房好凉静。→我个好凉快。
⑨这辆车我买贵了。→条车我要贵了。→条我要贵了。
⑩这点事难不倒我的。→点事难不倒我的。→点难不倒我的。

以上⑧⑨⑩例,根据周振鹤、游汝杰的观点,会仙平话量词可以作结构助词,如:我件衣服 | 老王本书 | 你支钢笔(周振鹤、游汝杰2006)。

【参考文献】

[1] 黎纬杰.广州话量词举例[J].方言,1988,(1).
[2] 胡丹凤.武冈方言中的特殊量词[J].景德镇学院学报,2015(2).
[3] 王彬思.温州方言名量词研究[D].山西师范大学硕士学位论文,2014.
[4] 周振鹤.游汝杰著.方言与中国文化[M].上海:上海人民出版社,2006.
[5] 梁金荣.桂北平话与推广普通话研究:临桂两江平话研究[M].南宁:广西民族出版社,2005.
[6] 李锦芳.侗台语言与文化[M].北京:民族出版社,2005.

浅论钦州采茶戏语言的地方特点
——以《隔河看亲》《错中缘》为例

韩清霞[①]

钦州采茶戏属于中国传统戏剧艺术，是桂南采茶戏的一个分支。它是一种结合了本地茶农舞蹈、山歌、花灯等杂糅在一起而成的地方戏剧，每逢年节或者闲暇时，都会进行表演，深受广大民众喜欢。采茶戏在广西境内也并不是钦州所独有，但是钦州采茶戏蕴含了钦州人文气息，在"采茶串古"的基础之上吸收了本地的木偶戏、地戏、牛戏的精粹而发展起来，具有独特的风格。钦州采茶戏的地方特色不仅在于内容的本地化，更在于语言的本地化。钦州采茶戏的说唱语言采用了钦州白话，这样的地方方言使得采茶戏具有了别样的魅力。

一、钦州白话语音系统特点

在钦州采茶戏中，除了一开始使用的灵山话[②]外，钦州白话是主要语言之一。钦州白话的语音系统与粤语的语音系统是一脉相承，但是又有其特点。

关于钦州白话的语音系统，有不少学者作过研究，但各家的看法不完全相同。比如陈海伦、林亦的《粤语平话土话方音字汇》[③]，认为钦州白话系统中有20个声母、60个韵母、声调7个；而林钦娟的《钦州话同音字汇》[④]中认为，钦州白话声母有22个、韵母48个、声调7个。

在笔者的调查中，认为钦州白话声母有22个、韵母44个、声调7个。

（一）声母系统

钦州白话声母有22个（包含零声母）。即：

p	pʰ	m	f	
t	tʰ	n	ɬ	l
ts	tsʰ	ȵ	s	
k	kʰ	ŋ	h	
kw	kʰw	j	w	∅

声母说明：

（1）钦州白话有边擦音声母ɬ，与古心母字相对应；

（2）有舌尖音ts tsʰ s，与古精、知、照三组声母相对应；舌面音只有一个鼻音ȵ。

[①] 韩清霞，女，广西民族大学文学院硕士研究生。
[②] 据《广西地方戏剧史料汇编》第十一辑记录：钦州最早的采茶戏班是灵山县伯劳镇万利圩跟竹塘村的"六秀采茶班"，之后，与其相邻的武利镇安金村、伯劳镇邓阳村、那隆镇钟灵村相继成立了采茶班。因此钦州地区早期的采茶戏大多采用了灵山话。
[③] 陈海伦、林亦：《粤语平话土话方音字汇》，上海：上海教育出版社，2009年，第5页。
[④] 林钦娟：《钦州话同音字汇》，载自《桂林师范高等专科学校学报》2008年第1期，第1–7页。

(3)有唇化声母 kw kʰw。

(二)韵母系统

钦州白话韵母有44个。即：

a	i	u	ɔ	ɛ	ai	iɐ	ɔi	ui	au	ɐu	iu
im	am	ɐm	in	un	an	iɐ	ɔn	ɛn	aŋ	ɐŋ	ɔŋ
ɛŋ	uŋ	iŋ	ip	ap	ɐp	it	ut	at	ɐt	ɔt	ɛt
ak	ɐk	ɛk	ik	uk	ɔk	œŋ	œk				

韵母说明：

(1)还有两个自成音节的鼻音韵 m̩、ŋ̍。如：唔(系)m̩²¹；五ŋ̍¹³。

(2)缺乏撮口呼韵母，凡撮口呼y均发成i。

(三)声调系统

钦州白话声调有7个。即：

调类	1	2	3	4	5	6	7
调名	阴平	阳平	上声	去声	上阴入	下阴入	阳入
调值	44	21	13	33	55	33	22

声调说明：

钦州白话的舒声调只有4个，因为阳上、阳去已并入了阳平。也就是说，古浊声母的上声字和古浊声母的去声字读成了阳平调。如"动"古浊上，今读"tuŋ²¹"；"洞""旧"古浊去，今读"tuŋ²¹"、"kɐu²¹"，都与阳平调(21)相同了。

钦州白话是广西粤语钦廉片的重要代表，它与其他粤语存在着大大小小的差异，尤为突出的是声调："舒声只有四类声调，上去不分阴阳，全浊上声和浊音去声基本归阳平。上声没有分化，去声普遍分阴阳然后再发生的合并，这是钦廉粤语立片的主要依据。"[1]

二、采茶戏说唱语言中的语音特点

钦州采茶戏演唱语言采用了钦州白话进行演唱，因此，采茶戏说唱语言的语音特点与钦州白话语音特点是大体一致的。将它跟广州粤语做一个比较，就更能显示其特点。下文将以《隔河看亲》《错中缘》为例进行比较说明。

(一)声母上的特点

1.古心母字采茶戏读ɬ音。广州粤语中读s，钦州白话读ɬ，显然与后者读音相一致。这是最显著的特点之一。如：

	小(姐)	相(公)	箱(笼)	(放)心	三四	星(儿)
广州粤语	siu¹³	sœŋ³³	sœŋ⁴⁴	sɐm⁴⁴	sam⁴⁴si³³	sɛŋ⁴⁴
钦州白话	ɬiu¹³	ɬœŋ²¹	ɬœŋ⁴⁴	ɬɐm⁴⁴	ɬam⁴⁴ɬi³³	ɬɛŋ⁴⁴
采茶戏	ɬiu¹³	ɬœŋ²¹	ɬœŋ⁴⁴	ɬɐm⁴⁴	ɬam⁴⁴ɬi³³	ɬɛŋ⁴⁴

[1] 黄昭艳：《广西沿海地区汉语方言及其研究概述》，载自《广西社会科学》2012年第4期。

2. 古全浊音声母字，采茶戏读音分两种情况：古平声读送气，古仄声大都读不送气。钦州白话则是不论平仄，都读送气音。这一点采茶戏的情况跟广州粤语相一致。如：

	田	钱	塘	情	定	件	步
广州粤语	tʰin²¹	tsʰin¹³	tʰɔŋ²¹	tsʰeŋ²¹	teŋ²²	kin²²	pou²²
钦州白话	tʰin²¹	tsʰin²¹	tʰɔŋ²¹	tsʰeŋ²¹	tʰiŋ²¹	kʰin³³	pʰu³³
采茶戏	tʰin²¹	tsʰin²¹	tʰɔŋ²¹	tsʰeŋ²¹	teŋ²²	kin²²	pou²²

（二）韵母上的特点

采茶戏语言中韵母最突出的特点表现在以下两点：

1. 钦州白话没有撮口呼，古遇摄合三（非敷奉微除外）几乎都读成了[i]。采茶戏读音与之相同。广州话是有撮口呼的。如：

	女儿	读书	回去	必须	鱼
广州粤语	nœy¹³ji²¹	tok²¹sy⁵³	wui²¹hœy³³	pit³³sœy⁵⁵	jy²¹
钦州白话	ni¹³ɲi²¹	tuk²¹si⁴⁴	wui²¹hi³³	pit³³li⁴⁴	ɲi²¹
采茶戏	ni¹³ɲi²¹	tuk²¹si⁴⁴	wui²¹hi³³	pit³³li⁴⁴	ɲi²¹

2. 古效摄开一，广州话读ou，钦州白话读ɐu，采茶戏与钦州白话同。如：

	好（坏）	老（人）	早（上）	报（官）	高（人）
广州粤语	lou¹³	lou²⁴	tsou³⁵	pou³³	kou⁵⁵
钦州白话	lɐu¹³	lɐu¹³	tsɐu¹³	pɐu³³	kɐu⁴⁴
采茶戏	lɐu¹³	lɐu¹³	tsɐu¹³	pɐu³³	kɐu⁴⁴

以上的语音特点分析，我们发现，采茶戏语音表现形式是本土化的，具有浓郁的地方特色。钦州白话为媒介的钦州采茶戏也能为广大的粤语方言区的人所听懂、所接受，它的受众面还是很广的。

三、采茶戏说唱语言的语法特点

前面说到了采茶戏语言语音的地方特色，再从语法的角度来观察，同样可以看出采茶戏语言与地方方言的特色。以下举出三个常见且特殊的语法。

（一）某些副词状语后置

粤语中有很多不同于其他方言的语法，钦州白话也一样。某些副词状语后置，例如"先"字句的用法在两广都很普遍，这个"先"字可以放在动词或者短语后面，从词序上看，是补语；从与动词的语序关系上看，又可以理解为状语。"先"可以紧接着动词后，也可以用在宾语或数量补语后，但都是在整个VP之后，不能在动词和宾语或补语之间。例如：

①梅屏：奶奶呀，趁刘家少爷未到，不如叫小姐学下先啰。（《隔河看亲》第四场）
②送亲长工：王奶奶又未来，我地休息一下先啦！（《隔河看亲》第五场）
③吴玉兰：好哇，我睡一觉先。（《错中缘》第五场）

例①中的"先"字放在了"叫……学"的后面，例②中的"先"字放在了"休息一下"后面，例③的"先"字放在"睡一觉"后面，可以理解为补语。黄伯荣认为这种"先"字句是状语后置的用法[①]，他认为这种用法在白话、客家、平话的方言区域里，"先"字都放在动词后，作动词的修饰语。这种副词状语后置

[①]黄伯荣：《汉语方言语法类编》，青岛：青岛出版社，1996年，第800页。

的用法相类似的还有"多"、"添"。"多"字同样是放在动词后面;"添"字是普通话"再"的意思,用于句末表示重复。例如:

④阿黄吃多点嘢啊!(普通话:阿黄多吃点东西!)
⑤你等等,我买斤米添。(普通话:你等等,我再买斤米。)

另外,还有一些有特色、难直译的动词后置成分,如"晒、埋、返"也作"翻、番",因变读阴平,更像是黏合式补语(动结式或动趋式)而不是后置状语。

(二)"得"字的语法特点

"得"[tak^5]字在钦州白话里也是很常见的一个字,可以用于表示"得"字的本义,除作补语等用法之外,"得"字在钦州白话还可以表示使动的语法。例如:

⑥这条路修了老半日,正得个半米长。(普通话:这条路修了半天才修了半米长。)

"得"字的用法在采茶戏的剧本中也是可以找到例子:

⑦张伯娘:奶奶呀,既然你这么讲,我想看过小姐花容正得过!(普通话:奶奶呀,既然你这么讲,我想看过小姐的花容,我才可以认同!)(《隔河看亲》第一场)
⑧刘少爷:真是绝代佳人啊,就是听到把声啊,都可以送得三斤烧酒喽!(普通话:真是绝代佳人,就是听到声音,都可以伴着它喝上三斤烧酒了!)(《隔河看亲》第四场)
⑨王小姐:娘亲,我乜嘢时候正得出来啊?(普通话:娘亲啊,我什么时候才可以出来啊?)(《隔河看亲》第五场)

(三)名词后缀词"佬""仔"

在钦州白话里,有名词后缀词"佬""仔"这类词缀附在词根后面,表示对人的称呼。所以在两广可以常看见"细纹仔"(小孩子)"猪肉佬"(卖猪肉的人)"鸡仔"(小鸡)……这类词缀的新生能力较强,无论是附在称呼名字,还是物类的事务上,都可以依附成词。

《隔河看亲》里,张伯娘就私下称呼刘少爷为"跛仔",而在"偷龙换凤"的计策失败以后,王奶奶就大呼:"我女不嫁跛脚佬!"这与普通话的"子"并不相同,而是有差别的:普通话的"子"字现在已经明显的虚化,成为一个虚词。但是白话的"佬""仔"这类名词后缀虽然也是和"子"一样作词尾,但是它的意思并没有完全虚化,而是还具有一定的意义。刘伯娘比刘少爷年长,作为小辈,刘伯娘可以称他为"仔",表示一个小的意思。而王小姐和刘少爷差不多的年纪,王奶奶就可以把刘少爷称为"佬",表示一个嫌弃的意思,认为他是高攀了自家女儿。

总的来说,钦州采茶戏吸收了本地语言文化,形成与江西采茶戏不同的魅力。虽然采茶戏不是钦州原创的文化,但是随着不断融合,钦州采茶戏早已经是钦州"母胎文化"的代表之一了,这种具有较高文化价值和艺术价值的艺术,需要得到社会更多的关注、研究和研讨。

【参考文献】

[1] 陈海伦,林亦.粤语平话土话方音字汇.广西粤语、桂南平话部分(第一编)[M].上海:上海教育出版社,2009.
[2] 林钦娟.钦州话同音字汇[J].桂林师范高等专科学校学报,2008(1):1-7.
[3] 黄昭艳.广西沿海地区汉语方言及其研究概述[J].广西社会科学,2012(4):159-163.
[4] 钦州市志编纂委员会.钦州市志[M].南宁:广西人民出版社,2000.
[5] 黄伯荣.汉语方言语法类编[M].青岛:青岛出版社,1996.
[6] 陆衡,颜莺,郑德威."世上千般万种情,最喜采茶敬亲人"——论钦州市采茶戏名家 刘北尤及其创作[J].钦州学院学报,2008(5):38-42.

广西汉语方言中的上古音遗存

颜海云[①]

现代汉语由古代汉语发展而来，理所当然地保留了一些古代汉语的成分，这就是所谓的语音"滞古"现象。广西汉语方言也是如此。广西有6种汉语方言（粤方言、客家方言、平话方言、北方方言、湘方言、闽南方言），都或多或少地保留了汉语的中古音，这在学术界没有异议。但广西汉语方言中上古音的遗存，受到的关注还较少。在广西汉语方言的研究论著中，常常遇到一些有音无字词被作者用"□"代替；还有的词，民间虽其俗字却并非本字，这类词仔细探究，我们会发现有的是上古音的遗存，很值得探讨。本文拟对17个广西汉语方言词的上古音遗存现象进行初步的讨论。

1. 猴子

俗写作"马骝""马留"。平话方言南宁亭子话 ma^{55} lɐu^{55}（或 ma^{24} lɐu^{21}）；粤方言南宁话 ma^{55} lɐu^{55}、梧州话 ma^{55} lɐu^{55}、玉林话 mɒ^{33} lau^{54}、廉州话 mɒ^{24} lɐu^{35}；客家方言陆川大桥话 ma^{35} liu^{35}。此外，粤方言广州话也读 ma^{55} lɐu^{55} 或 ma^{24} lɐu^{55}。这个词的本字为"猱"。《尔雅·释兽》："蒙颂，猱状。"郭璞注："猱亦猕猴之类。"《广韵》："猱，奴刀切，平豪泥。幽部。""猱"从"柔"得声。《说文·木部》："柔，木曲直也。从木，矛声。""猱"的上古音应带有 m，潘悟云拟作 *m-luu，郑张尚芳拟作 *ml'uu。"猱"现代汉语普通话读 náo，声母演变的路径为 *m-l/ml＞n。广西方言读法是"猱"的上古音的遗存。"猴子"在民族语汉语借词中也有类似的说法：壮语武鸣话 ma^4 lau^2，临高语 mu^2 lu^2，仫佬语 mu^6 lau^2。

2. 舵

俗写作"舦"。平话方言南宁亭子话 tai^{24}；粤方言梧州话 tʰai^{24}；闽南方言平南话 tʰai^{22}。此外，粤方言广州话也读 tʰai^{24}。这个词的本字就是"舵"。《广韵》："舵，徒可切，上哿定。""舵"的上古音，潘悟云拟作 *laalʔ，郑张尚芳拟作 *l'aalʔ，王力拟作 *dai，白一平拟作 *dajʔ。广西汉语"舵"字的 ai 韵母，由上古的 aalʔ 演变而来：aalʔ＞aaj＞aai（ai）。"舵"在东南亚一些语言的汉语借词中也读 ai 韵母，如：泰国语 tʰaːi^4，老挝语 tʰaːi^4，越南语 laːi^5，芒语 laːi^3。

3. 雾

平话方言南宁亭子话 møk^5。《广韵》："雾，亡遇切，去遇微。幽部。""雾"为去声字，中古音是不带 -k 尾的。但一些学者认为部分去声字上古带塞音韵尾，到中古才失去的。"雾"的上古音，潘悟云、郑张尚芳拟作 *mogs，白一平拟作 *mjoks，王力拟作 *miok，高本汉拟作 *mi̯ug，李方桂拟作 mjugh。"雾"在多种语言的汉语借词中保留塞音韵尾，可知上述学者的构拟不谬。如：壮语 moːk^7，西双版纳傣语 mɒk^9，仫佬语 mɔk^8 lu^4，泰国语、老挝语 mɔːk^9，越南语 ʂɯːŋ^1 mɔk^7 霜雾，岱侬语 mɔːk^7，越南泰语 mɔk^7。

4. 冰雹

平话方言南宁亭子话 pak^2 tsi^{33}（雹子）。《广韵》："雹，蒲角切，入觉并。沃部。""雹"的上古音，潘悟云、郑张尚芳拟作 *bruug，王力拟作 *beuk，白一平拟作 *bruk，李方桂拟作 *brəkw，高本汉拟作

[①]颜海云，女，广西民族大学民族学与社会学学院教师，助理研究员。

*bˤŏk。"雹"壮语、仫佬语、毛南语说paːk⁸也是带入声韵尾的。

5. 小青蛙

俗写作"蚂""拐"。平话方言南宁亭子话kʰue³³；粤方言南宁话kʰwɛ³⁵。这个词的本字为"蛙"。《广韵》："蛙，乌瓜切，平麻影。"潘悟云、郑张尚芳拟作*qʷraa。广西方言"蛙"的kʰw声母，与上古的小舌塞音qʷ对应。壮语、布依语"青蛙"说kwe³，也来源于"蛙"。

6. 屎

粤方言南宁话kʰɛ⁵⁵、梧州话kʰɛ⁵⁵。这个词本字即"屎"。《广韵》："屎，式视切，上旨书。脂部。""屎"的上古音，潘悟云拟作*qʰliʔ。广西方言"屎"的kʰ声母，与上古的qʰ对应。一些语言的汉语借词中，"屎"也读kʰ声母，如：龙州壮语kʰi³，泰国语kʰiː³，老挝语kʰiː³，岱侬语kʰi³，越南泰语kʰi³。

7. 啄木鸟

平话方言南宁亭子话tøk³³møk²⁴ niu²⁴，粤方言南宁话tœk³³muk²² niu³⁵、梧州话tœk³³muk²² niu³⁵。《广韵》："啄，竹角切，入觉知。屋部。""啄"的上古音，潘悟云、郑张尚芳拟作*rtoog，王力拟作*teok，白一平拟作*trok，李方桂拟作*truk，高本汉拟作*tŭk。广西方言"啄木鸟"的"啄"读t声母，反映了"古无舌上音"的特点。

8. 某些植物的根或靠近根的茎；棵

俗写作"蔸"。平话方言南宁话təu⁵³；北方方言柳州官话tou⁴⁴。这个词本字为"株"。《说文·木部》："株，木根也。从木，朱声。"《广韵》："株，陟输切，平虞知。侯部。""株"的上古音，潘悟云、郑张尚芳拟作*to，王力拟作*tio，高本汉拟作*ti̯u，声母都是t。广西方言"株"读t声母，反映了"古无舌上音"的特点。

9. 鼻子

平话方言南宁亭子话pət² tsi³³，"鼻"读-t韵尾。《广韵》："鼻，毗至切，去至並。脂部。""鼻"中古为阳去字，是不带塞韵尾的，但上古带塞韵尾。"鼻"的上古音，潘悟云、郑张尚芳拟作*blids，王力拟作*biet，白一平拟作*bjits，李方桂拟作*bjidh，高本汉拟作*bi̯ĕd。南宁平话"鼻"字的读法，保留了上古音的特点。

10. 舔

粤方言南宁话lɛm³⁵、梧州话lɛm³⁵；平话方言南宁亭子话lem²⁴。这个词本字就是"舔"。《集韵》："舔，他点切，上忝透。谈部。""舔"的上古音，潘悟云拟作l̥iimʔ，郑张尚芳拟作hliimʔ，白一平拟作hlimʔ。"hl"即"l̥"。广西方言"舔"的l声母，与上古的l对应。"舔"在一些语言的汉语借词中也读l声母，如临高语lim⁴，仫佬语ljaːm⁶，越南语liːm⁵，芒语liːm⁴。

11. 枯萎，蔫

粤方言南宁话lɛu⁵⁵；平话方言南宁亭子话leu⁵⁵。这个词本字为"瘦"。《广韵》："瘦，所祐切，去宥生。幽部。""瘦"的上古音，潘悟云、郑张尚芳拟作*srus，白一平拟作*srjus，李方桂拟作*srjəgwh。广西方言"瘦"的l声母，与上古的r对应。"瘦"在多种语言的汉语借词中声母读音相近：壮语ɣeu⁵，泰国语hiːau⁵、jiːau⁵，老挝语hɛːu⁵、hiːau⁵，越南语hɛu⁵，岱侬语hɛu⁵，越南泰语hɛu⁵。

12. 塌陷，陷落，坍塌

粤方言南宁话lɛm³³（跨，倒台）、梧州话lɛm³³；平话方言南宁亭子话ləm⁵⁵。此外，粤方言广州话也读lɛm³³。这个词本字为"陷"。《广韵》："陷，户韽切，去陷匣。谈部。""陷"的上古音，潘悟云、郑张

尚芳拟作 *grooms，白一平拟作 *groms，李方桂拟作 *gramh。广西方言"陷"字中的l声母，与上古的r对应。"陷"读l声母，在多种语言的汉语借词中可以见到，如：西双版纳傣语 lum⁵，傣宏傣语 lom⁵，壮语 lom⁵，布依语 lɔm⁵，侗语 lɐm⁶，水语 lum⁶，毛南语 lam⁵，锦语 l̥om⁵，泰国语 lom³、lum³，越南语 lɔm⁴、lum⁴、lum⁵、lɔm⁵、lɛm⁶，岱依语 lom⁵，越南泰语 lom¹、lom⁵。

13.（头发）掉，脱落

平话方言南宁亭子话 lɐt⁵；粤方言南宁话 lɐt⁵⁵、梧州话 lɐt⁵⁵。又，滑落，滑脱：平话方言南宁亭子话 lot⁵⁵。此外，粤方言广州话也说 lɐt⁵。这个词本字为"脱"。《广韵》："他括切。""脱"的上古音，潘悟云拟作 *lod，郑张尚芳拟作 *hlood，白一平拟作 hlot。"hl"即"l̥"。广西方言"脱"的l声母，与上古的l̥对应。一些语言汉语借词"脱"也读l声母的，如：泰国语 lɔ:t¹⁰、lut⁷、lot⁷，老挝语 lut⁷，龙州壮语 lu:t⁷，临高语 luat⁷，侗语 ljot⁹，越南泰语 lɔt⁸，岱依语 lwa:t⁷。

14. 漱（口）

俗写作"啢""哴"。粤方言南宁话 laŋ³⁵、梧州话 loŋ³⁵；平话方言南宁亭子话 laŋ²⁴；北方方言柳州话 laŋ⁵⁴。此外，粤方言广州话 lɔŋ³⁵。这个词的本字为"荡（盪）"。《说文·皿部》："荡，涤器也。从皿，汤声。"《广韵》："荡，徒朗切，上荡定。阳部。""荡（盪）"的上古音，潘悟云拟作 *laaŋʔ，郑张尚芳拟作 *lʼaaŋʔ，白一平拟作 *laŋ。广西方言"荡"的l声母，与上古的l对应。一些语言的汉语借词"荡"也有读l声母的，如：泰国语、老挝语、傣语、侗语 la:ŋ⁴。

15. 游逛

平话方言南宁亭子话 laŋ⁵⁵。这个词的本字为"荡（蕩）"。《文选·张协〈七命〉》："田游驰荡。"吕向注："荡，游也。"《诗·陈风·宛丘》："子之汤兮。"毛传："汤，荡也。"陈奂传疏："荡者，即游荡也。"《集韵》："荡，他朗切，平唐透。阳部。""荡（蕩）"的上古音，潘悟云拟作 *laaŋs，郑张尚芳拟作 *hlaaŋs，白一平拟作 *hlaŋs。"hl"即"l̥"。广西方言"荡"字的l声母，与上古的l̥对应。

16. 挨，靠

平话方言南宁亭子话 kɐi²⁴。本字为"倚"。《说文·人部》："倚，依也。从人，奇声。"《广韵》："倚，於绮切，上纸影。歌部。""倚"的上古音，潘悟云拟作 *qalʔ，郑张尚芳拟作 *qralʔ。南宁平话"倚"字的k声母，与上古的q对应。越南语汉语借词中"倚"读 kɤi⁶ 倚靠；倚持，也读k声母。

17. 雌性（动物、植物）

俗写作"𡛷"（如马𡛷母马，牛𡛷母牛，木瓜𡛷母木瓜）。粤方言南宁话 na³⁵、梧州话 na³⁵。这个词本字为"女"。"女"用于表示动植物的性别，在汉语方言中较为常见。《日知录·草驴女猫》卷三十二："山东、河北人谓牝猫为女猫。"《广韵》："女，尼吕切，上语娘。鱼部。""女"字的上古音，潘悟云、郑张尚芳拟作 naʔ，王力拟作 *nia，白一平拟作 *nrjaʔ，李方桂拟作 *nrjagx，韵母主要元音都是a。在汉语方言中，用"女"表示雌性（动物）是很常见的现象。如"母猫"称"女猫"的：北方方言吉林白城话、北京话、河北承德话、河北唐山话、山东济南话、山西曲沃话、山西白河话、河南沈丘话、江苏徐州话、山西太原话、甘肃武威话、四川奉节话、贵州贵阳话、云南昭通话，客家方言四川西昌话；"母猫"称"女猫儿"的：北方方言山东烟台话、河南洛阳话、山西长治话、新疆乌鲁木齐话、四川自贡话、云南水富话；"母猪"称为"女猪"的：赣方言福建建宁话；"母狗"称为"女狗"的：吴方言浙江永康话；"母马"称为"女马"的：北方方言河南长垣话[①]。

---

① 许宝华、宫田一郎主编：《汉语方言大词典》（第一卷），北京：中华书局，1999年，第410–412页。

广西汉语方言的上古音遗存是客观存在的。这些上古音对汉语语音史研究有重要的价值。在研究广西汉语方言的过程中，遇到有音无字词或民间虽其俗字却并非本字的词，有必要结合汉语上古音的研究成果，作一番考本字的工作，这应成为广西汉语方言研究的一道"工序"，以将广西汉语方言研究引向深入。

【参考文献】

[1] 李荣主编，白宛如编纂.广州方言词典[Z].南京：江苏教育出版社，1998.

[2] 李荣主编，覃远雄、韦树关、卞成林编纂.南宁平话词典[Z].南京：江苏教育出版社，1997.

[3] 中央民族学院少数民族语言研究所第五研究室编.壮侗语族语言词汇集[Z].北京：中央民族学院出版社，1985.

[4] 广西壮族自治区地方志编纂委员会编.广西通志·汉语方言志[M].南宁：广西人民出版社，1998.

[5] 许宝华，宫田一郎主编.汉语方言大词典[Z].北京：中华书局，1999.

[6] 文中各家上古音构拟，引自"东方语言学网"之"上古音查询"(http：//www.eastling.org/OC/oldage.aspx)。

城镇化进程中影响平话社区语言选择的因素分析
——以广西南宁万秀村为例

蒙凤金[①]

一、引言

广西南宁平话主要分布在城区周围的郊区农村，历史上它曾作为重要的地方方言在南宁城区通行。民国中后期，平话被粤语挤占了城区的统治地位，退到了城郊农村。在城镇化进程快速发展的今天，近郊农村逐渐被城区包围，形成了一个个的城中村。拥有较强语言凝聚力的近郊平话言语社区的言语交际方式变得更多元化。基于这样的考虑，我们选取了一个语言环境复杂的典型城中村——南宁市万秀村作为个案进行研究。一是万秀村在城镇化过程中被全部划归城区，2007年常住村民有4936人，外来人口将近5万人，是个典型的城中村；其次，万秀村是多语/多方言社区，语言环境复杂，绝大部分村民的母语是平话，普遍通晓南宁白话，会讲普通话。外来人口中有操客家话、白话以及少数民族语言——壮话等。

我们调查了万秀村90位拥有本地户籍的村民，范围覆盖全村6个生产队83户家庭。他们的语言状况是：67人母语为平话，11人为白话，7人为壮语，4人为普通话，1人为客家话；他们均为双语或多语人，其中掌握（指会听会说以上程度）两种语言或方言的7人，3种的70人，4种的10人，5种及以上的3人。

调查发现，在不同交际场合，平话人语言选用情况不同：

（1）家庭场，平话是家庭成员间第一选择的交际语。而对于普通话，与子女交谈时选择最多，其次是与兄弟姐妹，再次是与父母，最低是与配偶。在与配偶的交谈中，白话的选用有一定的比例。在与父母、与兄弟姐妹、与子女交际时，平话人对白话的选用比例是较低的。

（2）村域场，主要交际语还是平话，但普通话和白话的使用逐渐占了一席之地。村民间的交流多用平话。到村委会办事时，选用平话的比例大大高于普通话和白话的比例。与邻居谈论大事时，使用普通话和白话的比例明显提高，逼近平话。在本村市场，平话、白话和普通话的使用情况呈势均力敌态势。

（3）外域场，除了农贸市场外，普通话的使用频率占绝对优势。我们把外域场分为四个小场，一是农贸市场，二是学校场，三是工作场，四是其他公共场。农贸市场选用白话的比例最高，其次才是普通话；学校场是普通话使用率最高的地方；工作场情况稍微复杂一些，与老板谈话或与同事谈工作时普通话的使用比例相对高一点，在与同事闲谈时白话与普通话比例差不多，平话的使用频率也有提高。其他公共场，普通话的使用比例均处于高位（具体数字参见唐红梅、蒙凤金2009）。

由此看出，普通话在相对严肃、正式、重要的领域里成为主要的交际语；白话则在一些相对次要、闲散的交际场合中发挥着地方主方言的作用；平话则慢慢地退出了外域的语言交际舞台，基本保留在平话村落、家庭范围内使用。

[①]蒙凤金，女，广西大化瑶族自治县人，南宁地区教育学院文化传播系副教授。

二、多语社区中语言选择类型

由于多族群社区中语言选择所涉及的层面不同，语言选择的类型也有所不同。一般说来，语言选择的类型有以下三种：

（1）双语状态下选择其中一个族群的语言作为交际工具。此类语言选择类型是两个族群都保留各自的语言，只是两个族群在接触时，选择其中一个族群的语言作为交际工具。选择哪一个族群的语言就看两种语言中哪一种语言的交际功能更大。万秀村的平话人在与配偶交谈时，如果对方不会平话，只会讲白话，那他们大多会选择白话作为交际语。

（2）双语状态下选择第三种语言作为交际工具。此种语言选择类型是各族群保留自己的语言，两个语言不通的族群在交流时，选择两个族群语言之外的第三种语言作为交际语言。而选何种语言作为交际语言，就要看这种语言的使用功能是否足够强大，同时又受到当时的语域场影响。在平话社区外域场的工作场、学校场，人们大多选择使用普通话，属于选择第三种语言作为交际工具的类型。

（3）单语状态下选择其中一个族群的语言作为交际工具。这一类语言选择类型是双族群社区中只保留了一种语言，它是两个族群语言中的其中一种。两种语言中哪一种能成为该社区中的交际语言，要看两种语言竞争的结果。原本语言单一的万秀村在城镇化进程中不断涌进了外来人口，使其由语言相对单一的群族发展为多语族群的社区，言语交际方式也随之多元化，单一平话社区的语言竞争慢慢露出端倪。家庭场和村域场中，平话依然是交际的主要用语。但是在外域场中，我们看到平话开始慢慢被白话或普通话挤占，年轻一代使用平话的频率偏低，他们更倾向于使用普通话或白话；中老年平话人依然对自己的母语有着不可割舍的感情，他们坚持使用自己的母语——平话。

三、影响语言选择的社会因素类型

语言的选择受到多种因素的影响，既有社会因素，也有自然因素。语言作为社会的产物，它更多地受到社会因素的影响，特别是在语言选择中，社会因素的影响比自然因素的影响更大，也更直接。而社会因素往往是通过推力或拉力影响语言选择的。推力是指语言选择的结果并非出于选择者的意愿，而是因为语言不利因素的推动，促使其作出某种选择的力量。拉力是指由于有利因素的吸引力，使语言使用者自愿作出某种选择的力量。推力和拉力的主要区别在于，是不利因素还是有利因素在起作用，以及这种力量是否会导致语言选择者的自愿选择。

从理论上说，每种社会因素都会有拉力和推力，但实际上每种社会因素所产生的拉力和推力大小不同。当然，在产生拉力的同时，推力也在起作用，反之亦然。但如果一种社会因素的拉力起主要作用，我们就说这种社会因素所产生的是拉力；同样地，如果推力比拉力更大，我们就认为起作用的是推力。因此，影响语言选择的社会因素可以分为推力型、拉力型和推拉力型三种。

（一）推力型

推力型的社会因素主要是人口数量。人口数量因素对语言选择的影响更多是推力在作用，拉力的作用很小。即一个人口较少的族群选择人口较多的族群的语言，如果仅从人口数量方面考虑，一般并非出于自愿，而是不得已而为之的行为。在万秀村，外来人口占大多数，平话人占少数。在与外来人口交际时，平话人不得不选择外来人口通晓的白话或普通话，虽然外来人口中也有说客家话或少数民族语言的，但是因为操客家话或少数民族语言的人毕竟占少数，只能选择使用人口较多的白话或普通话。

(二) 拉力型

拉力型的社会因素有文化和经济，二者在影响语言选择时，都是拉力在起主要作用，推力的作用比较小。

1. 文化

强势或先进文化具有很强的吸引力，弱势文化的民族不断学习、吸收强势文化的内容，有的甚至放弃自己的文化，最终被同化。语言是文化的一个重要组成部分，是文化的载体和外在表现方式，强势语言相对于弱势语言来说，有更强的吸引力。文化的吸引力其实是一种拉力，使一个民族自愿选择强势文化民族的语言，以便能让语言在交际中发挥更大的作用。平话社区的人们在外域场大多选择普通话或粤方言，正是普通话或粤方言所代表的文化具有强大的吸引力，使平话人在外域场中选择了这两种语言。这正是文化的强大拉力导致了这样的语言选择结果。

2. 经济

经济发达的民族的语言会获得更大的使用功能，因此经济发达的民族（族群）的语言相对来说更强势。在经济交往中，要想获得更大的经济利益，就必然选择有较强的使用功能的语言作为交际方式。受操说粤方言的粤、港地区的发达经济的影响，使万秀村村民尤其是青年一代对粤方言持肯定和向往的态度，因此他们在语言选择上更倾向于选择粤方言。而且年轻一代更易受到经济的吸引，因此更倾向于选择白话进行交际。经济因素在他们身上表现的是拉力，让他们自愿放弃自己的母语。而中老年人一代对自己的母语持肯定的态度，经济的拉力作用在他们身上表现得较弱，使他们依然坚持选用自己的平话，只要交际无障碍。

(三) 推拉力型

在语言选择中，推拉力型的社会因素既会产生推力，也会产生拉力，尽管推力和拉力不一定会同时出现。推拉力型的社会因素有政治和语言态度。

1. 政治

政治对语言选择的影响与文化、经济不同。文化、经济的影响是由客观存在的因素造成的，而政治常常是主观因素的推动。因此，政治对语言选择的影响既有推力，也有拉力，这要看政治对语言所施加的是哪一类影响。以语言规划为例，通过规划增强某种语言的功能，使其他族群的人自愿选择这种语言，这是拉力的作用；如果用政令或其他方式强制要求人们选择某种语言，则是推力的作用。万秀村平话社区越来越多的父母选择用普通话与子女们交谈，一是考虑到子女今后发展的需要，掌握普通话对于孩子的学业和就业来说是非常有必要的，他们更愿意用普通话和孩子交流，为孩子创造良好的语言环境。二是政治因素影响平话社区中人们的语言选择，这种影响表现为拉力——年轻的父母自愿放弃母语，选用普通话。学校场是普通话使用率最高的地方，相对其他场合而言，学校对语言使用的约束力比较强，几十年的推普工作使普通话成为学校第一选择语，并具有强制性。在这里政治因素的影响表现为推力。政治因素在这里既有推力也有拉力。

2. 语言态度

语言态度对语言选择的影响同样有推力和拉力两种。语言态度所表现出来的是推力还是拉力取决于一个族群对本族语及外族语的语言情感、价值评定以及行为倾向。万秀村平话人尤其是中老年一代人，对于自己的母语有着强烈的情感和认同感，他们不希望看到自己的母语被别的语言或方言取代。在家庭场和村域场中他们更愿意用平话交流，这使得中老年人对于平话的语言态度有一种强大的拉力，来对抗其他因素的影响。他们也就成为了万秀村忠实的语言坚守者。而年轻一代的语言态度较为宽容，他们对于自己的母语并没有像父辈那样有强烈的感情和认同感，他们乐于接受和学习另外的语言，因此，经济、政治、文化这些因素更多地影响了他们的语言选择。语言态度的推力与拉力在他们身上表现的力量是相对均衡的。

四、结论

社会因素对语言选择的影响不同，再加上推力、拉力的影响，导致了语言选择的结果各异。虽然多语社区中影响语言选择的社会因素在不同时期和不同地域会有所不同，但从总体来说，拉力比推力的作用更大，力量更强——对于同一种社会因素，拉力的影响力要比推力的大；不同的社会因素，表现为拉力的因素比表现为推力的因素对语言选择的影响力更大。这与推力、拉力产生的原因有关，拉力是由于吸引力的影响，使语言选择者自愿选择，因此遇到的阻力较小；推力是由于不利因素的影响，语言选择者不得已进行语言选择，因此遇到的阻力较大，也就削弱了推力的力量。各种社会因素中，人口因素表现为推力，经济因素、文化因素表现为拉力；政治因素是拉力及推力都存在，但政治因素的拉力与经济、文化因素的拉力不同。经济、文化因素是靠自身的吸引力产生拉力，而政治是借助外力对语言选择产生影响，因此有时候它的拉力比经济、文化因素的拉力更大。同样地，由于外力的存在，政治因素所产生的推力有时也会比其他因素的拉力更大。语言态度所产生的拉力和推力不会单独存在，但它却影响到其他因素拉力或推力的作用——语言态度所产生的拉力或推力会削弱或增强其他因素对语言选择的影响力。一个对本族语言持肯定态度的族群，其语言态度产生的拉力会让他们不轻易选择使用其他语言，更不用说转用其他语言。在这样的情况下，其他社会因素所产生的拉力或推力都会减弱。反之，对本族语言持否定态度的族群更容易选择其他语言，其他社会因素的拉力或推力都会促使他们使用甚至转用其他语言。万秀村的中老年人和年轻人的语言态度是不相同的，中老年人希望保留自己的母语，他们对自己的语言持肯定态度，这种语言态度的拉力使他们成为了语言的保持者，使得别的因素在他们身上的影响变弱。而年轻人，他们对于自己的语言不能说持否定态度，但是他们没有中老年一代的坚持，他们会根据需要学习一种或几种强势语，因此，经济、政治、文化等因素在他们身上的影响表现得更为强烈一些，他们对于多语的态度是宽容的。

【参考文献】

[1] 罗聿言.双族群社区中影响语言选择的社会因素分析——以广西武宣县壮、客家双族群社区为例[J].大家，2010（18）.

[2] 唐红梅，蒙凤金.城镇化进程中平话言语社区语言态度初探[J].河池学院学报，2009（1）.

[3] 徐世璇.濒危语言研究[M].北京：中央民族大学出版社，2001.

[4] 周振鹤，游汝杰.方言与中国文化[M].上海：上海人民出版社，2006.

少数民族语文研究

靖西壮语的差比句

吕嵩崧[①]

一、引言

本文的靖西壮语指的是广西靖西县壮语，属壮语南部方言德靖土语。

差比式主要由比较主体（记作S）、基准（记作St）、属性谓语（记作A）和比较标记（记作M）四个成分构成。

根据基准相对于属性谓语的位置以及比较标记的有无，我们把靖西壮语的差比式分为基准前置型、基准后置型、缺少比较基准型以及缺少标记型[②]（吴福祥2012）。分述如下：

二、基准前置型

（一）以单个pi^{45}为比较标记的差比句，格式是"S+M+St+A"

pi^{45}是汉语官话借词"比"。根据黄阳（2010）的观察，某些新派靖西壮语多采用"S+M+St+A"的语序结构，同现代汉语比较结构的语序一致，比较标记为pi^3（按：靖西壮语的"比"应为第5调，调值为45），即借用汉语的比较标记"比"，同时语法结构也复制了汉语的比较式。[③] 如：

（1）p^{h}aŋ^{53} t^{h}u^{33} pi^{45} p^{h}aŋ^{53} ɬei^{213} t^{h}au^{33}.

　　布　土　比　布　买　暖。

（土布比买的布暖和。）

（2）ʔan^{53} la:m^{31} te^{53} ɬa:n^{53} pi^{45} ʔan^{53} ŋo^{45} jiŋ^{324} kwai^{53}.

　　个　篮　她　织　比　个　我　样　乖。

（她织的篮子比我织的别致。）

吴福祥（2012）认为，侗台语基准前置型差比式S-Ms-St-A源于对汉语标准语模式S-比-St-A的复制。且认为，基准前置型差比式是侗台语差比式的近现代层次。[④] 靖西壮语自然也是如此。从官话在靖西的传播以及多见于新派的情况看，这种差比式的出现很可能仅是20世纪中叶以后的事，所以，这是靖西壮语差比式中相当晚近的形式。黄阳（2010）也有相似的论述[⑤]。

[①] 吕嵩崧，男，壮族，百色学院教授。
[②] 吴福祥：《侗台语差比式的语序类型和历史层次》，载《民族语文》2012年第1期。
[③] 黄阳：《靖西壮语语法》，广西大学硕士学位论文，2010年，第70页。
[④] 吴福祥：《侗台语差比式的语序类型和历史层次》，载《民族语文》2012年第1期。
[⑤] 黄阳：《靖西壮语语法》，广西大学硕士学位论文，2010年，第70页。

(二)另一种格式是同时以 pi⁴⁵ 和 kwa⁴⁵ 为比较标记的比较句,其格式是"S+M₁+St+A+M₂",M₁ 为上文所述汉语官话借词 pi⁴⁵,M2 为中古汉语借词 kwa⁴⁵ "过"

以下为相应的例句:

(1) hai³³ pi⁴⁵ mo⁴⁵ loŋ⁵³ kwa⁴⁵ la:i⁵³ lo⁵³.
　　海　比　湖　大　过　多 语气助词。
（海比湖大得多。）

(2) tu⁵³wa:i³¹ tʰei⁵³ na³¹ pi⁴⁵ tu⁵³mo³¹ nai⁵³ kwa⁴⁵.
　　水牛　犁水田　比　黄牛　好　过。
（水牛犁田比黄牛好。）

(3) lok²¹ ni⁴⁵ pi⁴⁵ lok²¹ te⁵³ łai⁵³ kwa⁴⁵ la:i⁵³.
　　儿子　你　比　儿子　他　聪明　过　多。
（你儿子比他儿子聪明得多。）

(4) ma:n³³ te⁵³ lai²¹³ na³¹ pi⁴⁵ ma:n³³ lau³¹ la:i⁵³ kwa⁴⁵.
　　村　他　旱地水田　比　村　我们　多　过。
（他们村的田地比我们村多。）

(5) tʰeu⁵³ ta²¹³ tən²¹³ pi⁴⁵ tʰeu⁵³ ta²¹³ paŋ²¹³ nam²¹³ la:i⁵³ kwa⁴⁵.
　　条　河　这　比　条　河　那　水　多　过。
（这条河水量比那条河大。）

我们认为,"S+M₁+St+A+M₂"格式的差比句是带 pi⁴⁵ "比"的基准前置型差比句和下述带 kwa⁴⁵ "过"的短差比式混合而产生的,同时具有两个比较标记的基准前置型差比句。

这四类差比句的层次是:缺乏标记的差比句＞以单个 kwa⁴⁵ 为比较标记的比较句＞以单个 pi⁴⁵ 为比较标记的比较句＞以 kwa⁴⁵ 和 pi⁴⁵ 为双比较标记的比较句。

靖西壮语以"比"为基准标记,频率还在以"过"为基准标记之下。但句式的逐渐繁化,已促使以"比"为基准标记的比较句的使用频率逐渐后来居上,这在县城及文化程度较高的人群中尤其明显。

吸收"比"为比较标记的现象在各地壮语中相当常见,张元生、覃晓航(1993)认为,由于壮语吸收了汉语"比"较助词"比"(壮语借用形式为 beij),使之原来的比较句式发生了变化。变化后的句式与汉语的比较句式相同。①

三、基准后置型

(一)基准后置型主要是以单个 kwa⁴⁵ 为比较标记的差比句,格式是"S+A+M +St"

(1) ten³³ jəŋ⁴⁵ nai⁵³ ko:i⁵³ kwa⁴⁵ ten³³ si³³.
　　电影　好看　过　电视。
（电影比电视好看。）

(2) te⁵³ noŋ²¹³ łak⁴⁴ kʰa:u⁵³ ho⁵³si⁵³ kwa⁴⁵ łak⁴⁴neŋ⁵³.
　　她　穿　色　白　合适　过　色　红。
（她穿白色的比穿红色的合适。）

(3) ʔan⁵³ ŋo⁴⁵ luŋ⁵³ kwa⁴⁵ ʔan⁵³ te⁵³.
　　个　我　大　过　个　他。

---

① 张元生、覃晓航:《现代壮汉语比较语法》,北京:中央民族大学出版社,1993年,第5页。

（我的比他的大。）

吴福祥（2010）认为，侗台语基准后置型差比式S-A-Mp-St极有可能来自粤语和平话差比式X-A-过-Y的影响。其属性标记Mp（kwa^{45}）带有"超出、胜过"义，属于"过"型差比式。这种类型的差比式在侗台语中最为普遍。其属性标记源自"经过、超过"义动词。[①]

在靖西壮语中，部分以单个kwa^{45}为比较标记的基准后置型差比句，比较基准可以不出现。按比较基准是否出现，我们把以单个kwa^{45}为比较标记的基准后置型差比句分为长差比式和短差比式两种格式。比较基准出现的称为长差比式，比较基准不出现的称为短差比式。长差比句的格式是"S+A+过+St"，短差比句的格式是"S+A+过"。以下我们分而述之。

1. 长差比式"S+A+过+St"

（1）kʰau^{33}tai^{45} lai^{213} kin^{53}nai^{53} kwa^{45} kʰau^{33}tai^{45} na^{31}.
　　玉米　旱地　　好吃　过　　玉米　水田。
（旱地产的玉米比水田产的玉米好吃。）

（2）tu^{53}han^{45}ni^{213} ȵap^{45} kwa^{45} ni^{213} pat^{44}.
　　鹅　肉　韧　过　肉　鸭。
（鹅肉比鸭肉韧。）

（3）məu^{53}tʰu^{33} kʰɔ^{31}si^{31} kin^{53}nai^{53} kwa^{45} məu^{53}ɬɯ^{31}lja:u^{213}.
　　土猪　　确实　　好吃　　过　　饲料猪。
（土猪比饲料养的猪好吃。）

（4）po^{53} pʰja^{53} tən^{213} tam^{31} kwa^{45} po^{53} pʰja^{53} paŋ^{213}.
　　座　山　这　矮　过　座　山　那。
（这座山比那座山矮。）

（5）ʔan^{53} ɬiŋ^{53} tən^{213} luŋ^{53} kwa^{45} ʔan^{53} paŋ^{213}.
　　个　箱　这　大　过　个　那。
（这个箱子比那个大。）

（6）tʰa^{53} luŋ^{53} kwa^{45} to:ŋ^{324}.
　　眼　大　过　肚。
（眼睛比肚子大。）

（7）tsi^{45}kai^{45}nai^{53}kin^{53} kwa^{45} tsi^{45} pat^{44}.
　　肉鸡　吃好　过　肉　鸭。
（鸡肉比鸭肉好吃。）

（8）te^{53} kʰja^{53} tsen^{31} joŋ^{53} kwa^{45} ni^{45}.
　　他　找　钱　厉害　过　你。
（他挣钱能力比你强。）

（9）ma:n^{33} ŋo^{45}tɔŋ^{31}kja:i^{213} la:i^{213} kwa^{45}ma:n^{33} ni^{45}la:i^{53} lo^{53}.
　　村　我　打架　厉害　过　村　你　多 语气助词。
（我们村打架比你们村厉害。）

（10）lok^{21} ni^{45} kin^{53} kʰau^{33} kʰwa:i^{45} kwa^{45}lok^{21} ŋo^{45} la:i^{53}.
　　儿子　你　吃　饭　快　过　儿子　我　多。
（你儿子吃饭比我儿子快。）

[①] 吴福祥：《侗台语差比式的语序类型和历史层次》，载自《民族语文》2012年第1期。

2. 短差比式"X+A+过"

据吴福祥、覃凤余(2010)的观察,南宁粤语中,当比较基准所指的实体已见于上文语境、言谈情景或属于言谈双方的背景知识时,这种"X+A+过"的短差比式比较常见。[①]

他们认为(短差比句)见于广西境内的民族语言以及境外部分东南亚语言。且南宁粤语及周边粤方言的"X+A+过"极有可能是壮语南部方言影响的产物。[②]百色粤语也有这样的短差比句,如:

(1)渠肥过。(他较胖。)

(2)渠精过。(他比较机灵。)

(3)啲个靓过。(这个更漂亮。)[③]

属于壮语南部方言的靖西壮语中短差比句出现的语境,与覃凤余、吴福祥所述的南宁粤语短差比式出现的语境是一致的。如:

(1)ma:n³³ lau³¹ wa³²⁴ ma:n³³ te⁵³ tu⁵³ ʔo:k⁴⁵kən³¹, ma:n³³ tɔi³¹ la:i⁵³ kwa⁴⁵?
　　村　我们　和　村　他　都　出　人,　村　哪　多　过?
(我们村和他的村都出人,哪个村出的人多些?)

(2)ŋo⁴⁵ ka:ŋ³³ tʰo³³ nai⁵³ kwa⁴⁵.
　　我　讲　土　好　过。
(我土话说得好些。)

(3)kʰa⁵³ pʰja:i³³ ʔau⁵³ mei³¹ nai³³ kwa⁴⁵ na:u⁴⁵ ʔaº?
　　腿　走　要　不　好　过　否定标记　语气助词?
(步行不比别的方式好吗?)

在问答性的对话中,短差比式更为常见。如:

(1)ʔan⁵³ ni⁴⁵ wa³²⁴ ʔan⁵³ te⁵³, ʔan⁵³ tɔi³¹ mɔi⁴⁵ kwa⁴⁵?
　　个　你　和　个　他,　个　哪　新　过?
(你的和他的,哪个更新?)

——ʔan⁵³ te⁵³ mɔi⁴⁵ kwa⁴⁵.
　　个　他　新　过。
(他的更新。)

(2)pei⁵³kei⁴⁵ wa³²⁴ pei⁵³kwa⁴⁵ pei⁵³ tɔi³¹ nut⁴⁵?
　　今年　和　去年　年　哪　热?
(今年和去年哪年热?)

——pei⁵³kei⁴⁵ nut⁴⁵ kwa⁴⁵.
　　今年　热　过。
(今年热些。)

吴福祥、覃凤余(2010)认为短差比式"S+A+过"来源于差比式"S+A+过+St"中基准St的删略。最初的语用动因是,在特定的对话语体里比较基准St所指称的实体已见于上文语境、言谈情景或不言自明。尔后这种差比式被扩展到其他语境并最终被语法化为固定的差比结构式。[④](为了行文的一致,我们把文中的X、Y改写成S和St)

[①]吴福祥、覃凤余:《南宁粤语短差比式"X+A+过"的来源》,载自《合肥师范学院学报》2010年第2期。
[②]吴福祥、覃凤余:《南宁粤语短差比式"X+A+过"的来源》,载自《合肥师范学院学报》2010年第2期。
[③]巴丹惠告。
[④]吴福祥、覃凤余:《南宁粤语短差比式"X+A+过"的来源》,载自《合肥师范学院学报》2010年第2期。

以上我们罗列了靖西壮语中的基准前置型和基准后置型两类差比句。其中，基准前置型有以"比"为比较标记和以"比……过"为比较标记两类，基准后置型则有比较基准是否出现分长差比式和短差比式两类。吴福祥（2012）认为侗台语中基准前置型和基准后置型两类差比式均源自汉语差比式模式的区域扩散。其中，前者复制的是汉语标准语或官话的比字句（S-比-St-A）模式，后者则是复制粤语和平话的S-A-过-St。吴福祥将侗台语的基准后置型差比式视为中古近代（中古后近代前）层次，基准前置型（指以单个比为比较标记的差比句）是侗台语最晚引入的近现代层次。[①]靖西壮语大略也是如此。此外，还由两者混合而得"S-比-St-A-过"的格式。

（二）基准后置型的另一格式是"S+M₁+A+M₂"

M_1由 na:u³¹ 充当，na:u³¹ 是程度副词，表示相对某物程度略高或略低；M_2为上述借自中古汉语的 kwa⁴⁵ "过"。二者结合表示二者相差的程度不大。如：

（1）sek⁴⁵ ɬei⁵³ tən²¹³ na:u³¹ ʔeŋ⁵³ kwa⁴⁵ɬek⁴⁵ paŋ²¹³.
　　　本　书　这　略　小　过　本　那。
（这本书比那本书略小一点儿。）

（2）ma:k²¹³ mit²¹ te⁵³ na:u³¹ wan³¹ kwa⁴⁵ma:k²¹³ ŋo⁴⁵.
　　　把　小刀　他　略　锋利　过　把　我。
（他的小刀比我的小刀略微锋利一点儿。）

与以上所列短差比式一样，这种格式比较基准也可以不出现。如以上二例，可说成：

（1）sek⁴⁵ ɬei⁵³ tən²¹³ na:u³¹ ʔeŋ⁵³ kwa⁴⁵.
　　　本　书　这　略　小　过。
（这本书略小。）

（2）ma:k²¹³ mit²¹ te⁵³ na:u³¹ wan³¹ kwa⁴⁵.
　　　把　小刀　他　略　锋利　过。
（他的小刀略微锋利。）

下文还将分析差比句的另一种形式：S-Mp-A，其中，Mp一般为 na:u³¹，也有用官话借词 pi⁴⁵kja:u³³。我们认为，"na:u³¹...kwa⁴⁵"格式是下文所述 S-Mp-A 与以单个"过"为比较标记的基准后置型的混合式。

（三）等比标记与否定标记结合构成复合标记的基准后置型差比式

其格式为"S+mei³¹ 否定标记+A+等比标记+St+na:u³¹ 否定标记"。

靖西壮语的等比标记有 kjaŋ²¹³、tɔŋ³¹、pei³³、ɬja:ŋ³³、ləm³³ 等，我们在下文有关等比内容中还将加以讨论。比较句中，仅有等比标记的时候，起的是等比作用，但其与框式否定结构结合使用，则表示的是差比，具体意义是前项不如后项。以下根据不同的标记分而述之：

1. S+mei³¹ 否定标记+A+kjaŋ²¹³+St+na:u⁴⁵ 否定标记

指前项比不上后项，kjaŋ³²⁴ 的意义相当于汉语的比得上，如：

（1）ʔan⁵³ ɬiŋ⁵³ tən²¹³ mei³¹ luŋ⁵³ kjaŋ²¹³ ʔan⁵³ paŋ²¹³ na:u⁴⁵.
　　　个　箱　这 否定标记 大　比得上　个　那 否定标记。
（这个箱不如那个箱大/这个箱比那个箱小。）

[①] 吴福祥：《侗台语差比式的语序类型和历史层次》，载自《民族语文》2012年第1期。

（2）fan³²⁴ koŋ⁵³ tən²¹³ mei³¹ ho³³ kjaŋ²¹³ fan³²⁴pai³¹ wa³¹ na:u⁴⁵.
　　份　工　这　否定标记苦　如　份　次　以前否定标记。
（这份工不如以前那份辛苦。）
（3）tsu³¹kʰjəu³¹ mei³¹ jam⁵³ kjaŋ²¹³ pʰa:i³¹kʰjəu³¹ na:u⁴⁵.
　　足球　　否定标记好　比得上　　排球　　否定标记。
（足球不如排球有趣。）

在比较项因上下文语境、言谈情境而使比较内容双方知晓时，属性谓语也可省略。这时这类等比句格式变为S+mei³¹否定标记+kjaŋ²¹³+na:u⁴⁵否定标记。如：
（1）ɬo:ŋ⁵³ lok²¹ kei⁴⁵ lok²¹ tɔi³¹ səŋ³¹tsi³¹ nai⁵³ kwa⁴⁵?
　　俩　儿子　这　儿子　哪　成绩　　好　过？
（这两个儿子哪个成绩好一些？）
——lok²¹ta:i³²⁴mei³¹ kjaŋ²¹³ na:u³¹.
　　儿子 大 否定标记比得上 否定标记。
（大儿子不如二儿子。）
（2）pei⁵³kei⁴⁵ wa³²⁴ pei⁵³kwa⁴⁵pei⁵³ tɔi³¹ kʰwa⁵³ nai³³ la:i⁵³ kwa⁴⁵?
　　今年　　和　　去年　　年　哪　找　得　多　过？
（今年和去年哪一年挣钱多一些？）
——pei⁵³kwa⁴⁵mei³¹ kjaŋ²¹³ na:u⁴⁵.
　　去年　　否定标记比得上 否定标记。
（去年不如今年。）

2. S+mei³¹+A+tɔŋ³¹+St+ na:u⁴⁵
tɔŋ³¹为中古汉语借词"同"，如：
（1）ko⁵³ mai²¹³ tən²¹³ mei³¹ ɬo⁵³ tɔŋ³¹ ko⁵³ paŋ²¹³ na:u⁴⁵.
　　棵　　树　　这　否定标记高　同　棵　那　　否定标记。
（这棵树不如那棵树高。）
（2）wan³¹kei⁴⁵ mei³¹ net⁴⁵ tɔŋ³¹ wan³¹wa³¹ na:u⁴⁵.
　　今天　　否定标记晴　同　　昨天　　否定标记。
（今天不如昨天晴。）

3. S+mei³¹+A+pei³³+St+na:u⁴⁵
pei³³的意义相当于"一样；类同"，如：
（1）ha:ŋ⁴⁵kei⁴⁵mei³¹ noŋ⁵³ pei³³ ha:ŋ⁴⁵wa³¹ na:u⁴⁵.
　　集市　　这　否定标记繁荣 一样 集市 上次 否定标记。
（这次集市不如上次集市热闹。）
（2）lok²¹ ŋo⁴⁵mei³¹ luŋ⁵³ pei³³ lok²¹ ni⁴⁵ na:u⁴⁵.
　　儿子 我 否定标记 大 一样 儿子 你 否定标记。
（我儿子不如你儿子大。）

4. S+mei³¹+A+ɬja:ŋ³³+St+na:u⁴⁵
ɬja:ŋ³³为汉语官话借词"像"，如：

151

（1）te⁵³ nei⁵³ mei³¹ kʰwa:i⁴⁵ɬja:ŋ³³ ni⁴⁵ na:u⁴⁵.
　　他　跑 否定标记　快　　像　　你 否定标记。
　　（他跑得不像你一样快/他跑得没你快。）

（2）kɔŋ⁵³ te⁵³ mei³¹ nai⁵³ ɬja:ŋ³³ kɔŋ⁵³ ŋo⁴⁵ na:u⁴⁵.
　　工　他 否定标记 好　像　　工　我 否定标记。
　　（他干活不如你干得好。）

5. S+mei³¹+A+ləm³³+St+na:u⁴⁵

ləm³³意义相当于"像"，笔者认为是从动词ləm²¹³"抚摸"通过屈折而得。但ləm³³更多见于靖西乡下，在县城不常见。我们认为，靖西壮语借入ɬja:ŋ³³"像"后，ɬja:ŋ³³在使用上逐渐处于强势，导致ləm³³使用频率及范围的减少。

（1）lok²¹ te⁵³ mei³¹ ma:u⁴⁵nai⁵³ ləm³³ lok²¹ ŋo⁴⁵na:u⁴⁵.
　　儿子 他 否定标记　漂亮　好像　儿子 我 否定标记。
　　（他儿子不如我儿子漂亮。）

（2）ɬi⁴⁵fa³¹tsəŋ⁴⁵ mei³¹ nai⁵³ ləm³³ kʰei³³sa⁵³jəu³¹ na:u⁴⁵.
　　洗发精 否定标记 好 像　　茶麸　　　否定标记。
　　（洗发精不如茶麸好。）

四、缺少比较基准型

这类差比句比较基准不出现，格式一般为"S+Mp+A"，Mp一般为na:u³¹。na:u³¹义为：比较；略，表示比基准程度稍大。新派靖西壮语也用汉语官话借词pi⁴⁵kja:u³³"比较"。也有"S+M₁+A+M₂"，这时，M₁一般为na:u³¹，M₂为kwa⁴⁵。

吴福祥（2012）讨论了壮语很多方言中包含多义属性标记的"S+Mp+A"格式。① 与其他壮语相比，靖西壮语虽然没有以la:i¹"多"作为属性标记，但可以na:u³¹和pi⁴⁵kja:u³³作为属性标记。

（一）S+Mp+A

1. S+na:u³¹+A

（1）ma:n³³ ni⁴⁵wa³²⁴ma:n³³ te⁵³ tei³²⁴tɔi³¹ kwai⁵³? ma:n³³ te⁵³ na:u³¹ kwai⁵³.
　　村 你 和　村 他 地 哪 远？ 村 他 略 远。
　　（你们村和他们村哪儿远？他们村远些。）

（2）tʰeu⁵³ ta²¹³ tən²¹³ na:u³¹ nak⁴⁴.
　　条 河 这 略 深。
　　（这条河深一些。）

（3）pei⁴⁵tən²¹³ na:u³¹ tsam²¹³.
　　杯 这 略 凉。
　　（这杯凉一些。）

2. S+pi⁴⁵kja:u³³+A

我们估计，汉语比较与靖西壮语na:u³¹意义接近，因而，靖西壮语常常以这一官话借词代替na:u³¹在

---

① 吴福祥：《侗台语差比式的语序类型和历史层次》，载自《民族语文》2012年第1期。

句中的作用。事实上，二者一般可以互换。例句如：

（1）kʰau³³nu⁵³ tsəŋ³³li⁴⁵ pi⁴⁵kjaːu³³ nai⁵³.
　　　糯米　　靖西　　比较　　好。
　　（靖西糯米好一些。）

（2）tʰeu⁵³ lo³²⁴ tən²¹³ pi⁴⁵kjaːu³³ kwai⁵³.
　　　条　路　这　　比较　　远。
　　（这条路远一些。）

这里的 naːu³¹ 和 pi⁴⁵kjaːu³³ 是表示比较项跟特定的物体相比具有的属性，而并非描述比较项的程度，如：

（1）məu⁵³ɬiu⁵³ naːu³¹/pi⁴⁵kjaːu³³ həm⁵³.
　　　烧猪　　略　　/比较　　香。
　　（烧猪比较香/烧猪香一些。）

这里的 S-Mp-A 与汉语的"烧猪比较香"一类的表达式并不等同，汉语中相应表达式虽然也有比较的意念，但主要功能在于标示性状的程度增高。因此，烧猪比较香可以推衍出用以比较的某个物体价格贵这样的命题，而靖西壮语的 məu⁵³ɬiu⁵³ naːu³¹/pi⁴⁵kjaːu³³ həm⁵³（烧猪略贵）不能推衍出上述命题。可见，靖西壮语中的 naːu³¹ 和 pi⁴⁵kjaːu³³ 是比较标记（属性标记）而非一般的程度副词。

（二）S+M₁+A+M₂

（1）kʰau³³tai⁴⁵ naːn³¹pɔ⁴⁵ naːu³¹ nai⁵³ kwa⁴⁵.
　　　玉米　　南坡　　略　　好　过。
　　（南坡的玉米好一些。）

（2）ʔan⁵³ mo⁴⁵ paːŋ²¹³ naːu³¹ ɬɔi⁵³ kwa⁴⁵.
　　　个　泉　那　略　干净　过。
　　（那眼儿泉水干净些。）

这种格式应该是上述的以单个 naːu³¹ 为属性标记的 S-Mp-A 格式和短差比式的混合式。

五、缺少标记型

有少量差比句可以不使用比较标记，这种差比式的语序是 S-A-St，特点是基准在句法上实现为属性谓语的直接宾语，结构式中没有任何比较标记。这类差比句的使用，在比较项上有一定的限制，可用的比较项仅有 pei²¹³（年长）、noːŋ²¹³（年轻）、ke⁴⁵（老）、luŋ⁵³（大）、ʔeŋ⁵³（小）等少数几个，而与此同类的词 maːu³¹（男子年轻）、ɬaːu⁵³（女子年轻）均须带比较标记。

缺少比较标记的差比句有两种格式：一是 S+pei²¹³、noːŋ²¹³+St+（补语）；二是 S+ke⁴⁵、luŋ⁵³、ʔeŋ⁵³+St+补语（数量短语）。即，当属性谓语为 pei²¹³、noːŋ²¹³ 时，句末有无补语两可；当属性谓语为 ke⁴⁵、luŋ⁵³、ʔeŋ⁵³ 时，句末必须带补语。以下分而述之：

（一）S+pei²¹³、noːŋ²¹³+St+（补语）

（1）pa⁴⁵pei²¹³ma⁴⁵.
　　　爸　年长　妈。
　　（爸爸比妈妈年长。）

(2) pa⁴⁵pei²¹³ ma⁴⁵ɬo:ŋ⁵³ pei⁵³.
　　爸 年长　妈　两　　岁。
　　(爸爸比妈妈年长两岁。)

(3) te⁵³ no:ŋ²¹³ ŋo⁴⁵.
　　他 年轻　 我。
　　(他比我年轻/年幼。)

(4) te⁵³ no:ŋ²¹³ ŋo⁴⁵ɬa:m⁵³ nun⁵³.
　　他 年轻　 我 三　 月。
　　(他比我年轻/年幼三个月。)

(二) S+ke⁴⁵、luŋ⁵³、ʔeŋ⁵³+St+补语（数量短语）

(1) te⁵³ ke⁴⁵ŋo⁴⁵pei⁵³ neu³¹.
　　他 老 我 岁 一。
　　(他比我老一岁。)

(2) te⁵³ ke⁴⁵ ŋo⁴⁵ la:i⁵³.
　　他 老 我 多。
　　(他比我老得多。)

(3) te⁵³ ke⁴⁵ŋo⁴⁵ʔi³³ neu³¹.
　　他 老 我 点儿 一。
　　(他比我老一些。)

(4) *te⁵³ ke⁴⁵ŋo⁴⁵.
　　 他　老 我。
　　(他比我老。)

(5) te⁵³ luŋ⁵³ ŋo⁴⁵pei⁵³ neu³¹.
　　他 大 我 岁 一。
　　(他比我大一岁。)

(6) *te⁵³ luŋ⁵³ ŋo⁴⁵.
　　 他 大 我。
　　(他比我大。)

(7) te⁵³ ʔeŋ⁵³ ŋo⁴⁵pei⁵³ neu³¹.
　　他 小 我 岁 一。
　　(他比我小一岁。)

(8) *te⁵³ ʔeŋ⁵³ ŋo⁴⁵.
　　 他 小 我。
　　(他比我小。)

我们估计，luŋ⁵³和ʔeŋ⁵³进入缺少比较标记的比较句的时间相对晚近，是根据包含pei²¹³、no:ŋ²¹³、ke⁴⁵的这类比较句类推而得的。

（三）燕齐壮语①（韦景云、何霜、罗永现2011）、武鸣罗波壮语②（覃海恋2009）也存在形式一致的差比句（韦景云、何霜、罗永现2011称为隐含比较句），其使用与靖西壮语中缺乏比较标记的比较句有同有异

  1. 相同之处

（1）两者均不使用比较标记；

（2）两者均基本用于年纪的比较。

  2. 不同之处

（1）燕齐壮语可以在比较项前加程度副词 ham^{35}"比较"、la:i^{24}"多"等，靖西壮语的程度副词则位于后一比较项之后。如：

靖西：ŋo^{45}pei^{213} te^{53} la:i^{53}.

   我 年长 他 多。

  （我比他年长得多。）

燕齐：kou^{24} la:i^{24} po:i^{24} he^{55}.

   我 多 年长 他。

  （我比他稍大一些。）

（2）可作为比较内容的词不同。燕齐壮语 po:i^{31} 和 nu:ŋ^{31} 的使用与靖西壮语的 pei^{213} 和 noŋ^{213} 基本一致。但在有补语的情况下，燕齐壮语除了可用 po:i^{31} 和 nu:ŋ^{31} 外，也可以用 la:u^{31}"老"；靖西壮语可用 ke^{45}"老"、luŋ^{53}"大"、ʔeŋ^{53}"小"。

材料显示武鸣罗波壮语缺少标记型差比句的例句有：

（1）kau^{33} la:u^{44}mɯ:ŋ^{31}.

   我 老 你。

  （我比你老。）

（2）kau^{33} ɔi^{35} mɯ:ŋ^{31}.

   我 嫩 你。

  （我比你年轻。）

（3）kau^{33} i^{35} mɯ:ŋ^{31}.

   我 小 你。

  （我比你小。）

看来，壮语中缺少标记型差比句并不鲜见。

吴福祥（2012）认为，缺少标记型"S-A-St"是侗台语最早的层次；基准后置型"S-A-Mp-St"是中古近代层次，基准前置型"S-Ms-St-A"则是侗台语最晚引入的近现代层次。③

他推测，侗台语早期的格式应是"S-Mp-A"，这种所谓的短差比式至今在某些侗台语里仍或可见。（吴福祥2012）至于缺少标记型的差比式"S-A-St"，我们认为是侗台语固有的形式。侗台语作为VO型语言，其固有的语序模式应是AdjSt而非StAdj。他认为缺少标记型是侗台语差比式的固有形式；基准前置型和基准后置型源自汉语差比式的句法扩散；前者是对汉语标准语"S-比-St-A"模式的复制，后者则源于粤语和平话差比式"S-A-过-St"的区域扩散。④

---

① 韦景云、何霜、罗永现：《燕齐壮语参考语法》，北京：中国社会科学出版社，2011年，第277页。
② 覃海恋：《武鸣罗波壮语语法研究》，广西大学硕士学位论文，2009年，第84页。
③ 吴福祥：《侗台语差比式的语序类型和历史层次》，载自《民族语文》2012年第1期。
④ 吴福祥：《侗台语差比式的语序类型和历史层次》，载自《民族语文》2012年第1期。

六、结语

从我们的观察及以上的分析，当前靖西壮语保存了壮语差比式自"S-A-StS-Mp-A"到"S-比-St-A"的各个层次。这其中，"S-A-过-St"是当前的主流格式，"S-比-St-A"则有后来居上的趋势。同时，还存在以等比标记与否定标记结合构成复合标记的基准后置型差比式。而同时，"S-比-St-A"和短差比式混合形成了"S+M$_1$+St+A+M$_2$"格式，"S-Mp-A"和短差比式混合形成了"S+na:u^{31}+A+kwa^{45}"格式。

【参考文献】

[1] 吴福祥.侗台语差比式的语序类型和历史层次[J].民族语文，2012（1）.
[2] 吴福祥，覃凤余.南宁粤语短差比式"X+A+过"的来源[J].合肥师范学院学报，2010（2）.
[3] 黄阳.靖西壮语语法[D].广西大学硕士学位论文，2010.
[4] 张元生，覃晓航.现代壮汉语比较语法[M].北京：中央民族大学出版社，1993.
[5] 韦景云，何霜，罗永现.燕齐壮语参考语法[M].北京：中国社会科学出版社，2011.
[6] 覃海恋.武鸣罗波壮语语法研究[D].广西大学硕士学位论文，2009.

对壮侗语形容词独立设类的看法

晏 姝[①]　覃兰惠[②]　覃凤余[③]

名词和动词是人类语言普遍存在的两个基本词类范畴，形容词是否是基本的词类则有分歧。有的语言学家认为有些语言没有独立的句法层面的形容词词类，形容词是介于名词和动词之间的一个词类，如Thomas E.Payne（2011：64）指出亚齐语处理为动词，芬兰语处理为名词。

目前，壮侗语的研究文献一般都设有形容词词类，如韦庆稳、覃国生（1980：32）和王均、郑国乔（1980：40）。境外台语的研究也有类似情形，如Iwasaki Shoichi and Ingkaphirom Preeya（2005：91）就在泰语中设有独立的形容词（adjective）词类。但是，也有研究不认为形容词是个独立的词类，比如黄美新（2010：39）将大新壮语的动词按语义分为动态动词和静态动词，而形容词则归入静态动词中。境外台语的研究也有类似的情况，如N.J.Enfield（2007：242）将老挝语的动词分为活动动词（ACTIVE）和状态动词（STATIVE），而一般所谓adjective是状态动词（STATIVE）的一个下位类型。

基于这样的认识，本文选取壮侗语的两个代表点——崇左壮语和罗城仫佬语，做了专项调查，以期对壮侗语是否有独立的形容词词类这个问题有个了解。崇左壮语材料来自对发音人侬文霞的发问，罗城仫佬语的材料来自本文第二作者的母语自省。

一、崇左壮语、罗城仫佬语"形容词"对一些属性的表达形式

Thomas E.Payne（2011：18）指出：一种语言如果有形容词这个类别，至少可以表达下列属性：年龄、体量、评价、颜色、物理属性、形状、人类属性、速度等，崇左壮语和罗城仫佬语对这些属性的表达有如下形式：

属性范畴	崇左壮语	罗城仫佬语
年龄	o:n⁵年轻、ke⁵年老	ŋe³年轻、ke⁵年老
体量	luŋ¹大、θai⁵/lok⁸小、θoŋ¹高、tam⁵矮、θi²长、tin³短、la:i¹多	ɬo⁴大、te⁵小、moŋ¹高、ɬam⁵矮、ja:i³长、ɬən³短
评价	ni¹/li:k⁸好、jai²/θa:i⁴/wa:i³坏	la:i¹好、lə⁶烂、wa:i⁶坏
颜色	nam¹黑、phɯ:k⁷白、nja:ŋ¹红、kam⁴紫、lɯŋ¹黄、la:m²蓝	nam¹黑、kwa³白、ɬa:n³红、ŋam²紫、ŋjɛn¹黄
物理属性	ke:n⁵硬、po:ŋ²软、ma:k⁸滑、nak⁷重、mau¹轻、sam¹沉、nai³脏、tɯm²湿、kʰiu¹臭、ho:m¹香	ka³硬、ma³软、kɔ¹滑、hjan¹重、n̩in¹臭、ŋa:ŋ¹香
形状	muɯn²圆、jin²直、pe:n³扁、fuŋ¹方、khut⁷曲、ke:u³卷	kwa:n⁶圆、ɬɔ³直、lon⁵椭圆、mɛ³扁
人类属性	ni¹好、wa:i³坏、faŋ²高兴、hi⁵nɯ:t⁷生气、θai¹聪明、ka:i¹乖、na:ŋ⁵/sai³笨、pin² θa:u¹漂亮、pin² ma:u¹帅气、wo¹θo:i¹邋遢、nɯ:t⁸热/生气	a:ŋ⁵高兴、ŋa:u²郁闷、ŋau⁵烦闷
速度	kʰa:i⁵快、ma:n³慢、ma:n³mɯ:t⁸mɯ:t⁸慢吞吞	hui⁵快、sən⁶慢、ma:n⁶慢

[①]晏姝，女，广西大学文学院硕士研究生。
[②]覃兰惠，女，广西大学文学院硕士研究生。
[③]覃凤余，女，广西大学文学院教授。

二、语法特点

上表表属性的所谓"形容词"有如下的语法特点：

(一)形态特点
1. AA式表示程度加深
崇：θa:i⁵ θa:i⁵ ta:i⁴　　　　　　　　　　　θoŋ¹ θoŋ¹ ta:i⁴/ke²
　　小　小　的（小小的）　　　　　　　　高　高　的（高高的）
　　pʰɯ:k⁷ pʰɯ:k⁷ ta:i⁴　　　　　　　　　mɯ:n² mɯ:n² ta:i⁴
　　白　白　的（白白的）　　　　　　　　圆　圆　的（圆圆的）
　　ni¹ ni¹ ta:i⁴　　　　　　　　　　　　ka:i¹ ka:i¹ ta:i⁴
　　好　好　的（好好的）　　　　　　　　乖　乖　的（乖乖的）

罗：ke⁵ ke⁵ kɔ⁵　　　　　　　　　　　　l̥o⁴ l̥o⁴ kɔ⁵
　　老　老　个（老老的）　　　　　　　　大　大　个（大大的）
　　l̥a:n³ l̥a:n³ kɔ⁵　　　　　　　　　　ka³ ka³ kɔ⁵
　　红　红　个（红红的）　　　　　　　　硬　硬　个（硬硬的）

2. 更为复杂的重叠形式
崇：

（1）ABB式：　ke⁵ ka:ŋ¹ ka:ŋ¹　　　　　　θa:i⁵ niŋ¹ niŋ¹
　　　　　　　老　□　□（很老）　　　　　小　□　□（很小）
　　　　　　　ne:ŋ¹ kʰet⁷ kʰet⁷　　　　　ke:n⁵ ka:ŋ¹ ka:ŋ¹
　　　　　　　红　□　□（红彤彤）　　　　硬　□　□（硬邦邦）
　　　　　　　ma:n³ mɯ:t⁸ mɯ:t⁸
　　　　　　　慢　□　□（慢吞吞）

（2）AABB式：θoŋ¹ θoŋ¹ θa:ŋ¹ θa:ŋ⁵　　　θu³ θu³ θa³ θa³
　　　　　　　高　高　敞　敞（高高大大）　莽　莽　撞　撞（莽莽撞撞）

（3）ABAB式：ha:u³ θe:ŋ² ha:u³ θe:ŋ² ta:i⁴
　　　　　　　后　生　后　生　的（年轻年轻的）
　　　　　　　pin² θa:u¹ pin² θa:u¹ ta:i⁴
　　　　　　　成　靓　成　靓　的（很漂亮）
　　　　　　　pin² ma:u⁵ pin² ma:u⁵ ta:i⁴
　　　　　　　成　俊　成　俊　的（很帅气）

（4）ABAX式：pin² θa:u¹ pin² tɯŋ⁵　　　wo¹ θo:i¹ wo¹ θɯ:ŋ⁵
　　　　　　　成　靓　成　□（很漂亮）　　黑　□　黑　□（很邋遢）
　　　　　　　lo¹ θo¹ lo¹ θɯ:ŋ⁵
　　　　　　　啰　嗦　啰　□（很啰嗦）

罗：

（1）ABB式：　ke⁵ n̥a:ŋ⁵ n̥a:ŋ⁵　　　　　　ja:i³ ləŋ⁴ ləŋ⁴
　　　　　　　老　□　□（很老）　　　　　长　□　□（很长）

	lə⁶ nɔk⁷ nɔk⁷		nam¹ nyt⁷ nyt⁷
	烂 □ □（很烂）		黑 □ □（很黑）
	ma³ məp⁷ məp⁷		lo³ lit⁷ lit⁷
	软 □ □（很软）		直 □ □（很直）
	ŋa:u⁵ ŋəŋ² ŋəŋ²		ȵau⁵ ȵɛŋ¹ ȵɛŋ¹
	郁闷 □ □（很郁闷）		烦闷 □ □（很烦闷）

（2）AABB 式： ȵe³ ȵe³ ȵəp⁷ ȵəp⁷　　　　　ja:i³ ja:i³ ləŋ⁴ ləŋ⁴
　　　　　　　年轻 □ □（很年轻）　　　长 长 □ □（很长）

　　　　　　la:i¹ la:i¹ lo³ lo³　　　　　　nam¹ nam¹ nyt⁷ nyt⁷
　　　　　　好 好 □ □（很好）　　　　黑 黑 □ □（很黑）

　　　　　　ȵin¹ ȵin¹ kʰjəŋ⁵ kʰjəŋ⁵　　kwa:n⁶ kwa:n⁶ lon⁵ lon⁵
　　　　　　臭 臭 □ □（很臭）　　　　圆 圆 □ □（很圆）

（3）ACB 式： te⁵ tsʰə⁵ nəŋ³　　　　　　moŋ¹ lə⁵ kʰɔk⁷
　　　　　　　小 □ □（很小）　　　　高 □ □（很高）

　　　　　　hjan¹ tə³ nɔk⁷　　　　　　a:ŋ⁵ tsʰə³ ḻiu³
　　　　　　重 □ □（很重）　　　　　高兴 □ □（很高兴）

崇左壮语与罗城仫佬语的动词也有ABB、AABB等形态变化形式，如：

崇：

（1）ABB 式： ve:u⁵ kit⁷ kit⁷　　　　　　min¹ faŋ⁵ faŋ⁵
　　　　　　　叫 喳 喳（大叫）　　　　飞 □ □（飞飘飘）

　　　　　　le:n³ θo:ŋ⁵ θo:ŋ⁵
　　　　　　跑 □ □（一下一下地跑）

（2）AABB 式： pʰo:ŋ¹ pʰo:ŋ¹ pʰe:ŋ¹ pʰe:ŋ¹
　　　　　　　 吵 吵 闹 闹（吵吵闹闹）

　　　　　　　liŋ³ liŋ³ la:ŋ³ la:ŋ³
　　　　　　　滚 滚 躺 躺（懒散地躺）

罗（转引自银莎格2011）：

（1）AB 式： fən³ fja:ŋ⁵　　　　　　　tsʰa:m³ teŋ⁵
　　　　　　飞 □（飞飘）　　　　　　走 □（摇摇摆摆的走）

（2）ABB 式： fən³ fja:ŋ⁵ fja:ŋ⁵　　　　la⁵ tswa:i⁵ tswa:i⁵
　　　　　　　飞 □ □（飞飘）　　　　骂 □ □（大骂）

　　　　　　hau⁴ ka:t⁷ ka:t⁷　　　　　　tʰa:ŋ⁵ po² po²
　　　　　　吼 □ □（大吼）　　　　　跑 □ □（快跑）

（3）ACB 式： tui⁵ kə⁵ ŋɔk⁸　　　　　　tʰjeu⁵ lə³ kʰɛk⁷
　　　　　　　坐 □ □（坐的状态非常老实）　跳 □ □（兴奋的程度高）

（4）AABB 式： nɛ³ nɛ³ ŋa⁵ ŋa⁵　　　　eŋ³ eŋ³ jap⁷ jap⁷
　　　　　　　 哭 哭 □ □（大哭）　　　闪 闪 □ □（很闪）

前贤早已观察到壮侗语的动词有跟形容词相通的形态变化。如覃国生（1981）所举形容词与动词如下：

形容词：

（1）ABB式： hau¹ ŋa:u⁵ŋa:u⁵　　　　　　　　　he:n³ la:m⁵la:m⁵
　　　　　　臭 □ □（臭极了）　　　　　　　黄 □ □（黄极了）

（2）ACAB式：ma:n⁶ha¹ma:n⁶ho:ŋ⁵　　　　　tsam¹hja²tsam¹hjɯk⁸
　　　　　　红 □ 红 □（很红）　　　　　　 静 □ 静 □（很静）

（3）ABCD式：tam⁵ka¹tsum³hjum³　　　　　nam¹tsa¹pjɯ²hjɯ²
　　　　　　矮 □ □ □（矮得难看）　　　　 黑 □ □ □（黑得难看）

动词：

（1）ABB式： hun¹ sɯk⁸ sɯk⁸　　　　　　　hjum²fa:u³ fa:u³
　　　　　　雨 □ □（不停地下着雨）　　　 风 □ □（风呼呼地吹）

（2）ABDBC式：kja:ŋ²ka¹ŋi²ka¹ŋɯt⁸　　　　 sɯ:n³ ka¹ji¹ ka¹ ja:u³
　　　　　　呻吟 □ □ □（痛苦地呻吟）　　 叫 □ □ □ □（哇哇直叫）

(二)句法功能

1. 与动词相通的句法功能

形容词的如下功能跟动词相通：

（1）充当谓语

动词充当谓语是最无标记的，如：

崇：ku¹ kin¹ a:m¹　　　　　　　　　　　　罗：həi² tsjen¹ hu³
　　我 吃 饭。（我吃饭。）　　　　　　　　　我 吃 饭。（我吃饭。）

形容词也一样，充当谓语也无需任何标记，如：

崇：man² ha² pin² θa:u¹　　　　　　　　　 罗：tsən⁴ sən⁵ mo̠ŋ¹
　　文 霞 漂 亮。（文霞漂亮。）　　　　　　振 生 高。（振生高。）

（2）与体标记组合

体标记是动词的主要特征，形容词也跟动词一样可以带体标记。

①完成体

崇左壮语的完成体用 lja:u⁴（了），如：

崇：min¹ kin² lja:u⁴
　　他 吃 了。（他吃了。）

崇左壮语所有的形容词都可以跟完成体标记组合，例句如下：

崇：min¹ ke⁵ lja:u⁴
　　他 老 了。（他老了。）
　　no:ŋ⁴ ma:u⁵ tsai⁵ la:i¹ θoŋ¹ lja:u⁴
　　弟弟 又 多 高 了。（弟弟又比以前高了。）
　　min¹ θi¹ pʰɯn³ wa:i³ lja:u⁴
　　他 现 在 坏 了。（他现在变坏了。）
　　tu¹ me:u⁵ tu¹ ni¹ mau¹ lja:u³
　　只 猫 只 这 轻 了。（这只猫轻了。）
　　kɯ¹ kʰou³ mɯp⁷ lja:u³
　　个 球 扁 了。（球扁了。）
　　min¹ tsai⁵ la:i¹ ka:i¹ lja:u³
　　他 更 加 乖 了。（他更加乖了。）

罗城仫佬语的完成体有两套，一套是用pə⁶ljeu⁶（罢了）①/ljeu⁶（了）/lo⁴（咯），另一套是ta⁶（渡）②，如：

罗：mɔ⁶ tsjen¹ pə⁶ ljeu⁶/ ljeu⁶/ lo⁴

    他　吃　罢 了 / 了 / 咯。（他吃了。）

    həi² tsjen¹ ta⁶ pjeu⁶　（pjeu⁶＜pə⁶ljeu⁶罢-了）

    我　吃　渡 罢了。（我吃过了。）

罗城仫佬语所有的形容词都可以与pə⁶ljeu⁶（罢了）/ljeu⁶（了）/lo⁴（咯）组合，如：

罗：ŋi⁴ həi² ɲe³ pə⁶ ljeu⁶/ ljeu⁶/ lo⁴

    妈 我　嫩 罢 了 / 了 / 咯。（我妈年轻了。）

    nəm⁴ lo⁴ pə⁶ ljeu⁶/ ljeu⁶/ lo⁴

    水　大 罢 了 / 了 / 咯。（水大了。）

    na³ nam¹ pə⁶ ljeu⁶/ ljeu⁶/ lo⁴

    脸　黑 罢 了 / 了 / 咯。（脸黑了。）

    tɔŋ⁶ hwa¹ nəi⁶ la:i¹ pə⁶ ljeu⁶/ ljeu⁶/ lo⁴

    棵 花　这　好 罢 了 / 了 / 咯。（这棵花好了。）

    jyt⁷ ka³ pə⁶ ljeu⁶/ ljeu⁶/ lo⁴

    粽子 硬 罢 了 / 了 / 咯。（粽子硬了。）

    ti² kwa:n⁶ pə⁶ ljeu⁶/ ljeu⁶/ lo⁴

    糍粑 圆　罢 了 / 了 / 咯。（糍粑圆了。）

    pu⁴ mɔ⁶ lɔ⁶ pʰjeu⁵ lɔ⁶ mɔ⁶, mɔ⁶ tu⁶ a:ŋ⁵ pə⁶ ljeu⁶/ ljeu⁶/ lo⁴

    爸 他　给　钱　给 他　他　就 高兴 罢 了 / 了 / 咯。（他爸给他钱他就高兴了。）

罗城仫佬语所有的形容词还可以跟ta⁶（渡）组合，如：

    ke⁵ ta⁶ həi⁵ hjɔ⁴ ɲa:u³ ti⁶ ka⁶ kɔ⁵ lək⁸ kʰa:n¹ kɔ⁵ la:i¹

    老 渡 才 知道 一 自家 个 孩子 孙　个　好。（老了才知道自己孙子的好。）

    ai¹ hyn² lo⁴ ta⁶ həi⁵ hjɔ⁴ mɔ⁶ ki:ŋ⁶ kʰə⁵ ki:ŋ⁶

    个 人　大 渡 才 知道 她 漂亮　不 漂亮。（人长大了才知道她漂亮不漂亮。）

    peŋ⁶ la:i¹ ta⁶ ɲa² tu⁶ hjɔ⁴ i⁵ sən⁵ kɔ⁶ kɔ⁵ la:i¹ ljeu⁶

    病　好 渡 你　就　知道 医 生　那 个 好　了。（病好了你就知道医生的好了。）

    at⁷ kʰik⁷ nəi⁶ nam¹ ta⁶ ŋ̊⁴ man¹ mə⁵ kʰə⁵ mɛ² hyn² suk⁷

    个 菜锅 这　黑 渡 五 天　都 没 有　人　洗。（这个菜锅黑了五天都没人洗。）

    ti² nəi⁶ ka³ ta⁶ nat⁷ tə⁶ ŋjen² mə⁵ kʰə⁵ mɛ² hyn² tsjen¹

    糍粑　这 硬 渡 一 个 年　都　没 有　人　吃。（这糍粑硬了一年，都没人吃。）

    at⁷ tsʰja¹ lan¹ nəi⁶ mɛ³ ta⁶ ki³ man¹ pjeu⁵, ɲa² mɔ⁶ kʰə⁵ kui⁵ kʰi⁵ la:u³ pa:i¹

    个 车 轮　这 扁 渡 几 天　罢了, 你　都　不　打气　进 去。

    （这个车轮都扁了几天了，你都不打气进去。）

---

① pə⁶ljeu⁶估计是借自汉语方言中的"罢了"，pə⁶＜pa⁶, ljeu⁶＜ljeu⁴。下面是罗城土拐话（一种平话）与罗城仫佬语中的"罢"和"了"。

  土拐：罢：tʰa¹ se⁵ sa:m¹ pa⁶　　　　　　　　　　了：tʰin¹ hak⁷ ljeu⁶

        他　洗　衣服　罢（他洗衣服完）　　　　天　黑　了（天黑了）

  仫佬：罢：ljeu¹ tsen⁵ kʰa:u³ sɿ¹ pa⁶　　　　　　　了：mən¹ ləp⁷ ljeu⁶

        我们 正 考 试 罢（我们刚考试完）　　　　天　黑　了（天黑了）（王均、郑国乔1980:41）

② ta⁶的本字是汉语借词"渡"，曾晓渝（2004:302）指出水语的"过ta⁶"是借汉语的"渡"，仫佬语与水语是亲属语言，仫佬语的"过ta⁶"也是借汉语的"渡"。

ha:p⁷ a:ŋ⁵ ta⁶ kʰɔ:ŋ⁶? ku⁵ si⁶ niŋ⁵ kə⁶ ai⁵
刚才 高兴 渡 吗？ 总 是 里 那 笑。(刚才高兴了吗？总是在那里笑。)
at⁷ tsuŋ¹ nəi⁶ hui⁵ ta⁶ ŋ̊⁴ ma̰n¹ mə⁵ kʰə⁵ mɛ⁵ hyn² hja:u⁵
个 钟 这 快 渡 五 天 都 没 有 人 修。(这个表快了5天了都没人修它。)

②经历体

崇左壮语的经历体用 ka⁵（过），如：

崇：ku¹ pei¹ ka⁵ lja:u⁴, pa⁵ tʰi³ ho:ŋ⁵ pu² mi² nam⁴ ta:u⁵
　　我 去 过 了， 处 地 那 不 有 水 到。(我去过了，那个地方没有水。)

崇左壮语所有的形容词都可以跟 ka⁵（过）组合，如：

崇：min¹ o:n⁵ ka⁵
　　他 嫩 过。(他年轻过。)
ko¹ mo:k⁷ kai¹ tu² mi² luŋ¹ ka⁵
棵 花 这 都 没 大 过。(这棵花都没大过。)
mɯ² min¹ i⁴ sin² ni¹ ka⁵, tʰa:n³ sɯ³ θi² pʰɯɯn³ tak⁷ lja:u⁴
手 他 以前 好 过， 但 是 现在 断 了。(他的手以前好过，但是现在断了。)
ku¹ i⁴ sin² jam³ pʰɯ:k⁷ ka⁵, θi² pʰɯɯn³ je:ŋ³ nam¹ lja:u⁴
我 以前 也 白 过， 现在 晒 黑 了。(我以前也白过，现在晒黑了。)
kɯ¹ si² po:ŋ² ka⁵, tʰa:n³ sɯ³ θi² pʰɯɯn³ ke:ŋ⁵ lja:u⁴
个 糍粑 软 过， 但是 现在 硬 了。(这个糍粑软过，但是现在硬了。)
kɯ¹ kʰou² mɯɯn² ka⁵, tʰa:n³ sɯ³ ŋai² no:ŋ⁴ tʰek⁷ mɯɯp⁷ lja:u⁴
个 球 圆 过， 但是 捱 弟 踢 凹 了。(这个球圆过，但是被弟弟踢扁了。)
min¹ nai³ na³ hu⁵ ka⁵, θi² pʰɯɯn³ hi⁵ nɯ:t⁷ lja:u⁴
他 刚才 笑 脸 过， 现 在 生气 了。(他刚才高兴过，现在生气了。)
tu¹ ma³ kʰa:i⁵ ka⁵, θi² pʰɯɯn³ ke⁵ lja:u⁴, ma:n³ lja:u⁴。
只 马 快 过， 现在 老 了， 慢 了。(这只马以前快过，现在老了，慢了。)

罗城仫佬语的经历体可用 ta⁶（渡），如：

罗：həi² tsjen¹ ta⁶ ŋa:n¹ tʰu⁵ pjeu⁵, ŋa:ŋ¹ mən⁵ mən⁵ po⁶
　　我 吃 渡 肉 兔 了， 香 喷 喷 啵。(我吃过兔肉了，味道很香啊。)

罗城仫佬语所有的形容词都可以跟 ta⁶（渡）组合，如：

罗：ho³ nəi⁶ ŋau² kʰə⁵ ŋe³ ta⁶
　　里 这 谁 不 年轻 渡。(这里谁没年轻过。)
tɔŋ⁶ kjo³ mi:k⁷ nəi⁶ ti⁶ ma̰:t⁷ mɔŋ¹ ta⁶, na:i⁶ pu⁴ nə⁵ tɛ⁵ tɔŋ⁶ həi⁵ ɬam⁵ sja⁶
棵 头 女孩① 这 以前 高 渡， 现在 爸 你 砍 棵 才 矮 而已。
(这棵芭蕉树以前高过，现在你爸砍后它才矮的。)
ŋja² mə⁶ ti⁶ ma̰:t⁷ la:i¹ ta⁶, na:i⁶ tu⁵ sja⁶
手 他 以前 好 渡， 现在 断 而已。(他的手以前好过，只是现在断了而已。)
at⁷ mo⁶ kə⁶ nam¹ ta⁶, na:i⁶ suk⁷ lai³ sja:u⁵ səp⁷
个 帽子 那 黑 渡， 现在 洗 得 干净。(那个帽子黑过，现在被洗得很干净。)

---

① kjo³ 是"头"，mi:k⁷ 是"女孩"，词汇化后的语义是"芭蕉"。罗城仫佬族传说，芭蕉上住着个漂亮的女孩，人们称为 m̰uk⁸ teŋ¹，会吸人血。

na³ həi² ja⁶ si⁶ kwa:n⁶ ta⁶, na:i kʰɔ⁵ m̥ɛ² ŋa:n⁴ ljeu⁶ kʰɔp⁷ ljeu⁶
　脸 我 也 是 圆　渡，现在 没 有　肉　了　瘦　了。
（我的脸也圆过，现在没肉了就瘦下去了。）
ka⁵ tsʰja¹ nəi⁶ ti⁶ m̥a:t⁷ hui⁵ ta⁶, na:i¹ ja:i³ tu⁶ sən⁶ ljeu⁶
　架 车 这 以前　快 渡，现在　久　就　慢 了。（这辆车以前快过，现在久了就慢了。）
həi² ti⁶ m̥a:t⁷ hjan¹ ta⁶, na:i⁶ hja³ ljeu⁶
　我　以前　重 渡，现在 轻 了。（我以前重过，现在轻了。）
mɔ⁶ ha:p⁷ həi⁵ a:ŋ⁵ ta⁶, na:i⁶ fɛ⁴ m̥a:ŋ² jəu⁴ n̥a:u⁵ ljeu⁶
　他　刚　才 高兴 渡，现在 做 什么　又　郁闷　了。（他刚刚才高兴过，现在怎么又郁闷了。）

③进行体/持续体

崇左壮语进行体/持续体用ju⁵（在），如：

崇：kuɯ¹ kin¹ ju⁵
　　我　吃　在。（进行体）（我正吃着。）
　tsa:ŋ¹ la:m² mi² tu¹ mja:u¹ ɯŋ² fam² ju⁵
　　中　篮 有 只　猫　一　趴 在。（持续体）（篮子里有只猫趴着。）

崇左壮语形容词可与动态助词ju⁵（在）组合，表状态持续：

崇：maɯ¹ mai⁴ tiŋ² pʰa² nja:ŋ¹ ju⁵
　　叶　树 山　上　红 着。（山上的树叶红着。）
　laŋ¹ kɯm³ ju⁵
　　腰　弯　着。（腰弯着。）
　min¹ wei³ kʰin³ θa:i³ ni² hi⁵ nɯ:t⁸ ju⁵
　　他 为 件 事 这 气 热 着。（他为这事气愤着。）

罗城仫佬语尚未形成进行体/持续体的标记，其语义由时间名词或时间副词表达，如：

罗：həi² tsən⁶ na:i⁶ tsjen¹
　　我　现在　吃。（我正在吃。）
　həi² tseŋ⁵ sa¹ m̥u⁵
　　我　正　喂　猪。（我正在喂猪。）
　ho³ ja⁵ kɔ⁵ hu³ kək⁷ hiu¹ hit⁷ tsən⁶ na:i⁶
　　里 田 个 米 谷 青　现在。（田里的稻谷正青油油着呢。）

罗城仫佬语所有形容词都可以跟tsən⁶ na:i⁶、tseŋ⁵、na:i⁶组合，如：

罗：na:i⁶ tseŋ⁵ n̥e³ n̥wa:i⁵, tu⁶ ka:ŋ³ tai¹ lə⁶ mə⁶
　　现在　正 年 轻，就 讲　死 了 么。（现在正年轻着，就讲死了么。）
　ŋa² tseŋ⁵ m̥oŋ¹ na:i⁶ naŋ¹ ta:p⁷ n̥əm⁴ tu⁶ lə⁶ pɛ² ljeu⁶
　　你　正　高 现在 还 担　水 就 给 矮 了。（你现在正在长高的状态，挑水就会被压矮去了。）
　ju¹ pja¹ kɔ⁵ ə⁶ l̥ui¹ ja⁴ kə⁶ tsən⁶ na:i⁶ lə⁶ n̥ɔ:ŋ⁵, m̥u² n̥iu¹ tɔk⁷ pən¹ l̥ɔ⁴
　　上 山 个 那些 果 野 那 现在　烂　夜 昨 落 雨 大。
（上山的那些野果现在都烂着，因为昨晚下大雨。）
　m̥a⁵ m̥ai⁴ ju¹ pja¹ la:n³ tœt⁷ na:i⁶
　　叶　树　上 山　红　现在。（山上的树叶正红着呢。）
　jyt⁷ nəi⁶ tseŋ⁵ ma³, moi⁵ pa:i¹ tsjen¹ ljeu⁶ pa:i¹
　　粽子 这 正 软，拿 去 吃 了 去。（这粽子正软着，拿去吃吧。）

m̥ja¹ həi² tseŋ⁵ lo³ na:i⁶, jɔŋ⁶ ŋai¹ mo⁶ ljeu⁶
　发　我　正　直　现在，别　动　它　了。(我的头发正直着，别动它了。)
mɔ⁶ tsən⁶ na:i⁶ a:ŋ⁵ tsʰiu³ tsʰəŋ⁵ niŋ⁵ kə⁶
　他　　现在　　高兴　　里　那。(他现在那里高兴着。)
ka⁵ tsʰja¹ kə⁶ hui⁵ min³ m̥ja:ŋ⁵ na:i⁶
架　车　那　快　飞　　现在。(那辆车现在正快着呢。)

（3）带宾语

动词最典型的功能是带宾语，如：

崇：min¹ kin² si² 　　　　　　　　　**罗**：mɔ⁶ tsjen¹ tsɔk⁷
　　他 吃 糍粑。(他吃糍粑。) 　　　　　　他　吃　粥。(他喝粥。)

崇左壮语、罗城仫佬语某些形容词可以带完全名词或代词作宾语①，如：

崇：θɯ³ kʰa⁵ kʰiu¹ wan²
　　衣　裤　臭　烟。(衣裤上有烟的臭味。)
θɯ³ kʰa⁵ ho:m⁵ θai⁵ i¹ fan³
　　衣　裤　香　洗 衣 粉。(衣裤有洗衣粉的香味。)
θɯ³ kʰa⁵ tɯm² nam⁴
　　衣　裤　湿　水。(衣裤被水弄湿了。)
θɯ³ kʰa⁵ nai³ pam³
　　衣　裤　脏　泥。(衣裤被泥巴弄脏了。)
θɯ³ kʰa⁵ nam¹ pit⁷
　　衣　裤　黑　笔。(衣裤被笔弄黑了。)
θɯ⁴ ho:ŋ¹ la:i¹ saŋ³
　　买　东西　多　秤。(买东西老板多秤给。)

罗：kʰa:i⁶ ka³ kɛ³ ki¹ kwa:t⁷
　　这　硬　屎　鸡　稠。(这有结硬着稠的鸡屎。)
m̥ja² nə⁶ nam¹ m̥ak⁸
　　手　你　黑　墨。(你的手沾了墨水，变黑了。)
m̥ja¹ nə⁶ kwa³ hui¹ to⁵
　　发　你　白　灰　灶。(你的头发沾灶灰，变白了。)
kuk⁷ nəi⁶ n̥a:ŋ¹ n̥a:n⁴ ki¹
　　衣服　这　香　肉　鸡。(衣服有鸡肉的香味。)
n̥a² n̥au⁵ həi² mə⁵
　　你　烦闷　我　么。(你对我烦闷了么。)

黄美新（2010：59-63）将大新壮语的此类现象称为"形容词带宾语"。

（4）可独立做极性问句的答句

动词可以独立做极性问句的答句，如：

崇：mɯ:ŋ¹ kin² mi⁵ 　　——kin²
　　你　吃　吗？　　——吃。

---

① 此用法跟形容词的使动用法不同。"衣裤臭烟θɯ³ kʰa⁵ kʰiu¹ wan²"，具有"臭"属性的是主语"衣裤"。而使动用法如"跑步会大你的腿"，具有"大"的属性却是宾语"你的腿"。

罗：ȵa² tsjen¹ kʰɔ:ŋ⁶　　　　　　——tsjen¹
　　你 吃 吗?　　　　　　　　——吃。

崇左壮语和罗城仫佬语所有的形容词可独立回答极性问句的问题，如：

崇：me² ma¹ mɯ:ŋ¹ ha:u³ θe:ŋ¹ mi⁵　　　——ha:u³ θe:ŋ¹ a¹
　　阿妈 你 年轻 吗?　　　　　　　——年轻啊。
　　no:ŋ⁴ mɯ:ŋ¹ θoŋ¹ mi⁵　　　　　　——θoŋ¹ a¹
　　弟 你 高 吗?　　　　　　　　——高啊。
　　oŋ¹ la:u³ θai¹ kai¹/oŋ¹ ni¹ ni¹ mi⁵　　——ni¹ a¹
　　个 老师 这/个 这 好 吗?　　　　——好啊。
　　tu¹ me:u¹ tu¹ ni¹ nam¹ mi⁵　　　　——nam¹ a¹
　　只 猫 只 这 黑 吗?　　　　　　——黑啊。
　　ku¹ kim¹ θai³ po:ŋ² mi⁵　　　　　——po:ŋ² a¹
　　个 柿子 软 吗?　　　　　　　——软啊。
　　ku¹ sik⁷ jin² mi⁵?　　　　　　　——jin² a¹
　　个 尺 直 吗?　　　　　　　　——直啊。
　　no:ŋ⁴ mɯ:ŋ¹ θai¹ mi⁵　　　　　　——θai¹ a¹
　　弟 你 聪明 吗?　　　　　　　——聪明啊。
　　min¹ le:n³ ai³ kʰa:i⁵ mi⁵　　　　——kʰa:i⁵ a¹
　　他 跑 得 快 吗?　　　　　　　——快啊。

罗：la:u³ sɿ⁵ sa:u¹ ȵe³ kʰɔ:ŋ⁶　　　　——ȵe³
　　老师 你们 年轻 吗?　　　　　　——年轻。
　　twa⁶ hjɛn² kə⁶ m̥uŋ¹ kʰɔ:ŋ⁶　　　——m̥oŋ¹
　　栋 房 那 高 吗?　　　　　　　——高。
　　sa:u¹ ka:ŋ³ lak⁷ hyn² kə⁶ la:i¹ kʰɔ:ŋ⁶　——la:i¹
　　你们 讲 个 人 那 好 吗?　　　　——好。
　　toŋ⁶ hwa¹ nəi⁶ l̥a:n³ kʰɔ:ŋ⁶　　　——l̥a:n³
　　棵 花 这 红 吗?　　　　　　　——红。
　　kau⁵ na³ həi² kɔ¹ kʰɔ:ŋ⁶　　　　——kɔ¹
　　看 脸 我 滑 吗?　　　　　　　——滑。
　　ȵuŋ⁴ l̥jeu¹ na³ kwa:n⁶ kʰɔ:ŋ⁶　　　——kwa:n⁶
　　弟 我们 脸 圆 吗?　　　　　　——圆。
　　lai³ pa:i¹ m̥ai³ a:ŋ⁵ kʰɔ:ŋ⁶　　　——a:ŋ⁵
　　得 去 街 高兴 吗?　　　　　　——高兴。
　　pu⁴ nə⁶ kʰai¹ tsʰja¹ hui⁵ kʰɔ:ŋ⁶　　——hui⁵
　　爸 你 开 车 快 吗?　　　　　　——快。

（5）与否定词组合

崇：ku¹ mi² kin²
　　我 不 吃。（我不吃。）

罗：həi² kʰə⁵/ŋ⁵ tsjen¹
　　我 不/不吃。（我不吃。）

· 165 ·

崇左壮语和罗城仫佬语所有的形容词可跟否定词组合，举例如下：

崇：kɯ¹ no⁵ mai⁴ kai² mi² ke⁵
　　个　竹笋　这　不　老。（这个竹笋不老。）
　　tu¹ me:u¹ tu¹ ni¹ mi² luŋ¹
　　只　猫　只　这　不　大。（这只猫不大。）
　　oŋ¹ kɯn² min¹ mi² wai³
　　个　人　他　不　坏。（他不坏。）
　　an¹ he:k⁷ ni¹ mi² nam¹
　　个　锅　这　不　黑。（这锅不黑。）
　　si²　　mi² ke:n⁴
　　糍粑　　不　硬。（糍粑不硬。）
　　pʰɯn¹ tʰu¹ mi² kʰut⁷
　　发　头　不　曲。（头发不弯曲。）
　　min² mi² hi⁵ mu:t⁷
　　他　不　生　气。（他不生气。）
　　ka⁵ si⁵ ka⁵ ni¹ mi² kʰa:i⁵
　　架　车　架　这　不　快。（这辆车不快。）

罗：n̥a² ku⁵ si⁶ kʰə⁵/ŋ̍⁵ ke⁵ n̥in⁵
　　你　都　是　不/不老　的。（你都不会老的。）
　　tɔ² m̥a¹ nəi⁶ kʰə⁵/ŋ̍⁵ lo⁴
　　只　狗　这　不/不大。（这只狗不大。）
　　at⁷ l̥ui¹ nəi⁶ kʰə⁵/ŋ̍⁵ lə⁶ a⁶
　　个　果　这　不/不坏啊。（这个果不烂啊。）
　　m̥ɛ¹ na:i⁶ l̥ət⁸ jit⁷ kʰə⁵/ŋ̍⁵ nam¹
　　年　这　葡萄　不/不黑。（今年葡萄不黑。）
　　ti² tsʰɔk⁷ nəi⁶ kʰə⁵/ŋ̍⁵ ka³ o³，ma⁵ məp⁷
　　糍粑锤　这　不/不硬哦，　软。（这年糕不硬，很软。）
　　at⁷ ti² nəi⁶ kʰə⁵/ŋ̍⁵ kwa:n⁶
　　个糍粑这　不/不　圆。（这个糍粑不/还没圆。）
　　mɔ⁶ kʰə⁵/ŋ̍⁵ n̥au⁵
　　他　不/不烦闷。（他不烦闷。）
　　ka⁵ tsʰja¹ nəi⁶ kʰə⁵/ŋ̍⁵ hui⁵，ka⁵ tsʰja¹ ka⁶ hui⁵
　　架　车　这　不/不快，架　车　那　快。（这辆车不快，那辆车快。）

（6）与量词组合，表名词化

壮侗语"量词+动词"，可表名词化转指①，如：

崇：kɯ¹ pʰak⁷ kai² pe:ŋ², oŋ¹ kin¹ ai³ tun⁵ ne² san² mi² ha:u³ la:i¹
　　个　菜　如此　贵，个　吃　得　起　　还　有　好　多
　　（这菜这么贵，吃得起的人还有好多。）

---

①名词化转指都是类指名词，类指名词的判定我们依据刘丹青（2002），即"用'多、少、丰富、稀少'等作属性谓语"。

罗：ai¹ tʰe⁵ kjo³ pi³ ai¹ tuŋ¹ ma¹ lai³ pʰjeu⁵
　　个 剃 头 比 个 煮 菜 得 钱。（发型师比厨师得钱。）

崇左壮语和罗城仫佬语所有的形容词都可以遵循这个句法操作，表示名词化转指，举例如下：

崇：tsa:ŋ¹ na² ni¹, kɯn¹ ke⁵ la:i¹ ka⁵ ha:u³ θe:ŋ¹
　　中 田 这， 人 老 多 过 年轻人。（田里，老人多过年轻人多。）
　　ma:n³ ho:ŋ⁵ pʰu¹ oŋ¹ θoŋ¹ la:i¹ ka⁵ oŋ¹ tam⁵
　　村 我们 个 高 多 过 个 矮。（我们村个子高的比个子矮的多。）
　　ai⁵ ka:i⁵ θɯŋ³, oŋ¹ ni¹ pi³ oŋ¹ wa:i³ la:i¹
　　世界 上， 个 好 比 个 坏 多。（世界上，好人比坏人多。）
　　tsa:ŋ¹ na² ni², ko¹ luŋ¹ sɯ³ ko¹ kʰau³, ko¹ pʰɯ:k⁷ sɯ³ pʰa:i³ mok⁸
　　中 田 这， 棵 黄 是 棵 米， 棵 白 是 棉花。
（这田里，黄的是水稻，白的是棉花。）
　　jo:i² pʰɯm¹ tʰu¹ ku¹, tui² jin² sɯ³ ŋa:m¹ tso:p⁷ ke⁵, tui¹ kʰut⁷ sɯ³ a¹ ma:t⁷ hit⁷ ke²
　　看 发 头 我， 条 直 是 刚 长 的， 条 曲 是 以 前 做 的。
（看我的头发，直的是刚长的，弯的是以前做的。）
　　jo:i² po:ŋ¹ le:n³ ni², tu¹ kʰa:i⁵ ni² sɯ³ tu¹ tʰo⁵, tu¹ ma:n³ ni² sɯ³ tu¹ u¹ kai¹
　　看 帮 跑 这， 只 快 这 是 只 兔， 只 慢 这 是 只 乌龟。
（看这帮跑的动物中，快的是兔子，慢的是乌龟①。）

罗：mu⁶ ɲe³ kʰə⁵ taŋ¹ tin³ mu⁶ ke⁵ taŋ¹
　　个 年轻 不 来 叫 个 年老 来。（年轻人不来叫老人来。）
　　kʰa:i⁶ tɔ² lo⁴ si⁶ lau⁵ ja⁵, tɔ² niŋ⁵ si⁶ lau⁵ lø⁵
　　这里 只 大 是 田螺， 只 小 是 蜗牛。（这里大个的是田螺，小个的是蜗牛。）
　　fɛ⁴ m̥a:ŋ² lak⁷ la:i¹ ku⁵ si⁶ ŋ̊a:i² lak⁷ wa:i⁶ kʰi:ŋ¹ o⁶
　　做什么 个 好 总 是 挨 个 坏 欺负 哦。（为什么好人总是被坏人欺负哦。）
　　həi² l̥ən¹ ma:n¹ sa:u¹ kɔ⁵ m̥a¹ tɔ² kwa¹ kjuŋ² ta⁶ tɔ² nam¹
　　我 见 村 你们 个 狗 只 白 多 渡 只 黑。（我看见你们村的狗白的多过黑的。）
　　ɲa² kau⁵ toi¹ nəi⁶ ɲy⁶ ka⁵ si⁶ po⁵ tsy⁵, ɲy⁶ ma³ si⁶ l̥ək⁸ jyt⁷
　　你 看 堆 这 颗 硬 是 玻珠， 颗 软 是 葡萄。
（你看这堆，硬颗的是玻珠，软颗的是葡萄。）
　　niŋ⁵ kjau² nəi⁶ at⁷ kwa:n⁶ si⁶ ha:p⁷ kui⁵ kʰi⁵ la:u¹ pa:i¹ kɔ⁵, at⁷ mɛ² si⁶ taŋ² kui⁵ kʰi⁵ kɔ⁵
　　些 球 这 个 圆 是 刚 打 气 进 去 个， 个 扁 是 未曾 打 气 个。
（这些球，圆的球是刚打气进去的，扁的球是还没打气的。）
　　m̥a:t⁷ na:i⁶ kʰa:u³ sʅ⁴ pa⁶, pa:n¹ l̥jeu¹ ai¹ a:ŋ⁵ ku⁵ si⁶ pi³ ai¹ n̥a:u⁵ sjcu³
　　次 这 考 试 罢， 班 我们 个 高兴 肯定 是 比 个 郁闷 少。
（这次考试完，我们班高兴的人肯定少于伤心的人。）
　　kau⁵ ti tɔ² tʰa:ŋ⁵ kəm¹ kəm¹ kɔ⁶, tɔ² hui⁵ si⁶ m̥a⁴, tɔ² ma:n⁶ si⁶ twa²
　　看 些 只 跑 呼 呼 那， 只 快 是 马， 只 慢 是 羊。
（看那些跑呼呼的动物，快的是马，慢的是羊。）

---
①此例句 tu¹ kʰa:i⁵ ni²、tu¹ ma:n³ ni² 表类指名词，根据下文（7）的论述，其中的指示词 ni² 已经语法化为一个定语的标记，并无定指功能。

(7)作定语容易带标志

动词最主要的功能是充当谓语,动词作定语的功能是有标记的,最容易带上标志。壮侗语动词作定语(即关系从句定语)一个最显著的标志是:在名词短语的最右边带上指示词。因此,指示词容易语法化为一个定语标记,即便不表定指,也需要指示词。(覃凤余2013)如:

巴马壮语:kou¹ʔjak⁷ra¹θa:m¹pou⁴ro³ha:i¹ɕe³e¹toŋ²pai¹na:m²neŋ²

    我 将 找 三 个 会 开车 那 同 去 南宁。

  (我要找三个会开车的人一块儿去南宁。)

上例的θa:m¹pou⁴ro³ha:i¹ɕe³是个歧义,可理解为主谓结构,也可以理解为定中结构。但如果后面带上指示词e¹那,只有定中结构一种解读。带上e¹的定中结构,并没有定指解读,说明e¹那已经丧失了定指的功能,语法化为一个定语的标志。

形容词在句法上的根本特点是作定语。(刘丹青 2008:85)主张形容词成为独立词类的壮侗语论著,大多称形容词有定语的功能(韦庆稳、覃国生 1980:10;王均、郑国乔1980:41)。这是否能成为形容词独立成类的主要理由呢?

形容词跟动词一样,也可以无需标志地作谓语(前述)。一个"名词+形容词"的组合也是歧义结构,可作主谓结构和定中结构两种解读。因此,形容词作定语的时候,也跟动词作定语一样,容易在右端带上个指示词做标志。

崇:oŋ¹ hoŋ⁵ θoŋ **ni¹** ju³ ta:m² ai³ muk⁷ pin² θa:u¹ **ni¹**

  个 那 高 那 就 谈 得 女少 漂 亮 那。(高个子男孩总能娶到漂亮姑娘。)

muk⁷ ho:ŋ¹ na³ mun² **ni²** tɯŋ⁵ ni¹ jo:i²

女少 那 脸 圆 那 才 好 看。(女孩子圆脸才好看。)

ku¹ nam³ pa² ka⁵ tan¹ si¹ ɯŋ¹ nam¹ **ni¹** khei³ pei¹ ha:k⁸ ha:u⁵

我 想 找 辆 单车 一 黑 那 骑 去 学 校。(我想找一辆黑色的单车骑去学校。)

min¹ nam³ pei¹ kap⁸ tu¹ pa¹ ɯŋ¹ luŋ¹ luŋ¹ **ni¹** ma¹ tse:n¹

他 想 去 抓 条 鱼 一 大 大 那 来 煎。(他想去抓一条大鱼来煎。)

罗:ŋa² kau⁵ ju¹ se⁵ kai⁵ ŋau² khə⁵ ta:ŋ⁴ ti⁶ ai¹ pu⁴ ŋi⁴ ke⁵ **kə⁶**

你 看 上 世界 谁 不 养 些 个 父母 老 那。(你看世界上谁不养老父母。)

tɔ² məm⁶ lo⁴ **kə⁶** ŋa:u⁶ ho³ nja¹ tə⁶ pɛŋ⁶ lo⁴, ho³ kjui³ sjeu¹

只 鱼 大 那 在 里 河 很 多 咯,里 沟 少。(大鱼在河里很多,沟里少。)

se⁵ ka:i⁵ ti⁶ ai¹ hyn² la:i¹ **kə⁶** naŋ¹ si⁶ kjuŋ¹ kɔ⁵

世界 些 个 人 好 那 还 是 多 个。(世界上还是好人多的。)

hyn² təm¹ ka³ **kə⁶** kai⁵ kjuŋ²

人 心 硬 那 很 多。(心肠硬的人很多。)

无论是动词作定语还是形容词作定语,最右端的指示词,其出现与否跟动词、属性词的复杂度相关,越复杂其强制性也越强,越简单其强制性越弱。动宾结构、主谓结构、ABB式动词或属性词等,如果不带指示词,就容易解读为谓语;带上指示词,就能消除谓语的解读而只理解为定语。而单个动词或单个属性词,能独立作谓语的能力弱,作定语的倾向性增强,其指示词的强制性就会减弱。关于动词或形容词作定语对指示词的要求,前贤是有观察的。《武鸣壮语语法》(P251)指出:"复杂定语……习惯上要有指示词和量词配合着用";《燕齐壮语参考语法》(P292)指出:"关系子句必须带限定词he⁵⁵那或ni⁴²这";《现代壮汉语比较语法》(P163)指出:"壮语谓词性多层定语在一定句子中要借助量词和指示词才能确定"；《傣语语法》（P183）指出："作修饰语时，……有的形容词需要借助……指示代词'这''那'"。①

上述的例句表明，形容词作定语采用的是关系小句定语的句法操作，跟动词的性质是一样的。

2. 不与动词相通的句法功能

形容词能置于比较句中，而动词不能。

（1）平比句

崇：tiu² lo³ kai² kʰut⁷ toŋ² tiu² mɯːŋ³ kai²
  条 路 这 弯 同 条   那。（这条路同那条路一样弯。）

  min¹ pʰɯːk⁷ toŋ¹ ku¹
  他 白 同 我。（他和我一样白。）

  ku¹ kʰaːi⁵ toŋ² ma⁴
  我 快 同 马。（我和马跑得一样快。）

罗：na³ mo⁶ ke⁵ toŋ² kʰaːk⁷ m̩ai⁴ jiːŋ⁶
  脸 他 老 同 壳 木 样。（他的脸和树壳一样老。）

  at⁷ la¹ ka⁶ lo⁴ toŋ² at⁷ kaːŋ¹ ŋ̍jen² jiːŋ⁶
  个 眼睛 那 大 同 个 亮 月 样。（那个眼睛和月亮一样大。）

  l̩oŋ² mo⁶ lə⁶ toŋ² to² tui² jiːŋ⁶
  肚 他 烂 同 只 蛇 样。（他的心肠和蛇一样坏。）

  sən² paːk⁷ həi² kwa³ toŋ² tsiːŋ¹ tsi³ pəi⁵
  嘴巴 我 白 同 张 纸 去。（我的嘴唇和纸一样白。）

  at⁷ ti² nəi² ka³ toŋ² tiu² kʰət⁷ jiːŋ⁶
  个 糍粑 这 硬 同 条 铁 样。（这个糍粑和铁一样硬。）

  ai¹ hyn² nəi² l̩o³ toŋ² tiu² m̩ai⁴ jiːŋ⁶
  个 人 这 直 同 条 木 样。（这个人和木头一样直。）

  mo⁶ ai¹ hyn² nəi² l̩o³ toŋ² tiu² m̩ai⁴ jiːŋ⁶
  他 个 人 这 直 同 条 木 样。（他这个人和木头一样直。）

  mo⁶ aːŋ⁵ toŋ² lak⁷ lək⁸ te⁵ tau² jiːŋ⁶
  他 高兴 同 个 孩子 小 头 样。（他和小孩一样高兴。）

  to² m̩a² nəi⁶ hui³ toŋ² ka⁵ fəi⁵ ki⁵ jiːŋ⁶
  只 马 这 快 同 架 飞 机 样。（这只马和飞机一样快。）

（2）差比句

崇：tsaːŋ¹ na² ni², kɯn¹ ke⁵ laːi¹ ka⁵ haːu³ θeːŋ¹
  中 田 这，人 老 多 过 年轻人。（这田里，老人多过年轻人。）

  ju⁵ pan¹ pʰu⁵ ni¹ min¹ pi³ ɯŋ³ haɯ⁵ tu⁵ pin² mau⁵
  在 班 我们 那 他 比 谁 都 帅。（在我们班，他比谁都帅。）

  noːŋ⁴ θaːu¹ pi³ aʔ¹ koʔ² θai²
  妹 妹 比 阿哥 聪明。（妹妹比哥哥聪明。）

---

① 黄美新《大新壮语形容词研究》（P39）甚至把N+AA+D（N名词、A形容词、D指示词）当做检测形容词的句法框架。其实，该框架无法将形容词与动词区分出来。因为，该框架本质上就是关系小句的框架，复杂化的谓词如动宾结构、主谓结构、AA式形容词、ABB式动词或ABB式形容词都能够进入AA的位置。

169

罗：ȵi⁴ həi² ke⁵ ta⁶ ȵi⁴ n̥a²
　　妈 我 老 渡 妈 你。（我妈比你妈老。）
　　at⁷ ŋəm⁴ kwa¹ nəi⁶ lo⁴ ta⁶ at⁷ ka⁶
　　个 水 瓜 这 大 渡 个 那。（这个南瓜比那个大。）
　　hyn² la:i¹ ku⁵ si⁶ kjuŋ² ta⁶ hyn² lə⁶ kə⁶
　　人 好 肯定是 多 渡 人 烂 那。（好人比坏人多。）
　　həi² hai⁵ m̥an² la:n³ pi³ m̥an² ȵam² la:i¹ tsjen¹
　　我 觉 薯 红 比 薯 紫 好 吃。（我觉得红薯比紫薯好吃。）
　　n̥a² hjan¹ ta⁶ n̥uŋ⁴ nə⁶
　　你 重 渡 弟 你。（你比你弟重。）
　　m̥ja¹ n̥a² lo³ ta⁶ m̥ja¹ mɔ⁵
　　头发 你 直 渡 头发 她。（你的头发比她的直。）
　　həi² a:ŋ⁵ ta⁶ mɔ⁶ lek⁷
　　我 高兴 渡 他 咧。（我比她高兴咧。）
　　tsɔŋ¹ həi² hui⁵ ta⁶ ti⁶ m̥a:t⁷ ljeu⁶
　　钟 我 快 渡 以前 了。（我的钟表比以前快了。）

三、结语

形容词与动词语法特点的比较如下：

	语法特点	动词	形容词
形态	能重叠表示程度加深	+	+
	能构成ABB等式表程度加深和状态复杂	+	+
句法	充当谓语	+	+
	可与体标记组合	+	+
	可带完全名词或代词作宾语	+	+
	可独立做极性问句的答句	+	+
	可与否定词组合	+	+
	可与量词组合，表名词化	+	+
	作定语容易带标志	+	+
	平比句	−	+
	差比句	−	+

上表说明，形容词的各项特点，多数与动词相通，将其单独设为形容词类的理据性不强。我们赞同N.J.Enfield（2007：242）和黄美新（2010：49）的分析，形容词不独立设类，可以看作动词的一个下位类型。

【参考文献】

[1] 广西壮族自治区少数民族语言文字工作委员会研究室.武鸣壮语语法[M].南宁：广西民族出版社，1989.

[2] 黄美新.大新壮语形容词研究[D].中央民族大学博士学位论文,2010.

[3] 梁敏,张均如.民族语言学论稿——梁敏张均如论文选[M].北京:社会科学文献出版社,2011.

[4] 刘丹青.汉语类指成分的语义属性和句法属性[J].中国语文,2002(5).

[5] 刘丹青.语法调查研究手册[M].上海:上海教育出版社,2008.

[6] 覃凤余.壮语源于指示词的定语标记——兼论数词"一"的来源[J].民族语文,2013(6).

[7] 覃国生.壮语柳江话动词、形容词的后附成分[J].民族语文,1981(4).

[8] 王均,郑国乔.仫佬语简志[M].北京:民族出版社,1980.

[9] 韦景云,何霜,罗永现.燕齐壮语参考语法[M].北京:中国社会科学出版社,2011.

[10] 韦庆稳,覃国生.壮语简志[M].北京:民族出版社,1980.

[11] 巫凌云.傣语语法[M].昆明:云南民族出版社,1993.

[12] 银莎格.仫佬语形容词、动词和名词后置成分探析[J].怀化学院学报,2011(9).

[13] 张元生,覃晓航.现代壮汉语比较语法[M].北京:中央民族学院出版社,1993.

[14] 曾晓渝.语音历史探索——曾晓渝自选集[M].天津:南开大学出版社,2004.

[15] N.J.Enfield. A Grammar of Lao[M]. New York:Mouton de Gruyter,2007.

[16] Shoichi iwasaki and Preeya Ingkaphirom. A Reference Grammar of Thai[M]. Cambridge University Press, 2005.

[17] Thomas E. Payne. 如何描述形态句法(Describing Morphosyntax:A Guid for Fied Linguists)[M]. 广州:世界图书出版公司/英国:剑桥大学出版社,2011.

田阳壮语中的汉语借词

黄彩庆[①]

田阳县位于广西壮族自治区西部，右江河谷中游，行政上隶属于（地级）百色市。地处东经106°22′14″~107°8′32″，北纬23°28′20″~24°6′55″之间，东邻田东县，南接德保县，西与右江区接壤，北接巴马瑶族自治县。辖7镇3乡（田州镇、那坡镇、那满镇、百育镇、头塘镇、坡洪镇、玉凤镇、巴别乡、洞靖乡、五村乡），152个行政村、1416个自然屯、2261个村民小组，总人口44万。境内有壮、汉、瑶等民族，其中壮族占89.9%，汉族约占10%，瑶族约占0.1%。田阳县内主要有壮语、平话、官话三种。田阳壮语属壮语北部方言右江土语，是当地主要交际用语。

田阳县自古就是壮族聚居地，壮族人口占绝大多数，壮族和汉族长期杂居，往来频繁；壮语是当地主要交际用语，但汉语毕竟是官方语言，代表着先进的文化。远在先秦时期，壮、汉两族先民就有了密切的接触和交流，同时也开始了语言上的接触和影响。最直接的体现就是借词的出现。壮、汉语接触及影响的历史悠久，两者各自从对方吸收了一定数量的借词。本文重点分析田阳壮语中的汉语借词。本文以《壮语方言研究》（张均如、梁敏等 1999）所列词表为基础自制词汇表，共收集到约3000个词条，在此基础上对多语接触下的田阳壮语变异进行分析，力图从中揭示田阳壮、汉语接触和影响的一些特点和规律，同时也从中了解田阳壮民族的物质生活、精神文化生活及语言的发展同汉民族之间的密切关系。

一、田阳壮语中的汉语借词

（一）田阳壮语中的汉语老借词

1. 汉语老借词的来源

张均如（1982）提到，广西境内壮侗语族各语言的老借词都来自现代平话的前身——古平话，即自秦汉以至唐宋等历代南迁的汉人所操的汉语在湖南南部和广西等地长期交融演变而成的一种汉语方言。田阳壮语的老借词也来源于此。

田阳壮语中的汉语借词根据其借入时间的早晚，可分为老借词和新借词。

2. 汉语老借词的特点

（1）老借词的语义类型

田阳壮语中的老借词多数是具体的事物名称，且多是日常生活用词，如数词和量词、有关农业和手工业生产、日常生活、社会制度、经济文化、习俗等方面的语词，从分布范围及规模看，范围十分广泛，覆盖性很强，涉及到除代词以外所有的词类，尤以名词和动词居多。从音节数量看，以单音节词为主。下面分而述之。

第一，农牧业与手工业生产类。

田阳壮民族素来重土安迁，汉人南迁之前，当地人主要从事农耕，过着自给自足的生活，与外界往

[①] 黄彩庆，女，壮族，百色学院副教授。

来不多，当时壮语主要用于族内交际。汉人迁入这一地域后，由于在生产、教育、文化、卫生等方面处于领先地位，壮族为了向汉族学习先进的文化技术，逐渐从田阳平话中吸收了很多有关农业和手工业生产方面的词语。如：

平话	壮语	汉义
lim⁴²	fak²²liam³¹	镰
ɐn³⁵	ʔin²⁴	印
tap²¹	tap²²	搭
pan³³	pen³⁵	板
lin⁴²	lian²²	炼

第二，动物、植物类。如：

平话	壮语	汉义
iɐŋ⁴²	jiaŋ³¹	羊
meu³⁵	meu²⁴	猫
tʰo³⁵	juaŋ³¹to²⁴	兔子
iu⁴²	jiau²²	鹩
mek²¹	mek²²	麦
ki⁴²	lək³¹kia³¹	茄子
ka⁵⁵	kwa²¹³	瓜

第三，生活类。

汉人南迁，他们在带来先进文化和手工业技术的同时也带来了汉人独有的生活方式。长期以来，田阳壮、汉两族人民比邻而居，友好往来，自然地，汉人一些生活方式对田阳壮民族产生了影响，壮语直接从平话吸收了不少和日常生活有关的词语。如：

平话	壮语	汉义
tɐŋ⁵⁵	tɐŋ²¹³	灯
tsa⁴²	ɕa³¹	茶
ki⁴²	ki³¹	旗
ɐn³⁵	ʔin²⁴	印
ɬun³⁵	ɬuan²⁴	算

第四，数词、量词类。

田阳壮语直接从平话借来大批数词，其中大多以全部借贷的方式借入。如：

平话	壮语	汉义
ɐt³³	ʔit⁵³	一
ȵi²¹	ŋi²²	二
ɬam⁵⁵	ɬam²¹³	三
ɬoi³⁵	ɬi²⁴	四
ŋo²¹²	ŋo³⁵	五
lok²¹	lok⁵³	六
tsʰɐt³³	ɐt⁵³	七

（续表）

平话	壮语	汉义
pat³³	pet²⁴	八
kɐu³⁵	ku³⁵	九
sɐp²¹	ɕip³¹	十
man²¹	fan²²	万
tɕi²¹ɐt³³	tɕi²²ʔit⁵³	第一

壮语本有丰富的量词。但在和平话接触过程中，田阳壮语从对方吸收了一批借词来丰富自己。有全借贷方式和部分借贷方式借入。如：

平话	壮语	汉义
fɐn⁵⁵	fɐn²¹³	分
mɐu²¹³	mɐu⁴⁴	亩
kɐn⁵⁵	kɐn²¹³	斤
kɐk³³	kak³⁵	角
tiu⁴²	teu³¹	条
tap²¹	tap²²	叠
pʰɐt³³	pet⁵³	匹（一匹布）
fɐn²¹	fɐn²²	份
lam⁴²	lam³¹	篮

第五，文化、习俗类。如：

平话	壮语	汉义
tok²¹	tok²²	读
hak²¹	hak²²	学
poi²¹	poi²²	背（书）
iɐŋ⁵⁵	jiaŋ²¹³	香
iɐŋ⁵⁵lo⁴²	lo³¹jiaŋ²¹³	香炉
moi⁴²	mɔi³¹	媒
pai³⁵	pai²⁴	拜

可见，田阳壮语受田阳平话影响相当深。因为在官话、白话进入广西之前，平话一直是广西各族人民主要的交际工具，也是行政、教育使用的唯一语言，为丰富本民族语言，提高本民族语言的使用功能，田阳壮语直接从平话借来大批词语，这些借词都是和当地壮民族日常生活、生产息息相关的词，从中可以看出田阳壮族在各方面深受汉族影响。

（2）构词能力

田阳壮语中的老借词，有整体借入和合璧词两类。

其中，整体借入占主导地位，如上文所举例子就属于整体借入。

合璧词由汉语借词和壮语固有词组合构成，如：

pɐn³¹　piŋ²² 生病　　ɬɐm²¹³　jap²⁴ 心烦　　tam³⁵　ɬiau³⁵ 胆小
生(壮)　病(汉)　　　心(汉)　燥(壮)　　　胆(汉)　小(壮)

tam³⁵	lau⁴⁴ 大胆	ləm⁴⁴	hai³⁵ 海水	lit⁵³fuŋ³¹	kim²¹³金戒指
胆（汉）	大（壮）	水（壮）	海（汉）	戒指（壮）	金（汉）

（二）田阳壮语中的汉语新借词

1. 田阳壮语中的汉语新借词来源

《壮语方言研究》（张均如、梁敏等 1999）指出，壮语中的汉语新借词是新中国成立后从汉语借入的有关政治、经济、文化、科技等方面的新词和术语。汉语新借词的借源为西南官话，再用当地壮语固有的音类去拼读，因而带有较强的当地壮语的语音色彩。田阳县城、部分乡镇、企事业单位、厂矿等均有人讲官话，但口音不一。本文主要与田阳玉凤高山汉话进行比较，由此分析田阳壮语中的汉语新借词。

2. 田阳壮语中的汉语新借词词义分布特点

田阳壮语中的汉语新借词是新中国成立后从汉语借入的有关政治、经济、文化、科技等方面的新词和术语，表示抽象概念的词及虚词，以复音节词为主，它们在田阳壮语中分布较为集中的有：

（1）政治类

新中国成立后，特别是改革开放至今，社会的剧烈变化对田阳壮语也产生了相应的影响，最直接的体现就是有关国家政治方面的借词大量被吸收进来。如：

官话	壮语	汉义
kuŋ²¹³tsʰan⁵⁴taŋ⁵⁴	kuŋ²¹³tɕan⁴⁴taŋ⁴⁴	共产党
ko³¹tsia⁴⁵	ko³¹kia²⁴	国家
tsən²¹³fu⁵⁴	tɕin²¹³fu⁴⁴	政府

（2）经济、文化、娱乐类

改革开放后，随着电视、广播、报纸、杂志等传播方式，大批新词术语迅速被吸收进壮语。如：

官话	壮语	汉义
in³¹xaŋ³¹	jin³¹haŋ³¹	银行
ten²¹³si²¹³	ten²¹³ɕi²¹³	电视
ten²¹³pin⁴⁵siaŋ⁴⁵	ten²¹³pin²⁴ɬiaŋ²⁴	电冰箱
ten²¹³lau⁵⁴	ten²¹³nau⁴⁴	电脑
ten²¹³in⁵⁴	ten²¹³jin⁴⁴	电影

（3）抽象概念类

随着壮、汉语的接触，汉语中一些表抽象概念的词也逐渐被吸收进田阳壮语中来。如：

官话	壮语	汉义
sin²¹³fu³¹	hiŋ²¹³fu³¹	幸福
kuaŋ⁴⁵tsʰai⁵⁴	kuaŋ²⁴tɕai⁴⁴	光彩
lo³¹xɐu²¹³	lo³¹hɐu²¹³	落后

（4）虚词类

田阳壮语直接从汉语吸收一定数量的虚词，有副词、连词、介词、代词等。如：

官话	壮语	汉义
ta²¹³tsia⁴⁵	ta²¹²kia²⁴	大家
məi⁵⁴	məi⁴⁴	每

(续表)

官话	壮语	汉义
pi⁵⁴tsiau²¹³	pi⁴⁴kiau²¹³	比较
i⁵⁴tsin⁴⁵	ji⁴⁴kin²⁴	已经
xo³¹tse⁵⁴	ho³¹tɕe⁴⁴	或者
tsɿ⁵⁴iau²¹³	tɕi⁴⁴jau²¹³	只要
tsʰoŋ³¹	tɕuŋ³¹	从

二、田阳壮语中的汉语借词借入的方式

(一)整体借贷

是指田阳壮语吸收汉语时，连同汉语的语音和语义同时借入，田阳壮语中的汉语借词特别是汉语新借词大多是按这种方式吸收，即绝大多数按照官话的结构方式原样借入。如：

海 hai³⁵　　　　　　　汗 han²²　　　　　　　灯 tɐŋ²¹³
凳 tɐŋ²⁴　　　　　　　点 tem³⁵　　　　　　　崩 pɐŋ²⁴
解放 kai⁴⁴faŋ²¹³　　　表扬 piau⁴⁴jaŋ³¹　　　批评 pi²⁴piŋ³¹
稳定 wən⁴⁴tin²¹³　　　学习 ɕo³¹ɬi³¹　　　　汗 han²²
啤酒 pi³¹tɕiu⁴⁴　　　　车 tɕe²⁴　　　　　　　心 ɬɐm²¹³

(二)半音译合璧式

即音译加注的形式，或者称为半借的形式。即一半是壮语语素一半是汉语语素。在结构形式上，或前半部分是壮语语素后半部分是汉语语素，或前半部分是汉语语素后半部分是壮语语素。由两部分共同构成一个完整的词，我们称其半借词或混合词。主要有下面两种：

1. 壮语语素+汉语语素

即在全借词前面加表示类别范畴的本族语素，形成全借词加译注的形式，这类词多是新借词，且多是名词。如：

汉语	壮语	汉义
po⁴⁵tsʰai²¹³	tɕɐk⁵³ po²⁴tɕai²¹³ 菜　菠菜	菠菜
pʰin³¹ko⁵⁴	mak²⁴ pin³¹ko⁴⁴ 果　苹果	苹果
uəi²¹³sən⁴⁵i⁴⁵	pia²² wei²¹³ɬən²⁴ji²⁴ 衣　卫生衣	卫生衣

2. 借一个汉语词作为构词成分和一个本族词组成新词

田阳壮语中的汉语借词，一部分已经成为具有派生能力的基本词，它们和壮语中的基本词一起成为构词语素，组合成了一批壮、汉语混合词，这类新词多是名词和动词。主要有：

（1）修饰式

①名语素(壮语)+名语素(汉语)——名词

lan³¹ lɐu³¹　　　　　　lɐm⁴⁴ hai³⁵　　　　　　ɕiaŋ³¹ nam²²
房子 楼(楼房)　　　　水　海(海水)　　　　　墙　土(土墙)

②名语素（汉语）+名语素（壮语）——名词

lian³¹ lan³¹	hai³¹ pen³¹
梁 房子（房梁）	鞋 布（布鞋）

③名语素（汉语）+形容词语素（壮语）——名词

tɕe²⁴ ʔi³⁵	lau³¹ lɐp⁵²
车 小（小车）	牢 黑（牢房）

（2）支配式

动语素（壮语）+名语素（汉语）——动词

tək⁵³kiu³¹	ɕiaŋ²⁴ ko²⁴
打 球（打球）	唱 歌（唱歌）

（3）类别语素+汉借语素

田阳壮语中，表类别范畴的固有语素或早期汉借语素+汉语复音语素构成的合成词最具特色。这类混合词将一个汉语词整体借入，表意完整，但为了符合壮语造词习惯，更是为了明确词的类别范畴，在汉语全借词前加上一个壮语或早期汉语类别语素，这类混合词共有两类：

①汉语借词中已有表类别范畴的语素，借入后又在其前面加一个意义相同的壮语通称类别语素，构成三音或多音节词。如：

hon²¹³ te³¹lu²¹³	hɐu⁴⁴ hian²⁴mi⁴⁴
路 铁路（铁路）	米 香米（香米）
lɐu³⁵ pu³¹tau³¹tɕiu⁴⁴	wa²⁴ niu³¹tɕai⁴⁴ku²¹³
酒 葡萄酒（葡萄酒）	裤子 牛仔裤（牛仔裤）

②汉语借词中没有表类别范畴的语素，借入后在其前面加一个壮语固有的通称类别语素。如：

lok³¹ koŋ⁴⁴ tɕo³¹	mak²⁴ pin³¹ ko⁴⁴	ko²¹³ hian²¹³ji³¹kui³¹
鸟 孔雀（孔雀）	果 苹果（苹果）	棵 向日葵（向日葵）

综合以上几种借贷方式可知，田阳壮语在吸收汉语借词时，其态度是相当开放，其方式是相当灵活而又主动地，它们用壮语固有的构词方式对汉语借词进行了相应的改造，使汉语借词更能适应壮语的构词习惯，从而更好地为本民族的交际服务。

【参考文献】

[1] 邓玉荣.广西壮族自治区各民族语言间的相互影响[J].方言，2008（3）.

[2] 蓝庆元.壮汉同源词借词研究[M].北京：中央民族大学出版社，2005.

[3] 李心释.汉、壮语接触与广西平话变异研究[J].暨南学报（哲学社会科版），2009（3）.

[4] 覃国生.壮语方言概论[M].南宁：广西民族出版社，1996.

[5] 覃远雄，韦树关，卞成林.南宁平话词典[Z].南京：江苏教育出版社，1997.

[6] 田阳县志编纂委员会.田阳县志[M].南宁：广西民族出版社，1999.

[7] 张均如，梁敏，郑贻青，欧阳觉亚，等.壮语方言研究[M].成都：四川民族出版社，1999.

[8] 张均如.广西平话对当地壮侗语族语言的影响[J].民族语文，1988（3）.

[9] 张均如.广西中南部地区壮语中的老借词源于汉语古"平话"考[J].语言研究，1982（1）.

六甲话和壮语之间词语现象拾零

韦彩珍[①]

六甲话是六甲人所使用的一种汉语方言，总体格局跟粤语近似，方言学界一般将其归入桂南平话。六甲一词原是行政区划概念。明代后期将县城三江口（今老堡）周围的汉民编为三个甲（乡级行政区），时称三甲民。清代划为六个甲：曹荣甲、程村甲、黄土甲、古宜甲、文村甲、寨准甲（今分属古宜镇、斗江镇、老堡乡、程村乡），六甲的汉民通称六甲人。[②]三江侗族自治县是全国七个侗族自治县中侗族人口最多的一个县，同时又是一个多民族聚居的少数民族县，侗族以外，有汉、苗、壮、瑶等民族。[③]三江县2010年各民族人口统计显示，壮族人口与六甲人口大体相当，全县常住人口297244人，六甲人口34541人，占常住人口11.6%；壮族人口21769，占常住人口7.32%。[④]由此可见，三江县的壮族人口与六甲人的人口相当，居住在这一片共同的土地上，因此，壮语与六甲话之间的接触现象在所难免。六甲话和壮语在词音词义、词的重叠、词的结构、短语的结构上存在着一些相似的语言现象。

笔者认为这些相似的语言现象是六甲话与壮语长期接触的结果。本文从音义以及词形结构方面分析六甲话与壮语词语的相似性，为汉语和侗台语的语言接触研究提供第一手的材料。本文所使用的壮语词除少数为方言词外，其余均为标准语词。

一、单音词音义与壮语相同或相似

在调查字（词）中发现，在六甲话中的部分有音无字词，在壮语中能找到相同的音义。列表如下：

意义	六甲话	壮语
跟（～我走）	nim^{53}	nim^{31}
小（～风）	nei^{42}	nai^{33}（方言）
锄（～地）	tʃʰɔm^{33}	kwa:k^{35}
垃圾	lap^{11}ʃap^{11}	la:p^{33}θa:p^{33}
砍（～树）	ŋɐk^{55}	kjak^{55}（方言）
搛（～菜）	ŋap^{44}	ne:p^{35}
打嗝	sɐk^{11}ɐk^{55}	θak^{33}ʔak^{55}
屙屎	ɔk^{11}kɐi^{24}	ʔok^{33}hai^{42}
秕（～谷）	tip^{55}	pe:p^{33}
罂（瓷器：酸～）	ieŋ^{53}	ʔe:ŋ^{24}
姑妈	pa^{33}	pa^{33}

[①] 韦彩珍，女，壮族，中央民族语文翻译局壮文室副译审。
[②] 侯井榕：《从语言探讨三江六甲人的族源》，载自《广西民族研究》2003年第1期。
[③] 三江侗族自治县县志编纂委员会：《三江侗族自治县志》，北京：中央民族出版社，1992年。
[④] 三江县统计局：《三江县2010年第六次全国人口普查数据公报（二）》，2011年。

· 178 ·

（续表）

意义	六甲话	壮语
化脓	ɔm²²nuŋ³¹	ʔom³⁵noːŋ²⁴
串（量词：一～肉）	piən⁴²	pjoŋ⁴²（方言）
草（吃～）	ȵaŋ³³	naːŋ⁵⁵
嚼（～菜）	ȵai⁴²	naːi⁵⁵
抿（用石膏～坛口）	pia⁴²	pja³¹（方言）
烘（～手）	pʰiəŋ⁵³	ɣiːŋ²⁴
挖（～红薯）	ləu⁵³	lau³⁵（方言）
掐（～喉咙）	ȵən⁴²	nan⁵⁵
倚（～墙）	pəŋ²²	paŋ³³
发火（～起来）	ȵap⁴⁴	naːp³⁵
个（名量：一～米）	kəm²⁴	kam²⁴
些	pəŋ³³	poŋ³³（方言）

二、词语结构与壮语相同

偏正词语的修饰语素后置，形成"中心语+修饰语"的结构形式。例如：

北京话	六甲词	壮语词
母猪	猪娘 tʃy²²⁽⁵³ȵiəŋ⁵³	猪母 mu²⁴me³³
母马	马母 ma²²⁽²⁴mu²⁴	马母 ma⁴²me³³
母牛	牛母 iau²²⁽³¹mu²⁴	牛母 vaːi³¹me³³
母狗	狗母 kɐu³³mu²⁴	狗母 ma²⁴me³³
母猫	猫母 mau³³mu²⁴	猫母 meːu³¹me³³
母兔	兔母 tʰu²²⁽⁴²mu²⁴	兔母 tou³⁵me³³
母鸡	鸡母 kei²²⁽⁵³mu²⁴	鸡母 kai³⁵me³³
母鸭	鸭母 ap⁴⁴mu²⁴	鸭母 pit⁵⁵me³³
鸡公	鸡公 kei²²⁽⁵³kuŋ⁵³	鸡公 kai³⁵pou⁴²
公鸭	鸭公 ap⁴⁴kuŋ⁵³	鸭公 pit⁵⁵pou⁴²
公马	马公 ma²²⁽²⁴kuŋ⁵³	马公 ma⁴²tak³³
公牛	牛牯 ȵiau³¹ku³³	水牛公 vaːi³¹tak³³
公狗	狗牯 kɐu³³ku³³	狗公 ma²⁴tak³³
公猫	猫牯 mau³³ku³³	猫公 meːu³¹tak³³
种猪	猪种 tʃy²²⁽⁵³tʃuŋ³³	猪种 mou²⁴ɣai²⁴
白眼珠儿	眼白 ŋan²²⁽²⁴pek⁴	眼白 ta²⁴haːu²⁴
黑眼珠儿	眼黑 ŋan²²⁽²⁴xɐk⁵	眼黑 ta²⁴ʔdam²⁴
船中	中间船 tʃuŋ²²⁽⁵³kan⁵³ʃyn³¹	中船 kjaːŋ²⁴ɣu³¹
浓雾	露厚 lu²²xɐu²²	露厚重 ɣam⁴²ɣaːi³¹nak⁵⁵
薄雾	露薄 lu²²pok¹³	露水薄 ɣam⁴²ɣaːi³¹ʔbaːŋ²⁴

（续表）

北京话	六甲词	壮语词
肉末	肉碎 ȵiuk$^{11<13}$suei^{42}	肉碎 no^{33}le:k^{33}
肚痛	痛肚 t^{h}uŋ^{42}tu^{33}	痛肚 tuŋ^{42}ʔin^{24}
头痛	痛头壳 t^{h}uŋ^{42}t^{h}ɐu^{31}k^{h}ɐk^{55}	头痛 kjau^{55}ʔin^{24}
回家	屋去 uk^{55}k^{h}y^{42}	回家 ta:u^{35}ɣa:n^{31}

注：六甲话有连读变调现象，表中声调标有"<"的，是变调标志，之前为变调调值，之后为原调调值。

从上表看出，六甲话不单这些偏正词的修饰语素后置，值得注意的是，六甲话还有少数主谓结构（"肚痛→痛肚""头痛→痛头壳"）中的主语后置，述宾结构（"回家→屋去"）短语的述语也后置，壮语反而与普通话语序相同，这种现象比较奇特，值得深入研究。

三、动词形容词后缀形式与壮语相似

汉族与壮族虽是不同的两种民族，但六甲人与壮族人共同生活在一个自然环境中，他们对自然界各种事物的认识所形成的概念和印象是相同的，因而他们以相同的语言手段来表现同一种声音或事物状态是可能的。笔者在调查中发现，六甲话有以下几种生动形式的构词方式与壮语相似。

（1）动词形容词后缀的ABB式。A是动词性或形容词性的词根，BB是后缀，起着拟音描状绘形的作用。ABB式大概分为：拟声、绘形、描色。表中写不出的词（语素）用方框表示，一个方框代表一个词（语素）。

①拟声

词义	六甲词-ABB式	壮语词-ABB式
形容不停地喊的样子	喊呱呱 xam^{33}kua^{53}kua^{53}	喊□□ he:u^{33}ŋa^{31}ŋa^{31}
形容尖叫的样子	喊□□ xam^{33}let^{44}let^{44}	喊□□ he:u^{33}ʔde^{33}ʔde^{33}
形容很响的样子	响□□ ʃiəŋ^{33}xəm^{22}xəm^{22}	响□□ ji:ŋ^{55}lom^{31}lom^{31}
形容赖哭的样子	哭□□ k^{h}ɔk^{55}pie^{24}pie^{24}	哭□□ tai^{33}ŋe^{31}ŋe^{31}
形容痛哭的样子	哭□□ k^{h}ɔk^{55}ŋu^{53}ŋu^{53}	哭□□ tai^{33}ŋu^{24}ŋu^{24}
形容嚎啕大哭的样子	哭□□ k^{h}ɔk^{55}pa^{24}pa^{24}	哭□□ tai^{33}ŋa^{24}ŋa^{24}
形容大笑的样子	笑哈哈 siu^{42}xa^{33}xa^{33}	笑哈哈 ɣiu^{24}ha^{31}ha^{31}
形容小口并使劲咀嚼的样子	嚼□□ ȵai^{42}ȵɐk^{11}ȵɐk^{11}	嚼□□ ȵai^{33}ȵak^{33}ȵak^{33}
形容大口并使劲咀嚼的样子	咬□□ ŋau^{24}ŋap^{13}ŋap^{13}	嚼□□ ȵa:i^{33}ȵop^{33}ȵop^{33}
形容咀嚼响声很大的样子	咬□□ ŋau^{24}kɔk^{44}kɔk^{44}	咬□□ ȵam^{33}kok^{33}kok^{33}
形容咀嚼响声小的样子	咬□□ ŋau^{24}p^{h}ek^{44}p^{h}ek^{44}	咬□□ ȵam^{33}pje:k^{33}pje:k^{33}

②描状

词义	六甲词-ABB式	壮语词-ABB式
形容微微笑	笑□□ siu^{42}uei^{24}uei^{24}	笑□□ ɣi:u^{24}he^{31}he^{31}
形容面带微笑	笑□□ siu^{42}ȵin^{33}ȵin^{33}	笑□□ ɣi:u^{24}ȵum^{55}ȵum^{55}
形容跳不停	跳□□ tiu^{42}ts^{h}əŋ^{22}ts^{h}əŋ^{22}	跳□□ ti:u^{35}ɕuŋ^{31}ɕuŋ^{31}
形容来回摇摆（风吹窗帘）	动□□ toŋ^{22}nɔŋ^{24}nɔŋ^{24}	摆□□ pi^{24}no:ŋ^{24}no:ŋ^{24}
形容轻轻摇摆（风吹小树）	动□□ toŋ^{22}nap^{55}nap^{55}	摆□□ pi^{24}ŋe:t^{33}ŋe:t^{33}

(续表)

词义	六甲词-ABB式	壮语词-ABB式
形容很长	长□tʃəŋ³¹lai²²lai⁴²	长□ɣai³¹ɣa:ŋ³³ɣa:ŋ³³
形容很龌龊	龌□o⁵³suei²²suei⁴²	龌□poŋ³¹pa:t³³pa:t³³
形容很湿漉	湿□ʃɐp⁵⁵pi²²pi⁴²	湿□tum³¹pje:p³³pje:p³³
形容天很黑	暗□ɔm⁴²mien²²mien⁴²	暗□lap⁵⁵jum³¹jum³¹
形容瘙痒	痒□iəŋ²⁴ɲɔp¹¹ɲɔp¹¹	痒□hum³¹na:p³³na:p³³
形容微微痒	痒□iəŋ²⁴iəm³¹iəm³¹	痒□hum³¹n̪um³¹n̪um³¹
形容剧痛	扯□tʃʰie³³nɔk¹¹nɔk¹¹	痛□ʔin²⁴tut³³tut³³
形容隐隐痛	痛□tʰuŋ⁴²iəm³³iəm³³	痛□ʔin²⁴ɕum⁴²ɕum⁴²
形容微辣	□□lɐu⁵³let⁴⁴let⁴⁴	辣□ma:n³³la:t³³la:t³³
形容很辣	□□lɐu⁵³lia³³lia³³	辣□ma:n³³pjo³¹pjo³¹
形容很甜蜜	甜□tin²²nəm²²nəm⁵³	甜□va:n²⁴ɕup⁵⁵ɕup⁵⁵
形容很生硬	硬□ɲien³³pien²²pien²²	硬□tiŋ³³ke:ŋ²⁴ke:ŋ²⁴
形容很坚硬	硬邦邦ɲien³³paŋ²²paŋ⁵⁵	硬□ʔdo:ŋ⁵⁵ʔda:t³⁵ʔda:t³⁵
形容很酸	酸□sun⁵³ny²²ny⁵³	酸□θum⁵⁵θa:t³⁵θa:t³⁵

③绘形

词义	六甲词-ABB式	壮语词-ABB式
形容粉红	红□xɔŋ³¹fɐt⁵⁵fɐt⁵⁵	红□ʔdin²⁴huut³³huut³³
形容很红	红彤彤xɔŋ³¹tɔŋ³³tɔŋ³³	红彤彤ʔdin²⁴kjuk³³kjuk³³
形容很黑	黑□xɐk⁵⁵ma²²ma⁵³	黑□ʔdum²⁴ʔda:t³⁵ʔda:t³⁵
形容很黑（带红色的蓝靛染色）	乌□ɐu³³tat⁴⁴tat⁴⁴	乌□ʔau⁵⁵tat³³tat³³
形容很白	白□pek⁴⁴mɔŋ³³mɔŋ²²	白□ha:u²⁴ʔbok⁵⁵ʔbok⁵⁵
形容很白	白□pek⁴⁴pʰuŋ²²pʰuŋ⁴²	白□ha:u²⁴ʔbup⁵⁵ʔbup⁵⁵
形容惨白（病态肤色）	白□pek⁴⁴pɐu²²pɐu³¹	白□ha:u²⁴ʔbon²⁴ʔbon²⁴
形容很蓝	蓝□pʰuŋ³³pʰɔk¹¹pʰɔk⁵⁵	蓝□mo:ŋ²⁴pok⁵⁵pok⁵⁵
形容很绿	青□tsʰiŋ⁵³xat⁵⁵xat⁵⁵	青□he:u²⁴tat⁵⁵tat⁵⁵
形容很绿	青□tsiŋ⁵³kɐi⁵³kɐi⁵³	青□lok³³ʔa:u³³ʔa:u³³

从上表看，ABB式中的六甲话与壮语两种语言的后附音节BB很相近，少数词整个ABB词完全相同。如：

词义	六甲词-ABB式	壮语词-ABB式
形容小口并使劲咀嚼	嚼□ɲai⁴²ɲɐk¹¹ɲɐk¹¹	嚼□n̪a:i³³n̪ak³³n̪ak³³
形容跳不停	跳□tiu⁴²tsʰəŋ²²tsʰəŋ²²	跳□ti:u³⁵ɕum³¹ɕum³¹
形容很黑（蓝靛染料）	乌□ɐu³³tat⁴⁴tat⁴⁴	乌□ʔau⁵⁵tat³³tat³³

（2）动词形容词后缀的ABC式。A是动词性或形容词性的词根，B是中缀，在六甲话中表现为pa³³，在壮语中表现为ka³¹或pa³¹，C是后缀。BC结合一般起着描状绘形的作用。如：

词义	六甲话词-ABC式	壮语词-ABC式
形容很矮	矮□ai³³pa³³tɐk⁵⁵	矮□tam³⁵ka³¹ŋat⁵⁵
形容很滪	龌□o⁵³pa³³siɐk⁴⁴	龌□ʔu³⁵ka³¹ʔa:t³⁵

· 181 ·

（续表）

词义	六甲话词-ABC式	壮语词-ABC式
形容很泥泞	泥□□nei³¹pa³³siɐk⁴⁴	泥□□poŋ³¹pa³¹θa:t³³
形容很软烂	烂□□lan²²pa³³siɐk⁴⁴	烂□□mja³¹pa³¹θa:t³³
形容很软烂	融□□iuŋ³¹pa³³siɐk⁴⁴	融□□juŋ³¹ka³¹ja:m³³
形容很短	短短的tun³³pa³³tɐk⁵⁵	短短的tin⁵⁵ka³¹ŋat⁵⁵

（3）动词形容词后缀的AX式。A为动词性或形容词性的词根，X为后缀，音节数可多可少，一般是根据描述事物具体状态而定，具有很强的灵活性，一般用于描状绘形。这种后缀的音节结构比BB式和BC式松散，但描状绘形很形象。部分形成ABCBC的结构形式。如：

词义	六甲话词	壮语词
形容笑得喘不过气	笑□□siu⁴²mat¹¹kɐt⁵⁵	笑□□ɣi:u²⁴ʔdan⁵³kan³⁵
形容弯着腰猛跑	□跑□□iau³³kɔŋ²⁴kiet⁵⁵	跑□□pu:t³⁵kum³⁵pum⁵⁵
形容撒腿乱跑	□跑□□iau³³ka²²la²⁴	跑□□pu:t³⁵ka:n³¹ka:n³¹
形容蹦蹦跳跳	跳□□□□tiu⁴²tsʰa³³lɐŋ³³tsʰa³³lɐŋ³³	跳□□□□ti:u³⁵ka³¹laŋ³¹ka³¹laŋ³¹
形容活蹦乱跳	跳□□□□tiu⁴²tsʰa³³lɐk⁵⁵tsʰa³³lɐk⁵⁵	跳□□□□ti:u³⁵ʔjok⁵⁵ʔjek⁵⁵ʔjok⁵⁵ʔjek⁵⁵

四、动词的重叠方式与壮语相同

动词ABAB式。六甲话这种重叠方式表示动作连续不断地进行，在壮语中也比较常见。例如：

六甲话：得见只牛儿噜捷噜捷在[tu²²muən⁴²]看见小牛不停地滚在那。
壮　语：ɣan²⁴tu³¹va:i²¹ʔi³⁵ ɣou⁴²liŋ⁴² ɣou⁴²liŋ⁴²jou³⁵ki³¹han⁴²见只牛儿越滚越滚捷在那里。

六甲话：她尽讲尽讲冇停她不停地讲。
壮　语：te²⁴kɯ³³kaŋ⁵⁵kɯ³³kaŋ⁵⁵ʔbou⁵⁵taŋ⁴²她越停越讲不停哎。

六甲话：前面两只蹄尽爬尽爬前面两只蹄不停地爬。
壮　语：θoŋ²⁴kai³⁵tai³¹pa:i³³na⁵⁵kɯ³³pa:k³³kɯ³³pa:k³³两只蹄前越爬越爬。

六甲话：他尽睡尽睡到夜都冇起他一直睡到夜晚都不起床。
壮　语：te²⁴kɯ³³nin³¹kɯ³³nin³¹taŋ³¹ham³³ɕɯŋ³³ʔbou⁵⁵hɯn³⁵他一直睡到夜晚都不起床。

六甲话：你尽行尽行样远冇累啊你不停地走这么远不累吗？
壮　语：mɯŋ³¹kɯ³³pja:i⁵⁵kɯ³³pja:i⁵⁵pan³¹nei⁴²kjai²⁴ʔbou⁵⁵na:i³⁵ha你不停地走这么远不累吗？

六甲话：他尽吃尽吃一下就醉了他不停地喝一下就醉了。
壮　语：te²⁴kɯ³³kun²⁴kɯ³³kun²⁴jap⁵⁵ʔde:u²⁴ɕou³³fi³¹lo他不停地喝一下就醉了。

六甲话：简小孩哩为么尽哭尽哭啊这小孩为什么哭个不停啊？
壮　语：pou⁴²luk³³ɲe³¹nei⁴²vi³⁵ma³¹kɯ³³tai⁵⁵kɯ³³tai⁵⁵这小孩为什么哭个不停啊？

六甲话：娘（ɲie²²）尽数（骂）尽数（骂）我我妈妈不停地骂着我。
壮　语：me³³kɯ³³ʔda³⁵kɯ³³ʔda³⁵kou²⁴我妈妈不停地骂着我。

五、短语结构与壮语相同

在六甲话中，量词能与名词直接组合构成名量短语。量名结构短语有单数形式和复数形式，单数形式是由"数+量+名"形式省略了数量一，复数形式是由表示"复数的量词+名词"构成。如：

（1）量名结构短语的单数形式

普通话	六甲话词音	壮语词音
一个弟	个弟 ko⁴²tei²²	个弟 pou⁴²nu:ŋ⁴²
一根竹	根竹 kən⁵³tʃuk⁵	条竹 tiu³¹fai⁴²
一个寨	个寨 ko⁴²tʃai²²	个村 ʔan²⁴ʔba:n⁵⁵
一本书	本书 pən³³ʃy⁵³	本书 po:n⁵⁵θaɯ²⁴
一条路	根路 kən⁵³lu²²	条路 tiu³¹ɣo n²⁴
一间屋	间屋 kan⁵³uk⁵	间房 fuŋ³³ɣa:n³¹
一头牛	只牛 tʃik⁵niu³¹	只牛 tu³¹va:i³¹

（2）量名结构短语的复数形式

普通话	六甲词音	壮语词音
弟弟们	帮弟 puŋ⁵³tei²²	群弟 kjoŋ³⁵nu:ŋ⁴²
妹妹们	帮姐 puŋ⁵³tsie³³	群姐 kjoŋ³⁵ee⁵⁵
好多张桌	□台 pəŋ³³tɐi³¹	拨台 pu:k³⁵ta:i³¹
好几本书	□书 pəŋ³³ʃy⁵³	拨书 pu:k³⁵θaɯ²⁴
好几张椅	□椅 pəŋ³³i³³	拨椅 pu:k³⁵ʔei⁵⁵
好几栋房	□房 pəŋ³³fuŋ³¹	拨房 pu:k³⁵ɣa:n³¹

三江六甲人与当地壮族人口大体相当，他们长期和睦相处，互通婚姻，共同开发，形成了水乳交融的关系。语言上的相互借用、吸收，形成一些相似的语言现象，就是这种关系的反映。你中有我，我中有你，这就是共同生活在同一片土地上的民族关系的生动体现。这种情况，在我国西南的广西、贵州、云南一带多民族杂居的地域，具有广泛的代表性。

创制"方块壮字常用字表"的设想

林 亦[①]

文字是记录语言的符号,是传承民族语言文化的重要工具。人们所熟悉的世界上主要文明地区的语言,既有公认的文字系统(书面语言),又有公认的言语系统(口头语言),两个系统属于同一语言。与许多有语无文的南方少数民族一样,壮族没有形成传统上统一的民族文字。长期以来,壮族民间使用的土俗字是仿汉字型的方块字,它是借源文字,但在自身发展中增添了许多自源的元素,借源因素与自源理念相结合,是方块壮字对文字学的一大贡献。方块壮字虽是活文字,但使用范围主要是宗教经文、民歌山歌,缺乏统一、规范;20世纪50年代国家协助创制的壮文拼音方案,作为规范的民族文字,普及率却很低,几乎成了专家文字。记录、传承壮语言文化遭遇壮族普通百姓无法"我手写我口"的尴尬。

在长期从事汉壮比较研究中,尤其是承担"中华字库"第18包"少数民族古文字搜集整理与字库制作"子项目"南方仿汉字文字(方块壮字)的搜集整理与字库制作"以来,深感创制"方块壮字常用字表"迫切与必要。本文将讨论"方块壮字常用字表"必要性与可行性,探讨研制"方块壮字常用字表"的语言学问题和技术性问题。

一、必要性

(一)方块壮字是活文字

方块壮字是借源文字,是壮族人借用汉字或汉字偏旁作构字部件,仿效汉字造字方法创制的记录壮语的方块字。在众多有语无文的南方少数民族中,方块壮字堪称历史较长、覆盖面最广、使用人口最多、文献最丰富、拥有的字符也最系统,同时也是至今仍在民间使用的活文字。

(二)传承壮族语言文化的迫切需要

文字是记录语言的符号。壮语向汉语大量借词,本族语日趋萎缩,甚至迅速退出书面语系统,根本原因是没有壮族普通百姓易于接受、掌握的"我手写我口"的统一文字。

(三)壮族民众有使用需求

民间使用方块壮字传统一直没有间断。不少壮族聚居地,除了麽经经诗和民歌山歌,甚至楹联及日常的书写也用方块壮字。得知我们在研制方块壮字字符库,许多民间歌手前来学习方块壮字字符库的使用,我们还配合部分小学用方块壮字和拼音壮文编写双语教材。

(四)"真正的文字是利用数目有限的传统符号"[②]

民间方块壮字如此庞大的字符数量,是由于人们无序造字造成的。不同的时期,不同的方言区,不

[①] 林亦,女,广西大学文学院教授。
[②] 布隆菲尔德:《语言论》,袁家骅、赵世开、甘世福译,北京:商务印书馆,1985年,第358页。

同的写作者，不同的造字理据等，形成了大量的异体字，影响对语言形式的准确表达，也增加了掌握的难度，成为难以使用的符号。建立"方块壮字常用字表"，利用现代信息技术加以推广，是让方块壮字用起来的有利前提。

二、可行性

（一）可接受性

壮汉民族接触交融历史悠久。"处在较大的政治和文化集团中的较小交际集团的口头语言往往被人们所忽视，因为操这种语言的人是通过在本地区使用范围更广的'第二语言'（亦即在受教育过程中而不是在婴幼儿时习得的语言）来接受文化教育的（以非标准方言操书面标准语的人也是这样）。"[1] 由于有语无文，壮族人自古是通过使用范围更广的"第二语言"——汉语来接受文化教育的。但凡受过教育的壮族人都是双语人，懂汉语汉字。汉字字形与汉语音义建立起来的稳定联系，使壮族民众易于接受以汉字为构件的方块壮字。以别的语言的文字为依傍，有时能为一种语言很快地制定出一套完整的文字来，方块壮字正是这种情况。

（二）文字必须要有表达语言的明确性，而语言是有声的

汉字虽是表意形文字，但其"形声"和"假借"的构形方式密切了文字与言语形式的联系，形声字的应用大大提高了文字表达语言的明确性。方块壮字虽然是仿汉字，却比汉字更贴近语言。与汉字的"望文生义"不同，读方块壮字文献是因字想音，据音生义的，因为进入方块壮字的汉字字符，大量是作为表音成分使用的。"形声"和"假借"创新使用，开拓了方块壮字能产的途径。

（三）具备创制方块壮字常用字表的条件

1. 有一个开展方块壮字收集整理与研究近10年的团队

2. 主持、完成了多个相关科研项目。
①国家社科基金项目"古壮字与广西粤语平话的历史层次研究"，结项优秀；
②国家社科基金项目"平话问题综合研究"，结项良好；
③广西社科规划办项目"广西平话地位问题研究"，结项优秀；
④教育部重大攻关项目"中华大字符集创建工程"（04JZD0032）子项目"古壮字字符集"（立项名为"壮字的收集与整理"），结项报告获得较高评价；
⑤教育部人文社科基金项目"汉壮接触背景下的广西粤语演变研究"，结项报告获得较高评价；
⑥国家社科基金项目"魏晋南北朝敦煌汉文纪年写卷常用字形研究"，已结项；
⑦教育部人文社会科学研究西部和边疆地区青年基金项目"唐五代汉文纪年写卷常用字形研究"，已结项；
⑧国家社科基金项目"基于开放式数据库的古壮字字符与文献的搜集整理与研究"（11BYY103），在研；
⑨"中华字库"第18包"少数民族古文字搜集整理与字库制作"子项目"南方仿汉字文字（方块壮字）的搜集整理与字库制作"，在研。

---

[1] 罗宾斯：《普通语言学概论》，李振麟，胡伟民译，上海：上海译文出版社，1986年，第136页

3. 有方块壮字前期研究成果

（1）收集整理了大量方块壮字文献和字符，建立了迄今国内外收录壮字文献和壮字字符最完备的壮字字符集（超过12000多不重复字符的开放式方块壮字字符库Sawndip，其中非统一码（ISO 10646）字符约8000）。字符集字段全面涵盖了壮字的原始字符扫描、字形、字音、字义、壮语词和汉语借词、标准音点与方言、使用年代、新老壮文转写及文献出处等必要信息；按字序和文献出处进行编码，区分了是否属于统一码字符，目前已经有部分字符进入了国际编码。

（2）研制了一系列方块壮字文献处理软件。如基于计算机图形学技术自动切分文献字符、方块壮字输入法等系列软件。方块壮字文献处理软件OBwan，可用于在线字符统计、字的形音义分析、同词异体字和异词同形字检索、出处查询、观察字符使用的区域和个人特点、检查文献字符输入的正误、拼音壮文拼写及汉译的正误等；字符讨论平台可支持多方分析讨论；因为采用3rd normal form database，可迅速进行各种检索，并一次性对相关字符的内码进行修订。

（3）建立了多个供研究目标用的数据库：

①超过100万字的文献数据库（包括输入材料和扫描件）；

②《古壮字字典》字符数据库，包含字形、字音、字义、造字/借汉字、标准语/方音、本族词/关系词、谐声偏旁的汉语音韵地位等字段；

③《古壮字字典》例词例句数据库；

④《壮汉词汇》数据库；

⑤《36个壮语方言点1465词汇》数据库；

⑥《广西壮语地名》数据库；

⑦《壮族麽经布洛陀影印译注》（8卷）字频统计表。

（4）长期进行汉壮语比较研究，有扎实的语言文字学基础。

三、主要内容

（1）方块壮字常用字表是方块壮字字符集的应用型成果，目标是仿照汉语常用字表研制一个覆盖约2000-2500常用语素的方块壮字表，以助一般日常口语和口头文化的书写需求（也适用于SMS）。

（2）推荐记录常用语素的主形字，同时收入反映方言差异的异体字，通过文字信息技术实现"个人创造→社会通行→推介规范"，逐步实现字符的信息化、标准化。

（3）"方块壮字常用字表"所包含汉语借词的本字，其语音尽可能标注老借词音，因为老借词音已经结合本族语语音系统，成为本族语的组成部分。

（4）字表首先把壮语口语常用词语用百姓易于接受的壮字稳定下来，同时对"方块壮字常用字表"的每个字符配上标准拼音壮文和意义，既起到字形的规范作用，又推广了拼音壮文方案，一箭双雕（方块壮字与拼音壮文方案的关系犹如汉字与汉语拼音的关系，汉语拼音规定语音标准，人们书写仍用汉字）。

（5）方块壮字常用字表分A、B表，A表是字符表，B表是例词表，附有例词或必要例句，备初学或查询使用。

四、实施方案

1. 确定壮语常用语素表。

整理壮语常用语素是制定方块壮字常用字表的基础，也是最艰巨的科研工作。思路：

（1）充分利用现代壮语、布依语调查研究的成果。如《壮汉词汇》（1984）、《古壮字字典》（1989）、《壮语通用词与方言代表点词汇对照汇编》（1994）、《侗台语族概论》（1996）、《壮语方言研究》（1999）、《广西民族语言方音词汇》（2008）、《布依汉词典》（2002）等。

（2）参考方块壮字文献和拼音壮文文献的词频统计。

（3）参考汉语常用字表和汉语常用词表。

（4）充分利用广西汉语方言的研究成果。壮族是广西最大的土著民族，广西的汉语方言始终与壮语接触，同生共长。广西汉语方言的调查研究的成果，是辨别壮语本族语或汉语元素、分析方块壮字造字理据，判断其字形正误的必要基础。粤方言的西端桂南平话，是壮语中老汉语借词的主要来源，西南官话是现代壮语书面语的主要来源。由于壮语中老汉语借词的语音已融入本族语音系，已被视为壮语词汇的组成部分。

2. 针对壮语常用语素选择方块壮字

思路：

（1）壮语本族词有自造字和借汉字的尽量采用自造字；汉语借词用字酌情选择。

（2）制定异体字的选取原则。

（3）制定判断主形字的规则。

谈谈壮文陷入困境的原因及对策

覃德民[①]

壮族是一个拥有近两千万人口的民族，其法定文字拼音壮文在社会上没有多少根基，民间常用的方块壮字又各自为政，从来没有统一过，两种文字都处境艰难，实在令人担忧。壮族文字的出路何在呢？根据古今中外汉字文化圈文字改革的经验和教训，笔者认为，壮族文字的出路在于汉壮混用。

一、拼音壮文和方块壮字的现状

自从1957年国务院批准《壮文方案》以来，我区推行拼音壮文曾出现过两次高潮，可惜，高潮持续的时间实在太短了，高潮过后便是令人无奈的低潮。1957年至1960年上半年推行使用拼音壮文算是第一次高潮，此后便进入低潮，1966年至1980年推行使用拼音壮文工作被迫中断；1981年至1989年推行使用拼音壮文算是第二次高潮，这个时期的重点工作是壮文进校试验，主要由自治区民语委负责，推行使用拼音壮文进入了最好的时期。1990年6月起，壮文进校试验工作移交给教育行政部门管理。由于各级领导不够重视，以及受到人力、财力的限制，再加上汉文的强大攻势，壮文进校试验逐步缩减，标志着推行使用拼音壮文工作开始走下坡路，进入了低潮，此次低潮犹如漫漫长夜，目前还看不到黎明的曙光。

拼音壮文的现状是惨淡经营、气息奄奄。近年来，由于经费的制约，再加上大中专毕业生不包分配，自谋职业，壮文进校逐渐萎缩：大专院校壮文专业的招生偶尔为之，中专正在转轨，民族中学的壮文课仅限于摆设，小学的壮文班逐年减少，农村用壮文扫盲的工作举步维艰；除了用拼音壮文出版的《广西民族报》和《三月三》以外，壮文书籍已罕见出版，于是，读书、看报的现象少了，写稿、投稿的人锐减，壮文的一报一刊订阅数逐年下降。目前拼音壮文已进入苦苦支撑阶段：壮文进校试验30年不能推而广之，只能日益缩减，直至完全消失；由于社会上几乎用不到拼音壮文，拼音壮文已到了学生不愿意学、民间不愿意用的地步，大专院校很难招到学生，剩下来的几个职能部门还能支撑多久？这是不言而喻的。照此下去，拼音壮文离死亡还远吗？壮族——这个在世界各民族人口数量排在60位左右的中等民族，其法定文字拼音壮文将面临消亡的悲惨命运。

在壮族地区方块壮字具有悠久的历史。在一千多年前，壮族的文人和热心于壮族文化发展的学者，就模仿汉字六书的一些造字方法，利用汉字及其偏旁、部首和声义，创造了方块壮字即Sawndip，俗称"土俗字"，主要类型有象形字、会意字、形声字、汉借字等。除了象形字以外，其余类型的古壮字都是以汉字为基础的，或者说源于汉字的。一千多年以来，方块壮字通过一代又一代的手抄本流传下来，1989年出版的《古壮字字典》就收有4918个字，异体字10700个字，涉及2700多个壮语单音节词。在壮族民间的手抄本中，方块壮字、汉字混用的情况比比皆是。例如：

[①]覃德民，男，壮族，中国民族语文翻译局壮语文室译审。

表1

方块壮字与汉字混用	拼音壮文	译文
眉几俌劲媚	Miz geij boux lwgmbwk	生几个女孩
谊甲欲炒炒	Ngeix nyapnyuk lailai	思来烦恼多
想欧俌劲賍	Siengj aeu boux lwgsai	想要个男孩
兂安排添部	Ndaej anbaiz dem mbouj	能否给安排
吃糇之想埊	Gwn haeux cix siengj dieg	吃饭想到地
吃萪想滕蒙	Gwn biek siengj daengz mungz	吃芋想到茎
生陡圣夲夽	Seng daeuj youq lajmbwn	生来到天下
多伦估父母	Doxlwnz guh boh meh	轮流做父母

方块壮字的现状是各自为政、自生自灭。目前除了正式刊物使用拼音壮文外，壮族聚居的广大地区，常用的是以汉字为主体，再加上部分土俗字组成的文字，用来创作、收集、记录山歌、戏剧等，用土俗字加汉字书写的山歌本、壮语剧本、师公唱本等在民间时有出现，但因得不到统一和规范，使用面很窄，会读会用的人不多。由于得不到政府人力物力财力的支持，也由于读者太少，按照市场化的原则，方块壮字手抄本能够付梓的可谓凤毛麟角，许多优秀的方块壮字手抄本只能连同其文字一样自生自灭。壮族——这个少数民族的老大哥，其具有悠久历史的方块壮字也将面临后继无人用的尴尬境地。

文字是如此惨淡经营，作为记录对象的语言也好不了多少。以前是以农业为主体的广大壮族地区，现在为了在洪流滚滚的城镇化浪潮中不被淘汰，为了到更发达的地区打工挣钱，不得不放弃本民族语言，学讲汉语普通话，就连本地的官话也少讲了。壮族的父母亲，为了不使自己的孩子输在起跑线上，在子女面前尽量不讲壮话，而是讲汉语普通话，试图通过这样使自己的孩子能讲好汉语普通话，以便将来谋得一份好的工作。

政府主导的拼音壮文民间不用，民间用的方块壮字政府不支持，这两种文字都处境艰难。原因何在呢？

二、造成壮族文字陷入困境的根本原因

第一，诞生仅半个世纪的拼音壮文，不可能撼动汉字的正统地位

在拼音壮文未创制以前的上千年的历史中，壮族人自觉或不自觉地把汉字视为正统的文字（事实上是中华民族通用的文字），把汉字改造成适合自己用的方块字称为Sawndip（半生不熟的字，即土俗字），就像几百年前日本、朝鲜半岛、越南把汉字看成是正统的文字，把自己创制的文字分别称作假名、谚文（意为民间的文字）、字喃（意为南方的文字）一样。在壮族地区，无论是在过去，还是现在，抑或是将来，汉字的正统地位不容置疑，就像当年的朝鲜半岛、越南、以前和现在的日本一样，懂得汉字多才算是文化水平高，对汉字以外的文字掌握得再好，也不算文化水平高一样，这种思想根深蒂固，不是一朝一夕能改变的。汉字、方块壮字既有悠久的传统，又有一定的群众基础，因为在壮族地区义务教育阶段主要是学汉文，60岁以下的人，多多少少都懂得一些汉文，而拼音壮文历史太短，在民间没有多少根基，目前懂得拼音壮文的人数还不到懂得汉文人数的1%，因此在拼音壮文尚未形成气候的情况下，人们宁可用繁难的汉字、方块壮字，也不愿意去学、用拼音壮文。

第二，拉丁字母文字在方块字的王国遭遇水土不服

壮族人从英文的学习中深深体会到洋文的难学，从小学或初中就开始学英文，经过5到10年的学习，

掌握四五千个单词还不能阅读一般的读物，因为没有学习使用英语的语言环境，过几年后，许多人所学的单词基本上已还给老师。学过英文的壮族人，因为学英文的艰辛留下了深深的烙印，一看见有26个拉丁字母组成的文字就头疼，总以为拉丁化的壮文也会很难学，自然对拼音壮文没有好感。没有接触过外文的壮族人，看见拉丁字母组成的文字不是熟悉的符号，也提不起兴趣，甚至会产生厌倦情绪，自然也对拼音壮文没有好感。

第三，没有国家的强制措施，要在汉字王国一步到位地推行民众十分生疏的拉丁字母文字，只能是异想天开

在汉字文化圈实行文字改革的几个国家中，除了越南用拉丁字母作为其拼音文字符号外，朝鲜半岛、日本都是以他们熟悉的汉字笔划、部首来创制他们的表音文字、音节文字的。

越南的文字由汉字、字喃成功地转变成拉丁字母文字，有内外因素。内因是20世纪40年代越南社会主义共和国成立时，全国的文盲率很高，为了尽快提高全体国民的文化素质，需要强制推行简单易学的拼音文字，以便代替繁难的汉字、字喃。外因是为了摆脱中国的影响，表明自己是一个独立的国家，用拉丁字母文字把自己与中国隔离开来，因此，把推行使用拼音文字当作政治任务来抓，把学会使用拼音文字与爱国爱党联系起来，新文字很快在社会上站稳了脚跟，完全取代了汉字和字喃。

朝鲜半岛作为独立的国家，1446年在创制出他们的表音文字——谚文后的几百年的时间里，还不能一步到位地使用纯表音文字，一直是汉字夹用谚文，直到20世纪40年代分成南北朝鲜后，才开始废除夹用汉字方案，伴随国家的强制推行，纯谚文才真正站稳脚跟。所不同的是，北朝鲜已是纯谚文，南朝鲜即现在的韩国在谚文中还夹用少量汉字，特别是在宪法、法律等严肃文件免不了要夹用汉字。下面是1987年《大韩民国宪法》韩汉混用版的开头：

悠久한 歷史와 傳統에 빛나는 우리 大韓國民은 3·1運動으로 建立된 大韓民國臨時政府의 法統과 不義에 抗拒한 4·19民主理念을 繼承하고,祖國의 民主改革과 平和的 統一의 使命에 입각하여 正義·人道와 同胞愛로써 民族의 團結을 공고히 하고,모든 社會的 弊習과 不義를 타파하며,自律과 調和를 바탕으로 自由民主的 基本秩序를 더욱 確固히 하여 政治·經濟·社會·文化의 모든 領域에 있어서 各人의 機會를 균등히 하고,能力을 最高度로 발휘하게 하며,自由와 權利에 따르는 責任과 義務를 완수하게 하여,안으로는 國民生活의 균등한 향상을 기하고 밖으로는 항구적인 世界平和와 人類共榮에 이바지함으로써 우리들과 우리들의 子孫의 安全과 自由와 幸福을 영원히 확보할 것을 다짐하면서 1948年 7月 12日에 制定되고 8次에 걸쳐 改正된 憲法을 이제 國會의 議決을 거쳐 國民投票에 의하여 改正한다.

日本早在1200年前开始用汉字的偏旁、部首创制音节文字，800年前这套文字基本成熟，叫做假名，夹在汉字中使用，如今日本的当用汉字还有1945个。下面是《人民网》2015年1月16日日语版上的一篇短文：

商務部（商務省）が15日に明らかにしたところによると、2014年12月には外資系企業が新たに2482社設立され、前年同月比6.1％増加した。実行ベース外資導入額は818億7千万元（1元は約18.8円）に上り、同10.3％増加した。「新京報」が伝えた。

14年通年では外資系企業の新規設立数は2万3778社で前年比4.4％増加し、実行ベース外資導入額は7363億7千万元で同1.7％増加した（銀行、証券、保険分野のデータは含まれない）。このうちサービス産業の実行ベース外資導入額は4068億1千万元で、全体に占める割合は55.4％だった。

同部は、「14年のサービス産業の実行ベース外資導入額が増加傾向を維持したのは、主な国や地域からの外資導入が安定を保ち、中部地域では急速な伸びを示したことによる」と分析する。

因为没有国家的强制推行，也因为处在汉语汉文无所不在的环境中，在壮族地区要一步到位地用拉丁字母文字来取代具有悠久历史又用惯了的汉字、方块壮字，只能是异想天开，在汉字文化圈中三个国家文字改革的经验证明了这一点，半个世纪以来推行使用拼音壮文收效不大也证明了这一点。

第四，壮语方言的差异增加了推行使用拼音壮文的难度

壮族聚居、杂居之地东西横跨近千公里，南北跨越也有六七百公里，历史上没有过统一通用的文字，也没有形成壮语的中心城市，壮语标准音不完全是自然形成的结果，而是在壮语语言调查的基础上人为选定的结果，因此壮语标准语音与方言语音的差别是难免的，就是在同一个县里，语音的差别还是比较大的，有些词汇不同就不可避免，要让不同方言、词汇有些差异的壮族人在短期内都用标准音来交际、拼写文字，是不现实的。汉语普通话作为国语通过各级学校推广，广播、电影、电视夜以继日、年复一年铺天盖地而来，经过近百年的普及和推广，还不能让所有方言区的人都说汉语普通话，各方言区的人在本方言区域内还是以讲各自的方言为主，到了外地遇到同乡，方言还是最好的沟通手段、联络感情的纽带。何况，壮文没有汉文那样的强势地位，推广起来自然步履艰难。

第五，推行使用拼音壮文步履维艰

相关政府未能把推行使用拼音壮文当作日常工作持之以恒、长期不懈地抓下去，未能从立法方面来保障拼音壮文的推行工作，未能从财力方面大力支持推行使用拼音壮文，再加上汉文的强大攻势,这是推行拼音壮文步履维艰的根本原因。主要表现是自治区的各级领导不够重视，没有相关部门的积极配合。在广播、电视成为人们日常生活不可或缺的情况下，作为省级的民族自治区，连省级自治民族的广播频率、电视频道都没有，仅有的个把栏目也是一减再减，甚至半夜才播放。中央人民广播电台曾经想恢复中央人民广播电台的壮语广播，也因为相关领导不重视而错失机会。现在中央民大、广西民大不但可以培养壮文本科生，而且可以培养壮文硕士生、博士生了，但是由于毕业后没有用武之地，没有多少人愿意学。如果有了自治区级的壮语广播频率、电视频道就大不一样了，可以带动地（市）、县级的壮语广播、电视节目的开播，这样会需要大量人才，对推行使用壮文将会产生巨大的影响，这是不言而喻的；反之，就像现在这样，由于没有广播电视来配合，推行使用壮文就像无源之水一样日益枯竭了。还有，人国人大、政协和党代会已使用壮文近30年了，但是作为省级的壮族自治区的这三大会议，却拒绝使用自治民族的文字，这从情理上是讲不过去的。由于没有相关部门的配合，推行使用壮文日益艰难。

有人曾把推行拼音壮文步履维艰的原因归罪于壮语标准音的选点问题，并提出重新选点的建议；有人曾以壮语南北两大方言差异较大为由，提出像傣文、苗文那样搞多个方案；更有甚者，异想天开地提出直接采用泰国的文字方案，如此等等，不一而足。笔者认为这些都是不切实际的想法。那么，壮族文字的出路何在呢？

三、壮族文字的根本出路在于汉壮混用

《壮族在线》曾在网上作了调查，支持进一步完善拼音壮文方案的占23.9%；支持规范古壮字的占32.8%；支持规范民间的简易汉字壮读方案的占32.16%；支持创制与拉丁字母、汉字无关的独特的壮文方案的占4.78%；认为现有拼音壮文不需要改革，已经很完善的占6.39%。笔者认为，启用纯古壮字方案是不现实的，首先古壮字笔画繁杂，很难得到众人的认可；其次在输入电脑、网络传送等方面比较麻烦。

启用简易汉字壮读方案，比启用纯古壮字方案更可行，但在2700多个壮语标准语单音节词中，约有1200多个单音节词没有汉字来对应。启用汉壮混用方案倒是可行：一种是方块壮字与汉字混用，这是现代民间常用的方案；另一种是拼音壮文与汉字混用。前者在电脑网络时代有些障碍，后者不用开发专门的软件即可畅通无阻。

以上已分析，汉字文化圈三个国家文字改革的经验是两种文字混用，汉字在民间根深蒂固，汉壮混用又具有悠久的历史，在拼音壮文尚未形成气候的情况下，汉壮混用无疑是壮族文字比较好的出路。

（一）在何种情况下可以用汉字呢？

（1）壮语借用汉字音的同时保留汉字原义的，也就是平时所说的新汉借词，比如社会主义干部政治政府机关法院等新词术语，以及汉语的人名、地名等专有名词，都可以直接写成汉字（音读字）。

（2）壮汉对应词，可以直接用汉字来表示，比如"你、我、他、人、手、足、山、木、水、火、土"等常用的词，如能与壮语对应，都可以直接写成汉字。换言之，壮文借用汉字的形、义，却读壮语音的词（包括老借词）。

（3）借用汉字时，如果出现同一个对应词记录同音异义的情况（简称"同音词"），可以用上标符号（″）来标记（包括借音字，最好是用不同的字体来表示），以此来表示只借用对应词的音而不是对应词的本义。比如"同班"（doengzban）表示对应词的本义，"同班″"（doengzban）表示对应词中的壮语同音词同辈（辈分相同）、平辈（有亲属关系的）；"门"（dou）表示对应词的本义，"门″"（dou）表示对应词中的壮语同音词我们（不包括谈话的对方）；"滑"（raeuz）表示对应词的本义，"滑″"（raeuz）表示对应词中的壮语同音词咱们（包括己方和谈话的对方在内的）。

（4）只借用汉字的音、形来表示壮语词的音、义的，比如"搞′化′"（gaujvaq）在壮语中是乞丐的意思，"迷′哪′荡′麻′"（miznaj dangqmaz）在壮语中是很光荣的意思，可用上标符号（′）来标记，以示舍弃汉字的原义（音读字）。

（二）汉壮混用的两种做法

1. 政府主导的拼音壮文与汉字混用

摒弃纯拼音壮文的做法，实行中西合璧、土洋结合。中和土是指汉字，西和洋是指拼音壮文。由于处在汉字的王国，汉字在壮族地区根深蒂固，再加上各级学校的强制推行，认得汉字者人口众多，此乃其优势，但因为汉字笔画繁杂，对壮族人来讲又不是母语，要掌握汉字，用汉字来表达自己想说的话，没有学十年八载不行，此乃其短处；而拼音壮文易学易懂，经过1—3个月的学习，就可以阅读一般的壮文读物，拼写自己想说的话，达到学十年八载的汉文所不能达到的水平，此乃其长处。可惜现在掌握拼音壮文的人实在太少了，没有形成学、用拼音壮文的气候。在此种情况下，实行汉壮混用，能用汉字来表示的壮语词就用汉字来表示，比如汉借词直接写成汉字（音读字），壮汉对应用汉字来表示，还可以用谐音字来表示壮语词（音读字），不能用汉字来表示的壮语词才用拼音壮文来表示，使汉字成为壮文不可缺少的组成部分，壮文的寿命才可能更长一些，从而延缓壮语消亡的进程。

为了这个课题，笔者花费了不少的时间和精力来研究，结果如下表：

表2　几类作品汉字壮读汉壮混用统计结果简表

标题类型	音节总数	对应词	同音词	借音词（音读）	新借词（音读）	壮文音节	汉字总数	共用汉字
满月酒之歌（山歌）	5723	3543	841	687	76	576	5147	
占%		61.9	14.7	12	1.3	10.1	89.9	
狭路相逢（山歌）	4225	2685	327	515	36	662	3563	617
占%		63.6	7.7	12.2	0.85	15.7	84.3	17.3

(续表)

标题类型	音节总数	对应词	同音词	借音词（音读）	新借词（音读）	壮文音节	汉字总数	共用汉字
半夜的呼叫（小说）	1112	611	57	114	123	207	905	291
	占%	54.9	5.1	10.3	11.1	18.6	81.4	32.2
红丝带故事（纪实作品）	960	440	59	86	322	53	907	
	占%	45.8	6.1	8.9	33.5	5.5	94	
四点建议（政论作品）	2234	1225	160	137	656	147	2087	412
	占%	54.8	7.2	6.1	25.3	6.6	93.4	19.7
纲要第二章（政论作品）	1400	618	91	73	575	43	1357	325
	占%	44.1	6.5	5.2	41.1	3.1	96.9	23.9
布洛陀经诗（山歌）	5716	3416	742	620	31	907	4809	684
	占%	59.76	12.98	10.85	0.54	15.8	84.1	14.2
合计	21370	12538	2277	2232	1819	2595	18775	2329
	占%	58.67	10.65	10.44	8.5	12.1	87.8	15.9

说明：①同音词是指对应词中的壮语同音词。②壮文音节是指不方便或不能用汉字来表示的拼音壮文。③共用汉字是指文中出现的不同的汉字。④《布洛陀经诗》（张声震主编，广西民族出版社1991年版）第1—252页的汉字壮读、汉壮混用实验的结果。

从上表可知：新汉借词直接写成汉字，夹用汉字平均可达8.5%；汉借词较多的作品，高者可达到41%，中者33%，低者也达到25%，这就意味着在这类作品中，新汉借词直接写成汉字，学过汉文的人不经过专门学习拼音壮文，即可看懂30%多的单词，是名副其实的拼音壮文夹用汉字方案；新汉借词、壮汉对应词用汉字来表示，60%以上的壮语词可用汉字来表示，是汉字夹用拼音壮文方案；新汉借词、壮汉对应词、对应词中的壮语同音词、借音词用汉字来表示，80%以上的壮语词可用汉字来表示，不过约10%的壮语同音词要用一种符号来标记，约10%的壮语借音词要用另一种符号来标记，此方案基本上算是汉字壮读方案。这里的数字与笔者编著的《汉字壮读汉壮混用词典》（初稿，约70万字）的数字有差距，《词典》初稿共收入了壮语标准语单音节词2747个（包括109个词素或少量方言词），共用汉字2615个（包括同音字、借音字），有1914个不同的汉字。其中能够用汉字来表示的壮语单音节词1492个，占单音节词总数的54.3%。主要原因是：第一，汉借词未包括在内；第二，不能用汉字来表示的壮语单音节词大多比较生僻，使用率不高。下面是汉字夹用拼音壮文方案的例子（拼音壮文与汉字混用完全可以达到这一步）：

国务院第五次daengx国民族doxgiet进步表彰大会ndaej召开，geiqhauh gij民族团结进步事业国raeuz有个haidin新ndeu. 全国各族人民要更加紧密dwk团结起来，手gaem 手 haenqrengz guh baenaj, 开路cauhmoq, laebdaeb doicaenh gij民族团结进步事业国 raeuz, laebdaeb 为 aeundaej gij胜利新 cienzmienh建设小康社会、haicauh个局面新样事业社会主义有中国特色，写出篇faenzcieng新人民saedceij gyaeundei 太haenqrengz做！

壮语和汉语同属孤立语，两者有一个共同点，那就是以单音词为主，组词很灵活，词与词的关系主要靠词序和虚词来表示。只要你读完九年制义务教育课程，会讲壮话，就可以解决半数以上的壮语单词问题，这是汉壮混用的魅力所在。关于这一点，有兴趣者可以进入《人民网》的日语版，即使你没有学过日文，仅仅凭借已有的汉文知识，就可以看懂百分之四五十的单词。笔者花费几年的时间来研究，目的就是要建立类似于日汉、韩汉混合型的文字体系。如能实行拼音壮文与汉字混用，在壮族地区苦苦支撑的双语教学，完全可以换个形式来进行：凡是壮族聚居的地区，凡是会讲壮话的，用一个学期或更少的时间，只教学生学拼音壮文的声母、韵母、声调、各地壮语与标准壮语的对应规律等知识即可，以后让学生阅读汉壮混用的课外读物。壮汉双语教学的十六字方针以壮为主，壮汉结合，以壮促汉，壮汉兼通，可以改成以汉为主，汉壮结合，以壮促汉，壮汉兼通了。如果20世纪80年代初恢复壮文时就这样做，壮文绝不会陷入今天这样面临人才断层、后继乏人的尴尬境地了。

2. 民间的方块壮字与汉字混用

首先要改变纯方块壮字的做法，实行汉壮混用。只要按照壮语的语法来书写，能够方便表达想要表达的意思，就没有必要在乎方块壮字的多少。

现代壮字手抄本一大缺陷是能用汉壮对应词的不用。在笔者所做的研究中，壮语单音节词与汉字有对应的几乎占半数，放弃这么重要的现成资源不用，而费劲地造出只有少数人看得懂的方块壮字，这是不可取的做法。比如"fwngz"直接用"手"来表示即可，而不是非得造出方块壮字"䶱""撞""仔""抙""𪮳""跮""犮"不可。写成"手"字，你念成"fawz"也好，念成"mwz"也好，念成"mungz"也好，都是表示人体上肢前端能拿东西的部分，壮语标准语只念"fwngz"。又比如"ndei"，完全可以用"好"来表示，没有必要造出那么多异体字，《古壮字典》就收进了"兡""嫶""挐""𦰡""𦙱""俙""低""嫶""𤱙""峫"11个字。这些字，每个人选用不同的字，就是同一个人，前后也可能选用不同的字。由于用了那么多异体字，给认读、理解增加了难度，这是方块壮字很难得到众人认可的根本原因。

现代方块壮字手抄本的另一大缺陷是用近音字太多。用近音字来记音，出发点是便于阅读。虽说是近音字，但由于各个地方、每个人的读音有所不同，差别就很大，造成了认读、理解的困难。比如it用"乙"，ndeu用"刁"来表示。笔者参加过《僚歌》的整理，也接触到一些壮字手抄本，初看大多数是认得的字，但要理解文中的意思就比较难，更不用说顺利读下去了。面对此种状况，我们应该怎么办呢？

要摒弃纯古壮字的做法，实行对应字（包括同音字）、音读字、方块壮字的有机结合。原则上有对应字的就不必用方块壮字，有对应字的就不用音读字。音读字尽可能用同音字，少用或不用近音字，只有在无法用对应字和音读字的情况下才用方块壮字。也就是说，能用现有汉字来表示的壮语词就用汉字来表示，只有在无法用汉字来表示的情况下才用方块壮字。

拼音壮文与汉字混用，方块壮字与汉字混用，它们的共同基础是汉借词、对应词、借音词都相同；所不同的是，不能用汉字来表示的壮语词，一种是用拼音壮文来表示，另一种是用方块壮字来表示。笔者认为，汉借词容易确定，关键是要统一确定哪些是对应词、借音词，然后让这两种做法自由发展，经过一段时间的实践，优胜者必然会脱颖而出。到那时，无论是拼音壮文与汉字混用占上风，还是方块壮字与汉字混用占上风，汉字都成为壮文不可缺少的组成部分，无疑将会延缓壮文消亡的进程。请看下面的例子：

表3　汉壮字混用

纯方块壮字	方块壮字与汉字混用	拼音壮文与汉字混用
佲呌否穤菥	你说不穤菥	你说不ndaem biek
胨䭃𩛆約帅	肚饿𩛆約吃	肚饿caemh yaek吃
佲呌否欧伝	你说不娶人	你说不娶人
惨閊脓挳疢	怕閊脓发病	怕gyanghwnz发病
佲呌否穤曙	你说不穤曙	你说不ndaem sawz
踉伝捛𩛆馂	见人拿𩛆馋	见人拿caemh ngah
佲呌否欧妚	你说不娶妻	你说不娶妻
貧喇卦四伝	成驴卦世人	成lawz gvaq世人

汉壮混用的两种做法各有千秋：拼音壮文与汉字混用简单易行，在输入电脑、网络传输方面畅通无阻，虽然拼音壮文与方块字混杂在一起没那么美观，但却比日文中的假名与汉字混用协调（请比较一下上面所举的例子）；方块壮字与汉字混用比较协调，不逊色于谚文与汉字混用，有一定的民间基础，但在输入电脑、网络传输方面没有那么顺畅，不开发专门的软件就没有生命力。值得高兴的是，目前已有了古壮字输入法，略微改进，就可以做成拼音壮文与汉字混用的输入法，或者方块壮字与汉字混用的输入法。

文字是记录语言的符号系统、交际的辅助工具。只要是能够记录本民族语言、能够被本民族用来交际，而且不用花费多少时间和精力就能够被普通民众掌握的文字，就是好文字，就没有必要在乎这种文字符号是哪个民族、哪个国家先用的，更没有必要全部另起炉灶，搞出一套与别国别族不同的文字方案来。在这方面，日本人就是乖，八百年前虽然有了自己成熟的音节文字方案，也不摒弃汉字，直到现在还有1945个当用汉字；五百年前朝鲜人在有了自己的表音文字方案以后，也并不完全废除汉字，直至20世纪分成南北朝鲜以前，一直是谚文与汉字混用。日本人、朝鲜人在夹用汉字方面是典范，值得我们壮族人学习。作为黏着语的日语、韩语都可以夹用作为孤立语的汉字，同是孤立语的壮语更应该能夹用汉字。况且，汉壮混用并未违反我国宪法。《中华人民共和国宪法》第4条规定各民族都有使用和发展自己的语言文字的自由，其他的法律条文也并没有限制民族文字与汉字混用，法无禁止即可为，汉壮混用完全没有法律障碍。

汉壮混用是个全新的课题，笔者在此抛砖引玉，不妥之处，敬请读者斧正。

古壮字的规范化

李善晓[①]

古壮字是我国23个有古文字的少数民族文字之一。然而，由于壮民族社会发展的局限，由于壮语方言的复杂性，由于历代统治阶级实行民族歧视、民族压迫政策，古壮字一直被排斥和压迫，因而从未得到统一规范，以至字型结构很混乱，因地而异，因人而异。近年来，在党中央、国务院关于抢救、整理少数民族传统文化政策的指导下，古壮字的整理已被列入全国少数民族古籍整理重点项目。许多有见识、热心于古壮字研究的学者以极大的兴趣和热情从事古壮字的整理工作。

一、古壮字的产生和作用

我们知道，壮族有两种文字，一种是拼音壮文，一种是古壮字。古壮字也叫方块壮字，或者称土俗字，是一种很古老的文字，大概已经有两千多年的历史了。古壮字是壮族民间的重要文字，壮语用Sawndip表示（直译：生的、未熟的字，意译：未能正式通行的字）。它是壮族先民在长期的生活生产斗争中仿效汉字六书的构字方法创造并不断发展形成的一种民族文字。古壮字的产生时间众说纷纭，但是比较可靠的说法是早在秦汉年间就已经出现古壮字。其中《尔雅》可能是最早记载古壮字的历史文献。如，《尔雅》"释、畜、第、十、九、有、犦、牛"等。

古壮字具有记录壮族民间文学作品，书写壮语地名，镌刻碑文，创作作品，反映日常生活各方面等作用。古壮字也是壮族人民用以传情达意、陈理记事的工具。例如民间的神话、故事、传说、歌谣、谚语、剧本、寓言、楹联、碑刻、药方、家谱、契约等，许许多多是用古壮字记录，应用于当时，流传于后世的。在我党领导的各个革命历史时期，包括建国后的社会主义革命和社会主义建设时期，壮族人民仍然运用这种文字编写山歌、壮剧等文艺作品，以传播革命道理，宣传党的方针政策。另外古壮字对保存壮族优秀文化遗产发挥了巨大的作用。如《布洛陀诗经》堪称壮族古代社会的百科全书，对研究壮族的宗教、古代哲学思想以及伦理观念、民族史学、生活生产史、经济史、社会发展史等都具有很高的研究价值。古壮字作为类汉字中比较成熟的一种民族文字，为汉字文化增光添彩，有的古壮字甚至进入了汉字字汇，如"峒"等。研究古壮字对发掘、整理壮族文化遗产具有极大的意义，也有利于壮语语音演变的研究，甚至对于汉字语音演变和壮汉关系的研究也有很大的意义，有利于提高本民族的文化水平，有利于发展本民族的文学艺术，是新创文字或文字改革的基础，给后人留下了宝贵的史料。对于汉语、壮语等的文字学、音韵学等研究，对于世界文字发展史的研究具有重要的意义。

二、古壮字的类型

（1）借用。

直接从汉字中借用，包括借音（眉 mi^2，有），借义（歌 $fɯ:n^1$，山歌），借音义（兵 $piŋ^1$）。

[①] 李善晓，女，河北邯郸人，广西民族大学文学院硕士研究生。

（2）形声。包括汉注音汉释义，壮注音汉释义，汉式偏旁，替换形旁，省略偏旁。

（3）双声。方块壮字中的两个汉字全是声旁。

（4）会意。（孬 na:u⁵，坏）

（5）反切。包括形声式反切、双声式反切。

（6）象形。这类方块壮字很少见，主要有蝴蝶和拐杖这两个。

此外还有截部、添笔、减笔、转音、笔画、融体等结构。

从上面古壮字的结构，我们可以看出古壮字的形体演变经历了独体字阶段、合体字阶段、简化字阶段。古壮字的形体差异原因主要来自壮语方言土语的分歧、古壮字字音来源的多元性、造字者汉语水平的高低以及用字习惯的不同等。

二、古壮字的现状和规范化

古壮字至今还在壮族地区的一定范围里应用，但通晓古壮字的人已经越来越少了。原因：第一，新中国成立后，壮族地区的学校教育基本采用汉文，逐步提高汉语水平，相反减少了对古壮字的需求。第二，随着时代的发展和生活条件、生活方式的变化，一些比较传统唱歌择偶习俗只在比较偏僻的地区保留，大部分已经消亡。第三，古壮字大多是用两个以上繁难的汉字组合而成，笔画和结构显得繁多复杂，比汉字还要难写、难读、难记、难学。第四，古壮字反映的语音狭隘，通行的范围有限。第五，古壮字以汉字的读音去记录壮语词汇的读音，准确性不高，不符合科学要求，也一直没有得到很好的规范。第六，个人因素造成的差异。每个抄写者一般都是按照自己的意愿来选择用字，而且抄写者的水平总会参差不齐，影响了规范性。

古壮字在继承、弘扬和发展壮族优秀传统文化等方面具有重要的地位，因此古壮字的规范整理工作成为必要的任务。我们可以从以下几个方面入手：

1.《古壮字字典》的编写及改造

《古壮字字典》对于了解古壮字的全貌、研究古壮字的源流具有重要的意义。它可以统一规范古壮字，使其具有民族性、科学性、规范性。其中的正形、正义、遴选正体字、规范残笔字等，有助于各地壮族人民进行文字交流。编写《古壮字字典》是古壮字规范整理的基础性工作。1989年《古壮字字典》于广西民族出版社出版面世，全书收录了一万多个古壮字，分为正体字和异体字，对每个古壮字都进行了正形、正音、正义，而且也使用了古壮字、拼音壮文、国际音标、汉文等加以注释。其中该词典也对古壮字的产生年代、造字方法、字体分类以及历史作用等作了初步的探索性研究。《古壮字字典》的产生，对于人们学习和研究壮语产生了一定的作用，人们可以更好地解读那些用古壮字书写的书籍，从而加以整理和规范。不过，《古壮字字典》的编写不是结束，而仅仅是一个开始。该词典本身存在着一些不足之处，范围也是有限的，不能够代表所有的古壮字系统。因此，今后还有更加艰巨的工作，我们需要进一步完善《古壮字字典》，使其真正成为一部能代表整个古壮字系统的字典。

2.古壮字的信息处理

在这个信息技术高度发达的社会，单靠手抄等人工操作已经解决不了实际的问题了。为了使人们提高工作效率，更好更快地在电脑上输入古壮字，应组织人员研制开发古壮字快速输入法等应用软件，并且对古壮字处理系统进行升级改造。只有让更多的人更快地使用古壮字，那么古壮字的规范问题才能迅速实现。现今的古壮字造字系统仍存在许多不如意的地方，比如，造字到一定程度，就不能再进行造字；造字操作过程复杂，费时费力；仍有一部分古壮字是无法造出来的等。这些问题需要我们信息技术人员加大研究力度，找出一种普遍的、实用的、快速的古壮字造字系统，从而实现古壮字的信息化，加快规范速度。

3. 运用日益发达的网络技术

现在了解古壮字的人并不多，即使对古壮字学习有需求的，因为获知的途径太少，还无法真正学到。针对这种情况，我们可以利用日益发达的网络技术来推出古壮字的学习项目。比如，我们可以在网上开设在线古壮字和在线壮语等，为热衷于古壮字学习的人们提供较为全面的古壮字知识，而且他们也可以利用网络和壮族同胞、国内外学者、朋友等互相交流，达到信息的互通，从而丰富自己的古壮字文化知识。

4. 建立古壮字语料库等

可以为壮语学习和研究提供充足的资料，提高工作效率。语料库是比较先进和全面的知识宝库，拥有语料库，知识将源源不断。目前汉语、英语等已建立了许多大大小小的语料库，而壮语和古壮字的语料库建设也是很有必要的。有一个规范的语料库，对于规范古壮字建设是大有裨益的。同时，这也是大势所趋，目前不少专家学者正致力于壮语语料库的研究，我们希望能取得令人瞩目的成果。

5. 国家提供强大的支持

政府应提供强大的人力、物力、财力的支持。古壮字的问题是少数民族地区的重大问题，同时也是有关国家、民族发展和谐的大问题，国家和政府要给予极度的重视。少数民族地区经济和教育等发展较落后，壮语和古壮字的推行使用的经费不多，可想而知，投入到规范化的经费自然也就不多。所以国家的支持是其推行发展的关键，还要提供大量的人力、物力，以保证其顺利进行。

6. 培养和建设研究和应用古壮字的人才队伍

教育的发展离不开人才，拥有高素质的古壮字人才队伍，就意味着古壮字的传承得到了可靠的保证。我们要充分认清当今社会发展的形势，科技化和信息化时代，软件技术人员的培养至关重要，既要注重对从事古壮字工作的人员开展专项培训，又要从高校和社会上引进高技术人员，达到对研究和应用古壮字人员紧缺状况的根本缓解。

7. 扩大古壮字应用软件的市场需求

目前古壮字应用软件市场疲软，经济效益差，并且，古壮字的社会使用领域不够深入，所以应加大古壮字的学习力度，也可以开展双语教学、古壮字的书籍出版、古壮字的专项培训、古壮字的整体认知和读写等工作，有效扩大古壮字的使用范围。上面提到，可以通过网络等技术扩大传播媒介，鼓励人们使用古壮字软件的开发和使用，使市场进一步扩大。市场扩大了，古壮字才能有效地发展平台，从而为古壮字的规范化提供强有力的支撑。

8. 进一步加强规范的管理

管理在古壮字规范问题上具有不可忽视的作用。往往因为管理不善，各部门、组织不协调而阻碍古壮字的规范进程。在这一方面，我们一直做得不够好。我们知道，古壮字的规范化绝不可能是某一个部门或组织的单独行动计划，而应该是各部门互相合作、协调推进的过程。因此我们可以开展各政府职能部门的分工工作，让不同部门分管不同工作，同时要定期进行交流，及时汇总规范化建设成果。

9. 加强语言文字立法与贯彻工作

通过法律手段确保少数民族语言文字的地位与生存发展的权利，进一步保证少数民族语言文字，如古壮字的规范化。法律的保障始终是最为强有力的保障，各民族地区应加快制定有利于民族语言文字规范发展的地方法规，国家也要进一步加强立法工作，提供高一级的法律保障。

10. 加强少数民族语言文字的基础研究和应用研究

可以在民族地区积极开展双语教学，开展民族语言文字交流会等，让民族地区的人们掌握古壮字的学习，这样不仅有利于教育事业的发展，更有利于语言文字的传承和发展。

三、结语

总之，古壮字的规范化是一项重大的工程，具有继承、弘扬和发展优秀文化的巨大作用。我们要正确对待古壮字的规范问题，提出各种措施并付诸实际行动，让古壮字步入规范化、标准化、民族化、信息化，努力促进古壮字的学习和研究，使其不断向前发展。这不仅仅是古壮字发展的要求，也是少数民族语言文字发展的要求，更是整个国家语言文字繁荣昌盛的必要。在今后的研究中，希望我们的语言文字都得到传承和发展，变得越来越强大。

【参考文献】

[1] 李宇明.中国少数民族语言文字规范化信息化报告[M].北京：民族出版社，2011.

[2] 覃晓航.方块壮字研究[M].北京：民族出版社，2010.

[3] 广西壮族自治区少数民族古籍整理出版规划领导小组.古壮字字典[Z].南宁：广西民族出版社，1989.

[4] 张元生，梁庭望，韦星朗.古壮字文献选注[M].天津：天津古籍出版社，1992.

壮语否定副词[n̩] [m̩] [ŋ̍]缘于语流音变

陈 丹[①] 黄寿恒[②]

一、分布

一个音节如果只有辅音没有元音，叫做辅音自成音节，也叫做声化韵、辅音元音化韵母、元音化鼻辅音等。在汉语里，辅音自成音节有[hm]、[hŋ]、[l]、[l̩]、[n̩]、[m̩]、[ŋ̍]等，其中数量最大、分布最广的还是[n̩]、[m̩]、[ŋ̍]三个鼻辅音（谢栋元2002）。湖南长沙方言称母亲为[m̩ ma]，甚至[n̩]在湖南安化方言里读成阴平、阳平、上声、去声、入声时都有字（雷励2010）。辅音自成音节可分为表虚词和表实词两类，前者如汉语普通话的[hŋ]"哼"，后者如汉语粤方言的[ŋ̍]"误"。在壮语里，有[n̩]、[m̩]、[ŋ̍]自成音节表示否定副词"不"的现象。如表1所示：

表1

方言区	编号	方音点	字义	发音
红水河土语	①	贵港市樟木乡	不	[n̩⁵⁵]; [m̩⁵⁵]; [ŋ̍⁵⁵]; [ʔdi⁵⁵]
	②	武宣县桐岭镇	不	[n̩⁵⁵]; [m̩⁵⁵]; [ŋ̍⁵⁵]
	③	兴宾区	不	[n̩⁵⁵]; [m̩⁵⁵]; [ŋ̍⁵⁵]
	④	上林县巷贤镇	不	[m̩³³]; [ʔbau³³]
	⑤	上林县大丰镇	不	[n̩⁵⁵]; [m̩⁵⁵]; [ŋ̍⁵⁵]; [ʔdi⁵⁵]
	⑥	都安县高岭镇三联村	不	[n̩³³]; [m̩³³]; [ŋ̍³³]; [ʔdi³³]
邕北土语	⑦	武鸣县双桥镇平福村	不	[m̩⁵⁵]; [ʔbau⁵⁵]
左江土语	⑧	宁明县明江镇	不	[m̩⁵⁵]; [mi⁵⁵]
桂北土语（韦景云、覃晓航2006）	⑨	东兰县东兰镇	不	[m̩³¹]
五色话（韦茂繁、韦树关2011）	⑩	融水县永乐乡	不	[m̩²⁴]

为给出现[n̩]、[m̩]、[ŋ̍]的方音区大致划分范围，我们可以列出一些没有出现这三个音的点，如表2所示：

表2

方言区	编号	方音点	字义	发音
红水河土语	A	马山县古零镇安善村	不	[ʔdi³³]; [ʔbu³³]
	B	大化县贡川乡上桥村	不	[ʔdi³³]; [ʔbou³³]
	C	武宣县武宣镇	不	[ʔdi⁵⁵]
邕北土语	D	武鸣县马头镇全曾村	不	mbaeuj
	E	宾阳	不	[ʔi⁶]
	F	平果	不	[mo¹]

---
①陈丹，女，广西民族大学文学院硕士研究生。
②黄寿恒，男，壮族，广西民族大学文学院硕士研究生。

(续表)

方言区	编号	方音点	字义	发音
柳江土语	G	忻城（广西少数民族语言文字工作委员会 2008：739）	不	[ʔi¹]；[ʔbau³]；[ʔdɯːi¹]
	H	忻城县果隧乡加书村	不	[ʔdi⁵¹]
	I	宜州市北山镇塘和村龙朗屯	不	mbouj; ndij
桂北土语	J	金城江区	不	[ʔdi⁵¹]
左江土语	K	宁明县寨安乡江逢村	不	[mi⁵⁵]
邕南土语	L	上思县在妙镇屯隆村	不	[mi⁵⁵]
右江土语	M	田阳县头塘镇头塘村	不	mbouq; ngah; nauq; mih; engj
德靖土语	N	靖西县龙临乡大品村	不	[mei³¹]

二、受前后音素的制约

我们先讨论 [n̩]、[m̩]、[ŋ̍]。在三者俱备的方音点中，它们同调值、同意义，当地人觉得说话时哪个顺口就用哪个，可见对于它们的选用是受语流当中前后音素制约的。以方音点①为例，分析如下：

（一）受后边音素制约

（1）后边音素为 [t]、[ʔd]、[l]、[n]、[ts]、[n̠]的。这些音素的共同点是准备发音时双唇张开、上下齿相咬，为使发音顺口自然，不发为舌尖鼻音 [n̩]。

表3

后边音素	例子	"不"的发音
[t]	不穿[n̩⁵⁵ tan³³]　不抵[n̩⁵⁵ ti³³]	[n̩]
[ʔd]	不好[n̩⁵⁵ ʔdei²⁴]　不得[n̩⁵⁵ ʔdai³³]	
[l]	不漏[n̩⁵⁵ lo⁴²]　不深[n̩⁵⁵ lak²¹]	
[ts]	不粘[n̩⁵⁵ niːm²⁴]　不厚[n̩⁵⁵ na²⁴]	
[ts]	不问[n̩⁵⁵ tsaːm²⁴]　不修[n̩⁵⁵ tsoːi⁴²]	
[n̠]	不动[n̩⁵⁵ n̠ok⁵⁵]　不疼[n̩⁵⁵ n̠in²⁴]	[n̩]（很接近[n̠]）

（2）后边音素为 [p]、[ʔb]、[m]、[pj]、[mj]的。这些音素的共同点是准备发音时双唇紧闭，为了使双唇迅速地进入紧闭的状态，使发音顺口自然，不发为双唇鼻音 [m̩]。

表4

后边音素	例子	"不"的发音
[p]	不去[m̩⁵⁵ pai²⁴]　不肥[m̩⁵⁵ pei¹³]	[m̩]
[ʔb]	不飞[m̩⁵⁵ ʔbin²⁴]　不轻[m̩⁵⁵ ʔbau²⁴]	
[m]	不打[m̩⁵⁵ mok²¹]　不新[m̩⁵⁵ mo⁵⁵]	
[pj]	不走[m̩⁵⁵ pjaːi³³]	
[mj]	不糜烂[m̩⁵⁵ mjaːi²¹]	

（3）后边音素为[k]、[ɣ]、[ŋ]、[kj]、[kv]、[ŋv]、[h]、[ʔ]的。这些音素的共同点是发音部位都很靠后——舌根和喉部，为了使软腭迅速上升阻碍鼻腔通路，使发音顺口自然，不发为舌根鼻音[ŋ̍]。

表5

后边音素	例子	"不"的发音
[k]	不卖[ŋ̍⁵⁵ ka:i²⁴]　不够[ŋ̍⁵⁵ kau⁵⁵]	[ŋ̍]
[ɣ]	不找[ŋ̍⁵⁵ ɣa²⁴]	
[ŋ]	不要[ŋ̍⁵⁵ ŋa⁴²]　不合[ŋ̍⁵⁵ ŋa:m²⁴]	
[kj]	不远[ŋ̍⁵⁵ kjai²⁴]　不搅[ŋ̍⁵⁵ kja:u²¹]	
[kv]	不割[ŋ̍⁵⁵ kve³³]　不惯[ŋ̍⁵⁵ kve:n⁵⁵]	
[ŋv]	不挖[ŋ̍⁵⁵ ŋve:t³³]	
[h]	不嫁[ŋ̍⁵⁵ ha⁵⁵]　不白[ŋ̍⁵⁵ ha:u²⁴]	
[ʔ]	不要[ŋ̍⁵⁵ ʔau²⁴]　不饿[ŋ̍⁵⁵ ʔi:k³³]	

（4）后边音素为[v]、[f]、[s]、[j]的。这些音素的共同点是发音时的双唇和口腔都是开而不大，都是发音部位靠前的擦音，其前的不发[m̩]不顺口，发[n̩]或[ŋ̍]都顺口。

（二）受前边音素制约

（1）前边音素为舌尖音[n]、[t]的，不发为舌尖鼻音[n̩]。如：

阿珍不穿：[ta⁴² tsan²⁴ n̩⁵⁵ tan³³]

阿八不去：[ta⁴² pe:t³³ n̩⁵⁵ pai²⁴]

阿珍不惯：[ta⁴² tsan²⁴ n̩⁵⁵ kve:n⁵⁵]

阿八不扔：[ta⁴² pe:t³³ n̩⁵⁵ vit⁵⁵]

（2）前边音素为双唇音[m]、[p]的，不发为双唇鼻音[m̩]。如：

阿三不穿：[ta⁴² sa:m²⁴ m̩⁵⁵ tan³³]

阿十不去：[ta⁴² sip²¹ m̩⁵⁵ bai²⁴]

阿三不惯：[ta⁴² sa:m²⁴ m̩⁵⁵ kve:n⁵⁵]

阿十不扔：[ta⁴² sip²¹ m̩⁵⁵ vit⁵⁵]

（3）前边音素为舌根音[ŋ]、[k]的，不发为舌根鼻音[ŋ̍]。如：

阿江不穿：[tak²¹ ka:ŋ²⁴ ŋ̍⁵⁵ tan³³]

阿克不去：[tak²¹ kak⁵⁵ ŋ̍⁵⁵ pai²⁴]

阿江不惯：[tak²¹ ka:ŋ²⁴ ŋ̍⁵⁵ kve:n⁵⁵]

阿克不扔：[tak²¹ kak⁵⁵ ŋ̍⁵⁵ vit⁵⁵]

（4）前边音素为元音的，不发为舌根鼻音[ŋ̍]。如：

我不穿：[kou²⁴ ŋ̍⁵⁵ tan³³]

他不去：[te²⁴ ŋ̍⁵⁵ pai²⁴]

爷爷不惯：[tak²¹ ʔi²⁴ ŋ̍⁵⁵ kve:n⁵⁵]

阿菲不扔：[ta⁴² fei²⁴ ŋ̍⁵⁵ vit⁵⁵]

显而易见，当"不"有前文，它的发音仅受其前音素的制约；当"不"没有前文，它的发音受其后音素的制约。这种制约，事实上是语流音变类型里的同化。

三、不是汉借词

具有[n̩]、[m̩]、[ŋ̍]的壮语方音，集中于红水河南岸的红水河土语区，同时也处于汉语西南官话与桂南平话、粤方言交叉处。平话说"不"，靠近红水河土语区的南宁心圩平话是[mi³³]，宾阳平话是[mou¹¹]（梁敏、张均如 2011：467），"不是"中的"不"没发生韵母的脱落，平话的影响可以排除。西南官话同此。南宁、梧州、玉林等地的汉语粤方言中的否定副词都有"唔"[m̩]，该字由"无"字变来（黎曙光 2003：28，71，115），即[mou]脱落韵母而产生[m̩]，如"不是"说成[m̩ hai]。如本文表一所示，在具有[n̩]、[m̩]、[ŋ̍]的壮语方音点中，只有点①是与粤语方言有直接接触的，而樟木粤语说"不"是[mou]，韵母也没有脱落。就表示否定的辅音自成音节来说，壮语有[n̩]、[m̩]、[ŋ̍]三个音，数量比粤语[m̩]更多。据此，可以排除壮语[n̩]、[m̩]、[ŋ̍]借自汉语方言的可能。

无独有偶，福州话否定词"怀"有四个说法。一般在唇音声母[p pʰ m]前说[m̩]，在舌尖声母[t tʰ n l ts tsʰ s]前说[n̩]，在舌根声母[k kʰ ŋ h]与零声母前说[ŋ̍]；强调否定语气说[iŋ]，不受后字母的制约（冯爱珍 1996）。[n̩]、[m̩]、[ŋ̍]受到后边音素制约的情况，与壮语何其相似。福州话远离广西，却有如此相似的语言事实，也是值得关注的。

四、缘于语流音变

有同化，就有原本的发音。那个原本的发音要么是[n̩]、[m̩]、[ŋ̍]其中之一，要么另有别音。如表1，各方音点可分为两类：第一类是说否定副词为[n̩]、[m̩]或[ŋ̍]之外，还有别的发音；第二类是只说[n̩]、[m̩]或[ŋ̍]。

第一类，包括①、④、⑤、⑥、⑦、⑧，[n̩]、[m̩]或[ŋ̍]之外，分别是[ʔdi]、[ʔbau]、[mi]等具有元音的音节。

点①、⑤四音齐全，前三者更为常用，且三者的发音方法都是鼻音，声调分别与第四者相同。在同一语境中，第四者可以与前三者当中任何一个互换。如此看来，点①、⑤[n̩]、[m̩]、[ŋ̍]的原本发音应是[ʔdi]。仍以点①为例，[ʔdi]的舌尖塞浊音声母[ʔd]在语流中是容易变成舌尖鼻音[n]的，类似的如壮语mbouj有的方言发成mouj，mbanj有的方言发成manj。因此，[n̩]、[m̩]、[ŋ̍]和[ʔdi⁵⁵]的关系很可能是：[ʔdi]在较快语速中脱落韵母，声母从舌尖塞浊音[ʔd]变成舌尖鼻音[n]，由于带着声调、表示着否定含义，[n]就担当着表达一个音节的任务，从而成为音节化辅音[n̩]。[n̩]在别的语流中被前后音同化为[m̩]、[ŋ̍]。即[n̩]是[ʔdi]发生语流音变的结果，[m̩]、[ŋ̍]又是[n̩]发生语流音变的结果，*[ʔdi] > [n̩] > [m̩]/[ŋ̍]。

同理，点④、⑦、⑧应是*[ʔbau]/[mi] > [m̩]。

谢栋元从音响角度分析道：鼻音[m]、[n]、[ŋ]既是久音又是响音，具有和元音相同的共振峰，这种共鸣作用使它的强度不亚于元音。因此在音节中它就有可能取得强势，而使韵母弱化，甚至脱落，最终自成音节（谢栋元 2002）。

点⑥，母语已然习得者之间对话，都说[ʔdi]。[n̩]、[m̩]、[ŋ̍]三者出现在3岁及以下儿童在母语习得过程中，儿童入学后开始在大人的纠正下说[ʔdi]；母语已然习得者在与3岁及以下儿童逗话时，也使用这3个辅音自成音节词。即，[ʔdi]是表达"不"的正统的发音，[n̩]、[m̩]、[ŋ̍]是由于儿童发不准[ʔdi]而产生的。

第二类，包括点②、③、⑨、⑩，说"不"只有[n̩]、[m̩]或[ŋ̍]，没有带元音的音节。

如果解释为壮语说"不"原本只有[n̩]、[m̩]或[ŋ̍]，带元音的音节是后起的，显然不符合省力原则。

203

省力原则是发生音变的生理因素（邢福义、吴振国2010：88），C（辅音）结构比CV（辅元）结构发音省力。表2所示，现代壮语方言的否定副词绝大多数为"内爆辅音+元音"，这比单纯地发鼻辅音费力得多，很难相信它们是鼻辅音自成音节演变来的，不如认为它们是被常用的鼻辅音自成音节取代之后，退出了点②、③、⑨、⑩的词汇系统。

【参考文献】

[1] 冯爱珍.广州方言词典引论[J].方言，1996（2）.

[2] 广西壮族自治区少数民族语言文字工作委员会.广西民族语言方音词汇[M].北京：民族出版社，2008.

[3] 梁敏，张均如.广西平话[A].民族语言学论稿：梁敏、张均如论文选[C].北京：社会科学文献出版社，2011.

[4] 雷励.湖南安化方言中的自成音节ŋ略论[J].怀化学院学报，2010（1）.

[5] 黎曙光.广西粤方言比较音韵研究[M].北京：中国文史出版社，2003.

[6] 韦景云，覃晓航.壮语通论[M].北京：中央民族大学出版社，2006.

[7] 韦茂繁，韦树关.五色话研究[M].北京：民族出版社，2011.

[8] 谢栋元.[ŋ][m̩][n̩]自成音节说略[J].广东外语外贸大学学报，2002（1）.

[9] 邢福义，吴振国.语言学概论（第二版）[M].武汉：华中师范大学出版社，2010.

壮语定语语序的思考
——兼议数量短语定语语序

李桂兰[①]

壮语和汉语一样，都可以用代词、形容词、名词（词组）和数量短语等作定语，但同中有异，壮语定语最典型的语序是定语后置，完全不同于汉语。随着与汉语接触的深入，壮语从优势语言汉语中借入了大量的借词，从而也借入了一定程度的语法模式：部分定语前置。在学术界虽然不乏对此显性现象描述和解释的著作，但解释力度不够，甚至陷入了问题循环式的僵局，没有从根本上解释和阐述该现象。

一、壮语定语及语序

（一）壮语定语及语序现状概况

壮语中形容词、名词、动词短语、代词、数量短语等都能作定语，纵观整个定语系统，定语后置是主流。以下是其具体情况：

（1）形容词作定语时，如：vunz ndei（好人）；daiz moq（新桌子）；lwgnyez sang（高的小孩子）；ma yak raixcaix（非常凶恶的狗）；yienhsingz mbouj gyae（不远的县城）；mou ndaem di ndaemndat（黑乎乎的猪）；makbug haemz hi haemzhad（苦不堪言的柚子）。不管是光杆的形容词还是形容词的复杂形式（受副词修饰、重叠等），都可以修饰中心词，且都位于名词后。

（2）名词和名词性词组作定语时，如：ranz cien（砖房）；saw ndaw hag（学校的书）；lwgsawz Namningz（南宁的红薯）；Gvangjsih Minzcuz Cuzbanjse（广西民族出版社）；gunghse dih dohlahgih（公社的拖拉机）；Cunghgoz Gungcanjdangj（中国共产党）。（在壮语中，随着与汉语接触的加深，壮语借入了大量的汉语新词术语，包括机关、团体名称、地名等，并借入其语序。）

（3）动词及动词短语作定语时，如：buh daenj（穿的衣服）；haeux gwn（吃的米饭）；lwgnyez daej（哭的小孩）；lwgsawz ngamq dumq（刚煮的番薯）；oij ciengzseiz ndaem（经常种的甘蔗）；gaeq yaek ciengx（将要养的鸡）；buh saegsag（随便洗洗的衣服，快速洗的衣服）；dahlwg byaijyuekyuek（大摇大摆走的女孩）。

（4）代词作定语时，如：mbanj raeuz（我们的村）；saw mwngz（你的书）；beixnuengx bouxlawz（谁的兄弟）；vunz gizlawz（哪里的人）；haeux geijlai（多少饭）；naz seizlawz（什么时候的田）；bya baenzlawz（怎样的鱼）；fagcanj neix（这铲子）；diuz dah haenx（那条河）；daxmeh gou（我妈妈）。

（5）数量短语作定语时，如：boux vunz ndeu（一个人）；it go faex（一棵树）；song duz ma（两只狗）；haj bonj saw（5本书）；roek gaen bya（6斤鱼）。

（6）多重定语时，如：sam bonj saw moq de yaek cawx daeuj haenx（他即将要买来的那3本书）；duz ma haenx（那只狗）。

[①] 李桂兰，女，广西民族大学文学院硕士研究生。

从上面的例子我们可以看出，壮语定语除了在本民族固有词 ndeu 的数量短语中作定语和借自汉语表新事物、地点、机关等的借词作定语位于中心语前外，都放在中心词后。这种情况不止在壮语中很稳定，甚至在整个壮侗语支都基本稳定。那么，这些语言现象肯定是有原因的，肯定也反映了壮族人民独有文化和认知思维。

（二）壮语定语语序类型学特点

壮语作为一种SVO语言，具有SVO最典型的特点：领属定语基本在中心词后，关系从句后置，指示词和数词等也在中心词后面。在汉语的影响下，数量词位移至中心词前。大部分藏缅语的形容词定语以后置为主，部分藏缅语的指示代词也必须或可以后置。VO语言中领属语都后置。壮侗语一些语言数量词的定语可以前置，但领属语还是以后置为主，有些语言则在汉语影响下出现了两可的情况，但往往后置的领属定语无需标记，而前置的领属定语需要标记，显示后置领属定语更加自然而无标记。（吴福祥《南方民族语言中若干接触引发的语序演变和变异》）因而，壮语定语的主体特点符合类型学上的特点。

（三）壮语定语语序的源头释因

壮语的定语后置于中心语是壮语最原始的语序，这可以在有亲缘关系的汉语中得到印证：

迅雷风烈必有变。（《论语·乡党》）

牛大牝十，其六册子。（《睡虎地秦墓竹简》142）

草茅（《礼记》），鸟乌（《左传》），城颍，帝尧，后羿，后缗。

闻道百，以为莫己若者，我之谓也。（《庄子·百川灌河》）

不稼不穑，胡去和三百亿兮？（《诗经·伐檀》）

舐痔者，得车五乘。（《庄子·曹商使秦》）

由此可见，在古代汉语中，定语后置也是很普遍，这就不难理解壮语定语后置了。

二、壮语定语语序的思考

（一）数量短语作定语语序释因

壮语定语固有语序是壮语与生俱来的顺序，这在亲属语言古汉语中能找到相同点，这里不再重复解释。但是，我们知道，壮语的定语中，数量短语是比较特殊的。当数字为ndeu时，壮语的语序为"量词+名词+ndeu"，这可以从三个方面解释：第一：ndeu为本民族固有词，ndeu放在最后，是壮语原有的定语语序。现在保留有原有语序，而此时的量词放在句首也是可以解释的，那是因为此量词现在有词缀的倾向，因为这种形式的词也是可以单用的，所以在"量词+名词+ndeu"搭配里，该量词可以理解为名词的前缀。第二，根据壮语南部方言和姐妹语言泰语和傣语中的"ndeu"的"单独的、仅仅的或独一的"之义（吴福祥 2007），如：龙州壮语的 ka ndeu，义为"独脚、单脚"，genz ndeu 义为"独自一人"。傣语的 miz hoi ndeu 义为"只有一百"，lwg zaiz ndeu 义为"独生子"，gox leuh maz 义为"独自来"。我们可以知道ndeu这个词原来是一个形容词，后来引申为"一"并成为常用之义，以至于形容词义用其他的词表示，从而使原义和引申义之间找不到直观的联系。既然ndeu为形容词，那它肯定得遵循形容词作定语的规律：放在中心语的后面。这样就可以彻底解释清了。对于同样是民族固有数词的ngeih不能放在名词后作定语的原因，我们也就可以很好解释了。第三，由于ndeu的定语式和it的定语式的短语表达的重点是不一样的，前者侧重表达的是该名词所代表的事物，这是语义焦点，所以此时的ndeu意义比较虚，甚至有虚化的倾向，作用相当于英语中的冠词，因而被当做指示代词来用了，而壮语中指示代词作定语时，是只能放在中心词后面的。而it的定语式中，语义的表达重点是数量，该数词是当做真正的数词用的。所以，从语用的角度来看，我们也可以理解这两种定语语序。与此同时，借自汉语数词的it作定语语序为"数词+量词+名词"，我们还可以从汉语的数量短语作定语的语序中去理解。当壮语从汉语中借入it时，它同时也复制了汉语的语序，因而和壮语定语原始的语序不一样。因为语序模式的迁移和扩散是一种普遍可见的接触引发的语言演变模式，除了词汇，语序是最容易被借用的语言特征（Thomason 2001：69）。至于ndeu式定语没有彻底消失，我们可以这样理解，借入的形式和原有的形式是做过一定的斗争的，但二者谁也没有彻底妥协，最终都保留下来了，这充分说明了原有语序的定语形式的强大生命力，并且有存留的可能性（定语后置）。而借入的也是有吸引力的。加之其他数量短语的定语都是这个语序，人们在使用时也会有类推的心理，因而这种新的形式也不容易消除。这表明了壮语兼具开放性和保守性，同时也是壮语能够发展变化的必备的一个特性。

(二) 两种定语语序的区别

在壮语的定语中，我们还很容易发现，壮语有gou de mbanj、ndei vunz等形式的定语或说有这样的倾向，我们不能否认这是受汉语影响的。但是，这两种语序的定语却有很明显的区别。当定语放在后面时，定语和中心语之间结合得更紧，二者之间不可再插入其他词。同时，这两种语序的定语表达的语义重点也不一样前者是无标记的定语形式，后者是带有标记的定语形式，所以重点会随着标记而改变。"中心语+后置定语"的语义焦点在中心语上，强调事物的整体性，如duz bya ndeu，强调的是鱼，而非数量；而"定语+中心语"的语义焦点是在定语上，强调事物的属性，如song duz bya强调的是数量。这也反映了壮族直观形象的思维认知模式。

(三) 多重定语语序的类型学释因

Greenberg(1966)指出，形容词、指示代词、数量定语共同修饰名词时，这些类型学参项存在明显的优势语序，数词居中，形容词离中心语最近，而指示词最远。因为越是靠近名词越是跟名词内涵联系紧密，因而这些定语与中心语的相对位置和相对的亲疏度是既定的。而在壮语中，由于中心语的内涵主要和数量及形容词有关，加之事物属性表达的语义要求，数量词居前。这在同一类型的汉语和大部分壮侗语中都可以得到见证。

(四) 壮语定语语序与思维认知、语言发展机制的关系

人类的认知总是从模糊到精确、从具体到抽象。正是由于壮族人民对事物的认识是从简单到复杂，是从最开始的对事物本身存在的关注，从而产生表义重点是事物的后置型定语。从而也有了借助量词表达对事物的分类，并强调对具体事物具体形状、性质类别等的区分和归类。从而在数量的表达上强调了量的清晰度，因而有了将数量短语前置作定语的必要性，这也是这类定语出现的一个重要条件。加之壮族人民特有的具体形象的思维模式，壮语中定语后置于中心语后保留对事物本身的强调也就有了理据了。

类推是规则试用度扩大的一个强大机制，是语言从不规则到规则变化的一把万能钥匙。由于这个机制，大于一的数量短语作定语的语序才会如此稳定。同样地，壮语后置定语的稳定，也是由于此机制。正是由于保守性和革命性的特性，才能同时使这两种语序兼容于壮语定语之中。与此同时，语言内部的变化也是造成壮语定语此现状的一个原因。

在语言的相互接触中，壮语从汉语中吸收了丰富的词汇，同时也复制了部分语法模式，这种复制表现在壮语中，不仅是语音的变化，更重要的还是语法上变化。壮语新增的定语语序就是一个很明显的表

现，数量名这种语序使壮语的定语处于一种变化的状态，并且在数量定语这类型上已经完全定型了。至于汉语的定语语序能否轰动壮语定语的根基——后置定语，这个要看今后这两种语言接触的深度。但可以肯定的是，汉语定语语序肯定还会影响壮语的定语语序，至少在口语中我们将听到越来越多的类似于汉语模式的句子表达模式。

三、结语

壮语定语后置于中心语后，是典型的定语语序，表义重点是对中心词的强调，这与本民族人民的思维认知有直接的联系。而定语前置于中心词前，除受汉语影响外，还是本民族表义重点转变的重要形式。从类型学上看，这是典型的语序向特殊的情况倾斜的表现。

【参考文献】

[1] 吴福祥.南方民族语言中若干接触引发的语序演变和变异[EB/OL].[2016-03-01].http://www.doc88.com/p-98737943474.html.

[2] 吴福祥.关于语言接触引发的演变[J].民族语文.2007（2）.

[3] 李云兵.中国南方民族语言语序类型研究（博雅语言学书系之一）[M].北京：北京大学出版社，2008.

[4] 戴庆厦，傅爱兰.藏缅语的形修名语序[J].中国语文，2002（4）.

[5] 闻静.壮侗语族的字结构的类型学特征[J].语言研究.2013（1）.

[6] 蒋颖.汉藏语系语言名量词比较研究[M].北京：民族出版社，2009.

[7] 覃晓航.关于壮语量词的词头化[J].民族语文，2005（3）.

壮语量词考察

曹盼盼[①]

量词是汉藏语系诸语言与其他语系语言的区别特征之一，如：汉语中有"数量名"结构表达形式"一个苹果"，而英语则采用"定冠词+名词"的表达"an apple"。就汉藏语系内部各语言而言，量词也有着不同的用法。本文从量词分类、语法功能、特殊用法三个方面出发，通过和汉语的比较，找出壮语量词独具特色的用法，对壮语量词作出较为全面的描写。

一、壮语量词的分类

(一)物量词

1. 专用物量词

（1）度量衡单位

ɕo:n³寸　　ɕik⁷尺　　mi³米　　li:ŋ⁴两　　mou⁴亩　　man²元　　ɕi:ŋ⁶丈

（2）表示人物类（以下量词都表示"个"，适用范围有所不同。）

pou⁴不分性别，年龄　　　　　　　　　　koŋ¹用于成年男人

la:u⁴用于男性老人　　　　　　　　　　me⁶用于中年妇女

na:i⁶用于女性老人　　　　　　　　　　ʔdak⁷多用于成年人，含贬义

（3）表示禽兽类（以下量词表示"只、头、条、匹、尾、条"，适用范围有所不同。）

tu²除人以外的其他动物

ha:ŋ⁶用于未孵过蛋的母鸡　　　　　　　me⁶用于成年的雌性动物

tak⁸用于雄性哺乳动物　　　　　　　　ɕo⁶用于未生育过的雌性哺乳动物

（4）表示植物类：

ko¹棵、株

（5）表示器物，无生命事物类

an¹个（一般用于没有专用量词的名词，多指无生命物体）

tiu²条（用于条状物体）　　　　　　　　fa:k⁸把（用于有把手的器物）

ka:i⁵块（一般用于块状或某些片状的东西）　　ʔdak⁷块（多用于坚硬的块状东西）

pa³块　　　　　　　　　　　　　　　　fa³块

ʔbak⁷块（水田、田地）　　　　　　　　ʔbɯ¹张（用于较薄、展开的物体）

nat⁸颗、粒（多用于颗粒状的东西）　　　pou⁶部（书）

po:n³本、册　　　　　　　　　　　　　fuk⁷幅（书画）

mo:n²门（功课）　　　　　　　　　　　kja⁵架、辆。

[①]曹盼盼，女，广西民族大学文学院硕士研究生。

（6）集合量词

kjoŋ⁶ 群（成群的人或动物）　　　paːŋ¹ 帮（成群的人）　　　ɣoi⁴ 串

ɕa² 丛（用于竹子和灌木）　　　ɕon² 丛（用于草本植物）　　　toːŋ¹ 堆

fou⁵ 副（用于成套的事物）　　　toi⁵ 对　　　kou⁶ 双

（7）不定量词

ti¹ 点　　　kaːi⁵ 些（来源于量词"块"，可以表示虚指，也可以表示实指。）

ki³ 与 toŋ³ 也表示些，用在方言中，表示两者只能出现其一。

2. 借用物量词

（1）借用名词

ɕen³ 杯　　lo² 箩　　kaːŋ¹ 缸　　ɣaːn² 家　　toŋ³ 桶　　tai⁶ 袋　　vaːn³ 碗

piŋ² 瓶　　hu² 壶　　θa² 筐　　θiːk⁸ 勺　　peu² 瓢　　θiːŋ¹ 箱　　kuːn⁵ 罐

（2）借用动词

toːŋ¹ 堆　　ɣaːp¹ 担　　fuŋ¹ 封　　paːu 包　　ɣoi⁴ 串　　kam¹ 抓　　koːp⁷ 捧　　kuːt⁸ 捆

（二）动量词

1. 专用动量词

（1）表示动作次数

toːn⁵ 顿、餐　　　kam² 口（用于食物和饮料）　　　ʔbaːt⁷ 次、回

ɣa⁵ 阵　　ɕiːŋ² 场　　ɕon² 句　　taːŋ⁵ 趟　　hoːp⁷ 圈　　jaːm⁵ 步

（2）表示动作时间

pi¹ 年　　ʔduːn¹ 月　　ŋon² 天、日　　hat⁷ 早　　ham⁶ 晚　　huɯn² 夜

2. 借用名词

fuŋ² 手　　fa³fuŋ² 巴掌　　kam⁴kiːn² 拳头　　ɕim¹ 针　　ɕa⁴ 刀　　ɕuŋ⁵ 枪　　tuŋ⁴ 棍

（三）复合量词

有两三个不同的量词复合而成的就称为复合量词，汉语中有人次、吨海里、辆艘次，它们必定与数词组成数量短语，都不作定语，用在名词后头作谓语。

张增业（1997）认为壮语中的复合量词大都是吸收汉语，有"物量词+动量词"的复合，如"人次" pou⁴paːi² 或 vun²paːi²、"架次" kjaː⁵paːi²；也有"物量词+物量词"的复合，如"秒公方" miu³kuŋ⁶faːŋ⁶ 或 miu³koŋ¹fuŋ¹。类似这样的复合量词一般只是受汉语的影响出现在书面语中，壮语口语很少出现。

（四）临时量词

赵元任先生（2012）把不能重叠表遍指且不允许"一"以外的数词做它的区别词的量词称为临时量词。这类量词基本都是名词。如"一身雪""一头白发""一脸汗""一手油""一脚泥""一院子树叶""一地鸡毛""一房顶霜"。

而在壮语中有"一身泥"的表达方式，但更多的是说"满身泥"：

ɣim¹ ʔdaːŋ¹ poŋ²　　　　　ʔdaːŋ¹ poŋ² ʔdeu¹
满　身　泥　　　　　　　身　泥　一

二、壮语量词的语法特征

(一)壮语量词的组合能力

1. 能与数词、指示代词结合构成数量短语、指量短语，但语序较汉语而言有所不同

壮语中当数词为"一"时，数量结构语序为量名数，除此之外，数量名结构仍然是数量名的语序。如：

ko¹ fai⁴ ʔdeu¹　　　　　　　　tu² pja¹ ʔdeu¹
棵 树 一（一棵树）　　　　　　 只 鱼 一（一只鱼）

θa:m¹ ko¹ fai⁴　　　　　　　　ha³ tu² pja¹
三 棵 树（三棵树）　　　　　　 五 只 鱼（五只鱼）

值得注意的是，壮语当中基数词"一"有三种不同的表达方式：it⁷、ʔdeu¹、he¹。按照壮语的习惯，当这三个"一"同量词结合时，it⁷放在量词的前面，ʔdeu¹和he放在量词的后面。如：

it⁷ pou⁴ vun²　　　　　 tu² va:i² ʔdeu¹　　　　　 tu² va:i² he¹
一 个 人（一个人）　　　 只 牛 一（一头牛）　　　 只 牛 一（一头牛）

ʔdeu¹又是一个比较特殊的词，当它用于连续计算事物数量时要放在量词的前面。如：

ʔdeu¹ pou⁴　　　θo:ŋ¹ pou⁴　　　θa:m¹ pou⁴　　　θei⁵ pou⁴
一 个　　　　　两 个　　　　　 三 个　　　　　 四 个

壮语中指量短语也有自己独特的语序，它采用"量词+指示代词"的结构形式。如：

tu² nei⁴　　　　　　pou⁴ nei³
只 这　　　　　　　个 这

2. 壮语量词可直接与方位词、人称代词、疑问代词结合

tu² pa:i⁶kun²　　　　　　　　　ʔbau¹ pa:i⁶θɯi⁴
只 上面（上面的某只动物）　　　 张 左边（左边的某张纸）

tu² kou¹　　　　　　　　　　　ɣa:p⁷ θou¹
只 我（我的某只动物）　　　　　 担 你们（你们的某担东西）

tu² pou⁴lau²　　　　　　　　　ko¹ ki³ma²
只 谁（谁的某只动物）　　　　　 棵 什么（什么植物）

3. 汉语中数词修饰名词时一般放在名词的前面，但也有放在名词后面的情况

（1）被说明的词语比较复杂

θo:ŋ¹ po⁶ luk⁸　　　　　　　　po⁶ luk⁸ θo:ŋ¹ pou⁴（vun²）
两 父子（父子俩）　　　　　　　父 子 两 个 （人）（父子俩）

（2）记账或者列举的时候

pjak⁷ ha:u¹ θa:m¹ kan¹　　　　　no⁶ kan¹ ʔdeu¹
白菜 三 斤（三斤白菜）　　　　　肉 斤 一（一斤肉）

(二)壮语量词的句法功能

1. 壮语中量词可以单独充当主语、谓语、宾语、定语、状语、补语

kou¹ ke⁵ ki³ kja³ nei⁴, <u>kam¹</u> ha³ ko¹.
我 数 些 秧 这， 把 五 棵。（kam¹作主语，指代上句的kja³）
（我数这些秧，每把五棵。）

211

ŋon² nei⁴ kou¹ ɕau⁴ ʔdai³ θo:ŋ¹ tu² pit⁷, θo:ŋ¹ ɣau² fan¹, ɣa:n² tu².（覃晓航1995）
今天　我　买　得　两　只　鸭，两　咱　分，家　只。（tu²作谓语）
（今天我买得两只鸭，咱俩分，每家一只。）

an¹ pa:n¹ tau³ pou⁴.
个　班　来　个。（pou⁴作宾语）
（每班来一个。）

kɯn² na:m⁶ mi² ha:u³la:i¹ hau⁴（nat⁸）.
上　土　有　许多　米　粒。（nat⁸作定语）
（地上有许多成粒的米。）

ki³ ju¹ nei⁴ ʔbou³ ʔdai³ kɯn¹ la:i¹，[pai²] kɯn¹ ɕe⁶!
些　药　这　不　得　吃　多，次　吃　粒。（pai²作状语）
（这些药不得多吃，每次只能吃一粒！）

ɣau² tau³ pei³ tau²la:n²，pou⁴ tau⁽pai²⟩.
咱们　来　比　投篮，个　投　次。（pai²作定语）
（咱们来比投篮，每人投一次。）

而汉语中量词重叠才可以单独充当主语、谓语、定语、状语。如：
个个都是硬汉子。
门门都是一百分。
新中国成立初期，重庆谍影（重重）。
暖风阵阵。
传统美德[代代]相传。

2. 壮语中量词和数词、指示代词结合也可充当句法成分

tu² ɣok⁸ɛ:n⁵ ʔdeu¹ ta³ kjai¹kjai¹ pai¹ ʔbin¹ tau³.
只　燕子　一　从　遥远　去　飞　来。（一只燕子从遥远的地方飞来。）

te¹ jou⁵ kɯn² ɣu² ɕi⁵ fa:k⁸ ɕa⁴ ʔdeu¹.
他　在　上　船　借　把　刀　一。（他在船上借一把刀。）

三、壮语量词的特殊作用

(一)区分类别的作用

1. 表示植物类 ko¹

（1）ko¹nɯ³（草）　　（2）ko¹fai⁴（树）　　（3）ko¹pjak⁷（菜）　　（4）ko¹ma:k⁷（果树）
　青草　　　　　　　　木　　　　　　　　　青菜　　　　　　　　　果

（5）ko¹hau⁴（水稻）　（6）ko¹ɕat⁷（漆树）　（7）ko¹on¹（荆棘）
　米　　　　　　　　　漆　　　　　　　　　荆棘

2. 表示动物一类 tu²

（1）tu²va:i²（水牛）　（2）tu²meu²（猫）　（3）tu² ɣok⁸（鸟）　（4）tu²mou¹（猪）
　水牛　　　　　　　　猫　　　　　　　　　鸟　　　　　　　　　　猪

（5）tu²kop⁷（青蛙）　（6）tu²ma¹（狗）　　（7）tu²ŋɯ²（蛇）
　青蛙　　　　　　　　狗　　　　　　　　　蛇

3. 表示人物类 pou⁴

（1）pou⁴vun²（人） （2）pou⁴la:u⁴（老人） （3）pou⁴he:k⁷（客人） （4）pou⁴θa:ŋ¹（高个子）
　　　人 　　　　　　　老人 　　　　　　　　客 　　　　　　　　　高

（5）pou⁴pi²（胖人） （6）pou⁴pjo:m¹（瘦人） （7）pou⁴piŋ¹（军人） （8）pou⁴ɕau³（主人）
　　　肥 　　　　　　　瘦 　　　　　　　　　兵 　　　　　　　　　主

4. 表示行业类 ɕa:ŋ⁶

（1）ɕa:ŋ⁶ti:t⁷（铁匠） （2）ɕa:ŋ⁶ju¹（医生） （3）ɕa:ŋ⁶ɣin¹（石匠） （4）ɕa:ŋ⁶mou¹（猪贩子）
　　　铁 　　　　　　　医 　　　　　　　　石头 　　　　　　　　猪

（5）ɕa:ŋ⁶pja¹（渔夫） （6）ɕa:ŋ⁶to⁵（木匠）
　　　鱼 　　　　　　　造（木器）

以上四类量词都是具有较强类属性的个体物量词。1、2、4组中都是由"量词+名词"构成的复合词（除3.1.4例（6）外），3组中有一些是由"量词+形容词/方位词"构成的，但大多数也是"量词+名词"的结构。这类结构均以量词语素为中心，名词语素起区别意义的修饰作用，以此构成"量词+名词"式的偏正复合词。如：tu²va:i²，tu²meu²，tu²ɣok⁸，tu²mou¹，tu²kop⁷，tu²ma¹，tu³ŋɯ²……，词义的中心是tu²，起修饰作用的是va:i²，meu²，ɣok⁸，mou¹，kop⁷，ma¹，ŋɯ²。在壮语中，这类"量词+名词"的结构很能产，凡是个体名词都可以在其前面冠以相应的量词而构成量名式的偏正复合词。（张增业1998）值得注意的一点是，汉语也有名量构成的合成词，但是量词不能出现在第一语素的位置上，如"马匹、车辆、船只、花朵、纸张、书本"等，汉语中这类复合词属于补充式，量词补充说明名词，中心语仍为名词，且汉语名量结构远不如壮语量名结构能产。（张增业1998：88）壮语独特的构词方式也是受到了汉语的影响。早期汉语存在量词独立于名词之前的结构，这种结构分两种情况，一种是表单一，如：匹马只轮无反者（《公羊传·僖公三十三年》），粒米狼戾（《孟子·滕文公上》）；另一种情况是省略了"一"，宋代以后出现这种情况。（覃晓航2005）如：待要别寻个梦（《五代史平话·唐史》），典韦杀条血巷（《三国志通俗演义·陶公祖三让徐州》）。由于语言发展的不平衡性，汉语早已消失了"量词+名词"的表达方式，但在壮语中却得以发展，几乎所有的量词都能脱离数词独立修饰名词。

（二）名词化作用

1. 使动词名词化

未加量词之前为动词　　　　　　　　　加量词之后为名词
ɕa:t⁷（heu³）刷（牙）　　　　　　　　fa:k⁸ɕa:t⁷刷子
nep⁷（fɯŋ²）夹（手）　　　　　　　　fa:k⁸nep⁷镊子
θu³（tou¹）锁（门）　　　　　　　　　an¹θu³锁头
ɕa:n³（ɲa¹）铲（草）　　　　　　　　fa:k⁸ɕa:n³铲子

这些动词都是因为加上表工具类的fa:k⁷以及表个之义的an¹而由动作行为变成了与这些动作行为有关的名词。

2. 使形容词名词化

未加量词之前为形容词　　　　　　　　加量词之后为名词
ɕo²年轻　　　　　　　　　　　　　　pou⁴ɕo²年轻人
pi²肥　　　　　　　　　　　　　　　pou⁴pi²胖人
hen³黄　　　　　　　　　　　　　　ko¹hen³黄的（植物）
li⁴活的　　　　　　　　　　　　　　tu²li⁴活的（动物）

3. 使非名词性词组名词化

未加量词之前为主谓词组　　　　　　　　　加量词之后为名词

ta¹faːŋ² 眼瞎　　　　　　　　　　　　　　pou⁴ ta¹faːŋ² 盲人

tam³ɣoːk⁷ 纺织机　　　　　　　　　　　　tu²tam³ɣoːk⁷ 纺织娘

同时量词还可以跟动词、形容词、人称代词结合构成名词性的偏正短语，如：

an¹ mo⁵ 新的那个　　　　　tu² ʔbin¹ 飞的那只　　　　　poːn³ kou¹ 我的那本
　新　　　　　　　　　　　　　飞　　　　　　　　　　　　我

这是在中心词名词不出现的情况下，量词具有指代作用，与动词、形容词、人称代词构成名词性的偏正短语。这一类壮语偏正短语翻译成汉语都要加上指示代词。然而就量词使动词、形容词、主谓词组、动宾词组名词化的这一作用也引出了对量词词头化问题的讨论。有学者认为壮语物量词本身具有指代作用，如上文 tu²ʔbin¹（飞的那只），可以说 θaːm¹ tu² ʔbin¹（3 只飞的）。但是，这种指代作用要在上下文一定的语境中。（薄文泽2003）也有人认为 tu²ʔbin¹ 的名词词性是靠词头 tu² 实现的，词头直接分离出来会改变原来的名词词性，认为不能直接说 θaːm¹ tu² ʔbin¹，应该找一个同义的名词来替代 tu²，变成 θaːm¹tu¹ɣok⁸ʔbin¹，这样 ɣok⁸ʔbin¹ 才和原词 tu² ʔbin¹ 词性一致。这部分学者认为，在 tu²ʔbin¹ 中，tu² 作为词头已经不再是量词词性了，因为名词在这种结构中才可以替换词头。不管量词是虚化为词头，在这种结构中词性改变，还是认为量词本身具有指代作用不存在词头和虚化的情况，壮语的物量词的确是具有着将动词、形容词、主谓和动宾词组名词化的作用，这符合壮语构词法原则。

（三）区分事物大小

ɲe¹fai⁴ 小树枝　　　　　ŋa¹fai⁴ 大树枝（ɲe¹ 和 ŋa¹ 都表示枝，区别就在于 ɲe¹ 比 ŋa¹ 小。）
　树　　　　　　　　　　　树

（四）区分事物的性属及辈分

1. 表示男性青少年之辈或部分幼年雄性动物之类：tak⁸

tak⁸nuːŋ⁴ 弟弟　　　tak⁸laːn¹ 孙子　　　tak⁸pei⁴ 哥哥　　　tak⁸luŋ² 阿龙
　弟或妹　　　　　　　孙　　　　　　　　兄　　　　　　　　龙

tak⁸ɕɯ² 幼年雄黄牛　　　　　　　　　　　tak⁸vaːi² 幼年雄水牛
　黄牛　　　　　　　　　　　　　　　　　水牛

2. 表示男性中老年一辈：koŋ¹

koŋ¹aːu¹ 叔父　　　　　　　　　　　　　koŋ¹po⁶ 父亲
　叔　　　　　　　　　　　　　　　　　　父

3. 表示女性青少年之辈：ta⁶

ta⁶nuːŋ⁴ 妹妹　　　　　　　　　　　　　ta⁶laːn¹ 孙女
　弟或妹　　　　　　　　　　　　　　　　孙

4. 表示女性中老年一辈：me⁶

me⁶taːi⁵ 岳母　　　　　　　　　　　　　me⁶pa³ 姑母
　岳母　　　　　　　　　　　　　　　　　姑母

me⁶ 也可以表示部分雌性动物类

me⁶ɕɯ² 母黄牛　　　　　　　　　　　　　me⁶pit⁷ 母鸭
　黄牛　　　　　　　　　　　　　　　　　鸭

(五)确定同音词的意义

壮语中有大量的同音词,它们脱离语言环境的时候是无法表达一个确切的意义的,一旦在其前面加上相应的量词后,其意义就能明确地显示出来。(张元生、覃晓航2006)比如θaɯ¹这个同音词,可以是"字"也可以是"著作":加上表示"支"的量词ɕi⁶之后,其意义便可以确定为"字";加上表示"本"的量词po:n³之后,其意义便可确定为"著作"。类似的例子还有:ko:n³pit⁷"支笔"和tu²pit⁷"只鸭",an¹pa:t⁷"个盆"和tu²pa:t⁷"只树蛙"。

壮语物量词区分类别的作用概括起来说有两个大的方面:一方面是词义确定;另一方面是名物化。前文中所提到的区分事物的一般类别、事物的大小、事物的性属和辈分以及确定同音词词义,这些都可以算作壮语物量词对词义的确定。壮语物量词之所以能够区分事物的一般类别,原因在于壮语中个体量词的类属性比较强,如一众所举的例子ko¹表示植物类,tu²表示动物类,pou⁴表示人物类,ɕa:ŋ⁶表示行业类。物量词用来区分事物的大小、属性和辈分,这在汉语中是没有的,汉语都由专有名词或形容词修饰名词表达出对事物大小、性属和辈分的区分。至于壮语利用物量词确定同音词,一方面原因也在于壮语是拼音文字,不像汉语可以通过字形来区别同音字。壮语物量词的名词化作用充分体现出了壮语的构词特点。就壮语物量词区分类别的作用,也可以以此为基础进一步探讨有关壮语量词词头化的相关问题。

四、壮语量词的修辞作用

量词ʔdak⁷本来适用范围仅限于块状物,可以活用到人的身上,放在专指"坏人"这类人的名词前,表示对这类人的轻视和厌恶,含有贬义。(广西区民语委研究室编1988)如:

θo:ŋ¹ ʔdak⁷ɕak⁸(两个贼)　　　　　θo:ŋ¹ʔdak⁷kai³tiu⁵(两个扒手)　　　　θo:ŋ¹ʔdak⁷ɕa:ŋ⁶to³(两个赌棍)

量词me⁶本来指中年妇女,也可以表示夸张不喜欢的语气,与性别无关。(覃晓航1995)如:

me⁶ mat⁷ ʔdeu¹　　　　　　　　　　　　　θo:ŋ¹ me⁶ va⁵

只　跳蚤　一(一只巨大的跳蚤)　　　　两　条　裤子(两条宽大的裤子)

量词luɯk⁸用于人和一些动物,表示轻视。如:

θo:ŋ¹luɯk⁸ɕak⁸(两个贼)　　　　　　　θo:ŋ¹luɯk⁸ka:i³tiu⁵(两个扒手)

此外,壮语量词的重叠也有自身独有的特点。汉语量词的重叠有以下几种形式:"一张张""张张""一张一张",此时量词重叠后表示数量多或者强调整体。而壮语量词的重叠则强调个体,如:

ɣa:n²ɣa:n²(每家)　　　tu²tu²(每只)　　　pou⁴pou⁴(每个人)　　　tiu²tiu²(每条)

数词为"一"时也有不同的情况,如:

it⁷ tu² it⁷ tu² ɕaŋ⁶(一只一只称)　　　　　　tu² ʔdeu¹ tu² ʔdeu¹ɕaŋ⁶(一只一只称)

一只一只 称　　　　　　　　　　　　　　只 一 只 一 称

pai²tu²pa²tu²ɕaŋ⁶(每次称一只)　　　　　　ɕaŋ⁶ba:t⁷tu²ʔba:t⁷tu²(每次称一只)

次 只 次 只 称　　　　　　　　　　　　 称 次 只 次 只

壮语中表示动作重复所使用的格式是:量₁量₂+量₁量₂,表示数量多用"pan²量+pan²量",pan²大致相当于汉语的"整、成"。汉语一般都是采用"数量量"这种重叠形式,如:一张张,一辆辆,一匹匹(表示数量多),一次次、一遍遍(表示动作反复次数)。而壮语的表达则是:

ka⁵ taŋ² ka⁵(一辆接一辆)　　　　ʔbaɯ¹taŋ² ʔbaɯ¹(一张又一张)　　　pai²taŋ²pai²(一次又一次)

壮语作为使用人口最多的少数民族语言,其量词的丰富程度及灵活多变的用法体现了壮语独有的语言特色,对壮语量词的考察有助于我们进一步了解壮语的语法结构,当然在这一考察过程中仍有一些问题有待商榷,如壮语量词词头化现象等。

【参考文献】

[1] 薄文泽.壮语量词的语法双重性[J].民族语文,2003(6).

[2] 广西区民语委研究室编.壮语量词[M].南宁:广西民族出版社,1988.

[3] 覃晓航.壮语特殊语法现象研究[M].北京:民族出版社,1995.

[4] 覃晓航.关于壮语量词的词头化[J].民族语文.2005(3).

[5] 张元生,覃晓航.现代壮汉语比较语法[M].北京:中央民族大学出版社,2006.

[6] 张增业.壮—汉语比较简论[M].南宁:广西民族出版社,1998.

[7] 赵元任.汉语口语语法[M].北京:商务印书馆,2012.

浅析《布洛陀经诗》里的介词*

刘立峰[①] 覃凤琴[②]

介词是语言语法词类系统中的一个重要的类别。它在意义上等同于一般意义上的虚词,没有实在的词汇意义,只有语法意义。介词用在名词性词语前面,共同组成介词短语,整体修饰谓词性词语,表示跟动作、形状有关的时间、处所、方式、原因、目的、施事、受事、对象等。[③]壮语长期和汉语接触,其语法结构深受汉语的影响,在介词这方面也不例外,同样有着和汉语相似的句法、语义和语用的功能,但是壮语毕竟和汉语不同属于一个语族,本身又有着其自身的发展规律和特点。《布洛陀经诗》是壮族民间流行的一种民间宗教经文,它记载了壮族人的宗教文化、生产生活、社会习俗等方方面面的内容,是壮族人民的智慧结晶。它丰富多彩的语言,为后人留下了珍贵有价值的语料资源。本文就是以其为蓝本,从语法三个平面的角度对其中所具有的介词进行分析和阐述,来看壮语介词的发展变化,从而使我们更好地认识和理解壮语虚词的用法及其功能。

一、从句法功能的角度看《布洛陀经诗》里的介词

我们从《布洛陀经诗》里收集了近260条关于介词的例子,从中可认为是介词的大概有近20个。虽然《布洛陀经诗》里的介词不多,但其中也有一些特有的特点,我们还是可以从中获得一些有价值的研究的。我们根据介词词组在句子中所表达的意义范围,将这些介词分为以下几类[④]:

表示处所、方向的介词:youq在,dox/guen/coh向,daengz到,riengz沿、跟,ok出,caux从、若,bae去;

表示方式、依据的介词:ei依,dawz拿,aeu要;

表示对象的介词:hawj给,ndij与,heuh叫;

表示原因的介词:vih因;

表示比较的介词:beij比;

表示比喻的介词:baenz成。

我们根据上面的分类,从《布洛陀经诗》里选出了45条例句来进行分析。

1. hawj(给)

(1) Tiendeih hawj gou baenz.(天地成全我。)

  天地 给 我 成

(2) Hawj cojvuengz byoq feiz.(让祖王在屋里烤火。)

  给 祖王 烤 火

---

* 本文是百色学院2011年度青年基金项目"《布洛陀经诗》介词研究"(2011KQ05)的研究成果。
①刘立峰,男,蒙古族,百色学院中文系,讲师。
②覃凤琴,女,壮族,百色学院中文系,讲师。
③引黄伯荣、廖序东(1991)的介词概念。
④根据张元生、覃晓航(1993)的介词分类。

2. ndij（与）

（3）Cip ndeu hwnj bae gwnz ndij byaj.（一块开上去与雷公作伴。）
　　 块　一　上　去上边　与　雷

（4）Bae ndij yiuh guh rongz.（去与鹞鹰同窝住。）
　　 去　与　鹞　做　窝

（5）Lungz ndij liuz caemh mbonq.（伯父与弟媳同床。）
　　 伯　与 弟媳　同　　床

3. heuh（叫）

（6）Heuh beixnuengx bae heh.（叫兄弟来割。）
　　 叫　　兄弟　　　去　割

（7）Heuh vunz lai daeuj ndij.（叫众人来分。）
　　 叫　 人　多　来　共

4. youq（在）

（8）Yiuh bae youq go raeu.（老鹰在枫树上歇脚。）
　　 鹰　去　在　树　枫

（9）Sien youq gwnz guh dingh.（仙人在上边来做主。）
　　 仙　　在　　上　　做　主

（10）ra gep ndeu youq gwnz.（一块木片搭上边。）
　　 找 块　一　在　上

5. daengz（到）

（11）Hwnz gyangz cengx daengz rongh.（夜里寒冷呻吟到天亮。）
　　　夜　　呻吟　　冷　　到　　天亮

（12）Daek gwn haeux daengz iu.（*蝗虫吃苗到杆。）
　　　蝗　　吃　谷　　到　颈

6. ok（向）

（13）Rox gaet ndaw dox ok.（会从里面往外啃。）
　　　会　啃　　里　向　外

（14）Daeuj coh aeu haeux faen.（来向你要谷种。）
　　　来　向　要　谷　种

7. caux（从）

（15）Hih caux raq de daeuj.（*就从那时候开始。）
　　　也　从　事　哪　来

（16）Caux vuengz hauqcoenz neix.（按照兄王这般吩咐。）
　　　若　　王　　讲话　　　这

8. bae（去）

（17）laj caux dai kwn.（往下走就找到东西吃。）
　　　去　就　得　吃

9. ok（出）

（18）Byat ok ga neix daeuj.（冤怪就从这里来。）
　　　怪　出　脚　这　来

10. riengz（跟）

（19）Maij lwg ma riengz meh.（孤儿来跟他的母亲。）
　　　爱　儿　来　跟　　母

11. ei（依）

（20）Vuengz ei cih baeuq guh.（王依照布洛陀话去做。）
　　　王　　依　话　公　　做

12. aeu（要）

（21）Aeu faex fung guh ga.（要水泡木做脚。）
　　　要　木　水泡　做　脚

13. dawz（拿）

（22）Doengz dawz ruq bae gueng.（用猪槽去喂猪。）
　　　同　　　拿　槽　去　喂

14. lingh（令）

（23）Lingh hawj gauh cangz sa.（让你拉痢死亡。）
　　　令　　许　　绞　　肚　痧

15. baenz（成）

（24）Coenzgangj manh baenz hing.（说话辣似姜。）
　　　句话　　　　辣　　成　　姜

16. vih（因）

（25）Vih vuengz mbouj rox dawz*.（只因王看了不能用。）
　　　因　王　　　不　　会　拿

从上面的25个例句里，我们可以分析出《布洛陀经诗》里的介词也是不能单独作句子成分，须组成介词短语方能充当句子成分。介词短语的句法结构大概有四种类型：（1）名词+介词+代词/名词+动词，（2）介词+代词/名词+动词，（3）动词+介词+代词/名词+动词，（4）动词+名词/代词+介词+动词或动词+名词+动词+介词+名词。介词的位置有两种，一种是放在名词或代词前来修饰动词，一种直接跟在动词后。因此我们可以看出，这些介词短语在句子中无论是表示时间、处所、方向、对象，还是表示方式、依据、比较、原因，都主要体现了其作状语的句法功能，介词和其后面的名词性词语共同地修饰其后谓词性词语来表示谓词性词句法的功能。也有一些介词短语放在了谓词性词语后面充当着补语〔如：hawj的（3）、（4）、（5）句；youq的（8）、（9）、（10）句；daengz的（12）、（13）句；dox/guen/coh的（11）、（16）句〕。但值得注意的是，其中有些介词词组是由介词和其后面的单音节的名词性词语构成的（如：hawj gou给我、youq laj在下、dwk naz在田、youq ndaw在内、coi nuengx叫弟、dox ok向外、aeu saw要书、ndij baz与妻、bae laj去上、baenz hing成姜等）。这种情况和汉语的介词在语音上的前附不一样，它并不是单音节介词和单音节动词极容易因为节奏上的相关性而合成一个复合词从而后附动态助词或带宾语的情况，而是介词和其后名词性词语共同组成介宾短语（并不是动介结合作述宾结构），多数放在谓词前起

· 219 ·

修饰的作用，或作状语，或作补语，而不作宾语。此外，我们从《布洛陀经诗》里所收集的这些介词例句中还没有见到介词短语作主语、谓语、宾语、定语的句法功能。

二、从语义功能的角度看《布洛陀经诗》里的介词

上面我们已经从语义的角度把《布洛陀经诗》里的介词分为表示时间、处所、方式、原因、目的、比较、对象等几类。陈昌来在其《介词与介引功能》一书中认为：汉语的介词从语义这个平面上看，其语义功能主要是标记，介词前置在某种语义成分前面，表示使出该语义成分的语义性质，显示出该语义成分跟动词的语义关系，表示该语义成分在句子语义结构中的地位与价值。因为壮语和汉语的密切接触，并长期受汉语的影响，所以壮语的介词里可能也会出现这种情况，因此，我们借用了陈昌来介词的标记功能这一理论分析了《布洛陀经诗》里的介词。

1. youq（在）

（26）Hoj duzgim youq byaij.（无女来陪伴。）
　　无　个儿　在　走

2. hawj（给）

（27）Miz lwg mbwk hawj dai.（生儿女让他死。）
　　有　儿女　给　死

（28）Miz lwgsai hawj mued.（生男让他灭。）
　　生儿男　给　灭

3. aeu（要）

（29）Aeu nengdih ma gaz.（把蝗虫拿回上枷。）
　　要　蝗虫　回　枷

（30）Goj aeu saw neixguenj.（也按照书来治理。）
　　也要　书　这管

（31）Aeu mou rei soq byat.（私房猪也上供。）
　　要　猪　私房　祭供

4. coh（向）

（32）Daengx giz coh gwn caengh.（到处来向他借谷子。）
　　全　外　向　吃　秤

5. ok（出）

（33）Yen gya ok neix daeuj.（冤家从这来。）
　　冤家　出　这　来

看上面的（26）、（27）、（28）、（32）四个例句中的 youq byaij 在走、hawj dai 给死、hawj mued 给灭、coh gwn 向吃，从句法结构上看是"介词+动词"的结构，介词直接修饰动词作状语。但是在一般情况下，介词是不能直接这样放在介词前作修饰成分的，它必须和后面的所介引名词性词语组成一个介词短语共同来作句子的句法成分。我们之所以把这种情况下的 youq 在、hawj 给、coh 向看作介词，就是从介词语义标记功能的这个角度来认定的。在这几个介词后按照多数情况是有个介引的名词性词语的，如：在+处所名词性词语、给+表对象的名词性词语、向+表示方向或是对象的名词性词语，然而这几个介词后

却直接加上了动词。虽然是这种情况，但介词的语义标记功能仍然是存在的，只是省略了介词后的名词性词语。其介词所标记的名词性词语与动词的语义关系依然还是表示着当事、受事或者施事，这从句义的理解中可以清楚地体现出来。

此外，《布洛陀经诗》又出现了aeu"要"、ok"出"这种兼有动词和介词性的词语。从句法位置和功能上看，我们把它们作为了介词，从语义标记功能的分析，我们也认为它们是介词。我们先看（29）、（30）、（31）三句中的aeu"要"，我们如果把它当动词，其后面的nengdih蝗虫、saw书、mou猪作要的宾语，在语义成面上是受事关系，但是它们的后面还有个动词，也同样和前面的名词性词语有这种语义成面上的关系，这使我们很难理解其中的句意。如果把aeu"要"看作介词，其后面的宾语就是它介引的对象，标记着后一动词所凭借的方式，而非aeu"要"作动词时的受事关系，这样一来，使我们清晰地理解了句子所要表达的意思。同时ok"出"如果作为动词，句子的意思表达一样是模糊不清。若作为介词看，其介引出这个处所，标记出了后面动词来与"这"的语义关系，使它们之间的关系亲近了很多，并直接显化出了表示处所"这"的性质和地位。所以，从语义的角度我们也可以对介词进行分析。

三、从语用功能的角度看《布洛陀经诗》里的介词

在《布洛陀经诗》里，有些介词兼有动词和介词词性，但是从语用的角度来分析，在特定的语境下，我们可以把它们看作是介词。

1. hawj（给）

（34）Mbouj sij baen hawj it.（一点也不给公婆吃。）
　　　不　舍　分　给　点

（35）Mbouj sij mbit hawj gonj.（一团也不给公婆尝。）
　　　不　舍　分　给　团

（36）Miz lwg mbwk hawj dai.（生儿女让他死。）
　　　有　儿　女　给　死

（37）Miz lwgsai hawj mued.（生男让他灭。）
　　　生　儿男　给　灭

2. riengz（跟）

（38）Maij lwg ma riengz meh.（孤儿来跟他的母亲。）
　　　爱　儿　来　跟　母

3. bae（去）

（39）Bae laj caux ndaej kwn.（往下走就找到东西吃。）
　　　去　下　就　得　吃

（40）Bae gwnz caux ndaej youq.（往上才找到地方住。）
　　　去　上　才　得　住

（41）Bae cam mingh gaiq vuengz.（*去问八字回来给王。）
　　　去　问　命　给　王

4. ndij（与）

（42）Daeuj ndij lingz muengz dauz.（跟着茅郎神一道回来。）
　　　来　和　茅　郎　神

（43）Souh ndij mwngz boux laux.（长寿全凭布洛陀的功德。）
　　　长寿　与　你　个　大

5. dawz（拿）

（44）Maxloengz dawz ma momh.（拿笼来套。）
　　　笼头　　　拿　来　套

6. aeu（要）

（45）Ciuhgong aeu ma beij.（拿前世的伦理来对照。）
　　　世前　　要　来　比

我们来分析一下上面的例句，hawj "给"句中的（34）、（35）句，根据上下文的语境说是不分给公婆吃一点或一团，hawj "给"附在动词"分"之后作介词，而不是动词。而（36）、（37）句中hawj "给"＋动词，根据上下文语境来看，实际上"给"后要加一个复指前面所说话题的代词来修饰后面的动词，这样hawj "给"介词功能就体现了出来。介词riengz "跟"从句法功能的角度看是介词，但根据上下文语境是说"孤儿跟母亲……"，而不是"跟……＋动词＋……"的结构所表达的意思。bae "去"中的（39）、（40）两句，我们从句子结构和语境的角度分析，可以把"去"译为相当介词的"往"；但（41）句就不能了，因为从上下文语境里不能把它译成介词"往"，只能当个次动词表示"去"。ndij "与"中的（42）句若不根据上下文语境看，就本句的语义来看就是说"与茅郎神"，ndij "与"是个连词。但根据上下文语境来看是说"与茅郎神回来"，这时ndij "与"就是一个介词。而（43）句却不能这样分析，此句的ndij "与"只能是动词。dawz "拿"、aeu "要"两个词语的例句（44）、（45）的句法结构是一样的，但所处的语境不同，dawz "拿"与aeu "要"所体现的词性也是不一样的。根据上下语境，我们知道（44）句里因为所说的话题是个动物，笼头作为受事宾语，可以作为联动词组"拿……套"中的宾语，而此时dawz "拿"就被看作是动词。同时也可以把"笼头"看作是dawz "拿"所介引的工具来标记其与后面动词"套"的语义关系，此时的dawz "拿"就是个介词。而aeu "要"在（45）句中就没有这么复杂，因为其上下文语境所说的话题是关于人的生命的，我们不能把aeu "要"当动词来用，那样就变成要跟前世来比，前世怎么能是要来呢？我们只能把aeu "要"当作介词，来介引前面的前世共同来修饰动词比。

由此，我们可以看出，从语用的角度也可以分析壮语的介词。

四、结语

壮侗语族（包括壮语在内）在语法研究这方面还是一个比较薄弱的环节，虚词的研究也不是很深入。三个平面的语法理论在汉语语法研究中已经取得了相当的成就，也已涉足到虚词领域。上述从三个平面理论的角度对《布洛陀经诗》的介词进行分析，是一种尝试，但还是比较肤浅，还需要更深入地、更广泛地对壮语的介词进行分析，才能更好地认识和理解介词这一虚词的用法和功能。

【参考文献】

[1] 陈昌来.介词与介引功能[M].合肥：安徽教育出版社，2002.

[2] 齐沪扬，张谊生，陈昌来.现代汉语虚词研究综述[M].合肥：安徽教育出版社，2002.

[3] 刘丹青.语序类型与介词理论[M].北京：商务印书馆，2003.

[4] 袁晖，戴耀晶.三个平面：汉语语法研究的多维视角[M].北京：语文出版社，1998.

[5] 张声震.布洛陀经诗[M].南宁：广西人民出版社，1991.

[6] 张元生，覃晓航.现代壮汉语比较语法[M].北京：中央民族学院出版社，1993.

广西壮剧南北路唱词押韵特点之异同

黄寿恒[①]

壮剧又叫土戏，是在壮族民间文学、歌舞和说唱技艺的基础上发展而成的戏曲形式。因方言、音乐唱腔、表演风格和流行地区的不同，壮剧分为广西的北路壮剧、南路壮剧、壮族师公戏和云南的富宁壮剧、广南壮剧等。在广西，北路壮剧用壮语北路方言表演，流行于西林、隆林、田林、凌云、右江区等地；南路壮剧用壮语南路方言表演，流行于德保、靖西、田东、天等、大新等地。对于壮剧唱词，很早就有人注意到其脚—腰押韵的形式之美与壮族民歌吻合。但北路壮剧和南路壮剧对于唱词的押韵方式方法的讲究并非完全一样，将二者的异同摆在一起看，当有助于发现更多的壮剧文化底蕴。

一、韵脚位置之异同

（一）同：壮剧南北路均以脚—腰押韵为主

为方便讨论，本文将一句话分为三部分，句首称为头，句尾称为脚，头尾之外笼统称为腰。所谓脚—腰押韵，即是某句的脚与下句的腰互相押韵，这在壮族民歌和壮剧唱词里非常多见，前人研究多有涉及。前者无须赘述，后者如阎奇雄先生（1986）为了呼吁壮剧保持使用壮语表演，以南路壮剧《宝葫芦》中焦大唱的一段唱词为例，分析壮剧唱词所特有的脚—腰押韵形式，指出这种形式所构成的韵律只能用壮语才能体现。至于脚—头押韵，即某句的脚与下句的头押韵的情况，北路壮剧多见，南路壮剧却极少。

（二）异：北路壮剧末句不可脚字押韵

据田林县闭克坚艺师介绍，北路壮剧唱词是脚—腰押韵，或是脚—头押韵，跟所配合唱腔的节奏没有必然联系，只要末句不是脚—脚押韵就行。即，以四句一段的唱词为例，最后一句不可押脚韵，而第一、二句押韵和第二、三句押韵时，则有脚—脚押韵现象，例如《农家宝铁》梁生意唱【杀鸡调】：

例1：（阎奇雄 1986：37）

Haetnix rongh byayai,	今早亮鱼肚，
Ndanggu hwnj gyanggai.	我身到街上。
Haen lwgsau dwggyaez,	见姑娘可爱，
Gu bae ra maehgung.	我去找媒公。

例1第一句的脚字yai（鱼肚）与第二句的脚字gai（街）押ai韵，第三句脚字gyaez（爱）与第四句腰字bae（去）押ae韵。整段是脚—脚押韵，脚—腰押韵。

（三）异：南路壮剧的韵脚位置依唱腔而定

德保壮剧唱词有的押腰脚韵，也有的像汉诗那样押脚韵，制约韵脚位置的，是唱腔。多数唱腔要求押腰脚韵，部分唱腔要求押脚韵。常用唱腔韵脚情况如下（〇表示非韵字，字母表示韵字，A和A押韵，B和B押韵，C和C押韵，以此类推）：

[①]黄寿恒，男，壮族，广西民族大学文学院硕士研究生。

【马隘调】——每句字数：七，七，七，七。第一句前可加一个四字句。

(○○○A，)
○○○○○○A，　　　　　　　　Ka dah goed goz loi gvaq sae,
○○○○A○B，　　　　　　　　Ciengz seiz meiz sau ndae haet saeg,
○○○○B○C，　　　　　　　　Ndang gaeu coux saem naet ok lwnz,
○○○○C○○。　　　　　　　　Ngeiz muengh taen saek goenz cungq eih.①

【诗调】——每句字数：七，七，七，七。据德保县苏朝甫艺师称，南路壮剧【诗调】的腰韵以前在第五字，现在是第四字。

○○○○○○A，　　　　　　　　Gaeq loih kaeuj ruengz laep gyaex gyaex,
○○○A○○○，　　　　　　　　Cingz gvan veih saeh caengz dauq ruenz?
○○○○○○B，　　　　　　　　Moz feih byongh loh ndang ok bingh?
○○○B○○○。　　　　　　　　Caen hawj Siu yingh saem meiz an!②

【采花调】——每句字数：七，七，七，七。第一句也有拆为两个三字句的。

○○○○○○A，　　　　　　　　Gyaj caiz cawj, moiz saem raix!
○○○○A○B，　　　　　　　　Aen mbaeuj bauj gaeu moiz dwk vaih!
○○○○B○C，　　　　　　　　Loh bauj dwnx seiq gyaiq noix meiz,
○○○○C○○。　　　　　　　　Boh boiz gaeu meiz eiz moiz nauh!③

【平板】——每句字数：四，七，五，五，七。第五句通常要重复唱，可以不与前四句押韵，也可以不是七个字。

○○○A，　　　　　　　　　　Ganj ginj yo ga,
○○○○○○A，　　　　　　　　Meh daengz sangq haij gvaij bae gyaz,
○○○○A，　　　　　　　　　　Gvaij bae cehcanq daj,
○○○○A。　　　　　　　　　　Gep gep ngvei daen naj.
○○○○○○。　　　　　　　　　Meh loeg doengh daen saem gaih va.④

南路壮剧唱词韵脚位置之所以各有不同，与唱腔节奏息息相关。在演唱时，韵脚之处往往停顿、拉长或接衬腔。如：

图1

---
①Ciengh Cuengh MBAEUJ BAUJ（壮剧《宝葫芦》），南宁：广西民族出版社，1982年，第3-4页。
②Ciengh Cuengh MBAEUJ BAUJ（壮剧《宝葫芦》），南宁：广西民族出版社，1982年，第6页。
③Ciengh Cuengh MBAEUJ BAUJ（壮剧《宝葫芦》），南宁：广西民族出版社，1982年，第34页。
④黄岚：《传扬美德》（复印本），2012年。

图1所示，该【诗调】唱词的韵脚gyaex、saeh、bingh、yingh所占拍子都长。但是，据笔者所掌握的材料，并非每一曲都是如此处理。如：

图2①

图2所示，该【末伦调】唱词的韵脚naj、da、nauj、gvauz，在偶数句上的腰韵字da和gvauz所占拍子与它们的左右词语一样，并无特殊处理。

小结1：

韵脚位置	同	异
北路壮剧	脚—腰押韵为主	最后一句不可押脚韵
南路壮剧		韵脚位置依唱腔而定

二、韵部使用之异同

北路壮剧唱词以五言为主，七言为辅，二句或四句组成一曲。南路壮剧唱词以七言为主，杂以四言和五言，每一曲也是二句和四句居多。两者的韵部使用灵活多样，用汉语诗歌的概念看，一韵到底、转韵、重字押韵、邻韵等情况都有。

一韵到底是指一曲当中的韵脚为同一个韵母。如北路壮剧《农家宝铁》梁生财唱【卜牙调】：

例2

Gu yuq baihnae naengh baksaeuq,	我在灶头里边坐，
Baihrog miz vunz daeuj heuh gu.	外头有人呼唤我。
Daeuj gu haidou gvaqbae yaeuq,	让我开门瞧一瞧，
Buxlaez daeuj liuh gu goj angq.	不管谁到我都乐。②

例2第一句的脚字saeuq（灶）、第二句的第五字daeuj（来）、第三句的脚字yaeuq（瞧）、第四句的第三字daeuj（来）押韵，韵母都是aeu。

北路壮剧没有通篇押脚韵的唱腔，一韵到底是在腰脚韵里实现的；南路壮剧有些唱腔要求像汉诗那

---

①Ciengh Cuengh MBAEUJ BAUJ（壮剧《宝葫芦》），南宁：广西民族出版社，1982年，第54页。
②蓝宏：《中国壮剧传统剧作集成·田林卷》（上册），南宁：广西民族出版社，2013年。

样押脚韵，使得一韵到底的唱词容易实现。如新编剧《传扬美德》里，李志刚去接来上海的母亲，唱【平板】道：

例3

Ganjginj yo ga,	赶紧抬脚，
Meh daengz sangqhaij gvaij bae gyaz,	妈到上海快去找，
Gvaij bae cehcanq daj,	快去车站等，
Gepgep ngvei daennaj,	急急要见面，
Mehloeg doenghdaen saem gaihva.	母子相见心开花。

例3各句的脚字ga（脚）、gyaz（找）、daj（等待）、naj（脸）、va（花）押韵，韵母都是a。

转韵是指一曲当中转换韵脚的韵部。这在北路和南路里都是最常见的。如北路壮剧《农家宝铁》秀才李文才唱【正调连板】：

例4

Ndangdog ok bakgyok,	只身出院外，
Okrog bae gvaeh sau.	出外找姑娘。
Hoj box vunz dangranz,	少个人持家，
Ndaej yiuhanz gonq angq.[5]34	得美妇才乐。

例4第一句的脚字gyok（院子）与第二句的头字ok（出）押ok韵，第二句的脚字ranz（家）、第三句的腰字hanz（扁担）押an韵。

又如南路壮剧《宝葫芦》秀英唱【诗调】：

例5

| Gaeq loih kaeuj ruengz laepgyaexgyaex, |
| Cingzgvan veihsaeh caengz dauq ruenz? |
| Mozfeih byonghloh ndang okbingh? |
| Caen hawj Siuyingh saem meiz an! |

例5第一句的脚字gyaex（摹拟词）与第二句的腰字saeh（事）押ae韵，第二句的脚字bingh（病）与第三句的腰字yingh（英）押ing韵。

重字押韵是指同一个字在不同句子中出现，以构成押韵。有的是隔句重字押韵，有的是邻句重字押韵。邻句重字押韵是由于使用了复沓的修辞手法，在邻句当中——往往是同一位置上——重复出现某些词语。这种情况下，别的韵脚往往可有可无。如北路壮剧《农家宝铁》结局陈玉英和张爱田合唱的【正调正板】：

例6

Daih'it baiq mbwnndaen,	第一拜天地，
Daihngih baiq cojcoeng,	第二拜祖宗，
Daihsam baiq yeh raeuz,	第三拜高堂，
Daihsiq raeuz dungz nai,	第四相扶持，
Daihhaj caux ranz gwn,	第五共吃住，
Daihroek raeuz duenzyuenz.[5]70	第六咱团圆。

例6复沓六次daih（第）、三次baiq（拜），不再安排别的韵脚，唱词以押韵为正统，这些词语可能是担

当了押韵的任务。重字押韵之法，在北路壮剧里不难找到，在南路壮剧里尚未发现。苏朝甫艺师向笔者讲解《马隘调》押韵特点时，强调韵脚不可以重字，这可能也是其他唱腔的要求。

邻韵是指韵脚不是同一韵母，而是读音相近的韵母。如北路壮剧《田螺姑娘》开头村姑们唱【正调连板】道：

例7

  Ngoenznix bae gip sae,   今天去捡螺，
  Ndae seam raeuz cin angq.   心上欣欣然。
  Yamq dieb yamq byaij benz,   步步走得快，
  Ndangbengz raeuz daengz naz.[①] 贵体到田边。

例7第三句的脚字benz（快）与第四句的腰字bengz（高贵）押韵，两者的韵母en、eng读音相近。

南路壮剧《宝葫芦》财主唱【马隘调】：

例8

  Ka dah goedgoz loi gvaq sae,
  Ciengzseiz meiz saundae haetsaeg,
  Ndanggaeu coux saem naet ok lwnz,
  Ngeizmuengh taen saek goenz cungqeih.

按【马隘调】的押韵形式，须是某句脚字与下一句第五字押韵，所以例8是saeg与naet押韵、lwnz与goenz押韵。

语言学家李方桂先生（1970）在研究德保（旧称"天保"）壮族山歌时，曾将德保壮语的第一调、第二调归为平类，其余调归为仄类，认为在天保歌里平声跟平声押韵，仄声跟仄声押韵（李方桂1970：166）。苏朝甫艺师介绍说，南路壮剧有些唱腔的韵脚讲究平仄轮换，如第一次押韵韵脚是平声，那么第二次押韵韵脚换到仄声，第三次押韵韵脚又换到平声，以此类推。这样说来，例8的韵脚平仄情况是：

  ○○○○○○sae,
  ○○○○ndae○saeg, sae、ndae：第一调，平。
  ○○○○naet○lwnz, saeg、naet：促声调，仄。
  ○○○○goenz○○. lwnz、goenz：第二调，平。

德保壮语里，短元音入声字读成45，李方桂将其看成第一调353的同位音，归入第一调。但平仄概念原是汉语韵书的分法，汉语中入声为仄，以此分析壮语的平仄，入声也应当是仄。李方桂所收集到的第二首山歌，第一次押韵的韵脚是入声 $cəp^{45}$（照料）和 $səp^{45}$（十），第二次押韵的韵脚是第二调 van^{31}（天）和 pan^{31}（成），平仄轮换，也是将壮语入声（促声调）看成仄类的。（李方桂1970：171）这是saeg和naet被德保壮剧艺师看作仄声押韵的原因。

小结2：

韵部使用	一韵到底	重字押韵	转韵	邻韵	其他
北路壮剧	位置不论	允许	常见	常见	无
南路壮剧	脚—脚押韵	忌	常见	常见	讲平仄

[①] 蓝宏：《中国传统壮剧剧作集成·田林卷》（上册），南宁：广西民族出版社，2013年。

三、壮剧南北路唱词押韵特点与当地民歌有关

除了上文讨论的平仄轮换押韵，壮剧唱词的其他特点也都可以在壮族民歌里找到。

1. 对重字押韵的解释

壮剧是在壮族民间文学、歌舞、说唱艺术的基础上发展形成的。如北路壮剧，是起源于田林县旧州镇的壮族八音坐唱，八音班将旧壮族山歌调加以改进，名之为【平调】，后来继续完善，成为看家唱腔【正调】使用至今，旧州山歌调＞【平调】＞【正调】，脉络清晰。在编立于清康熙二十年（1681年）的平调唱词《太平春》里，重字押韵俯拾皆是。如：

楼國戲保瞞，	Raeuz gueg heiq bauj mbanj,	咱唱戏保寨，
楼國問保朋，	Raeuz gueg vuen bauj bwngz.	咱唱歌保村。
保海瞞楼全，	Bauj hawj mbanj raeuz sonz,	保给咱寨震，
問海朋楼冷。	Vuen hawj bwngz raeuz lwngq.	唱给咱村富。

这四句，除了重字复沓构成押韵，再无其他韵脚。《太平春》里的唱词，据闭克坚艺师演示，用正调、平调、旧州山歌演唱，都合乎韵律。可见，田林北路壮剧的重字押韵早已习以为常，而且是与当地壮族山歌一脉相承的。

2. 对邻韵的解释

据苏朝甫艺师介绍，严格说来，南路壮剧韵脚须是同韵同声，即韵母相同、声调相同，因此，创作唱词有一个口诀是问字要音。但是，目前南北路壮剧都有押邻韵、声调不同、平仄通押等现象，如上文所引【采花调】raix 和 moiz 押韵就是这样。个中原因，编剧人员水平和理念不一致是一方面；另一方面，也需考虑到唱词是用于歌唱的，口语中相近的两个音，在调子节拍的处理下，能够趋同。如 raix 和 moiz，可以拉长 i 音，使两者趋同。南路壮剧的唱腔唱腔，如【平板】＜【末伦调】＜生巫调＜坐巫调[6]，许多也是源于壮语南路方言民歌。民歌也是用于歌唱的，李方桂先生（1970）的德保壮族山歌材料是在1935年调查的，当时已发现用韵也很宽，如 an 跟 am，om 押韵等……女唱第六句末字似乎也不入韵（李方桂1970：174），邻韵由来已久。壮语歌诗创作未曾像汉诗那样有权威的韵书指导，同韵同声可能只是唱词创作者所自发追求的理想效果。

3. 对脚—腰押韵的解释

壮剧唱词的腰脚韵与民歌一样，这点早已引起学者的兴趣。刘龙池先生（1986）讨论壮剧唱词与壮族民歌具有相同的艺术风格时，首先就是对比唱词和民歌脚—腰押韵的风格特色，发现壮剧唱词在音韵上之所以具有这一特点，是由壮族民歌曲调演变而来的壮剧唱腔音乐的独特格式所决定的。韦苇先生（1986）在介绍七言壮歌时，甚至直接举南路壮剧【叹调】为例，认为每句的末字都和下句的第五字押腰脚韵，而且音高也相同……这种歌别开生面，独具一格，成排地唱下去，壮语叫"欢排"。可以看出，壮剧唱词与壮族民歌的脚—腰押韵，是不分彼此、没有界限的。

综上所述，壮剧南北路的押韵特点，既有大致上的相同，又各有一些自己的特色，这与两者各源于壮语南北方言民歌，吸取了各具特色的壮族民歌风格有因果联系。

【参考文献】

[1] Ciengh Cuengh MBAEUJ BAUJ（壮剧宝葫芦）[M]. 南宁：广西民族出版社，1982.

[2] 黄岚.传扬美德(复印本),2012.

[3] 李方桂.天保土歌:附音系[A].李方桂著,丁邦新译.李方桂文集2:侗台语论文集[C].北京:清华大学出版社,2011:162–181.

[4] 刘龙池.壮族戏曲唱词的民歌风格[J].民族艺术,1986(4).

[5] 蓝宏.中国壮剧传统剧作集成·田林卷(上册)[M].南宁:广西民族出版社,2013.

[6] 韦苇.腰脚韵壮歌浅析[J].民族艺术,1986(4).

[7] 阎齐雄.壮语与壮剧[J].民族艺术,1986(4).

[8] 张艺.靖西南路壮剧的唱腔音乐特点[J].中国音乐,2010,(3).

下南乡毛南族稳定使用毛南语的成因探析

李胜兰[①]

我国是一个民族文化多元化的国家,其中53个少数民族约6000万人都有自己的语言,22个少数民族约3000万人在使用着28种本民族的文字。少数民族语言是少数民族的重要交际工具,也是民族文化的载体、民族情感的纽带,更是国家宝贵的非物质文化资源。但随着全球化、工业化和城市化的深入发展,我国一些弱势少数民族语言的传承面临着巨大挑战,不少民族的语言已成为濒危语言。因此从落实少数民族权利和保护文化多样性的角度出发,我们必须加强对濒危语言的研究,特别是要切实加强对濒危语言有效保护措施的探索。

半个多世纪以来,环江毛南族自治县下南乡的通用语毛南语在强势语言汉语、次强势语言壮语的冲击下已经出现衰退的迹象。但是,目前毛南语仍然是下南乡毛南族内部最主要的交际语言。通过实地调查研究,我们发现毛南语在下南乡得以传承和发扬的主观原因是毛南族群众的母语习得和母语意识,以及强烈的宗族意识及宗教仪式凝聚产生的高度民族自豪感,客观原因是大杂居小聚居的族群高度聚居特点、经济模式和国家少数民族语言政策,这种大杂居小聚居带来的相对封闭和保守的语言生态有利于毛南语在相对封闭的系统里传承延续。

一、族群高度聚居是毛南语稳定使用的客观条件

民族聚居型社区对少数民族语言的保护作用提醒我们,聚居对于一种文化的产生和保存是具有重要意义的,尤其是在面对优势文化的时候更是如此。下南乡毛南族大杂居小聚居的族群高度聚居模式对毛南语的稳定使用起着非常重要的保护作用。

(一)下南乡人口特点

下南乡位于环江毛南族自治县西部,全乡总面积278平方千米,下辖11个行政村,全乡共243个村民小组,4619户人家,耕地面积16200亩,是全国唯一的毛南族聚集地,也是环江毛南族自治县的主体民族乡。

根据下南乡乡政府提供的最新人口统计数据(2010年),全乡总人口为19307人,其中壮族123人、汉族39人、苗族2人、瑶族4人、布依族2人、水族2人、侗族2人,其余的人都是毛南族,毛南族占全乡总人口的99%。从统计数据看,毛南族占全乡总人口的比例高达99%以上。下南乡的绝大部分人都是毛南族,这种高度聚居的居住状态,为毛南语的传承提供了重要保障。

(二)下南乡的人口分布

从下南乡人口的分布来看,毛南族的分布毫无疑问地呈现出高度聚居的状态。下南乡有11个行政村,

[①] 李胜兰,女,湖南邵阳人,广西民族大学外国语学院教师。

其中8个村的毛南族家庭户数占全村户数是100%，其他三个村的占比也都超过了99%，最低为99.3%，平均比率高达99.6%。也就是说，毛南族在下南乡的人口分布具有高度聚居的特点。

(三)新情况对下南乡人口分布的影响

随着社会经济的发展，族际婚姻有逐渐增多的趋势，但族际婚姻的存在没有改变下南乡毛南族人口分布的高度聚居性。在11个行政村的5526户家庭中，族际婚姻家庭数是238户，所占的比例为4.3%。下南社区属于商贸活动比较频繁、各方面交流比较多的村，因此族际婚姻家庭是最多的，占到了5%；族际婚姻家庭占比最小的是玉环村，只有1.5%。整个下南乡，只有4个村有非毛南族家庭，而且全乡的非毛南族家庭只有5户，对全乡的影响几乎可以说是忽略不计。从这些数据我们可以看到，一方面是族际婚姻家庭较少，对毛南族聚居的总体格局影响不大；另一方面是族际婚姻家庭分布上呈分散状态，嫁入（入赘）的外族人在生活、劳动中每天所接触的都是毛南族人，大部分人经过三五年的毛南语语言环境的熏陶，都能说一口流利的毛南语；少数不能说的也能听懂一些，并且很快就能融入到毛南族社会中，成为毛南族大家庭中的一员。

上面的数据和事实表明，下南乡的毛南族人口分布具有高度聚居的特点，族际婚姻和非毛南族家庭没有对此产生根本影响。下南乡虽还有少量壮、汉、苗、瑶等其他民族居住，但由于毛南族人口在全乡中占绝对优势，在民族关系中处于主导地位或优势地位，这种民族关系决定了毛南语成为该地区通用语的重要条件。大多处于散居和杂居状态的民族，受其他语言影响和侵蚀，明显呈衰变状态。族群高度聚居创造了一个本族群文化、语言、传统的循环圈子和封闭环境，使得社区居民得以在本族群文化氛围内成长，接受潜移默化的影响，这为毛南族人提供了母语使用的广阔空间，是毛南语能够长期完整留存下来的客观条件。

二、母语习得和母语意识是毛南语稳定使用的先决条件

家庭是母语保存的重要堡垒，语言的连续依赖家庭成员间的潜移默化和精心教育，尤其是对下南乡的毛南语来说，它的传承很大程度上是依赖母语习得和家庭语言环境的影响。

(一)母语习得的先天环境

毛南族人重视本民族语言的传承。在下南乡，家庭一直是毛南语使用最充分、最频繁的场所。毛南族的家长们让孩子从小就说毛南语。我们于2011年11月到下南乡做实地考察，看到那里的毛南族家庭全都使用毛南语交际，一家男女老少都会说毛南语，乡里的青少年也几乎全都会说毛南语。毛南语是下南乡的通用语。在村里，居民交谈用毛南语；集市贸易中使用的语言主要也是毛南语，间或杂以壮语或汉语；村里开会时也用毛南语，只是在传达文件时用汉语（桂柳话，下同），乡里的干部正式开会时说汉语，但在会下交谈仍用毛南语。下南乡波川村村委副主任谭合教（53岁）告诉我们：无论是在家里、集市还是参加民俗活动时，他们主要是讲毛南话，只有在会传达文件或遇到别人听不懂毛南话的情况下，才改用其他语言。

毛南语是学生使用最普遍的交流语言。下南乡的中小学，学生们在校上课时用普通话，课后，同学之间、师生之间交流都用毛南语。根据我们对下南乡毛南语中心区四个年龄段居民进行的毛南语500词水平测试，我们发现毛南语的传承是非常稳定的。28岁以上的10名被调查者全都能够熟练使用毛南语，他们的毛南语词汇A和B级合起来都达到了90%及以上。对乡中心小学一年级和下南中学初中三年级的毛南族学生进行母语能力测试，结论是他们也都能说较完整的毛南语。9至11岁的学龄儿童的毛南语词

汇掌握程度也比较乐观，在接受调查的6个9至11岁的学龄儿童中，有4个学龄儿童的毛南语词汇A和B级合起来都达到了60%以上。总的来说，毛南语在不同年龄段中都在稳定使用。近二十年以来，虽然家庭内部的汉语教育受到重视，出现了一些以汉语为第一语言的少年儿童，但是大多数家庭内部的用语依然是毛南语，或以毛南语为主。下南乡宿邦村谭蕲（12岁），现在下南乡中心小学读六年级，他说，虽然他妈妈是壮族，他也学会了壮语和普通话，但是他平常基本都是用毛南语和家人、邻居、同学交谈的，因为村里人都说毛南语，他妈妈也学会了。在学校，除上课用普通话之外，课间都是用毛南语和老师、同学交流的。

良好的母语环境是毛南语能够顺利实现代际间语言传承的重要保证，通用语的交际地位又使得毛南语的稳定使用在日常沟通中得到强化和保持，这两者无疑都利于毛南语的稳定使用。

（二）母语意识的社会强化

毛南族人民认为不说毛南语是件羞耻的事，会被人看不起。毛南族使用自己的母语进行交际会有一种亲切感与认同感，因此，他们不管是大人还是小孩，不管是有知识的文化人还是没上过几年学的农民，都愿意说本民族的语言。下南乡波川村谭琴培（15岁），现就读于下南中学，她说她们学校80%以上的同学都是毛南族，和本民族同学说自己的母语毛南语使她感到非常亲切。

下南乡毛南族的母语意识还表现在：即使是走出下南乡，去外地打工或念书的下南乡毛南族，依然坚持说毛南语。下南乡下南社区的村民谭海棠（29岁），10岁以前在下南，后来一直在外读书，还曾在广东惠州当兵几年，退役后在环江县城工作，只是逢年过节才回老家，但是回家后还是会讲毛南话，因为老人家只会讲毛南话，交流起来比较方便。他认为外出工作的人回家不讲毛南话有点忘本，会显得有些另类和做作。

同时，外出念高中、大学的毛南族学生仍然有着强烈的母语意识，对自己的母语毛南语有着深厚的感情。据下南乡中心小学教师覃雪芬（28岁）介绍，她外出读书超过6年，由于自己的母语是毛南语，在家也是用毛南语交流，外出读书回来后，对本民族语言没有出现任何生疏感，这从我们对她进行毛南语的测试中可以看出来。

下南乡中南村下南中心小学教师谭耀作（40岁）说："我的第一习得语是毛南语，虽然后来读书时又学会了壮语、桂柳话和普通话，但平常在与家人和邻居交谈时我还是会说毛南话，甚至在教学过程中，学生听不懂普通话时也是用毛南话翻译，因为学生们从小就会很熟练地用毛南语交谈。我们毛南族人都认为，说壮话的毛南族不是正宗的毛南族。"

从上述事例中可以看出，母语习得和母语意识的强化作用是毛南语稳定使用的先决条件，潜移默化的语言习得和通用语的交际功能使得毛南语在下南乡得以稳定使用。

三、民族凝聚力是毛南语得以保存的主观条件

民族意识是对民族身份、民族文化等方面的一种自觉认同心理。毛南族对民族身份的唯一性以及传统文化的源远流长充满了自豪感，对母语的传承、使用与发展表现出极大的关注。毛南族稳固的民族意识对毛南语的稳定使用起到了重要作用。

（一）强烈的宗族意识

毛南族人强烈的宗族意识体现在修编宗谱的高涨热情上。他们普遍认为，修缮宗谱是为了弘扬先德、沟通未来、精诚团结、惠今益后的大事。凡是有些文化的家庭，都会有一个本子，专门记录自己的家谱

和族谱。家中老人去世，子女要办的第一件事就是为死者树碑立传。

　　毛南族的姓氏主要有谭姓、覃姓、蒙姓、卢姓等，其中以谭姓人数最多，约占毛南族总数的八成以上。近年来，毛南族覃姓、蒙姓、谭姓等部分姓氏先后编著成了他们姓氏谱牒。以谭姓为例，谭氏宗谱于2003年6月24日开始成立编写委员会，于2004年10月脱稿付梓，历时16个月，是至今毛南族姓氏编著最为完整的族谱之一。参与编著的人包括退休的政府机关领导干部、学校教师，还有农民，他们通过广泛实地调查采访，获得了许多第一手资料和毛南族各村屯宗支珍藏的家谱手抄本和祖宗牌位、碑文的记载。在毛南族谭氏谱牒编著的过程中，有众多单位和毛南族同胞参与了谱牒的编写与校对工作。

　　除了强烈的宗族意识外，毛南族还用祭祀仪式来联系族人。在各家厅堂里都会有祖宗的纪念牌，每逢节庆日或杀牲宰畜都要在牌位前焚香烧纸，敬献祭品。即使是在外地他乡，只要是清明节人们都会回家祭拜祖先。毛南族的这种稳固的宗族意识，必然会把标志民族身份标志的母语放在重要位置。

（二）强烈的文化认同感

　　毛南族的傩戏，把毛南族人紧密联系在一起。毛南族傩戏肥套，源于原始宗教祭祀活动，源于汉中原傩，它主要体现在毛南族人民的还愿傩舞，毛南语叫肥套。新中国成立以前，它是毛南族民间规模最大、最普通的一种敬神祭祀活动。毛南族傩戏在其发展的过程中，曾历经多次灾难和洗劫，特别是"文革"期间，师公被揪斗，面具、唱本及道具服装被收缴焚毁更是毛南族傩文化的一次特大的劫难。20世纪80年代开始，毛南族肥套又渐渐活跃起来。特别是在90年代以后有了很大的发展。现仍活跃在下南乡的傩戏班子就有5个，可见毛南族人民对肥套有着坚定的信仰。

　　凝聚毛南族人的还有共同的节日文化。分龙节，是毛南族一年一度最隆重的传统节日。毛南族人民根据自己的宗教意识，认为每年夏至后的头一个时辰（龙）日，是水龙分开之日，水龙分开就难得风调雨顺，所以要在分龙这一天祭神保禾苗，相沿而成为传统的农业祭祀节，称为"分龙节"。20世纪初之前，每年过节，人们都先聚众于庙堂内外活动，故又称为"庙节"。供奉祖先诸神之后，即请亲友赴宴，共度节日。青年男女则相邀于水边、山上山下阴凉处，对歌游戏，约会诉衷肠，尽情欢乐。时至今日，分龙节的庙祭已经逐步废除，家祭家宴亦逐渐简化。但群众性的文化娱乐活动仍然保留，多以多姿多彩的民族文艺表演等形式取代了过去那种神秘色彩，并丰富和充实了许多健康内容，目前仍然是毛南族最重要的欢庆节日。在这些节日中，归属感得到进一步强化，语言也得以传承和发扬。

四、毛南族经济模式是毛南语稳定使用的物质条件

　　下南乡总面积278平方千米，主要以农业为主，全乡耕地面积16200亩，其中水田10545亩，旱地5655亩，种植主要以大米为主，玉米、黄豆次之。2007年，下南乡农业产业结构调整取得显著成效，地方特色经济初具规模。在仪凤村至波川、下南至玉环、中南至下塘3条公路旁建立通道经济农业综合开发示范带，全年农业生产总值达7056万元。坚持以牛兴乡的发展战略，在确保粮食增产丰收的同时，实施以种草养牛为主的产业结构调整，在仪凤、中南、下塘等村公路两旁建立了500多亩的林草混交退耕还林还草养牛示范带。牧草面积达3800亩，牛存栏10018头，养牛业走上了产业化经营之路。另外，下南乡桑园面积3200亩，甘蔗种植面积1100亩，果园面积达865亩。

　　传统农业的封闭性有利于语言的传承。从上面的介绍我们可以看到，下南乡的农业主要是集中在传统种植业和家庭式畜牧业两个方面。传统种植业主要是种植水稻，水稻是需要大量劳动力的。在下南乡毛南族地区，现在仍然一直保留着换工的习俗。换工就是指每年从春耕到秋收，几家几户合作互助做农活，一般是男工换男工，女工换女工，不需要支付报酬，只需要丰盛的菜肴招待即可。换工不仅提高了

生产效率，更促进了族民的交流和沟通，促进了语言的发展和传承。

随着经济社会的发展，下南乡的农业生产方式也有了很大的改进，但是传统种植业和家庭式养殖业的经济模式没有根本转变，这有利于保持毛南族人村落的格局和人口的稳定，也有利于毛南语的稳定使用。

五、国家少数民族语言政策是毛南语稳定使用的外在政治条件

我国宪法规定各民族都有使用和发展本民族语言文字的自由，这从根本上保障了各少数民族都可以根据自己的条件和意愿使用和发展本民族的语言和文字。毛南族虽然是一个人口较少的民族，但同全国其他少数民族一样享有国家民族语言政策所赋予的权利。自1954年成立毛南族自治县以来，国家积极支持毛南族保持传统文化、风俗、习惯以及语言，环江毛南族自治县也大力扶持下南乡经济社会的发展，特别是在提干、招工、入学等方面给予了优惠政策，这大大增强了毛南族群众的民族自豪感和凝聚力。

早在新中国成立初期就在下南乡设立了文化站和图书馆。下南乡文化站在最近几年得到了更多的重视和更大的发展，新建了民族民俗文物展览室、室内娱乐活动室、民族民俗文化传习馆等。这些扶持政策和设施建设，不仅方便了毛南族群众的文化活动，增强了毛南族群众传承语言文化的意识，还大大增强了毛南族群众的民族自豪感。国家民族语言政策是毛南语稳定使用的有利保障，是半个多世纪以来毛南语能够较完整保留下来的外在政治条件。

六、结语

语言是人类进化的产物，本源上也是生物多样化的结果。少数民族语言的传承是一个复杂多元的过程，牵涉到其中的因素颇为繁杂。人们在研究少数民族语言传承的影响因素时通常从宏观或微观两个方面入手。本文是从主观、客观两方面来入手，分析了毛南语得以稳定使用的条件和因素，从中发现族群高度聚居是毛南语传承的关键；母语习得和母语意识、宗族意识和文化认同、经济模式和少数民族语言政策，都要依赖族群高度聚居才能得以真正地落实。张普（1999）指出一切正在使用的语言都是活着的语言，一切活着的语言都是有生命的语言，一切有生命的语言都是有生命力的，都有自己的生态和生态环境。从这个角度来说，族群高度聚居是维系语言传承的纽带，是保护濒危语言的重要基础。这对如何更好地保护濒危语言具有重要的启示意义。

【参考文献】

[1] 戴庆厦主编.基诺族语言使用现状及其演变[M].北京：商务印书馆，2007.

[2] 戴庆厦主编.中国少数民族语言使用现状及其演变研究[M].北京：民族出版社，2010.

[3] 戴庆厦，张景霓.濒危语言与衰变语言——毛南语语言活力的类型分析[J].中央民族大学学报，2006（1）.

[4] 范俊军.我国语言生态危机的若干问题[J].兰州大学学报（社会科学版），2005（6）.

[5] 裴竞超.生态环境下的语言生态面面观[J].河北工业大学学报（社会科学版），2010（3）.

[6] 郝亚明.论民族居住格局对少数民族语言传承的影响——以乡村蒙古族为例[J].学术探索，2011（4）.

[7] 王远新.论中国民族杂居区的语言使用特点[J].民族语文，2000（2）.

[8] 韦树关.中国濒危语言研究新进展[J].广西民族大学学报（哲学社会科学），2006（5）.

[9] 张景霓.毛南语动词研究[D].中央民族大学博士学位论文，2006.

汉语史研究

南朝文学文献字词的外相与本真

——以《谢宣城集校注》为例

肖 瑜[①]

自西晋永嘉南渡，中原人文，泽被江左，名家名作，层出不穷。在这些作品流传的过程中，作为外相的字词不断被更改，而其本真面貌则随时间推移，被层层掩盖。如何突破变异后的字词外相，直达作品的字词本真面貌，是当代整理者在从事南朝文学文献整理与研究时必须思考的问题。而如果处理得不好，一遇到诠释学与校勘学的纠纷就难免陷入误区，诠释学的问题往往被当成校勘学的问题加以处理。[②] 当然，也有只站在诠释学的角度思考，而完全不顾校勘原则的情况。

本文尝试结合文字、音韵、训诂与古代文化，对《谢宣城集》中三处变异的字词进行讨论，谈一点粗浅的想法。

本文所据，系中国古典文学丛书之一的《谢宣城集校注》（后简称《谢集校注》），由曹融南先生校注集说，1991年11月由上海古籍出版社出版第1版，2007年9月第3次印刷。

据《谢集校注》凡例，该书赋、诗以吴骞拜经楼正本为底本，文以严可均校辑《全齐文》为底本，同时对校谢集旧刻涵芬楼影印明依宋钞本（简称"涵芬本"）、万历己卯览翠亭刻梅鼎祚序本（简称"览翠本"）、万历间汪士贤校刻本（简称"万历本"）、康熙丁亥郭威钊序本（简称"郭本"）等；参校《文选》、《玉台新咏》、《古文苑》、《乐府诗集》、《三谢诗》、《诗纪》、《汉魏百三家集》暨李兆洛《骈体文钞》、王闿运《八代诗选》、丁福保《全汉三国南北朝诗》等总集和《艺文类聚》、《初学记》、《太平御览》、《文苑英华》等类书。上述工作为本文的追寻字词本真面貌提供了很多线索。

本文用例证说话，结合南朝时期的诗文用韵特点、字词使用习惯以及古代文化，尝试还原南朝文学文献之一《谢宣城集》的三处字词本真面貌。

一、"睿智"抑或"睿哲"？

《思归赋并序》大明廓以高临，吹万忻而同悦；跨神皋之沃衍，奉英藩之睿智。承比屋之隆化，踵芳尘之余烈。怀龌龊之褊心，无夸毗之诞节；竟伊郁而不怡，赖遐讨于先哲。（《谢集校注》卷一，第15页）

曹校：〔智〕原注：近刻作哲。按下有"赖遐讨于先哲"，必不复用，疑"智"可读"哲"，如《逸周书》之誓亦通哲野。涵芬本、张本、郭本并作哲。（《谢集校注》卷一，第16页）

瑜按：原注指吴骞刻本中的双行小注。其他诸本中的哲，因吴氏所据祖本用字面貌与近刻各本相异，故在吴本中作智。吴骞根据下文韵脚字出现哲，根据韵脚字不重复出现的预设，推断智是哲的通假字。曹氏《谢集校注》采用了吴本用字。

[①] 肖瑜，男，广西大学文学院副院长、教授。
[②] 吴金华，崔泰勋：《中古语词的异化与还原——以〈徐陵集校笺〉为例》，载自《汉语史学报》2010年第9期，第129页。

若按近刻及涵芬本、张本、郭本，"智"原为"哲"字，的确违背了韵脚以不重复为原则①这一规律。吴骞怀疑韵脚必不复用，疑"智"可读"哲"，似可备一说。

但从南朝诗文用韵的角度来看，笔者认为哲字更符合《思归赋》的原貌。赋是韵文的一种。《思归赋》属于六朝时期的俳赋（又叫"骈赋"），多是五个韵脚以上才换韵[2]P1365。根据周祖谟先生的研究，齐梁陈隋时期韵文押韵的部类比前代刘宋时期更加细密。周先生特别指出：在齐梁时期的韵文里，谢朓、沈约审音最细，用韵最严。②

依《谢集校注》的文字面貌，睿智所涉该韵段的五个韵脚字为"悦智烈节哲"。其中"悦烈哲"在《广韵》中属入声薛韵，"节"为《广韵·屑韵》入声字。周祖谟先生研究表明，齐梁时期屑部包括屑薛两韵③。本诗的实际用韵中，"悦烈哲"（《广韵·薛韵》）和"节"（《广韵·屑韵》）在当时还同属于一个韵而没有细分出来。而"智"为去声字，属《广韵·寘韵》，在这个韵段中出现是于韵不协的。这种低级错误，料想不应该出现在以审音最细出名的谢朓作品中。

那么，这一版本异文到底是怎么产生的？下面笔者尝试探讨该问题。

古书训释中，"哲、智"常相为训释，如：

《尔雅·释言》：哲，智也。

《方言·卷一》：党、晓、哲，知也。楚谓之党，或曰晓，齐宋之间谓之哲。

《说文·口部》：哲，知也。段玉裁注：古"智"、"知"通用。④

自汉代以来，古人常用"知（智）"注"哲"，古书中常见，例多不赘。

由于知（智）与哲同义相注，且用例繁多，所以古书在流传过程中难免出现少数混用现象，略举二例如下：

《尚书·皋陶谟》：知人则哲，《史记·夏本纪》作知人则智。

《经典释文卷第十四·礼记音义之四》且哲下注陟列反，徐本作知，音智。⑤

而本文所涉"睿智/睿哲"亦混用之一例。

至于"哲"、"知（智）"互注的原因，古今学者大都认为是声近义通造成的。

马瑞辰通释《诗·大雅·烝民》既明且哲认为"哲"与"知"双声，故通用。⑥

郝懿行《尔雅义疏·上二释言》哲智也条疏云："知"、"智"古字通，"智"、"哲"声相转，经典"哲"亦多作"智"。⑦

钱绎《方言笺疏》认为"知"、"哲"一声之转。⑧

华学诚《扬雄方言校释汇证·卷一》按："知"、"哲"声近义通。⑨

知（智）、哲古舌音双声，而所属韵部各不相同。知（智）上古韵属支部，哲上古韵属月部，二部相距甚远。因此，笔者倾向于认为"哲"、"知（智）"在古籍中更多是义近相通，而恐非声近相通。

---

① 王力：《古代汉语》，北京：中华书局，1999年，第1368页。
② 周祖谟：《周祖谟语言学论文集》，北京：商务印书馆，2001年，第181页。
③ 周祖谟：《周祖谟语言学论文集》，北京：商务印书馆，2001年，第195页。
④ 段玉裁：《说文解字注》，上海：上海古籍出版社，1981年，第57页。
⑤ 陆德明：《经典释文》，上海：上海古籍出版社，1985年，第823页。
⑥ 马瑞辰：《毛诗传笺通释》，北京：中华书局，1989年，第1002页。
⑦ 郝懿行：《尔雅义疏》，上海：上海古籍出版社，1983年，第487页。
⑧ 钱绎：《方言笺疏》，上海：上海古籍出版社，1984年，第20页
⑨ 华学诚：《扬雄方言校释汇证》，北京：中华书局，2006年，第9页。

二、"承末"抑或"庶永"？

《临楚江赋》愿希光兮秋月，承末照于遗簪。（《谢集校注》卷一，第40页）

曹校：〔承末〕原作庶永，《全齐文》作承永。依《初学记》改。（《谢集校注》卷一，第40页）

曹注：两句喻示愿随王有秋月之照，不忘故旧。希光，谓希仰光辉。陆机《辩亡论》：志士希光而景鹜。《韩诗外传》孔子出游少原之野，有妇人中泽而哭，甚哀。孔子怪之，使弟子问焉。妇人对曰："乡者刈蓍薪而亡吾蓍簪，是以哀。"孔子曰："刈蓍薪而亡蓍簪，有何悲也？"妇人曰："非伤亡簪，吾所以悲者，不忘故也。"（《谢集校注》卷一，第41页）

瑜按：该条校勘欠妥，存在诠释学与校勘学两方面的问题。试陈管见如下：

第一，从诠释学的角度来看，无论是承末照或承永照，承表接受、承受之义，放在《临楚江赋》中，都可以说得通；但如按照各本原文庶永，放在《临楚江赋》中，同样也说得通。

庶在上古、中古时期常用来表示但愿、希望之义。《尔雅·释言》庶，幸也。《玉篇·广部》庶，冀也。中古时期用例甚伙。如诸葛亮《前出师表》：庶竭驽钝，攘除奸凶，兴复汉室，还于旧都。又如陆云《〈豪士赋〉序》：故聊赋焉，庶使百世少有寤云。再如李密《陈情表》庶刘侥幸保卒余年。

第二，汪维辉先生的研究表明，唐宋类书好改前人用词用语。[1]从校勘学的角度来看，程毅中先生认为类书的引文往往有删节和脱误，也可能有后人臆改的部分，不能过分信赖……不少学者都曾指出，有些类书出于辗转传录，或者所据并非善本，因此不能轻易地据以改动本书。[2]承末，原作庶永，各本均同，唯《全齐文》作承永，《初学记》作承末。《谢集校注》仅据《初学记》改动原书面貌，不妥。

综上分析，笔者认为若要坚持诠释学与校勘学两方面的原则，《谢集校注》应该保留《谢朓集》历代各本的原貌，而毋须依《初学记》改字。

此外，《谢集校注》中希光的注解也值得商榷。笔者认为，"希"与"晞"音同通假，希光即晞光，义即沐浴于光辉。清朱骏声《说文通训定声》云：希，叚借为晞。[3]

稍晚南朝萧梁时期张缵的作品《瓜赋》中也可见类似用例：朝希重阳，夕承朗月，清露湛而宵降，翔风穆以晨发。[4]

而晞光一词两晋南北朝时期常用，例如：

晋陆云《赠顾先彦》诗之四：时过年迈，晻冉桑榆；晞光赖润，亦在斯须。（四部丛刊初编《陆士龙文集》卷三）

晋庾阐《涉江赋》：且夫山川瓌怪，水物含灵；鳞千其族，羽万其名，毛羣诡观，倮类殊形。明月晞光以夕耀，金沙逐波而吐瑛。[5]

晋张载《扇赋》：有翔云之素鸟，体自然之至洁；飘缟羽于清霄，拟妙姿于白雪；俯濯素于河汉，仰晞光于日月。[6]

愿希光兮秋月，庶永照于遗簪这里意指愿意沐浴于秋月的光辉之中，但愿永远照耀到故旧。

---

[1] 汪维辉：《唐宋类书好改前代口语——以〈世说新语〉异文为例》，载自《汉学研究》，2000年第2期，第319-340页。
[2] 全国古籍整理出版规划领导小组办公室：《古籍整理出版十讲》，长沙：岳麓书社，2002年，第186页。
[3] 朱骏声：《说文通训定声》，武汉：武汉市古籍书店，1983年，第611页。
[4] 欧阳询撰、汪绍楹校：《艺文类聚》，上海：上海古籍出版社，1982年，第1505页。
[5] 欧阳询撰、汪绍楹校：《艺文类聚》，上海：上海古籍出版社，1982年，第159-160页。
[6] 欧阳询撰、汪绍楹校：《艺文类聚》，上海：上海古籍出版社，1982年，第1213页。

三、"琢玉"抑或"瑑玉"？

《奉和竟陵王同沈右率过刘先生墓》嘉树因枝条，琢玉良可宝。若人陵曲台，垂帷茂渊道。善诱宗学原，鸣钟霁幽抱。仁焉徂宛洛，清徽夜何早。岁晚结松阴，平原乱秋草。不有至言扬，终滞西山老。（《谢集校注》卷四，第300页）

曹校：琢原作瑑，涵芬本同。依《诗纪》、万历本、张本、郭本、《全齐诗》改。（《谢集校注》卷四，第301页）

瑜按：本条《谢集校注》的问题在于以校勘原则处理诠释问题。试条陈如下：

琢玉与瑑玉，本来是一个诠释学上的问题，但由于字形相近，又发生了校勘方面的关系。

第一，来自诠释学方面的数据。琢玉，只是经过雕琢的玉石。而瑑玉则不同。《说文·玉部》：瑑，圭璧上起兆瑑也。春秋时期常用瑑圭、瑑璋、瑑璧、瑑琮等来作为王者朝聘时用的礼器。《周礼·春官·典瑞》：瑑圭璋璧琮。郑玄注引郑司农曰：瑑，有圻鄂瑑起。林尹《周礼今注今译》中注：瑑，刻文隆起以为饰也。①

黄以周《礼书通故·卷第四十九·名物二·玉》②中描摹了瑑圭、瑑璋、瑑璧、瑑琮的图版，分别如下：

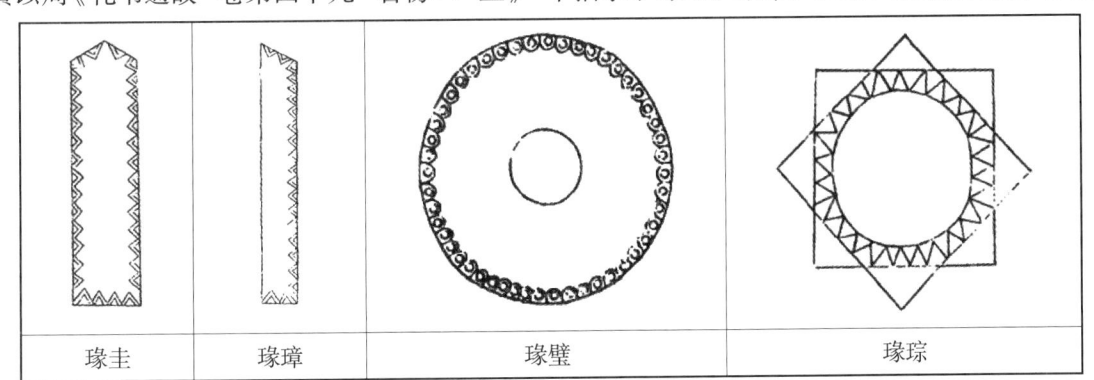

| 瑑圭 | 瑑璋 | 瑑璧 | 瑑琮 |

西汉时，瑑已可引申表示指雕刻瑑纹或文字。如《汉书·董仲舒传》：或曰良玉不瑑，又曰非文无以辅德，二端异也。颜师古注：瑑，谓雕刻为文也，音篆。

第二，来自校勘学方面的证据。由于"瑑"和"琢"字形相近，意义也相近，所以在古籍刻本中常常出现讹混。

如《汉书·卷五十六·董仲舒传》夫不素养士而欲求贤，譬犹不瑑玉而求文采也。四库全书本注云："宋祁曰：景佑本'瑑'作'琢'，当从此本"。张元济《百衲本二十四史校勘记·汉书校勘记》所据宋本作"琢"，殿本、北监本、汪文盛本、大德本、汲古阁本作"瑑"，其批注曰：与宋（祁）云景佑本合。③

由此看来，《谢集校注》本无需违背校勘原则，改"瑑"为"琢"。吴骞底本瑑玉，在谢宣城诗中也可讲通，与琢玉相比，诗意孰高孰低，属于诠释学范围的问题。

---
① 林尹：《周礼今注今译》，北京：书目文献出版社，1985年，第218页。
② [清]黄以周：《礼书通故》，光绪黄氏试馆刻本。
③ 张元济：《百衲本二十四史校勘记·汉书校勘记》，北京：商务印书馆，1999年，第146页。

现行二十部古代汉语教材编写体例类析

汪业全[①]

一、引言

教材是根据教学大纲和实际需要为师生教学应用而选编的材料，是教学活动的基本遵循。教材建设是提高教学质量、深化教学改革的基础性工作。加强教材方面的研究，对于改进教材编写质量、推动教材建设具有重要的支撑引领作用。本文选取若干现行古代汉语教材，讨论其编写体例，在归纳其体例类型的基础上进行分类比较，希望能够为古代汉语教材的使用与编写提供参考。

关于体例，《现代汉语词典》的释义是：著作的编写格式；文章的组织形式。《汉语大词典》有三个义项：义项①与《现代汉语词典》释义相同；义项②释为纲领制度与内容细则；《辞源》也有三个义项：义项为纲领和细则；义项为编写格式。比较而言，《辞源》的释义更具概括性。所谓纲领，是指起指导作用的原则，就教材而言，至少有两层含义：一是教材适用课程的性质与教学目的、教材核心概念的界定等根本性原则，二是教材主体内容的选定与总体构架的安排等方面的基本原则。前者堪称教材的灵魂或主脑，后者可谓之教材的躯干。所以，体例不但涉及形式，还关乎内容；既有微观的细则安排，更有宏观的纲领指引。本文先从宏观层面上归纳古代汉语教材的体例类型，主要是那些贯穿于教材各基本单元的内容模块及秩序，再类比分析各内容模块的构成异同与细节问题，重点关注那些具有特色的、独创性的方面。

笔者选取目力之所及的国内现行十八部古代汉语教材进行体例分析。它们是：王力《古代汉语》（校订重排本，中华书局，1999），郭锡良等《古代汉语》（修订本，商务印书馆，1999），曹翠云编著《民族院校古代汉语读本》（中央民族大学出版社，2010），张世禄《古代汉语教程》（重订本，复旦大学出版社，2005），荆贵生《古代汉语》（第3版，武汉大学出版社，2011），沈祥源《古代汉语》（武汉大学出版社，1998），宋学农等《古代汉语》（山东大学出版社，1999），王彦坤等编《古代汉语教程》（第2版，暨南大学出版社，2011），蔡正发、熊兴《古代汉语》（云南大学出版社，2004），洪波《立体化古代汉语教程》（高等教育出版社，2005），汪启明、张文国等《古代汉语》（四川出版集团巴蜀书社，2006），胡安顺、郭芹纳《古代汉语》（第2版，中华书局，2007），殷国光、赵彤《古代汉语》（中国人民大学出版社，2009），周及徐《新编古代汉语》（中华书局，2009），施向东、冉启斌《古代汉语基础》（北京大学出版社，2010），俞理明、雷汉卿《古代汉语》（重庆大学出版社，2010），蒋冀骋《古代汉语》（湖南大学出版社，2011），董志翘、杨琳《古代汉语》（武汉大学出版社，2012），宋绍年《古代汉语》（高等教育出版社，2012），毛远明、陈志明《新编古代汉语教程》（北京师范大学出版社，2013）。

这些教材当然不是高校现行古代汉语教材的全部，但数量已经可观，基本上能够反映目前古代汉语教材的各种体例类型及其主要特点。我们没有从中选取几部反映不同体例类型的有代表性的教材加以论列，是考虑到不同体例类型的教材固然有其特点，而同一体例类型的不同教材，亦各有其特点。实际上，

[①] 汪业全，男，广西民族大学文学院教授。

很难找得出两部完全一模一样的教材。在我们看来,只有全面分析对比各种体例特征,才能具体而深刻地了解和把握当前古代汉语教材体例方面的现状。

二、二十部古代汉语教材编写体例类型

王力先生主编的《古代汉语》第1版于1962年11月出版,是新中国成立后首部也是唯一的一部由国家高等教育主管部门组织力量编写、全国通用的古代汉语教材。教材的编写者从一开始就把培养学生阅读古书的能力作为古代汉语教学的目的,并以此指导古代汉语教材的编写。第1版序指出:必须把文选的阅读与文言语法、文字、音韵、训诂等理论知识密切结合起来。这是王力先生关于古代汉语教学的基本思想,也是王力先生古代汉语教材编写的基本思想。在这一基本思想指导下,教材内容把文选、常用词、古汉语通论三部分结合起来(序),即采用文选、常用词、通论三结合的体例。其实,该体例在1959年、1960年的北京大学古代汉语讲义(王力《古代汉语》教材编写的基础)就业已形成。王本教材初版后几经修订,但文选、常用词、通论三结合的编写体例一直未变。王本教材问世已逾半个多世纪,以其编者之精干、质量之精良而享誉学界,一直作为众多高校古代汉语课程首选教材,其文选、常用词、通论三结合体例亦因此深入人心。

郭锡良主编的《古代汉语》是继王力先生《古代汉语》之后又一具有全国声誉和广泛影响的古代汉语教材。该教材初版于1981年,80年代后期开始着手修订,1991年修订本告成,现在通用的是1999年商务印书馆对前此修订本的改版,对内容仅作了一些小的修改(改版说明)。郭本教材遵循王力先生一贯倡导的文选阅读与古汉语理论知识相结合的古代汉语教学的基本思想,重视感性知识和理性知识的结合,把文选和古代汉语常识摆在同等重要的地位(序)。在教材内容选编和安排上,郭本原则上坚持了王力先生首创的文选、常用词、通论三结合体例,又有所创新,比如,将常用词改为词义分析举例。这一改动使得常用词的教学具有了方法论意义。另外,郭本的修订本增加了六套练习。最终,郭本教材采用了文选、通论、常用词、练习四结合的体例。

《民族院校古代汉语读本》为曹翠云编著。这是笔者目及的十余部现行古代汉语教材中唯一一部以一人之力编著的教材。该教材为中央民族大学中国少数民族语言文化教育边疆史地研究创新基地文库《中国少数民族汉语教学系列丛书》中的一种,是在其原作《大学古文诗词选译附图》(1990年出版)基础上修订而成的。编者针对少数民族学生学习古代汉语的实际情况,从王力先生《古代汉语》等教材中精选若干名篇及其注释,修订时又增加了反映古代少数民族生活的篇章,并作整篇翻译,还在很多译文之后附上古代地图或历史年表等资料。教材最后是古汉语常识,对古汉语语音、特殊语法及文字、词汇作简单介绍,末了为3个图表式附录。全书大体上采用了文选、通论加参阅文献的体例。

张世禄主编的《古代汉语教程》(重订本),为复旦博学·语言学系列教材之一,初版于1991年。从关于文言文的教学与阅读的前言中可以看出,编者是把读懂古典作品作为古代汉语课程教学的一个基本目标,而且,这个古典作品限于文言文。全书按通论与文选分上、下编。通论部分设文字、词汇、语法和音韵四章,不论列文化、历史等非古汉语知识;文选篇目选取先秦至宋代有代表性的篇章,以文言散文为主,按时代结合文体分为六章。为巩固、深化教学内容,强化学生语言实践能力(后记),各章均安排了练习题,末章韵文有4套练习,其他各章2套。教材采用了文选、通论、练习三结合的体例。

荆贵生主编的《古代汉语》初版于1995年,前后修订过4次。该教材内容多,篇幅较长,最多时的第二次修订本达145万字。该教材由全国各地41所院校的48人参与编写,使用范围比较广泛。著名语言学家徐复先生为第二次修订本赐字"多多益善",大概也含有上面的意思。编者认为,学习古代汉语应该采取理论联系实际的方法,即既学习理性知识——常识,又学习感性知识——文选;做练习,既复习了所

学理论知识和感性材料，又学到了理论联系实际的本领（《绪论》）。因此，教材采用文选、通论、练习三结合的体例。

沈祥源主编的《古代汉语》初版于1998年。编者从培养学生阅读古书的能力（前言1页）这一主要教学目的和文言文这一主要学习对象出发，对教材内容进行安排，强调材料和观点、感性认识和理性认识的结合。教材绪论之外，共分18讲。修订本在各讲通论和文选基础上增设了思考和练习，成为文选、通论、练习三结合的体例。

宋学农等主编的《古代汉语》，是为适应本、专科不同办学层次教学需要，以教育部师范院校《古代汉语教学大纲》为依据编写的。全书以通论知识为统领，分工具书的使用、汉字、音韵、古音知识的运用、词汇、实词的活用、虚词用法、句式、训诂常识、古汉语修辞方式、文言断句与翻译等共11章。每章由通论、文选、附录、标准化试题库四部分构成。附录是针对基础理论内容而选取的典型资料，供学生课外阅读来扩大知识面的（说明1页），性质介于文选与通论之间。教材实际上采用了文选、通论、练习、参阅文献四结合的体例。

王彦坤等编著的《古代汉语教程》，系暨南大学中文系国家文科基地系列教材之一，初版于2000年。教材编者赞同王力先生确定的古代汉语课程的性质、教学目的与选文原则——古代汉语是工具课，它的目的应该是培养学生阅读古书的能力，学习先秦典范作品的语言，可以收到溯源及流、举一反三的效果，并据此决定教材内容的取舍与体例安排。文选方面，一半以上文选取自先秦，尤重儒家十三经的选录，同时也选了少量的中古近代白话文、魏晋辞赋、不同时代语言学文选；通论方面，除了文字、词汇、语法及修辞、音韵等基本内容之外，还安排了古籍、古注、避讳及汉语史的基础知识。全书分7个单元，各单元由通论、文选和练习三部分组成，也就是文选、通论、练习三结合的体例。

蔡正发、熊兴主编的《古代汉语》是一部地方特色鲜明的教材。该教材与内地其他古代汉语教材迥异的地方是突显了云南地方民族特色：文选篇目中与云南地方少数民族相关的占据大半，而常识部分的书证亦大多出自云南地方少数民族文献。从基本内容构成和大的体例来看，该教材与其他古代汉语教材多有相同，即文选、通论、练习三者结合。这种编排，意在使学习者在掌握古代汉语理性知识与感性知识的同时，接受云南历史文化和民族文化知识的熏陶（编写说明）。该教材融注了编者大半生的教学、科研心得（编写说明），整体上颇具原创性。

洪波主编的《立体化古代汉语教程》为内地首部立体化古代汉语教材。该教材通过纸版、光盘和网络三种媒介相互配合，尝试将现代多媒体网络技术引入古代汉语课堂，实现立体化教学，这是这套教材最大的创新。编者认为，古代汉语课程承担着培养学生古代汉语素养和古代典籍解读能力的教学任务（后记）。编者将培养古代汉语素养与古代典籍解读能力相提并论，甚至摆在更加突出的位置。相应地，在纸本教材内容安排上，每一课都包括语文知识和课文两部分，课文的选篇和注释均以语文知识所介绍的内容为轴心（后记）。洪本（纸质教材）在每课的语文知识后面设置了思考与练习题，强化对语文知识要点的理解和把握；在课文后面设置了预习与练习题，旨在加深课文学习的印象，巩固语文知识部分所学的内容（后记）。关于常用词，编者没有独立出来与语文知识和课文平列，而是通过课文的预习题和文选的注解带出来。举凡没有单列常用词的，都会采取以文带词的常用词教学方式。但洪本的不同之处在于，除了最后三课（语文知识为训诂、文献），其他各课均于课文后的预习与练习题第二题（第十课韵文为第一题）列示文中出现的常用词及短语。也就是说，洪本对常用词的呈现不过是换了一种方式而已。洪本其实采用了文选、通论、常用词、练习四结合的体例。

汪启明、张文国等编著的《古代汉语》，专供中文、历史专业本科古代汉语课程使用，兼顾部分学生水平较高的高等文科专科学校，也可作为高教自考的参考资料（编写说明1页）。编者意在通过该教材的系统学习，让学习者掌握与巩固古代汉语的基本语音、词汇、语法知识，能借助工具书独立阅读中等难度的古代文言文(编写说明1页)。教材采用文选与通论分册编写的体例,分为读本和纲要两册。读本是教材的文选部分,包括先秦文选、汉唐文选和韵文选3个单元;纲要是教材的通论部分,共分6章,分别讲述文字、词汇、语法、修辞、音韵及其他知识。配合文选的一般只有注释(先秦韵文另外列出韵段韵部);通论在各章节开头提出了本章节的学习重点。

胡安顺、郭芹纳主编的《古代汉语》,2006年初版,次年修订再版。该教材作为教育部高等师范教育面向21世纪教学内容和课程体系改革重点项目的研究成果之一,在坚持理论知识和感性知识相结合的前提下(序言4页),从教材内容到编写体例均加大了改革的力度,体现出自身的特色。编者认为,古代汉语的教学对象只能是古代文言文,因而文选部分只选择了文言散文,白话作品与诗歌一律不收。文选强调源典性,故选文多出自先秦两汉;魏晋以降的散文集中出现在最后的第12单元,乃是为了配合古代文体知识而安排的一组感性材料。各单元除设有思考与练习题,还特别增设了参考文献(目录),为学生的进一步阅读与钻研提供导引与门径。教材采用了文选、通论、练习、参阅文献四结合的体例。

殷国光、赵彤编著的《古代汉语》,题识为21世纪中国语言文学通用教材。编者也是秉持学习古代汉语要把感性认识和理性认识结合起来(前言1页)的理念,以通论和文选为主体。通论介绍学习和掌握古代汉语所必备的基础知识,包括文字、词汇、语法、音韵及古书注解、古书标点和翻译、字典辞书等;文选部分选取春秋至两汉典范的文言篇章。全书分为9个单元,每个单元除了通论和文选,还附有思考题、学习提示及插图。思考题附于单元通论之后,学习提示附于每篇今注与古注文选之后。至于插图,多为古籍版本版面截图,也有文字实物图片,是为配合相关的文选或通论而设置的。教材采用了文选、通论、练习、参阅文献四结合的体例。

周及徐主编的《新编古代汉语》,在20个世纪末四川师范大学文学院主持教育部高师汉语言文学专业主干课程教学内容和课程体系改革课题研究时即开始着手编写,前后经过了近10年。编者根据近年来古代汉语教学与科研不断发展的新情况,为适应新形势下的教学需要,增加了教学内容和新的研究成果,一些中古、近代古白话作品被纳入文选范围。该教材主要是针对西南地区高等院校汉语言文学专业的古汉语教学而编写的(前言1页),因此加入了反映西南地区历史文化的古代文献,以体现区域特色。教材分上下册,共12个单元。除了最后两个单元古文献原文选,其余各单元均由文选、通论、练习三部分内容构成。可以说,教材采用的是文选、通论、练习三结合的体例。

施向东、冉启斌主编的《古代汉语基础》,将古代汉语界定为从先秦一直到清朝的用文言文记录下来的书面语言,教材主要针对普通高等院校需要开设本课程的各类专业的学生,重点放在培养阅读古代汉语文献的基本能力上(前言5页)。为此,教材采用文选、通论和练习三结合的体例。教材共分16课。通论部分仅就文言文阅读所必需的相关基础知识进行讲解,不追求全面系统完整(前言5页),除了汉字及其使用、词义与词汇、词法与句法,还辟有文献阅读与注释、古文今译等专题,以帮助学生尽早投入阅读古文献的实践(前言5页)。文选除个别篇目外,都出自先秦两汉。各课文选安排8篇课文,原则上考虑有助于配合通论,让学生迅速接触反映文言文特点的实例(前言5页)。教材35.8万字,在诸教材中篇幅最短。

俞理明、雷汉卿主编的《古代汉语》,作为教育部教学改革重点项目文化原典导读与本科人才培养的系列成果之一,是国内第一部以原典阅读为编写理念的古代汉语教材。编者力图使教材从形式到内容比较彻底地回归古书原典,以实现课堂教学与课外阅读的无缝对接。编者认为,古代汉语教学的主要目的在于培养阅读传统文献的能力(前言1、4页),学习的重点对象是先秦两汉的典范文言作品用语(前言4页)。教材分10个单元,每个单元由文选和通论两大部分组成。文选除了先秦两汉作品,还酌收了魏晋南北朝及唐宋之作,尽量选常见名篇(前言4页);通论包括常用工具书、文字、词汇、语法、训诂常识、文献常识、语音常识及修辞、诗文韵律等门类。另外,各单元之后附有参考书目,以满足学习者进一步阅读的需要。全书采用了文选、通论、参阅文献三结合的体例。

蒋骥骋主编的《古代汉语》分上下册。上册为通论，以文字、词汇、训诂、音韵、语法（分词法、句法）为次分为6章；下册为文选，选录先秦至清代经典语言文献共106篇，分先秦两汉、三国魏晋南北朝、唐宋元明清三大板块。各章、各板块之后均附有进一步阅读文献，各章之后还安排了思考与练习。其目的在于让学生系统感受汉语语言发展演变的历史过程，培养学生的思维能力和人文精神（内容介绍）。该教材在文选、通论分册编写的基础上，采用了文选、通论、参阅文献三结合的体例。如果算上上册的思考与练习，姑谓之三加半的体例。

董志翘、杨琳主编的《古代汉语》题识为21世纪普通高等院校文科示范教材。编者认为，古代汉语课程教学的目的主要是培养学生阅读古籍的能力，同时也为有志于将来研究语言的学生打好一定的基础（绪论1页），教材的编写宗旨在于拓展学生的学术视野，培养学生阅读使用各类古代文献的实际能力，使学生全面了解古代汉语的实际状况（绪论2页）。该教材采用广义的古代汉语概念，将文选时限上推至甲骨殷商，下探有清一代，文选类型由传世文献扩展到出土文献，语言形式涵盖文言与古白话，目的是让学习者对古代汉语的面貌有一个较为全面的认识（绪论2页）。编者遵循感性知识和理性知识相结合的通则，以文选为统领，按其时代分为先秦、秦汉、魏晋南北朝、唐宋元明清四编，通论知识安排到四编之中。教材没有专门安排常用词项目，也没有布置练习题。教材采用了最简单的文选加通论体例。

宋绍年主编的《古代汉语》，是由教育部师范教育司组织专家审定的高等师范院校小学教育专业系列教材中的一种。编者坚持古代汉语教材的普遍性与特定专业对象特殊性相统一的原则。编者认为，古代汉语课程教学的基本目的是培养学生阅读中国古代文献的能力，阅读能力的获得与提高必须通过大量古代典范作品的阅读实践，还要掌握古代汉语的基础知识和基本理论，而学习古代汉语，最重要的是学习古代汉语的词汇，特别是常用词是我们学习的重点。（前言Ⅱ页）因此，教材沿用了王力先生开创的文选、通论、常用词三结合的体例。在具体内容的选择与安排上，则充分考虑以培养实践性小学教师为指向（内容提要），紧扣小学教育专业课程方案，突出专业特色的要求。

毛远明、陈志明主编的《新编古代汉语教程》，是首批国家级高等学校特色专业建设点山西师范大学汉语言文学专业的阶段性研究成果。教材编者把古代汉语定性为语言学性质的专业基础课程。认为古代汉语教学的主要目的在于揭示古今汉语的对应规律，为进一步学习和研究汉语奠定基础（前言1页）；读懂古书不是它的主要目的。所以，教材以通论（知识）为纲，同时辅之以古代的语言材料（前言3页），即通论加文选，以通论为主。通论篇幅占全书的2/3。通论部分按汉字、语法（上）、语法（下）、词汇、音韵及修辞与古注分为6章，各章设有包括古代汉语研究概括及参考选题、论文写作参考文献或毕业论文写作方法等的附录（第二、三章共一个附录）；文选分8个单元，除第8单元为语言文字学文选，其余单元选文均为先秦两汉典范的以叙事立意为宗的散文，各单元后列有文选所据版本、主要参考文献及工具书。通观之，教材采用了文选、通论两结合的体例。如果算上通论中的参阅文献，就是三加半的体例了。

以上各教材体例可用下表表示：（＋号表示有对应项，空格表示没有。下同）

表1　20部古代汉语教材体例情况

	文选	通论	常用词	练习	参阅文献
王本	＋	＋	＋		
郭本	＋	＋	＋	＋	
曹本	＋	＋			＋
张本	＋	＋		＋	
荆本	＋	＋		＋	
沈本	＋	＋		＋	

(续表)

	文选	通论	常用词	练习	参阅文献
宋本	+	+		+	+
彦本	+	+		+	
蔡本	+	+		+	
洪本	+	+	+	+	
汪本	+	+			
胡本	+	+		+	+
殷本	+	+		+	+
周本	+	+		+	
施本	+	+		+	
俞本	+	+			+
蒋本	+	+		(+)	+
董本	+	+			
绍本	+	+	+		
毛本	+	+			(+)

在由文选、通论、常用词、练习和参阅文献5种内容元素参与构成的体例类型中，文选、通论是各种体例类型都具备的内容元素。如果忽略次序及穿插情况，理论上，这两者与其他内容元素可形成8种组合类型：

表2　8种组合类型

	文选	通论	常用词	练习	参阅文献
Ⅰ	+	+	+	+	+
Ⅱ	+	+	+	+	
Ⅲ	+	+		+	+
Ⅳ	+	+	+		+
Ⅴ	+	+	+		
Ⅵ	+	+		+	
Ⅶ	+	+			+
Ⅷ	+	+			

实际上，在我们考查的20部教材中，第一、第四组合类型阙如。如果用各内容元素词语的英文大写首字母（参阅文献用阅字的首字母）代替各内容元素，实际的教材体例类型则为：WTCL、WTLY、WTC、WTL、WTY、WT。各教材体例类型及其分布情况如下表：

表3　20部古代汉语教材体例类型及分布

	WTCL	WTLY	WTC	WTL	WTY	WT
王本			+			
郭本	+					
曹本					+	
张本				+		
荆本				+		

（续表）

	WTCL	WTLY	WTC	WTL	WTY	WT
沈本				+		
宋本		+				
彦本				+		
蔡本				+		
洪本	+					
汪本						+
胡本		+				
殷本		+				
周本				+		
施本				+		
俞本					+	
蒋本		(+)			+	
董本						+
绍本			+			
毛本					(+)	+
合计	2	3	2	7	3	3

在20部教材中，WTL体例（文选、通论、练习三结合）7部，占35%；WTLY（文选、通论、练习、参阅文献四结合）与WTY（文选、通论、参阅文献三结合）体例类型都是3部，如果各自算上蒋本、毛本的三加半，前者是4部，后者仍然是3部；WT体例（文选、通论两结合）也是3部，如果考虑三加半的情形，则为2部；WTCL体例（文选、通论、常用词、练习四结合）与WTC体例（文选、通论、常用词三结合）都只有2部。

三、二十部古代汉语教材编写体例类型比较分析

就参与构成体例类型的内容元素而言，WT、WTC等6种体例类型可谓有同有异，同中有异：有些内容元素是所有教材共有的，如文选、通论；有些则是部分教材共有的，如常用词。进一步考查会发现，即使相同的体例内容元素，在具体内容项的取舍与安排方面亦互有异同。这种微观体例上的异同情况或许更能反映教材的个性。

首先，我们看看文选、通论等5种内容元素在教材中的总体分布情况。各内容元素在教材中的具体分布情况已列示于表1，下面做个小计：

表4　体例内容元素在教材中的总体分布情况

内容元素	文选（W）	通论（T）	常用词（C）	练习（L）	参阅文献（Y）
教材数量	20	20	4	12（12.5）	6（6.5）
占比（%）	100	100	20	60（62.5）	30（32.5）

接下来按照内容元素占比的多少依次分别作微观体例的比较分析。

文选。古代汉语教材的文选选什么，不选什么，很大程度上决定了教材的基本内容，对教学目标的实现至关重要。文选的基本面貌主要取决于选文的书面语形式、时间跨度、文体、语言典范性、重点、

内容要求及内部次序等方面的体例设定。编者无不在这些方面细加斟酌考量。为了便于对比，又不至于太过琐碎和割裂，我们分三块作横向对比陈述（文选与通论的关系及次序安排问题提前至此，但侧重于文选）。

其一，关于文选的书面语形式、时间跨度、文体及内部次序

王本根据课程的目的任务，确定教学的古代汉语为上古的文学语言以及历代模仿它的典范作品（绪论1页），即文言。至于古白话，由于它同现代汉语非常接近，比较容易懂（绪论2页），所以不拿它作为教学对象。文选自从先秦到宋元，上册为先秦作品，下册为汉魏晋至宋元的作品。文选总体上是按时代顺序安排的。局部又按文体安排，如上册先列《左传》、《战国策》，次列《论语》、《礼记》及诸子，后列《诗经》、《楚辞》；下册先列散文，次列骈赋，后列唐诗宋词元曲。有的地方还照顾到由易而难、循序渐进的原则。

郭本文选亦为文言文。文选从先秦至于清代，除元代，其他各代均有作品入选。文选大体上按体裁编排，同一体裁的按时代先后排列。上册是散文，下册除了先秦诸子散文，其余为骈文、辞赋、诗词。文选不选元曲，大概是因为元曲夹杂古白话成分的缘故。上册三个单元的文选大体上是按写景状物的传记、写人记事的历史散文、说理抒情的论说文划分的。这样的编排体例，有利于凸显古代文体的语言特点（凡例1页），也体现了由浅入深的原则（凡例1页）。

曹本编者自云文选大抵选自郭本和中国人民大学中文系古汉语教研室所编《古代汉语》。文选自先秦至于宋代。魏晋南北朝只选了个别反映少数民族生活的篇目。文选分散文、韵文。散文之下不再细分文体，而是按诸子、历史散文并结合时代进行安排。

张本在前言——关于文言文的教学与阅读中强调了古代汉语教学的语言对象是文言而非古白话，指出：文言文里，有许多词语、词义、虚词用法、结构形式是属于古代汉语的，这就是文言文的本质特点。（前言1页）文选集中于下编，起自先秦，至于宋代。先散文，后韵文；散文和韵文内部以时代为序；先秦散文先历史散文，后哲理散文。

荆本以"五四运动"为界，划分古代汉语与现代汉语。编者本着从难从严（绪论2页）的教学原则，认为古代汉语应该主要学习文言，其次学习古白话（绪论2页）。在全部散文中，古白话性质的仅有一篇——选自《世说新语》的《许允妇丑》，而且作为阅读性质的标点文选。文选中首次入选了甲骨文、金文，让学生了解古代汉语之源，其时代上限也因此从周秦提前到殷商。文选亦大体上按体裁编排，同一体裁的作品按时代先后安排。上册文选为先秦散文，依次为甲金文、春秋三传、《国语》、《战国策》、《论语》、《礼记》、《孟子》、诸子散文；下册除了为首的战国至宋代散文、其次的骈体文及末尾的应用文言文，其余都是韵文，包括辞赋和诗词曲联。应用文言文出自《万象文书大全》，据称是民国时期的作品，对联则出自宋以下至于当代人之手；如果不算这些应用文体，文选则止于元曲。各单元文选分今注、古注、标点三类，体现由浅入深、循序渐进的原则。古注是新内容（序例8页），旨在让学生接触古籍原貌（序例8页），更利于培养学生阅读古书的能力；古注文选全部选自中学文言文，目的在于降低学习难度，收到温故知新的效果。标点类文选短而有趣（序例8页），以增加学习者的兴趣，便于自我阅读。

沈本以培养学生阅读古籍的能力为出发点，基于学习的难点和文献价值，确认古代汉语课程的学习对象主要是文言文，而不是白话文。教材1至13讲文选收殷商甲骨文至宋元各类体裁的文言文，只有汤显祖的《游园》（节选自《牡丹亭》）和孔尚任的《哀江南》（节选自《桃花扇》）例外；余下14至18讲文选，为配合讲训诂、古籍整理及工具书等通论知识，较多地选取了清人以及现当代人之作，后者已经是现代白话了。沈本文选的语言形式、体裁类型、时间跨度均超过以往教材。全书文选大致按文体并结合通论及时代进行编排，可以分成几个大的内容模块，即先秦文献（1至9讲）、汉至宋散文（10至12讲）、汉魏至宋元韵文（13讲）、汉晋至当代有关古籍解读的文选（14至18讲）。以汉至宋散文为例，第10讲选取二十四史中的前三史——《史记》及《汉书》《后汉书》之文，基本上是人物传记，第11讲为配合通论，按时代先后依次选取李斯《谏逐客书》、李密《陈情表》、魏征《谏太宗十思疏》、李白《与韩荆州书》、欧阳修《醉翁亭记》等不同文体的篇章，第12讲配合通论辞赋的特点和骈文的形成，选取由汉至宋代表性的辞赋与骈文作品。每讲的文选分为讲读课文与参阅资料两类。参阅资料供学生自学之用。两类文选内部大多以时间先后为序。

其二，关于文选语言的典范性与内容方面的要求、文选的重点

王本文选均为语言有典范性（绪论3页）的优秀作品，且大多是思想性和语言的典范性相结合（绪论3）。文选的重点是先秦的典范作品（绪论2页）。编者认为，这不仅因为先秦时代距离现在较远，作品比较难懂；而且因为先秦的典范作品的语言是历代文学语言的源头，影响极为深远。学习先秦典范作品的语言，可以收到溯源及流、举一反三的效果。（绪论2页）也许是因为着眼于文言及文体的典范性，明清时代的仿古文言作品一律未收。

郭本选文也是既重视语言的典范性，又重视文章的思想内容（序1页）。

曹本选文的标准是除语言文学的代表作以外，还注意选择思想内容较好的篇章（编写说明）。文选以先秦为重点，次以汉唐及宋；全书散文45篇，这个数目还不到有的教材的一半；可谓选文精当（唐作藩序1页）。此外，为了显示民族院校古汉语教材的特色，曹本还选录了有关反映古代兄弟民族社会历史生活的篇目，共8篇：《张骞传》、《西域传》、《匈奴传》、《朝鲜传》、《两粤传》、《西南夷传》、《南蛮传》、《吐蕃传》。

张本文选亦选取那些典型、有代表性（内容提要）的篇章。比如唐宋文14篇，为韩柳欧苏（轼）王（安石）及司马光的名作。文选以散文为重点，所选篇目尽量避免与中学语文课本和大学《中国历代文学作品选》重复。

荆本文选加入了应用文言文及对联等非传统篇目，这在我们考查的古代汉语教材中是绝无仅有的。编者在绪论中明确指出：古代汉语课程的教学目的之一是培养学生根据格律写作诗、词、曲、联以及写作应用文言文的能力（2页）。此类文选就是为实现这一教学意图而设置的。荆本传统文选篇目一般为名家名篇，可以保证语言的典范性，比如宋词，就选了苏轼的《江城子·密州出猎》、《水调歌头·中秋》、《念奴娇·赤壁怀古》、周邦彦《兰陵王·柳阴直》、李清照《如梦令·昨夜雨疏风骤》、陆游《诉衷肠·当年万里觅封侯》、辛弃疾《破阵子·醉里挑灯看剑》、姜夔《扬州慢·淮左名都》、张炎《解连环·孤雁》。从选文的分量来看，先秦散文依然是重点。

其三，关于文选与通论的关系、次序及文选在全书中的地位

对于文选与通论的关系，王本从辩证唯物主义认识论出发，有深刻地阐述：理性认识依赖于感性认识，感性认识有待于发展为理性认识，……学习古代汉语必须把对古代汉语的感性认识和理性认识结合起来，才可望收到预期的效果。（绪论2页）又说：感性认识是学习语言的必要条件，感性认识越丰富越深刻，语言的掌握也就越牢固越熟练。要获得古代汉语的感性认识，就必须大量阅读古代的典范作品。因此，本书文选部分占有极其重要的地位。感性材料除了文选，还有常用词。全书以文选为纲，其他两部分跟它有机地结合在一起（序例7页），强调文选的系统性，同时注意照顾三者之间结合上的系统性（序例7页）。从文选与通论的结合情况来看，第6单元《诗经》文选与通论《诗经》用韵及双声叠韵和古音通假、第10单元韩柳欧苏等唐宋古文名家之书序状记论铭文选与通论古文的文体及其特点、第11单元南北朝骈体文文选与通论骈体文的构成、第12单元赋体文选与通论赋的构成、第13单元唐诗等文选与诗律、第14单元宋词元曲文选与词律曲律，这些地方都是比较明显的结合，或者说通论配合文选（序例12页）。各单元将文选列于首，次列常用词和通论，也体现了编者对文选的重视。

郭本也重视感性认识和理性认识的结合,把文选和古代汉语常识摆在同等重要的地位(序1页)。在文选与通论的结合上,也差不多继承了王本的做法,比如在散文文选末了安排通论古书的标点、古代的文体,在骈体文、辞赋、诗词之后分别安排相应文体知识介绍的通论,包括修辞方式的介绍,稍有不同的是,由于将《诗经》放到了诗歌模块之首,相应地,将古今语音的异同、上古音简说及古书的读音问题等古音方面的通论列于诗律之前。这样,文体与通论各相类聚,更有整体感。

曹本先文选,后通论。作为古汉语常识简介的通论,仅用50余页,占全书篇幅11.8%。全书重文选的编排意图是比较明显的。

张本先通论,后文选。强调二者对古代汉语教学来说,像车子的双轮,不可偏废(后记)。

荆本在感性认识和理性认识结合方面,强调要把文选的学习放在首要地位(绪论3页),建议常识部分教师可以略讲,以学生自学为主,教师把主要精力放在结合常识讲文选上(序例14页)。编排上亦以文选为先,次列通论及练习。

表5　20部古代汉语教材文选与通论关系等情况

	书面语形式	时间跨度	文体	内部次序	语言典范性	思想性要求	特定内容	重点	关系与地位
王本	文言	周秦—元	多样	时代,文体,由易到难	语言的典范性和思想性相结合			先秦	重文选
郭本	文言	周秦—清	多样	文体时代	语言的典范性和思想性相结合				同等重要
曹本	文言	周秦—宋	散韵	文体时代	语言的典范性和思想性相结合		少数民族篇章	先秦	重文选
张本	文言	周秦—宋	散韵	文体时代	语言的典范性和思想性相结合				同等重要
荆本	文言	殷商—当代	多样	文体时代	语言的典范性和思想性相结合	应用文		先秦	重文选
沈本	文言为主	殷商—当代	多样	文体时代通论					
宋本									
彦本									
蔡本									
洪本									
汪本									
胡本									
殷本									
周本									
施本									
俞本									
蒋本									
董本									
绍本									
毛本									

中古译经动宾之间"于"的性质

田春来[①]

一、前人的讨论及其评述

中古汉译佛经里有很多用在及物动词和受事宾语之间的"于"[②]，如：

(1) 每到斋日，乘于马车巡四天下，宣佛奥典，开化众生。(《六度集经》卷六)
(2) 妻常入山，采于果蓏，以自供给。(《菩萨本缘经》卷二)
(3) 譬如渴人，饮于咸水，如秋增热，春多涕唾。(同上)
(4) 贪欲嗜味，好于声色，故不能乐佛道，不闻佛经。(《太子瑞应本起经》卷二)

周一良(1947/1963：321-322)论及六朝翻译文学的文法特点时认为：六朝译经中这种用在及物动词与宾语之间的"于"是先秦两汉文献里所没有的，这种用法"大约最先是在韵文中凑字数，逐渐在散文中也流行起来"。

许理和(1977：218)认为上述结构中的"於"为宾语助词，其作用是"把直接宾语介绍给主要动词"。

梁晓虹(1985)专门考察了汉魏译经中的这种用法，认为其"上无来者，下无传承"，是因佛经传入的影响而产生的语法上的"新成分的加入"。不过梁文又认为这种现象的产生有两大原因：一是译者不能分辨汉语语法的细微差异模仿所致。上古汉语"于"常跟在不及物动词后面，佛经的译者多是西域僧人，"对及物动词和不及物动词的界限不很分明，常会模拟引起及物动词后面也有'于'字出现的情况"。二是为了韵律和谐的需要。佛经多采用双音构词，四字为句。

刘瑞明(1988)对梁文的看法提出质疑，主要有二：一是梁文说是受梵文影响而产生的一种新成分，但"不能出示梵文中这种成分是什么"，"令人怀疑它是新成分加入"。二是"于"的这种用法古已有之，即也可以用于及物动词和宾语之间，如：

(5) 胡不相畏？不畏于天。(《诗·小雅·雨无正》)
(6) 仲见于齐侯而请之。(《左传·文公十八年》)
(7) 大子无道，使余杀其母。余不许，将戕于余。(《左传·定公十四年》)

并且在后世也有沿用，并非"下无传承"。所以他最终认为"于"的这种用法是汉语固有的，其性质是一个助词，"完全没有词汇意义，也没有一般的语法意义"，其功能是"垫助一个音节"。

袁宾(1990：233-234)认为唐宋文献里"于"可"置于动词之后，无实在意义"，并指出在唐代以前的汉译佛经中也有动词后加"于"的情况，如：

(8) 中有神龙，性急姤恶，有入室者，每便吐火，烧害于人。(《中本起经》)
(9) 城内诸人，亦各劝请。不随其语，割于股肉。(《大庄严论经》卷二十)
(10) 汝须何物，而射于我。(《杂宝藏经》卷二)
(11) 我共前人，同买于汝，云何独尔？(《百喻经·五人买婢共使作喻》)

颜洽茂(1990：83-90)征引了《百喻经》、《杂宝藏经》、《贤愚经》、《四分律》、《大庄严论经》、《妙法

[①] 田春来，男，湖北巴东人，广西大学文学院教授。
[②] 在中古译经中多写作"於"，本文表述时写作"于"，引述时遵照作者的原字形引用。

莲华经》中的大量用在动宾之间的"于",并跟先秦汉语中用在动宾之间的"于"进行比较,最后认为这种用法源自先秦汉语,其性质是一个助词,是佛经翻译过程中便于诵读而"在动宾之间出现的人为的扩展",其作用是补充音节、舒缓语气。

魏培泉(1993)讨论介词"于"的演变时认为"于"功能的衰弱使得它在魏晋南北朝逐渐成为一个垫音助词,"于"不仅可以用在及物动词跟宾语之间,还可用于系词"是"[1]和介词之后:

(12)却后七日,为于法故,当剜其身,以燃千灯。(《贤愚经》卷一)

(13)奉事水火,及于日月,上至梵天。(《普曜经》卷五)[2]

(14)尔时迦毗罗城,有诸释种五百大臣,皆悉是于菩萨眷属。(《佛本行集经》卷九

俞理明(1993:32—34)谈到汉译佛经的语言特点时指出多用四言是译经的语言特点之一。有些单音词不能双音化,为了凑成四字格,译者有时便加一两个可有可无的成分,"于"便是其中之一。

董志翘、蔡镜浩(1994)认为"于""用于及物动词及其直接宾语之间,把直接宾语介绍给动词","其作用已大大弱化,似乎只是一起凑足音节的作用"。并指出"'于'的此类用法,较多见于佛经及禅宗语录"。张长桂、何平(1995)也列举了《杂宝藏经》中处于动宾之间"于"的大量用例。

董琨(2002)也认为汉译佛典里"'于'字加在及物动词和宾语之间的用法应该说是汉语所固有的","只能认为汉译佛经里使用这种语式[3],主要是为了凑成四言句的需要"。

姜南(2008)运用梵汉对勘及异译比较的方法,认为"汉译佛经中大量动名之间的'于/於'并未改变其原有介词属性,仍然用来表明其后名词的语义角色"。其理由有两点:首先,汉译佛经四字散文或韵文中常用别的方式如复音词及别的语法格式来补充音节,"于/於"并不是唯一手段。并且"于/於"也用在不符合四字格韵律结构的散文长行中,如:

(15)我欲等心以光明照于一切。(支谶《文殊师利问菩萨署经》)

(16)汝为自以智力问于如来耶?(《大方便佛报恩经》)

第二,也是最重要的理由,通过梵汉对勘,"于/於""严格对译原典梵语相应的名词格尾变化,格标记的性质显著",动宾之间的"于/於""也对应于原文表现受事的业格(accusative)或属格(genitive)格尾":

(17)说于因缘<nidāna(中性、单数、业格)bhāṣāmi(《妙法莲华经》方便品第二)

(18)供养于法师<tasya(阳性、单数、属格)pūjām kariṣyanti(《妙法莲华经》法师品第十)

因此,"译经中动名间'于/於'的真实身份是引进包含受事在内的语义格标记","音节衬字"充其量是其附属功能。

由此可见,关于动宾之间"于"字的讨论,主要集中在两方面:一是其产生的原因,有三种截然不同的观点,一种认为是汉语固有的(刘瑞明1988、颜洽茂1990、董琨2002),一种认为是语言接触的结果(姜南2008),还有一种认为是佛经翻译者不明汉语固有语法的误用(梁晓虹1985);二是其性质及作用,有两种不同的看法,即介词说(姜南2008)、助词说(许理和1977、刘瑞明1988、颜洽茂1990)。介词说认为"于"的作用是语义格标记,助词说认为"于"的作用是补充音节。

二、动宾之间"于"的性质和成因

在历史文献里,"于"用于动宾之间的用例很多,"V+于+O"与"V+O"语义上没有区别,如:

(19)a. 历于:自释迦传教,历于二十四人。(《祖堂集》卷二)|孙权据有江东,已历三世。(《三国志·蜀书·诸葛亮传》)

---

[1]《佛本行集经》中用在系词"是"之后的"于"用例很多。
[2] 此例中的"及"似应分析为连词。
[3] "语式",作者是指"语言的表面格式,如三言、四言、五言、七言之类"。

b. 流入于：心心不间断，流入于性海。(《祖堂集》卷十四) | 十地之人不脱去，流入生死河，但不用求觅知解语义句。(同前，卷十四)

c. 临于：大众既临于法会，请师不吝句中玄。(《五灯会元》卷十) | 今日太尉临筵，如何拯济？(《祖堂集》卷十三)

d. 举似于：与摩则终不错举似于人。(《祖堂集》卷十三) | 莫错举似人。(同前，卷十二)

在历史文献里出现的其他动词后面加"于"的形式还有"付于、超于、来于、录于、随于、说于、入于、报于、了于、违于、居于、疾于、怪于、及于、届于、暨于、就于、属于、绝于、增于、度于、照于、谤于、毁于、期于、知于、归依于、付嘱于、省觐于、示于、受于、行于、造于、离于、待于、属于"等等。据袁宾(1990：233)，敦煌变文里也有类似现象，如"取于、有于、遣于、赞于、称扬于"等等，所以"于"用于动宾之间在唐五代是很特出的现象。

值得注意的是，"于"除了可以用在动词之后以外，近代汉语中"于"也可用于介词、副词、代词、连词等之后，只不过用例相对较少。如前例(12)至(14)所示，魏培泉(1993)已经发现中古译经中"于"可用于介词和系词之后，近代汉语的例子如：

(一)介词

(20) a. 忽有一客买柴，遂令惠能送至于官店。(《坛经》)
b. 尔时太子在于山中勇猛精进，修无上道。(《祖堂集》卷一)
c. 庆来从于天上，泽周浃于人间。(《三朝北盟会编》卷二百十二)

(二)副词

(21) 吾缘净饭悉达多，近日已于成正觉，叵耐见伊今出世，应恐化尽我门徒。(《敦煌变文校注》卷四。据袁宾(1990：234)引)

(三)代词

(22) 古佛化导，今祖重兴，人天辐辏于禅庭，至理若为于[①]开示？(《五灯会元》卷八)

(四)连词

除上文例(13)外，文献里偶尔也可见"于"用于连词之后：

(23) 若有毫发事乃不尽，则被沉累，岂况于[②]多？(《祖堂集》卷八)

如果说位于动词后的"于/於"还可以认为是介词的话，那么位于连词、副词、系词、代词之后的"于/於"肯定不能还认为是介词。所以我们有必要对姜南(2008)的结论重新审视。通过调查可以发现，中古译经中的这种"于"大多出现在四字句的格式中，其大量使用很可能是为了适应汉魏以来的双音骈体形式而产生的(参上引俞理明1993)。佛经的翻译者为什么会选择"于"作为一个构词的音段成分，很有可能是受到了上古汉语的影响(参梁晓虹1985、颜洽茂1990、董秀芳2006)。上古汉语中"于"多置于一个动词和名词之间：

(24) 胡不相畏？不畏于天。(《诗·小雅·雨无正》)
(25) 仲见于齐侯而请之。(《左传·文公十八年》)
(26) 大子无道，使余杀其母。余不许，将戕于余。(《左传·定公十四年》)

[①] 代词"若为"与"于"连用，在 CBETA2014 版电子佛典中，共有5例，但都是转述这一例，亦即代词"若为"与"于"连用，仅此一例。因此，此处"于"可能是与上文"于禅庭"保持一致，凑足音节的临时措施，而不是形式相对稳定的代词。

[②] 有学者认为此"于"仍是介词，"对于"的意思，是由于早前的断句皆为"若有毫发事乃不尽，则被沉累，岂况于多道"，下句"道"误入上句所致。现据中华书局《祖堂集》点校本2007版第366页及张美兰《祖堂集校注》第215页标点。

当"于"是介词时，它虽然没有实在的词汇意义，但还表达一定的语法意义，属于功能词；而"于"在上述用例中，不仅没有词汇意义，而且连语法意义也消失了，完全是作为一个纯构词的不表达任何意义和功能的音段成分存在，它既不改变词的语法范畴和属性，也不改变词的语法类别（词性），所以不是词缀，而是构词成分。据吴福祥（2005）的研究，"实义词（lexical word）＞语法词（grammatical word）＞词内成分（intra word component）"的演变模式是世界上很多SVO型语言的共同现象，带有类型学的普遍特征。"于"的演变正是这种模式的一个实例。

根据董秀芳（2006）的研究，上古汉语动名之间的"于/於"是非宾语标记，是标志不同语法类别的功能词。而译经中的"于"是无任何意义的构词成分，两者性质本不一样。但因为两者在结构上完全相同，都处于动名之间，所以佛经的译者受上古汉语的类推影响而在动名之间也添加一个"于"以凑足音节。

相对于佛经里的用法而言，构词成分"于"的使用在后来出现了两次扩展，一是不再局限于加在动词之后，如上所述，介词之后也很为常见，甚至加在代词（若为于）、连词（及于、岂况于）和副词（已于）之后；第二是突破了文体的限制，在句式不一、字数不等的散文体中也开始使用。散文体文献主要是跟译经题材相近的禅宗语录和演说佛教故事的变文，但在其他一些跟佛教故事无关的俗家文献中，也可以发现这种现象，如：

（27）时有库司典座僧，在于众前，读申岁内种种用途帐，令众闻知。（《入唐求法巡礼行记》卷三）

（28）二人到于架下，原来放着四个凉墩，有一把壶在旁。（《金瓶梅》第二十七回）

所以我们认为，这种现象虽在汉译佛经里体现得较为突出，但它在整个中古近代汉语文献里是一直存在的。我们上文所举的加"于"的动词、介词、副词、连词、代词形式到现代汉语中基本上都消失了，但现代汉语中也还存在一些带"于"的双音词，如"由于、对于、关于、终于、善于、等于、甘于、敢于、归于、过于"等，可以视作这种用法的遗留。

【参考文献】

[1] 曹广顺，遇笑容. 中古译经、元白话语法研究与语言接触[A]. 汉语史学报[C]. 上海：上海教育出版社，2010.

[2] 董琨."同经异译"与佛经特点管窥[J]. 中国语文，2002（6）.

[3] 董秀芳. 古汉语中动名之间"于/於"的功能再认识[J]. 古汉语研究，2006（2）.

[4] 董志翘，蔡镜浩. 中古虚词语法例释[M]. 长春：吉林教育出版社，1994.

[5] 姜南. 汉译佛经音节衬字辩说[J]. 语言研究，2008（4）.

[6] 贾则复. 古汉语中有关"于"字的两个问题[A]. 中国语言学报[C]，1985（2）.

[7] 梁晓虹. 佛经中"於"的一种特殊用法[J]. 九江师专学报，1985（1）、（2）.

[8] 刘瑞明."于"的一种助词用法[J]. 九江师专学报，1988（3）.

[9] 魏培泉. 古汉语介词"于"的演变略史[J]. 中央研究院历史语言研究所集刊[C]. 第六十二本第四分册，1993：717–786.

[10] 吴福祥. 汉语语法化演变的几个类型学特征[J]. 中国语文，2005（6）：483–494.

[11] 许理和. 最早的佛经译文中的东汉口语成分[A]. 蒋绍愚译. 语言学论丛[C]. 北京：商务印书馆，1987（14）：197–225.

[12] 颜洽茂."于"在汉魏六朝佛经中的特殊用法[J]. 语言论丛[C]. 杭州：杭州大学出版社，1990.

[13] 袁宾. 禅宗著作词语汇释[M]. 南京：江苏古籍出版社，1990.

[14] 俞理明. 佛经文献语言[M]. 成都：巴蜀书社，1993.

[15] 张长桂，何平.《杂宝藏经》里的"V＋於＋N"[J]. 中国语文，1995（2）.

[16] 周一良. 论佛典翻译文学[A]. 魏晋南北朝史论集[C]. 北京：中华书局，1947/1963.321–322.

试谈《诗经·周南·汝坟》与古越语的关系

陈志学[①]

在《诗经·国风》中,《周南》和《召南》历来备受关注。就连孔子也是极力推崇《二南》。《论语·阳货》云:"子谓伯鱼曰:'汝为《周南》、《召南》矣乎? 人而不为《周南》、《召南》,其犹正墙面而立也欤。"就《周南》而言,《汝坟》更是一首颇具争议的诗,其产生时代、地域、诗义、题旨、作者性别、作者身份等众说纷纭,但莫衷一是。

中华民族是一体多元民族,从人类学和考古学成果来看,早在夏商时期,古东夷人和古百越人就与华夏族群有着密切的往来。更有学者认为,三代之首的夏朝就是以古越人为主体建立起来的。壮族是百越后裔之一,众多的汉壮同源词考证无疑为汉族和百越乃至汉壮这种密切的族群关系提供了语言学方面的佐证。然而,以往的语言学同源考证绝大多数同是非篇章的个体考证和对比。据此思路,我们把目光投向了先秦时期的《诗经》,试图通过现代壮语和《诗经》个别篇章的对比,寻找汉语和百越的语言关系。根据历史比较语言学的方法,并结合相关史料和前人研究成果,我们认为,《诗经·周南·汝坟》中绝大部分字都和壮语有音义对应关系,对译也很符合诗歌的感情基调。该诗很有可能是壮侗民族先民古越人咏唱之歌,后被收集整理而进入《诗经》。

一、《汝坟》"君子"身份之争

历史上研究者对诗中的我、君子、父母之间的关系解说各家不一,更牵涉到诗义题旨的理解。不管作者身份具体是谁,但全诗以妇人身份作诗,古今各家基本认同,但如何认定君子身份,各家都各执一词。现择其要者归纳简述如下:

(1)周南大夫说。《列女传·周南之妻》云:大夫受命平治水土,过时不来。妻恐其懈于王事,……乃作诗曰:"鲂鱼赪尾,王室如燬。虽则如燬,父母孔迩"。君子以是知周南之妻而能匡夫。此说认为《汝坟》的作者是周南大夫之妻,君子即周南大夫,诗意是妻子劝勉丈夫安心从事平治水水土工作。《诗序》云:《汝坟》,道化行也,文王之化能行乎汝坟之国,妇人能闵其君子,犹勉之以道也。

(2)周王说。明代何楷认为《汝坟》是商朝人为歌颂文王而作的诗,把君子父母统一为文王。其《诗经世本古义》云:《汝坟》,商人苦纣之虐,归心文王而作此诗。今但以"君子","父母"皆属文王,则前后文义畅然明白,不劳辞费。况是诗本载周南中,其为文王而作复何疑?([明]何楷1983)朱熹认为《汝坟》为美诵周王之诗,《诗集传》云:是时文王三分天下有其二,而率商之叛国以事纣,故汝坟之人,犹以文王之命供纣之役。其家人见其勤苦而劳之曰:"汝之劳既如此,而王室之政方酷烈未已。虽其酷烈而未已,然文王之德如父母然,望之甚近,亦可以忘其劳矣。"此序所谓妇人能闵其君子,犹勉之以正者。([宋]朱熹2011)

[①]陈志学,男,河池学院文学与传媒学院教师。

（3）普通差役说。乌瑞辰的《毛诗传笺通释》认为，《汝坟》盖幸君子从役而归，而恐其复往从役之辞。首章追溯其夫未归之前也；二章幸其归也；三章恐其复从役也。盖王政酷烈，大夫不敢告劳，虽暂归，复将从役，又有弃我之虞。不言忧其弃我而言父母，序所谓"勉之以正"也。言虽畏王室而远从行役，独不念父母之孔迩乎？古者"远之事君，迩之事父"，诗所以言"孔迩"也。（乌瑞辰 1989）此说认为作者是君子之妻，君子是行役之夫，父母是作者的公婆。高亨先生的《诗经今注》说：《汝坟》，西周末年，周幽王无道，犬戎入寇，攻破镐京。周南地区一个在王朝做小官的人逃难回到家中，他的妻很喜欢，作此诗安慰他。（高亨 1980）袁梅（1985）先生的《诗经译注》说："《汝坟》是古代劳动妇女思念被奴隶主阶级强征远役的丈夫而唱的歌。一面苦苦怀念服役远行的丈夫；一面控诉'如燬'的奴隶制度。"鲍昌（1982）先生的《风诗名篇新解》说：本诗的"君子"可能是个普通的庶人。《汝坟》是一首劳动人民带有反战情诸的诗。

从文献看来，近人研究大多把《汝坟》理解为思妇思夫之作，似乎更切近诗意。

二、《汝坟》和壮语的对应关系

百越，是居于现今我国南方和古代越人有关之各个不同族群的总称，文献上也称之为百粤。《汉书·地理志》注引臣瓒曰：自交趾至会稽七八千里，百越杂处，各有种姓。《逸周书·王会解》又有东越、欧人、于越、姑妹、且瓯、共人、海阳、苍梧、越区、桂国、损子、产里、九菌等名称。林惠祥（1936：111）在《中国民族史》中认为：百越所居之地甚广，占中国东南及南方，如今之浙江、江西、福建、广东、广西、越南，或至安徽、湖南诸省。越族主要分布地区在中国东南部和南部，直到越南的北部，是大家比较一致的看法。学界也普遍认为，越族的文化特征主要是：种植水稻，擅长葛麻纺织，流行断发文身和拔牙风俗，住干栏房屋，大量使用石锛、有段石锛和有肩石器，大量烧用几何印纹陶器和原始瓷器，操着鲜明特点的语言，崇拜鬼神，迷信鸡卜，崇拜蛇鸟图腾。

关于百越之百和越，有学者认为，百并不是表示数目字100，不表众多，而是与现今壮语表人量词个[pou^{42}]义同；越本字是戉，即农具耙。百越是根据所用农具而命名的族名。（韦达 2006：109-111）百越是以稻作生产为主的农业民族，笔者认为这个解释是比较合理的。

中国东南沿海的越族在历史长河中已融入汉族中，其语言具体如何，已不可考。据罗香林先生的研究，认为越语的特点是：发音轻利急速，有的词与汉语不同，名词类的音缀有复辅音和连音成分；词序倒置，形容词或副词置于名词或动词之后。在《国语》、《越绝书》、《吴越春秋》中都有一些越语词的记录，而汉刘向《说苑·善说篇》中所录著名的越人歌则是保存最为连贯完整的越语资料。壮族学者韦庆稳先生根据音韵学对汉字上古音的构拟，把《越人歌》中每一汉字的上古音和中古音，与有关的壮语词一一对照，发现它与壮语存在着一定的关系。这说明了百越支系西瓯、骆越后裔的壮族语言和古越语有传承关系，因而从壮侗语族诸语去考察古越语和汉语的关系是可行的。

从《周南·汝坟》来看，其中有不少字和现代壮语有着惊人的对应关系，用壮语去翻译原文，也符合诗歌原意。

先看《汝坟》原诗：

遵彼汝坟，伐其条枚；未见君子，惄如调饥。

遵彼汝坟，伐其条肄；既见君子，不我遐弃。

鲂鱼赪尾，王室如燬；虽然如燬，父母孔迩。

下面我们就对这首诗大部分字和壮语一一进行比较：

遵 *sun，①《说文》：循也。从辵尊声。将伦切。各注家也都释遵为循着。《说文》循，行顺也。循从彳盾声，与行走有关。《集韵》：船伦切，音脣。蹲循，逡巡也。壮语 ɕun² 表示东走西走或游玩之义，和"遵"sun"循"ljun 音义皆近，都有行走义。

彼 *balʔ，古今常用义多为与此相对的那、他们，如《诗·魏风·伐檀》：彼君子兮，不素食兮。《孙子·谋攻》：知彼知己，百战不殆。《玉篇》：彼，对此称彼也。然而，笔者认为，彼从彳，其本义当与行走有关。《说文》彼，往，有所加也。看来，往、去应是彼的本义，后来才被假借用于表示此的对称。彼，上古音拟为palʔ，同壮语表示往、去的 pai¹ 音近义通，如壮语 pai¹pa⁵ 去山上。其他壮侗语族诸语言如：布依 pai¹、傣 pai¹、泰 paːi¹、侗 paːi¹、仫佬 paːi¹、水 paːi¹、毛南 paːi¹。因此，"逝将去女，适彼乐土"。（《诗·魏风·硕鼠》）和遵彼汝坟中的"彼"当释为往、去比较符合原来诗意。

当然，壮语"边"读 paːi⁴⁴，和汉语"彼"似乎也对应。如：paːi⁴⁴nei⁴² 这边，paːi⁴⁴ te²⁴ 那边。

汝 *njaʔ，《说文》：汝，水。出弘农卢氏还归山，东入淮。汝即水名，为淮河支流，源出河南省鲁山县大盂山，流经宝丰、襄城、郾城、上蔡、汝南，注入淮河。壮语通常称河、江为 ta⁶，但还有一个古老的固有词 ɳe¹，这个词音义和汝*njaʔ都相近。侗水语也有相近的说法：侗 na¹、仫佬 nja¹、毛南 ni¹。汉语日母字有些和壮语音义是对应的，如：肉 *njug，壮 no⁶；热 *njed，壮语 ʔdaːt7；认 *njums，壮 nin⁵。

坟 *bun，《尔雅·释水》郭《注》引《诗》作（遵彼汝）濆。清代马瑞辰《毛诗传笺通释》卷二：坟，通作"濆"。《方言》：坟，地大也。青、幽之间，凡土而高且大者谓之坟。李巡《尔雅注》："濆谓崖岸，状如坟墓，名大防也。"是知水崖之"濆"与大防之"坟"为一。（［清］马瑞辰 1989）可见，"坟"是"濆"的假借字，"汝坟"即汝水堤岸。因此，"坟"和"畔"*baans 可以说是音近义通。《说文》畔，田界也。壮语称河岸、河边为 han² ta⁶ 或 hen² ta⁶，田埂为 han² na²。至于声母对应在，笔者认为，壮汉语部分浊音字都有 b(m)→f→h 的发展规律，也有其他对应字。如：奋力 fen⁵¹li⁵¹，壮语为 han²⁴ ɣeŋ⁴²，壮汉两民族都是有悠久的稻作历史，壮语 han² 和 hen² 以及汉语坟、畔应该是相当古老的同源词。

伐 *bad，《说文》：击也。从人持戈。段注：亦斫也。甲骨文字形像用戈砍人的头。本义是砍杀，后来引申为砍伐。壮语"砍"称 pat³³，和"伐"对应。faːt⁸ 表示鞭打，和"伐"也是音义皆近。另外，壮语表示砍小树枝是说 fan²，可能和 faːt⁸ 有滋生关系，和汉语伐的砍"伐"义也可以对应。

其 *kɯ，居之切，本义是簸箕，即箕本字，后假借为虚词，在古文中常作代词、句中语气词。在壮语中，"箕"读 kei²⁴，如：饭箕[an²⁴ kei²⁴]，粪箕[kei²⁴ pɯn³³]。根据诗句，笔者认为其可和壮语表物品泛称名（量）词[kaːi³⁵]对译。壮语[kaːi³⁵]构词如下：[kaːi³⁵ kɯn¹]吃的东西、[kaːi³⁵ten⁵⁴]穿的东西、[kaːi³⁵ nei⁴²]这个。

条 *luɯw，《说文》："小枝也。从木攸声。"这是条的本义，后引申泛称条形的东西，再引申作量词。条壮语念 teːu²，其用法也和汉语有类似的说法，如：teːu² ɕaːk⁸ 绳子、teːu² fai⁴ 木头、teːu² pen⁶ 木板、θaːm¹ teːu² mai¹ 三条线。和壮语有关系的汉语幽部、宵部字在壮语中韵母大都为 eːu，如：ʔdeːu¹ 幺（对应壮语数词一）、tseːu³ 绞、keːu² 桥、leːu⁴ 了、meːu⁶ 猫。

枚 *mɯɯl，《说文》：干也，可为杖。从木从攴其本义是树干。《释名》：竹曰个，木曰枚。树木，壮语念 fai⁴，如：ɣaːm³ θoːŋ¹ koː¹ fai⁴ 砍两棵树。壮语 fai⁴ 和汉语"枚"音义皆近，一般就是指树干，树枝则说 ŋaː⁵（桠）或 tsi⁵（枝）。

未 *mɯds，其甲骨文像树木枝叶重叠成荫的样子。《说文》：象木重枝叶也。后世假借为天干地支的用词，也假借作否定副词，如：辰巳午未、未卜先知。未和壮语表示否定的 mi³、ʔboːu³ 都能构成对应。

见 *keens，本义是看见、看到。《说文》：视也。"见"壮语读 ɣan¹，"看"则为 jaɯ⁵，即"视"。"看见"为 jaɯ⁵ɣan¹，壮汉语都能对应。汉语 *k- 除和壮语 k- 对应外，还和 ɣ-、l-、j- 等构成对应，如：

---

① 文中所有汉字上古音拟音皆采用东方语言学网潘悟云拟音，下同，不再另注。

	糠	扛	僵	鸠
汉：	*khlaaŋ	*krooŋ	*kaŋ	*ku
壮：	ɣam²	ɣa:m¹	ja:ŋ³	jau¹

君*klun子*sɯʔ，古今译者多译为在外服役或为官的丈夫。君，可和泰语第二作称尊称[khun]对译。

恝*ŋ-liiwg，有些译本译为饥饿，有些则译为忧愁。《方言》：自关而西，秦晋之间，凡志而不得，欲而不获，高而有坠，得而中亡谓之湿，或谓之恝。《说文》：饥饿也。恝和壮语盼望、渴望ngah[ŋa³³]对应，如：

壮：kou²⁴ ŋa³³ muŋ³¹ tau⁵⁵ jau⁵⁵ kou²⁴

汉：我 渴望 你 来 看 我

壮：ŋa³³ kɯn²⁴

汉：想 吃

如*nja，段注《说文》：如，从随也。从女者，女子从人者也。引伸之，凡相似曰如。壮语相似称[lum⁵⁵]或[num⁵⁵]。汉语鱼部也可和壮语[-am]、[-a:m]、[-um]对应，如：奴*naa:[nam³³]、捂*ŋaas：[kam³³]、跨*khʷlraa:[ha:m⁵⁵]、煮*kljaʔ：[tum³⁵]、抚*mhaʔ：[lum³³]。

调*dɯɯw，大多译本认为读zhōu，又作"輖"，"朝"（鲁诗此处作朝字），早晨之义。甲骨文中已有（朝），为何不用"朝"，值得商榷。笔者认为，"调"和壮语"肚子"[tuŋ⁴²]音近，可能是用汉字记越音，实指肚子，"调饥"就是肚饿。

饥*kul，《说文》：不熟为饥。《墨子·七患》：五谷不熟谓之饥。《孟子·梁惠王下》：凶年饥发，君之民老弱转乎沟壑。饥本义即荒年，五谷无收。后作动词，义同"饿"*ŋaals。壮语"饿"称[i:k³³]，如：肚饿[tuŋ⁴² i:k³³]、饿死[ta:i²⁴死i:k³³饿]。

肄*lids，羊至切，在汉语中多指学习，如《后汉书》兵官皆肄孙吴兵法。对《诗·周南》遵彼汝坟，伐其条肄。中肄诸家多解释为枝条，如《广韵》：嫩条也。《博雅》：肄，枿也。《传》：肄，餘也。斩而复生曰肄。做绿肥的嫩枝叶，壮语称[jit⁵⁵]，与"肄"*lids音近义同，"大树枝"凤山壮语称[ŋa³⁵]，音近上古"枿"*ŋaad小树枝则称[ȵi³⁵]，音近"枿"今音。

既*kuds，。甲骨文字形会意，左边是食器的形状，右边像一人吃罢而掉转身体将要离开的样子。本义是吃罢，吃过，后引申为完毕，完了，再虚化为副词，表已经义。壮语表示已经称[kan³⁵]，也与"既"*kuds音近。

遐*graa，《说文》：远也。从辵叚声。胡加切。《诗·小雅·鸳鸯》：君子万年，宜其遐福。朱熹注：遐，远也，久也。汉扬雄《长杨赋》：是以遐方疏俗，殊邻绝党之域，自上仁所不化，茂德所不绥，莫不蹻足抗首，请献厥珍。这里用为长久、久远之义。远，壮语称[kyai²⁴]，如：远方[ten³³ kyai²⁴]。壮语远[kjai²⁴]与汉语遐音义皆对应。

弃*khids，中古为溪母脂韵，去声开重钮四等字。壮语表示放弃称[vit³³丢]，如：ʔbou⁵⁵ ɕe²⁴ ʔbou⁵⁵ vit³³不弃不丢。上古汉语*kh-/*k-和壮语v-有对应关系。如：裤*khʷaas：va³⁵、缺*khʷed：vau³³、划*koolʔ：ve³³、斤*kɯn：va:n²⁴（斧）。

鲂*baŋ，鲂鱼，与鳊鱼相似，银灰色，腹部隆起，生活在淡水中。清段玉裁《說文解字注》：赤尾鱼也……鲂即鳊鱼也。鳊鱼，壮语称[pja²⁴鱼 pen⁵⁵扁]。

赬*theŋ，意即浅红色；红色。红，壮语称[ʔdiŋ²⁴]，和汉语"赬"对应非常明显。

尾*mulʔ，无斐切，本义是鸟兽虫鱼等身体末端突出的部分。段注《说文》：尾，尽也。尾，梢也。壮语称尾巴为[ji:ŋ²⁴]，和尾没有对应，但壮语阴毛[mi²⁴]和尾音近义近，壮语表尽、梢的[pja:i²⁴]也可能和尾对应。

王 *Gʷaŋ，历来大多解释为天子、君主，认为王室即朝廷。近来有学者指出，鲂鱼赪尾，王室如燬采用的是巧妙的比兴手法。王，这里是用它的自然特殊含义，作动词，指的是前往。《诗经·大雅·板》："昊天曰明，及尔出王。"意谓上天明察秋毫，连你的出行它看得一清二楚，王，指前往，去。《汝坟》中的王室不是指朝廷，而是指女主角和她心上人前往住室，因此，才有后面的父母孔迩的担心。这种解释富有新意，也很有道理，一下把古往今来诸家对诗歌每一、二节和第三节间诗意的迷茫化解开来，让人感到诗意的顺畅和诗歌的野性美。鲂鱼赪尾，很多人主观认为是因为鲂鱼游累了，尾巴会发红。殊不知有动物研究者认为，鲂鱼进入发情繁殖期间，鱼体内分泌激素，身体各部会发出绚丽的珠光，以求赢得对方青睐，如同鸟类在发情期长出美丽的饰羽或冠羽……这在动物界是普遍的现象。（胡淼 2007）以鱼喻人，何等巧妙！

王作往 *Gʷaŋʔ 解，壮语亦有对应。往，壮语语称 va:i⁵⁵，va:i⁵⁵ pai²⁴ 过去，va:i⁵⁵ ta³³ 过河。笔者认为，壮语 va:i⁵⁵ 和汉语往 *Gʷaŋʔ 的对应反映了古老同源词韵尾脱落的现象。其实，在汉语中，这种古阳声韵尾脱落的现象很普遍。如汉语的寂和静。调查显示，《方言调查字表》中宕摄开口三等阳声韵 119 字中，玉林白话有 107 个字的舌根韵尾全部失落，如：娘 na⁵⁴、量 la³²、将 ta⁵⁴、墙 ta²¹。（陈晓锦 1999）

室 *lig，段注《说文》：实也。以叠韵为训。古者前堂后室。释名曰：室，实也。人物实满其中也。引伸之则凡所居皆曰室。释宫曰：宫谓之室，室谓之宫是也。从宀，至声。大徐无声字。非也。古至读如质。至声字皆在十二部。下文又言此字之会意。式质切。室屋皆从至。所止也。室屋者，人所至而止也。说从至之意。室兼形声。屋主会意。尸部亦言之。屋 *qoog，与"室"音近义同，应都是同族词。壮语房间称 ɣuk³³，和"室、屋"上古音音近，应为同源。

燬 *mhalʔ，段注《说文》：火也。从火。毁声。《春秋传》曰："卫侯燬。"许伟切。《释文》：齐人谓火曰燬。火，壮语称 [fei³¹]，汉壮这两词明显对应，有同源关系。

孔 *khlooŋʔ，毛传：孔，甚也。因此各家释父母孔迩之孔为很。汉语的孔亟、孔多、孔明、孔圣等中的"孔"即"很"。壮语"很"各地说法不太一致，但武鸣壮语有 [kik³³] 的说法，或可对应孔 *khlooŋʔ。

迩 *mljalʔ，《说文》：近也。近壮语称 [kjɯ⁵⁵]，但仫佬语 [phɣəi⁵] 与毛南语、水语的 [phjai⁵] 都较接近迩上古音。

综合以上音义对应分析，我们把《汝坟》原文、上古音和壮语（国际音标）音义对译如下：

原　文：遵　彼　汝　坟，伐　其　条　枚；
上古音：*sun balʔ njaʔ bɯn, bad kɯ lɯɯw mɯɯl；
壮　语：ɕun² pai¹ ɲe¹ hen², fat⁸ ka:i⁵ te:u² fai⁴；
直　译：巡　去　河边，砍　那　枝条　树；
大　意：沿着河边岸堤走，采伐那些树枝条。

原　文：　未　见　君　子，惄　如　调　饥。
上古音：*mɯds keens klun sɯʔ, ŋ-liiwg nja dɯɯw kɯl。
壮　语：mi³ ɣan¹ mɯŋ² ʔba:u⁵, ŋa⁶ lum³ tuŋ⁴ i:k⁷.
直　译：不　见　君　子，渴　如　肚饿。
大　意：终日不见夫君你，盼望相见如肚饿。

原　文：　遵　彼　汝　坟，伐　其　条　肄；
上古音：*sun balʔ njaʔ bɯn, bad kɯ lɯɯw lids;
壮　语：ɕun² pai¹ ɲe¹ hen², pat⁸ ka:i⁵ te:u² jit⁷；

直 译：巡 去 河 边，砍 那 枝 嫩。
大 意：沿着河边岸堤走，采伐那些嫩枝条。

原 文： 既 见 君 子，不 我 遐 弃 。
上古音：*kɯds keeŋs klun sɯʔ, pɯ ŋaalʔ graa khids.
壮 语：kan⁵ ɣan¹ muŋ² ʔba:u⁵, ʔbou³ kou¹ kjai¹ vit⁸.
直 译：已 见 君 子，不 我 远 弃。
大 意：终于见到夫君你，莫要远远抛弃我。

原 文： 鲂鱼 赪 尾，王 室 如 燬 ；
上古音：*baŋ ŋa theŋ mɯlʔ, ɢʷaŋʔ liɡ ŋja mhalʔ;
壮 语：pya¹ pen³ ʔdiŋ¹ mi¹, va:i³ ɣuk⁸ lum³ fei²;
直 译：鳊 鱼 红 尾，往 室 如 火。
大 意：鳊鱼发情尾呈红，我俩回室情如焚。

原 文： 虽 然 如 燬，父 母 孔 迩 。
上古音：*sqʷʰi njan nja mhalʔ, paʔ mɯɯʔ khlooŋʔ mljalʔ.
壮 语：a:i⁶ nau² lum³ fei², po⁶ me⁶ kik⁸ kjaɯ³.
直 译：虽 然 如 火，父 母 很 近。
大 意：虽然情深欲如火，父母很近勿惊扰。

整首诗大意可以理解为：

沿着河边岸堤走，采伐那些树枝条。终日不见夫君你，盼望相见如肚饿。
沿着河边岸堤走，采伐那些嫩枝条。终于见到夫君你，莫要远远抛弃我。
鳊鱼发情尾呈红，我俩回屋情如焚。虽然情深欲如火，父母很近勿惊扰。

造成人们对《汝坟》的困惑，很大程度上是这首诗出现了不少汉语典籍少见又而用本义的生僻词。如"遵、彼、条枚、条肄、惄、调、燬、赪"等。根据以上分析可以看出，现代壮语完全和诗中绝大多字词音义对应，用壮语解读《汝坟》也符合诗歌的题旨情境。诗歌的内容应是妻子饥饿难耐般思念远役的丈夫；等到他回来了，希望他不要把她远远抛弃，更进一步通过双关的方式表达了夫妻久违情深、爱火如焚的真实想法。《汝坟》诗表达的应是思妇思夫、情深难耐之情。

三、结语

《汝坟》是不是来自周南越地民歌，涉及到周南所涉区域问题。关于周南，古今学者普遍认为是指在今陕县以南汝、汉、长江一带，湖北、河南之间的南方诸候之国。民族学研究表明，现黄河下游，以泰山为中心，南至淮，东至海，北至无棣，即先秦时期的济水及海岱地区，其新石器时代文化应是三代时的东夷文化。海岱地区族群一部分与炎黄集团融合，成为夏人、商人的来源之一，大部分则为夏商周时期的东夷先民。古代文献记载的东夷、淮夷、南淮夷、南夷等不同称谓，实际上反映了东夷族群的活动范围十分广阔。历史文献和考古学材料也表明了壮侗族群先民诸越与东夷有不可否认的渊源关系。从新石器时代中期起，北方夷越先民向东南继而向西南的移殖之旅就不绝如缕，形成了富有海洋气息和统一文化特色的百越族群。上古"夷"读如"弟",而海南黎族自称dai^3,广西龙州壮族、云南富宁壮族、云南傣族、越南北部岱族自称tai^2,泰国泰族自称t^{h}ai^2,族称对应严整。可以说,东夷和越族在长期而频繁的交往、接触与渗透的过程中,显现出同属一个文化系统的的文化特征和十分亲密的亲缘关系,说明他们同属一个文化群体。有学者推论,侗台语和汉语的发生学关系当在远古时代就已经出现,古东夷人的语言应是这两大语言群团的共同来源之一。(蒙元耀2010)基于此,产生于周之南国的《汝坟》能用越族后裔壮族现代语言来对译且符合诗歌原意并不奇怪了。

【参考文献】

[1] [清]方玉润.诗经原始[M].北京:中华书局.1986.

[2] [清]马瑞辰.毛诗传笺通释[M].北京:中华书局点校十三经,清人注疏本,陈金生点校,1989.

[3] [明]何楷.诗经世本古义(文渊阁四库全书)[M].台北:台湾商务印书馆,1983.

[4] [宋]朱熹.诗集传[M].北京:中华书局.2011.

[5] [汉]许慎.说文解字[M].北京:中华书局,2004.

[6] 鲍昌.风诗名篇新解[M].郑州:中州书画社.1982.

[7] 陈晓锦.广西玉林白话古阳声韵尾、入声韵尾脱落现象分析[J].中国语文.1999(1).

[8] 傅斯年.诗经讲义稿[M].北京:中国人民大学出版社.2004.

[9] 高享.诗经今注[M].上海:上海古籍出版社.1980.

[10] 胡淼.《诗经》的科学解读[M].上海:上海人民出版社.2007.

[11] 江应樑.百越族属研究[A].谢启晃等编撰.岭外壮族考[C].南宁:广西民族出版社,1989.

[12] 林惠祥.中国民族史(上册)[M].北京:商务印书馆.1936.

[13] 蒙元耀.壮汉语同源词研究[M].北京:民族出版社.2010.

[14] 石兴邦.再论河姆渡文化的溯源和追源问题[A].河姆渡文化新论[C].北京:海洋出版社.2002.

[15] 韦达.壮族文化论[M].南宁:广西民族出版社.2006.

[16] 韦庆稳.试论百越民族的语言[A].百越民族史研究会.百越民族史论集[C].北京:中国社会科学出版社,1982.

[17] 乌瑞辰.毛诗传笺通释[M].北京:中华书局,1989.

[18] 袁梅.诗经译注[M].济南:齐鲁书社,1985.

[19] 张光直.早商、夏和商的起源问题[A].华夏文明(第一辑)[C].北京:北京大学出版社,1987.

关于"目""眼"的历时考察

王金艳[①]

汉语自产生以来,经过漫长的历史发展,由于不同的历史特征、社会因素,语言随着社会的发展不断更新,而语言内部重要的因素——词义,同样在发展演变之中。因此,研究目、眼的演变,也应从汉语史的分期角度出发。

一、先秦至西汉时期

目和眼是一组同义词,前人这样解释,许慎《说文》:目,人眼也,象形,重童子也,凡目之属皆从目。段玉裁《说文解字注》:人眼也。象形。重,童子也。象形,统言之。嫌人不解二。故释之曰。重其童子也。释名曰。瞳,重也。肤幕相里重也。子,小称也。主谓其精明者也。或曰眸子。眸,冒也。相里冒也。按人目由白而卢,童而子。层层包裹。故重画以象之。非如项羽本纪所云重瞳子也。目之引伸为指目,条目之目。莫六切。三部。凡目之属皆从目。《说文》:眼,目也。从目声。段玉裁《说文解字注》:目也。释名。眼,限也。瞳子限限而出也。从目声。五限切。古音在十三部。下面根据目、眼在上古词典里的意义,找出先秦28部典籍列出其使用的次数,分布如下:

时期	典籍	目 出现次数	眼 出现次数	时期	典籍	目 出现次数	眼 出现次数
周	尚书	4(4)	0(0)	周	春秋	1(1)	0(0)
	周易	4(4)	1(0)		诗经	4(4)	0(0)
春秋	国语	4(4)	0(0)	春秋	左传	26(26)	0(0)
	墨子	24(24)	0(0)		老子	2(2)	0(0)
	孙子	3(3)	0(0)		论语	2(2)	0(0)
战国	仪礼	3(3)	0(0)	战国	大学	2(2)	0(0)
	公羊传	4(4)	0(0)		孟子	10(10)	0(0)
	吕氏春秋	37(37)	1(1)		庄子	44(44)	1(1)
	周礼	9(9)	1(1)		韩非子	29(44)	1(1)
	商君书	6(6)	0(0)		鬼谷子	6(6)	0(0)
	晏子春秋	5(5)	0(0)		管子	33(33)	1(1)
	楚辞	14(14)	0(0)		荀子	38(38)	0(0)
	楚辞补注	17(17)	3(0)		谷梁传	16(16)	0(0)
	礼记	17(17)	0(0)		逸周书	7(7)	0(0)
西汉	战国策	15(15)	1(0)	西汉	淮南子	84(84)	0(0)

注:括弧内的数字表示眼睛义出现的次数。下同。

[①]王金艳,女,广西民族大学文学院硕士研究生。

从目、眼在典籍中出现的次数可以看出，上古时期，眼睛基本用"目"来表示；周至春秋时，还没有出现"眼"这一词语；到战国时期，"眼"以微小的频率出现在典籍中，但表示眼睛的频率仅为50%，大多数表示眼球，例如：

（1）因自皮面抉眼，自屠出肠，遂以死。韩取聂政尸于市，县购千金，久谋知谁子。（《战国策·聂政刺韩傀》）

（2）为进退，为不果，为臭。其于人也，为寡发，为广颡。为多白眼。为近利市三倍。其究为躁卦。（《周易》）

在（1）中，"抉眼"表示挖出眼球；（2）中"白眼"指眼球中的白色部分，与"目"所形容的眼睛有所区别。可见先秦至两汉时期眼睛这一概念基本由"目"承担，"眼"偶尔为之。出现如此格局是因为"目"出现早，义项单一。例如：

（3）狎侮君子，罔以尽人心；狎侮小人，罔以尽其力。不役耳目，百度惟贞。玩人无益害有益，功乃成；不贵异物贱用物，民乃足。（《尚书·旅獒》）

（4）九三，舆说辐，夫妻反目。（《周易》）

（5）为鬼为蜮，则不可得。有腼面目，视人罔极。作此好歌，以极反侧。（《诗经·何人斯》）

"目"在上古典籍中仅表示眼睛这一义项，随着词语的发展，"目"的义项随之增多，到现代共有9个义项，分别是眼睛、看、想要达到的地点、境地或想要得到的结果、大项中再分的小项、名称、标题、生物学分类系统上所用的等级之一，在"纲"以下，"科"以上、孔眼、指为首的人。一个词语义项逐渐增多，必然会出现新的词语来替旧词分担。到东汉时期，"眼"作为眼睛冲击着"目"的地位。

二、东汉至六朝时期

汉末时期，"眼"在口语里已经取代了"目"，但书面语里仍以"目"为主。六朝时期，佛教盛行，大量佛经涌现，佛经的兴起以及对它的研究促进了当时语言文字的发展变化。下面列举东汉至六朝时期的16部典籍，分析目、眼在典籍中出现的情况：

时期	典籍	目 出现次数	眼 出现次数	时期	典籍	目 出现次数	眼 出现次数
东汉	全汉文	67（62）	3（0）	东汉	史论	150（143）	11（10）
东汉	宅经	4（3）	0（0）	东汉	佛经	0（0）	4（0）
东汉	古诗十九首	1（0）	0（0）	东汉	赵飞燕外传	1（0）	0（0）
六朝	全刘宋文	87（74）	12（12）	六朝	刘宋译经	17（12）	14（14）
六朝	东晋译经	7（5）	15（15）	六朝	北凉译经	30（28）	32（31）
六朝	齐民要术	29（18）	27（14）	六朝	三国志	105（90）	9（7）
六朝	全梁文	213（205）	13（13）	六朝	佛语录	4（1）	5（5）
六朝	禽经	6（2）	0（0）	六朝	佛经	4（1）	19（19）

东汉时期，书面语形容眼睛仍以"目"为主，但"眼"在典籍中也在崭露头角，从词义发展的过程来看，新形成的义位一般都与原有的义位有关，因此，眼从最初的眼球之义转换为眼睛。例如：

（6）是天当罝汝，使眼息不死也。死中有余过，并及未生之子。念其作祸之人，虽以身行恶。（《史论·太平经》）

（7）夜战则声相知。足以相救。昼战则眼相见。足以相识。欢爱之心。足以相死。然后劝之以重赏。（《史论·前汉纪·荀悦》）

（8）中兴之庆，人人蒙爵级，宰值义嘉染罪，金木缠身，性命几绝。卿耳眼所闻见，安危在运，何可预图邪？（《宋书·王景文传》）

（9）眼形非耳形，耳形非眼形，则神亦随百体而分。则眼有眼神，耳有耳神，耳神非眼神，眼神非耳神也。而偏估之体，其半已谢。已谢之半，事同木石。（《全梁文》）

每个词最初的含义往往义项单一，例如"元"字，在古代有人头、本原、第一等义，而从古文字字形看，人头是本义。《孟子·滕文公下》中"勇士不忘丧其元"。随着社会的发展，词语的义项也在不断增多，从东汉至六朝时期，"目"的义项也不再单一，例如：

（10）子华子言，如持水纳石，不相酬答。卒以不遇，可为酸鼻。谨目录，臣昧死上。（《全汉文》）

（11）其馀者浅薄不中义理，别集以为百家后，令以类相从，一一条别篇目，更以造新事十万言以上，凡二十篇七百八十四章，号曰《新苑》。（《全汉文》）

（12）昔中都失统，九域分崩，群凶丘列於天邑，飞鸱目於四海。（《全刘宋文》）

（13）时有不通，今随事改正，并写《诸杂势》一卷，今新装《二王镇书定目》各六卷，又《羊欣书目》六卷，《锺张等书目》一卷，文字之部备矣。谨诣省上表，并上录势新书以闻，六年九月中……（《全刘宋文》）

佛教从汉末时期传入中国到六朝时期的全面盛行，对当时中国的语言文学产生了重大的影响，例如：生老病死（《法华经科注》）、心领神会（《续灯录》）、方便（《法华经·方便品》）等词语都来自佛教用语，当时《佛经》中的"目"具有佛经本身的意义，表示眼睛之义基本用"眼"，例如：

（14）三目多阿目多涅目多阿婆毗那比目帝婆尼比月葛颇罗阿延陀……（《佛经·北凉译经》）

（15）七宝妙车、种种宝床、七宝头目、交络宝网、阎浮金锁、宝真珠贯……（《佛经·北凉译经》）

（16）疑惑障慧眼，流转诸邪道。（《佛经·东晋译经·大方广佛华严经》）

（17）欲令一切天下人皆知一切人意所念，因利耶波利浮利耶然那，眼耳鼻舌身意因利，佛所知欲令一切天下人皆知。（《佛经·刘宋译经·佛说菩萨内戒经》）

新旧词语在替换演变时，旧词并不会在新词占优势后马上消失，书面语中新旧成分往往会拉锯竞争，并存共现，这种共存现象甚至会长达数百年。"目"和"眼"就是在这种条件下共存的。

三、隋唐至宋时期

从隋唐至五代再到宋朝时期，"眼"作为眼睛之义已深受作者的欢迎，出现在典籍中的频率也明显提高，但是，在用文言文写书面语时，仍会偏重"目"一些。随着时代的发展，"眼"出现在文言文典籍中的频率越来越高，这与文学语言的发展是密不可分的。文言文是以先秦的汉语口语为基础形成的书面语，以及模仿这种书面语写作的语法形式，该文体一直沿用到清末民初。但是到了唐和宋的中古时期，开始出现两种书面语：一种是模仿上古汉语书面文献的书面语，如唐宋八大家的作品；另一种则是现代白话的源头，如唐代的变文、宋代的话本等。下面列举20部典籍，分析"目""眼"在这一时期的典籍中数量上的变化：

时期	典籍	目 出现次数	眼 出现次数	时期	典籍	目 出现次数	眼 出现次数
隋	信心铭	1(1)	1(1)				
唐	唐文拾遗	201(160)	36(35)	唐	李白诗全集	65(63)	25(25)
	唐代墓志汇集续编	137(136)	10(10)		通典	165(103)	25(25)
五代	敦煌变文集	90(35)	50(50)	五代	祖堂集	102(88)	135(135)

(续表)

时期	典籍	目 出现次数	眼 出现次数	时期	典籍	目 出现次数	眼 出现次数
北宋	棋经	1(1)	3(3)	北宋	佛语	71(63)	78(78)
	南迁录	6(6)	0(0)		辽志	2(0)	1(1)
	资治通鉴	68(64)	2(2)		江南野史	11(9)	2(2)
	湘山野录	13(10)	5(5)		靖康纪闻	15(7)	0(0)
	宋朝事实	26(11)	0(0)		梦溪笔谈	27(24)	6(6)
	本心斋疏食谱	9(5)	2(0)		大金吊伐录	18(7)	0(0)
南宋	诗词	9(8)	14(14)	南宋	话本	6(5)	36(36)

唐朝时期，"目"仍多数作为眼睛义留在书面语中，例如：

（18）即以其月廿三日，葬於高昌县之北原，礼也。斯人之叹，满目街衢；不实之悲，盈於巷路。呜呼哀哉！葬於斯墓。（《唐代墓志汇编续集》）

（19）故步为腹心，车为羽翼，骑为为耳目，三者相待，参合而行。具边防匈奴篇。（《通典》）

（20）诸天唱言，人无眼目；列郡含憾，世且空虚。天人感伤，断可知矣；圣感灵应，岂诬也哉！（《唐文拾遗》）

眼不仅逐渐脱离它的本义眼球而承担起眼睛之义，还增添了孔洞、窟窿的义项。例如：

（21）岂不见铜山之北，谷岭之阳，左峦右陇之内，仍有宝泉一眼……（《唐文拾遗》）

（22）尝有好事者投纶於其间，缯纶尽而不及底，或云通海，或云海眼，未可详也。其春夏时，每雨将降，则充灌激，溢涌雷吼……（《唐文拾遗》）

成语起源于战国时期，而"眼"字开始大量出现在成语里来解释整个词语的含义是在唐宋时期。例如：

（23）春，正月，庚申朔，齐主登北城，军容甚整。突厥咎周人曰：尔言齐乱，故来伐之；今齐人眼中亦有铁，何可当耶！（《资治通鉴·陈世祖天嘉五年》）

（24）在礼在宋州，人尤苦之。已而罢去，宋人喜而相谓曰：眼中拔钉，岂不乐哉？（《新五代史·赵在礼传》）

（25）眼不识丁马前卒，隔床鼾鼻正陶然。（宋·文天祥《不睡》）

（26）西忆岐阳信，无人遂却回。眼穿当落日，心死着寒灰。（宋·杜甫《喜达行在所三首》）

句（23）中的"眼中有铁"比喻军容整肃。句（24）中的"眼中钉"比喻心中最厌恶、最痛恨的人。句（25）中"眼不识丁"相当于目不识丁，形容一个字也不认得。出自《旧唐书·张弘靖传》：今天下无事，汝辈挽得两石力弓，不如识一丁字。句（26）中的"眼穿当落日，心死着寒灰"正是成语"穿眼心死"的出处，形容殷切的盼望落空而极度失望。

四、元明清时期

元明清是汉语史发展的近代时期，其中元朝与清朝是由少数民族建立的政权，元朝当时推行自己民族的语言文字使之取代汉字，获得社会通用语言文字的地位，而清朝最初以本民族的语言文字为社会通用语言文字，后来被迫以被统治民族的语言文字为社会通用语言文字；同时对不同的民族、不同的地域实行不同的语言文字政策。但汉民族是人口最多、分布面积最广的民族，无论哪一个非汉民族掌握政权，都会使中国社会出现人数少的民族统治人数多的民族的局面。汉语和汉字是使用人口最多、分布面积最广的语言文字。这就使这些时期的语言文字地位规划变得复杂起来。弱势语言一定会被强势语言所替代，但是"目"和"眼"，不仅没有受到语言规划的影响，其他义项也被大量使用，下面列举这一时期的32部典籍，分析"目"与"眼"在使用上的变化：

时期	典籍	目 出现次数	眼 出现次数	时期	典籍	目 出现次数	眼 出现次数
元代	朴通事	5（1）	24（15）	元代	元散曲	4（1）	18（13）
	老乞大新释	5（0）	5（4）		三国志评话	22（14）	10（9）
	倩女离魂	3（2）	5（5）		西厢记杂居	17（10）	42（42）
	勘皮靴单证二郎神	8（8）	14（14）		蒋兴哥重会珍珠衫	9（6）	24（24）
	大唐三藏取经诗话	6（2）	8（8）		杜十娘怒沉百宝箱	7（7）	4（3）
	沈小霞相会出师表	6（3）	5（4）		大宋宣和遗事	18（17）	11（11）
明代	天工开物	9（6）	26（7）	明代	柳如是集	17（9）	12（12）
	东汉秘史	18（17）	5（4）		两晋秘史	77（77）	19（19）
	五代秘史	31（30）	25（25）		三国演义	174（171）	76（76）
	明季三朝野史	4（4）	0（0）		万历野获篇	202（152）	32（20）
	纪效新书戚继光	45（28）	19（10）		云中纪变	2（1）	0（0）
清代	宋论	66（66）	0（0）	清代	呼家将	44（44）	31（31）
	文史通义	208（64）	1（0）		经学历史	14（4）	0（0）
	经学通论	65（16）	1（1）		东南纪事	12（10）	0（00）
	南朝秘史	46（45）	18（18）		儒林外史	47（39）	168（167）
	太平天国纪	6（1）	1（1）		孽海花	105（76）	202（199）
	廿二史答记	0（0）	9（8）		外交小史	9（7）	1（1）
	康雍乾间文字狱	12（5）	0（0）		张文襄公事略	11（6）	0（0）

任何词语延伸的其他义项都与本义有着千丝万缕的联系，"目"和"眼"也不例外。这一时期，"目"表示的数目、名称、标题、为首的人等义项被大量使用，奠定了今天"目"字意义的基础。例如：

（27）既这般说，火伴你三个人。一齐都拿出来给他，记著数目，到北京，打总再算罢，这般我就都给他。（《老乞大新释》）

（28）次看水缸有无水；次看米鉴见存用过数目；次看碗碟、睡卧处所，是否在墩宿歇。（《纪效新书·戚继光》）

（29）则为你闭月羞花相貌，少不得剪草除根大小。题目。老夫人闭春院 崔莺莺烧夜香正名，小红娘传好事。（《西厢记杂剧》）

（30）衮州有贼军三十万；离衮州三十里，杏林庄有二头目，一名张宝，一名张表，领兵二十万。（《三国志评话》）

（31）既知恶属下抗违不能行事，即知己身不可又效属下之人复抗在上头目，决忤不得乡曲故交，军机乃国家重务，情难掩法。（《纪效新书·戚继光》）

（32）《也是园书目》有宋人词话十六种，《宣和遗事》其一也。词话之名，非遵王所能杜……（《大唐三藏取经诗话》）

（33）犹且不为，况附夷狄，以伐中国，又从而取之者乎？《纲目》书晋王尊号于契丹，契丹加晋王尊号，所以著中国，事夷狄，首足倒……（《五代秘史》）

（34）当时张氏恃恩恣横，其姻戚奋自科目者，尚无耻如此，若右列不可胜纪矣！（《万历野获编》）

（35）反覆审之，而知其本原出於《易》教也。盖其所谓心性理道，名目有殊，推其义指，初不异於圣人之言。（《文史通义·清·章学诚》）

（36）臣工奏章，别为一类，编次纪传史中，略如书志之各为篇目，是刘亦知《尚书》折而入《春秋》矣。（《文史通义·清·章学诚》）

（37）无以谢绝一偏之言，其弊九也。史无别识心裁，便如文案孔目；苟具别识心裁，不以网访存其补救，则才非素王，笔削必多失平。（《文史通义·清·章学诚》）

（38）我辅佐威妥玛，原想推翻满清，手刃明善的儿孙。虽然不能全达目的，烧了圆明园，也算尽了我做儿的一点责任。（《孽海花》）

（39）吾先在琉璃厂见过，知道此书，当是只刻过叙录，《四库》著录在存目内。现在这书朱墨斓然的是原本。原来给你抢了去！莲孙道。（《孽海花》）

（40）所以稚燕去一说，就满口担承，彼此讲定了数目，约了日期，就趁稚燕在番菜馆请客这一天，等待客散了，在黑影里开……（《孽海花》）

数千年来，由于官方的推行和科举考试的需要，读书人刻意模仿四书、五经的语言写诗撰文，以古雅为尚。口语中常用的"眼"作为眼睛之义并没有完全替代书面语"目"，但也表达了小洞、窟窿、眼界、事物的关键所在用于专有名词"井"等含义，例如：

（41）中门一间，客位几间，铺面周围几十间，窗炕、壁俱全，井一眼，空地几亩，两言议定，赁房钱每月二两，按月送纳。（《朴通事》）

（42）核桃、红姑娘、山里红、甜梨、酸梨、葡萄、龙眼、荔枝、杏子、西瓜、香瓜……（《老乞大新释》）

（43）五十处起炉，或铜或铁，铸长柱百条。铜铁柱上有个大窍眼；又令石匠造石柱五百条；令铁匠造一寸透大小索，打数百余条。（《三国志评话》）

（44）吕布曰：我发一箭，可射戟上钱眼。若射中，两家各罢战；若不中，纪灵亦班师，如不班师，吾助玄德杀……（《三国志评话》）

（45）其下列灶燃薪，多者十二三眼，少者七八眼，共煎此盘。南海有编竹为者，将竹编成阔丈深尺，糊以蜃灰，附于釜……（《天工开物》）

（46）状元榜眼，二难登两第，学冠天人，江陵公欣然悬于家之厅事。（《万历野获编》）

（47）赏赐了什么东西，可以叫我们广广眼吗？彩云略弯了弯腰，招呼毕叶坐下，自己也坐在桌旁道。（《孽海花》）

语言是不断变化发展的，在语言三要素中，以词汇发展变化速度最快，这与社会的发展变化是紧密相连的，新事物的出现必然会在词汇系统中打下自己的烙印。"目"和"眼"作为千年沿用下来的基本词汇，具有普遍性、稳固性和能产性。从各个朝代的使用情况来看，"目"与"眼"一直存在于不同时期不同朝代的作品中，"目"的本义眼睛在上古时期使用频率极高，随着"目"的义项增多，最初义为眼球的"眼"来分担此含义，并在口语中大量使用。

【参考文献】

[1] 段玉裁.说文解字注[M].上海：上海古籍出版社，1988.

[2] 蒋绍愚.古汉语词汇纲要[M].北京：商务印书馆，2005.

[3] 叶桂郴.买、市、购的历时演变[J].古汉语研究，2011（4）.

[4] 许慎.说文解字[Z].北京：中华书局，2013.

[5] 中国社会科学院语言研究所词典编辑室编.现代汉语词典（修订本）[Z].北京：商务印书馆，2005.

"转注"许意考

陈雪林[①]

"转注"二字首先见于《汉书·艺文志》,但没有具体释其名目。许慎在《说文·叙》中把转注解释为建类一首,同意相受。转注在历代学者眼中争论很大,主要因为许慎对转注的解释仅限其八字定义和二字举例。以转注八字定义中的类和首为例,章炳麟以声类为类,以语基为首;徐锴则以义类偏旁之义为类,以义类偏旁为首。这些争论的主要原因,一是人们在讨论时,从现代汉字学的角度出发,更多地加入了自己对转注的理解,论题变成了"转注应该是什么",而不是"许慎所说的转注是什么";二是人们没有正确处理许慎所下定义与所举例字之间的关系,或偏重于根据定义去理解转注,或偏重于根据例字去理解转注。[1]

许慎为六书定义的部分原始依据早已亡佚,本文试从现有材料入手,尤其是许慎为转注所下的定义和例字,同时参考《说文》中的引文和文字解释来探讨许慎意下的转注。

一、从六书的性质看"转注"

讨论六书性质,首先须明确两个概念,即六书法则和六书理论。所谓"六书"法则,应当是指在汉字产生和发展的历史过程中客观存在的有关造词标词的法则和规律,也就是先民们在创造汉字的实践过程中所自然形成的有关汉字创制的种种思维模式。[2]所谓"六书"理论,则应当是指后世文字学家对汉字创制的客观法则的一定认识和解释。[2]历来诸家对六书性质的讨论主要是六书是否是造字之本,抑或存在体用之分这两个问题上。班固在《汉书·艺文志·文艺略》中谈到:古者八岁入小学,故《周官》保氏掌养国子,教之以六书,谓象形、象事、象意、象声、转注、假借,造字之本也。从中我们能够看到六书是保氏养国子以道的内容。这一点,许慎在《说文·叙》中也提到:周礼,八岁入小学,保氏教国子先以"六书"[3],即六书之旨是让八岁左右的儿童掌握六种造词标词的法则。到底这六种方法是造字手段,还是存在体用之别,许慎并未明示。

六书的定义并不是由许慎凭空产生,六书之名也并不是首创于《周礼》。六书的存在或是先民们自认字、创字开始就一直代代相传的关于造字标词的识字、认字的几种思维模式,所以"六书"的名目和理论也并非凭空捏造,而是有切实的客观基础。这一客观基础,也并非仅仅是体现在千千万万业已被造成的汉字的形体的结构上,更重要的是,它即存在于历史上先民们创制汉字的实践过程之中。[2]许慎只是把当时社会中流传下来的识字、认字的思维模式和方法加以整理并给予例证而已,所以,六书只是从先民的造字思维模式和法则中归纳出来的流传于后世的六种认字方法。

二、"转注"考

(一)"转注"释义

本文只探讨许慎对转注定义的理解,而不从文字学的角度立论。转注者,建类一首,同义相受,考

[①]陈雪林,男,四川成都人,广西民族大学文学院硕士研究生。

老是也，这是许慎对转注的解释及举例。下面通过《说文》来具体分析和解释其定义。

1. 从转注二字来看

《说文》：转，运也，运，逡徙也，这里的转就是逡徙义。注，《说文》：灌也。灌，《说文》：水，出卢江雩娄，北入淮。说明灌是水名。从《说文》的引文和释词来看，如《说文》：溉，水。出東海桑瀆覆甑山東，北入海。一曰灌注也；《说文》：湖，大陂也。从水胡聲。揚州浸，有五湖。浸，川澤所仰以灌溉也。《说文》：茜，禮祭，束茅，加于祼圭，而灌鬯酒，是爲茜。从这些可以看出灌具有动词义，在转注二字词组中应当作灌溉、灌输义讲。从上面的理解来看，转是指从一个字到另一个字的某种要素的迁移过程，即由此及彼的运动过程。注是转的最终结果，是实现转的目的。综上理解，转注当是迁移一个字的构成要素到另一个字的身上，并为其进行说明，即注的实现。

2. 从八字定义来看

其概念最难清楚的是类和首的理解。因为一个字包括形音义三要素，所以总共产生形类、音类、义类三种分类方式，因此和"首"相对应的也该有形首、音首、义首三种，在八字定义的前四字中就存在这几种之间的组合选择。

从后四字来看同意相受。同，《说文》：合会也。因此同意就是会合意之义。虽然按照《说文》的解释是这样理解，但是《说文》中所解释的字都力求从字的本义出发，所以我们试通过《说文》中的例句来寻求许慎那个时代的常用义，以此进行词义选择。如《说文》：晨，早昧爽也。从臼从辰。辰，時也。辰亦聲。……臼辰爲晨，皆同意；《说文》：尒，麗尒，猶靡麗也。从冂从㸚，其孔㸚，尒聲。此與爽同意。《说文》：芈，羊鳴也。从羊，象聲气上出。與牟同意。从以上《说文》中关于同意的用法来看，都作具有相同的意义讲。《说文》作为一部解释汉字本义的工具书，其对本义的解释说明以及概念的阐释都需符合那个时代所通用的字词句意，所以同意的解释当指具有相同的意义讲。相，《说文》：省视也。受，《说文》：相付也。如果就其《说文》之义生硬拼合，则失其原貌。从《说文》的引文和文字解释看，如《说文》：匕，相與比敘也。《说文》：从，相聽也。《说文》：并，相从也。《说文》：北，……从二人相背。《说文》：望，月滿與日相望，以朝君也。由此可以归纳出相有互相义。又《说文》：禛，以眞受福也。《说文》：册，符命也。諸矦進受於王也。《说文》：戚，屋所容受也。从受的举例来看，受具有容受，容纳义。所以同意相受就是两个相同的字义可以相互容受。

现继续讨论前半句建类一首。在六书当中我们可以看到会意的定义为比类合谊，以见指撝。其解释为并列字类即两个以上的字，会合它们的意义，来表现该字义所指向的事物。[4]所以这里的类是指独体字及其所包含之义，因此转注中的类亦与此同，即字的形体之类，并包括类的形体所指义，"首"相对应的就是形首和义首，也就是部首和其所指之义。

在历代学者中，很少人对"一"进行深入分析，但不乏一些学者谈到了对"一"的解释，例如前人释"一"为数词一个、副词同一个，抑或是动词统一。《说文》：一惟初太始，道立于一，造分天地，化成万物。一具有造分天地，化成万物之用。一作为基本词汇，其常用义和本义相去不远，所以许慎用一修饰首，就说明一首也具有造分天地、化成万物之属性，即具有孳乳文字之功能。《说文·叙》：分别部居，不相杂厕，万物咸覩，靡不兼载。这说明《说文》中的每一个部首都尽力归纳同部属的所有字，因此才能万物咸覩。这从另一个方面证明了建类为一首所建之义类，即部首统领其具有相同字义的部属字（然亦有字义与部首不同者，不属转注）。

建类一首只是转注的一个前提条件，还要同意相受，即两个相同的字的独体部分可以互相容受，即意义相同。唐代贾公彦对《周礼·地官·保氏》作疏对转注定义做出了修改，即〔建〕类一首，文意相受，左右相注，他改成文意相受是为了强调独体字文的相互受意，这符合本文所阐述的转注条件。

3. 从考、老二字来看

首先它们都从耂，这也是本文所理解的建类之类，即和转注字之间具有相同意思的表示独体字意义的部首。再看剩余部分，一个从丂，一个从匕，前者是声符，后者兼义符，指变化之义，它们之间没有可比性，不能牵强附会地说它们是形转关系。所以它们之间的关系是考＝耂＝老，即转注字之间的关系就是部首义和由部首所构成的所属字之义必须相同。

综上，建类一首，同意相受就是指通过归纳具有相同意义的字，然后确立它们共同所属的部首含义，即一首。最后，在前面的条件下，凡是部首所表示的独体字之义与其所属字之义相同就是转注字。

(二)"转注"释源

为什么会有转注现象？章太炎认为：盖字者，孳乳而寖多。字之未造，语言先之矣。以文字代语言，各循其声，方语有殊，名义一也，其音或双声相转，叠韵相迤，则为更制一字，此所谓"转注"也。[5] 吕思勉认为：夫文字有形、音、义三者，而三者之变迁，不必同时。故有义变而音及形皆未变者，吾欲名之曰"引申"；亦有义不变而音少讹，或音小变而义亦微别者，若别为制字，即成"转注"；不别制字，而即用同音之字，则为"假借"。这种说法继承于章氏，但其又说明了文字变化和语言演变一样都具有渐变性和不平衡性的特点。后来陆宗达先生把转注造字的情况总结为三种：因方言殊异或古今音变而制字、因词义发生变化而制字、为由同一语源派生的相对独立的词制字。[6]这些都是文字形音义三要素演变的渐变性和不平衡性的体现。

在文字学界一直持公认态度的是，六书是后人对前人所造之字从结构或形体上的归纳总结，因此其前提是前人所造之字需存在时代和地域上的差异。在《说文·叙》中许慎谈到：其后诸侯力政，不统于王，恶礼乐之害己，而皆去其典籍，分为七国，田畴异亩……言语异声，文字异形。虽然这是秦始皇初兼天下所遇到的政治问题，但是既然许慎谈到了这一点，就说明许慎在作《说文》时也认识到言语异声、文字异形的客观情况。此外，许慎是古文经学的继承者，其研究汉字力求从那个时代最古的文字条件出发，同时汉又去古未远，所以许慎所研究的字必然存在先秦时的六国文字，即文字异形之字。所以本文赞同陆宗达先生对转注来源的三种说法。

(三)"转注"释例

下面以《说文》[7]后附的别体字和《说文通训定声》[8]中的说雅部分，来作为本文转注的例证。

1.《说雅》

异体字：背，脊也。《说文》，脊也，从肉，北声。翅，翼也。《说文》，翼也，从羽，支声。宴，安也。《说文》，安也，从宀，晏声。䇬，到也，《说文》，到也，从二至。併，並也。《说文》，並也，从人，并声。偫，待也。《说文》，待也，从人，从待。尐，少也。《说文》，少也，从小，乁声。豛，猪也。《说文》，上谷名猪豛，从豕，役省声。麇，麈也。《说文》，麈也，从鹿，囷省声。

古今字：麳，麥也。《说文》，來麳麥也，从麥，牢声。自，鼻也。《说文》，鼻也，像鼻形。憼，敬也。《说文》，敬也，从心，从敬。誥，告也。《说文》，告也，从言，告声。庸，用也。《说文》，用也，从用，从庚，更事也。威，灭也。《说文》，灭也，从火戌，火死于戌，阳气至戌而尽。弜，彊也。《说文》，彊也，从二弓。繫，系也。《说文》，繫也，从糸，毄声。㞢，民也。《说文》，民也，从民，亡声。未，味也。《说文》，味也，六月滋味也，五行木老于未，象木重枝叶也。否，不也。《说文》，不也，从口，从不。𧨳，思之意。《说文》，思之意，从言，从思。哿，可也。《说文》，可也，从可，加声。襾，覆也。《说文》，覆也，从冂，上下覆之。耆，老也。《说文》，老也，从老省，旨声。俒，完也。《说文》，完也。觻，角也。《说文》，角也，从角，樂声。廫，廣也。《说文》，阔也，一曰，廣也，大也。一曰宽也，从心，从廣，廣亦声。罌，缶也。《说文》，缶也，从缶，賏声。龗，龍也。《说文》，龍也，从龍，霝声。見，视也。《说文》，视也，从儿从目。韙，是也。《说文》，是也，从是，韋声。閛，門也。《说文》，門也，从門，干声。躗，衛也。《说文》，衛也，从足，衛声。僑，高也。《说文》，高人，从人，喬声。

音训：古，故也，此取同声为训。《说文》，故也，从十口。仲，中也。《说文》，中也，从人，从中，中亦声。枰，平也。《说文》，平也，从木，从平，平亦声。像，象也。《说文》，象也，从人从象，象亦声。政，正也。《说文》，正也，从攴，从正，正亦声。

引申：臻，至也，此至转注。《说文》，至也，从至，秦声。到，至也，此至转注。《说文》，至也，从至，刀声。攽，分也。《说文》，分也，从攴，分声。肌，肉也，此肉转注。《说文》，肉也，从肉，几声。俴，浅也。《说文》，浅也，从人，戔声。臤，坚也。《说文》，坚也，从又，臣声。叛，半也。《说文》，半也，从半，反声。覽，觀也。《说文》，觀也，从见，監声，監声亦声。囗，回也。《说文》，回也，象回帀之形。飯，食也。《说文》，食也，从食，反声。

互训：宴，安也。《说文》，安也，从宀，妟声。侒，宴也，《说文》，静也，从女在宀下。躬，身也。《说文》，身也，从身，从吕；身，躬也。《说文》，躬也，像人之身从人，厂声。饟，餉也。《说文》，周人谓餉曰饟，从食，襄声；餉，饟也。《说文》，饟也，从食，向声。頭，首也。《说文》，首也，从页，豆声；首，头也。船，舟也。《说文》，舟也，从舟，铅省声；舟，船也。《说文》，船也，古者共鼓货狄，刳木为舟，剡木为楫，以济不通，象形。巔，頂也。《说文》，頂也，从页，真声；顶，巔也。《说文》，頂也，从页，丁声。考，老也。《说文》，老也，从老省，丂声；老，考也。《说文》，考也，七十曰老，从人毛匕，言须发变白也。入，内也。《说文》，内也，象从上俱下也；内，入也。《说文》，入也，从口，自外而入也。趋，走也。《说文》，走也，从走，刍声；走，趋也。《说文》，趋也，从夭止，夭止者屈也。盎，盆也。《说文》，盆也，从皿，央声；盆，盎也。《说文》，盎也，从皿，分声。輚，軸也。《说文》，軸也，从车，衷声；軸，輚也。《说文》，輚也，从车，舟声。

2.别体字

异体字：鯉，篆作鮏。《说文》，鮏，鱼臭也，从鱼，生声。

古今字：佑，篆作右。《说文》，助也，从口，从又。荷，篆作何。《说文》，儋也，从人，可声。滸，篆作汻。《说文》，水厓也，从水，午声。燃，篆作然。《说文》，然，烧也，从火，肰声。佐，篆作左。《说文》，手相左助也，从ナ工。掬，篆作匊。《说文》，在手曰匊，从勹米。髯，篆作而。《说文》，颊毛也，象毛之形。炷，篆作主。《说文》，鐙中火主也。鉞，篆作戉。《说文》，斧也，从戈，レ声。渤，篆作勃。《说文》，排也，从力，孛声。洲，篆作州。《说文》，水中可居曰州。悶，篆作閔。《说文》，吊者在门也，从门，文声。墟，篆作虚。《说文》，大丘也。魏，篆作巍。《说文》，高也，从嵬，委声。

从以上两个材料所搜集到的例字来看，本文所理解的转注大致可分为古今字、异体字、音训、引申和互训五类。其中的引申是采用朱骏声对转注的理解。由于其中有部分例字符合本文所理解的转注，故以此作为本文划分转注类别的名目。朱氏材料中的互训部分，包含古今、异体等各类，这里不再分列。以古今字、异体字、音训和引申作为本文对转注理解的例证，体现了上述陆宗达先生对转注来源的三种归纳。古今字体现了转注因古今音变和因词义发生变化而制字的现象，异体字主要体现因方言殊异而制字的现象。音训是因词义发生变化而用常用字训非常用字的一种现象。但不是所有的古今字、异体字、音训和引申都满足本文的转注条件，兹待方家指正。

【参考文献】

[1] 魏清源.六书许义考[J].汉语言文学研究（语言学研究），2012（12）.

[2] 孙雍长.转注论[M].长沙：岳麓书社，1991：48，2.
[3] 许慎.说文解字[Z].北京：中华书局，2013：316.
[4] 刘志成.汉字学[M].成都：天地出版社，2001：70.
[5] 章炳麟.章太炎讲国学[M].北京：中国传媒大学出版社，2008：221-222，18.
[6] 陆宗达.说文解字通论[M].北京：北京出版社，1981：59，56-57，19.
[7] 许慎.说文解字[Z].北京：中华书局，1963：60.
[8] 朱骏声.说文通训定声[M].武汉：武汉古籍书店，1983：995.

试解"郑声淫"中的"淫"

刘文章[1]

就目前所能看到的文献材料，有关郑声的问题是孔子在《论语》中首次提及的。凡两见。其一为《论语·卫灵公》。子曰："行夏之时，乘殷之辂，服周之冕，乐则韶舞。放郑声，远佞人。郑声淫，佞人殆。"其二为《论语·阳货》。子曰："恶紫之夺朱也，恶郑声之乱雅乐也，恶利口之覆邦家者。"很显然孔子对郑声是持否定态度的。但其中的郑声究为何指，郑声淫究为何意，后世人们的理解颇有分歧之处。

一、前人研究情况

许慎在其《五经异义》中将郑声与郑风等同：郑诗二十一首，说妇人十九矣，故郑声淫也，首将《郑风》中的爱情诗视为淫诗；而朱熹把郑声淫直接等同为郑风淫，对其持强烈的否定态度，称其为淫奔之诗。

今天大多数的论者都赞同孔子所谓的郑声是指郑地特有的与其他国家不甚相同的音乐调子，而非21篇《郑风》。（徐正英、陈昭颖 2012）至于郑声的具体特点，学者们从乐理乐史的角度进行了深入的研究探讨，基本理清了郑声、郑风、郑诗等概念的内涵及其之间的关系。（商秀春 2008）

不过相对郑声而言，目前大家对郑声淫中淫字的解释探讨，却并不是十分深入充分。将郑声淫中的淫理解为过分之义的论者，虽然会提及淫在《说文》中的意义，但比较普遍的做法还是从音乐特点的角度入手来解释淫的内涵特点，认为郑声音乐形式上的淫是指其音乐形式不合雅乐的标准，突破了中和之音。（杜道明，1996）当然，也有学者认为淫是淫荡，含有男女淫邪之义。如赵沛霖（1989）认为孔子所说的郑声淫不单是曲调过分奇巧，迎合时尚，而且还指音乐淫荡，诱惑人心；党万生（2003）也认为孔子所说的郑声淫其淫本来就有好色淫欲的含义。

可以看到，大家在对淫字的理解上分歧还是比较大的。郑声本身涉及到音乐问题，所以结合文献从乐理角度出发可以对郑声有很好的解释。但由于淫字本身是一个意义比较丰富的词，单从乐理角度出发，还不能做出令人完全信服的解释。

本文尝试从语言文字的角度出发，结合文献用例以进一步证明将郑声淫中的淫解释为过度、过分义比解释为淫荡、淫邪义更加合适。

二、"淫"字的含义

《说文》中对淫的解释是："淫，侵淫随理也。一曰：久雨为淫。"徐锴注："随其脉理而浸渍也。"段玉裁注："浸淫者，由渐而入也。郑曰：淫，霖也。雨三日以上为霖。"淫的本义是和雨水相关的。过度、过分的含义是和其本义距离较近的一个引申义，这一义项在先秦时代是淫的一个常用义。如《论语·八

---

[1] 刘文章，男，广西大学文学院硕士研究生。

偹》中有乐而不淫，哀而不伤，孔安国注：乐不至淫，哀不至伤，言其和也；《尚书·大禹谟》：罔淫于乐，孔安国传：淫，过也。

淫字在今天的常用义是淫荡、淫邪，这一义项在先秦时代的使用频率并不如过度、过分义高，而且我们发现在《说文》中还有一个婬字：婬，厶逸也，段玉裁注：婬之字今多以淫代之。淫行而婬废矣。也就是说表示男女不正当关系。含有淫荡、淫邪义的词本有一个专用的婬字，但这一含义后来被淫字代替，婬字就不再使用了。《说文》中有婬字，表明在许慎的时代，典籍中的淫婬是分用不混的。然而根据我们的查检，在今天能见到先秦典籍的各个版本中罕有作婬字者；就目前所见，明确区分淫婬，不相混用的，主要是释家典籍。《佛学大辞典》明确指出，除淫荡外，其余淫字都应从女作婬，因为这些词中的淫都是与淫欲相关的含义，如婬火、婬欲等。

由于典籍中的婬字在传刻过程中多被改作淫字，所以从字形或版本的角度确定郑声淫中淫字含义的路子是走不通了。不过我们也许可以尝试从文献用例分布的角度入手探究。通过对与《论语》时代相近相关文献作品中淫字意义分布的考察，我们也许可以间接证明郑声淫中的淫是哪种含义。

三、"淫"字意义的文献考察

在郑声淫中，淫是对郑声这种音乐特点的评价。那么，除了郑声以外，是否还有别的音乐也被评价为淫？为此，我们查找了《礼记》《左传》等文献中与声乐相关，且评价为淫的有关记录，列于下：

凡建国，禁其淫声、过声、凶声、慢声。	（《周礼·春官宗伯·大司乐》）
作淫声、异服、奇技、奇器以疑众，杀。	（《礼记·王制》）
气衰则生物不遂，世乱则礼慝而乐淫。	（《礼记·乐记》）
凡奸声感人而逆气应之，逆气成象而淫乐兴焉。	（同上）
奸声、乱色不留聪明，淫乐、慝礼不接心术。	（同上）
声淫及商，何也？	（同上）
若犹有人，岂其以千乘之相易淫乐之蒙？	（《左传·襄公十五年》）
乐而不淫，其周公之东乎！	（《左传·襄公二十九年》）
迁而不淫，复而不厌。	（同上）
于是有烦手淫声，慆堙心耳。	（《左传·昭公元年》）
宫室日更，淫乐不违。	（《左传·昭公二十年》）

可以看到，声、乐被称为淫的，并非只有郑声；淫是对某一类声、乐的固定评价。这种评价，在《论语》之后时代的文献里亦可得见：

乐所由来者尚也，必不可废。有节有侈，有正有淫矣。	（《吕氏春秋·仲夏纪第五·古乐》）
世浊则礼烦而乐淫。	（《吕氏春秋·季夏纪第六·音初》）
于是使师涓作新淫声，北里之舞，靡靡之乐。	（《史记·本纪·殷本纪》）
乃为淫声，用变乱正声，怡说妇人。	（《史记·本纪·周本纪》）
淫声谄耳，淫观谄目。	（《管子·第十篇·五辅》）
三曰听其淫乐，以广其心。	（《管子·第五十三篇·禁藏》）

因此，郑声之淫并不是独一无二的。作为声乐的郑声，其淫与上文例证里提到的声、乐的淫在意义内涵上是应该具有一致性的。被称作淫的声乐在意义上是与中和的雅乐、正声相对而存在的，正声的对立面并非是有涉男女关系的淫荡、淫邪，而是过度。声淫及商，是声音太过了到了商的高度，不符合雅乐中和的要求，所以被称作淫；淫声谄耳，淫观谄目，两个淫字相对文，意义上具有一致性，如果淫声

之淫不是过度、过分义而是有涉男女不正关系的淫荡、淫邪之义的话，淫观在意义上就讲不通了。

另一方面，我们看到上述例证大致可以分为三类：其一为淫声/声淫，其二为淫乐/乐淫，其三为不淫。不淫与孔子所说的乐而不淫并无二致，皆为不过义，那么，其余例证中的淫是否会因声乐的不同而有不同的含义？其实，学者们在讨论郑声淫问题时也经常引用上述例证中的烦手淫声和新淫声，并据此引申，来考究郑声究竟是孔子时代产生的新乐，还是有更久历史的古乐，乃至其为贵族音乐还是民间音乐。这种考究当然可以帮助我们加深对孔子时代社会风貌的了解，但无论具体所指是哪种情况，既然共同地被称作淫，其过度、过分，不符合雅乐中和要求的这一核心特点是不会改变的。

我们还可以通过考量淫荡、淫邪义在先秦时代出现在何种语境中来进一步证明郑声淫之淫不会是淫荡、淫邪义。

以与《论语》年代相近的《左传》为例，书中淫字凡65见，确定有男女不正关系之淫荡、淫邪义的，仅5见：

且为二君嬖，淫也。……母淫子辟，无威。　　　　　（《左传·文公六年》）
淫于妘子之女，生子文焉。　　　　　　　　　　　　（《左传·宣公四年》）
贪色为淫。淫为大罚。　　　　　　　　　　　　　　（《左传·成公二年》）

有涉男女不正关系的淫荡、淫邪义在书中的使用频次是比较低的，其中淫于妘子之女还是一个动词，系通奸义。在这5处用例中，淫字出现的上下文里都明确含有男女不正关系或贪色的语言背景，郑声淫出现的语境显然与此不符。

四、结语

通过以上文献用例的考察，我们进一步证明了郑声淫中的淫解释为过分、过度义更合理一些。郑声之淫，在于其不符中和的礼乐要求，而非有涉男女关系的淫荡、淫邪。淫字在今天的中心义项是有涉男女不正关系的淫荡、淫邪义，虽然以此义也能解得通郑声淫，但却偏离了典籍的原意。在解释典籍时我们应该特别注意这种因词义转移造成的理解偏差。

【参考文献】

[1] 陈宗花."郑卫之音"问题研究综述[J].人民音乐，2003（11）.
[2] 党万生."郑声淫"新论[D].西北师范大学硕士学位论文，2003.
[3] 丁福保.佛学大辞典[M].北京：文物出版社，1984.
[4] 杜道明."郑声淫"臆说[J].中国文化研究，1996（4）.
[5] 段玉裁.说文解字注[M].上海：上海古籍出版社，2003.
[6] 商秀春.郑声新考[D].首都师范大学硕士学位论文，2008.
[7] 徐正英，陈昭颖."郑风淫"是朱熹对孔子"郑声淫"的故意误读[J].中州学刊，2012（4）.
[8] 杨伯峻.春秋左传注[M].北京：中华书局，1990.
[9] 杨伯峻.论语译注[M].北京：中华书局，2006.
[10] 赵沛霖.关于"郑声淫"古今各家之说辨正[J].贵州文史丛刊，1989（1）.
[11] 张涌泉.汉语俗字研究[M].北京：商务印书馆，2010.

《孟子》"所"字用法

岳茜茜[①]

一、引言

虽然学术界对于"所"字的研究一直在进行,也取得了很多成就,但是在一些重要的问题上仍然存在不小的分歧。比如"所"字的词性归属,王力先生认为是一个特别的指示代词,王克仲和杨树达就认为是助词。杨毅华在对《孟子》中的"所"进行研究整理时,也只是简单地把它归为了代词。其实,"所"字的词性须放在具体的语法语义关系中去分析,不能一概而论。

"所"在《孟子》中共出现229次,其中"所"字作为名词用法极少,仅出现6次,作为助词的用法出现了11次,作代词的用法最多,共出现212次。

二、名词用法

对于"所"字的本义,学术界比较认同的还是许慎在《说文解字》中的解释:"象声词伐木声也。"只是《孟子》一书中并没有出现"所"字作为本义的用法。"所"字最常见的用法是作处所名词,段玉裁在《说文解字注》篇二上说:"所"用为处所者,假借为处字……用为分别之词者,又从处所之义引申之。根据段玉裁的这一说法,"所"字的这一常用义应是由本义假借过来的。

《孟子》中"所"字作处所名词的用法只有6例,表示"住所、地方"等含义。

(1)子产曰:得其所哉!得其所哉!(《万章上》)
(2)子谓薛居州,善士也,使之居于王所。(《滕文公下》)

例(1)中的"所"可翻译为"地方",子产说:找到属于它自己的地方了!找到属于它自己的地方了!此时,名词"所"在句子中作了动词"得"的宾语。例子(2)中出现的"王所"可理解为"大王的住所",在句中充当的是介词"于"的宾语。全句释义为"你说薛居州是个好人,让他住在大王的住所"。

三、结构助词的用法

结构助词一般被用来标明前附后附成分和中心语之间的结构关系,没有什么实际的意义,只起语法作用。《孟子》中"所"字作为结构助词和其他助词一样,不能够单独使用。它必须与动词或者介词相结合组成"所字结构"才可以充当句法成分。

《孟子》一书中的"所·动词·(之)·名词"这类结构,因为"所·动词"的后面有了名词中心语,即"所"字所指代的动作行为的对象出现了,所以,"所"字就丧失了它的指代功能,只起到了结构助词的作用。"所·动词"整体上作定语修饰后面的名词中心语。

---

①岳茜茜,女,山西长治人,广西民族大学文学院硕士研究生。

(3)故驱其所爱子弟以殉之。(《尽心下》)

(4)故将大有为之君,必有所不召之臣。(《公孙丑上》)

例(3)中"所爱"后出现了名词中心语"子弟",此时,"所"就丧失了它的指代作用,被看作结构助词,"所爱子弟"作了动词"驱"的宾语。例(4)中"臣"是中心语,"所不召"被看作定语来修饰"臣",结构助词"之"来作定语的标志。

通过对上面两个例子的分析,我们可以看出如下差别:当"所"字结构处于非定语的位置时,"所"字的语法功能是使动词(包括用作动词的形容词、名词)、动词词组成为一个名词性词组;当"所"字结构处于定语的位置时,"所"字的语法功能是标明动词(包括用作动词的形容词、名词)是定语。此时,"所"字就丧失了它本身所具有的代词功能,仅起到一个助词的作用。

四、代词的用法

代词"所"的指代作用有很强的附着性,不能独立完成。它不能够独立地作句子成分,必须和其他的词组或短语组合成为名词性的"所"字结构,它的指代作用才能够表现出来,也才能充当句法成分。

在"所"字结构后面没有出现中心语时,"所"字就会像其他代词一样具有指代作用,一般情况下表示"……的人""……事""……物"。《孟子》一书中的"所"字,用法最多的就是作代词,共出现212次。

(一)所·动词(名词、形容词)

1. 所·动词

动词前后无任何附加和修饰成分,这是"所"字在《孟子》中最常用的结构。代词"所"表示"……的人""……的事"等等;另外,有些"所"字结构其所指代的对象不是十分明确时,也可以用"……的形式"来翻译。

(5)望之不似人君,就之而不见所畏焉。(《梁惠王上》)

(6)对曰:不敢请耳,固所愿也。(《公孙丑下》)

(7)公明高曰:是非尔所知也。(《万章上》)

例(5)中"畏"是动词,意思是"害怕",和"所"组成所字结构"所畏"后可译作"害怕的人",在句子中充当动词"见"的宾语。例(6)中的"所愿"可理解为"希望的事情"。例(7)中的"知"因指代对象不明确,可译为"明白的""了解的",全句释义:这不是你所能明白的。

2. 所·偏正词组

这个偏正词组是一个状中结构,出现在动词前的状语可以是能愿动词、副词、形容词等。

(8)孟子对曰:是谋非吾所能及也。(《梁惠王下》)

(9)孟子曰:与不可已而已者,无所不已。于所厚者薄,无所不薄也。其进锐者,其退速。(《尽心上》)

(10)然则王之所大欲可知已。(《梁惠王上》)

例(8)的"所能及"表示想到的策略,其中"及"是动词,"能"是能愿动词,即动词前的状语。例(9)中的"所不已""所不薄"都充当了动词"无"的宾语。其中"不已""不薄"作为偏正词组,前面都出现了副词"不"。例(10)中"所大欲"充当了句子中的主语,译为"最想得到的东西"。"欲"为动词,"大"是形容词作动词"欲"前的状语。

3. 所·动词词组

（1）所·动词·名词

（11）禹之行水也，行其所无事也。（《离娄下》）

（12）孟子曰：耻之于人大矣。为机变之巧者，无所用耻焉。不耻不若人，何若人有？（《尽心上》）

例（11）"所无事"译为"无所作为"，充当的是动词"行"的宾语。全句可翻译为：禹治水，只是因势利导，但看起来就像无所作为。例（12）"所用耻"可理解为"用得着羞耻"，在句中充当动词"无"的宾语。

（2）所·动词·动宾词组

（13）良人者，所仰望而终身也。（《离娄下》）

（14）万子曰：一乡皆称原人焉，无所往而不为原人，孔子以为德之贼，何哉？（《尽心下》）

例（13）的"所仰望而终身"也作了判断句的谓语，其中"仰望"是动词。例（14）"无所往而不为原人"表示"到哪里都被视作老好人"，其中"往"为动词，"不为原人"是一个动宾词组。

4. 所·名词（形容词）

虽然此结构中的名词或者形容词会灵活运用为动词，但"所"字仍然用作代词，指代的是与动词有关的动作行为。

（15）诸侯朝于天子曰述职。述职者，述所职也。（《梁惠王下》）

（16）使诸大夫国人皆有所矜式。（《公孙丑上》）

（17）当尧之时，水逆行，泛滥于中国，蛇龙居之，民无所定。（《滕文公下》）

例（15）中的"职"此处活用为动词"履行职守"，"所"是代词，译为"……的情况"，"所职"在句中充当动词"述"的宾语。同样，例（16）中的"矜式"也灵活用作了动词，"所矜式"意为"效法的楷模"，在句中作动词"有"的宾语，全句翻译：要使当官的和平民都有效法的楷模。例（17）中"所"字指代"……的地方"，"所定"在"民无所定"中作了"无"的宾语，译为"老百姓没有安定的地方"。

（二）所·介词

杜丽荣认为"所"字结构最初就只有"所·动词"这一种形式，但是随着"所"字指代内容的不断丰富和发展，"所·动词"的结构涉及指代的对象就不甚明确了，因为它既可以指代动作行为的对象，又可以去指代与动作行为有关的诸多方面。加上介词后，"所"字就只能够指代和动作行为相关的诸多方面，可以这样说，介词的使用对"所"字指代的内容有了一定的限制。

在《孟子》一书中和"所"字搭配的介词有"以、为、与、由"等，但是出现最多的介词还是"以"，"所·以·动词"的形式在《孟子》中是最为常见的。介词一般在句中是用来标明和动作行为相关的原因、地点、处所、时间，以及方式、手段、方法等等，可译为"拿来、凭借"。

1. 所以

此处的"所以"仍然是代词"所"和介词"以"的结合，两者的含义需根据"以"的用法灵活翻译。

2. 表示动作行为实现的方法以及赖以凭借的工具

（18）不以舜之所以事尧事君，不敬其君者也；不以尧之所以治民，贼其民者也。（《离娄上》）

（19）存其心，养其性，所以事天也。（《尽心上》）

例（18）中的句子可理解为：你如果不采用舜服事尧的方法来对待君主，那就是对君主的大不敬。例（19）的句子是一个判断句，"所以事天也"充当了判断句的谓语，译为：这就是你用来侍奉天的态度和方法。这两个例子中的"所以"都可以译作"用……的态度""用……的方法"。

3. 标明动作行为凭借的手段、方式

（20）人之所以异于禽兽者几希。（《离娄下》）

（21）所以动心忍性，曾益其所不能。（《告子下》）

例（20）翻译为：人不同于禽兽的情况就那么一点点。其中"所以"译作"……的情况"。例（21）的译文：用这种方式去触动他的心灵，坚韧他的性格，增加他的才能。这时，"所以"译为"用……的方式"。

4. 标明某种动作行为产生的原因

（22）古之人之所以大过人者，无他焉，善推其所为而已矣。（《梁惠王上》）

（23）君子所以异于人者，以其存心也。（《离娄下》）

例（22）"古之人之所以大过人者"可理解为"古代的圣贤之所以远远超过别人的原因"。例（23）"君子所以异于人者"的意思是"君子和普通人不同的原因"。

5. 所为

在古代汉语中，"所为"的意思其实在很多情况下都和"所以"相同，"所"为代词，"为"是介词，只是"所为"的用法比较少见。当然，"所为"还有其他的用法，即"为"有时可翻译作动词。

（24）君所为轻身以先于匹夫者，以为贤乎？（《梁惠王下》）

（25）且一人之身，而百工之所为备。（《滕文公上》）

例（24）中的"所"可译为"……的原因"，用法和"所以"相同。例（25）中"所为备"为可译作"制、制作"，是一个动词。

6. 所与

（26）其妻问所与饮食者，则尽富贵也。（《离娄下》）

例（26）可译为：妻子问丈夫是和哪些人一起吃饭的，他说都是一些有钱的人。其中"所与"可以理解为"与什么人"，句中"所与饮食者"充当了动词"问"的宾语。

五、"所"字的凝固结构

(一) 所谓

"所谓"通常被看作是固定结构，经常作定语，译为"所说的"，有时也可以不翻译。

（27）君所谓逾者，前以士，后以大夫。（《梁惠王下》）

（28）所谓西伯善养老者。（《尽心上》）

例（27）（28）中的"所谓"都可译为"所说的"。

(二) "有所""无所"

"有所""无所"也为古汉语中经常可以见到的凝固结构，《孟子》中也有此结构，可译为有"（没有）……事情（情况）"，或者"有（没有）……"。

（29）为不顺于父母，如穷人无所归。（《万章上》）

（30）狂者进取，狷者有所不为也。（《尽心下》）

例（29）可译为"如果你不爱不顺从父母，就会像穷人那样无所归属"。例（30）可译为"狂放的人勇于进取，狷介的人有什么都不做的情况"。

（三）所……者

（31）所求于人者重。（《尽心下》）

（32）君子犯义，小人犯刑，国之所存者，幸也。（《离娄上》）

例（31）中的"求"为结构中的动词，而"于人"则充当了结构中介词词组的部分，"者"为语气词。例（32）中"者"指代国家，"所"字强调国家，"国之所存者"在句中作判断句的主语。

六、结语

综上所述，通过对《孟子》一书中"所"详细的归类总结，我们可以发现，"所"字用法在《孟子》当中已经发展得比较完备了。"所"字在不同的语言语法环境中词性是不同的，即使词性相同，它所指代的对象也情况繁多，不易掌握。但是只要我们认真学习，了解并把握其基本的结构和用法，再适当联系上下文，对它的翻译和理解也不会很困难。根据"所"字在《孟子》中的使用情况，我们可以发现，在《孟子》创作的时代，古代汉语的语言语法基本已走出原始阶段，向着更加严密、成熟的阶段发展。

【参考文献】

[1] 何乐士.文言虚词浅释[M].北京：北京出版社，1979.

[2] 何乐士.左传虚词研究[M].北京：商务印书馆，2004.

[3] 贾生海.古代汉语所字短语刍议[J].阴山学刊，2002（2）.

[4] 万丽华.孟子[M].北京：中华书局，2006.

[5] 王力.汉语语法史[M].北京：商务印书馆，1989.

[6] 王力.古代汉语[M].北京：中华书局，1995.

[7] 阳名强.《说苑》所字研究[J].淮海工学院学报，2011（9）.

[8] 杨毅华.《孟子》中所字结构用法初探[J].云南省昭通学院中文系，2013（5）.

[9] 尹君.文言虚词通释[M].南宁：广西人民出版社，1984.

《老子》反义词研究

李代燕[①]

一、前言

《老子》，是我国古代先秦时期的一部著作，是道家哲学思想的重要来源。《老子》分上下卷，上卷以讲道开始，下卷以讲德开端，共八十一章，五千言，是我国历史上首部完整的哲学著作。它以韵文为主、韵散结合的形式，用大量的排比、对偶句式来抒写作者对生活和政治的强烈感受，以辩证的思想来探索宇宙和万物。反义词丰富是《老子》语言的一大特色。本文依据一些判定原则，穷尽《老子》中的反义词，并从中探讨《老子》反义词的特点和分布规律。

二、《老子》反义词的判定与统计

（一）《老子》反义词的判定原则

叶蜚声、徐通锵在《语言学纲要》中指出：语言中有很多意义相反的词，叫做反义词，它们是现实现象中矛盾的或对立的现象在语言中的反映，反义词的意义所概括的都是同类现象中的两个对立的方面。但什么样的两个词互为反义词，目前学术界还没有形成统一的意见，参酌各家说法，本文主要依据以下几条原则来确定《老子》中的反义词。

1. 意义标准——义项相反或相对

对于什么词互为反义词，学术界普遍认为，在意义上，反义词必须是相反或相对的。反义词是建立在意义对立性的基础上的，只有两个概念相互对立才能形成反义词。同时，因为汉语中大量同义词和多义词的存在，一个词由此可以同时存在几个不同的反义词。可见，反义词的反是建立在义项相反或相对的基础上的。

2. 系统标准——同属于一个意义范畴

反义词作为词义聚合系统，构成反义义场的两个词必须处于同一个意义范畴之内。我们认为反义词必须属于同一意义范畴才有可比性，这是反义词的构成基础。例如：阴—阳都属于对客观事物的属性的这个意义范畴的两个相互矛盾的概念，因而它们具备反义词的逻辑条件。

3. 语法标准——词性或语法功能一致

甲、乙两个词之间要确立反义关系，两个词的词性必须保持一致，一般都认为反义词须是同类词，才好形成针锋相对的反义关系。倘若一对词彼此不是同一类词，就无法比较，从而也就很难建立词的对立、矛盾关系。

[①]李代燕，女，广西民族大学文学院硕士研究生。

4. 语用标准——经常对举使用

在人们日常的语言实践活动中，一组反义词对是经常被对举着使用的，即经常用于揭示主观或客观现实现象中相对或相反的矛盾。反义词毕竟是一种社会中的语言现象，它除了要具备逻辑上的对立特征外，还要在人们的语言意识中，具有鲜明的对立或对比感，从而经常在人们的语言实践中用于对比或反衬，这样才算取得了语言社会的承认。

以上四项必须综合考虑，只有同时满足了这四项，才能确定为反义词。例如：知其雄，守其雌，为天下溪。……知其白，守其黑，为天下式。……（《老子·二十八章》）。在例句中，雄雌、白黑、对举使用。雄雌属于同一意义范畴，都指动物的两个属性，语义相对，都是名词。白黑属于同一意义范畴，都指颜色，语义相对，具有强烈的对比性，都是形容词。这两对符合四项判定原则，因此是反义词。

（二）《老子》反义词的统计方法

遵循以上原则确定《老子》中的反义词，然后进行数量统计，笔者所使用的统计方法是：

（1）一个词分别与几个词构成反义词时，分别计算对数，如：强—弱、强—羸、强—柔，计为三对；

（2）一个词及其通假字或古今字或异体字，分别与同一个词构成反义词时，只算作一对，如：曲—直、屈—直，曲与屈是通假字，计为一对；

（3）两个同义词连用的词与另一个同义连用的词构成反义词，按双音节反义词对待，只计为一对，如：柔弱—刚强。

三、《老子》反义词的音节分类

根据以上原则和统计方法，《老子》中的反义词为113组，共出现182次，其中单音词反义词103组、双音节反义词10组。按音序排列如下：

（一）双音节对双音节反义词（10组）

（1）察察—闷闷（2次）察察：明白的样子；闷闷：糊涂的样子。均为形容词。例：其政闷闷，其民淳淳，其政察察，其民缺缺。《五十八章》

（2）球球—珞珞（1次）球球：玉石美好的样子；珞珞：石头丑陋的样子。均为形容词。例：故至数舆无舆。不欲球球如玉。珞珞如石。《三十九章》

（3）强大—柔弱（1次）强大：坚硬庞大；柔弱：柔软微小。均为形容词。例：是以兵强则不胜，木强则恒，强大处下，柔弱处上。《七十六章》

（4）缺缺—淳淳（1次）缺缺：狡猾欺诈的样子；淳淳：忠厚老实的样子。均为形容词。例：同（1）。

（5）柔脆—枯槁（1次）柔脆：柔软脆弱；枯槁：草木枯萎。均是形容词。例：万物草木之生业柔脆，其死也枯槁。《七十六章》

（6）柔弱—刚强（1次）柔弱：柔软瘦弱；刚强：刚健强壮。均为形容词。例：将欲夺之，必固与之。是谓微明，柔弱胜刚强。《三十六章》

（7）柔弱—坚强（3次）柔弱：柔弱；坚强：僵硬。均为形容词。例：人之生也柔弱，其死也坚强。《七十六章》

（8）熙熙—傫傫（1次）熙熙：快乐的样子；傫傫：垂头丧气。均为形容词。例：众人熙熙，如享太牢，如春登台。我独泊兮，其未兆，如婴儿之未孩，傫傫兮，若无所归！《二十章》

（9）有余—不足（3次）有余：有多余的；不足：有所缺失。均为形容词。例：天之道，损有余而补

不足，人之道则不然，损不足以奉有余。《七十七章》

（10）昭昭—昏昏（1次）昭昭：明白的样子；昏昏：糊涂的样子。均为形容词。例：众人昭昭，我独昏昏。众人察察，我独闷闷。《二十章》

（二）单音节对单音节反义词（103组）

（1）白—辱（1次）白：洁白；辱：污黑。均为形容词。例：夷道若纇。上德若谷。大白若辱。《四十一章》

（2）彼—此（3次）均为代词。例：是以大丈夫处其厚而不居其薄，处其实而不居其华。《三十八章》

（3）辩—讷（1次）辩：善言谈；讷：不善言谈。均为动词。例：大直若屈，大巧若拙。大辩若讷。《四十五章》

（4）长—短（1次）长：两端之间的距离大；短：两端之间的距离小。均为形容词。例：故有无相生，难易相成，长短相较，高下相倾，音声相和，前后相随。《二章》

（5）成—缺（1次）成：圆满有成；缺：欠缺的。均为形容词。例：大成若缺，其用不弊。大盈若冲，其用不穷。《四十五章》

（6）冲—盈（2次）冲—盈（1次）冲：虚，无形无象；盈：满，圆满。均为形容词。例：道冲，而用之或不盈。《四章》

（7）宠—辱（4次）宠：得到宠爱；辱：受到辱视。均为动词。例：何谓宠辱若惊？宠为上，辱为下，得之若惊，失之若惊，是谓宠辱若惊。《十三章》

（8）出—入（1次）出：出现于世上；入：入于地下。均为动词。例：出生入死。生之徒，十有三，死之徒，十有三。《五十章》

（9）吹—嘘（1次）吹：急促地吹；嘘：慢慢地吹。均为动词。例：物或行或随，或嘘或吹，或强或羸，或挫或隳。《二十九章》

（10）慈—勇（2次）慈：柔和；勇：勇猛。均为形容词。例：今舍慈且勇，舍俭且广，舍后且先，死矣。《六十七章》

（11）雌—雄（1次）雌：雌性特征；雄：雄性特征。均为名词。例：知其雄，守其雌，为天下溪。《二十八章》

（12）存—亡（1次）存：有，存在；亡：同无，不存在。均为动词。例：上士闻道，勤而行之；中士闻道，若存若亡。《四十二章》

（13）大—小（6次）大：伟大；小：卑小。均为形容词。例：可名于小，万物归焉而不为主；可名为大，以其终不自为大。《三十四章》

（14）大—细（3次）大：与"小"相对；细：微小，与"大"相对。均为形容词。例：天下难事必作于易，天下大事必作于细。《六十三章》

（15）得—失（1次）得：得到；失：失去。均为动词。例：同（7）

（16）得—亡（1次）得：获得；亡：失去，损失。均为动词。例：名与身孰亲？身与货孰多？得与亡孰病？《四十四章》

（17）德—怨（1次）德：恩德；怨：仇恨。均为名词。例：为无为，事无事，味无味。大小多少，报怨以德。《六十三章》

（18）动—静（1次）动：运动；静：静止。均为动词。例：孰能浊以澄？静之徐清；孰能安以久？动之徐生。《十五章》

（19）多—少（2次）多：数量上的大小，与"少"相对；少：与"多"相对。均为形容词。例：曲则全，

枉则直，洼则盈，敝则新，少则得，多则惑。《二是十二章》

（20）夺—与（1次）夺：夺取；与：给予。均为动词。例：将欲歙之，必固张之；将欲弱之，必固强之；将欲废之，必固兴之；将欲取之，必固与之。《三十六章》

（21）废—兴（1次）废：废除；兴：振兴。均为动词。例：同（20）

（22）福—祸（2次）福：幸福；祸：灾祸。均为形容词。例：祸兮，福之所倚；福兮，祸之所伏。《五十八章》

（23）高—下（3次）高：高处；下：低处。均为形容词。例：同（4）

（24）古—今（2次）古：古代；今：现在。均为名词。例：执古之道，以御今之有，能知古始，是谓道纪。《十四章》

（25）光—尘（2次）光：优点；尘：缺点。均为名词。例：塞其兑，闭其门；挫其锐，解其纷；和其光，同其尘。是谓玄同。《五十六章》

（26）贵—贱（2次）贵：高贵；贱：低贱。均为形容词。例：故贵以贱为本，高以下为基。是以侯王自谓孤、寡、不谷。《三十九章》

（27）寒—热（1次）寒：寒冷；热：暑热。均为形容词。例：躁胜寒，静胜热，清静为天下正。《四十五章》

（28）黑—白（1次）黑：幽暗，不显赫的地位；白：显明，显赫的地位。均为形容词。例：知其白，守其黑，为天下式。为天下式，常德不忒，复归于无极。《二十八章》

（29）后—先（3次）

①后：时间后，次序后；先：时间前，次序前。均为副词。例：是以圣人欲上民，以其言下之；欲先民，以其身后之。《六十六章》

②后：放在后面，退让；先：占先。均为动词。例：是以圣人后其身而身先；外其身而身存。《七章》

（30）厚—薄（1次）厚：忠信；薄：浇薄。均为形容词。例：夫礼者，忠信之薄而乱之首也；前识者，道之华而愚之始也。《三十八章》

（31）建—偷（1次）建：广大的；偷：狭小的。均为形容词。例：建德若偷，质直若渝，大方无隅，大器晚成。《四十一章》

（32）皦—昧（1次）皦：明亮；昧：昏暗。均为形容词。例：其上不皦，其下不昧。绳绳兮不可名，复归于物。《十四章》

（33）结—解（1次）结：打结，捆缚；解：解开。均为动词。例：善闭，无关楗而不可开；善结，无绳约而不可解。《二十七章》

（34）进—退（2次）进：前进；退：后退。均为动词。例：明道若昧，进道若退，夷道若颣，上德若谷。《四十一章》

（35）静—燥（2次）静：静；燥：动。均为形容词。例：重为轻根，静为躁君。《二十六章》

（36）救—弃（2次）救：挽救；弃：遗弃。均为动词。例：是以圣人常善救人，故无弃人；常善救物，故无弃物。是谓袭明。《二十七章》

（37）举—抑（1次）举：抬高；抑：压低。均为动词。例：天之道，其犹张弓者欤？高者抑之，下者举之，有余者损之，不足者补之。《七十七章》

（38）开—阖（1次）开：开启；阖：闭合。均为动词。例：天门开阖，能为雌乎？《十章》

（39）开—闭（2次）开：开启；闭：闭合。均为动词。例：善闭，无关楗而不可开；善结，无绳约而不可解。《二十七章》

（40）来—往（1次）来：来；往：去。均为动词。例：民至老死，不相往来。《八十章》

（41）利—害（3次）利：得利；害：受害。均为动词。例：故不可得而亲，不可得而疏；不可得而利，不可得而害。《五十六章》

（42）美—恶（2次）
①美：美好；恶：丑陋。均为形容词。例：天下皆知美之为美，斯恶矣。《二章》
②美：赞美；丑：厌恶、嫌弃。均为动词。例：美之与恶相去若何。《二十章》

（43）明—昧（1次）明：明白易懂；昧：不易理解。均为形容词。例：同（34）

（44）明—愚（1次）明：使变得聪明；愚：使变得愚蠢。均为动词。例：古之善为道者，非以明民，将以愚之。《六十五章》

（45）明—妄（1次）明：明智；妄：妄作。均为形容词。例：复命曰常，知常曰明。不知常，妄作，凶。《十六章》

（46）母—子（2次）母：根本；子：基础。均为名词。例：天下有始，以为天下母。既得其母，以知其子；既知其子，复守其母，没身不殆。《五十二章》

（47）难—易（4次）难：复杂；易：简单。均为形容词。例：夫轻诺必寡信，多易必多难。是以圣人犹难之，故终无难矣。《六十三章》

（48）偏—上（1次）偏：副；上：正。均为名词。例：偏将军居左，上将军居右。言以丧礼处之。《三十一章》

（49）牝—牡（2次）牝：雌性；牡：雄性。均为名词。例：未知牝牡之合而朘作，精之至也。《五十五章》

（50）前—后（1次）前：位置居于前部，与后相对；后：与前相对。均为名词。例：同（4）

（51）强—羸（1次）强：强大；羸：弱小。均为形容词。例：故物或行或随，或歔或吹，或强或羸。《二十九章》

（52）巧—拙（1次）巧：灵巧；拙：笨拙。均为形容词。例：同（3）

（53）亲—疏（1次）亲：亲近；疏：疏远。均为动词。例：同（41）

（54）轻—重（1次）轻：轻率、轻浮；重：稳重、厚重。均为形容词。例：同（35）

（55）轻—贵（1次）轻：看轻；重：看重。均为动词。例：民之轻死，以其上求生之厚，是以轻死。夫唯无以生为者，是贤于贵生。《七十五章》

（56）清—浊（1次）清：澄清；浊：浑浊。均为形容词。例：同（18）

（57）去—取（3次）去：去除；取：保留。均为动词。例：故去彼取此。《三十八章》

（58）荣—辱（1次）荣：荣耀；辱：屈辱。均为形容词。例：知其荣，守其辱，为天下谷。《二十八章》

（59）柔—坚（1次）柔：柔弱；坚：坚硬。均为形容词。例：天下之至柔，驰骋天下之至坚。《四十三章》

（60）柔—强（1次）柔：柔弱；强：强大。均为形容词。例：见小曰明，守柔曰强。《五十二章》

（61）柔—刚（1次）柔：柔弱；刚：刚强。均为形容词。例：弱之胜强，柔之胜刚。《七十八章》

（62）弱—强（3次）
①弱：使变弱；强：使强大。均为动词。例：弱其志，强其骨。《三章》
②弱：柔弱；强：强大。均为形容词。例：弱之胜强，柔之胜刚。《七十八章》

（63）杀—活（1次）杀：死亡；活：生存。均为动词。例：勇于敢则杀，勇于不敢则活。《七十三章》

（64）善—妖（1次）善：善良；妖：妖孽。均为形容词。例：正复为奇，善复为妖。《五十八章》

（65）上—下（7次）
①上：等级地位高、品质良好；下：等级地位低、品质低下。均为形容词。例：宠为上，辱为下。

《十三章》

②上：空间位置上的高处；下：空间位置上的低处。均为形容词。例：同（32）

（66）上—谷（1次）上：充实的；谷：空虚的。均为形容词。例：同（1）

（67）舍—且（3次）舍：舍去；且：取也，追求。均为动词。例：同（10）

（68）生—灭（1次）生：滋生；灭：死亡。均为动词。例：万物无以生，将恐灭。《三十九章》

（69）生—死（8次）

①生：出生、生存；死：死亡、失去生命。均为动词。例：同（8）

②生：生命；死：死亡。均为名词。例：盖闻善摄生者，陆行不遇兕虎，入军不被甲兵，兕无所投其角，虎无所用其爪，兵无所容其刃。夫何故？以其无死地。《五十章》

（70）实—华（1次）实：朴实；华：虚华。均为形容词。例：处其实，而不居其华。《三十八章》

（71）首—后（1次）首：前面；后：后面。均为名词。例：迎之不见其首，随之不见其后。《十四章》

（72）损—益（3次）损：减少；益：增加。均为动词。例：故物或损之而益，或益之而损。《四十二章》

（73）损—补（2次）损：减少；补：补给。均为动词。例：同（37）

（74）天—地（10次）天：天空；地：大地。均为名词。例：天得一以清；地得一以宁。《三十九章》

（75）同—异（1次）同：相同；异：不同。均为形容词。；例：同出而异名。《一章》

（76）推—厌（1次）推：推举，拥戴；厌：讨厌。均为动词。例：是以天下乐推而不厌。《六十六章》

（77）唯—阿（1次）唯：赞成；阿：反对。均为动词。例：唯之与阿，相去几何？《二十章》

（78）新—蔽（2次）新：崭新的；蔽：破旧的。均为形容词。例：保此道者不欲盈。夫唯不盈，故能蔽而新成。《十五章》

（79）行—殆（1次）行：运动；殆：停止。均为动词。例：寂兮寥兮，独立而不改，周行而不殆，可以为天下母。《二十五章》

（80）行—随（1次）行：前行；随：落在后面。均为动词。例：同（52）

（81）凶—吉（1次）凶：凶丧；吉：吉庆。均为形容词。例：吉事尚左，凶事尚右。《三十一章》

（82）虚—实（1次）虚：变得空虚；实：显得充实。均为动词。例：虚其心，实其腹。《三章》

（83）———离（1次）一：合二为一；离：分离。均为动词。例：载营魄抱一，能无离乎？《十章》

（84）夷—径（1次）夷：大路；径：小路。均为名词。例：大道甚夷，而人好径。《五十三章》

（85）夷—纇（1次）夷：容易办到；纇：难以实施。均为形容词。例：同（31）

（86）以—鄙（1次）以：有用；鄙：无能，浅陋无知。均为形容词。例：众人皆有以，而我独顽似鄙。《二十章》

（87）阴—阳（1次）阴：阴性的东西或力量；阳：阳性的东西或力量。均为名词。例：万物负阴而抱阳，冲气以为和。《四十二章》

（88）迎—随（1次）迎：面对；随：尾随。均为动词。例：同（72）

（89）盈—竭（1次）盈：充盈；竭：枯竭。均为形容词。例：神无以灵，将恐歇；谷无以盈，将恐竭。《三十九章》

（90）有—无（12次）有：存在；无：不存在。均为动词。例：同（4）

（91）余—遗（1次）余：有余；遗：不足。均为形容词。例：众人皆有余，而我独若遗。《二十章》

（92）誉—侮（1次）誉：称赞；侮：咒骂。均为动词。例：太上，不知有之；其次，亲之、誉之；其次，畏之；其次，侮之。《十七章》

（93）战—守（1次）战：征战，侵略；守：守卫。均为动词。例：夫慈，以战则胜，以守则固。《六十七章》

（94）张—歙（1次）张：扩张；歙：收缩。均为动词。例：同（20）

（95）正—奇（1次）正：正确；奇：邪恶。均为形容词。例：同（65）

（96）正—反（1次）正：正面的；反：反面的。均为形容词。例：正言若反。《七十八章》

（97）直—枉（1次）直：伸直，枉：屈也，弯曲。均为动词。例：同（19）

（98）直—屈（1次）直：笔直；屈：弯曲。均为形容词。例：同（3）

（99）智—迷（1次）智：明智；迷：糊涂。均为形容词。例：不贵其师，不爱其资，虽智，大迷。《二十七章》

（100）终—始（1次）终：结束；始：开始。均为名词。例：慎终如始，则无败事。《六十四章》

（101）主—客（1次）主：主动进攻别人；客：被动地防守。均为名词。例：吾不敢为主而为客，不敢进寸而退尺。《六十九章》

（102）壮—老（1次）壮：强壮；老：衰老。均为形容词。例：物壮则老，是谓不道，不道早已。《三十章》

（103）左—右（3次）左：左边；右：右边。均为名词。例：同（49）

四、《老子》反义词的词性分类

我们在上述反义词判定的原则中提到，具有反义关系的两个词，词性必须保持一致，我们根据词性的差别对《老子》中的反义词进行分类，结果如下：

（一）形容词：44组（65次）

察察—闷闷	白—辱	柔—坚	夷—纇	余—遗	智—迷	福—祸
琭琭—珞珞	长—短	明—昧	柔—强	以—鄙	壮—老	美—恶
强大—柔弱	成—缺	明—妄	大—小	盈—竭	高—下	直—屈
缺缺—淳淳	冲—盈	寒—热	难—易	弱—强	同—异	实—华
柔脆—枯槁	慈—勇	厚—薄	善—妖	正—奇	荣—辱	清—浊
柔弱—刚强	建—偷	强—赢	上—下	正—反	凶—吉	贵—贱
柔弱—坚强	大—细	皦—昧	巧—拙	上—谷	新—蔽	轻—重
熙熙—儽儽	昭昭—昏昏	有余—不足	多—少	静—燥		

（二）动词：43组（78次）

出—入	利—害	生—灭	一—离	虚—实	夺—与	开—阖	辩—讷
吹—嘘	后—先	美—恶	生—死	迎—随	开—闭	动—静	得—亡
直—枉	明—愚	有—无	舍—且	来—往	杀—活	唯—阿	弱—强
存—亡	结—解	亲—疏	损—益	誉—侮	行—随	去—取	张—歙
进—退	损—补	战—守	废—兴	宠—辱	行—殆	举—抑	推—厌
得—失	救—弃	轻—贵					

（三）名词：16组（32次）

光—尘	夷—径	前—后	母—子	德—怨	牝—牡	天—地	首—后
左—右	生—死	阴—阳	终—始	主—客	偏—上	古—今	雌—雄

(四)代词：1组（3次）

彼—此

(五)副词：1组（1次）

后—先

以上统计说明，《老子》中的反义词，形容词最多，共44组占38.9%，使用65次；其次是动词，共43组，占38%，使用78次；名词又次之，共16组，占14.1%，使用32次；代词共1组，副词只有1组。形容词性的反义词居多，是由形容词的语法特征决定的，凡含有性质意义的词都有反义词，不论它是名词、动词、形容词或副词。因为形容词多半是表示性质的，所以在这个词类里的反义词特别丰富。

五、结论

通过对《老子》反义词进行分析，本文得出以下几点认识：

1. 反义词数量多，内容丰富且使用频率高

《老子》反义词共有113组，反义词多成对使用，或反义连文，或反义对举，对照强烈，表达鲜明，对举灵活。

（1）反义连文。如：

故有无相生，难易相成，长短相较，高下相倾，音声相和，前后相随。(《二章》)

有—无、难—易、长—短等都是反义连文的，虽然在《老子》中反义连文这种形式使用的次数不多，但将两种对立的概念放在一起使用，使对比更鲜明，气势更有力。

（2）反义对举。《老子》中的反义词多为对举使用，如：

宠为上，辱为下，得之若惊，失之若惊，是谓宠辱若惊。(《十三章》)

祸兮，福之所倚；福兮，祸之所伏。(《五十八章》)

宠—辱、得—失、福—祸，都是对举使用的，这种方法很好地体现了《老子》辩证统一的哲学思想，而且使《老子》的语言呈现出对偶和排比的句式，韵律和谐匀称，使表达的观点更鲜明，说服力更强。

2. 单音节反义词占绝对优势

《老子》113组反义词中，单音节词105组，无单音节词对双音节词，双音节词只有10对，且多为形容词，这与上古汉语以单音节词为主相一致。

3. 反义词呈现出不平衡的状态

由于词语多义、同义等原因，打破了反义词一对一的平衡，一个词可以有几个反义词或几个词共有一个反义词。如：正—奇 正—反 白—辱 白—黑

【参考文献】

[1] 袁行霈.中国文学史（第二版）第一卷[M].北京：高等教育出版社，2005：105.

[2] 松辉.国学经典导读·老子[M].北京：中国国际广播出版社，2011：1.

[3] 高亨.老子注释[M].北京：清华大学出版社，2010：8.

[4] 陈鼓应.老子注释及评介[M].北京：中华书局，2001.

[5] 陈青华.道德经寓意[M].北京：新世界出版社，2010：8.

[6] 黄伯荣，廖序东.现代汉语（增订四版）[M].北京：高等教育出版社，2007：6.

[7] 薄红芹，杨小春.成对反义词的认知释解[J].新余高专学报，2009（3）.

[8] 李占平.反义词判断标准研究述评[J].求索，2003（6）.

[9] 陈青青.反义关系的分类及其逻辑基础[J].河北北方学院学报（社会科学版），2011（3）.

[10] 叶蜚声，徐通锵.语言学纲要[M].北京：北京大学出版社，1997.

[11] 李惠敏.反义词判别标准简论[J].伊犁教育学院学报，2004（2）.

[12] 王冰，徐正考.古汉语反义词研究初探[J].吉林大学社会科学学报，2005（2）.

[13] 廖扬敏.《老子》反义词的显示格式[J].南京师范大学文学院学报，2004（2）.

中国与东南亚语言比较研究

泰语与上思壮语声母演变比较探析

游辉彩[①]

一、引言

  泰语是泰国主体民族泰族所使用的本族语言，壮语是中国南方少数民族壮族所使用的本族语言。早在20世纪30年代，语言学家李方桂对中国少数民族语言系属进行分类时就注意到中国境内壮傣语言与东南亚一些民族语言如泰语、老挝语、掸语等相关，并把它们一起归入汉藏语系侗台语族台语支。之后，国内外许多语言学者如白保罗、沙加尔、梁敏、张均如、戴庆厦、罗美珍、陈保亚等对侗台语族系属问题以及对中国南方语言与东南亚语言的关系问题进行过争论，尽管意见与观点不一，但均肯定了壮语与泰语同源这一观点。其重要的依据之一便是壮族与泰族共同拥有大量的音义相同或相近的同源词。

  关于泰族与壮族的民族渊源关系，讨论得比较突出的是泰族的起源问题。尽管中外学者观点不一，但中国学者陈吕范[②]、范宏贵[③]、覃圣敏[④]等从各角度阐述泰族与中国南方少数民族的关系，提出"壮泰是同根生的民族"以及"壮泰民族同源异流"等观点。覃圣敏认为壮族与泰族共同起源于古代的"越人"，即在中国历史上春秋、战国和秦汉时期（前8世纪—前3世纪）活跃在中国长江以南广袤地域中的松散的民族集团。[⑤]该观点受到了众多学者的认同。基于壮泰民族是同根生的民族这一观点，民族学、语言学学者黄兴球[⑥]、石林[⑦]、邓晓华和王士元[⑧]等运用词源统计分析法对壮泰族群同源词进行分析，推断出壮泰民族分化的时间即公元6世纪左右。这一推断结论无疑是令人信服的。照上述学者的推断，壮族与泰族两民族已分化约1500年了。那么，如今两民族语言的语音系统有怎样的变化特征与规律，其演变原因是什么？

  当前，针对泰语与壮语的语音进行过比较的主要有：喻世长与喻翠容[⑨]对侗水与泰壮两个语支的7种方言进行单元音上的对应分析与研究，试图说明各种语言之间的源流关系。何滴[⑩]针对台语支里壮语南部方言崇左点和泰国语两个语言点的声母系统进行描述与对比，探索其演变的规律。

  本文拟在前人研究的基础上，进一步对台语内部语言的语音进行研究。本文将借助李方桂对原始台语的构拟[⑪]，对比台语西南语支泰语与中部语支上思壮语[⑫]的声母对应规律与演变规律，以进一步揭示台语语音演变特点，为侗台语研究提供可靠依据。

[①]游辉彩，女，广西民族大学东南亚语言文化学院泰语教师，副教授。
[②]陈吕范.泰族起源于南诏国研究文集（上册）[M].北京：中国书籍出版社，2004：20.
[③]范宏贵.同根生的民族——壮泰各族渊源与文化[M].北京：民族出版社，2007.
[④]覃圣敏.壮泰民族传统文化比较研究第五卷[M].南宁：广西民族出版社，2003：3123-3150.
[⑤]范宏贵.同根生的民族——壮泰各族渊源与文化[M].北京：民族出版社，2007.
[⑥]黄兴球.壮泰族群分化时间考[M].北京：民族出版社，2008.
[⑦]石林.侗台语的分化年代探析[J].贵州民族研究，1997（2）.
[⑧]邓晓华，王士元.中国的语言与方言的分类[M].北京：中华书局，2009.
[⑨]喻世长，喻翠容.侗水、泰壮两语支单元音的对应[J].语言研究，1987（1）.
[⑩]何滴.崇左壮语与泰语的声母比较研究[D].广西民族大学硕士学位论文，2007.
[⑪]李方桂.台语比较手册[M].北京：清华大学出版社，2011.
[⑫]本文作者系广西上思人，自幼操讲上思壮语。泰语是作者的学士、硕士专业。

二、原始台语、泰语、上思壮语的声调对应关系

声调和声母、韵母一样是侗台语族诸语言的重要组成部分，具有区别词义的重要作用。由于侗台诸语言的声调演变与原始台语声母的性质有着密切的关系，因此，在比较分析泰语与上思壮语声母演变之前，有必要对两种语言的声调对应关系及演变特点进行解释。

侗台语言的声调是后起的，梁敏和张均如认为：侗台语诸语言从声调的萌芽阶段到形成四类声调即A、B、C、D的大致时间在3500—2000年之间；在秦汉之际外迁的傣、泰、老、掸诸语言与壮语、侗语的四类声调对应齐整，并随着时间的发展按照声母的清浊的不同条件各自分化为阴、阳两类，从而形成四声八调的基本格局；八个调类是侗台语诸语言分离之后独自发展的结果。[1] 美国学者W.J格德尼拟定了一个快速确定台语方言声调的词表[2]（如表1），认为各地方言可根据检验词来确定自己的声调，并且由此分析声调的演变如分化与合并现象。

表1 快速确定台语方言声调的参考词表

声调分化时期的声母	舒声音节			促声音节	
	A	B	C	D-短	D-长
清擦音*s、hm、pʰ等	1	5	9	13	17
清不送气塞音*p等	2	6	10	14	18
喉塞音*ʔ、ʔb等	3	7	11	15	19
浊音*b、m、l、z等	4	8	12	16	20

无疑，泰语与壮语分离后，在各自语言的发展基础上，声调得到了进一步的发展与演变，一定会呈现出差异性。我们可以从两种语言当今的调类情况来看各自的声调演变特点。在W.J格德尼所给声调词表的基础上，我们总结泰语与上思壮语的声调如下（表2）：

表2 泰语与上思壮语声调表（注：A、B、C为舒声韵调类，DS、DL为促声韵调类）

	泰语声调					壮语声调				
	A	B	C	DS	DL	A	B	C	DS	DL
阴声调	A1 24 33	B1 22	C1 41	DS1 33	DL1 22	A1 33	B1 35	C1 13	DS1 33 55	DL1 35
阳声调	A2 33	B2 41	C2 453	DS2 453	DL2 41	A2 22	B2 31	C2 31	DS2 22	DS2 31

从上表看，泰语与上思壮语都历经了由较早的四声演化为八个调类的格。然后，促声调再次分化，形成短的促声调与长的促声调，从而形成十个调类的格局。这十个调类在两种语言中表现出不同的分化与合并现象，即：

（1）声调分化，指同一个声调中分化出两个不同的声调调值。泰语的舒声调A调类的阴声调再次产生分化为两个不同的声调，而上思壮语的促声调DS调类也再次分化为两个不同的声调。

（2）声调合并，指在同一音系中某两个声调调值相近而趋于混同，以至合并成一个声调。泰语声调的合并共有两大类：一是舒声韵调类的合并，泰语的A1调与A2调合并，B1调与C2调合并。二是促声韵

---

[1] 梁敏，张均如.民族语言学论稿[M].北京：社会科学文献出版社，2011：201–203.
[2] W.J格德尼（著），周国炎编译.快速确定台语方言声调的一个词表[J].百色学院学报，2012（3）.

调与舒声韵调的合并，DS1 调与 A1 调、DS2 调与 C2 调、DL1 调与 B1 调、DL2 调与 B2 调合并。上思壮语声调的合并也有两大类：一是舒声韵调类的合并，壮语的 B2 调与 C2 调合并。二是促声韵调与舒声韵调的合并，DS1 调与 A1 调、DS2 调与 A2 调、DL1 调与 B1 调、DL2 调与 B2 调合并。

由此看，泰语与上思壮语的声调都经历了分化与合并的演变，其中声调的分化应该是早期的，而合并则是后来的。两种语言声调的演变以合并为主流，经过合并后的泰语声调现今仅仅呈现 5 个调值，即 24、33、41、453、22；而经过合并后的上思壮语声调现今呈现出 6 个调值，即 33、22、35、31、13、55。

三、原始台语声母与泰语、上思壮语的声母对应关系

泰语共计 21 个单辅音、11 个复合辅音；上思壮语共计 20 个单辅音、2 个复合辅音。对比李方桂构拟的原始台语声母，泰语与壮语的辅音对应关系如下（表3）所示：

表3 原始台语声母与泰语、上思壮语的声母对应关系表①

序号	原始台语声母	标准泰语	上思壮语	例词
1	*p	p	p	去 paiA1 pəu A1；鸭子 petD1 pit D1；嘴 pa:kD1 pakD1
2	*pʰ	pʰ	pʰ	头发 pʰomA1 pʰomA1；布 pʰa: C1 pʰaiC1；菜 pʰakD1
3	*b	pʰ	pʰ/p	休息 pʰakD2 pʰakD2；木排 pʰɛ: A2 pei A2；贵 pʰɛ:ŋ A2 pe:ŋA2
4	*ʔb	b	m	叶子 baiA1 məu A1；村子 ba:nC1 ma:nC1；扛 bɛ:kD1 mɛ:kD1
5	*m	m	m	来 ma:A2 ma: A2；醉 mauA2 mauA2；蚂蚁 motD2 motD2
6	*mw	m	m	木 maiC2 maiC2；手 mu:A2 məuA2
7	*hm	m	m	狗 ma:A1 ma:A1；新 maiB1 moiB1；跳蚤 matD1 matD1
8	*f	f	pʰ	盖子 fa:A1 pʰa:A1；雨 fonA1 pʰonA1；委托 fa:kD1 pʰa:kD1
9	*v	f	f	火 faiA2 fəuA2；抽打 fa:tD2 fa:tD2；肿 fokD2 fokD2
10	*w	w	w	说 wa:B2 wa:B2；挥动/搧 wi:A2 wi:A2；屙水 witD2 witD21
11	*hw	w	w	游泳 wa:i C1 wiu A2；甜 wa:n A1 wa:n A1；撒播 wa:n B1 wa:n B1
12	*pl	pl	p	鱼 pla:A1 pa:A1；释放 plɔ:iB1 pɔ:iB1；种植 plu:kD1 pɔ:kD1
13	*pr	t	tʰ	黄瓜 tɛ:ŋA1 tʰe:ŋA1；晒 ta:k D1 tʰa:k D1；裂开 tɛ:kD1 tʰɛ:kD1
14	*pʰl/r	pʰ	pʰ	走 pʰa:i C2 pʰa:i C2；头发 pʰom A1 pʰom A1
15	*bl	pʰl	?	滑倒 pʰa:t D2 ? ；槟榔 pʰlu: A2 ?
16	*br	pʰr	?	欺骗 pʰra:ŋ A2 ? ；分离 pʰra:k D2 ? ；孤儿 kam-pʰra:C2 ?
17	*ʔbl/r	d	m	胆 di:A1 məu A1；花 dɔ:kD1 mɔ:kD1；摘 detD1 mitD1
18	*ml/r	m/l	m	口水 la:iA2 ma:iA2；昆虫 mɛ:ŋA2 mɛ:ŋA2；跳蚤 lenA2 lenB2
19	*fr	pʰ	?	绑，缚 pʰu:kD1 sukD2
20	*vr	pʰ	?	剑 pʰra: C2 kem B1；明天 pʰrukD2 tok D2；灰 tʰau A1 tʰau B2
21	*vl	?	?	无例词
22	*t	t	t	脚 ti:nA1 tənA1；剪 tatD1 tatD1；肝 tapD1 tapD1
23	*tʰ	tʰ	tʰ/t	炭 tʰa:n B1 tʰa:n B1；老 tʰauC1 tʰauC1；雄性 tʰɛ:kD1 takD1
24	*d	tʰ	tʰ/t	码头 tʰa: B2 tʰa: B2；打击 tʰup D2 tʰup D2；肚 tʰɔ:ŋ C2 to:ŋ C2

①注：1.原始台语声母构拟来自李方桂《台语比较手册》（清华大学出版社2011年版，第218—221页）。2.表中的？号表示暂不确定，原因主要是能用于对比的例词少。3.例词中的发音是按泰语—壮语为次序，以下标音的排序均以泰语为先，壮语为后。

(续表)

序号	原始台语声母	标准泰语	上思壮语	例词
25	*ʔd	d	n	骂 da:B1 na:B1；鼻子 daŋ A1 naŋA1；熄灭 dapD1 napD1
26	*n	n	n	田 na:A2 na:A2；坐 naŋB2 naŋB2；腐烂 nauB2 nauB2
27	*hn	n	n	厚 na:A1 na:A1；脸 na:C1 na:C1；重 nakD1 nakD1
28	*tl	t	ʔ	膝盖 takD1 ʔ；满 temA1 ləmA2；起床 tɛ:n B1 tʰon B1
29	*tr	t	tʰ	眼 ta:A1 tʰa:A1；死 ta:iA1 tʰa:iA1；蟋蟀 takD1 tʰakD1
30	*tʰl	tʰ	tʰ	犁地 tʰaiA1 tʰaiA1；问 tʰa:mA1 tʰa:mA1；等待 tʰa:C1 tʰa:B2
31	*tʰr	h	tʰ	抬 ha:mA1 tʰa:mA1；挑 ha:pD1 tʰa:pD1；石头 hinA1 tʰənA1
32	*dl	l	l	花纹 la:iA2 la:iA2；风 lomA2 lomA2；抚摸 lu:pD2 lu:pD2
33	*dr	r	l	根 ra:kD2 kon B1；船 ru:aA2 lu:A2；后天 ma-ru:nA2 ŋənləuA2
34	*ʔdl/r	d	n	插秧 damA1 namA1；山 dɔ:iA1 nɔ:iA1；骨头 kra-du:kD1 nɔ:kD1
35	*nl/r	n	n	水 namC2 namC2；鸟 nokD2 nokD2；外面 nɔ:kD2 nɔ:kD2
36	*l	l	l	赶 laiB2 laiB2；舌头 linC2 linC2；血 lɯ:atD2 lutD2
37	*hl	l	l	多 la:iA1 la:iA1；背后 laŋA1 laŋA1；脱落 lutD1 lutD1
38	*r	r	l	知道 ru:C2 loiC2；我们 rauA2 lauA2；糠 ramA2 lamA2
39	*hr	h	h/l	收缩 hot D1 hot D1；吠 hau B1 hau B1；菌 het D1 lit D1
40	*s	s	ɬ	线 sa:i A1 ɬa:iA1；三 sa:mA1 ɬa:mA1；泼水 sa:tD1 ɬa:tD1
41	*z	s	ɬ	左 sa:i C2 ɬu:C2；淘米 sa:uA2 ɬa:uA2；头发竖 sa: B2 ɬa: B2
42	*č	tɕ	tɕ	七 tɕet D1 tɕit D1；浸入 tɕum B1 tɕam B1；吻 tɕu:p D1 tɕup D1
43	*čʰ	tɕʰ	ʔ	锯 tɕʰa:kD1 kəu B1；谷仓 tɕʰa:ŋ A1 sa:ŋ A1；撕破 tɕʰi:k D1 si:k D1
44	*ǰ	tɕʰ	s	茶 tɕʰa:A2 sa: A2；早 tɕʰa:u C2 sou C2；绳子 tɕʰɯ:akD2 sak D2
45	*ñ	j	ŋ	染 jɔ:m C2 ŋɔ:mC2；缝 jepD2 ŋipD2；顶尖 jɔ:tD2 ŋɔ:tD2
46	*hñ	j	ʔ	草 ja:C1 lokD2；大 jai B1 ma:kD1；乱 juŋC1 lunC2
47	*j	j	ʔ	跨 ja:ŋ B2 ja:ŋ C1；鹰 jiau B1 jiu B2；外婆 ja:iA2 ta:iA1
48	*ʔj	j	j	饿 ja:kD1 jy:kD1；伸展 jiatD1 jitD1；借 ju:mA2 jomA1
49	*k	k	k	鸡 kai B1 kai B1；九 kauC1 kauC1；芥菜 ka:tD1 ka:tD1
50	*kʰ	kʰ	kʰ/k/h	骑 khi: B1 kʰəu B2；杀 kʰa: B2 ka: C1；针 kʰemA1 həmA1
51	*g	kʰ	kʰ	一口 kʰamA2 kʰamA2；咸 kʰemA2 kʰəmA2；窄 kʰɛ:pD2 kʰepD2
52	*ŋ	ŋ	ŋ	早饭 ŋa:iA2 ŋa:iA2；影子 ŋauA2 ŋauA2；银 ŋənA2 ŋanA2
53	*hŋ	ŋ	h/ŋ	月光 ŋa:iA1 ha:iA1；打哈欠 ha:uA1 ha:uA1；仰睡 ŋa:iA1 ŋa:iA1
54	*x	kʰ	h	进 kʰauC1 hauC1；牙齿 kʰiauC1 he:uC1；打结 kʰɔ:tD1 ho:tD1
55	*ɣ	kʰ	h	人 kʰonA2 honA2；扁担 kʰa:nA2 ha:nA2；夜晚 kʰɯ:nA2 hanA2
56	*kl	kl	k	秧苗 kla:C1 ka:C1；远 klaiA1 kaiA1；鱼鳞 kletD1 kipD1
57	*kr	kl/kr	k/l	近 klaiC1 kəuC1；打鼾 kronA1 konA1；笼子 kroŋA1 loŋ B1
58	*kʰl	kʰ	l	囚 kʰaŋA1 laŋA1；硬 kʰɛ:ŋA1 le:ŋA1；发烧 kʰaiC1 laiC1
59	*kʰr	kʰ	l	蛋 kʰai B1 lai B1；乞求 kʰɔ:A1 loiA1；陀螺 kʰa:ŋ B1 la:ŋ B1
60	*gl	kʰl	ʔ	燃烧 kʰlɔ:kD2 ʔ；爬行 kʰla:n A2 lun A2；捕捉 kʰlɔ:ŋC2 kʰøŋ C2
61	*gr	kʰr	ʔ	半 kʰrɛŋ B2 ʔ；懒 kʰra:n C2 ki:；臼 kʰrok D2 ʔ

(续表)

序号	原始台语声母	标准泰语	上思壮语	例词
62	*ŋl/r	ŋ	ŋ	芝麻 ŋa: A2 ŋa: A2；发光 ŋau A2 ŋau A2
63	*xr	h	l	六 hok D1 lok D1；耳朵 hu: A1 ly: A2；笑 hua A1 liu A1
64	*kw	kw	kw	经过 kwa: B1 kwa: B1；扫 kwa:t D1 kwa:t D1
65	*kʰw	kʰw	kʰw	交叉 kʰwai B1 kʰeu B1；巨大 kʰwa:ŋ A1 kʰwa:ŋ B1
66	*gw	kʰw	ʔ	搜查 kʰwa: C2 ʔ ；旋转 kʰwa:ŋ C2 ʔ
67	*ŋw	w	ʔ	昨天 wa:nA2 ŋənA2lunA2；日子 wanA2 ŋənA2
68	*xw	kʰw	w	翻 kʰwam C1 wa:m C1；魂 kʰwan A1 wan A1
69	*ɣw	kʰw	w	水牛 kʰwa:i A2 wai A2；烟 kʰwa:n A2 wan A2
70	*ʔ	ʔ	ʔ	咳嗽 ʔaiA1 ʔaiA1；抱 ʔumC1 ʔomC1；出去 ʔo:kD1 ʔo:kD1
71	*hʔ	h	h	给 haiC1 həuC1；做 hetD1 hitD1；关 hapD1 hapD1

从上表看，我们可以总结泰语与上思壮语声母的演变规律如下：

（一）上思壮语辅音的演变比泰语复杂

总体上，上思壮语声母的演变相比泰语演变复杂。换句话说，上思壮语声母的演变趋向简化，而泰语保持有较多的原始台语声母的特点。泰语与上思壮语声母有同样的演变规律的比例仅为三分之一。所谓"有同样的演变规律"即从李方桂所构拟的71个原始台语声母中，泰语与上思壮语两种语言中音义相近或相同的词例中，其声母有一致的对应规律。① 少部分声母如*fr、*vr、*vl、*mw等，李方桂持有不确定的态度，用了"暂时测拟"字眼；另外，一些所构拟的声母给的例词很少，如*fr仅为一例，*vl没有给例词，因此也难以确定泰语或上思壮语的对应声母。分析上述表格，在71个原始台语声母中，去掉*fr与*vr，剩下的68个声母，泰语与上思壮语声母存在同样一致的演变的声母共有26个，所占比例仅为37%。即：*p→p；*pʰ→pʰ；*m→m；*mw→m；*hm→m；*v→f；*w→w；*hw→w；*pʰl/r→pʰ；*t→t；*n→n；*hn→n；*tʰl→tʰ；*dl→l；*nl/r→n；*l→l；*hl→l；*č→tɕ；*ʔj→j；*k→k；*g→kʰ；*ŋ→ŋ；*ŋl/r→ŋ；*kʰw→kʰw；*ʔ→ʔ；*hʔ→h。

以上26个声母的演变规律又可以进一步归纳为：（1）泰语与上思壮语都共同演变自一个原始声母的有11个：*p→p；*v→f；*t→t；*tʰl→th；*č→tɕ；*ʔj→j；*k→k；*g→kʰ；*kʰw→kʰw；*ʔ→ʔ；*hʔ→h。（2）泰语与上思壮语的一个声母有可能从不同原始声母演变而来：*pʰ/*pʰl/r→pʰ；*m/*mw/*hm→m；*w/*hw→w；*n/*hn/*nl/r→n；*dl/*l/*hl→l；*ŋ/*ŋl/r→ŋ。相比而言，泰语与上思壮语源自一个共同声母的，其所能对应的词汇就相对多，对应关系比较稳定。

此外，有5个声母的演变也存在一定的相同性，只是在上思壮语中的表现为一对多的关系，即除了相同的声母，还会进一步演化成别的声母。如：*tʰ→tʰ→tʰ/t；*d→tʰ→tʰ/t；*hr→h→h/l；*kʰ→kʰ→kʰ/k/h；*hŋ→ŋ→h/ŋ。

如此计算，泰语与上思壮语的声母有相同的演变规律的共计31个音，未达到整体的一半。具体的共性或差异将在下面继续分析。

（二）关于复辅音声母的演变

李方桂共构拟了26个复合辅音声母，由唇音、舌尖音、舌根音与边音（l）、颤音（r）组成而成。其中，

---

① 本文认为泰语与壮语共同出现3个以上（少数为2个）音近义通的词才纳入"规律"的要求。

表(3)中第12—21为唇音复辅音,第28—35为舌尖音复辅音,第56—63为舌根音复辅音。在这26个复辅音中,泰语与上思壮语共同经历了不同的演变途径,即:

（A、B表示不同的辅音）

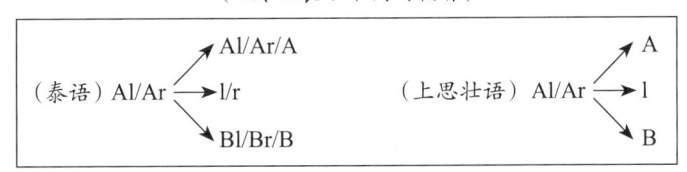

$$（泰语）Al/Ar \begin{cases} \nearrow Al/Ar/A \\ \rightarrow l/r \\ \searrow Bl/Br/B \end{cases} \quad （上思壮语）Al/Ar \begin{cases} \nearrow A \\ \rightarrow l \\ \searrow B \end{cases}$$

其中,泰语的演变表现得更为复杂多变;而上思壮语的演变则比较简单,即复辅音完全消失。上思壮语中的复辅音要么演变为原先领头的辅音(A),也可以演变为边音(l)或者另外一个辅音(B),但不能演变为颤音(r)。

泰语中保持了原始泰语复辅音的仅为三个,即 *pl→pl;*kl→kl;*kr→kr/kl,第三个还体现出了进一步的演变趋势,即 kr→kl。韦景云对侗台语复辅音 *pl 与 *kl 的演变进行了分析,认为 *pl 的演变方向比较一致,大都唇音化或舌音化成为单辅音,而 *kl 则向舌根音或舌尖音演变。[①]这一点没有在泰语身上体现出来。

在复辅音的演变中,A→B 音主要体现为:(1)唇音向舌尖音转化,如 *pr→t/tʰ。(2)浊音向清音转化,如 *bl→pʰl;*br→p;*gl→kʰl;*gr→kʰr。这一特点没在上思壮语中体现。(3)舌尖音与舌根音向喉音转化,如 *tʰr→h;*xr→h。这一点也没在上思壮语中体现。

从表(1)中可归纳泰语当今的复辅音共7个,即 pl、pʰl、pʰr、kl、kr、kʰl、kʰr。但实际上少了三个,即 tr、pr、pʰr。这三个音在当今的泰语中比较常见,为什么没有出现演变的轨迹？这一点值得探讨。

(三)关于浊塞音和浊擦音的演变

泰语与上思壮语的辅音演变还体现了一个明显的共同特点,即浊塞音与浊擦音出现清音化。如: *b→pʰ pʰ/p ;*d→tʰ tʰ/t ;*g→kʰ kʰ ;*ɣ→kʰ h;*z→s ɬ。原始台语的 *b、*d、*g 清音化并且演变成送气音,在泰语与上思壮语中体现了一致性,如 *b→pʰ:"休息"pʰakD2 pʰakD2;"兄/姊"pʰi: B2 pʰəu B2。*d→tʰ:"码头"tʰa: B2 tʰa: B2;"打击"tʰup D2 tʰup D2。*g→kʰ:"一口"kʰamA2 kʰamA2;"窄"kʰɛ:pD2 kʰepD2。声调上保持着阳声调的特点。

不同的是,舌根音 *ɣ 在泰语中演化为送气清塞音 kh,而在上思壮语中演变为擦音 h。浊擦音 *z 在泰语中演变为清擦音 s,而在上思壮语中演变为清边擦音 ɬ。

(四)关于清鼻音与清边音的演变

原始台语有不少清鼻音与清边音如 *hm、*hw、*hn、*hl、*hr、*hɲ、*hŋ、*hʔ。这些音在泰语与上思壮语中的演变中也体现出很大形似性,即由清辅音并入相应的浊辅音,即 m、n、l、ŋ、j 等中。如: *hm→m m;*hw→w w;*hn→n n;*hl→l l;*hr→h h/l;*hɲ→j ʔ ;*hŋ→ŋ h/ŋ;*hʔ→h h。这些音读阴声调以区别调类,在泰语中表现为以"h(ห)"为前引字不发音的音节。如 *hm"狗"ma:A1(หมา)ma:A1;"跳蚤"matD1(หมัด)matD1。*hw"甜"wa:n A1(หวาน)wa:n A1;"撒播"wa:n B1(หว่าน)wa:n B1。*hn"厚"na:A1(หนา)na:A1;"重"nakD1(หนัก)nakD1。*hl"多"la:iA1(หลาย)la:iA1;"脱落"lutD1(หลุด)lutD1 等。

值得注意的是,*hʔ 与 *hr 在泰语中演变为 h,在上思壮语中演变为 h 或 l,但却没有演变为 ʔ 或 r,

[①] 韦景云:《侗台语复辅音 *pl、*kl 的演变分析》,载自《中央民族大学学报》(哲学社会科学版),2003年第6期,第138—142页。

而声调还是保持了阴声调。如*hʔ"给"haiC1 həuC1；"关"hapD1 hapD1。*hr"收缩"hot D1 hot D1；"吠"hau B1 hau B1等。

不同的是，*hñ在泰语中演变为j，但在上思壮语中却无法找出对应的演变规律，如"草"ja:C1 lokD2；"大"jai B1 ma:kD1；"乱"juŋC1 lunC2。

（五）关于带先喉塞音声母的演变

原始台语的所有带先喉塞音声母原先是属浊音类，但在泰语与上思壮语的演变中都出现了共同特点，即清声化。如*ʔbl/r、*ʔd、*ʔdl/r、*ʔj、*ʔbl/r在泰语中已演变为b、d、j，b与d虽为浊音，j为半元音，但这几个清声化的辅音的调类已进入阴调类。如*ʔb"叶子"baiA1 məu A1；"村子"ba:nC1 ma:nC1。*ʔbl/r"胆"di:A1 məu A1；"花"dɔ:kD1 mɔ:kD1。*ʔd"骂"da: B1 na: B1；"熄灭"dapD1 napD1。*ʔdl/r"插秧"damA1 namA1；"山"dɔ:iA1 nɔ:iA1。*ʔj"饿"ja:kD1 ja:kD1；"借"ju:mA2 jomA1。

不同的是，上思壮语的演变路径更进一步变化，即由先喉塞音演变为浊塞音后，继续演变为鼻音，表现为：*ʔbl/r→d→m；*ʔd→d→n；*ʔdl/r→d→n；*ʔbl/r→d→m。演变后其调类也体现了清声化的音调类。

四、讨论

Campbell 总结了人类语音演变的三大机制：规则音变、类推与借用。认为无论是传统语言学理论还是现代语言学理论，都肯定了这一点。根据上述对泰语与上思壮语声母演变的比较，不难发现：

（1）两种语言声母的演变影响着声调的演变（分化与合并）。特别是先喉塞音声母与送气音声母对声调的再次分化的影响是比较显著。

（2）泰语与上思壮语声母的演变从大体上看有较多的共性，但两者的个性也比较明显。泰语声母的演变相对比较稳定与缓慢，保持有比较多的复辅音声母，其他辅音如浊塞音、颤音等均缓慢演变着，但这些在上思壮语中已经完全演变成别的辅音。对于唇音与带先喉塞音，壮语的演变趋向于边音化与鼻音化。

（3）从目前来看，泰语的r音有向l音过渡的趋向并不明显。但是从上思壮语的语音演变结果看，原始台语不少有r音的已演变为l音，因此泰语也不排除这种演变趋向。

（4）值得继续探讨的几个问题：

①关于舌尖音 *th，泰语演变为 th，上思壮语演变为th/t，为什么会分化成送气与不送气两种？例词如"炭"tʰa:nB1 tʰa:nB1；"老"tʰauC1 tʰauC1；"退"tʰɔ:iA1 tʰɔ:iB1；"碗"tʰuaiC1 tu:B2；"发大水"tʰuamC1 tumB2；"雄性"tʰɯ:kD1 takD1。

②塞擦音 *c的演变，泰语与上思壮均演变为tɕ，如"七"tɕet D1 tɕit D1；"浸入"tɕum B1 tɕam B1；"吻"tɕu:p D1 tɕup D1。但对*čh的演变却不一样，泰语为tɕh，而壮语却找不到，如例词"锯"tɕʰa:kD1 kəu B1；"谷仓"tɕʰa:ŋ A1 sa:ŋ A1；"撕破"tɕʰi:k D1 si:k D1。泰语与上思壮语辅音中均有送气不送气之别，但为何壮语找不到tɕh音？关于塞擦音，张均如认为，壮侗语族塞擦音ts、tsh是后起的，原始台语没有tsh声母，认为壮侗语族的塞擦音是多元的，主要从数种复辅音和舌后音声母简化演变而来，当然与汉语的影响也有关系。[①] 按此说，上思壮语塞擦音的演变相对滞后了。

③李方桂所构拟的部分声母有疑点，如*fr、*vl音是否存在？*hj音应该存在，而没有构拟？

[①] 张均如：《壮侗语族塞擦音的产生和发展》，载自《民族语文》，1983年第1期。

④上思壮语中存在一些不能确定的音，其原因主要有：一是参考例词少；二是借用汉语；三是由于词义的发展演变使新词产生，与例词不对应。其中，汉借词的影响起着非常大的作用。汉借词对台语的构拟是否也产生一定的干扰与影响，从而削弱台语内部语音对应的规律性？

　　明陈第有"时有古今，地有南北，字有更革，音有转移"的历史语言观。不管哪个民族的语言，都在历史的长河中不停地发展与演变。张均如认为，壮侗语语音的演变具有共性，即语言演变趋向的主流是由繁到简，其演变具有趋向性、阶段性与渐变性。[1]无疑，语言的演变过程是一个动态的过程，这演变规律中充满许多"例外"，需要我们进一步分析与归纳其原因。

---

[1]张均如：《壮侗语族语音演变的趋向性、阶段性、渐变性》，载自《民族语文》，1986年第1期。

壮泰语的状语类型以及标志词的比较研究*

赵民威[①] 石鹏程[②]

壮语与泰语同属汉藏语系,并且都属于侗傣语族。因此,这两种语言在语法结构、语序等方面存在诸多的相似点,两者的基本语序相似,都是SVO型语言,即按照"主语—谓语—宾语"的顺序排列句子的基本语序。但这两种语言所处不同的国度,其语法结构、具体的语序以及词语分类等方面存在一定的差异。壮泰语的状语也不例外,它们既有相同点,也有不同之处,现就两种语言的状语类型和标志词这两大方面进行比较研究。

一、壮泰语的状语类型

(一)壮语的状语类型

壮语的状语类型划分与汉语的划分相似,壮语的"状语是附着在谓词性中心语上的成分。中心语的性质同样决定着状语的性质,因此,可将状语分成修饰性状语和限制性状语"(韦景云、覃晓航 2006:227)。

1. 修饰性状语

修饰性状语主要是对动作的大致情况进行修饰,或对动作者的行动的情态进行修饰描写,包括动作者的姿态、表情、心情等。常用形容性词语来充当。例如:

(1) Daeggo [laeglemx] deuz lo. 哥哥[悄悄地]离开了。(修饰动作)
　　哥哥　悄悄　离开了
(2) De [siengsim dwk] daej. 他[伤心地]哭着。(修饰描写动作者的情态)
　　他　伤心　地　哭着

2. 限制性状语

限制性状语主要是从范围、处所、时间、对象、数量、程度、目的、手段等方面对中心语进行限制,由副词、介词短语、时间词语、处所词语等成分来充当。例如:

(1) Gyoengq lingjdauj [cungj] bae haihoih lo. 领导们[都]去开会了。(表范围)
　　们　领导　都　去　开会了
(2) De [daj Nanzningz] daeuj. 他[从南宁]来。(表处所)
　　他　从　南宁　来
(3) Dahyingz [ngoenzlwenz] bae baekging lo. 莹[昨天]去了北京。(表时间)
　　莹　昨天　去　北京了
(4) Siujmingz [gaenq] daeuj gvaq. 小明[曾经]来过。(表时间)
　　小明　曾经　来过

---

*本文系2014年广西民族大学科学研究项目《壮泰语的状语类型以及标志词的比较研究》(项目号:2014MDQN003)的研究成果。
①赵民威,男,硕士,广西民族大学文学院助理研究员。
②石鹏程,男,广西上林县教育局,中学高级教师。

（5）De baeg raixcaix. 她[特别]累。（表程度）
　　　他 累 特别

（6）[Vih aen gya neix]daxboh vut bae haujlai doxgaiq. 父亲[为了这个家]做出了牺牲。（表目的）
　　　为了个家 这 父亲 丢掉 好多 东西

（二）泰语的状语类型

泰语中的状语可分为修饰或限定性状语和评注性状语（裴晓睿2001：127）。

1. 修饰或限定性状语

泰语中的状语往往就是对动词、形容词或主谓结构进行限定或修饰的成分，说明对象、目标、程度、状态、结果、时间、处所等。通常所说的状语都是这一类。例如：

（1）น้องชาย [กับ พ่อ] ไปเที่ยว แล้ว 弟弟[跟爸爸]去玩了。（表对象）
　　　弟弟　跟爸爸　去玩　了

（2）ดอกไม้ [สวยงาม มาก] 花[很美]（表程度）
　　　花　　美　很

（3）เขา อ่าน หนังสือ [อย่าง จริงจัง] 她[认真地]读书。（表状态）
　　　她 读 书 　地 认真

（4）เขา [อ่าน] หนังสือ เล่มนี้ [หมด] 他把这本书[读完]。（表结果）
　　　他 读 书 把这本 完

（5）[ตอนเช้า] ฉัน ตื่นนอน [ตอน 7 โมง] 我[早上七点]起床。（表时间）
　　　早上 我 起床 　七点

由例（2）中的"สวยงาม มาก（美 很）"、例（3）中的"อย่าง จริงจัง（地 认真）"可以看出修饰语放在中心语之后。壮语与泰语最明显的区别就是修饰语与中心语的语序不同，壮语一般把修饰语置于中心语之前；而泰语则把修饰语放在中心语之后。

2. 评注性状语

评注性状语是对句子进行整体性的评说，其状语所在的位置很灵活，可以放在句首；也可以在句子中间或句子的末尾。例如：

（1）[ปกติ] เช้าตรู่ เขา ก็ ตื่นนอน แล้ว [平常]她一大早就起床了。
　　　平常 一大早 她 就 起床 了

（2）[ปกติ] คน ที่นี่ ไม่ชอบ กิน อาหารหวาน 这里的人[一般]不喜欢吃甜食。
　　　一般 的人 这里 不喜欢 吃 甜食

（3）คน ที่ โน่น [ส่วนใหญ่] ไม่ ชอบ ร้องเพลง 那里的人[一般]不喜欢唱歌。
　　　人 在 那里 一般 不 喜欢 唱歌

（4）คนจีน เป็น คนที่มีน้ำใจ [ปกติ] [一般来说]，中国人很友好。
　　　中国人 是 友好的人 一般来说

泰语的评注性状语无论是在句首、句中还是句尾，句子的基本含义不变。"但状语在句中被强调的程度是有区别的。状语在句首时，强调最甚，在句中时次之，在句末最次"（裴晓睿2001：131）

（三）壮泰语状语类型的异同

壮语的划分与汉语的相似，都是根据与中心语的意义关系，将状语分为修饰性状语与限制性状语。

修饰性状语是修饰、描写动作者的情态,或描写动作者行动时的情态。限制性状语是从范围、处所、时间、对象、数量、程度、目的、手段等方面对中心语进行限制。

泰语中的状语划分为修饰或限定性状语与评注性状语。修饰或限定性状语是对动词、形容词或主谓结构进行修饰、限定,它与中心语的位置是固定的。评注性状语,就是评注整个句子,位置灵活,相当于插入语,可以在句首,也可以在句中或句末。

可见,壮语中的状语划分为修饰性状语与限制性状语。而在泰语中,则将修饰性状语、限制性状语合并为修饰或限定性状语,又根据状语的位置的灵活性,划分出评注性状语这一类。总之,壮泰语的状语分类相互之间有交叉。

(1) 壮语:De [nyinhcaen] doegsaw. 她[认真地]读书。
　　　　她　认真　读书
　泰语:เขา อ่าน หนังสือ [อย่าง จริงจัง] 她[认真地]读书。
　　　　她　读　书　　地　认真

(2) 壮语:Gou [gyanghaet caet diemj] hwnj. 我[早上七点]起床。
　　　　我　早上　七　点　起床
　泰语:[ตอนเช้า] ฉัน ตื่นนอน [ตอน 7 โมง] 我[早上七点]起床。
　　　　早上　我　起床　　七点

(3) 壮语:Vunz gizneix [ciengzbaez] mbouj haengj gwn doxgaiqvan. 这里的人[一般]不喜欢吃甜食。
　　　　人　这里的　一般　不　喜欢　吃　甜食
　泰语:[ปกติ] คน ที่นี่ ไม่ชอบ กิน อาหารหวาน 这里的人[一般]不喜欢吃甜食。
　　　　一般　的人这里不喜欢　吃　　甜食

由此可见,例(1)中的状语"认真地",壮语为"nyinhcaen",是修饰性状语;泰语的"อย่าง จริงจัง"则是修饰、限制性状语。例(2)中"早上七点"为状语,壮语的"gyanghaet caet diemj"是限制性状语;泰语的"ตอนเช้า(早上)ตอน 7 โมง(七点)"为修饰、限制性状语。例(3)中"一般"是状语,壮语表述为"ciengzbaez";泰语的"ปกติ"则被划分评注性状语。

虽然壮语、泰语中状语的分类不同,但两种语言的状语功能是相似的,都是从范围、处所、时间、对象、数量、程度、目的、手段等方面对中心语进行修饰或者限制。

二、壮泰语状语的标志词

(一)壮语状语的标志词

汉语中有结构助词"地"作为状语的标记。在壮语中,也有一个状语的标记"dwk(地)",同样是放在名词、名词短语、形容词或形容词短语等词语的后面。与汉语的"地"不同,形容词状语修饰中心语时,如果状语是修饰动作者表情、情绪,表示一种心理状态的,一般要用"dwk(地)"连接形容词与中心语;其他情况下,形容词一般直接与中心语结合。例如:

(1) De [daekeiq dwk] naeuz. 他[得意地]说。(表示动作者一种心理状态)
　　　他　得意　地　说

(2) de [angq dwk] riu. 他[开心地]笑着。(表示动作者一种心理状态)
　　　他 开心 地 笑着

(3) Gou [nyinhcaen] guh saeh. 我[认真地]做事。
　　　我　认真　做事

(4) Gyoengqde [laeglemx] byaijhaeuj ndaw rug. 他们[悄悄地]走进卧室。
　　　他们　　悄悄　走进　里面卧室

（5）De [bingzan] ma daengz ranz lo. 他[平安地]回到了家。
  他 平安 回 到 家 了

(二)泰语状语的标志词

泰语里也有与壮语的结构助词"地"相似的状语标志词，如"ด้วย""โดย"和"อย่าง"。它们在状语的前面，是状语的标记。根据充当状语的词的性质不同，这三个标志词可引导不同的状语成分。

1. "อย่าง" 主要是前引形容词、形容词短语或动词短语充当状语，是状语的一个比较明显的标志。例如：

（1）เขา พูด [อย่าง เสียใจ] 他伤心地说。
  他 说 地 伤心

（2）ฉัน เดินเข้า ห้อง [อย่าง ค่อยๆ] 我悄悄地走进房间。
  我 进 房间 地 悄悄

（3）ฉัน พูด [อย่าง ไม่พอใจ] 我[不满意地]说。
  我 说 地 不满意

（4）เธอ จากกัน [อย่าง เสียดาย มาก] 她[非常遗憾地]离开。
  她 离开 地 遗憾 非常

2. "ด้วย" 作为状语时，一般是放在名词或名词短语前，表示一种心理状态。例如：

（1）เธอ ปรบมือ [ด้วย ความสุข] 她[开心地]鼓掌。
  她 鼓掌 地 开心

（2）เขา ยิ้ม [ด้วย ความพอใจ] 他[满意地]笑了。
  他笑 地 满意

（3）คน ถาม เธอ [ด้วย ความแปลกใจ] 人们[奇怪地]问她。
  人们 问 她 地 奇怪

ด้วย 后接的是名词，因此形容词前面要加上 ความ 让形容词变成名词，再与 ด้วย 结合。

3. "โดย" 前引名词、形容词或者形容词短语作为状语时，表示动作的状态或者方式。例如：

（1）เขา กลับ บ้าน [โดย ปลอดภัย] แล้ว 他[平安地]回到了家。
  他 回 家 地 安全 了

（2）เธอ วิ่งออกไป จากบ้าน [โดย เร็ว] 她[迅速地]从家里跑出去。
  她 跑出去 从家里 地 迅速

（3）เขา เขียน [โดย ไม่ตั้งใจ] 他[没有认真地]写。
  他 写 地 不认真

以上这三个泰语的状语标志词在用法上可以交叉，它们在有的句子中可以替换而意思不变，有的却不能替换。

(三)壮泰语状语标志词的异同

1. 代词作为状语

壮语与泰语中的代词用作状语都不使用标志词。例如：

（1）壮语：Raeuz [baenzlawz] bae? 我们[怎样]去？
    我们 怎样 去

泰语：พวกเรา จะไป [อย่างไร] 我们[怎样]去？
　　　　我们　　去　　怎样

（2）壮语：Mwngz [baenzneix] guh mbouj deng. 你[这样]做不对。
　　　　　　你　　这样　　做　不　对

泰语：คุณ ทำ [อย่างนี้] ไม่ถูก 你[这样]做不对。
　　　你 做　 这样　 不对

2. 副词作为状语

在壮语和泰语中，副词作为状语都不用状语标志词。例如：

（1）壮语：De [gaenq] bae Yeznamz gvaq. 她[曾经]去过越南。
　　　　　她　曾经　去　越南　过

泰语：เขา [เคยไป] เวียดนาม 她[曾经]去过越南。
　　　她　曾经去过　越南

（2）壮语：De [ngamq] deuz. 他[刚]走。
　　　　　他　刚　　走

泰语：เขา [เพิ่ง] ไป 他[刚]走。
　　　他　刚　　走

3. 时间词作为状语

时间名词或者表时间的短语，在壮、泰语中作状语都不用标志词。例如：

（1）壮语：[Bimoq] de yaek bae Daigoz guhhongh. [明年]她要去泰国工作。
　　　　　明年　她要　去　泰国　　工作

泰语：[ปีหน้า] เขา ต้อง ไป ทำงาน ที่ประเทศไทย [明年]她要去泰国工作。
　　　 明年　 她　要　去　工作　　泰国

（2）壮语：[Ndwenneix satlaeng] raeuz yaek bae henz haij guhcaemz. [这个月底]我们要去海边玩。
　　　　　这个月　　　底　　我们 要　去　边　海　玩

泰语：[สิ้นเดือนนี้] พวกเรา ต้องไป เที่ยวทะเล [这个月底]我们要去海边玩。
　　　这个月底　　 我们　 要去　　海边玩

4. 介词短语作为状语

在壮语和泰语中，介词短语为状语都不用标志词。例如：

（1）壮语：Gou [youq ndaw gyausiz] yawj saw. 我[在教室]看书。
　　　　　我　在　里面　教室　 看书

泰语：ฉัน อ่านหนังสือ [อยู่ที่ ห้องเรียน] 我[在教室]看书。
　　　我　　看书　　 在　　教室

（2）壮语：Gou moixngoenz [riengz daxmeh] bae diuqfoux. 我每天[跟妈妈]去跳舞。
　　　　　我　每天　　　跟　妈妈　　 去　跳舞

泰语：ฉัน ไป เต้นรำ [กับ แม่] ทุกวัน 我每天[跟妈妈]去跳舞。
　　　我　去　跳舞　跟　妈妈　每天

5. 数量短语作为状语

在壮语和泰语中，数量短语作为状语，都不用标志词。例如：

302

（1）壮语：Boux vunz neix [baez daih'it] daeuj nanzningz. 这个人第一次来南宁。
　　　　　个　人　这　次　第一　来　　南宁

泰语：คนนี้　มา　หนานหนิง　[เป็นครั้งแรก]　这个人[第一次]来南宁。
　　　这个人来　　南宁　　　　第一次

（2）壮语：Sou [sam boux sam boux] haeujdaeuj. 你们[三个三个地]进来。
　　　　　你们　三　个　三　个　　进来

泰语：คุณ　เข้าไป　[ที่ละสามคน]　你们[三个三个地]进来。
　　　你们　进来　　每三个

（3）壮语：Gou doeg [baez youh baez]. 我[一遍一遍地读]。
　　　　　我　读　遍　又　遍

泰语：ฉัน　อ่าน　[มา　ครั้งแล้วครั้งเล่า]　我[一遍一遍地]读。
　　　我　读　　　一遍一遍

6. 形容词或形容词短语作为状语

（1）壮语中，形容词或形容词短语作状语，如果是表示动作者心理状态的，一般要在形容词或形容词短语的后面加上"dwk（地）"这个标志词；在泰语中，形容词或形容词短语作为状语，一般都要在状语的前面用标志词。例如：

壮语：Gyoengqde cingq [angq dwk] guhcaemz. 他们正[高高兴兴地]玩。
　　　他们　　正在　高兴　地　玩耍

De gikdoengh dwk daej. 她激动地哭着。
她　激动　　地　哭着

泰语：เขา　กำลัง　เล่น　[อย่าง　สนุกสนาน]　他们正[高高兴兴地]玩。
　　　他们　正在　玩　地　　高高兴兴

เรา　นั่ง　อยู่　บน　สนานหญ้า　[อย่าง　เงียบและสบายใจ]　我们[安静舒服地]坐在草坪上。
我们　坐　在　上　草坪　　　地　　安静舒服

（2）壮、泰语形容词或形容词短语作状语还有另一种情况。壮语中，形容词或形容词短语作状语时，除了对动作者的心理状态的描写，其他情况下，一般不用标志词"dwk（地）"；在泰语中，个别形容词如"ขยัน、รีบ、ตั้งใจ"等词可以直接放在中心语面前作为状语，这就不用标志词。例如：

壮语：Mwngz wnggai [roengzrengz] bae yozsiz. 你应该[努力地]学习。
　　　你　应该　　努力　　去　学习

Mwngz [vaiq] bae Bangunghsiz. 你[赶快]去办公室。
你　赶快　去　办公室

Seiz hwnjdangz, lauxsae [nyinhcaen] son. 上课时老师[认真地]教。
时　上课　　老师　　认真　教

泰语：คุณ　ควร　[ขยัน]　เรียน　你应该[努力地]学习。
　　　你　应该　努力　学习

คุณ　[รีบ]　ไป　ห้องทำงาน　你[赶快]去办公室。
你　赶快　去　办公室

ในชั่วโมงเรียน　อาจารย์　[ตั้งใจ]　สอน　上课时老师[认真地]教。
在上课时间　　老师　　认真　教

以上的"ตั้งใจ 和 ขยัน"其实可以放在中心词的后面作为状语，但必须用标志词。

7. 能愿动词或动词短语作为状语

（1）能愿动词作为状语

壮、泰语中的能愿动词作状语都不用标志词。例如：

壮语：Mwngz [itdingh] aeu nyinhcaen doegsaw. 你[必须]认真学习。
　　　 你　　必须　　要　认真　　读书

泰语：เธอ [ต้อง] ตั้งใจ เรียน 你[必须]认真学习。
　　　 你　必须　认真　学习

壮语：De [gojnaengz] bae Yeznamz lienhguh. 他[可能]去越南实习。
　　　 他　可能　　　去　越南　　实习

泰语：เขา [อาจจะ] ไป ฝึกงาน ที่ประเทศเวียดนาม 他[可能]去越南实习。
　　　 他　可能　去　实习　　　越南

（2）动词短语作为状语

动词短语作为状语时，壮语中的状语如果是表示动作者的一种心理状态的，就要用"dwk（地）"，其他情况不用标志词；泰语的动词短语作为状语，要用状语标志词。例如：

壮语：De [gig miz yinxdaeuz dwk] cam. 他[很感兴趣地]问。
　　　 他　很　有　兴趣　地　问

泰语：เขา ถาม [สนใจ อย่างมาก] 他[很感兴趣地]问。
　　　 他　问　感兴趣　地很

壮语：De ndwn youq gizhaenx [di hix mbouj doengh]. 她[一动不动地]站在那里。
　　　 他　站　在　那里　一点　也　不　动

泰语：เขา ยืนอยู่ ตรงนั้น [อย่าง ไม่ขยับ] 她[一动不动地]站在那里。
　　　 她　站在　那里　　地　一动不动

从以上的对比分析可以看出，壮语与泰语的状语标志词的使用有相同之处，也有一定的差异。

在壮语和泰语中，代词、副词、时间词、介词短语、数量短语以及能愿动词作状语时都不用状语标志词。这是壮泰语的状语标志词的相同之处。

壮语与泰语的状语标志词有两个不同点：第一，壮语中的形容词或形容词短语作为状语时，如果是表示动作者心理状态的，就用状语标志词，其他情况则不用；而泰语的形容词或形容词短语作状语，除了个别形容词可直接放在中心语的前面外，其他的都要用状语标志词。第二，壮语中的动词短语作状语时，除了表示动作者的一种心理状态的情况要用标志词外，一般都不用状语标志词；泰语的动词短语作为状语，则要用标志词。

【参考文献】

[1] 广州外国语学院.泰汉词典[Z].北京：商务印书馆，1990.

[2] 黄进炎，林秀梅.实用泰语[M].广州：世界图书出版公司，2003.

[3] 裴晓睿.泰语语法新编[M].北京：北京大学出版社，2001.

[4] 覃晓航.现代壮语[M].北京：民族出版社，1995.

[5] 石彩虹.现代汉泰状语比较[D].北京语言学院硕士学位论文，2004.

[6] 王素华.汉语与泰语定语、状语语序的比较研究[D].厦门大学硕士学位论文，2008.

[7] 韦景云，覃晓航.壮语通论[M].北京：中央民族大学出版社，2006.

[8] 张增业.壮—汉语比较简论[M].南宁：广西民族出版社，1998.

壮语标准音与越南语语音比较研究

吴玉富[①]

壮语、越南语语言类型相同，都是采用拉丁字母，使用拼音文字，语音与文字基本一致。依据中国传统的音韵学理论，壮语、越南语语音系统分为声母、韵母、声调三大部分。

本文以现代的语音学理论作为基础，对壮语及越南语的声母、韵母进行解释，采用元辅音分析法和声韵调分析法相结合，对壮语、越南语两个语音系统进行比较分析，客观地展示这两种语言的语音全貌和各自的独特之处，揭示壮语、越南语在语音层面上的共性和差异，为在壮族地区进行越南语语音教学提供参考。

一、壮语、越南语辅音系统比较

表1 壮语标准音与越南语声母对照表

				双唇	唇齿	舌尖前 舌尖上齿下齿	舌尖前 舌尖上齿背	舌尖中 舌尖齿龈	舌尖后 舌尖齿龈	舌尖后 舌尖硬腭	舌面前 舌面硬腭前	舌面中 舌面中硬腭	舌面后 舌根硬腭	喉 喉壁
塞音	不送气	清	壮	b[p]				d[t]					g[k]	ʔ
			越	p[p]				t[t]		tr[tʂ]		ch[c]	c,k,q[k]	ʔ
		浊	壮	mb[ɓ]				nd[ɗ]						
			越	b[ɓ]				đ[ɗ]						
	送气	清	壮											
			越					th[tʰ]						
擦音		清	壮	f[f]	s[θ]							c[ɕ]		h[h]
			越	ph[f]		x[s]			s[ʂ]				kh[ᵏx]	h[h]
		浊	壮	v[v]								y[j]	r[ɣ]	
			越	v[v]		d[z]			r[ʐ]		gi[z]		g,gh[ɣ]	
鼻音		浊	壮	m[m]				n[n]				ny[ɲ]	ng[ŋ]	
			越	m[m]				n[n]				nh[ɲ]	ng,ngh[ŋ]	
边音		浊	壮					l[l]						
			越					l[l]						

[①]吴玉富，女，译审，广西《三月三》杂志社副总编辑。

305

(续表)

			双唇	唇齿	舌尖					舌面			喉
					前		中	后		前	中	后	
			上唇下唇	上齿下唇	舌尖上齿下齿	舌尖上齿背	舌尖齿龈	舌尖齿龈	舌尖硬腭	舌面硬腭前	舌面中硬腭	舌根硬腭	喉壁
腭化音	塞音	壮	by[pj]									gy[kj]	
		越											
	鼻音	壮	my[mj]										
		越											
唇化音	塞音	壮										gv[kv]	
		越											
	鼻音	壮										ngv[ŋv]	
		越											

（注：表中有方括号的为国际音标，无方括号的为壮语或越南语的拼音文字符号。）

(一)壮语、越南语辅音系统的特点

1. 壮语辅音系统突出的特点

壮语有22个辅音；有3对清浊对立的辅音：b[p]—mb[b]、d[t]—nd[d]、f[f]—v[v]；没有送气音；鼻音有舌面鼻音和舌根鼻音；有12个清音，有10个浊音；有3个腭化音和2个唇化音；壮语的辅音均可作首辅音(声母)，辅音m[m]、n[n]、ng[ŋ]、b[p]、d[t]、g[k]可充当尾辅音；没有翘舌音。

2. 越南语辅音系统突出的特点

越南语有23个辅音；有5对清浊对立的辅音：p[p]—b[b]、t[t]—đ[d]、ph[f]—v[v]、kh[ᵏx]—g，gh[ɣ]、x[s]—d[z]；有一个送气音；鼻音有舌面鼻音和舌根鼻音；有11个清音；有12个浊音；越南语的辅音均可作首辅音(声母)，辅音m[m]、n[n]、ng[ŋ]、nh[ɲ]、p[p]、t[t]、c（k，q）[k]、ch[c]可充当尾辅音；有翘舌音。

(二)壮语、越南语辅音音位比较

1. 壮语、越南语相同辅音音位

壮语与越南语辅音系统在语音特征上大部分相同，壮语的声母辅音b、mb、m、f、v、d、nd、n、l、g、r、ng、ʔ、h分别与越南语的声母辅音p、b、m、ph、v、t、đ、n、l、c(k,q)、g(gh)、ng(ngh)、ʔ、h发音部位及发音方法完全相同。

2. 壮语、越南语相似辅音音位

壮语的s[θ]与越南语的x[s]都是舌尖前清擦音，只是发音部位不同，s[θ]是舌尖齿间音，x[s]是舌尖上齿背音，但壮族学生往往把越语的x[s]音发成壮语的s[θ]音。壮语有舌面前浊鼻音ny[ɲ]，越南语有舌面中浊鼻音nh[ɲ]，壮族学生把越南语的nh[ɲ]发成ny[ɲ]。一般说来，最困难的是两种语音体系中的近似音，其次是目的语中有而母语中没有的音。(盛炎 1990：303)因此，发好相似音是学好语音的重点之一。

3. 壮语、越南语不同辅音音位

除了相同及相似音之外，壮语、越南语各有完全不同的辅音音位。

壮语特有的音：舌面前清擦音c[ɕ]、舌面中浊擦音y[j]、唇腭化塞音by[pj]、舌根腭化塞音gy[kj]、舌

根唇化塞音gv[kv]、舌根唇化鼻音ngv[ŋv]。

越南语特有的音：舌尖后清塞音tr[tʂ]、舌面中清塞音ch[c]、舌尖中清塞送气音th[tʰ]、舌尖后清擦音s[ʂ]、舌面后清擦音kh[ˣx]、舌尖前浊擦音d[z]、舌尖后浊擦音r[ʐ]、舌面前浊擦音gi[z]。

在壮语、越南语两种语言中，拼写相同但音位不同的辅音字母有b、c、d、g、r、s等。这些字母在两种语言中的发音部位和发音方法完全不同，有清浊之分。

二、壮语、越南语韵母系统比较

表2　壮语标准音韵母表（壮语标准音有108个韵母）

单元音韵母	a[a]	e[e]	i[i]	o[o]	u[u]	w[ɯ]				
复合元音韵母	ai [a:i]	ae [ai]	ei [ei]		oi [o:i]		ui [u:i]		wi [ɯ:i]	
	au [a:u]	aeu [au]	eu [e:u]	iu [i:u]		ou [ou]				
		aw [aɯ]								
鼻韵母	am [a:m]	aem [am]	em [e:m]	iem [i:m]	im [im]	om [o:m]	oem [om]	uem [u:m]	um [um]	
	an [a:n]	aen [an]	en [e:n]	ien [i:n]	in [in]	on [o:n]	oen [on]	uen [u:n]	un [un]	wen [ɯ:n]	wn [ɯn]
	ang [a:ŋ]	aeng [aŋ]	eng [e:ŋ]	ieng [i:ŋ]	ing [iŋ]	ong [o:ŋ]	oeng [oŋ]	ueng [u:ŋ]	ung [uŋ]		wng [ɯŋ]
塞韵母	ap/ab [a:p]	aep/aeb [ap]	ep/eb [e:p]	iep/ieb [i:p]	ip/ib [ip]	op/ob [o:p]	oep/oeb [op]	uep/ueb [u:p]	up/ub [up]		
	at/ad [a:t]	aet/aed [at]	et/ed [e:t]	iet/ied [i:t]	it/id [it]	ot/od [o:t]	oet/oed [ot]	uet/ued [u:t]	ut/ud [ut]	wet/wed [ɯ:t]	wt/wd [ɯt]
	ak/ag [a:k]	aek/aeg [ak]	ek/eg [e:k]	iek/ieg [i:k]	ik/ig [ik]	ok/og [o:k]	oek/oeg [ok]	uek/ueg [u:k]	uk/ug [uk]		wk/wg [ɯk]

表3　越南语韵母表（越南语有156个韵母。表中括号里的韵母不能自成音节。）

单元音韵母	a [a:]	ă [a]	e [ɛ]	ê [e]	i(y) [i]	o [ɔ]	ô [o]	ơ [ɤ:]	â [ɤ]	u [u]	ư [ɯ]
复合元音韵母	(ia)ya [iə]	ua [uə]	ưa [ɯə]								
	ai [a:j]	ay [aj]	ơi [ɤ:j]	ây [ɤj]	oi [ɔ:j]	ôi [o:j]	ui [u:j]	ưi [ɯ:j]		uôi [uoj]	ươi [ɯɤ:j]
	ao [a:w]	au [aw]	âu [ɤw]	ưu [ɯ:w]	eo [ɛ:w]	êu [e:w]	iu [i:w]	(iêu) yêu [iew]		ươu [ɯɤ:w]	
	oa [wa:]	uê [we:]	oe(ue) [wɛ:]	uơ [wɤ:]	uy [wi:]						

· 307 ·

(续表)

复合元音韵母	oai (uai) [wa:j]	oay (uay) [waj]	uây [wɤj]	oao (uao) [wa:w]	uau [waw]	oeo (ueo) [wɛ:w]	uêu [we:w]	uyu [wi:w]	uya (uyê) [wiə]	
鼻韵母	am [a:m]	ăm [am]	em [ɛ:m]	êm [e:m]	im [im]	om [ɔ:m]	ôm [o:m]	um [um]	ơm [ɤ:m]	âm [ɤm]
	(iêm) yêm [i:m]	uôm [u:m]	ươm [ɯɤm]	oam [wa:m]	(oăm) (uăm) [wam]	(oem) [wɛ:m]				
	an [a:n]	ăn [an]	en [ɛ:n]	ên [e:n]	in [in]	on [ɔ:n]	ôn [o:n]	un [un]	ơn [ɤ:n]	ân [ɤn]
	(iên) yên [i:n]	uôn [u:n]	ươn [ɯɤn]	oan (uan) [wa:n]	oăn (uăn) [wan]	(oen) (uen) [wɛ:n]	(uên) [we:n]	(uân) [wɤn]	(uyn) [win]	uyên [wi:n]
	ang [a:ŋ]	ăng [aŋ]	eng [ɛ:ŋ]	ong [ɔŋ°]	ông [oŋ°]	ung [uŋ°]	(âng) [ɤŋ]	ưng [ɯŋ]		
	(iêng) yêng [i:ŋ]	uông [u:ŋ]	ương [ɯɤŋ]	oang (uang) [wa:ŋ]	oăng (uăng) [waŋ]	uâng [wɤŋ]				
	anh [ɛɲ]	ênh [eɲ]	inh [iɲ]	oanh (uanh) [wɛɲ]	(uênh) [weɲ]	uynh [wiɲ]				
塞韵母	ap [a:p]	ăp [ap]	ep [ɛ:p]	êp [e:p]	(ip) [ip]	up [up]	(ơp) [ɤ:p]	âp [ɤp]		
	(iêp) [i:p]	ươp [ɯɤ:p]	oap [wa:p]	oăp (uăp) [wap]	uyp [wip]					
	at [a:t]	ăt [at]	et [ɛ:t]	(êt) [e:t]	it [it]	ot [ɔ:t]	ôt [o:t]	ut [ut]	ơt [ɤ:t]	ât [ɤt]	(ưt) [ɯt]
	(iêt) yêt [i:t]	(uôt) [u:t]	ươt [ɯɤt]								
	oat (uat) [wa:t]	oăt (uăt) [wat]	(oet) (uet) [wɛ:t]	(uêt) [we:t]	(uât) (uit) [wɤt]	uyêt [wi:t]					
	ac [a:k]	ăc [ak]	ec [ɛ:k]	oc [ɔk°]	ôc [ok°]	uc [uk°]	(âc) [ɤk]	ưc [ɯk]		
	(iêc) [i:k]	(uôc) [u:k]	ươc [ɯɤ:k]	oac (uac) [wa:k]	oăc (uăc) [wak]					
	ach [ɛkj]	êch [ekj]	ich [ikj]	oach (uach) [wɛkj]	(uêch) [wekj]	uych [wikj]				

(续表)

(一)壮语、越南语元音系统

1. 壮语元音系统

（1）单元音。壮语有6个单元音韵母。

（2）复合元音。壮语有12个复合元音韵母，并且都是双元音韵母，头一个元音是主要元音，后一个元音是韵尾。

2. 越南语元音系统

（1）单元音。越南语有11个单元音韵母。

（2）复合元音。越南语有36个复合元音韵母，其中23个双元音韵母和13个三元音韵母。

双元音韵母中，有三组各有不同的发音方法：

（1）由第一个元音向第二个元音滑动，两个元音的强弱程度基本相同的双元音有3个：ưa[ɯə]、ua[uə]、(ia) ya[iə]。

（2）前面的元音是主要元音，后面的元音是韵尾，从前面的元音向后面的韵尾滑动，唇形和舌位都随之变动，读音前长后短，前强后弱。这组双元音有15个：ai[a:j]、ay[aj]、ơi[ɤ:j]、ây[ɤj]、oi[ɔ:j]、ôi[o:j]、ui[u:j]、ưi[ɯ:j]、ao[a:w]、au[aw]、âu[ɤw]、ưu[ɯ:w]、eo[ɛ:w]、iu[i:w]、êu[e:w]。

（3）前面的元音是介音，发音时，介音很弱，一带而过，介音后面的元音要发得清晰而响亮。读音是前短后长，重点落在第二个元音上。这组双元音有5个：oa[wa:]、uê[we:]、oe(ue)[wɛ:]、uy[wi:]、uơ[wɤ:]。

三元音韵母中，也有三组各有不同的发音方法：

（1）由第一个元音向第二个元音滑动，再向韵尾滑动。滑动时常常是滑到ê时就结束了。这组三元音有4个：uôi[uoj]、ươi[ɯɤ:j]、(iêu) yêu[iew]、ươu[ɯ:w]。

（2）第一个元音是介音，介音向第二个元音滑动，再向韵尾滑动，第二个元音要发得清晰而响亮。这组三元音有8个：oai(uai)[wa:j]、oay(uay)[waj]、uây[wɤj]、oao(uao)[wa:w]、uau[waw]、oeo(ueo)[wɛ:w]、uêu[we:w]、uyu[wi:w]。

（3）第一个元音是介音，介音滑向后面两个强弱程度基本相同的双元音。这组三元音有1个：uya(uyê)[wiə]。

(二)壮语、越南语鼻韵母系统

1. 壮语鼻韵母系统

壮语有30个鼻韵母（见表2）。

2. 越南语鼻韵母系统

越南语有56个鼻韵母（见表3）。

(三)壮语、越南语塞韵母系统

1. 壮语塞韵母系统

壮语有60个塞韵母（见表2）。

2. 越南语塞韵母系统

越南语有53个塞韵母（见表3）。

(四)壮语、越南语韵母比较

从表2、表3看出：

1. 从单元音来看

壮语的单元音没有长短音对立，每个单元音都可充当韵母或自成音节。越南语的11个单元音中有2对长短音对立：a[aː]和ă[a]、ơ[ɤː]和â[ɤ]，短音ă[a]和â[ɤ]不能单独成韵，必须附有韵尾，才能组成音节，其余9个均可充当韵母或自成音节。壮语、越南语单元音都是舌面元音，发音时都是以舌位的高低、舌位的前后、唇形的圆展来区分意义的。

2. 从复合元音来看

壮语有12个，越南语有36个，越南语的复合元音韵母较丰富，比壮语的多22个。壮语的复合元音韵母都是2个元音组成，即都是二合元音韵母。越南语的复合元音韵母既有二合元音韵母又有三合元音韵母，二合元音韵母和三合元音韵母都各有三组不同的发音方法。壮语的二合元音韵母有2对长短音对立：ai[aːi]与ae[ai]、au[aːu]与aeu[au]（壮语aeu中的ae表示短a音）。越南语的二合元音韵母有3对长短音对立：ai[aːj]与ay[aj]、ơi[ɤːj]与ây[ɤj]、ao[aːw]与au[aw]。

3. 从鼻韵母来看

壮语有30个，越南语有56个，越南语比壮语多26个。壮语的鼻韵母以m、n、ng收尾，有长短音。越南语的鼻韵母除了以m、n、ng收尾外，还有以nh收尾；以m、n、ng收尾的鼻韵母有长短音，以nh收尾的鼻韵母只有短音，没有长音。

4. 从塞韵母来看

壮语有60个，越南语有53个。壮语的塞韵母有对应的高低音组，有长短音，高音组以p、t、k收尾，低音组以b、d、g收尾。越南语的塞韵母有长短音，以p、t、c收尾的有长短音，以ch收尾的只有短音。

5. 壮语、越南语相同的韵母

单元音中，壮语的6个单元音a[a]、e[e]、i[i]、o[o]、u[u]、w[ɯ]分别与越南语的单元音a[aː]、ê[e]、i（y）[i]、ô[o]、u[u]、ư[ɯ]发音相同。

复合元音中，壮语的ai[aːi]、ae[ai]、oi[oːi]、ui[uːi]、wi[ɯːi]、au[aːu]、aeu[au]、iu[iːu]、eu[eːu]分别与越南语的ai[aːj]、ay[aj]、ôi[oːj]、ui[uːj]、ưi[ɯːj]、ao[aːw]、au[aw]、iu[iːw]、êu[eːw]发音相同（壮语的二合元音韵尾[-i][-u]分别与越南语的韵尾[-j][-w]音位一样）。

鼻韵母中，壮语有21个鼻韵母与越南语的鼻韵母发音相同。其中，以m收尾的，壮语的am[aːm]、aem[am]、em[eːm]、iem[iːm]、im[im]、uem[uːm]、um[um]、om[oːm]分别与越南语的am[aːm]、ăm[am]、êm[eːm]、（iêm）yêm[iːm]、im[im]、uôm[uːm]、um[um]、ôm[oːm]发音相同；以n收尾的，壮语的an[aːn]、aen[an]、en[eːn]、ien[iːn]、in[in]、uen[uːn]、un[un]、on[oːn]分别与越南语的an[aːn]、ăn[an]、ên[eːn]、（iên）yên[iːn]、in[in]、uôn[uːn]、un[un]、ôn[oːn]发音相同；以ng收尾的，壮语的ang[aːŋ]、aeng[aŋ]、ieng[iːŋ]、wng[ɯŋ]、ueng[uːŋ]分别与越南语的ang[aːŋ]、ăng[aŋ]、（iêng）yêng[iːŋ]、ưng[ɯŋ]、uông[uːŋ]发音相同。

塞韵母中，壮语有20对塞韵母与越南语的20个塞韵母发音相同。其中，以[p]收尾的，壮语的ap/ab [aːp]、aep/aeb [ap]、ep/eb[eːp]、iep/ieb[iːp]、ip/ib[ip]、up/ub[up]分别与越南语的ap[aːp]、ăp[ap]、êp[eːp]、（iêp）[iːp]、（ip）[ip]、up[up]发音部位和发音方法相同；以[t]收尾的，壮语的at/ad[aːt]、aet/aed[at]、et/ed[eːt]、iet/ied[iːt]、it/id[it]、ot/od[oːt]、uet/ued[uːt]、ut/ud[ut]、wt/wd[ɯt]分别与越南语的at[aːt]、ăt[at]、（êt）[eːt]、（iêt）yêt[iːt]、it[it]、ôt[oːt]、（uôt）[uːt]、ut[ut]、（ưt）[ɯt]发音相同；以[k]收尾的，壮语的ak/ag[aːk]、aek/aeg[ak]、iek/ieg[iːk]、uek/ueg[uːk]、wk/wg[ɯk]分别与越南语的ac[aːk]、ăc[ak]、（iêc）[iːk]、（uôc）[uːk]、ưc[ɯk]发音相同。

6. 壮语、越南语不同的韵母

单元音韵母中，壮语的6个单元音韵母全部包含在越南的单元音韵母中；越南语的单元音韵母除了6个与壮语的发音相同外，还有5个特殊的单元音韵母：ă[a]、e[ɛ]、â[ɤ]、ơ[ɤ:]、o[ɔ]。

复合元音韵母中，壮语有3个特殊的韵母：ei[ei]、ou[ou]、aw[aɯ]；越南语有27个特殊的韵母：（1）14个特殊的二合元音韵母：(ia) ya[iə]、ua[uə]、ưa[ɯə]、ơi[ɤ:j]、ây[ɤj]、oi[ɔ:j]、âu[ɤw]、ưu[ɯ:w]、eo[ɛ:w]、oa[wa:]、uê[we]、oe (ue) [wɛ]、uơ[wɤ]、uy[wi:]；（2）13个特殊的三合元音韵母：uôi[uoj]、ươi[ɯɤ:j]、(iêu) yêu[iew]、ươu[ɯɤ:w]、uya (uyê) [wiə]、oai (uai) [wa:j]、oay (uay) [waj]、uây[wɤj]、oao (uao) [wa:w]、uau[waw]、oeo (ueo) [wɛ:w]、uêu[we:w]、uyu[wi:w]。

鼻韵母中，壮语有9个特殊的鼻韵母：oem[om]、oen[on]、wen[ɯ:n]、wn[ɯn]、eng[e:ŋ]、ing[iŋ]、ong[o:ŋ]、oeng[oŋ]、ung[uŋ]；越南语有35个特殊的鼻韵母：em[ɛ:m]、om[ɔ:m]、ơm[ɤ:m]、âm[ɤm]、ưm[ɯɤ:m]、oam[wa:m]、(oăm) (uăm) [wam]、(oem) [wɛ:m]、en[ɛ:n]、on[ɔ:n]、ơn[ɤ:n]、ân[ɤn]、ươn[ɯɤ:n]、oan (uan) [wa:n]、oăn (uăn) [wan]、(oen) (uen) [wɛ:n]、uên [we:n]、(uân) [wɤn]、(uyn) [win]、uyên[wi:n]、eng[ɛŋ]、ong[ɔŋ°]、ông[oŋ°]、ung[uŋ°]、(âng) [ɤŋ]、ương[ɯɤ:ŋ]、oang (uang) [wa:ŋ]、oăng (uăng) [waŋ]、uâng[wɤŋ]、anh[ɛɲj]、ênh[eɲj]、inh[iɲj]、oanh (uanh) [wɛɲj]、(uênh) [weɲj]、uynh[wiɲj]。

塞韵母中，壮语有10对特殊的塞韵母：op/ob[o:p]、oep/oeb[op]、uep/ueb[u:p]、oet/oed[ot]、wet/wed[ɯ:t]、ek/eg[e:k]、ik/ig[ik]、ok/og[o:k]、oek/oeg[ok]、uk/ug[uk]；越南语有33个特殊的塞韵母：ep[ɛ:p]、(ơp) [ɤ:p]、âp[ɤp]、ươp[ɯɤ:p]、oap[wa:p]、oăp (uăp) [wap]、uyp[wip]、et[ɛ:t]、ot[ɔ:t]、ơt[ɤ:t]、ât[ɤt]、ươt[ɯɤ:t]、oat (uat) [wa:t]、uăt (uăt) [wat]、(oet) (uet) [wɤ:t]、(uêt) [we:t]、(uât) [wɤt]、(uyt) (uit) [wit]、uyêt[wi:t]、ec[ɛ:k]、oc[ɔk°]、ôc[ok°]、uc[uk°]、(âc) [ɤk]、ươc[ɯɤ:k]、oac (uac) [wa:k]、oăc (uăc) [wak]、ach[ɛkj]、êch[ekj]、ich[ikj]、oach (uach) [wɛkj]、uêch[wekj]、uych[wikj]。

三、壮语、越南语声调系统比较

表4 壮语标准音与越南语声调对照表

	调类	调号	调值	例词
壮语	第一调	不标	24	son教
越南语	横声	不标	44	ba三
壮语	第二调	z	31	mwngz你
越南语	玄声	`	32	bà祖母
壮语	第三调	j	55	hwnj上
越南语	锐声	´	35	khám检查
壮语	第四调	x	42	max马
越南语	问声	?	323	bả一种细绳
壮语	第五调	q	35	gvaq过
越南语	跌声	~	325	bã疲劳
壮语	第六调	h	33	dah河
越南语	重声	.	331	kẹo糖果
壮语	第七长调	以p,t,k收尾	35	bak嘴
壮语	第七短调		55	baek北

(续表)

	调类	调号	调值	例词
越南语	锐声	以p,t,c收尾（长音）	45	hát 唱歌
	锐声	以p,t,c(ch)收尾（短音）	55	mắt 眼睛
壮语	第八长调	b,d,g	33	bag 劈
	第八短调		33	baeg 气喘
越南语	重声	以p,t,c(ch)收尾	331	một 一

从表4看出：

（一）壮语声调系统

壮语标准音有8个调类，6个调值，分为6个舒声调和2个塞声韵调。第七调的长短音调值分别与舒声调的第五、第三调的调值相同（即为35和55），第八调的长短音调值分别与舒声调的第六调的调值相同（即为33）。

（二）越南语声调系统

越南语有6个调类，8个调值。塞韵母以外的舒声韵念锐声时，调值为35。塞韵母只有锐声和重声两个调类。塞韵母长音锐声调值为45，塞韵母短音锐声调值为55，重声调值为331。

（三）壮语、越南语声调系统比较

壮语第五调及第七调长音分别与越南语的塞韵母以外的舒声韵锐声调值相同（即为35）。

壮语的第一调与越南语的横声都没有调号，但调值不同。壮语的第一调调值为24，越南语的横声调值为44。

壮语的第二调与越南语的玄声都是低降调，但壮语的第二调较越南语的玄声降低一度，即壮语第二调调值为31，越南语玄声调值为32。

壮语的第三调、塞声韵第七短调与越南语的塞韵母短音锐声调值相同（即为55）。

壮语的舒声第五调、塞韵母长音调值与越南语的塞韵母长音锐声调值虽都是高升调，但越南语的塞韵母长音锐声高升调调值为45，壮语的舒声第五调及塞韵母长音高升调调值为35。

壮语的塞声韵及越南语的塞声韵都只限制在两个调类中。壮语塞声韵的两个调类是高音组（第七调）和低音组（第八调）。越南语塞声韵的两个调类是锐声和重声。

四、结语

在壮族地区进行越南语教学，注重壮语与越南语语音的比较，了解两者声、韵、调的异同点，有针对性地进行教学，就会取得事半功倍的效果。

【参考文献】

[1] 傅成劼,利国.越南语教程（第一册）[M].北京：北京大学出版社，2005.
[2] Nguyễn Thiện Giáp.Dẫn luận ngôn ngữ học. Nxb Nhà xuất bản giáo dục.H.9-2005.（阮善甲.语言学引论[M].河内：教育出版社，2005.）
[3] 盛炎.语言教学原理[M].重庆：重庆出版社，1990.
[4] 韦景云,覃晓航.壮语通论[M].北京：中央民族大学出版社，2006.
[5] 朱方枘,张桂权.广西语言研究[M].桂林：广西师范大学出版社，2008.

现代汉语与越南语形容词ABB式的对比研究

武决战[①]

一、现代汉语形容词ABB式分析

ABB式形容词，可以表示人或事物的形状、性质、状态，也可以充当补语、定语和状语。例如：直挺挺（形态）、香喷喷（性质）、软绵绵（状态）。

（一）现代汉语形容词ABB式中的A

表1 现代汉语形容词ABB式中A的类型

A的类型		例词
名词性语素	与人的感觉有关系的	血（血乎乎）
	与人的心理，生理有关的	气（气冲冲）
形容词性语素	与人的触觉有关的	冷（冷冰冰）
	与人的视觉有关的	白（白蒙蒙）
	与人的味道有关的	甜（甜蜜蜜）
	与人的心理感受、生理有关的	乐（乐滋滋）
动词性语素	表示人的心理和生理状态的动词	笑（笑呵呵）
区别词	区别词义的词通过隐喻而产生了派生意义	金（金闪闪）
半自由语素	不能单独成词，只能与其他语素组合成词	恶（恶狠狠）
不自由语素	不能单独成词，而且同其他语素组合时，位置是固定的	碧（碧油油）
其他	没有意义，不代表任何语素，只代表没有意义的音节	骨（骨碌碌）

从表1我们可以看出，不是所有的单音节形容词都能出现在ABB式结构中，这主要是由A所表示的意义和BB对A的选择决定的。单音节形容词A与BB组合时要注意是否符合，不能随便讲A与B组合成ABB式形容词。

（二）形容词ABB式中的BB

BB是一个能独立使用的自由语素，有具体的词汇意义。

表2 现代汉语形容词ABB式中BB的类型

不同的A与相同的BB构成，意义因A而不同	金 灿灿→形容金黄耀眼 黄 灿灿→形容金黄鲜艳
相同的A与不同的BB构成，意义因BB而不同	水 汪汪→形容充满水的样子 水 淋淋→形容物体上水往下滴
相同的A与不同的BB组合，大体意义相同	笑哈哈、笑呵呵
不同的A与相同的BB组合，意义也相同	水 汪汪→形容充满水的样子

[①]武决战，男，广西民族大学文学院博士研究生（越南留学生）。

BB的词汇意义比较明确，例如：

巴巴：干巴巴、紧巴巴、死巴巴、苦巴巴

乎乎：软乎乎、热乎乎

(三) 形容词ABB式中A和BB的关系

形容词ABB式中A和BB是定位的，它们之间的关系非常密切、复杂。

构词类复合词的结构：

构词类形容词ABB式的基词有两种形式：AB和BA，例如：

沉闷闷、轻飘飘、死板板、亮闪闪、红通通

BB修饰或说明A的，例如：

光灿灿、光闪闪、圆滚滚、笑眯眯

派生类形容词ABB式的结构：

派生类形容词ABB式：圆乎乎、黑压压

构词类形容词ABB式：油腻腻、黑郁郁

(四) ABB式形容词的语法功能及修辞特征

1. 形容词ABB式的语法功能

不受程度副词修饰，不受副词"不"修饰，能单独构成祈使句，兼属动词。有些ABB式形容词是约定俗成的，形为AB式的ABB式形容词。

2. 形容词ABB式的修辞特征

描情摹态贴切入微、逼真活脱、生动鲜明。语言表达中恰当使用ABB式形容词可使语言通俗、质朴、活泼、灵动。形容词ABB式使语言有了节奏，富有了韵味。

二、现代汉语形容词ABB式与越南语的对比

(一) 越南语形容词ABB式中A的分析

1. 越南语形容词ABB式中A的分析

经过对《越南语大辞典》100个形容词ABB式的考察发现在A是形容词性语素的有97个。因此，我们只分析越南语ABB式中的A是形容词性语素的。

越南语形容词ABB式中的A：

语素是能独立使用的：位置是有变化的，可以在前面，也可以在后面：xanh mơn mởn, còn còn con。

越南语ABB式形容词的A能与几个BB相结合：

Trắng ＋ phau phau → trắng phau phau

　　　＋ nõn nà → trắng nõn nà

Sáng ＋ lấp lánh → sáng lấp lánh

　　　＋ lung linh → sáng lung linh

2. 越南语形容词ABB式中BB的分析

因谐声规律和操语言者的习惯，BB读法就有了变化：

đỏ đỏ → đo đỏ

chồm chồm → chồm chỗm

vành vành → vành vạnh

一些BB式又是韵母的变化：

sát sát → san sát

ách ách → anh ách

也有一些BB式有两种用法：

khang khác/khác khác

ngăn ngắt/ngắt ngắt

BB大部分都能单独使用的：xanh xanh, mơn mởn

A成分和BB成分都能独立使用，A成分和BB成分之间的关系不够密切，因此它们能结合使用也可以独立使用：

xanh mơn mởn → cỏ xanh mơn mởn

　　　　　　→ lá rất xanh

　　　　　　→ lá mọc mơn mởn

BB对A的选择是很紧的：

phau phau + trắng → trắng phau phau

mơn mởn + xanh → xanh mơn mởn

mơn mởn + non → non mơn mởn

3. 越南语形容词ABB式中A与BB的关系

越南语形容词ABB式中A与BB的关系很紧，一个A能与几个BB相结合，但是一个BB只能与一个或两个A相结合，例如：

sáng + lấp lánh/lung linh

xanh/non + mơn mởn

越南语ABB式形容词有许多相近的形式：

ABB：trắng phau phau, đen sì sì,…

AB1B2：xanh mơn mởn, trắng nõn nà,…

AB2B1：sát sàn sạt, tuốt tuồn tuột,…

4. 越南语形容词ABB式音节的变调规律

高音层	平声（không dấu），问声（dấu hỏi），锐声（dấu sắc）
低音层	玄声（dấu huyền），跌声（dấu ngã），重声（dấu nặng）

第二个音节常是清声（主要是玄声，平声很少见）

第一个音节常带浊声，第三个音节常带清声：dửng dừng dưng, còn còn con, từng từng tưng…

第一个音节常带高音层的声调，第三个音节常带低音层的声调：sát sàn sạt, xốp xồm xộp, tuốt tuồn tuột,…

（二）现代汉语AAB式形容词与越南语的对比

1. 相同点

序	义项	现代汉语	越南语
1	不能受程度副词"很""不"的修饰	*很/不绿油油	*Thảo nguyên trước mắt tôi rất/không xanh mơn mởn
2	充当定语	绿油油的草原	Trước mắt tôi là một thảo nguyên xanh mơn mởn

(续表)

序	义项	现代汉语	越南语
3	充当状语	怒冲冲地对我说	Cậu Vương tức giận bừng bừng nói với tôi
4	充当谓语	那座山高邦邦的	Ngọn núi đó cao sừng sững
5	充当补语	他高兴得兴冲冲的	Anh ta mừng đến mức mặt mày vui hớn hở
6	A都能与几个BB相结合	黑幽幽 黑漆漆	đen lay láy đen sì sì
7	都有AB和BA形式	亮闪闪 红通通	Tối sâm sầm

2. 不同点

序	义项	现代汉语	越南语
1	形式	只有唯一一种形式就是ABB式	ABB、AB1B2、AB2B1: đỏ lòm lòm, xanh mơn mởn, khít khìn khịt
2	基词	AB: 冷清清、滑溜溜、孤单单 BA: 活鲜鲜、明光光、黑漆漆	A(后面加叠音词BB或B1B2): cao lỳ lỳ, đen sì sì B(中间加入B2): khít khìn khịt, tuốt tuồn tuột AB(数量很少，主要见于一些三音节叠音词): nõn nòn nòn, nhũn nhìn nhìn B1A(主要见于处在高音层而带轻音的A): dừng dửng dưng, còn còn con
3	A的词性、定位	+动词性: 笑嘻嘻、赤裸裸 +名词性: 血乎乎、木呆呆 +形容词性: 酸溜溜、黑悠悠 +区别词: 金闪闪、金星星 +半自由语素: 兴冲冲 +不自由语素: 孤单单、碧油油 +其他的: 骨碌碌	区别词很少见，主要是描述颜色的词: xanh thăm thẳm, xanh vời vợi 半自由语素: dừng dửng dưng, còn còn con
4	BB	不同的A能与相同的BB构成ABB式形式: 短巴巴、干巴巴	有些越南语BB属于半自由语素，要同其他语素组合成词: say túy lúy, chơi túy lúy
5	A与BB之间的关系	大部分的A都能单独使用，而大部分的BB都不能单独使用	ABB式或AB1B2式中的大部分A和BB(B1B2)都能单独使用
6	形式转化	从2转到4，然后转到3的形式: 清楚→清清楚楚→清楚楚	只有从2转到4的形式，从2转到3的形式。没有从4转到3的形式: trùng điệp→trùng trùng điệp điệp; cuống cuồng→cuống cuồng cuồng
7	A的位置	大部分处于前头: 亮闪闪、红通通	有的处于前头、有的在后面: nhèo nhèo nhẹo、còn còn con
8	BB的变调	油(yóu)→绿油油yōuyōu	BB的调主要从A而变的调: "còn còn con"的"còn con"是从"con"变调二成的。

三、小结

本文采用分析法、比较法、统计法等研究方法对汉语和越南语的形容词ABB式进行了对比。从此可以找出两种语言之间特别是在形容词ABB方面的相同或差异之处，为汉越语学习者提供一些参考资料。

【参考文献】

[1] 郭良夫. 应用汉语词典[Z]. 北京：商务印书馆，2000.

[2] 金易谟. 汉语代词例解[M]. 北京：书目文献出版社，1983.

[3] 李行健 主编. 现代汉语规范词典[Z]. 北京：外语教学与研究出版社，语文出版社，2005.

[4] 孙德金. 汉语语法教程[M]. 北京：北京语言大学出版社，2005.

[5] 孙全洲. 现代汉语学习词典[Z]. 上海：上海外语教育出版社，1996.

[6] 郑怀德，孟庆海. 汉语形容词用法词典[Z]. 北京：商务印书馆，2003.

[7] 中国社会科学院语言研究所词典编辑室编. 现代汉语词典(第五版)[Z]. 北京：商务印书馆，2005.

[8] 周何. 国语活用辞典[Z]. 五南图书，1987.

[9] Mạnh Thường. Từ điển Tiếng Việt[Z]. Nhà xuất bản Văn Hóa Thông Tin.

[10] Như Ý. Từ điển Tiếng Việt thông dụng[Z]. Nhà xuất bản Giáo Dục, 1995.

[11] Quý Long, Kim Thư. Từ điển Tiếng Việt[Z]. Nhà xuất bản Lao Động.

[12] Trung tâm Từ điển học. Từ điển Tiếng Việt[Z]. Nhà xuất bản Đà Nẵng, 2008.

越、汉语中"水"观念的语言世界图景对比分析

阮德海[①]

语言世界图景是语言文化学、认知语言学中的核心概念之一,它源于"世界图景"理论,该理论特别关注语言与文化、语言与思维、语言与认知等与人的本质密切相关的问题。"世界图景是客观世界在人大脑中的主观反映,是人类关于世界的知识的总和,不同的文化有其独特的世界图景。"语言世界图景,简单地说就是语言中体现的人类对世界认识成果的总和,它的重要性就在于对人类的认知有重要影响。在世界图景的生成过程中,语言的作用至关重要。语言是世界图景最重要的表达手段,没有语言,世界图景就无法完整地表达出来,语言就成了表达世界的核心。人的社会文化生活经验和活动方式通过语言展现出来,形成了语言世界图景,而不同的民族、不同的语言、不同的文化渊源对世界的认识也不同,形成的语言世界图景也有所不同。

汉语中"水"和越语中"nước"具有相同的指示意义——水。"水"在中国象形文字中,中间像水脉,两旁似流水,或表示江河、水利名称,或表示水的流动,或水的性质状态,其本义是以雨的形式从云端降下、无色无味透明的液体,形成河流、湖泊和海洋,是一切生物体的主要成分;而根据《越语字典》(2007年版),对"nước"的解释如下:①存在于江、湖、海等大自然中无色无味的液体;②液体的总称;③水的使用次数,使之有特定的作用;④覆盖在物体表面的涂层,使之更好看;⑤某事物的自然亮度,即光泽。所以,从辞源学上讲,"水"这一词在现代越汉语中都是指一种无色无味透明的液体,是氢和氧的化合物,以及江河湖海的统称。这是"水"的原型意义。

水虽然是自然界中的一种普通的物质,但在越汉两民族文化中,它却成为一种"有意味的"文化意象。在构建语言世界图景的时候,"水"的动静、深浅、清浊和能量等特点在越汉语中都被用来做了丰富的隐喻。本文从越汉语中"水"的隐喻的角度分析越汉两种语言中"水"的语言世界图景的异同。

一、越汉语中"水"的共同语义

水是生命和万物之源,不仅是人的本源,也是各种生物的本源。水是孕育一切的首要物质条件,它孕育万物,也滋养万物。所以在越汉两民族的认知中,"水"就是万物的始源,代指"源头""开端"的意思。汉语中有"饮水思源""喝水不忘挖井人"等成语俗语,意为要记得恩情,不忘根源,以水来比喻事物的原本。越语中有"uống nước nhớ nguồn"(饮水思源)、"cây có cội, sông có nguồn"(水有源,木有本)、"uống nước nhớ kẻ đào giếng"(喝水不忘挖井人)等这样的成语、俗语。这些成语、俗语都包含着"水隐喻源头、开端"的隐喻。

水是无色无味透明的液体,清澈纯净;水面反射的光线随着水波而晃动,充满灵动气息。水的这一特征,在越汉语中通过隐喻映射,就产生了"纯洁"的联想意象。在越汉两民族的观念中,纯净、明白

[①]阮德海,男,广西民族大学文学院博士研究生(越南留学生)。

是"水"。汉语常用"水秀""水灵""水汪汪""望穿秋水""盈盈秋水""一清如水"等词语来形容女子或儿童美丽纯洁的外貌或是清澈明亮的眼睛因纯真所透露出的美,更重要的是,这些美正体现尚未被成人的欲望、复杂的心态污染的纯洁心灵。越语中也有"đôi mắt như nước"(眼睛像水一样)、"trong vắt như nước mưa thu"(清澈得像一汪秋水)等说法,形容纯洁、明亮的意思。

再者,水是无色、无味、淡然、没有刺激性的味觉。因此"水"在越汉语中被用来隐喻"平常""平淡"或"乏味"。汉语中,人们常用"白开水""平淡如水"这样的词汇形容事情或所出环境的寻常、普通,没有任何特别,也没有什么新意。中国有句古话"血浓于水",这句话中的"水"就指"非血缘的一般关系",同样包含水是"平常"这样的隐喻。越语中有"nhạt như nước ốc"(淡如螺蛳汤)、"nhạt như nước lã ao bèo"(淡如池中冷水)用来形容对事情淡然无味的感觉,相当于汉语的"味同嚼蜡";而"một giọt máu đào hơn ao nước lã"(一滴鲜血比得上一池冷水,血浓于水)这个成语中的"ao nước lã"(一池冷水)隐喻一种寻常的、没有血缘的关系。

水清澈透明,给人以润泽的美感。从"水"的纯洁、清澈透明、滋润万物的性质出发,它在越汉两民族的观念和认识当中被隐喻为"美丽的景致""优越的自然条件"等。越汉语中,类似的表达尤为丰富,常用"山"与"水"搭配来指代自然。比如:汉语有"山清水秀""山山水水""大好河山""风水宝地"等常用词汇;越语中有"phong cảnh sơn thủy hữu tình"(山水有情的风景)、"quang cảnh núi sông hùng vĩ"(山水雄伟的景色)等说法,都用来描绘美丽的自然风景。

水有"清浊"的特点,这特点让人联想到社会。水分清浊,社会环境也一样,有清白也有污秽,有纯洁也有肮脏。"水"在越汉语中可以用来隐喻"环境"。汉语中的"浑水摸鱼"用来比喻趁混乱时攫取不正当的利益;而"趟浑水"用来指踏入混乱的环境中,用来比喻别人干坏事;"搅浑水"指滋事弄乱整体环境和局面,用来形容挑拨离间、煽风点火、唯恐天下不乱的行为。"浑水"在此表示一种混乱的环境、局面。而越语中习惯用"浑水"(nước đục)比喻混乱的社会,如"nước đục thả câu"(浊水中钓鱼)、"đục nước, béo cò"(浊水鹤肥),相当于汉语"浑水摸鱼""趁火打劫"的意思。越语中也有单独使用"nước"来隐喻环境的,如"lạ nước lạ cái"形容对环境的畏惧、不适应;"nước nổi thì bèo nổi"(水起浮萍走)指生活环境如何,一个人的命运、性格也相应地改变;"cá mừng gặp nước"(如鱼得水)用来形容碰到合适的人或适宜的环境。这些句子中的"nước"都隐喻"生活环境"。

水的自然流动成为水的最重要的一个特征。水的流动会产生能量,在中国人的思维中,水是力量的象征。水既是运动的标志,亦是能量的标志,因为水的运动必然带来力量。只要水源不断,流动不息就会产生源源不断的力量。因此,越汉民族用"水"来喻指"力量"或"毅力"。越汉语中有些成语表现了"力量是水"这一隐喻的概念,如:汉语中有"顺水推舟""水到渠成""水滴石穿""抽刀断水水更流"等表达水的力量隐喻的成语;越语中有"nước chảy đá mòn"(水滴石穿)、"nước chảy lâu đâu cũng tới"(久流之水处处可到)、"nước chảy mỗi ngày một tới"(水之流,日愈近)、"như nước thủy triều"(如潮水)、"như nước tràn bờ"(如漫堤之水)等成语都用水来比喻强大的力量和毅力。

水的流动性也与经济资源联系在一起,映射到目标域"金钱",指抽象的资金流通。中国人和越南人的观念都认为"水"就是金钱,在两个民族日常生活中可以遇到很多以水比喻金钱的隐喻,如"财源滚滚""花钱如流水""股市涨落""肥水差事""清水衙门""肥水不流外人田""开源节流""捞外水""油水多""tiền vào như nước"(钱进入流水)、"tiêu tiền như nước"(花钱如流水)等说法。

水有动态,也有静态。人的心境也像水,有汹涌的状态,也有平静的状态。因此,"水"在越汉语中也隐喻"心境"。汉语中有"心潮澎湃""掀起波澜"等词语具有"水"的意象,都表示心境汹涌的状态,而"心如止水"或"心静如水"却表示心境平静的状态。越语中形容一个人内心不平静、起伏大,可以说"trong lòng dậy sóng"(内心起波澜),这里的"sóng"(浪)是水的一种形态,与水相关。而形容心境平静的状态可以说"lòng tĩnh lặng như mặt nước"（心静如水），包含"心境"是"水"的隐喻。

世上万物，任何事物都存在着矛盾两面性。水是自然界的事物，既可以给人带来美好的享受，也可以给人带来痛苦和艰难。在越汉两民族的认识中，水有柔和的一面，也有危险、恐怖的一面，水也被认为是一种灾难、麻烦、祸害、不利的状况。越汉两种语言都有"水是艰难处境"的隐喻概念。"水"除了可以表示自然灾祸"水灾""水患"以外，根据水的深度和浊度，还可以隐喻人们所处的艰难险境，带有"麻烦""困难"或"危险的境地"等意思。在汉语中，"拖下水"指把事情带入麻烦中；"水深火热"用来比喻灾难以及人民的生活异常艰难痛苦，"水"和"火"在此都隐喻一种麻烦、危险的情况。其他的相关表达有"山穷水尽""跋山涉水""山重水复"等说法，都用来形容困难、艰难险境的意思。水既是生命之源，同时也能摧毁财物，夺走人的生命。汉语里面常说"水火无情"。越语成语"Nước đến chân mới nhảy"（水淹到脚才跳）用来形容一个人做事不急不慢的状态，等情况紧急了才懂得担心着急，相当于汉语的"临阵磨枪""临时抱佛脚"，这里的"nước"用来隐喻一种紧张、危机的状况。成语"nước sôi lửa bỏng"（水深火热）指处于十分危急的境况，受到灾祸的直接影响。成语"sông sâu nước cả"（江深水满）用来形容充满危险。

越汉两种语言具有这些共同的转喻或隐喻是因为人类最初对客观世界的认知都基本相同。由于语言是客观现实、身体经验、人类认知、生理基础等多种因素综合的结果，那么意义就不只限于语言内容，而来源于人与客观世界互动的认知，来源于使用者对世界的理解[①]。"水"在越汉两种语言中存在着多个相同的语义认知，反映了两个民族在对水的特征和功能的认识方面存在着许多相同之处，具有相似的语言世界图景，并把这些特征和功能的认识投射到相似或相同的概念域去，从而表现出共同的语义象征。

二、越汉语"水"的语义差异

越汉两种语言对水的认知存在着许多相同之处，但每种语言仍不可避免地会带有自己民族文化、历史、风俗习惯、观念等的印记，不同的民族对同一事物的观察角度以及对该事物不同侧面的关注程度又不尽相同。受这些因素的影响，越汉两种语言中关于"水"的认知，具有许多相同之处，同时也存在着许多不同的语义差异。

水作为一种文化元素，在中国阴阳五行哲学中，被列为五行之首，是构成万物更新变化的基本元素。水，作为五行中的一种象征意象，其基本象征意义是"阴"。和"水"一样，"女子"在中国的道家文化思想中也被认为同属于"阴"之列（相对"山"和"男子"体现的"阳"而言）。中国古代就有"沧浪之水""弱水三千，我只取一瓢饮"的表述。《红楼梦》里面说"女人是水做的，男人是泥做的"。这里的"水"和"弱水"都被隐喻为"女子"。在中华民族的认知中，水和女子有很多共同特性，女子的美丽如水一般灵动，女子的温婉如水一般轻柔，女子的清新如水一般纯洁。通过映射，源域"水"的所有特性都在靶域"女子"上体现。这时，"水"的语义由自然域经隐喻投射到性别域，产生了很多类似的表达，诸如"望穿秋水""红颜祸水"等。"秋水"被喻为女性的眼睛，前者取的是"水"温柔、清澈、纯净之意象；后者则是指美丽无双却带来不幸的女子。女性的美丽亦具备水一般的巨大摧毁之力，甚至于亡国。此外，形容女子外貌的词有"冰肌玉骨""出水芙蓉"；而形容女子聪明温柔的词有"冰清玉洁""冰雪聪明""柔情似水"等。"水喻女人"这一个隐喻中，还可以析出"水喻母亲"的隐喻。因中华民族的文化发源于黄河，黄河养育了中华民族，孕育了中华文明，中华民族对黄河有着特殊的感情，因而将黄河比作母亲，这是一个显性隐喻。黄河水的无私孕育与母亲的无私奉献构建成类比，通过映射，水的孕育性体现在"水喻母亲"的隐喻中。

水在汉语中还被用来隐喻"人与人之间的关系"。"水"作为人际交往的折射面通过隐喻映射成为人

[①] 陈淮、廖锦超：《英汉语"水"的认知语义分析》，载自《广东海洋大学学报》2010年第10期。

际关系的象征，这种情形是汉语独有的。如："君子之交淡如水""萍水相逢""水乳交融"等。这些人际关系，特别是"淡水之情"，在中国这样的环境是备受推崇的：朋友之间的交情应基于互相尊重、理解、忠诚，就如水般清晰透明。

而越语中有关"水"比较独特的语义投射就有：

"水"隐喻"援助"。越语中"cá khô gặp nước"（干鱼遇水）一词被用来形容正在遭遇困境的人幸得贵人相助而摆脱困境，类似于"雪中送炭"；"cá sống nhờ nước"（鱼因水而生存）比喻靠着别人的帮助得以生存，"nước xa không cứu được lửa gần"（远水救不了近火）不能解决燃眉之急，"nước"在此隐喻能给予的援助。

"水"隐喻"结果"。越语中有"đời cha ăn mặn，đời con khát nước"（父辈吃咸，子孙口渴）、"trâu chậm uống nước đục"（慢牛饮浊水）这样的成语俗语，这里的"khát nước""uống nước đục"隐喻一种结果。前者常用来形容父辈若不行善积德，干了坏事，那所造的孽由子孙承担；后者用来形容一个人不懂利用生活中的机会，缺乏灵活性，最后只能等着好处被别人占到，自己吃亏。

"水"隐喻"计策"或"办法"。越语中常用"hết nước"（水尽）来表达用尽所有办法，再找不到其他的办法；或"hết nước hết cái"用来形容做事已经到达极限，没有办法再弄下去了。而"mách nước"这一说法用来表示向某人指出有益的办法以使对方脱离困境，解决问题，即"献计"的意思。

"水"隐喻"机会"。越语中，成语"cá gặp nước, rồng gặp mây"（鱼遇水，龙遇云）用来形容可以碰到舒展才华的机会；成语"còn nước còn tát"（有水就洒）用来形容只要还有机会，哪怕渺茫也要全力救到最后，一般多用于病情；成语"cắm sào đợi nước"（插竿等水），指一种缺乏灵活、等待机会的状态，与汉语的"守株待兔"相似。

上述有关"水"独特的语义表明，由于越汉两个民族的价值观念不同，对"水"这一实体的认知和体验有所不同，在语言层面上造成了"水"的不同的隐喻表达方式，映射不同，语义也发生不同的变化。在越汉语中关于"水"观念的表达还有很多，本文只是提取了关于"水"的隐喻认知的某些片段，要完整地重现"水"观念所蕴含的语言世界图景，还需要做更进一步的研究。

三、结语

综上所述，"水"在越汉民族意识中是具有代表性的，它们作为一种文化形式进入人们的意识世界，以言语化的形式存在于越汉民族的记忆之中。分析表明，在越汉语语言世界图景中，"水"作为传统观念，不仅被感受，还被思考和联想。"水"把人与自然现象紧密联系起来，充分地体现了越汉民族独特的个性和民族文化精神。

但是，由于越汉民族所处地理环境不同，有不同的宗教、习俗和历史，所以思维习惯和价值取向等也必然会互有区别，带有鲜明的民族性。每个民族将自己对现实的认识和理解反映到语言上，使"水"的语言世界图景呈现出五彩斑斓的民族特点[1]。萨丕尔和沃尔夫的"语言相对论"亦认为，语言渗透于人们对世界的认知过程，人们对世界的认识方法和行为部分或全部地为他们的本族语结构所决定，有多少种语言，就有多少种分析世界的方法[2]。也就是说，世界上的语言不同，各民族对世界的分析和看法也不同。而且不同的民族、不同的言语形式，对世界的接受认识也不同，形成的语言世界图景也有所不同。越汉语"水"的隐喻认知印证了语言是文化的载体，不同的文化和不同的语言就有不同的认知方式和不同的语言世界图景。

---

[1] 陈春红，《俄汉语中"水"观念的语言世界图景对比分析》，载自《大众科技学报》2012年第4期。
[2] 陈春红，《俄汉语中"水"观念的语言世界图景对比分析》，载自《大众科技学报》2012年第4期。

【参考文献】

[1] Lakoff G and Johnson M. *Metaphors We Live by* [M]. The University of Chicago Press, 2003.

[2] 赵艳芳. 认知语言学概论 [M]. 上海: 上海外语教育出版社, 2001.

[3] 黄铮铮. 汉、越语"水"隐喻的对比研究 [D]. 广西民族大学硕士学位论文, 2014.

[4] 陈淮, 廖锦超. 英汉语"水"的认知语义分析 [J]. 广东海洋大学学报, 2010(10).

[5] 陈春红. 俄汉语中"水"观念的语言世界图景对比分析 [J]. 大众科技学报, 2012(4).

[6] Trần Ngọc Thêm (2001), *Tìm về bản sắc văn hóa Việt Nam* [M]. Nxb TP.HCM.

[7] Lý Toàn Thắng (2005), *Ngôn ngữ học tri nhận: Từ lí thuyết đại cương đến thực tiễn tiếng Việt* [M] Nxb Khoa học xã hội.

[8] Trịnh Sâm (2011), "Miền ý niệm sông nước trong tri nhận của người Việt" [J]. *Tạp chí Ngôn ngữ*, (12), tr.1-15.

[9] Nguyễn Văn Chiến (2002), Nước-một biểu tượng văn hóa đặc th: trong tâm thức người Việt và từ "nước" trong tiếng Việt [J]. tạp chí ngôn ngữ, (15), Hà Nội.

[10] Nguyễn Như Ý (1997), Từ điển giải thích thành ngữ và tục ngữ Việt Nam [M]. Nxb Giáo dục, Hà Nội.

从语言与文化角度浅谈"龙"在汉越成语中的表征意义

阮氏庄[①]

一、前言

中国与越南的文化都起源于纯粹的农业文化。在该文化环境下，人们的生活与动植物世界很自然会产生特别密切的关系。尤其是人与动物，使中国人与越南人对动物世界以及每类动物的感观有着许多共同点，此感观被反映在语言上。除了接近于人们日常生活的动物名之外，汉语和越南语还有着不真实地存在着却对两个民族的精神生活起着非常重要作用的动物名，即"龙"。"龙"给人们的生活带来不小的影响，因此反映在语言上"龙"字也变得特别，具有许多内涵。本文将对汉越成语中"龙"字的隐喻义进行阐述，以展示汉越两个民族的文化所反映出的特殊和趣味之处。

二、"龙"在汉越成语中的表征意义

对于大部分东方国家来讲，"龙"被视为艺术创作的杰作，因为它并不在自然界真实地存在，而是人们想象的结果。在诸多东方国家的观念中，"龙"是最为神圣的动物，是智慧、信仰、理想、力量等的汇聚。经过漫长的历史，"龙"已经成为高贵和永恒生命力的象征，频繁出现在每个东方国家的文化生活中并带来深刻的影响力。

在中华人与越南人的心目中，"龙"是昌盛、兴旺和发达的象征。舞龙表演在文化活动、节庆、宗教、信仰的生活中通常表示万事繁盛的愿望。此外，由于"龙"在两个民族的传统文化中有着威严、权威和优越的地位，所以"龙"已经成为替天行道的高贵帝王的象征，从而皇帝的身体被称为"龙体"，皇帝所穿的衣服被称为"龙袍"，皇帝的床榻被称为"龙床"，皇帝的宝剑被称为"龙刀"，皇帝所坐的椅子被称为"龙椅"等等。中国人认为民族的祖先是龙的传人，越南人也认为自己的祖先是 *con rồng cháu tiên*（仙龙子孙）。可以说，汉语和越南语中的"龙"字都不存在表物意义，而只存在表征意义。

经考查发现，"龙"字在成语中的出现频率较高，而且通常会和指其他动物的字，如"虎""麟""龟""凤""马"等一同出现。这些组合已形成了许多丰富多彩的表征隐喻意义。

（一）"龙"在成语中指体质健旺和精神升华的表征意义

"龙"在民间的想象中是一种特殊的动物，拥有着许多现实世界中的动物没有的力量。它可以在陆地上生活，也可以在水中或天上如神仙们一般生活；一边可以在空中飞翔（而不需翅膀），一边可以在水中游或在地上走；有足有尾……还有"三停九似"的外表（"三停"即龙的头至膊、膊至腰、腰至尾三个段落；"九似"即头似驼、角似鹿、眼似虾、颈似蛇、腹似蚕、麟似鱼、爪似鹰、掌似虎、耳似牛）。此类特性塑造了一种超越所有物种并拥有神奇力量的动物。这种特征已经走入了汉越两个民族在语言使用方

[①] 阮氏庄，女，广西民族大学文学院博士研究生（越南留学生）。

面上的意识和心里。因此,"龙"字也由此得以多加了表示强烈无双力量、兴奋升华精神的表征意义。

汉语和越南语的成语都体现了该表征意义的认知思维及联想能力。越南语中,成语"*Ăn như rồng cuốn*"(食如龙卷)、"*Nói như rồng leo*"(言如龙爬)指拥有超凡能力者或拥有能力做普通人无法做到的工作的人。汉语中,成语"龙马精神"指像龙马一样精神,形容健旺非凡、小心谨慎、能屈能伸的精神。

(二)"龙"在成语中指威严、权威,拥有创造险境能力的表征意义

越南人跟中国人一样,都认为"龙"是最高、最强力量的象征,而"虎"则因激烈勇猛而且威严被视为"森林之王"。其特点是"根点",是人们将"龙"和"虎"字的意义引申出来的映射点。《周易-乾卦文》说"云从龙,风从虎",意思是龙在天上飞,虎在地上行,比喻事物之间的相互感应,也表示力量强大及威严,其为两民族的文化特色。

1."龙"与"虎"在成语中的组合比喻永恒的生命力和雄伟、威风的气势

汉语成语	越南语成语
生龙活虎	Sinh long hoạt hổ
龙腾虎跃	Long đằng hổ dược
龙行虎步	
藏龙卧虎	

在中国人和越南人的想象中,"龙"不仅长寿而且还生活在辉煌的仙界;"虎"也是健旺、长寿的动物,拥有着壮大的身躯和强大无双的力量,从而被称为"森林之王"。因此,"龙"和"虎"的步伐、飞跃等一举一动都带有胜过其他动物的强大力量。针对于"龙"而言,中国和越南都有很多与其有关的神话和传说,两国人都认为"龙"能呼风唤雨、所向无敌。两类动物的该认知被反映在语言上,如"龙生""龙腾""虎活""虎跃""虎步"等词,其中除了表示本身的表层意义,即动物的活动之外,还表示内层意义——象征着长存、强烈的生命力和某个民族、某个人的强大、不屈的气势。

2."龙"与"虎"的组合在成语中比喻危险或容易受到威胁的地方

汉语成语	越南语成语
龙潭虎穴	Long đàm hổ huyệt
龙争虎斗	Long tranh hổ đấu
龙吟虎啸	

在生存的斗争中,"龙"与"虎"因为拥有无双的力量所以杀伤力也是最大的。它们在战斗中一般都会占上风,成为动物世界中其他物种的恐惧根源,因此,"龙争""虎斗"之类描写动物斗争的词更是激烈性、凶猛性的象征。有时候,只要听到"龙吟虎啸"就能让其他动物吓得魂飞魄散。该客观的现实使"龙"或"虎"所在的地方也成为险恶之地,其他动物根本不敢碰触它们的地盘。正因为如此,"龙潭""虎穴"也被多加了一层表征意义,即象征着极为危险的地方。

3."龙"与"虎"的组合在成语中比喻军事之地或比喻善于韬略军事、政治

汉语成语	越南语成语
龙盘虎踞/龙踞虎盘	Rồng cuộn hổ ngồi
虎略龙韬	
	Mả táng hàm rồng

从风水方面来看,"青龙"位置是由河流经过而造成的地势。之所以被称为"青龙",是因为此类动物在人们的想象中具有条形的身躯,如有很多分支从源头流向大海并造成巨大流域的河流一般,其被视为土地的"龙脉"。风水中的"白虎"位置是指山岭高阔明朗如虎的高大而沉稳的坐姿一般。"龙盘虎踞"的地势是前后的和谐,即宽阔而平直的土地,其中又有略高而明朗的地方,是汇聚灵气之地。从军事方面来看,"龙盘虎踞"的地势是既可以进攻又可以守护的地方。越南史上的大罗成由于拥有了"龙盘虎踞"的地势故而被李朝皇帝李太祖选为古大越国的京都,而后将"大罗"改名为"升龙",指灵气从龙脉中上升和龙在飞翔的意义。如此可见,"龙"字和"虎"字在成语中的组合再一次形成了新的专指"地势"的表征意义,没有任何其他指名动物的词汇可以取代。

除此之外,"龙"和"虎"也指韬略军事的睿智者。《六韬》(即文韬、武韬、龙韬、虎韬、豹韬,犬韬)书中提过"龙韬"和"虎韬"泛指军事兵法、战略,"虎韬"泛指论排兵布阵、兵器在战斗中使用方法的兵书。"龙略虎韬"成语指善于排兵布阵、精通兵法的人才。越南语成语中的"龙"字和"虎"字没有此层的表征意义。

(三)"龙"在成语中指美好、吉祥的象征意义

与"龙"一样,"凤"(亦称"凤凰")也是人们通过想象塑造的中国神话、传说中的巨形神鸟。在汉越两个民族的传统文化中,"神龙、老龟、麒麟、凤凰"被视为四大灵物。其中的"凤"是极为特别的一种鸟,前半身像红鸟,后半身则像麒麟,颈部像蛇,尾部像鱼,颜色像龙,身形又像龟。"龙"和"凤"都是虚幻假想的动物,象征着祥瑞、吉利、吉祥,也象征着王权。

因此,这两种动物在成语中共现时,理所当然地形成了美好、高贵和吉祥的表征意义。

汉语成语	越南语成语
龙飞凤舞	Rồng bay phượng múa
龙凤呈祥	
龙驹凤雏	
龙眉凤目	Mắt phượng mày rồng/ Mắt phượng mày ngài
龙章凤姿	
龙肝凤髓/龙肝凤胆	
跨凤乘龙	
龙生龙,凤生凤	

二者在这些成语中的隐喻义从很多方面体现:

人们以"龙"和"凤"身上最美丽的部位为映射点,不仅代表着它们本身的美丽,而且也是人的审美标准的表征,如"凤目""龙眉"等。不单东方人,西方人也认为双眼连带保护它们的眉毛是"心灵之窗",是真切地透露出人或动物的情感或想法的部位。双眼与双眉是充分体现人和动物的神态及内心世界的地方。以在神话世界中与神仙们并存生活并且拥有着动物世界中最高王权生活的灵物为推论的出发点,"龙眉凤目"不单漂亮而且还充分体现了权威和力量,所以该成语已为"龙"与"凤"多加了表示美丽、高贵、威严的新表征意义。

不止如此,这两种动物的美丽、优雅还体现在它们每一个婉转的动作上,如"龙飞凤舞""跨凤升龙"等。此特点也是"龙"与"凤"的内涵意义得以扩展的根本基础,象征着纯熟、灵活而且含有高艺术性操作的美。

借鉴了两种动物的稀有而实际上却不真实存在的性质作为映射点,形成指世间中最为宝贵的东西的表征意义。如以"龙"和"凤"的内脏为主要材料的菜肴也成为美味佳肴、山珍海味,如"龙肝凤髓""龙肝凤胆"等。

以生活在神仙世界"龙""凤"的高贵、优秀的风姿为映射点,形成了泛指贤人、君子的表征意义,如"龙章凤姿"指蛟龙的文采,凤凰的姿容,比喻风采出众。文采与人的风采的关联是从古人的"文即人"(文风代表着人的风度、神采)的观念而来。文的精华反映了的出众的风采。"章"如"龙"和"资"如"凤"者必定是圣贤之人。"画龙点睛"成语用来形容写文章或讲话时,在关键处用几句话点明实质,使内容更加生动有力。以"画龙"当做古时的写文章,是极为清高的工作,以"点睛"为关键操作,是文章的精华之处。"龙驹凤雏"成语也同样指年幼就已成为英俊秀颖的才人。

"龙"和"凤"稀有、尊贵、美丽、杰出的总体性质已经使它们成为极其神圣的动物,成为给人带来幸福、吉利和吉祥的象征。"龙凤呈祥"成语是一个表示"龙"与"凤"此表征意义的明显证明。

越南语中的Như rồng gặp mây(如龙逢云)也用来形容遇到好运、天时地利人和的狀态。

(四)"龙"在成语中指社会中有地位人群的表征意义

在越南语中,人们用"龙"与"虾"的形象创造出成语Rồng đến nhà tôm(龙光临虾家),以比喻社会中地位相反的两个阶层,即社会地位高的人照顾、看望社会地位低的人;而这两个相反的形象在汉语中分别被"龙"与"蛇"取代。有的观点认为"龙"和"蛇"虽然有着亲戚关系,但是"龙"是尊贵地活在神仙界而且拥有着超凡能力的灵物,而"蛇"则是躲藏地活在地下的丑陋动物。这两个形象出现在"龙蛇混杂"这个成语中就表示一种贵贱混合的状态,没有特别分清有才华、清高的人和普通、平庸的人。

(五)"龙"在成语中指兴旺、发展向往的表征意义

由于"龙"是由人们想象塑造出来仅在神话传说中存在的动物,同时也是外形美丽、才能杰出的完美动物,因此,它反映了人们对真、善、美的向往及渴望。汉语成语"望子成龙"就真切地表达了人们对子孙后代兴盛发展的期望。

近些年来,随着新世界的发展,新产生的成语也越来越多,其中最新的有"亚洲四小龙"的惯用语,是指该区域经济实力最强的四个国家和地区(中国香港、新加坡、韩国和中国台湾)。

汉语和越南语成语中的"龙"字都存在此类特殊的表征意义。

三、"龙"在汉语和越南语成语中所表示的文化特征及民族思维

某个词所引起的联想可能是使用语言的某个社会群体认识与思维过程的结果,其在长时间受到肯定,成为该群体的语言使用习惯,与具有民族历史性和心理性的参数有关。因此,研究词的语义结构工作必须同研究人的认知机制、心理状态以及某个时代、某个民族的文化社会特点工作相结合。

与词汇系统中其他指名动物的字或词不同,"龙"字是一种假想虚幻动物的一个指名词。因此,"龙"的语言符号没有"表物"意义,只有"表念"意义,而且该"表念"意义完全属于某一个使用相关语言群体的独立认知。认知是文化、社会、历史和思维参数组合的结果。此特点在汉语、越南语和英语之间"龙"字"表念"意义的对比中体现得极为明显。

特点	中华与越南的"龙"	西方的"龙"
外表	*分成三段落：头至脾、脾至腰、腰至尾。 *外表较复杂，即如活在陆地上的兽类，又如活在水中的鱼类（即头似驼、角似鹿、眼似虾、颈似蛇、腹似蚕、鳞似鱼、爪似鹰、掌似虎、耳似牛）。	*分成三部分：头部、身部（短）、翅膀。 *外表如兽类（像马、羊、狼、熊，又像蜥蜴）。
活动能力	*能在空中飞翔而不需翅膀。 *能在地面上行走，也可以在水中游走。 *能喷出水，造雷、唤雨、吸水。 *拥有超凡的积极地为人带来好处的强大力量。	*需要翅膀来助飞翔。 *能在地面行走。 *能喷出火。 *拥有超凡的消极地为人带来灾难的强大力量。
生活环境	*神仙境界。 *在光亮中出现。	*朦胧、昏暗的地方。 *在黑暗中出现。
性格	*性格积极，一般都很善良。	*性格消极，唯我独尊，一般给人们的生命带来威胁。
表征	*象征着美好、吉利、睿智、才华。	*象征着凶恶势力、鬼神。

从上表可以看出，如果"龙"单纯地是"表物"的名词，仅是科学中具有属于生物学的特性的动物名，那么东方（中国和越南）与西方的"龙"在外表、生活环境、活动能力、性格特点等方面就没有如此多的基本差异。因此，"龙"的内涵意义完全是文化内涵的意义。具体如下：

西方人认为"龙"是一种有翅膀的动物，但是中国人和越南人则不同，他们认为"龙"是有尾巴的不用翅膀也能飞翔的动物，是可以喷出水来，也可以呼风唤雨。该认知观念是水稻农业文化生活的结果。生活在此类文化环境下，人们的想象力当然也与自己所处的水土、暴雨、池塘、山河等因素的自然背景有关。该认知观念也是模糊思维的结果。因为人们无法解释周身所发生的自然现象，所以就把它们归为由某个与水和空中有关的有着无尽无穷力量的神奇动物所支配、操纵。听到下雨、打雷的响声，像"隆隆"的读音一般，所以人们就用同样读音的"龙"来指自己想象中的神兽。[1]

东方人对"龙"的观点明显体现了属于阴阳学说的思维和文化观念：水稻农业文化是"龙"的"出发点"，在"阴"中所达到的是本质上的和谐、思维上的综合、关系上的重情、交际上的灵活，因此，"龙"很善良（水稻农业文化的人很顺和、重感情，所以他们也把凶恶的鳄鱼视为能够保佑，是与人的日常生活有着密切关系的贤"龙"），而且具有综合性和灵活性（外表既像蛇又像鳄鱼；既能在水中游，又能在天上飞；既能喷水防旱，又能吸水防洪）。"龙"越是处在重视"阳"的文化区内，"龙"与人之间的关系就越疏远，"龙"的善性也越减淡而恶性却越增深。越南的寺庙里一直到17世纪仍保存着农妇骑在"龙"背上的壁画，然而中国的"龙"在隋唐时期就已经是王权化的形象，变得凶猛（有了尖角和利爪），与人的关系也逐渐变得疏远。处在游牧文化区内的"龙"也已是"阳"化的形象，身体变短如普通的兽类外形一般，性格也变得残暴凶恶。在西方，"龙"就被视为专门看守宝藏的凶恶动物，在外表方面上被人们多加了一双翅膀，因为"龙"按照西方人的分析思维方式必需有翅膀才能飞翔。[2]

正因为对"龙"的原本观念如此，所以"龙"字的表征、表象也随着东西方人文化、思维的差异而变得不同。"龙"对中国人和越南人来讲是积极的形象（吉利、力量、才能），而对西方人而言则是相反的消极的形象（象征着不吉利、毁灭）。"成龙"也成为东方每个国家、每个民族的共同的最大愿望和向往，然而其在西方人的意识中从来不存在，所以他们将东南亚的四大强国称为"亚洲四虎"（four Asian tigers）而不是东方人常说的"亚洲四龙"。

总而言之，语言与文化有着密不可分的关系。语言是文化的传达，文化是语言的内涵。语言往往是

---
[1] 宁业高、夏国珍：《中国吉祥文化》，北京：中央民族大学出版社，1999年。
[2] Trần Ngọc Thêm, Nguyễn Ngọc Thơ: Vấn đề nguồn gốc con rồng từ góc nhìn văn hóa, http://www.vanhoahoc.vn.

某个民族文化的返照镜面。通过某个民族的语言，我们可以或多或少了解该民族的思维方式和文化色彩。

四、结语

如上述分析，通过汉语和越南语一些与"龙"字有关成语的考查可以得出，"龙"字针对不同的具体的性质及特点，得以分别有了更多的根据来形成一些新的表征意义：

（1）"龙"字以龙外表特点上的多样性和本身的多功能性为基础来形成象征着身体上的健壮和精神上的兴奋的新表征意义。

（2）"龙"以龙的超凡、灵活能力为基础来形成象征着权威、力量和险境的表征意义。

（3）"龙"以龙的珍贵、高雅、美丽及杰出的特点为基础来形成象征着吉祥、美好与才华的表征意义。

（4）"龙"以龙的珍贵、高雅、美丽及杰出的特点为基础来形成象征着社会地位高的人的表征意义。

（5）"龙"也以龙的完善的能力及素质为基础来形成象征着发达、兴旺向往的表征意义。

从总体上看，"龙"在汉语和越南语成语中的思维、联想和表征的方向是相同的。此特点又一次肯定了中越两国之间深刻的文化交流和两国文化之间所存在的相同之处。其相同点是地理环境、历史—文化—社会环境、宗教及风俗习惯等方面的相近或相同的结果。在对汉语和越南语进行交流、学习、对比工作时，应当留意带有文化表征意义的特指动物的词汇，"龙"就是一个典型的例子。如此才能恰到好处地使用这两种语言，并且能够更进一步了解拥有这两种语言的文化。

【参考文献】

[1] 戴昭铭. 文化语言学导论[M]. 北京：语文出版社，2010.

[2] 冯凌宇. 汉语人体词汇研究[M]. 北京：中国广播电视出版社，2008.

[3] 蓝纯. 认知语言学与隐喻研究[M]. 北京：外语教学与研究出版社，2004.

[4] 宁业高，夏国珍. 中国吉祥文化[M]. 北京：中央民族大学出版社，1999.

[5]《中华成语词典》编委会. 中华成语词典（双色缩印本）[M]. 北京：商务印书馆，2015.

[6] 赵艳芳. 认知语言学概论[M]. 上海：上海外语教育出版社，2006.

[7] 许余龙. 对比语言学[M]. 上海：上海外语教育出版社，2010.

[8] 卢卫中. 人体隐喻化的认知特点[J]. 外语教学，2003（2）.

[9] Lâm Biền & Thế Hưng, Rồng trong tâm thức và nghệ thuật tạo hình ở phương Đông và Việt Nam nửa đầu thời tự chủ[J]. Tạp chí Văn hóa nghệ thuật, số 2, 2000.

[10] Trần Văn Cơ, Ngôn ngữ học tri nhận (ghi chép và suy nghĩ)[M]. Nxb Khoa học xã hội, Hà Nội, 2007.

[11] Nguyễn Lân, Từ điển thành ngữ, tục ngữ Việt Nam[Z]. Nxb Văn học, Hà Nội, 2011.

[12] Nguyễn Đức Tồn, *Đặc trưng văn hóa - dân tộc của ngôn ngữ và tư duy* [M]. Nxb Từ điển Bách Khoa, Hà Nội, 2010.

[13] Lý Toàn Thắng, Ngôn ngữ học tri nhận: Từ lí thuyết đại cương đến thực tế tiếng Việt[M]. Nxb Khoa học Xã hội, Hà Nội, 2005.

[14] Trần Ngọc Thêm, Nguyễn Ngọc Thơ: Vấn đề nguồn gốc con rồng từ góc nhìn văn hóa, http：//www.vanhoahoc.vn.

[15] Viện Nghiên cứu Hán - Nôm：Tổng tập tiểu thuyết chữ Hán Việt Nam[Z]. tập I, - Nxb Thế giới, Hà Nội, 1997.

中越边境多族群语言接触与交融的调查研究

谭群瑛[①]

一、关于语言接触

关于语言接触，黄平文（2010）在《论文化接触对语言的影响》一书中是这样解释的：所谓语言接触，是指不同语言的使用者因某种原因发生相互、持续的接触而使语言发生变化的一种语言现象[②]。语言接触是不同的语言系统互动或相互影响。美国语言学家Weinreich认为语言接触是一个语言学研究的现象，是不同的语言系统互动或相互影响，同时他把语言接触限定在多语环境下操两种或以上不同语言的说话者之间面对面的接触。当不同语言的说话者密切接触时，这种接触会影响另外一种语言，并带来语音、词汇、句法、语用等的变化。

语言学家萨丕尔早在他的《语言论·言语研究导论》中指出："语言，像文化一样，很少是自给自足的。相邻的人群互相接触，不论程度怎样，性质怎样，一般都足以引起某种语言上的交互影响。"[③]语言反映文化，不同的民族语言有着不同的文化内涵，语言文化是共生的。多民族语言接触和交融是多民族语言文化的共存，并在此基础上发展多民族语言文化之间的联结关系，包括多语族群之间的语言文化之间相互尊重，彼此的语言文化存在的空间和利益，相互尊重语言文化的发展空间。

语言是与人类同时产生的，一个社会人类的活动、民族的交往必须依赖语言作为载体。语言接触在各种人类的迁徙、民族的交融、文化的活动中都有发生，而随着社会的不断变迁，时代的不断变化，每一种所谓的本族语言都越来越多地和其他的民族语言发生接触，从而构成了复杂多样的各种语言关系。比如中越边境的壮话，从现在的考察来看，已经不是纯粹的壮话了，因为在历史的发展过程中，壮话不断地与现代汉语的白话、客家话、西南官话、普通话等各方言以及其他的瑶族、京族、彝族、岱族、侬族等少数民族接触。这种多语接触，使其在语音、词汇、语法上都有发生变化。在多族群地区，优势语言的优势逐渐削弱，从而出现多语并存的现象。

广西崇左市的宁明、凭祥、龙州、大新等与越南自古山水相连，这里所居住的壮族由此与越南诸民族在风土人情、社会习俗、伦理道德、心理意识等方面都有许多相同点，当然，也有一定的差别。中越边境各族群之间也表现出不同语言文化系统之间实现平等条件下的相互交流、优势互补、协调发展，形成一种中越边境多族群语言文化交流与互动的势态。

二、中越边境多民族杂居融合现状调查

在中国广西和云南的南部，有着1353千米长的中国和越南的陆地边界线。两国跨境的民族，中国方面有汉族、壮族、傣族、苗族、瑶族、仫佬族、侗族、布依族、哈尼族、拉祜族、仡佬族、回族、京族

[①] 谭群瑛，女，瑶族，广西民族师范学院中文系副主任，教授。
[②] 黄平文：《论文化接触对语言的影响》，载自《壮语演变的阐释》，北京：民族出版社，2010年，第54页。
[③] 萨丕尔：《语言论·言语研究导论》，陆卓元译，北京：商务印书馆，1985年，第173页。

等。广西的东兴、防城、宁明、龙州、凭祥、大新、靖西、那坡与越南接壤。由于历史上民族的不断迁移、交流、通婚等，在越南北部，居住的民族就是壮族的分支：岱族、侬族等民族，主要分布在与广西接壤的越南北部的谅山省、高平省等地。岱族占越南人口约1.9%，他们自称为"岱"（Tày）或"土"（Thổ）。侬族约占越南人口1.1%，自称为"侬"（N:ng）。这两个来自中国"壮族"的同源民族的语言统称为"岱侬语"，也被认为是境外壮族的代表。[①]

地处广西中越边境的崇左市自古以来都是有壮族先民——骆越民族聚居之地。位于中国西南边陲的中越边境的崇左市，东北部与南宁市相邻，东部与钦州市毗邻，东南部与防城港市相接，西北部与百色市相邻，西及西南部与越南接壤，处于华南经济圈、西南经济圈和东盟经济圈交汇的中心地带，处在"南宁—谅山—河内—海防—广宁"经济走廊的大通道上。[②]

广西崇左市管辖地包括江州区（原崇左县）、宁明县、凭祥市、龙州县、大新县、天等县，总人口约228万人，其中少数民族人口208多万人，占总人口的88.6%左右。除了汉族，还有壮、苗、瑶、仫佬、侗、京族等少数民族，以及越南边境来往经商、务工等越南的流动人口。其中少数民族人口206.62万人，占88.6%；壮族人口205.92万人，占总人口的88.3%。

例如宁明县，隶属广西壮族自治区崇左市，地处西南边陲，西邻凭祥、龙州，东邻防城港，南与越南共和国接壤，北邻崇左、扶绥。总面积为3698平方千米，人口38万多，壮族占77.1%。目前宁明县管辖4个镇、9个乡：城中镇、爱店镇、明江镇、海渊镇、亭亮乡、寨安乡、峙浪乡、东安乡、板棍乡、北江乡、桐棉乡、那堪乡、那楠乡。宁明县目前有人口40万左右，而1985年人口普查，当时壮族258487人，占总人口77.1%；汉族75618人，占总人口22.55%；瑶族938人，占总人口0.29%；京族102人，侗族30人，苗族15人，仫佬族2人，回族3人，满族4人，蒙古族4人，朝鲜族4人，布依族1人，傣族7人，土家族1人，水族1人，其他族27人，外国人加入中国籍10人，共216人，占总人口0.06%。[③]近十年，由于商贸来往、异地就业、异国婚嫁、边民亲戚往来，外来人口逐年增加，处于这样的地区，语言都要随着社会环境的变化、民族的融合而发生演变。

得天独厚的地理优势，使中越边境口岸开放以来，利用边境旅游、边境文化活动交流、边民互市等优惠政策，在自治区和中直有关部门的支持下，企业合作。比如近年构建的中越边境"非遗"保护惠民富民示范带，以广西中越沿边公路为纽带，把广西的东兴、防城、宁明、龙州、凭祥、大新、靖西、那坡连成一线。以东兴京族哈节、独弦琴等国家级非物质文化遗产为核心，以壮族的民歌、舞蹈等自治区级非物质文化遗产为重点，探索建立中越文化交流实践区。

三、中越边境多民族语言的互相借用和变异

随着世界各国在各个领域的不断交际，势必使人们在使用本族语言的同时，夹杂一些外来语。正如在说汉语的时候夹杂着英语词语，或者在说英语的时候，有的词用英语表达不出来，就用汉语词语代替一样，在中越边境多族群杂居的地方，在各种各样的交际场合，为了表达的需要，就会在用某种主要语言的同时夹杂有其他语言，比如在边境地区，主要的交际语言是壮语，但是在用壮语进行交际时，就会夹杂有汉语词语，包括普通话词语、白话词语、西南官话的词语等，例如"信息"一词壮语翻译为"sinsiz"，跟西南官话发音一样。

独特的区位优势、开放的格局、多种语言文化的交汇，这一切有赖于语言在其中所起的沟通、交流

[①] 吴小奕：《跨境壮语研究》，南宁：广西民族出版社，2013年，第1—2页。
[②] 《地理位置》，摘自《中国·崇左》，2014年3月15日。
[③] 《民族构成》，摘自《广西地情网》，2013年12月5日。

的作用。中越边境的广西与越南山水相连,南疆的宁明、龙州、凭祥、大新等边境的壮族与越南诸民族自古在社会习俗、风土人情、伦理道德、心理意识等方面都有许多的交融;边境村民要和越南其他城镇或村落的人打交道,也有中越边境通婚,民族的交融。特别是我们地处东盟经济圈,周边的经贸、旅游、文化交流更加频繁,势必会出现语言的接触和交融,因此边境的村民就得掌握普通话、白话、壮话、越语等几种语言,或在语言交流中出现普通话、白话、壮话、越语混杂的现象。

据调查,中越边境平时的语种有属于汉语系统的普通话、粤语(白话)、客家话、西南官话(桂柳话)、土白话、新民话、蔗园话等,以及壮话、苗话、瑶话、侗话以及京族语言等少数民族语言,这里的各种语言在时代的演变中不断地产生接触与交融,使地处中越边境的崇左市成为具有"丰富多彩"的语言特色、具有语言魅力的地方。

针对中越边境,特别是南疆崇左市的宁明、凭祥、大新、天等、龙州以及靖西等周边县地进行调查研究,同时深入到民众的生活中去,了解他们的言语交际情况,抽样检查,了解各族群方言以及越南语互相影响的具体表现,同时采用对边民采访和研究方法、问卷调查研究方法、多族群语言的比较分析方法、系统分析方法,搜集壮越民族文化,分析其语言现象,从语音、词汇、语法等互相交融的现象入手,然后从语音、语汇、语法等方面去做深入的分析研究。从调查研究得知,中越边境的各种语言由于在长期的不断接触与交融中不断借用,甚至变异,从而丰富和发展。

据调查,在中越边境地区,本地人之间80%以上都用壮语进行交流,比如壮语gou gyaez mwngz(我爱你)、鼠nou、牛vaiz、兔douq、猪mou、狗ma、马max、虎guk、鸡gaeq、龙lungz、羊yiengz、蛇ngwz、猴lingz。

但随着外来人员的不断增多,本地人和外来人就要用普通话或者其他的语言进行交流,久而久之,汉语的各种词素就会混到壮语里面去,人们在说壮话时会不知不觉地夹杂一些普通话或西南官话、白话、客家话等汉语的其他方言的词语,其互相借用最突出的表现是在语音方面。

(一)壮语借用普通话的读音

在中越边境以壮语为主要交际语言的地区,在与外来人员交流时,往往是说着"夹壮"的普通话,而在与本地人用壮话交流时,也会说着"夹普通话"的现象,如"我上高中"(壮语:kou¹ ɕa:ŋ¹ ka:u⁶ ɕoŋ⁶)的"高中"读音完全和普通话的读法一样,"初中、飞机"等词读音完全和普通话的读法一样。像这些直接把普通话词语的读音用到壮语中的还有很多。特别是说话时如果遇到的是新生词语,或者成语、书面语,在没有找到相应的壮语读法时,都会直接用普通话的读法。

(二)壮语借用西南官话(桂柳话)的读音

壮语中还有更多的是借用西南官话(桂柳话:广西桂林、柳州等地的语音),特别是新生词语,在没有找到相应的壮语读法时,也会直接用桂柳话的读法,如:ten¹ jiŋ³(电影)、θou³ ki⁶(手机)、ten¹ si¹(电视)、θa:ŋ¹ va:ŋ³(上网)、ten¹ na:u³(电脑)、ɕa:u⁶ɕi¹(超市)等等。有不熟悉壮语的人会提出疑问,说壮话时为什么里面夹杂有桂柳话?其实这就是两种语言混杂的现象。

(三)壮话借用白话或客家话的读音

在中越边境的崇左、宁明、凭祥等地,一般乡村的重要交流语言是壮话,而县城、市区甚至是机关单位平时交流主要用白话(粤语),所以白话自然而然也会影响着壮话的纯正,因此现在的壮话里面夹杂有白话的成分也是很常见的。比如:ta:i⁶ ha:k⁸(大学)、fa:n⁶ tim⁵(饭店)、li³ jou²(旅游)、sem³(婶婶)、jen² kjiu⁵ jen⁶(研究院)、kiŋ¹ kik⁸(京剧)等等,这些壮语中都有白话夹杂客家话的语音现象。

（四）壮语和越南语互相借音

越南语构词的主要特点是每一个音节常常是一个有意义的单位，可以独立使用；这些单位又可作为构成多音节词的基础。绝大部分多音节词是双音节。在2000多年的历史发展过程中，越南语从古汉语和现代汉语中不断地直接借用或改造使用大量词语。越南语中的汉壮语借词占相当大的比重。

在越语和南疆边境的壮话就有发音接近的字词，比较一下下面这些词语，就能体现壮话和越南语互相借音的现象（按壮—越排列）：po^6—bo^5（爸）、me^6—ma^5（妈）、me^6 $ta:i^5$—$mε^3$ $ta:i^5$（岳母、外婆）等发音相似，$hwa:t^8$ $doŋ^6$（活动）、za^1 din^2（家庭）、$lɤu^1$（楼）、$a:n^1$ $kha:ŋ^1$（安康）、$ka:u^1$（高）等发音也很接近，这些借音现象就是壮越语言接触与融合的结果。

调查发现，壮语南部方言和越南的岱-侬语都属于台语支中部组。地处中越边境的广西崇左市的大新、宁明、凭祥、龙州等地居住的大多数是壮族，占有总人口的80%以上。这里的壮族都会说壮话，其壮话是广西壮语的一个分支，地处广西南部，被称为"南壮"。宁明、大新、龙州、凭祥等地说的壮话就是壮语南部方言，简称"南壮"，其与越南北部边民说的越南话发音差不多，能听懂一大部分并交流。

如越南语"trời"这个词，是"天"的意思，其同义词有"dàn bà/phụ nữ妇女"、"trẻ em/nhi đồng儿童"、"trai/nam男"、"gái/nữ女"，前者是纯越南词语，一般用在口语里面；后者是汉越词，一般用在庄重的场合或书面语里面。这些词语和壮语都有着同样的词义和语体色彩。表示父系宗亲关系的"伯父"、"叔叔"、"姑姑"（bác、chú、cô），发音和意义与壮语都基本一致。

住在中国广西边境的壮族和京族也使用越南语。历史上，越南语曾使用汉字与喃字表记，现代则使用以拉丁字母为基础，添加若干个新字母及声调符号的国语字（Chữ Quốc Ngữ）书写。

四、中越边境多民族语言接触促生新的语言形象

中越边境壮越语言的接触和文化的交融促使边境语言文化传播过程中的双向互动性，比如壮语、越南语中都有一些壮越互借词，对这些借词的语音、意义及内涵进行分析，也能在一定程度上了解越南语和壮语的接触和交融所产生的借词，使我们更进一步地了解中越边境多族群语言，使中越文化学者对越南语和中国边境方言的交融有进一步的研究。

中越边境多族群语言在语音、词汇、语法上等都有"夹壮夹汉""夹壮夹越"的现象。语言接触对语言的语音、语法和词汇的演变有一定的影响。

壮语跟汉语有所不同，底层词汇和发音系统除了与侗台语族其他语言接近之外，还与汉语方言的粤语比较接近，此现象源自于这些语言早期的共同先祖骆越语。壮语早期借用汉字的偏旁部首来创造方块壮字书写自己的语言，并发展出类似字喃的方块壮字。从这点看，壮语和粤语、普通话、越语也有相融相通的部分。

笔者对宁明县桐棉乡和爱店乡的语言环境做了深入的调查。

桐棉乡位于两国（中国、越南）、三市（崇左市、防城港市、越南谅山省）、三县（宁明县、防城港区、越南亭立县）的交汇处，分别与宁明的县爱店镇、那楠乡、峙浪乡、板棍乡，防城港市的峒中镇，与越南亭立县的兵沙社、白沙社接壤。17个村（居）委会中就有9个行政村30个自然屯与越南交界，陆地国境线长122千米，是宁明县面积最大、广西国境线最长的乡镇。主要聚居壮、瑶、京等少数民族。平日这里热闹非凡，商贾云集，商贸市场非常繁荣。

爱店镇，与越南谅山省禄平县接壤，边境线长达25.5千米，中越边境的东兴至百色那坡沿边公路贯穿其间。爱店交通发达，是国家二类口岸，是中国的西南经济板块通向东南亚陆路的要道。全镇下辖3个村委会19个自然屯，总人口只有8055人，其中流动人口就有2000余人。边贸是爱店镇的主要支柱产业，

外来经商贸易的流动人口特别多。①

这里的人们一般都会壮话、白话、越南话（侬岱语）和普通话几种语言。一般60岁以上的老年人90%的人都只会说本地的壮话或者自己的母语，30%左右的人会说一些白话，20%会说"夹壮"的普通话，而50岁左右的人一般会说壮话和白话。会说白话的一般是住在镇上，从事经商、外出务工，或者有工作单位的，而一直生活在农村的这个年纪就比较少人会说白话。40岁以下在外出与人交往时，一般会说一定的普通话或者白话，回到家之后一般都用壮话交流。

笔者特意去40岁左右的农老师家采访。她家里有祖孙三代，家公70岁，是桐棉本地人，壮族，一直说壮话。家婆68岁，是从越南那边嫁过来的，侬族。农老师外婆家是在越南，其实很近，就是邻村，逢年过节经常走亲戚，还经常去奶奶的外婆家吃饭，笔者去到的时候她还开玩笑说"我刚刚出国吃饭回来呢"。农老师丈夫是广东人，40多岁，汉族，说粤语，多年前在边境做生意时和农老师结婚留在桐棉。现在小孩13岁，正在上初一。平时爷爷奶奶交流用得是越南的"侬话"，爷爷和农老师父女俩交流说壮话，农老师夫妻之间又说粤语（白话），而对于孩子，农老师从小就只教他说普通话，所以他们的孩子用普通话交流时很流畅，而白话、壮话只会说一点点，或者只会听不会说。在家里交谈时会针对不同的人用不同的语言来回答，或者杂有白话、普通话、壮话的词语，所谓的"混合话"。这种现象就是小的一代渐渐脱离了"母语"，而老的一代的"母语"渐渐地融入了外来语种，比如壮话里杂有普通话或白话。语言接触时，特殊情况下可能出现混合语。②

从调查可知，中越边境的文化教育、学校用语为普通话，市区政府办公用语80%也用普通话，而县城的办公用语70%左右为白话，只有10%左右用普通话，20%左右用壮话或其他的方言。乡镇以下多数的政府办公用语为壮话。说普通话的人被本地人称为"lāolóu"（捞佬），就是"外地人"的意思。外地人往往觉得说普通话会被本地人欺负，买东西等各种交易因为不会说本地话而被欺骗，所以外地人也常常学说本地白话或壮话。而多数小朋友就只喜欢用普通话来表达。在家里，爷爷奶奶用壮话问，小朋友会用普通话回答，多数也能互相听懂。在这里，语言之间不断地互相干扰、互相借用、互相渗透。由此可见，其互相影响的程度之复杂可见一斑了。

五、中越边境多民族语言接触与交融促进经济、文化的发展

美国社会学家弗格森说："一些说话者在不同的情况下使用的同一语言的两种或两种以上的变体，每种都有其特定的作用。"③比如能够使广西边境的壮族和越南人有着直接的接触与交流，壮越语言的接触与交融使交流的语言更加和谐，边境各种政治、经济、文化活动更加通畅。

广西中越边境因为历史、地域以及商贸、婚嫁等原因，越南文化与中国汉文化有着非常密切的关系，越南语也受到汉语和壮语的极大影响，这种影响主要表现为越南语中有大量汉语或壮语借词。而汉语和壮语都是汉藏语系，这些汉壮语借词对越南语的丰富和发展，对越南的社会文化、价值观念和民族心理都产生了深刻影响。越南和中国的交往关系大概从公元前二三世纪就开始了，语言的接触随着民族的来往也开始了。从那时起，到20世纪下半叶，越南语与汉语的接触经历了2000多年的历史过程。越南语吸收了大量汉语词，使得形式上已脱离方块文字的现代越南语仍和汉语有着十分密切的关系。中国在各方面对越南的影响，以及汉语对越南语的影响是历史事实。汉壮语词汇已经融入越南语，成为越南语里不可缺少的组成部分，而且对丰富越南语的表达能力起了很大作用。

---

①《民族构成》，摘自《广西地情网》，2013年12月5日。
②吴安其：《语言接触对语言演变的影响》，载自《民族语文》2004年第1期，第1-3页。
③余志鸿：《语言接触与语言结构的变异》，载自《民族语文》2000年第4期，第23-25页。

总之，语言接触与交流使中越边境壮语、白话、普通话和越南语以及诸多的少数民族语言能够不断地融合和协调，并且还将长期共同依存，共同发展，使边境语言色彩越来越丰富。同时在当地人民的积极保护下，随着社会发展、经贸活动的需要，广西中越边境多族群语言接触与融合应该会越来越有生命力。本文只是抛砖引玉，通过研究从而使人们更好地了解中越边境多民族语言接触与交融及文化，促进中越民族更好地交流。语言接触对语言的语音、语法和词汇的演变有一定的影响。[1]笔者将继续研究在中越边境多族群语言接触和交融现象，并通过对语料进行分析、对比，从语言接触视角阐述多族群语言接触，探索多族群杂居地区的语言在语音、词汇的运用、接触、并用和转用语词的情况，从而更好地研究中越边境的多族群语言交融现象，为中越边境民族和谐以及友好商贸往来做出一定的贡献。

---

[1] 孟万春：《语言接触与汉语方言的变化》，载自《华南农业大学学报》2011年第2期，第141–144页。

越南语复合词之浅析

岑新明[①]

越南语中的复合词是由两个或两个以上音节之间通过语义配合构成的，其中双音节复合词占大部分，是越南语中复合词的典型形式。越南语中的复合词从结构来看可以分为两大类：并列复合词和偏正复合词。

一、并列复合词

(一)词语结构

越南语中并列复合词的每个音节都是有实际意义的，可独立使用，两个音节通过语义配合组成词语，彼此之间是平等的，并无正、偏之分，如：quần áo = quần + áo，并列复合词 quần áo 可以在句子中充当成分：Bộ quần áo này hợp với anh. 而这个词语中的两个音节独立的时候也可以在句子中充当成分：Chiếc áo này đắt quá. Quần của anh đâu nhỉ?

正是因为越南语中并列复合词音节之间的关系是平等对立的，所以多数词语的音节前后顺序可以调换而不会影响词语意义，如：quần áo = áo quần, đẹp xấu = xấu đẹp, trời đất = đất trời, may rủi = rủi may... 但这种情况并不是绝对的，也存在前后顺序不能调换的词语，如：đi lại（交往、往来）和 lại đi（又去）两个词语表示的含义就不同了，đi đứng（行止，举止）变换顺序后变成 đứng đi，在越南语中并没有 đứng đi 这个说法。

(二)词语意思

上文说过并列复合词的两个音节都是有实际意义的，当它们组合在一起构成并列复合词时，这个词语就有了这两个音节的意义，这种意义更为概括、抽象，如：trời（天）、đất（地、土地）表示的都是较为具体的概念，而它们组合在一起成了 trời đất，表示天地、万物、自然等较为概括和抽象的概念，通过以下例子可以更加深切地体现出这种意义上的不同：

phải（左）+ trái（右）= phải trái（是非、好坏）
trên（上面）+ dưới（下面）= trên dưới（大约、大概）
đỏ（红）+ đen（黑）= đỏ đen（赌博）
đi（走、骑、乘）+ đứng（站立）= đi đứng（举止）
quần（裤子）+ áo（上衣）= quần áo（衣服总称）

(三)其他形式的并列复合词

除了最典型的双音节语义配合组成的并列复合词之外，越南语中还有一些其他形式的并列复合词。

[①] 岑新明，男，广西民族大学东南亚语言文化学院副教授。

（1）有一部分复合词的两个音节之间既有语义配合也有语音的配合，如：nước（国家、水）+ non（幼嫩）= nước non（江山），两个音节的声母一致，语音之间存在配合协调，语义同上文所说的一致，都是由具体向概括转换。这样的词语在越南语中不难找见：

ruộng（田）+ rẫy（梯田）= ruộng rẫy（田野）

trắng（白色）+ trong（清澈的）= trắng trong（皎洁无暇）

vùng（地区）+ vẫy（摇、摆、招、挥）= vùng vẫy（纵横）

（2）除了双音节复合词之外，越南语中有一种构词法，在并列复合词的两个音节之间加入 với chả，使之变成多音节复合词，表示否定、反驳、讽刺、嫌弃等消极意义，如：

nhà cửa（房屋的总称）—— nhà với chả cửa（家不像家，表示否定）

học hành（学习总称）—— học với chả hành（不学无术，表示讽刺）

con cái（孩子统称）—— con với chả cái（孩子不听话，表示批评指责）

（3）还有部分借汉并列复合词，其中的一些词语已经越化，如：đầu não, học tập, đấu tranh, thuận lợi, chiến đấu 等，还有一部分词语在越南语中能找到与之对应的纯越词，如：mỹ lệ（美丽），与之对应的纯越词是 đẹp đẽ；guốc gia（国家），与之对应的纯越词是 nhà nước；kiến thiết（建设），与之对应的纯越词是 xây dựng...

二、偏正复合词

（一）词语结构

就越南语中典型的偏正复合词来看，由两个音节通过语义配合组成一个词语，两个音节的关系不像并列复合词是平等的，它们中的一个是主要音节，称为正词素；另外一个音节的功能是限定、修饰正词素，称为偏词素。如：nước mắm（鱼露）中"nước（水）"是正词素，"mắm（鱼酱、虾酱）"是偏词素，限定了正词素的种类。

越南语中偏正复合词的正词素和偏词素在词语中有特定的位置，不可调换。但与汉语不同的是，汉语中偏正复合词的偏词素前置，正词素后置，而越南语恰好相反，偏正复合词的结构是正偏型，正词素在前，偏词素在后。通过对比可以更直观地看出这点：

汉语偏正复合词		越南语偏正复合词	
偏词素	正词素	正词素	偏词素
摩托	车	xe	máy
钢	笔	bút	máy

（二）词语意思

偏正复合词的正词素通常具有概括性的意义，偏词素则是为这一意义限定范围，使之具体化，如：đi làm（工作），"đi"泛指行走、骑、乘等活动，后面跟上"làm"（做、干、工作、用作）明确了"đi"的目的使行为变得更加具体。

越南语中偏正复合词分为描述性质（từ ghép chính phụ chỉ tính chất）和描述事物（từ ghép chính phụ chỉ sự vật）两大类。

（1）描述性质的偏正复合词中正词素表示事物性质，而偏词素表示这一性质的程度，如：đen sì, trắng phau, vàng vực...

这类词语中同一个正词素可以与多个偏词素组合，不同的偏词素的限定、修饰功能不同，表达的感情色彩也不同，如：

　　đen sì（黯黑），đen khịt（漆黑）——不好看、脏的黑色

　　đen láy（既黑又亮的，多用于描述眼睛），đen nhánh（黑油油的，多用于描述头发）——好看的黑色

　　đỏ chót（嫣红）——中性的

　　đỏ choét（红得刺眼），đỏ quạch（血红）——不好看的红色

　　đỏ rực（红彤彤、火红）——好看的红色

（2）描述事物的偏正复合词在越南语中数量很多，正词素指代范围较广的一类事物，通过偏词素的限定缩小指代范围，确指某种事物。如：

　　máy（机器、引擎、发动机）所指事物范围很广泛，在其后加上偏词素缩小指代范围，如：máy bay（飞机），máy ảnh（照相机），máy lạnh（空调），máy giặt（洗衣机）…

　　与描述性质的偏正复合词相比，描述事物的偏正复合词的结构比较松散，比如：nhà gỗ 是一个描述事物的偏正复合词，除了这类事物外，还有 nhà lá, nhà gạch…而且偏词素也可以独立出来用作另外一个词语的正词素，如：gỗ lim, lá cây, gạch Bát Tràng…而描述性质的偏正复合词的偏词素则很少能够独立出来用作另一个词语的正词素，也即这类词语的结构较为稳定，如：đen sì, trắng phau, xanh lè 中的"sì, phau, lè"不能分割出来与其他词语组合。

（三）其他形式的偏正复合词

（1）除了上文提到的双音节偏正复合词，越南语中还有多音节偏正复合词，并且随着新事物、新概念的诞生，这类词语的数量也在日益增加，它们同样包括偏、正两部分，其中偏、正各自可以由一个、两个或两个以上的音节组成，比如：máy rửa bát, máy bay trực thăng, công ty xuất nhập khẩu…这类词语虽然外部结构很像短语，但表示的是一个完整的概念，属于词语范畴，是偏正词组。

（2）另外，越南语中还有一部分借汉偏正复合词，这类词语的正词素和偏词素的顺序与纯越偏正复合词相反，偏词素在前，正词素在后，如：

借汉偏正复合词	纯越偏正复合词
偏词素+正词素	正词素+偏词素
công nhân, nhân viên, thương nghiệp, học giả, độc giả, thương gia…	nồi cơm điện, giầy da, bánh chưng, bánh dày…

这类借汉偏正复合词也有多音节形式，而正词素和偏词素的顺序还是一样，即偏词素在前，正词素在后，如：kí túc xá, ngôn ngữ học, cộng nghiệp hóa, hiện đại hóa…

越南语中借汉偏正复合词的使用趋势大致有两个方向：要么为越南人民接受并广泛使用，日趋稳定，如：phát triển, sản xuất, tổ quốc…要么同纯越词并驾齐驱，依据语境选择使用，如：giai nhân- người đẹp, thế sự- sự đời, áp lực- sức ép…

三、结语

越南语中的复合词分为并列复合词和偏正复合词两大类，这两大类词语结构上最典型的形式就是双音节复合词。并列式复合词的两个音节都有实际意义，它们之间的关系是平等对立的，一部分词语的两个音节位置还可以调换，并且各个音节可以独立使用，充当句子成分。而偏正复合词的两个音节之间是补充与被补充的关系，两个音节的位置是固定不能改动的，通常是正词素在前，补充说明的偏词素在后，这一点同汉语中的偏正复合词是恰好相反的。

同时，这两大类词语都有其他非典型形式。一部分并列复合词音节之间除了语义的配合之外还有语音的配合，这也让我们体会到越南语本身具有的音韵之美；还有一部分并列复合词属于借汉词，它们在使用过程中要么被越南人民接受，融入到他们的语言中；要么同越南语本身具有的词汇同时使用。而偏正复合词同样也有一些非典型形式的词语，一部分属于借汉词，从而带有汉语偏正复合词的特点，偏词素在前，正词素在后，这部分词语也面临和上述借汉并列复合词一样的境况，要么融入越南语，要么与越南语本身词汇同时使用。

【参考文献】

[1] 梁远，祝远修.现代越南语语法[M].广州：世界图书出版公司，2012.

[2] 王国璋，吴淑春，王干桢，鲁善夫.现代汉语重叠形容词用法例释[M].北京：商务印书馆，1996.

[3] Trương Văn Giới, Lê Khắc Kiều Lục. Từ điển Hán Việt- Việt Hán hiện đại[Z]. Nxb Tổng Hợp TP Hồ Chí Minh.

其他研究

试论审美意象语符化的主要途径

吕智胜[①]

一切文学作品都是语言的构成物。作家的心理意象最终必须经过语符化才能变成具体、生动的文学形象,这才有文学作品。文学作品的生成也就是文字和词语的生成。古今中外作家的文学创作实践已经证明,运用文学语言的功能是可以克服意象与语符之间的对立与距离的,达到"译"象成语,并塑造出个性鲜明、栩栩如生的艺术形象。否则就不会有鲁迅笔下的阿Q、祥林嫂,也不会有《红楼梦》中的贾宝玉、林黛玉等这些活在人民心中的魅力无穷的典型形象。

审美意象的语符化是一个复杂的过程,它有一个从内部的心理语言向外部的公共语言转换生成的过程,因而它包括脑内生成与脑外生成两个阶段。所谓脑内生成是指话语还没有在口头或笔头发表出来的脑内斟酌生成过程,也就是心理语言中讲的"内部语言"。它是语言主体在将内心的动机、愿望转化为表述性的外部语言时的一种过渡言语形式,其特点是发音器官活动的隐蔽性和言语的简缩性。由于作家在头脑中构思着的审美意象是时而生动鲜明,时而粗略跳跃,抑或只有一个不确定的模糊的审美意象的主要轮廓,这就决定了内部语言使用的词汇不多,词法结构不很完整,但创作主体的意象却十分强烈。重视"脑内生成",自觉地、有意识地运用内部语言进行艺术构思,是审美意象语符化成功的重要一环,因为创作主体只有精心进行"脑内生成",才能对"焦点信息"和审美体验把握得更准确,附加信息安排得更体贴,词语运用得更恰当,语境因素结合得更巧妙,并使之顺利进入脑外生成的阶段。所谓脑外生成,是指在口头或笔头已发表的言语作品上,继续加工修改,直到满意为止的过程,即把作品的"草稿"修改加工成"定稿"的生成过程。"从内部语言向外部语言的过渡并不是简单地把一种语言翻译成另一种语言。它不可能仅仅通过使无声语言有声化来达到。"[②]而是一个"反复地理解和被理解的过程"(巴赫金语),它要将意象符号升华为艺术语言符号,并使这艺术语言符号既充分承载起作家艺术思维的成果,又体现出文学之美、文字之美,创作出艺术意境来。由于内部语言不像外部语言那么富有调理和逻辑性,更缺乏丰富与生动,所以,作家诗人对已写成的稿子常常感到不够尽意,总觉得它没有能够鲜明地表达自己从对象中所获得的主要印象,没有确切地描绘出情思交融的意象及心灵世界的微妙颤动。于是面对写成的稿子焦思苦虑,反复求索,寻觅着最恰当的不可替代的字、词、句,反复斟酌、修改,甚至到了"吟安一个字,捻断数茎须"(僧归仁《自遣》)、"只将五字句,用破一生心"(李频《北梦锁言引》)的程度。在炼字炼句上耗尽心血,务求通过文学语言表达出主体审美感受的独特性,在对主客体关系的描写中见出主体的精神状态。

为了成功地进行审美意象的语符化,使审美意象通过一种线性的、时间向度的语言真切地传达出来,创作主体不仅应娴熟自如地掌握和运用语言,在炼字炼意上下功夫,而且还必须创造性地运用一些特殊的表达技巧和修辞手段,使普通语符经过文学化的组合增强其造型性和表现力,使独特的审美意象成功地呈现出来。为了达到这一目的,审美意象语符化的主要途径有以下三条:

[①] 吕智胜,男,广西职业技术学院副教授。
[②] 列夫·维果茨基:《思维与语言》,杭州:浙江教育出版社,1997年,第162页。

一、营造各种特定的语境，使语词摆脱概念的束缚，获得具体、特殊的涵义

英美新批评的主要代表瑞恰兹认为，词汇意义的功能是通过它们所在的语境来体现的。在传统的理解上，语境指的是某个词、句或段与它们的上下文之间的联系，正是这种上下文决定了该词、句、段的意义。而瑞恰兹对传统的语境概念从两个方向上进行了拓展，一是从共时性的角度把语境扩大到包括与所要诠释的对象有关的某个时期中的一切事情；二是从历时性的角度加以拓展，语境表示一组同时再现的事件。正是基于如此开阔的理论视野，他认为，同样的一个陈述事实（语言），在不同的陈述情况（语境）里，便会具有大相径庭的功能效应。事实的确如此，单个词语只具有词典意义，只有把它放在特定的语境之中才具有个性涵义。"涵义与意义不同，意义所表示的只是词语与其所指称的事物固有的客观联系，它们之间的这种联系是固定的；而涵义所反映的却是在感性活动过程中，事物、对象与主体之间的关系，是个人对词语内容的一种主观体验。"[①] 正是在具体的语境中，普通语词才能生发出具体的、特定的意义。如"老爷"一词有着非同寻常的意味。童年时，"我"与闰土是亲密无间、无所顾忌的伙伴。时隔30年，闰土见到我却恭敬地称我为"老爷"，这生分、隔膜的称呼，不仅表现出闰土对"我"的尊敬，而且折射出了他那自卑、麻木的心态，包含着既欢喜又悲凉的感情，显示着人与人之间无法突破的隔膜。在此，语词不止诉说着自身，它也说出了远比自身丰富得多、深刻得多的涵义。可见，在具体文学语境下，一句普通的话语可生发出无比丰富的涵义，令人品味不尽。正如美国著名的艺术心理学家鲁道夫·阿恩海姆指出的："事实上，词语在不同的前后关联、不同的背景和不同的个人或不同的社会群体中，都具有不同的内涵。"[②] 我国作家老舍也曾说过："普通的话，在适当的时间、地点、情景中说出来，就能变成有文艺性的话了。"[③]

由语言的上下文关系构筑的小语境，容易被人注意和引起重视，而言语和社会生活的联系（文化背景、社会规范和习俗等）造就的大语境，常被人所忽略，其实恰是这些隐而不见的社会文化因素，是形成文学语言深层涵义的根本原因。如杜甫的《孤雁》："孤雁不饮啄，飞鸣声念群。谁怜一片影，相失万重云？望尽似犹见，哀多如更闻。野鸦无意绪，鸣噪自纷纷。"该诗描写了一只离群的孤雁不饮不啄，一直苦苦地追寻着失散的伙伴，甚至产生出那群雁总在眼前晃动的幻觉；但这幻觉毕竟不是真实的情景。在它周围"鸣噪"着的并不是昔日的伙伴，而是一群可恶的"野鸦"，这只孤雁因此而愈加焦躁不安。表面看来，正如题目所表明的是一首描写孤雁的诗，实际上它是诗人的"自写照"，即借用孤雁这一动物形象抒发对知己的思念之情和对因战乱带来的人与人之间那种不信任现象的诅咒。诗中借孤雁这一象征体所传达出的象征意义（内涵意义）是非常丰富、深刻的。而要正确认识和把握诗句中内蕴的涵义，则要联系大语境，即诗人所处时代的社会环境和文化背景来理解。

文学语言是在具体的语境中生成的，语境是流动多变的，文学语言是随语境的变化而变化的。譬如："你可以这样做"中的"可以"一词，它的语言意义是指"可能"或"能够"；但在"我对他够可以的了"这个句子中，"可以"的意思则相当于形容词"好"。语境赋予语言以个性化涵义和生命的活力。正是在一定语境的规定和限制之下，抽象概括的语言符号才变得具体、生动、形象、丰富，从而转化成情味无穷的艺术符号，作家运用这样的艺术符号，才能创造出内涵丰富、诗味隽永的艺术形象。

---

① 王元骧：《文学语言》，载自《文艺理论与批评》1990年第3期。
② 鲁道夫·阿恩海姆：《视觉思维》，北京：光明日报出版社，1986年，第360页。
③ 老舍：《出口成章·关于文学语言的问题》，北京：作家出版社，1964年，第60页。

二、词语序列的巧妙组合

中国的汉语言与印欧语系的语言相比缺少严密的语法和丰富完整的时态结构，中国作家很难像欧美作家那样凭着时态上的变换与翻新达到新奇的表达效果，正如有的论者所言："对于那些希望在自己的作品中如同欧美作品一样自由地运用时态的变化来创造出特别叙事效果的中国作家而言，汉语常常会让他们感到沮丧。"[①]但是，汉语较之拼音文字是更具有诗性资质和审美价值的语言，有着自己独特的优势。美国语言学家范诺洛萨在1908年撰写的《汉字作为诗歌的媒体》一文中曾热情赞赏汉字在各种超过拼音文字的优点。他把汉字的优点概括为三点：（1）汉字充满动感，不像西方文字被语法词类规则框死；（2）汉字的结构保持其与生活真实间的暗喻关系；（3）汉字排除拼音文字的枯燥的无生命的逻辑性，而是充满感性的信息，接近生活，接近自然。[②]如此言简意赅的分析，说明了汉语具有丰富多样的表现性，是一种偏重于表现性的语言。

汉语没有形态变化，其构词造句的规则具有简易性，它的组合是依靠词序排列和虚词的应用，词本身的形态则大多不变。如"我爱他"，换成"他爱我"，语义便翻转了，而语义的变化只靠"他"和"我"的位置颠倒；如果加上一个虚词"也"，就可使两个句子的意思统一起来，成为一个事件的两个方面，即"我爱他，他也爱我"，这就由两个简单句构成了一个复句。可见，语序在汉语中的地位是非常重要的。虽然语言受线性序列的限制，一个语词不得不排列在另一个语词的后面，但它们之间可以前后移动、相互置换，在形式上具有可逆性。"汉语言单位的弹性表现在功能上就是它的变性，亦即词义功能的发散性。汉语一个个词像一个个具有多面功能的螺丝钉，可以左转右转，以达意为主。只要语义上搭配，事理上明白，就可以粘连在一起，不受形态成分的约束。"[③]正是汉语的这种随意性和弹性，决定了语词组合的多向性。"一个语词序列，可以顺向构建，也可以逆向拼合，还可以以腹为头双向合成。""语句可以无限延伸，语序可以随意调整，语链还可以自由地切分。"[④]在文学创作中，作家充分利用汉语语句结构之灵活多变的特性，通过词语艺术化的组构，成功地表现着审美意象和艺术境界，传递着美的信息。作家对语词的选择与组合的策略是多种多样、千差万别的，这里从五个方面做些简略的探讨：

（一）运用表象义丰富的词，复苏语言与感知觉表象的潜在联系

语言是在人脑的第一信号系统（感觉）的基础上发展起来的，虽然它是人类感性经验的抽象化、概念化的符号，但它仍与人的感知觉有着不可分割的联系。它既有着普通一般的一面，又有着具体特殊的一面，语言与表象有着天然的联系。语词的意义准确地说应分为意义与涵义两部分，意义与抽象认知有关，是普通的、分析的，而涵义跟感觉有关，跟过去的经验、文化背景有关。意义可以传授，涵义只能靠语境、语感去领悟。现代语义学对语言意义的划分愈趋精细，英国语言学家利奇就把语义分为七类：理性义、内涵义、社会义、情感义、反映义、搭配义、主题义。这说明词语语音层面下面的语义呈现出一团"意义星云"，以理性义为中心，周围弥漫着诸多模糊不清的边缘义。词义的多向性与弹性为文学创作留下了广阔的空间。

文学是用生动鲜明的艺术形象反映社会生活、表达主体情感的，形象性是文学的根本特性。这一特性决定了在文学语体中，比较重要的是语词的表象义、情感义、社会文化义等，这些边缘义间互相联

---

① 李浩非：《中国的叙事智慧》，载自《文学评论》，1993年第3期。
② 郑敏：《语言观念必须革新》，载自《文学评论》，1997年第6期。
③ 申小龙：《申小龙自选集》，桂林：广西师范大学出版社，1999年，第69页。
④ 高万云：《文学语言的可变性规律初探》，载自《文学评论》，1990年第5期。

系，且都以"联想意义"来概括，能引发巨大的表现潜力和暗示能力。表象义是词的所指对象在我们脑中引起的感知觉表象，通过表象可产生联想，唤起相应的审美情感。因而表象义在文学语言中获得了极其重要的地位。作家倾向于选择表象义丰富的词，以使意象得以形象地符号化。例如，"枯藤""老树""昏鸦""小桥""流水""古道""西风"等都是表象义的凸现、鲜明的名词，这些词能引发人们对所指客观事物的联想，能在头脑中建立起相应的感性画面。以这些词作为语言材料，经过诗人精心地组合建构，便形成了一首形象生动、意蕴隽永的"秋"的千古绝唱："枯藤老树昏鸦，小桥流水人家，古道西风瘦马。夕阳西下，断肠人在天涯。"（马致远《天净沙·秋思》）普遍一般性的词语，经过诗人的具体化组合，使之指向了具体、特殊的事物，唤起人们的感官具象反应。诗中每三个词语为一组，分别构成三幅看似独立的图景，但其中都蕴含着一个悲凉的主题。各个词语所表示的事物的状态，由近及远、由静及动，由次及主，由外到内地分层推进、立体延伸；景色的描写与心理的衬托相得益彰，每一个自然景物中都渗透了萧条秋色里人物内心世界的悲凉。

（二）利用词义聚合的不同特性，造就有意味的文学话语

汉语是世界上词汇最丰富的语言之一，在《汉语大词典》中就收集了37万多条（只包括一般词语）。同一事物常有许多不同的说法或名称，例如，"死"历来被认为是不吉利的事情，所以在日常生活中人们尽可能用委婉的说法来表示："仙逝""谢世""永别""长眠""归西""作古"等等，有多达几十种说法。这些语音形式不同而意义相同或基本相同的词，就是一般所说的同义词。在文学作品中，作家巧用语言系统中的同义词不仅避免了用词的重复，为句子带来错综变化之妙，而且能通过运用同中有异的同义词，传达出不同的情感色彩和风格色彩。如《红楼梦》是以贾宝玉和林黛玉的爱情悲剧为中心，描写了贾府衰亡的过程，全书贯穿着悲和愁。为了表达各种场合、各类人物、不同程度、不同内涵的"悲"和"愁"，作者运用的两组同义词共达36个。其中表示因悲而痛的有"悲痛、悲恸、悲切、悲凄、悲戚、悲哀、悲"；表示因伤而悲的有"伤感、伤心、悲感、悲伤、伤悲"；表示凄苦的有"凄楚、凄恻"。愁有感于形而虑的"烦虑、忧虑、愁烦、忧愁、忧"；有动于心而闷的"愁闷、忧闷、纳闷、气闷、烦闷、闷"；有心绪不展的"悒郁、忧郁、抑郁"；有心境不畅的"懑愤、懊恼、烦恼、苦恼"。笔之所至，无所不及。于贾府，则愈显出封建社会摇摇欲坠之态；于宝黛，则更见其愁肠固结，如泣如诉。[10]

在语词的意义聚合中还有一种现象值得注意，这就是语词的多义性，即经常所说的一词多义现象。例如，"蜡烛"一词的实体词汇意义是"蜡制的照明物"。以这一实体词义为基础，又生发出了极为丰富的具有民族文化色彩的国俗语义。以燃成灰烬始干的烛泪喻深深的情思和虽死不悔的决心和信念；根据蜡烛"燃烧自己，照亮别人"的品质，"蜡烛"一词用来泛指"乐做奉献的人"，特指"教师"；由于摇摇曳曳的烛光易被风吹灭，又有了"风烛"比"残年"的用法；中国过去在婚礼中，在新房内以点红蜡烛表示喜庆，并于红烛之上加上龙凤彩饰，以增添吉祥热闹的气氛，是为"花烛"。"花烛"遂指代"新婚"，"洞房花烛夜"即为"新婚之夜"而在"他是蜡烛，不点不亮"这句话中，"蜡烛"一词具有贬义，泛指"不自觉、有傻气的人"。可见"蜡烛一词具有丰富的象征义、比喻义，修辞上有褒有贬，既表现缠绵之情，欢乐之感，也表现悲凉之意。这种种丰富的涵义都是在"蜡烛"一词的实体词义的基础上所增添的民族文化蕴含，是通过对蜡烛实体的特点的联想而产生的。

一词多义现象既有积极的一面，又有消极的一面。积极的一面在于它使语言非常经济，一个词包含几个意义，可以大大减少语言符号的数目，使用者能从词汇所具有的涵义的汇集中，获得无比丰富的意义，并可以根据上下文选择出一个与表达目的最为吻合、恰当的涵义；消极的一面在于易使话语产生歧义现象。正因为如此，对于一词多义，人们在科学语言和文学语言中采取两种截然相反的态度。在科学语言中，不允许存在含混不清的表达，要力求消除语言的多义现象，使语词的能指与所指一一对应。而

文学要用语言表达出作者罕见的、新颖的、独特的、原初的审美感受与体验，意义明确单一的语词是难以传达出如此丰富复杂的审美体验，因此，文学语言就要提倡和保留语词的多义，并通过各种手段造成一词多义现象。正如法国释义学派创始人保罗·利科所说："诗歌是这样一种语言手段，其目的在于保护我们语词的一词多义，而不在于筛去或消除它，在于保留歧义，而不在于排斥或禁止它。语言不再是通过它们的相互作用，构建单独一种意义系统，而是同时构建好几种意义系统。从这里就导出同一首诗的几种释读的可能性。"文字语言恰是善于运用语词多义性的语言，利用同一语词具有的多种意义，拓展了文学作品的容量和内涵，如"春蚕到死丝方尽，蜡炬成灰泪始干"（李商隐《无题》"相见时难别亦难"）；"蜡烛有心还惜别，替人垂泪到明天"（杜紫薇《别诗》）。这两首诗中都以垂泪的蜡烛象征苦恋者那黯然销魂的离别之恨和幽然神伤的思念之情。而在"还主动和我们打招呼，蜡烛！"（陆文夫《井》）中的"蜡烛"一词则是贬斥性的骂语，意思是"什么东西，那么不自量！"正是由于文学语言具有多义性的特点，因而才能够包容众多情感体验、生活经验和哲理意蕴，收到言有尽而意无穷的艺术表达效果。

（三）创造词语能指与所指之间的"偏离效应"，使一般化词语生发出独特的表意功能

在日常语言中，语言符号的能指与所指之间的关系是固定的对应关系，即使一词多义，也是可以确定的，这就是语词的常态意义。这些常态意义的表现象毕竟是有限的，因为它要受到语法规则和造句习惯的制约，语言表达难以脱离概念化的逻辑轨道。相对于理性逻辑，艺术形象中的生活与情感则是变异了的。前苏联心理学家列昂节夫在给维戈茨基的《艺术心理学》作序时深刻指出："情感、情绪和激情是艺术作品内容的组成部分，但它们在作品中是经过改造的。就像艺术手法造成作品材料的变形一样，艺术手法也造成情感的变形。"这就告诉我们艺术作品中的情感是个人情感的改造与升华，要成功地传达这种变异的情感，就要有与之相适应的艺术形式与手法，就要在日常语体的基础上转换生成审美语体，其转换生成的基本规律是："只有违反标准语言常规并且是有系统地进行违反，人们才有可能用语言写出诗来。"在实际语境中，词义又是变化多端的。当词义的变化超出语词的能指与所指之间的确定关系时，能指与所指之间的恒定关系就会破裂，偏离也就会随之产生。偏离的另一层意思便是指在词的用法、搭配及语法功能等方面违背常规的用法。词语的偏离在两个方面造成独特的表意效应：

首先，词语的偏离及超常搭配，能使词语不再指向共相、一般的意义，而是指向独特、个别的意义。如"花"这个词，虽然中国社会科学院语言研究所词典编辑室编辑的《现代汉语词典》（修订本）中，对它的解释多达19项，其中包括"花"的一些比喻义、象征义，但是，这些解释里"花"依然是共相意义上的"花"，能指与所指还是能够确定的。在文学作品中，采用偏离的方法及词语的超常搭配，"花"便是指向各种特殊的事物和意义，"花"的意义和用法是变化万千、无法穷尽的。诗人张先的佳句"月破月来花弄影"被视为千古绝唱。"花"本来是不能"弄影"的，但恰是用了一个拟人化的"弄"字，而境界全出。这是诗人把自己的心情投射到花上，使花人格化的结果。在月光下徘徊、起舞、顾影、伤愁的既是花也是人，是二者的巧妙融合，是物化了的诗人的审美感受。没有"弄"字这一超常搭配的词语，则花归花，人归人，诗人的心境无法窥见，花的出现也失去了意义。显然，这一佳句中的"花"，不可能是共相意义上的花，而是特殊意义上的，即诗人独特的情感体验中的花。

其次，词语的偏离能恢复语言感性鲜活的表现力，并打破读者心中固有的接受定势。词语的常态意义由于经常使用，已变得机械化，一般化了，既失去了它与感性经验的联系，又使人在接受过程中感觉不到其生动鲜活的一面。文学语言通过言语的偏离和打破其成规与常态的"变异"，能够使人们产生新异感，并有助于打破那种非艺术接受机制的惯性运动，产生出艺术语体所需要的语言接受图式。譬如，我国古代诗词中对"愁"的描写，总是用具体生动的感性形象来表达这种抽象的、飘忽不定的情感："问

君能有几多愁,恰似一江春水向东流。"——愁有长度;"只恐双溪舴艋舟,载不动许多愁。"——愁有重量;"自在飞花轻似梦,无边丝雨细如愁。"——愁有形状;"月落乌啼霜满天,江枫渔火对愁眠。"——愁能相对而望;"愁心似醉兼如病,欲言还慵。"——愁有酒味,能醉人;"菡萏香销翠叶残,西风愁起绿波间。"——愁有动作,能陡然立起。这里,诗人将难言的愁思,别出心裁地用文字凝铸成一个个鲜明生动的意象,令读者在曲折玩味中觅得诗词的真谛。这些诗句中对于欲言常态的偏离和"变异"的表达,迫使我们将注意力集中到语言本身,而不是它以外的别的东西。新异、独特的语词搭配,使我们感受它时已无法重复原来的感知路径,无法袭用原来的接收模式和套路,只有凭借丰富的想象力与创造力,悉心地去体味、感悟。这就打破了我们心中原有的接受定势,从麻木不仁的状态中惊醒起来,使思维恢复生机与活力。

(四)"碎片化"的词语组合,拓展文本内在的艺术张力

文学文本的话语结构从本质上说是作家在观照生活时审美情感秩序的外化。就是说,一定的审美情感模式必然会产生与其对应的话语结构。正如杜夫海纳所说:"艺术的语言并不真正是语言,它不断地发明自己的句法。它是自然的,因为它对自身说来就是它自己的必然性,一个存在的必然性的表现。"作家在创作中要以自己活跃的审美情感去超越以理性思维为基础的语法规则,同时就需要建构出能满足非理性思维的要求,能充分反映作家审美情感和创作个性的新的语法规则,美国语言学家乔姆斯基的转换生成语法充分满足了这些要求。乔姆斯基认为,语言可按其规则进行不同形式的排列组合而产生出不同的语句和语义,而且趋向无穷。这一语法理论是以既有的语法理论为前提,强调语言运用的变化性、创造性,它允许对旧有的语法进行破坏、改革,以便通过语言形式的重组来生成新的语义。这种转换生成语法是符合文学语言组构规律的。作家如果遵循现象之间的因果必然律,按照常规语法去反映现实、组构文本,就会把生活中许多偶然的、个别的、无法按照因果关系去解释的意象与思绪筛选掉、遗漏掉,使文本的面目变得苍白虚假。为了突破旧有的话语结构模式,一些作家在结构作品时不仅选择了片断拼接的结构形态,而且大胆采用"碎片化"的词语组合方式,以使那些无法贯穿于因果关系链上的大量偶然的、个别的意象都被拼接黏合而纳入文本世界之中,形成散点透视的效应,使意象之间的范围、距离、深度增大,拓展了文本内在的艺术张力,给读者留下广阔的想象与再创造的空间。例如:

没有父母的少女,酗酒病狂的兄弟,纯洁的初恋,信托的心,白首的约,不辞的别,月夜的骤雨,深刻的心的创痛,无爱的婚姻,丈夫的欺骗与犯罪,自杀与名誉,社会的误解,兄弟的责难和仇视,孀妇的生活,永久的秘密,异邦的漂泊,沉溺,兄弟的病耗,返乡,兄弟的死,终身的遗憾。

——巴金《春天里的秋天》

这段是在叙述一部电影的情节,它是由18个偏正词组并列拼接而成,其中有的词组内还含有并列着的多个信息。每个词组都是一个独立的意象,多项词组聚合成动态的意象群,各项之间看似没有必然的联系,显得零乱杂多。但却在广阔的时空中延展出一幅幅流动的画面,形成了一个动态的过程,在貌似零乱无序的词语搭配中,传递着丰富的信息和各种复杂的情感。

三、运用各种修辞手法,创造"陌生化"效果

文学语言要不落窠臼,创造出令人新奇的"陌生化"效果,并将其表现力深入到无法言说之域,成为不可说之说,除了靠语境的营造、词语的组构外,还常常需要利用各种修辞手法,生成能尽善尽美地表现审美意象和美的境界的艺术语言。何谓修辞?《辞海》释曰:"依据题旨情境,运用各种语文材料、各种表现方法,恰当地表现写说者所要表达的内容的一种活动。"这一概括中指出了修辞包含着的四个要

素，即修辞情境、修辞材料、修辞方法及修辞效果，四者密不可分。就基本的修辞手法而言，就有比喻、象征、拟人、夸张、对比等多种，经常见于文学语言的表现之中，为建构的审美意象系统服务，凸现语言的美学功能。

比喻是一种具有历史悠久传统的艺术表现手法，我国上古时代就已总结出诗之六义，其中"赋比兴"均属修辞手法。比者，附也，以彼物比此物也。按刘勰的说法，比之为义，取类不常：或喻于声，或方于貌，或拟于心，或譬于事。象麻衣如雪，两骖如舞，金锡以喻明德，珪璋以譬秀民，螟蛉以类教诲，蜩螗以写号呼，浣衣以拟心忧，席卷以方志固，都是"比"。在20世纪初，俄国形式主义派在诗学研究中，强调语音的"陌生化"，也对比喻特别重视。如雅各布森在《隐喻和转喻的两极》一文中，把诗歌分为两类：隐喻和转喻。他认为，在一般的现实主义作品中，转喻结构居支配地位；而浪漫主义的作品则以隐喻为主导。英美新批评派的文论家们，在对语言技巧的研究中，尤其重视隐喻。布鲁克斯曾用一句话概括现代诗歌的技巧：重新发现并充分运用隐喻。维姆萨特则在他的许多论文中对隐喻的各种机制进行过细致的分析。他们重视比喻，其意义不仅是认为以此物代彼物，能创造出文学话语的形象性、生动性，而且通过喻体与本体的巧妙结合，能揭示出不同事物之间的内在联系，能暗示出深刻的"言外之意"。因为"隐喻语言的意义又可分为两种，而且两种意义一般说来是并存的：一种是表面含义即字面意义，一种是藏在字面意义之下的深层意义"。

根据本体和喻体的不同关系，今人多把比喻分为明喻、隐喻（暗喻）、借喻三种类型。明喻即直喻，在文学作品中比比皆是。雨果在诗作中曾用许多事物作喻体来比喻星星：晶莹的宝石，金色的水晶，银色的百合，夜之眼，暮色中朦胧的眼睛，闪光的钻石，空中的残火余烬，空中飞舞的蜜蜂，等等，赋予"星星"一词丰富多彩的形象，以唤起接受者瑰丽的想象，使平淡无奇的事物变得无比新奇生动。

借喻是直接用喻体代替本体，本体和比喻词都不出现，是一种省略性比喻。比如：

再往下走几十级，瀑布就在我们上头，要抬头看了。这时候看见一幅奇景，好像天蒙蒙亮的辰光，正下急雨，千万只银箭直射而下，天边留着几点残星。

——叶圣陶《记叙金华的两个岩洞》

这里用"千万枝银箭"比喻本体"瀑布"，形象而逼真，言简而意丰。

隐喻是具有很强的诗性功能的修辞，诗与隐喻结下了不解之缘。雪莱说："诗人的语言只要是隐喻的。"斯蒂文斯说："只有在隐喻的国度里，人才是诗人。"这是因为诗歌这种艺术文本，其语义结构是一个复杂的、多极化的系统，美国学者劳·坡林指出："诗是一种多度的语言。我们用以传达消息的普通语言是一度的语言。这种语言只诉诸听着者的理智，这一度是理解度。诗歌作为传达经验的语言说，至少有四度。它为了传达经验，必须诉诸全人，不能只诉诸他的理解部分。诗不仅涉及人的理解，还涉及他的感官、感情与想象。诗在理解度之外，还有感官度、感情度、想象度。"这种切近诗歌的语言本质的认知中，我们就可以理解为什么西方众多文论家把隐喻看作是诗的"普遍原则"。隐喻语言在诗中的基本功能是通过造型而形成意象，使意象客体构成隐喻的喻体，使诗性意义得以显示。但是在诗歌中，意象之间一旦构成隐喻的喻体，会使诗性意义得以显示；或意象之间一旦构成隐喻结构，其意味会发生奇异的变化、扩张，生成极强的感官性与暗示性。正是在隐喻结构中，意象的巨大表现力才能被充分激活。如宋人吕本中的词《采桑子》：

恨君不似江楼月，南北东西。

南北东西。只有相随无别离。

恨君却似江楼月，暂满还亏。

暂满还亏。待得团圆是几时。

在这首词中，同是江楼月的意象，却被赋予了团圆和分离两种截然相反的涵义。作为隐喻的喻体，这两种月的意象却暗示着抒情主人公复杂的情感世界，即从希望与现实的两端表现那颗"恨君"的爱心。虽为合与分两极，却让人能更深刻感受那颗与爱人团聚的美好愿望，这是可以言说的表现效果。而词中在"不似"与"却似"的艾怨中，"恨"的无尽忧愁又使抒情主人公处于怎样的心绪中，确是无法说清的，只能靠欣赏者去悉心地体味。

"象征"一词在希腊语中本义是指"一个木板分成两半，双方各执其一，以保证互相款待"的信物，后来被引申为观念或事物的代表或符号。文学的象征是指通过某一感性具象的事物或特定形象表现或暗示比它自身更丰富的涵义和观念。任何象征都包含着象征客体和象征意义。象征与比喻既有联系又有区别，二者的区别主要在于：①比喻中喻体和本体的关系大多都是说明性的，一般不必通向观念；而象征则重在主体意识和观念的表现。②比喻中的本体与喻体是主从关系、比附关系，二者的联系往往是直接的、局部的、暂时的；而象征的客体与象征的意义的联系却不是那么直接和单一，象征体所包孕的象征意义常常体现某种程度的超越性、暗示性和不确定性。象征的意义是宽泛的、隐晦的、深邃的。③比喻多用于个别语言现象，象征可以是特殊语词，也可以扩展到全句、全段、全篇。韦勒克、沃伦二人认为："象征具有重复与持续的意义。一个'意象'可以被转化成一个隐喻一次，但如果它作为呈现与再现不断重复，那就变成了一个象征，甚至是一个象征（或者神话）系统的一部分。"他们所讲的便是较大范围的象征。成功地运用象征手法，能达到这样的效果："借有形喻无形，借有限表无限，借刹那抓住永恒……正如一个蓓蕾蓄着炫嫚芳菲的春信，一张落叶预奏那弥天漫地的秋声一样。所以它所赋形的，蕴藏的，不是兴味索然的抽象概念，而是丰富、复杂、深邃、真实的灵境。"文学艺术所追求的就是这种宏大深邃的人生境界、精神价值和贯通古今世界的人生哲理。所以，文学作品的最核心的东西，不是可以用概念表述的"主题思想"，而是作品中所蕴含的这种"象征意蕴"。鲁迅塑造的阿Q形象之所以具有不朽的魅力，就是因为这个落后的农民形象大大超越了它自身的规定性而获得了一中普遍性象征意蕴。"它不仅象征当时社会流行的民族失败主义的变态情绪，而且象征着中华民族的性格——一种长期受奴役而形成的变态反抗、精神胜利的畸形的集体深层心理。"海明威的《老人与海》是一部具有象征意义的小说。作品描写了老渔夫桑提亚哥连续84天没有捕到鱼，直到第85天才终于捕到一条大鱼，在返航途中，鱼肉又被鲨鱼吃掉，经过3天的海上搏斗，老人精疲力尽地拖回一具鱼的骨架。在海明威笔下，老人无疑是英雄的象征，而大海、大鱼、巨鲨则是英雄强大的对手。老人的捕鱼经历象征人类在与大自然和外界力量的搏斗中难免失败，但又不屈不挠与命运抗争的哲学思考，暗示出人们那种明知不可为而为之的不可征服的硬汉子精神。正是作品中象征与暗示出的深邃的哲理内涵和精神，激发人们的联想和情感体验，并使之产生巨大而持久的心灵震撼。

拟人手法是把事物当作人来写，即把人的感情、行为附着于动物、植物、无生物或抽象概念等非人身上，即把事物人格化。它可以看做特殊的比喻。大千世界的万物都是彼此相连的，人和物更是息息相关。刘勰在《文心雕龙·物色》里说："岁有其物，物有其容；情以物迁，辞以情发。"情与物是脉脉相通的，人们在千变万化的自然界和丰富多彩的社会生活中，常常会因情感物或因物生情。从发生学看，原始人把人格化的语言运用到客观事物上面，形成的所谓拟人现象，是自然崇拜观念和万物有灵心态在言语活动中的反映。但其后随着这种观念和心态的淡化和消失，拟人的运用，就属于修辞范畴了。拟人是以作家异乎寻常的艺术感觉和奇异的想象为基础的。当作家情感勃发、充溢之际，常以奇异的想象把主观的意念和感觉赋予客观事物，仿佛客观事物也和人一样具有感情和性灵，所谓"以我观物，故物皆著我之色彩"，因而极有利于人们通过心物交感而寓意寄情。拟人便是这种物我交融的奇异心态基础上的想象的产物。文学作品中的拟人，方式不一，大多是直接赋予事物以人的行为和情感。如：

那晚月儿已瘦削了两三分。她晚妆才罢，盈盈的上了聊梢头。

——朱自清《桨声灯影里的秦淮河》

这里把无生物的"月亮"当作美女来描绘，赋予人的行为和动作。这位身材瘦削、步态轻盈的晚妆美女的形象，新颖别致，栩栩如生，令人对"月儿"产生无尽的遐想和美的享受。这种拟人化的表现，不仅惟妙惟肖地传达出了作者丰富细腻的审美情感，而且还把死寂的物质世界变成了有生命、有活力的精神世界，并创造出一个新奇美好的艺术世界。

在文学作品中，也有通过否定事物具有人的行为和情感而运用拟人手法的，如"无情最是台城柳，依旧烟笼十里堤"（韦庄《金陵图》）。台城柳本来是没有感情的植物，诗中却反而怪它无情，这也就隐含着诗人认为台城柳本来是有情之物的意思，由此就曲折而巧妙地把台城柳拟成有感情的人了。这类拟人方式可谓别具一格。拟人手法使人放弃现实态度，以新的角度审视对象，从而发现和体味对象的审美价值。

为了更突出、更鲜明地强调某一事物，而故意地"言过其实"，用形象的语言把事物的某一特征超越常态地夸大或缩小，谓之夸张。日常语词以其固定的意义引导人们以日常感觉来感受世界，固定的词义束缚着人们强烈情感的抒发。在文学创作中，当常态的具体事物难以表达创作主体浓郁深沉、变动不拘的感受与情感时，作家就会以扬厉、夸饰的方式突出事物的本质特征。通过对主体感觉的夸张，便可以打破日常语言符号的固有意义，使之构成变形的超常态形象和虚幻的语境，为审美意义的发生造就充分的条件。诸如善于夸张的李白，写雪片曰大如席；写白发长有三千丈；写黄河之水言天上来；写蜀道之难则难于上青天；写逸兴壮思即上青天揽月；写小人气焰便见鼻息直冲天上霓虹……夸张矫饰比比皆是。夸张的语象虽荒诞不实，但没有人怀疑其艺术价值，因为这些语象的夸张变形表现了作家感觉和情感的真实和艺术的真实，所以，它不会失去可信性，反而会使读者更强烈地感知对象的审美特性，具有艺术的可接受性。因此，我们不会说雪片大如席是没有的，因为它能更好地表现燕山冬天的严寒；也不会说没有人鼻息若虹，因为它能活画出那些势利小人的骄横与嚣张。艺术反映现实是能动的表现，其间渗透着创作主体鲜明的爱憎和个性化的情感，因而它必然高于现实。从这个意义上讲，艺术的本质是夸张的。也只有这样的艺术品，才能"发蕴而飞滞，披瞽而骇聋"，酣畅淋漓地抒发作者的主观感受，具有强烈的艺术感染力，从而充分满足欣赏者的审美要求。正可谓"誉人不憎其美，则闻者不快其意；毁人不益其恶，则听者不惬于心"。这说明"夸而有节，饰而不诬"的艺术夸张是符合艺术鉴赏审美心理的。

通感是中外诗文中运用相当广泛的一种艺术表现手法。对于通感，早在古希腊，亚里士多德在《心灵论》中就曾提到过，他认为声音有"尖锐"与"钝重"之分，那是与触觉比照的结果。因为听觉与触觉有相似之处。中国古代文论里虽然没有提出"通感"一词，但在文学创作特别是诗歌创作中却大量存在。钱钟书先生在《通感》一文中，曾专门研究并阐述了通感在中国古典诗文中的运用情况。他指出："中国诗文有一种描写手法，古代批评家和修辞学家都没有拈出。"他还说："在日常经验里，视觉、听觉、触觉、嗅觉等等往往可以彼此打通或交通，眼、耳、鼻、舌、身等多个官能的领域可以不分界限。"这便揭示了通感的特点和规律。人的五官感觉虽各有分工，彼此不得相混，但人作为有机的生命整体，各种感觉既有特定的对象和相对独立的功能，又是可以相互联系、相互沟通和相互转换的。

现代生理学研究表明，人脑的结构和机能是极其复杂的。大脑神经系统是由无数神经元组成的，有复杂的系统层次和不同区域，不同的区域对事物产生不同反应，如视觉对光波作出反应，听觉对声波作出反应等。然而，大脑皮层的各个区域之间又不是彼此孤立、相互隔绝的，它们的边缘地带有着许多"叠合区"，发挥连结、协调、沟通的作用，在"兴奋分化"的同时，产生"兴奋泛化"，能使各种不同感觉之间获得沟通而形成通感。

从客观方面来说，任何事物都存在于一定的时间和空间之中，时间和空间是矛盾统一的；不同事物在形态、属性上有着内在的联系和外在的相似之处，这就为通感的产生提供了客观基础。此外，在文学艺术创造中，作家艺术审美通感的产生和表现，还有赖于其创造性的联想和想象。

从心理学上讲,通感是感觉的挪移。从一种感觉转移到另一种感觉,是作家运用形象思维想象和联想,由此及彼的想象和结果。由于想象是自由驰骋的,所以也就使移觉多样化,形成五官感觉皆可沟通的局面。贾岛的《客思》中有"促织声尖尖如针"的诗句,就是由促织的尖叫声这一听觉表象联想到尖针这一视觉表象而创造出来的。诗人以耳为目,听声类形,将听觉转化为视觉,使不可见的蟋蟀叫声变得可见可触,形象具体地表达了蟋蟀的尖叫声深深刺痛游子的心,而引起浓郁的悲伤之情。运用多重通感,通过几个感觉的协同作用,形成丰富的知觉表象,并造成奇异化的艺术表现效果,这在诗文中也是常见的。如李世熊《剑浦陆发次林守一》中"月凉梦破鸡声白,枫霁烟醒鸟语红"。月光是"白"的,白色是霜雪之色,由"白"而生"凉";月白而天将破晓,使人感觉鸡叫声也是"白"的,这里由视觉转触觉,再由听觉转到视觉。天气晴好,烟消云散,枫林尽染,一片火红,仿佛林中的鸟鸣也染上了这种热烈的颜色。视觉、触觉、听觉彼此沟通,互交为用,表现了秋天破晓美妙、动人的诗情画意,传达出诗人难以言传的微妙感觉。运用审美通感,可以化无形为有形,化无声为有声,化无味为有味,把生活中似乎"无理"的现象化为艺术上"合理"的意境,使作家能够更形象、更生动地表情达意,创造出多姿多彩、形神兼备的艺术形象。同时也有助于调动读者的多种感官从各个不同的角度去捕捉和体味艺术形象的意蕴,启发读者的联想,成功地进行艺术再创造。

以上是从修辞手法的层面上对几种语言艺术的表现手法作了些简要的分析。其实,语言艺术的表现手法是极其丰富的,本文的任务并不是从修辞学的角度去一一展示它们在传情达意上的精彩用法,因此只能挂一漏万。但通过上述对几种传统修辞方法的阐述,足以说明修辞是文学语言审美化的特殊方式,它能在一定意义上造成"偏离效应",超越语言旧有的体制框框,对表现对象起到凸显、强调、渲染之类的作用,创造出陌生化的艺术世界,更好地发挥文学语言的审美功能。

【参考文献】

[1] 列夫·维果茨基.思维与语言[M].杭州:浙江教育出版社,1997:162.

[2] 王元骧.文学语言[J].文艺理论与批评,1990(3).

[3] 鲁道夫·阿恩海姆.视觉思维[M].北京:光明日报出版社,1986:360.

[4] 老舍.出口成章·关于文学语言的问题[M].北京:作家出版社,1964:60.

[5] 李浩非.中国的叙事智慧[J].文学评论,1993(3).

[6] 郑敏.语言观念必须革新[J].文学评论,1997(6).

[7] 申小龙.申小龙自选集[M].桂林:广西师范大学出版社,1999:69.

[8] 高万云.文学语言的可变性规律初探[J].文学评论,1990(5).

[9] 利奇.语义学[M].上海:上海外语教育出版社,1987:13.

[10] 辛加宝.同义词研究[M].北京:北京语言学院出版社,1996:243.

"非物质文化遗产"称谓献疑

李义琳[①]

近年来文化传承和文化保护成为热门话题。特别是"非物质文化遗产"更是屡见于各种媒体。"非物质文化遗产"大概是从外语翻译而来的,笔者对外语比较生疏,作为以汉语为母语的受众来说,从语感上总觉得别扭,特别是从逻辑上说难以令人信服。更何况把"非物质文化遗产"缩略为"非遗",会让人误解。还有把"申报非物质文化遗产"缩略成"申遗",更让人感到不知所云。

一、探讨"非"的含义

从字源上看"非"是象形字。《说文解字》解作"从飞下翅,取其相背也"。本义是违背,引申指不合理的;责怪,非难;表否定的副词等。在《新华字典》(第11版)中,"非"有七个义项,除第七个义项指非洲外,其余六个义项的基本义都是表示否定。第三个义项是"名词词头,表示不属于某个范围"。如非金属和金属相对,非处方药和处方药相对,非婚生子女即私生子,非战争主义即和平主义,非军事地区即不搞军事化、不设防地区。

总之,在名词性词语前加上"非",就和原来的名词性词语成了相互对立、互相排斥的名词性词语。"非物质文化遗产"应该是和"物质文化遗产"相对立的,即排除了"物质文化遗产"以外的"文化遗产"。

二、"物质"的理解

2006年重印的《辞海》在"物质"词条下有两个义项,其中第一个义项有较详细的解释。《辞海》的解说是:"不依赖于意识而又能为人的意识所反映的客观实在。世界的本质是物质的,意识是物质高度发展的产物。运动是物质的根本属性,时间和空间则是运动着的物质的存在形式。自然界和社会的一切现象,都是运动着的物质的各种不同表现形态。马克思主义哲学的物质概念是世界上一切现象(自然现象和社会现象)的根本特性的最高概括,因而不能把它同自然科学中关于物质结构的学说相混淆。世界统一于物质。物质的唯一特性是客观实在性。物质世界能为人的感觉和意识所反映,但不可穷尽。物质观念是唯物主义哲学的基石。20世纪以来自然科学对物质的属性、结构、形态等的新认识,不断证实和丰富辩证唯物主义的物质范畴。"第二个义项是指"实物、生活资料、金钱"等。

按照我们一般的理解,"物质"和"精神"是相对的。《现代汉语词典》对"精神"的解释是:"指人的意识、思维活动和一般心理状态。"如:"物质文明"和"精神文明"相对;"物质生产"和"精神生产"相对;"物质生活"和"精神生活"相对。"物质"多有具体的形态,而"精神"多是无形的,如"精神损耗"也称"无形损耗"。

[①] 李义琳,男,广西大学文学院教授。

三、"文化遗产"的概念和分类

据人民大学王文霞先生的说法,"文化遗产"通常是指某个民族、国家或群体在社会发展中所创造的一切精神财富和物质财富。这种精神财富和物质财富代代相传,构成了该民族、国家或群体区别于其他民族、国家或群体的重要文化特征。

按一般的说法,"文化遗产"可分为"物质文化遗产"和"非物质文化遗产"。

"物质文化遗产"又称"有形文化遗产"。据1972年11月在巴黎召开的联合国教科文组织第17届全体会议上通过的《保护世界文化和自然遗产公约》的表述,"物质文化遗产主要包括历史文物、历史建筑(群)和人类文化遗址"。

其中最大量的是历史文物。历史文物是指具有历史、艺术和科学价值的文物,包括可移动文物和不可移动文物。可移动文物,又叫"可收藏文物",如:历代重要实物、艺术品、手稿、图书资料等;不可移动文物包括古遗址、古墓葬、古建筑、石窟寺、石刻、壁画、近代现代重要史迹及代表性建筑等,如:故宫(古建筑)、前门大街(古街市)、安阳殷墟(考古遗址)、乌镇(传统聚落)。

和"物质文化遗产"相对的就是"非物质文化遗产"。

《现代汉语词典》(第6版)收入了"非物质文化遗产"这一词条,对"非物质文化遗产"的解释是:"各民族人民世代相传并视为其文化遗产组成部分的各种传统文化表现形式,以及与传统文化表现形式相关的实物和场所,包括语言、文学、音乐、舞蹈、神话、礼仪、习惯等。如我国的昆曲已作为非物质文化遗产列入世界遗产名录。"这个解释已经相当周全。

《保护非物质文化遗产国际公约》(联合国科教文组织2003年10月在巴黎的32届会议通过)把"非物质文化遗产"分为:口头传说和表述,包括作为非物质文化遗产媒介的语言;表演艺术;社会风俗、礼仪、节庆;有关自然界和宇宙的知识和实践;传统的手工艺技能。

从上边的转述中可以看到,"非物质文化遗产"并不排斥"物质",往往和"物质"纠缠在一起。

"物质文化遗产"和"非物质文化遗产"的区别,据专家的论述,概括起来有五个方面,它们是:

(1)"物质文化遗产"和"非物质文化遗产"的性质不同;(2)存在的领域不同;(3)保护方法不同;(4)时代性不同;(5)形态不同。

从上边的论述中可以看到,"非物质文化遗产"并非绝对排斥物质。我们觉得"物质文化遗产"和"非物质文化遗产"最本质的区别在于形态不同。

"物质文化遗产"是一种"静态"的文化遗物,"静态"性是它的重要特性。"物质文化遗产"的文化内涵,是通过人的研究、挖掘、探索等取得认识,受到时代的局限。"物质文化遗产"内涵的研究是从"静物"见"文";"非物质文化遗产"是一种"活态"的技能,这在口头传说和表述及其语言、表演艺术、社会风俗、礼仪、节庆以及传统工艺技能等遗产中尤为突出。它们的文化内涵是通过人的活动表现的,通过人的活动传达给受众。"活态"或"动态"是"非物质文化遗产"的本然性,也是生命线,是"非物质文化遗产"最重要特性之一。

四、几点质疑

(1)《国家级非物质文化遗产代表作申报评定暂行办法》对非物质文化遗产作了这样的界定:非物质文化遗产是指各族人民世代相承的、与群众生活密切相关的各种传统文化表现形式(如民俗活动、表演艺术、传统知识和技能,以及与之相关的器具、实物手工制品等)和文化空间。

从这个界定看,"非物质文化遗产"并不排斥物质,"相关的器具、实物手工制品"等都是实实在在的物质;"民俗活动、表演艺术"等离不开物质。

（2）从上述"物质文化遗产"和"非物质文化遗产"的区别第二项"存在的领域不同"中指出"非物质文化遗产存在于人们的口头传说和表述中,存在于传统工艺技能操作实践中,即以一定的物质形态存在于一定的环境之中"。这里强调说明了"非物质文化遗产"也是以"一定的物质形态存在于一定的环境之中"。《现代汉语词典》对"非物质文化遗产"的解释中也有类似的解说。总之,都还是离不开物质。

（3）从"非物质文化遗产"的具体个项看其物质性。

①昆曲。2001年就被联合国教科文组织列入第一批人类口述和非物质遗产代表作名单。

昆曲,是我国汉民族古老的剧种。起源于江苏昆山一带,已经有600来年的历史,是中国戏曲之母,具有完整的表演体系。它糅合了唱、念、做、表、舞蹈及武术的表演艺术,以鼓、板控制演唱节奏。昆曲的唱、念、做、表、舞蹈及武术的表演艺术和控制演唱节奏的鼓、板,都是有形的、具体可以感知的物质,并非无形的。

②新疆维吾尔族的木卡姆。联合国教科文组织在2005年宣布其为第三批"人类口头和非物质文化遗产代表作"。

"木卡姆"是合歌、舞、乐于一体的综合艺术形式,体裁多样,曲调极为丰富,是打开维吾尔族的金钥匙。这种体现新疆维吾尔族文化的木卡姆,既有歌唱,又有舞蹈,还有乐器伴奏,这些都是物质形态的东西,离开物质都不会存在。

③宣纸。联合国教科文组织在2009年将其列为"人类口头和非物质文化遗产名录"。

宣纸是中国传统的古典书画用纸,其制作是汉族传统造纸工艺之一。原产于安徽的泾县,因为泾县历史上属于宣城府,所以就把泾县和周边地区用这种传统工艺造出来的纸称宣纸。据传说,东汉安帝建光年间蔡伦死后,他的弟子孔丹在安徽南部从事造纸业,为了表达对师傅的怀念,很想制造出一种出类拔萃的好纸,给师傅画像修谱,但很多年都没能如愿。后来,偶然见一棵倒在溪边的老青檀树,由于日晒、水洗,树皮变白,显出修长纯洁的纤维,孔丹取这种树皮造纸,经过反复摸索,终于制造出质地绝好的纸张,这就是后来的宣纸。流传至今的"四尺丹"就是为纪念孔丹而命名的。历史记载,宣纸在唐朝就已经出名了,南唐后主李煜就曾亲自监制宣纸珍品"澄心堂"纸。

宣纸不变色、耐老化、少虫蛀、寿命长,被赞誉为"纸中之王,千年寿纸",它"韧而能润,光而不滑,洁白稠密,纹理纯净,挫折无损,润墨性强",成为最能体现中国艺术风格的书画用纸。我国的古籍珍本、名家书画墨迹,大都用宣纸保存。早在19世纪巴拿马国际纸张比赛会上,宣纸就获得过金牌。

宣纸是物质,不必赘言。宣纸的制作工艺,也离不开原料、场地、工具、操作过程等,这些也都离不开相关的物质。

④布洛陀。2006年被列入国务院公布的第一批国家级非物质文化遗产名录。

布洛陀是广西壮族的口头传说,既有散文体又有诗歌体,两种形式同时在民间流传。布洛陀是壮语音译,"布"是对德高望重老者的尊称,"洛"是知晓、懂得,"陀"是普遍、全面。"布洛陀"意思是"山里的老人"或"无事不晓的老人",也引申为"始祖公",即壮族神话中的创世大神和男始祖。"布洛陀"这个民间传说故事,形象生动地叙述了天地形成、人类起源、创造万物、制定伦理,以及原始先民的生活和斗争。它热情歌颂了布洛陀这位半神半人的壮族男始祖及其创世的伟大业绩。据传农历二月十九是布洛陀的生日,从这天到农历三月初九,壮族群众往往自发地进行祭祀活动。近年来,百色市田阳县在政府倡导下,每年都举行盛大的公祭庆典。据报道,2014年的公祭庆典活动有布洛陀山歌竞赛、舞狮子、斗牛、抛绣球、抢花炮等,还举行了布洛陀文化旅游节的摄影比赛和相关的文化学术活动。参加活动的人数超过30万人次。

这些活动,都是可以感知的鲜活的物质。

总之,各种非物质文化遗产都离不开物质,也要靠物质来体现。

五、"非物质文化遗产"称谓的商榷

从上边的陈述看,我们觉得"非物质文化遗产"这个称谓不够科学和准确。

"非物质文化遗产"和"物质文化遗产"都是"文化遗产","非物质文化遗产"和"物质文化遗产"的区别不在于是"物质"还是"非物质"。最根本的区别在于是"活的、流动的"还是"静止的、凝固的"。"非物质文化遗产"活在群众的口头语言中、唱腔中,活在表演艺术中,活在传承人的操作过程中,活在"舌尖"上、色彩中……

就拿壮族的"布洛陀"来说,从民间收集来的用古壮字写成的有相当年代的"布洛陀"残卷(《布洛陀经诗》),是文物,是"物质文化遗产";壮族老人口述或民歌手用唱腔唱出的就是"非物质文化遗产"。

在英文的表述中,我们说的"物质文化遗产"是"Cultural Heritage",也就是传统意义上的"文化遗产",它包括历史文物、历史建筑、人类文化遗址。在这个英文表述中,并没有"物质"的字样。

为了名实相符,可以把"非物质文化遗产"称为"活文化遗产"或"流动文化遗产"或"动态文化遗产"。

六、余论

在谈论文化遗产的热潮中,一些说法有待澄清。因为"物质文化遗产"可称"有形文化遗产",有人就把现在人们说的"非物质文化遗产"称为"无形文化遗产"。这个说法也是不科学的。如口头的说唱文学,是通过语言、声乐表现的,这些也是形象;唐卡、杨柳青年画等,是通过线条、色彩这些美术形象表现的;戏曲、节庆活动,更是要通过演出和活动过程的丰富多彩的形象表现的;传统小吃则要通过滋味、口感来体现。总之,不能说是"无形"的。

把"非物质文化遗产"缩略为"非遗",表义很不明确,会让人误解成"非遗产"。

《光明日报》2014年7月4日第15版,有一则标题为《申遗,以食物之名》的文章。单看标题有点让人莫名其妙,待读了下文:"2010年11月16日,联合国教科文组织保护非物质文化遗产委员会第五次会议上,'法国美食大餐',希腊、意大利、西班牙、摩洛哥四国联合申报的'地中海饮食'和'传统墨西哥美食'被批准列入遗产名录,这是《保护非物质文化遗产公约》生效以来,首次将餐饮类非遗项目列入世界名录。"这才知道"申遗"是"申报非物质文化遗产"缩略。这样的缩略语,离开一定的语言环境,会让人不知所云。

总之,缩略语应该表义明确,不要让读者误解或不知所云。

最后,再说几句题目以外的话。据报道,"端午节"这个地道的中国节庆,却被韩国抢先申报了"文化遗产"。这让我们有悠久历史文化传统的中国人有点尴尬。这起码说明我们在文化遗产的申报上,是步伐慢了。我们既要重视保护和继承优秀的文化遗产,也应该重视向联合国教科文组织的申报工作,不要让我国的文化遗产落到别国的名下。